Herausgeber: Andreas Blank, Hans Hahn, Helge Meyer

Autoren: Andreas Blank, Heinz Hagel, Hans Hahn, Helge Meyer

Ausbildung im Einzelhandel

Band 3

1. Auflage

Bestellnummer 31024

Bildungsverlag EINS

Bildquellenverzeichnis

Behrla/Nöhrbaß GbR, Foto Stephan
Globus Infografik GmbH, Hamburg
imu-Infografik GmbH, Essen
Metro AG, Düsseldorf
MEV Verlag, Augsburg
Nova Development Corporation, Calabasas, USA
Oliver Heidrich, Köln
REWE-Zentral-Aktiengesellschaft, Köln

Mit freundlicher Unterstützung der Karstadt-Filiale Köln-Porz, der expert Bielinsky-Filiale Troisdorf, des REWE-Marktes Kolmitz GmbH Neunkirchen und der Porzer Sportladen Lifestyle GmbH Köln.

Leider konnten wir nicht zu allen Abbildungen die Inhaber der Rechte ermitteln. Sollte jemand betroffen sein, so bitten wir ihn sich zu melden.

www.bildungsverlag1.de

Gehlen, Kieser und Stam sind unter dem Dach des Bildungsverlages EINS zusammengeführt.

Bildungsverlag EINS
Sieglarer Straße 2, 53842 Troisdorf

ISBN 3-427-**31024**-8

Vorwort

Dieses Buch erfüllt die Anforderungen der Ausbildungsordnung des lernfeldorientierten Rahmenlehrplans für den Ausbildungsberuf **„Verkäufer/Verkäuferin und Kaufmann/ Kauffrau im Einzelhandel"**. Die Gliederung der Inhalte orientiert sich an den Richtlinien des Rahmenlehrplans, der die zu vermittelnden Kompetenzen und die Inhalte einzelnen Lernfeldern zuordnet. Die **Lernfelder** sind didaktisch reduzierte Handlungsfelder der betrieblichen Praxis und durch spezifische Zielformulierungen beschriebene thematische Einheiten. Sie orientieren sich an konkreten beruflichen Aufgabenstellungen und Handlungsabläufen, die mit dem Berufsbild umschrieben sind.

Um den Auszubildenden der verschiedenen Branchen die Lerninhalte zu veranschaulichen und wegen der Verschiedenheit der Ausbildungsbetriebe, werden bei der Erarbeitung einzelner Lernfelder drei unterschiedliche **Modellunternehmen mit je einem Auszubildenden** zugrunde gelegt:

- **Center Warenhaus GmbH mit der Auszubildenden Sabine Freund**
- **Mars Elektrofachmarkt e. K. mit dem Auszubildenden Mehmet Aydin**
- **Lebensmitteldiscount Schlegel KG mit der Auszubildenden Kerstin Dahm**

Im Vergleich mit diesen Modellunternehmen erkennen die Auszubildenden die Besonderheiten ihres Ausbildungsbetriebes.

In diesem Buch „Ausbildung im Einzelhandel, Band 3" sind folgende berufsspezifischen Lernfelder zusammengefasst:

Lernfeld 11: Geschäftsprozesse erfolgsorientiert steuern
Lernfeld 12: Mit Marktingkonzepten Kunden gewinnen und binden
Lernfeld 13: Personaleinsatz planen und Mitarbeiter führen
Lernfeld 14: Ein Unternehmen leiten und entwickeln

Die **Kapitel innerhalb der Lernfelder** sind in sachlogisch strukturierte Unterrichtseinheiten gegliedert. Jede Unterrichtseinheit ist folgendermaßen aufgebaut:
1. Handlungssituation, 2. Sachinhalt, 3. Zusammenfassung, 4. Aufgaben

Jede Unterrichtseinheit (= Gliederungspunkt im Buch) wird mit einer **unternehmenstypischen Handlungssituation** eingeleitet. Über **Arbeitsaufträge** werden die Schüler zur eigenständigen Lösung der darin erkennbaren Problematik aufgefordert.

Betriebliche Probleme werden an Beispielen mit Lösungen veranschaulicht, Zusammenhänge in Schaubildern schematisiert, Lösungswege und wichtige Merkstoffe jeweils aus dem schülergemäßen Text hervorgehoben sowie in einer **Zusammenfassung** als Grundlage der Übung und Wiederholung strukturiert dargestellt. Zu jedem Lernfeld werden **Aufgaben** mit unterschiedlichem Schwierigkeitsgrad und Umfang, einerseits zur Sicherung und Anwendung betriebswirtschaftlicher Begriffe, Definitionen und Abläufe, andererseits zur Auswertung und entscheidungs- und handlungsorientierten Durchdringung der Ergebnisse gestellt. Jedes der Lernfelder wird mit fallbezogenen **Wiederholungs- und prüfungsvorbereitenden Aufgaben** abgeschlossen.

Verweise zu anderen Lernfeldern, bei denen die zu bearbeiteten Inhalte ebenfalls behandelt werden, sind an den entsprechenden Stellen mit der Unterlegung des Begriffes und einem Verweis auf das jeweilige Lernfeld gekennzeichnet.

Im **Materialienband** sind alle Aufgaben ausführlich gelöst. Ferner werden zu jedem Lernfeld handlungsorientierte Unterrichtsskizzen vorgestellt. Darüber hinaus sind zahlreiche Kopiervorlagen enthalten, die die Arbeit der Lehrer und Schüler im Unterricht unterstützen.

Unter der Internetadresse **www.modellunternehmen-rheinpark.de** steht ein virtuelles Modellunternehmen zur Verfügung, in dem den Schülern die Geschäftsprozesse im Einzelhandel per Mouse-Klick näher gebracht werden. Der Online-Service ist vielseitig einsetzbar und bietet Schülern u.a. praxisorientierte Aufgaben mit Bezug zu den Modellunternehmen, Prüfungsaufgaben zur Vorbereitung auf die Abschlussprüfung und Lehrern in einem separaten Bereich komplette Unterrichtseinheiten.

Die Verfasser

Inhaltsverzeichnis

Bildquellenverzeichnis 2

Verzeichnis der Gesetzesabkürzungen 7

Einleitung 9

LERNFELD 11 Geschäftsprozesse erfolgsorientiert steuern 23

1 Warengeschäfte kalkulieren, buchen und Warenkonten abschließen ... 23
1.1 Wareneinsatz, Warenrohgewinn, Warenumsatz 23
1.2 Warenbestände und Warenbestandsveränderungen 31
1.3 Umsatzsteuer 38
1.4 Bearbeiten von Belegen 50

2 Wirtschaftlichkeit, Produktivität und Rentabilität: Die Kennziffern aus betrieblichen Prozessen zur Beurteilung des unternehmerischen Erfolges nutzen 60

3 Anlagen anschaffen und Abschreibungen auf Anlagen buchen 69

4 Kosten und Leistungen berechnen 83
4.1 Externes und internes Rechnungswesen 83
4.2 Gliederung der Kostenarten 89
4.3 Verteilung der Kostenarten auf Kostenstellen mithilfe des Verteilungsrechnens 96
4.4 Deckungsbeitragsrechnung 112

LERNFELD 12 Mit Marketingkonzepten Kunden gewinnen und binden 129

1 Marketing als zentrale Aufgabe im Einzelhandel 129

2 Das Internet im Verkauf nutzen (E-Commerce) 138

3 Informationen im Marketing nutzen 144

4 Marktforschung als Basis des Marketing 151

5 Marktsituationen und -entwicklungen im Einzelhandel 163

6 Kunden – die wichtigsten Personen im Einzelhandel 170

7 Kunden gewinnen und Kunden binden 180

LERNFELD 13 Personaleinsatz planen und Mitarbeiter führen 199

1 Personalwirtschaftliche Aufgaben im Betrieb 199

2 Personalbedarfs- und Personaleinsatzplanung 201

3 Personalbeschaffung 206

4 Personalführung, -entwicklung, -beurteilung und Umgang mit Konflikten 209

5 Personaleinstellung 214

5.1 Das Stellenangebot 214

5.2 Die Bewerbung 216

5.3 Eignungsfeststellung und Vorstellungsgespräch 220

5.4 Der Arbeitsvertrag 223

6 Personalbetreuung 227

6.1 Verfahren zur Humanisierung der Arbeit 227

6.2 Möglichkeiten der Weiterqualifizierung 232

6.3 Lohn- und Gehaltsabrechnung 235

6.3.1 Lohnformen und Lohnnebenkosten 235

6.3.2 Vom Grund- zum Bruttolohn oder -gehalt, vom Brutto- zum Nettolohn oder -gehalt 242

7 Beendigung des Arbeitsverhältnisses 260

8 Personalcontrolling 264

LERNFELD 14 Ein Einzelhandelunternehmen leiten und entwickeln .. 279

1 Von der Geschäftsidee zur Gründung eines Einzelhandelsunternehmens 279

2 Handelsrechtliche Rahmenbedingungen 284

2.1 Handelsgewerbe und Firma 284

2.2 Handelsregister 289

3 Typische Unternehmensformen im Einzelhandel 293

3.1 Die kaufmännische Einzelunternehmung (e. K.) 293

3.2 Die Kommanditgesellschaft (KG) als Personengesellschaft 295

3.3 Die Gesellschaft mit beschränkter Haftung (GmbH) als Kapitalgesellschaft . 299

4 Kooperation und Konzentration im Einzelhandel 303

5 Finanzierung 310

5.1 Möglichkeiten der Finanzierung 310

5.2 Arten der Finanzierung 314

5.3 Kreditsicherung 326

6 Überwachung des Zahlungseingangs 331

7 Unternehmenskrisen 339

7.1 Außergerichtliche Maßnahmen im Rahmen der Insolvenz eines Unternehmens 339

7.2 Gerichtliche Maßnahmen im Rahmen der Insolvenz eines Unternehmens 343

Sachwortverzeichnis 357

Verzeichnis der Gesetzesabkürzungen

AbfG	Abfallgesetz
AO	Abgabenordnung
ArbstättV	Arbeitsstättenverordnung
BGB	Bürgerliches Gesetzbuch
BImSchG	Bundes-Immissionsschutzgesetz
GefStoffV	Gefahrstoffverordnung
GewO	Gewerbeordnung
GPSG	Geräte- und Produktsicherheitsgesetz
HGB	Handelsgesetzbuch
JuSchG	Jugendschutzgesetz
KrWG	Kreislaufwirtschaftsgesetz
LadSchlG	Ladenschlussgesetz
LMKV	Lebensmittelkennzeichnungsverordnung
MarkenG	Markengesetz
PAngV	Preisangabenverordnung
StGB	Strafgesetzbuch
StPo	Strafprozessordnung
TKV	Textilkennzeichnungsverordnung
UWG	Gesetz gegen den unlauteren Wettbewerb
VerpackV	Verpackungsverordnung
VVPG	Gesetz über die Umweltverträglichkeitsprüfung

Rechnen mit dem Taschenrechner

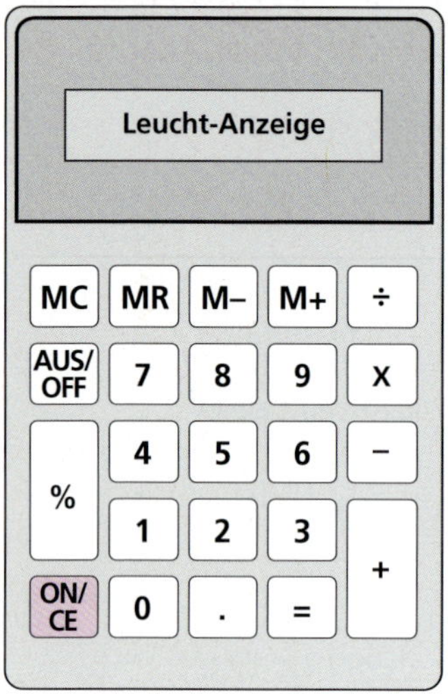

Anzeigefeld

Tastenfeld

Zahlen-Tasten [0] … [9]

Rechen-Tasten

- Division [÷]
- Multiplikation [X]
- Subtraktion [–]
- Addition [+]
- Prozent-automatik [%]

Lösch-Tasten

- Einschalten Einzel- und Gesamtlöschung [ON/CE]
- Aus-Taste [AUS/OFF]

Speicher-Tasten

- Addierender Speicher [M+]
- Subtrahierender Speicher [M–]
- Speicheraufruf [MR]
- Speicherlöschung [MC]

Rechenart	Aufgabenbeispiel	Eingabe in den Rechner	Anzeige
1 Addition	36 + 322	36 (+) 322 (=)	358
2 Subtraktion	540 – 196	540 (–) 196 (=)	344
3 Addition und Subtraktion	39 + 620 – 222	39 (+) 620 (–) 222 (=)	437
4 Multiplikaktion	64 · 3,6	64 (x) 3 · 6 (=)	230,40
5 Division	420 : 21	420 (÷) 21 (=)	20
6 Multiplikation und Division	$\frac{14 \cdot 224}{8}$	14 (x) 224 (÷) 8 (=)	392
7 Multiplikation und Division mit Konstanten	12 · 4 12 · 6 4 : 16 8 : 16	12 (x) 4 (=) 12 (x) 6 (=) 4 (÷) 16 (=) 8 (÷) 16 (=)	48 72 0,25 0,5
8 Prozentrechnen	15 % von 900 15 % von 900 + 900 900 – 15 % von 900	900 (x) 15 (%) 900 (+) 15 (%) 900 (–) 15 (%)	135 1035 765
9 Rechnen mit Speicher	(16 · 8) – (30 : 3)	16 (x) 8 (M+) 30 (÷) 3 (M–) (MR)	118

Einleitung

Das Einkaufszentrum Rheinpark Köln stellt sich vor

Daten und Fakten

Knapp sechs Kilometer vom Stadtzentrum Kölns entfernt, im Mittelpunkt der Städte Köln, Frechen, Brühl und Hürth, befindet sich das Einkaufszentrum Rheinpark Köln.

Seit der **Eröffnung 1981** und den Erweiterungen 1986, 1995 und 2004 belegen über 160 **Fachgeschäfte** und **Dienstleistungsbetriebe** das Einkaufszentrum (EKZ), das als ein „Einkaufszentrum im Grünen" mehr Brunnen, Grünoasen und Verweilplätze als die City von Köln hat. Eine Auswahl der Unternehmen finden Sie auf den Seiten 12 und 13.

Mit der Fertigstellung des letzten Bauabschnitts vergrößerte sich die **Geschäftsfläche** von 61.000 m^2 auf 80.000 m^2. Es befinden sich 3.500 kostenlose **Parkplätze**, übersichtlich angeordnet und nach einer ADAC-Empfehlung angelegt, auf dem Gelände.

Ideale **U-Bahn- und Busverbindungen** ermöglichen den Einwohnern der umliegenden Städte und Gemeinden einen bequemen Zugang zum EKZ. Die guten Verkehrsverbindungen garantieren einen reibungslosen Verkehrsfluss.

Besucher des EKZ, die mit öffentlichen Nahverkehrsmitteln kommen, können bei Vorlage ihrer Fahrkarte einen besonderen **Service** in Anspruch nehmen. Wenn die Kunden für mindestens 500,00 EUR im EKZ eingekauft haben, bringt ihnen der Rheinpark-Servicewagen die Waren bis zur Haustür – zur vorher vereinbarten Uhrzeit.

Eine Vielzahl von **Serviceeinrichtungen**, die große Anzahl der Geschäfte, attraktive Unterhaltungsprogramme (Trödel-, Weihnachts-, Kunsthandwerkermarkt, Kulturfestivals, Ausstellungen, um nur einige zu nennen) und eine behindertengerechte Ausstattung tragen zum Erfolg des EKZ bei. Durch all diese Besonderheiten war es möglich, das **Einzugsgebiet** auf einen Radius von 30 km auszudehnen. In diesem Einzugsbereich leben etwa 1,8 Millionen Menschen.

Wie originell die **Aktionen im EKZ** sind, können Sie im Guiness-Buch der Rekorde nachlesen. Das EKZ hält 14 Weltrekorde, u. a. für den größten Apfelstrudel oder für die höchste Sektglaspyramide mit 7.000 Sektschalen.

Das **Motto des EKZ** lautet: „Bei uns trifft man sich zur Unterhaltung und Information, zum Mitmachen und Mitlachen."

Daten und Fakten auf einen Blick	
1. Eröffnung	27.09.1981
Erweiterung in den Jahren	1986, 1995, 2004
2. Bruttomietfläche	80.000 m^2
3. Zahl der Geschäfte/Dienstleister	168
4. Verkaufsfläche	59.000 m^2
Dienstleistungen und Freizeiteinrichtungen	16.000 m^2
5. Umsatzvolumen in Millionen EUR p.a.	etwa 200
6. Zahl der Kunden/Besucher pro Tag im Durchschnitt	etwa 40.000
7. Zahl der kostenlosen Parkplätze	3.500
8. Einzugsgebiet	30 km, etwa 1,8 Millionen Einwohner

Im EKZ finden über 2.000 Menschen Arbeit. In allen Geschäften des EKZ werden über 200 Auszubildende ausgebildet, u. a. in den Ausbildungsberufen Verkäufer/Verkäuferin, Kaufmann/Kauffrau im Einzelhandel, Bürokaufmann/Bürokauffrau, Bankkaufmann/Bankkauffrau, Schauwerbegestalter/-in, IT-Kaufmann/Kauffrau.

Der Standort

Die Verkäufsräume der Center Warenhaus GmbH und der anderen Unternehmen befinden sich im Einkaufszentrum Rheinpark in der Aachener Straße 1250, 50859 Köln. Die Räume wurden jeweils von der Rheinpark Verwaltungs GmbH angemietet.

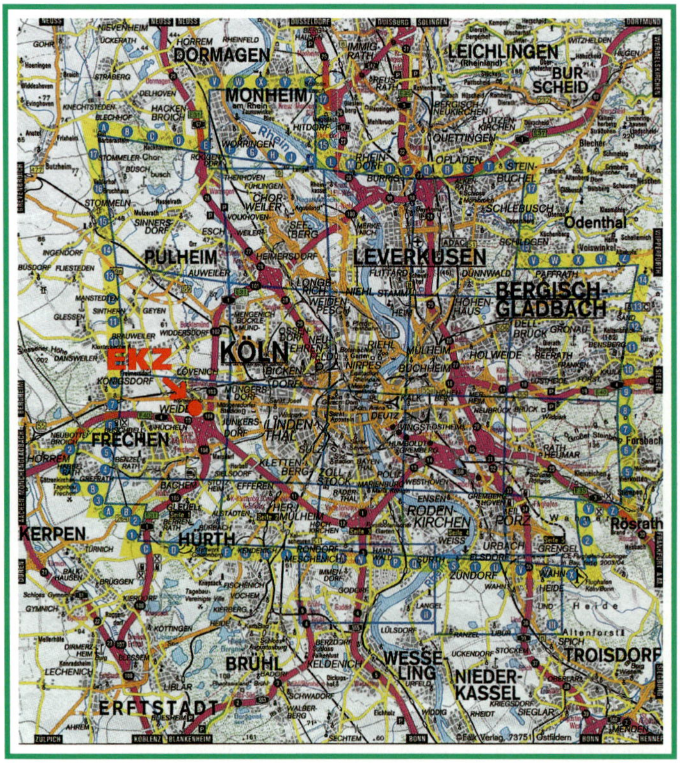

Über die Aachener Straße ist das Autobahndreieck Köln-West mit den Autobahnen A 61, A 1 und A 4 in wenigen Minuten zu erreichen.

Arbeitnehmerinnen und Arbeitnehmer können mit den Bus- und S-Bahnlinien 7, 8 und 20 bis zum Einkaufszentrum fahren.

Die Geschäftsleitungen der im EKZ ansässigen Unternehmen möchten über die Ausgabe von Jobtickets für die öffentlichen Verkehrsmittel ihre Mitarbeiter zu umweltbewusstem Verhalten anhalten.

Das erfolgreiche Konzept des Einkaufszentrums findet sich in 15 weiteren Städten in Deutschland wieder.

In all diesen Einkaufszentren finden Sie sowohl eine Filiale der Center Warenhaus GmbH, des Mars Elektrofachmarktes e. K. als auch des Lebensmitteldiscounts Schlegel KG.

Name des Einkaufszentrums	Stadt
EKZ Leinepark	Hannover
EKZ Weserpark	Bremen
EKZ Alsterpark	Hamburg
EKZ Eiderpark	Kiel
EKZ Warnowpark	Rostock
EKZ Spreepark	Berlin
EKZ Elbepark	Dresden
EKZ Gerapark	Erfurt
EKZ Saalepark	Magdeburg
EKZ Havelpark	Postdam
EKZ Mainpark	Frankfurt
EKZ Moselpark	Koblenz
EKZ Neckarpark	Stuttgart
EKZ Isarpark	München
EKZ Saarpark	Saarbrücken

Einzelhandelsbetriebe im Einkaufszentrum Rheinpark Köln

Nr.	Betrieb	Typ	Verkaufsform	Sortiment	Mitarbeiter/ Azubis	Fläche in m^2
92	Abels Bau- und Hobbymarkt GmbH	Fachmarkt	SB	Werkzeuge, Teppichböden, Baubedarf, Gartenbedarf, Kleinmöbel, Tapeten	30/4	6.800
2	Willi Meyer e. K. Schreibwaren	Fachgeschäft	B	Schreibwaren und Bürobedarfsartikel, Geschenkartikel, Schulbedarf	2	60
71	Mars Elektrofachmarkt e. K.	Fachmarkt	B/V	Weiße Ware, Braune Ware, Tonträger, Software, Neue Medien	40/6	1.400
4	mod-shop GmbH Gisela Meyer	Boutique	B/V	Modische Damenbekleidung, Modeschmuck, Schuhe	3	50
5	Buchhandlung Tauber-OHG	Fachgeschäft	B/V	Kinderbücher, Reisebücher, Belletristik, EDV-Literatur, Hobby-Bücher	3	100
6	Champions-Sport Gerhard Blunk KG	Spezialgeschäft	B/V	Sportartikel	3/1	85
7	Juwelier Josef Kanter e. K.	Fachgeschäft	B	Uhren, Schmuck	2	75
11	ABO-Versandhandels AG, Verkaufsfiliale	Versandhandel	V	Auswahl des Gesamtkataloges, Bestellungen werden im Laden bearbeitet	9/3	560
20	Lebensmitteldiscount Schlegel KG	Discounter	SB	Lebensmittel, Aktionsangebote	16/3	680
8	Meeresfrüchte GmbH	Fachgeschäft	B	Fisch, Partyservice, Stehimbiss	5	180
22	Werl-Textilkaufhaus KG	Kaufhaus	V	Damen-, Herren-, Kinderbekleidung, Schuhe	45/8	4.000
9	Foto-Knirps, Inh. Gertrud Moll e. K.	Fachgeschäft	B	Fotoartikel, Bilderrahmen und -alben, Entwicklungslabor, Passfotos	5/1	100
12	Baby-Markt Verkaufs-GmbH	Fachgeschäft	SB	Bekleidung, Möbel, Nahrungsmittel, Spielsachen, Pflegeartikel für Kleinkinder	8/2	450
29	Autobedarf Herkenrath OHG	Fachgeschäft	V/B/SB	Autozubehör, -ersatzteile, Auto-Hi-Fi, Autotelefon, Einbauservice	22/4	900
1	Center Warenhaus GmbH	Warenhaus	V/B/SB	Textilien/Sport, Schuhe, Lederwaren, Schreibwaren, Haushalt, Spielwaren, Lebensmittel,Elektro	65/10	10.500

Nr.	Betrieb	Typ	Verkaufsform	Sortiment	Mitarbeiter/ Azubis	Fläche in m^2
90	Kaufland eG (Genossenschaft)	Supermarkt	B	Lebensmittel	8/2	1.400
14	Philatelie Werner Wurms e. K.	Spezialgeschäft	B	Briefmarken, Alben, Zubehör, Tauschbörse	2	40
17	Frischobst Günter Wilms	Ambulanter Handel	B	Obst	1	18
18	Self-Selling GmbH	Automatenhandel	SB	Süßwaren, Konserven, Spielwaren	1	20
21	Die Blumenwelt, Hanna Gerdes e. K.	Fachgeschäft	B	Blumen mit Fleurop-Dienst	3/1	30
67	Wolfgang Schwarztrauber	Kiosk	B	Tabak, Zeitschriften, Süßwaren	1	10
70	Der Käseladen, Wolfgang Wilke e. K.	Spezialgeschäft	B	Käse und Molkereiprodukte, Delikatessen	3/1	90
92	men-shop Bernd Kreitner GmbH	Fachgeschäft	B	Herrenkonfektion mit Änderungsschneiderei, Schuhe	3	120
28	Jeans-ModenKarla Möltgen KG	Boutique	V/B	Herren-, Damen- Kinderbekleidung in Jeans	3	80
33	Geschenkeparadies Klara Klein GmbH	Boutique	V/S	Geschenkartikel aller Art, Grußkarten, T-Shirt-Druck	3	120
29	Getränkemarkt Gerhards KG	Fachmarkt	SB	Wasser, Bier, Spirituosen, Zustelldienst, Party-Service	12/1	700
3	Exklusives Wohnen Waltraud Schiffer GmbH	Fachgeschäft	VB	Möbel, Inneneinrichtungsgegenstände	12/3	150
38	Fahrrad-Center Mauel GmbH	Fachgeschäft	VB	Fahrräder und Zubehör, Reparatur-Service	6	300
89	Garten-Center Klein KG	Fachgeschäft	V/B/SB	Gartenbedarf	20/2	2.000

SB = Selbstbedienung, B = Bedienung, V = Vorwahl

Weitere Betriebe im EKZ

- Telekom-Laden
- Eiscafé
- 3 Imbiss-Stände
- China-Restaurant
- 2 Kneipen
- Videothek
- Notariat
- Ärztehaus
- Schuster
- Schlüsseldienst
- 2 Banken
- Reisebüro
- Optiker
- Tankstelle
- Rechtsanwalt
- Mietwagenagentur
- Apotheke
- Kopiercenter
- Reinigung
- Friseur
- 2 Bäckereien
- Schuhreparatur
- Steuerberater
- Übersetzungsbüro
- Metzgerei
- Versicherung
- Blumengeschäft
- Solarium
- Kinocenter
- Kindergarten
- Internet-Café
- Fitnesscenter

Sonstige Einrichtungen

- Taxi-Stand
- Verbraucherberatungsstelle
- Wickelraum für Säuglinge
- Städtische Seniorentagesstätte
- Sammelstelle für Sondermüll (Farben, Lacke, Batterien)
- Bushaltestellen
- Parkhaus mit bewachtem Fahrradabstellbereich
- Privater Sicherheitsdienst
- Städtische Bücherei
- Polizeiwache
- Erste-Hilfe-Station
- Postniederlassung

Das gesamte Einkaufszentrum wird von der **EKZ-Rheinpark-GmbH** geleitet. Hier sind acht Mitarbeiter beschäftigt. Ihre Aufgaben bestehen u. a. in

- der Anwerbung neuer Betriebe,
- der Beratung bei der Gestaltung der Geschäfte,
- der Veranstaltung gemeinsamer Aktionen (Weihnachtsmarkt, Sommerfest, Trödelmarkt usw.),
- der Verwaltung der gemeinsamen Einrichtungen (Parkhaus usw.),
- der Konzeption der Gemeinschaftswerbung.

Supermarkt Kaufland eG

Exklusives Wohnen Waltraud Schiffer GmbH

Bäckerei im Einkaufszentrum Rheinpark

Die Center Warenhaus GmbH

Die Center Warenhaus GmbH wurde vor 75 Jahren in Köln gegründet und hat sich seitdem bundesweit ausgedehnt.

● Organigramm der Center Warenhaus GmbH

Assistent der GL	Geschäftsleitung	Umweltbeauftragter
Sven Braun	Kerstin Sommer, Thomas Becker	Hermann Hohn

Einkauf	Lager	Verkauf/Marketing			Verwaltung
Hanne Bauer Aln	Gerd Rubens Al	Oliver Lehnert Al			Claudia Ahlemann Aln
Textil, Sport Hanne Bauer **Schuhe, Lederwaren** Nicole Wiedemann Sn **Schreibwaren, Bücher, Spielwaren, Uhren, Schmuck** Eva Bilstein Sn **Lebensmittel** Renate Öztürk Sn **Haushaltswaren, Elektro** Klaus Berger S	**Zentrallager** Peter Baldus S – Warenannahme – Auszeichnung **Fuhrpark** Holger Hübner S	**Textil/Sport** Elena Gutowski Sn – HK – DOB – KiKo – Wäsche – Sport – Gardinen, **Schuhe, Lederwaren** Helga Kowski Sn **Dekoration** Vera Hausberg	**Parfümerie** Yvonne Berg Sn **Elektro** Helmut Winkler S – Weiße Ware – Braune Ware – Lampen – Zubehör **Lebensmittel** Peter Pade S – Non-Food – Getränkemarkt – Spirituosen – Fleisch, Käse – Obst, Gemüse – Konserven – Tiefkühlkost **Reklamation** Otto Schaaf	**Schreibwaren, Bücher** Anna Monberg Sn **Haushaltswaren** Claudia Rosen Sn **Spielwaren** Edith Mauser Sn **Uhren, Schmuck** Edith Schiefen Sn **Hausdetektiv** Helmut Meyer	**Personal** Maria Meys Sn **Rechnungswesen** Werner Schmick S – Kassenabrechnung – Finanzbuchhaltung – Rechnungsprüfung – Kostenrechnung – Statistik **Organisation, Datenverarbeitung** Hartmut Groll S **Hausdienst** Dieter Nahnsen

Betriebsrat: Sieben Mitglieder, Vorsitzender Herr Peter Pade, Stellv. Frau Helga Kowski
Jugendvertreter: Petra Jäger, Stellvertreter: Marc Cremer

Al = Abteilungsleiter | GL = Geschäftsleitung | S = Substitut
Aln = Abteilungsleiterin | HK = Herrenkonfektion | Sn = Substitutin
DOB = Damenoberbekleidung | KIKO = Kinderkonfektion

Steuernummer: 223/514/8546 USt-IDNr.: DE-83587214

Liste der Auszubildenden der Center Warenhaus GmbH

Kaufmann/Kauffrau im Einzelhandel		Verkäufer/ Verkäuferin	Schauwerbegestalter/in	Bürokaufmann/ Bürokauffrau
Petra Jäger	Ali Rezwani	Gaby Dohm	Birgit Moll	Nicole Höver
Sabine Freund	Petra Breuer	Silvia Meiser		
Marc Cremer	Bodo Stamm			

Wegweiser durch das Center Warenhaus (Erdgeschoss)

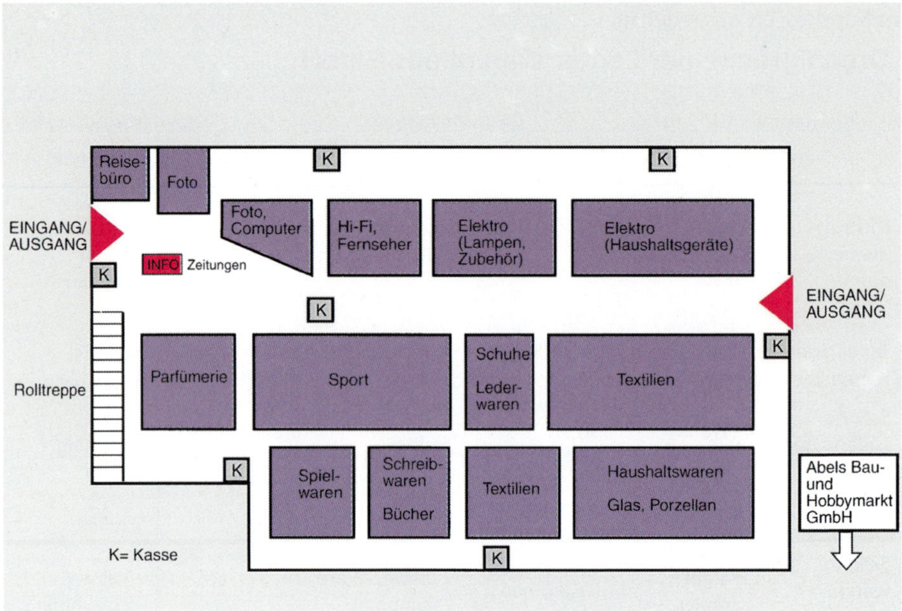

Wegweiser durch das Center Warenhaus (Basement)

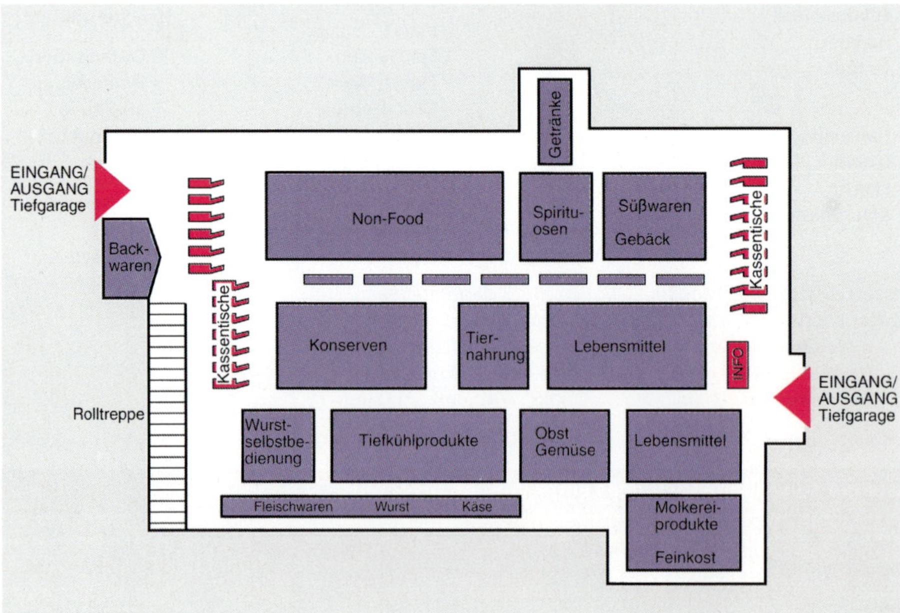

Verschiedene Abteilungen in der Center Warenhaus GmbH

Die Hauptlieferer

Liefererdatei der Center Warenhaus GmbH (Auszug)				
Lieferer-/ Kreditor-Nr-	**Name**	**Anschrift**	**Telefon/ Fax**	**Bank**
5681 K70001	Bürobedarfs-großhandel Schneider & Co. KG	Laarstraße 19 58636 Iserlohn Ansprechpartner: Herr Solf	0 23 71 34 23 11 0 23 71 34 23 15	Dresdner Bank BLZ 445 800 70 Kto.-Nr. 871 112 365
5677 K70002	Lederwarenfabrik Bernd Lüghausen e. K. Fabrikation von Lederbekleidung	Im Talacker 18 47829 Krefeld Ansprechpartner: Frau Sudhoff	0 21 51 41 71 18 0 21 51 98 54 10	Commerzbank Krefeld BLZ 320 500 00 Kto.-Nr. 546 387 657
5621 K70003	Porzellan-manufaktur Latschenreuther GmbH	Lessingstraße 44 01662 Meißen Ansprechpartner: Herr Lukas	0 35 21 51 12 25 0 35 21 51 12 89	Postbank Berlin BLZ 100 100 10 Kto.-Nr. 223 421 654
5641 K70004	Schuhfabrik Mata OHG	Dresdner Straße 116–124 66955 Pirmasens Ansprechpartner: Frau Sonius	0 63 31 86 63 50 0 63 31 86 64 01	Volksbank Pirmasens BLZ 542 900 00 Kto.-Nr. 231 987 654
5610 K70005	Lebensmittel-großhandel Westkauf KG	Quarzstraße 98 51371 Leverkusen Ansprechpartner: Herr Oswald	02 14 76 34 99 02 14 76 34 34	Bank für Gemeinwirtschaft Leverkusen BLZ 375 114 11 Kto.-Nr. 354 624 453
5666 K70006	Textil AG	Münzstraße 89–121 10178 Berlin Ansprechpartner: Frau Demming	0 30 44 55 46 0 30 44 55 48	Postbank Berlin BLZ 100 100 10 Kto.-Nr. 543 399 988
5620 K70007	Sportex GmbH & Co. KG Sportartikel-herstellung	Volksparkstraße 23–43 22525 Hamburg Ansprechpartner: Herr Inanci	040 1843467 040 1843154	Dresdner Bank Hamburg BLZ 200 800 00 Kto.-Nr. 456 321 675
5669 K70008	Elektro Bader KG Elektrogeräte	Fabrikstraße 10–34 04129 Leipzig Ansprechpartner: Herr Wiemann	0 31 41 55 46 45 0 31 41 55 48 49	Stadtsparkasse Leipzig BLZ 860 555 92 Kto.-Nr. 650 342 344

Auszug aus dem Gesellschaftsvertrag

Gesellschaftsvertrag der Center Warenhaus GmbH

durch die Gesellschafterversammlung am 1. Januar .. in 50859 Köln, Aachener Straße 1250, festgelegt:

§ 1 Die Firma der Gesellschaft lautet Center Warenhaus GmbH.

§ 2 Der Geschäftssitz der Gesellschaft ist in 50859 Köln.

§ 3 Die Gesellschaft betreibt die Anschaffung und Weiterveräußerung von Waren aller Art an den Letztverbraucher. Nach Möglichkeit sollen umweltverträgliche Artikel angeboten werden.

§ 5 Das Stammkapital der Gesellschaft beträgt 300.000,00 EUR.

§ 6 Das Stammkapital wird aufgebracht:

1. Gesellschafterin Dipl.-Kauffrau Kerstin Sommer, Köln
   mit einem Stammkapital von 150.000,00 EUR.
2. Gesellschafter Dipl.-Betriebswirt Thomas Becker, Köln
   mit einem Stammkapital von 150.000,00 EUR.

Die Stammeinlagen sind in bar oder in Sachwerten zu leisten. Sie sind sofort in voller Höhe fällig.

§ 7 Der Mindestbetrag einer Stammeinlage muss 500,00 EUR betragen. Jede andere Stammeinlage muss durch 100,00 EUR teilbar sein.

§ 8 Die Gesellschafterversammlung beruft einstimmig die Geschäftsführung.

§ 10 Die Gesellschafter treten jährlich einmal zu einer ordentlichen Versammlung zusammen. Der Geschäftsführer lädt mit einwöchiger Frist unter Angabe von Tagungsort, Tagungszeit und Tagesordnung ein.

§ 11 Die Rechte der Gesellschafterversammlung werden bis auf Widerruf auf die Geschäftsführung übertragen. Für den Widerruf ist eine Mehrheit von 3/4 der Stimmen erforderlich. Abgestimmt wird nach Geschäftsanteilen. Je 50,00 EUR eines Geschäftsanteils gewähren eine Stimme.

§ 13 Jeder Gesellschafter kann aus wichtigem Grund seinen Austritt aus der Gesellschaft erklären. Der Austritt ist nur zum Ende eines Geschäftsjahres zulässig. Er hat durch Einschreibebrief mit einer Frist von sechs Monaten zu erfolgen. Bei Kündigung der Gesellschafter oder Austritt wird die Gesellschaft nicht aufgelöst.

§ 16 Bekanntmachungen der Gesellschaft nach den gesetzlichen Bestimmungen erfolgen ausschließlich im Bundesanzeiger.

§ 20 Außerhalb des Gesellschaftsvertrages wurde folgender Beschluss gefasst: Als Geschäftsführer gemäß § 8 des Gesellschaftsvertrages werden bestimmt:

1. Frau Dipl.-Kauffrau Kerstin Sommer, Köln
2. Herr Dipl.-Betriebswirt Thomas Becker, Köln

§ 21 Vorstehendes Protokoll wurde den Gesellschaftern vom Notar vorgelesen, von ihnen genehmigt und eigenhändig wie folgt gegengezeichnet:

zu 1. Kerstin Sommer

zu 2. Thomas Becker

Köln, 1. Januar ..

Die Verbände

Gemäß Paragraf 1 IHK-Gesetz ist die Center Warenhaus GmbH Mitglied in der Industrie- und Handelskammer. Die Geschäftsführerin, Frau Sommer, und die Substitute Pade, Gutowski, Kowski, Winkler und Berg sind Mitglieder in Prüfungsausschüssen der IHK. Das Unternehmen ist im Einzelhandelsverband Nordrhein e. V. organisiert, die organisierten Arbeitnehmer sind Mitglieder der Vereinten Dienstleistungsgewerkschaft (ver.di).

Der Betriebsrat und die Jugend- und Auszubildendenvertretung

Vorsitzender des Betriebsrates der Center Warenhaus GmbH ist Peter Pade, seine Stellvertreterin ist Helga Kowski. Jugend- und Auszubildendenvertreterin ist Petra Jäger, Stellvertreter ist Marc Cremer.

Die Bankverbindungen			Telefon und Telefax	
Kreditinstitut	Bankleitzahl	Kontonummer	Telefon	Telefax
Deutsche Bank Köln	370 700 60	02 520 138	02 21 41 71 18	02 21 41 71 20
Postbank Köln	370 100 50	54 666 504	02 21 41 71 19	
Stadtsparkasse Köln	370 501 98	85 313 948		

Sabine Freund
Auszubildende bei der Center Warenhaus GmbH
2. Ausbildungsjahr

Mehmet Aydin Auszubildender beim
Mars Elektrofachmarkt e. K. (vgl. Seite 22)
2. Ausbildungsjahr

Kerstin Dahm
Auszubildende bei der Lebensmitteldiscount Schlegel KG
(vgl. Seite 21)
2. Ausbildungsjahr

Die Lebensmitteldiscount Schlegel KG

Die Lebensmitteldiscount Schlegel KG

Verwaltung
Gudrun Schlegel

Filialleiter
Oliver Schlegel

Steuernummer: 223/412/1638
USt-IDNr.: DE-41273412

Stellvertr. Filialleiter
Tobias Hell

12 Mitarbeiter
(6 Vollzeit, 6 Teilzeit)

- Tina Klein
- Claudia Tiffels
- Dimitri Weimann
- Klaus Hinrichs
- Cornelia Hülder
- Sevil Mehmet
- Michael Felix
- Larissa Henze
- Tommy Krumm
- Lena Bogdanow
- Frederic Cahon
- Mandy Klein

Ausbilderin:
Angela Bergmeier

Azubis:
Verkäufer/-in:
Kerstin Dahm (1. Ausbildungsjahr)
Thomas Herre (2. Ausbildungsjahr)

Kaufmann im Einzelhandel:
Manfred Time (3. Ausbildungsjahr)

Tel: 02 21 47 68 44
Fax: 02 21 47 68 45

Bank: Kreissparkasse Köln
BLZ: 386 500 00
Kto.Nr.: 013 600 654

135 Filialien in Deutschland
Verkaufsform: überwiegend Selbstbedienung mit Bedienung bei Fleisch/Wurst und Käse
Verkaufsfläche: 680 m^2

Lieferungen erfolgen vom Zentrallager Porz

Der Mars Elektrofachmarkt e.K.

Steuernummer: 223/337/2973
USt-IDNr.: DE-58344258

Der Mars Elektrofachmarkt e. K.

Geschäftsführerin
Daniela Mars

Verwaltung	**Marketing**	**Verkaufsleiter**	**Verkaufsleiter**	**Verkaufsleiter**	**Verkaufsleiter**
Heinz Tophoven	Michaela Bauer	WW[1]	BW[2]	Tonträger/ Software	Neue Medien
		4 Mitarbeiter	8 Mitarbeiter	7 Mitarbeiter	6 Mitarbeiter
		Nicole Orth	Alex Kraft	Eray Ozyurt	Toyah Quirl

Logistik	**Service**	**Kasse**	**Rechnungswesen**
2 Mitarbeiter	2 Mitarbeiter	6 Mitarbeiter	3 Mitarbeiter
Nico Bonnet	Helga Dick	Irina Kopp	Vera Feld
Ausbildungsleiter			

6 Azubis:

Mehmet Aydin (1. Ausbildungsjahr)	Marco Klaso (2. Ausbildungsjahr)
Murrat Canbahan (1. Ausbildungsjahr)	Anna Klettke (2. Ausbildungsjahr)
Timo Beuth (2. Ausbildungsjahr)	Diana Stagnet (3. Ausbildungsjahr)

Tel: 02 21 1 61 07 05
Fax: 02 21 1 70 00 88

Bank:	Postbank Köln	Kreissparkasse Köln
BLZ:	370 100 50	37 050 299
Kto.Nr.:	58 436 912	013 600 564

15 Filialien in Deutschland
Verkaufsform: überwiegend Vorwahl,
bei Foto, Computer, Hifi Bedienung
Verkaufsfläche: 1 400 m^2

1 *WW = Weiße Ware (z. B. Haushaltsgeräte)*
2 *BW = Braune Ware (z. B. Hi-Fi-Geräte)*

Geschäftsprozesse erfolgsorientiert steuern

1 Warengeschäfte kalkulieren, buchen und Warenkonten abschließen

1.1 Wareneinsatz, Warenrohgewinn, Warenumsatz

Mehmet Aydin äußert sich gegenüber Frau Feld erstaunt über die starken Preisunterschiede beim Einkauf und Verkauf.
Mehmet: *„Mit niedrigeren Verkaufspreisen könnten wir doch einen größeren Umsatz machen und gegenüber unserer Konkurrenz einen größeren Marktanteil erzielen."*
Frau Feld: *„Unsere Kunden erwarten eine sehr gute Qualität und einen hohen Nutzen von unseren angebotenen Waren. Der Mars Elektrofachmarkt gestaltet seine Leistungen bedarfsgerecht, legt allergrößten Wert auf gute Kundenberatung, sodass hohe Kundenzufriedenheit gewährleistet wird. Das schlägt sich natürlich in unseren Bezugs-/Einstandspreisen und in unseren Handlungskosten nieder. Und etwas wollen wir schließlich auch verdienen!"*

ARBEITSAUFTRÄGE

- Erläutern Sie beide Auffassungen.
- Beschreiben Sie den Leistungsprozess des Mars Elektrofachmarktes e. K. anhand der Warengruppe „Neue Medien".
- Begründen Sie, warum Bezugs- oder Einstandspreise und Verkaufspreise des Mars Elektrofachmarkts e. K. voneinander abweichen.

● Aufwendungen für Waren (Wareneinsatz), Warenrohgewinn und Umsatzerlöse für Waren (Warenumsatz) in der Kalkulation

LF 9

Wichtigste Erfolgsquelle der Einzelhandelsunternehmungen ist der Warenverkauf (**Warenumsatz**). Um den Umsatz tätigen zu können, muss die Unternehmung die Ware einkaufen und beim Verkauf **einsetzen** (**Wareneinsatz**). Der Warenumsatz zu Verkaufspreisen ist in der Regel größer als der Wareneinsatz zu Bezugs-/Einstandspreisen. Bei der Berechnung des Ladenverkaufspreises seiner Waren geht der Einzelhändler vom **Bezugs- und Einstandspreis** aus. Auf diesen schlägt er seine **Handlungskosten** auf und erhält so seinen **Selbstkostenpreis**. Auf den Selbstkostenpreis rechnet er seinen Gewinn und erhält dann den **Barverkaufspreis**.

LF 9

Beispiel Der Mars Elektrofachmarkt e. K. hat den Verkaufspreis für die Waschmaschine CLEAN 400, die er für 680,00 EUR bezogen hat, kalkuliert, indem er 25 % Handlungskosten und 16 % Gewinn aufgeschlagen hat.

Im Barverkaufspreis sind also der Bezugspreis, die Handlungskosten und der Gewinn enthalten.

Einstandspreis Bezugspreis	+	Handlungskosten	+	Gewinn	=	Barverkaufspreis, netto

Aus dieser Rechnung (vgl. Schaubild unten) wird deutlich, dass dem Unternehmer ein Aufwand und somit eine Eigenkapitalminderung in Höhe der Selbstkosten (im Beispiel 850,00 EUR) entsteht, um einen Ertrag und somit eine Eigenkapitalmehrung in Höhe des Ladenverkaufspreises (im Beispiel 986,00 EUR) zu erzielen.

PRAXISTIPP In der Praxis, vor allem im Fach- und Filialhandel, werden die Ladenverkaufspreise und somit die Spannen zwischen Einkaufs- und Ladenverkaufspreis von den Herstellern vorgegeben oder mit einem branchenüblichen Kalkulationszuschlagssatz berechnet. Die Problematik der Kalkulation mit frei bestimmbaren Zuschlagssätzen stellt sich deswegen nur noch selten.

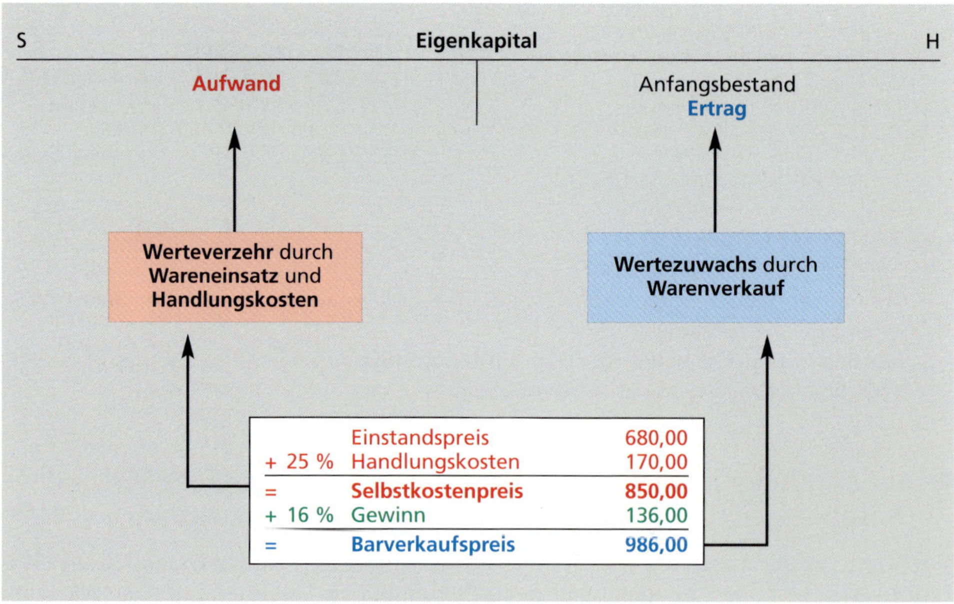

Die Unternehmung versucht also die Aufwendungen, die mit dem Verkauf von Waren verbunden sind, auf die Kunden abzuwälzen. So soll über die Umsatzerlöse eine Erstattung des Aufwands erreicht werden und darüber hinaus dem Unternehmen ein Gewinn gebracht werden. Damit dieses Ziel erreicht wird, müssen die Umsatzerlöse größer als der gesamte Einsatz an Produktionsfaktoren sein:

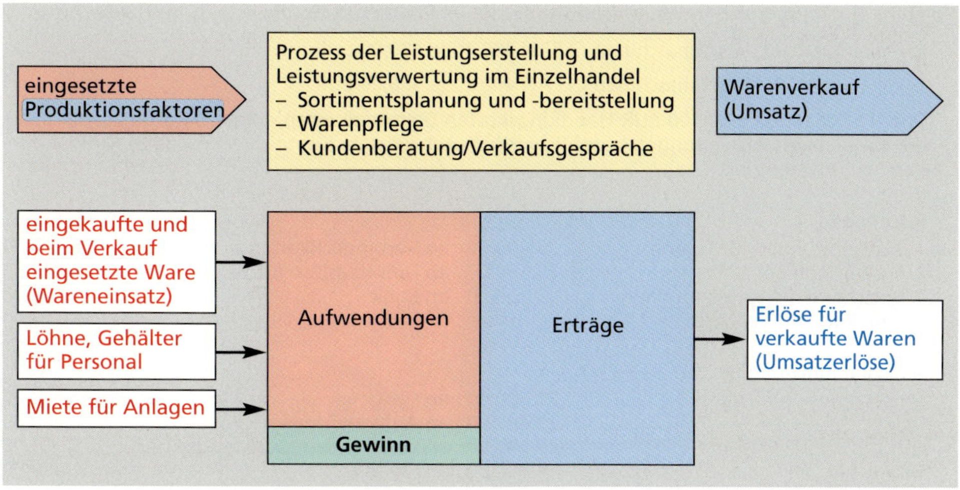

Buchung des Wareneinsatzes und des Warenverkaufs (Umsatz)

Zur Erfassung des Warenverkehrs sind somit **zwei** Erfolgskonten notwendig:

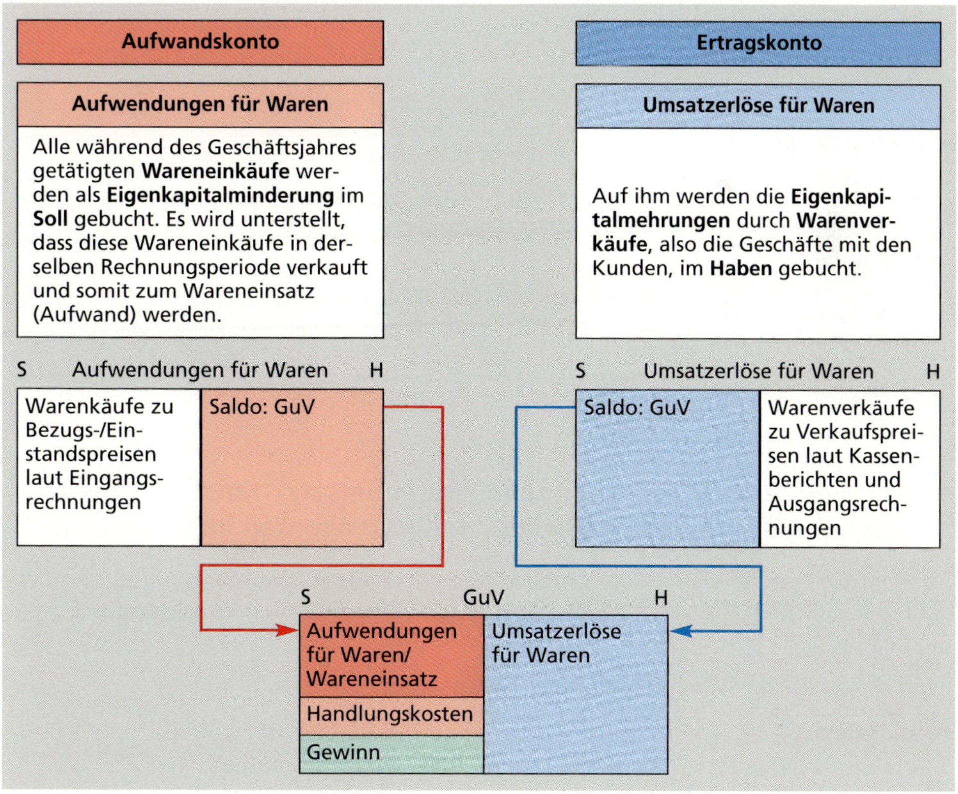

Um den Erfolg aus dem Warenverkauf festzustellen, müssen den Erträgen laut Konto „Warenverkauf“ die dafür entstandenen Aufwendungen, nämlich der Wareneinsatz und die Handlungskosten (Personalkosten, Mieten, Büromaterial u. a.) auf dem GuV-Konto gegenübergestellt werden.

Beispiel Buchung auf den Warenkonten des Mars Elektrofachmarktes e. K. und Abschluss

1. Zieleinkauf: 30 Waschmaschinen CLEAN 400 zu je 680,00 EUR
2. Zielverkauf: 30 Waschmaschinen CLEAN 400 zu je 986,00 EUR

Dabei entstanden 5.100,00 EUR Handlungskosten (Personalkosten, Mieten, Büromaterial u. a.), die durch Banküberweisungen bezahlt wurden und auf dem Konto „Verschiedene Aufwendungen" zu erfassen sind.

Buchungen

1. Aufwendungen für Waren	20.400,00	an Verbindlichkeiten a. LL	20.400,00
2. Forderungen a. LL	29.580,00	an Umsatzerlöse für Waren	29.580,00
3. Verschiedene Aufwendungen (vgl. Beispiel)	5.100,00	an Bank	5.100,00

Abschlussbuchungen

Umsatzerlöse für Waren	29.580,00	an GuV	29.580,00
GuV	20.400,00	an Aufwendungen für Waren	20.400,00
GuV	5.100,00	an Verschiedene Aufwendungen	5.100,00
GuV	4.080,00	an Eigenkapital	4.080,00

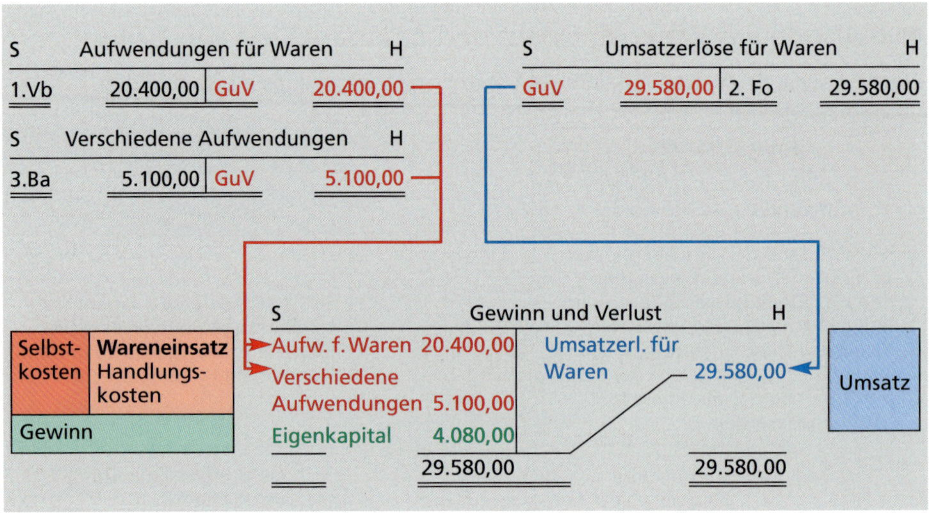

● Wareneinsatz, Warenrohgewinn, Warenumsatz, Handlungskosten und Reingewinn beim Abschluss der Warenkonten im GuV-Konto

Auf dem GuV-Konto werden die Erträge (Warenverkäufe, Warenumsatz) und sämtliche dafür entstandenen Aufwendungen (Wareneinsatz, Handlungskosten) gegenübergestellt, um den Erfolg zu ermitteln.

Beim Abschluss der Warenkonten zeigt das GuV-Konto:

- **im Haben**
  - **Umsatzerlöse** für Waren (Umsatz zu Bezugs-/Einstandspreisen)
- **im Soll**
  - die **Aufwendungen für Waren (Wareneinsatz)**
  - die **Handlungskosten** (Personalkosten, Mieten u. Ä., Büromaterial, Porto, Telefon)
  - den **Gewinn** (Reingewinn)

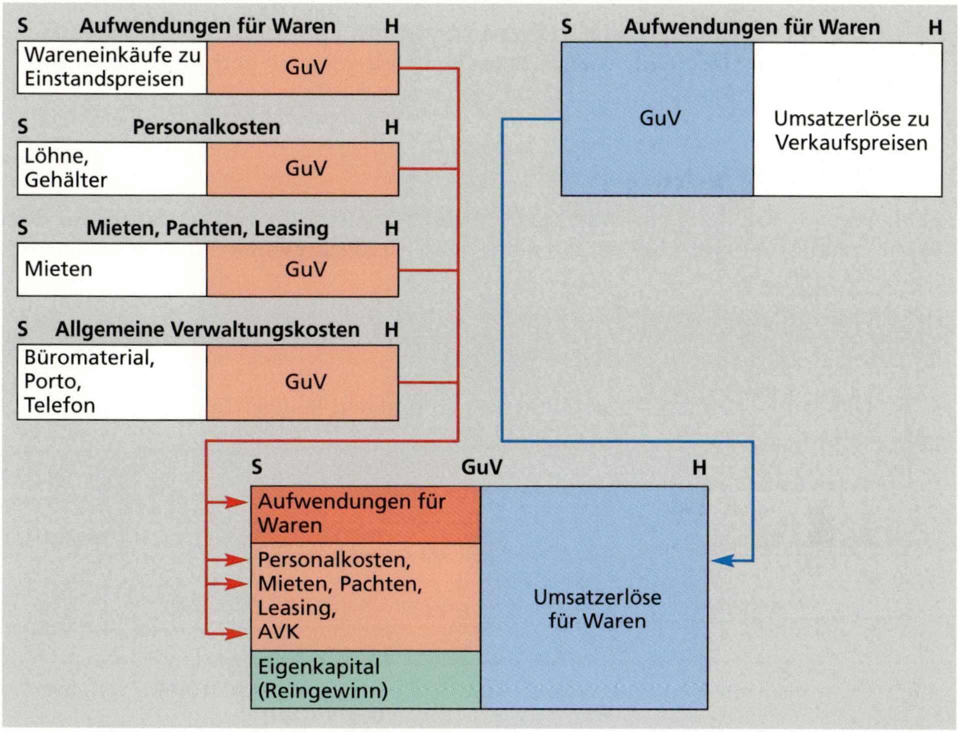

Außenstehende erhalten dadurch einen Einblick in die durchschnittliche **Kalkulation** **LF 9** (vgl. Seite 23 ff.), in der insbesondere das prozentuale Verhältnis

- der Handlungskosten zu dem Wareneinsatz (Handlungskostenzuschlagssatz) und
- des Gewinnes zu den Selbstkosten (Gewinnzuschlagssatz)

bedeutende Informationen bei Vergleichen sind.

Beispiel 1 Ermittlung des Handlungskostenzuschlagssatzes aus dem Konto „Gewinn und Verlust"

Aufwendungen für Waren	20.400,00 EUR
+ Handlungskosten (verschiedene Aufwendungen)	5.100,00 EUR
= Selbstkosten	25.500,00 EUR

Daraus lässt sich der Handlungskostenzuschlagssatz ermitteln:

20.400,00 EUR Aufwendungen für Waren ≙ 100 %
5.100,00 EUR Handlungskosten ≙ x %

$$x = \frac{100 \cdot 5.100}{20.400} \qquad x = 25\ \%$$

Der Handlungskostenzuschlagssatz beträgt 25 %.

Beispiel 2 Ermittlung des Gewinnzuschlagssatzes aus dem Konto „Gewinn und Verlust"

Im obigen Beispiel betrugen die Selbstkosten 25.500,00 EUR, der aufgeschlagene Gewinn 4.080,00 EUR, der erzielte Umsatzerlös 29.580,00 EUR.

Daraus lässt sich der Gewinnzuschlagssatz ermitteln:

25.500,00 EUR Selbstkosten ≙ 100 %
4.080,00 EUR Gewinn ≙ x %

$$x = \frac{100 \cdot 4.080}{25.500} \qquad x = 16\ \%$$

Der Gewinnzuschlagssatz beträgt 16 %.

PRAXISTIPP Wird die Spanne zwischen Einstands- und Verkaufspreisen von den Herstellern vorgegeben, kann der Einzelhändler den Gewinn nur noch durch Kosteneinsparungen (Handlungskosten und Einstandspreise) vergrößern.

○ Rohgewinn/Reingewinn

LF 8 Durch Gegenüberstellung von Warenumsatz und Wareneinsatz wird der **Erfolg aus dem Wareneinkauf und -verkauf** dargestellt. Er wird als **Rohergebnis** (Rohgewinn/Rohverlust) bezeichnet.

Rohgewinn = Umsatzerlöse für Waren (Warenumsatz) – Aufwendungen für Waren (Wareneinsatz)

Der Rohgewinn beinhaltet die Handlungskosten und den Reingewinn.

Beispiel Im GuV-Konto lässt sich der Rohgewinn wie folgt bestimmen:

	Umsatzerlöse für Waren (Umsatz)	29.580,00 EUR
–	Aufwendungen für Waren (Wareneinsatz)	20.400,00 EUR
=	Rohgewinn/Rohertrag	9.180,00 EUR

Rohgewinn/Rohertrag = Differenz zwischen Umsatz und Wareneinsatz

Zieht man also die Handlungskosten vom Rohgewinn ab, erhält man den **Reingewinn**.

Beispiel

	Rohgewinn	9.180,00 EUR
–	Handlungskosten	5.100,00 EUR
	Reingewinn	4.080,00 EUR

LF 9 Das prozentuale Verhältnis des Rohgewinns zum Wareneinsatz (= **Kalkulationszuschlagssatz**) ist eine bedeutende Vergleichsgröße:

$$\textbf{Kalkulationszuschlagssatz} = \frac{\text{Rohgewinn} \cdot 100}{\text{Wareneinsatz}}$$

Beispiel

20.400,00 EUR Wareneinsatz	≙ 100 %
9.180,00 EUR Rohgewinn	≙ x %

$x = \frac{100 \cdot 9.180}{20.400}$ $x = 45\ \%$ Der Kalkulationszuschlagssatz beträgt 45 %.

Wareneinsatz, Warenrohgewinn, Warenumsatz

- Jedes Einzelhandelsunternehmen verkauft Waren und erzielt dabei **Umsatzerlöse**, die als Erträge das Eigenkapital vermehren.
- Zur Umsatzerzielung muss das Unternehmen
  - Aufwendungen für die verkaufte Ware beim Einkauf (**Wareneinsatz**) und
  - **Handlungskosten** (Personalkosten, Mieten, Verwaltungskosten usw.)

  in Kauf nehmen, die das Eigenkapital vermindern.

- Über die Umsatzerlöse versucht das Einzelhandelsunternehmen Aufwendungen für Waren (**Wareneinsatz**) und **Handlungskosten** hereinzuholen und darüber hinaus einen **Gewinn** zu erzielen.
- Der Aufwand für Waren (Wareneinsatz) wird beim Einkauf aufgrund von Eingangsrechnungen auf dem **Aufwandskonto „Aufwendungen für Waren"** im Soll als Eigenkapitalminderung erfasst.
- Die Umsatzerlöse werden aufgrund von Kassenberichten und Ausgangsrechnungen auf dem **Ertragskonto „Umsatzerlöse für Waren"** als Eigenkapitalmehrung im Haben erfasst.
- Wareneinsatz und Handlungskosten werden den Umsatzerlösen beim Abschluss der Erfolgskonten auf dem GuV-Konto gegenübergestellt.
- Die Differenz zwischen Umsatzerlösen für Waren und Aufwendungen für Waren (Wareneinsatz) wird als **Rohgewinn** bezeichnet.
- Zieht man vom Rohgewinn die Handlungskosten ab, erhält man den **Reingewinn.**

1.
2.
a) Buchen Sie folgende Geschäftsfälle auf den Konten Aufwendungen für Waren, Umsatzerlöse für Waren und GuV.
b) Ermitteln Sie den Erfolg auf dem Konto GuV.
c) Bestimmen Sie Umsatz, Wareneinsatz, Warenrohgewinn und Handlungskosten.

Geschäftsfälle	Aufgabe 1	Aufgabe 2
1. Zieleinkäufe:	50 Maschinen zu je 7.200,00 EUR	140 Maschinen zu je 2.400,00 EUR
2. Zielverkäufe:	40 Maschinen zu je 12.600,00 EUR	120 Maschinen zu je 3.200,00 EUR
3. Einkäufe gegen Bankverrechnungsscheck:	20 Maschinen zu je 7.200,00 EUR	60 Maschinen zu je 2.400,00 EUR
4. Verkäufe gegen Bankverrechnungsscheck:	30 Maschinen zu je 12.600,00 EUR	80 Maschinen zu je 3.200,00 EUR
Dabei entstanden folgende **Handlungskosten:**		
Personalkosten:	175.000,00 EUR	52.000,00 EUR
Mieten:	25.000,00 EUR	16.000,00 EUR
AVK:	52.000,00 EUR	28.000,00 EUR

3. **Konten:** EBK, Fuhrpark, Geschäftsausstattung, Forderungen a. LL, Bank, Kasse, Eigenkapital, Darlehensschulden, Verbindlichkeiten a. LL, Umsatzerlöse für Waren, Aufwendungen für Waren, Aufwendungen für Energie, Löhne, Gehälter, Mieten, Postgebühren/Telekommunikation, Werbung, Gewerbesteuer, GuV, SBK

Anfangsbestände:	EUR		EUR
Fuhrpark	45.000,00	Kasse	5.400,00
Geschäftsausstattung	355.000,00	Eigenkapital	430.780,00

Forderungen a. LL	30.000,00	Darlehensschulden	150.000,00
Bank	180.000,00	Verbindlichkeiten a. LL	34.620,00

Geschäftsfälle:

		EUR
1.	**BA:** Banküberweisung der Miete für gemietete Gebäude	25.000,00
2.	**ER:** Zieleinkauf von Waren	151.200,00
3.	**ER, BA:** Einkauf eines Schreibtisches gegen Bankscheck	940,00
4.	**BA:** Vertrag: Darlehensaufnahme bei der Bank	200.000,00
5.	**BA:** Lohnzahlung durch Banküberweisung	252.000,00
6.	**BA:** Banküberweisung der Gewerbesteuer	8.400,00
7.	**AR, KB:** Verkäufe von Waren	
	auf Ziel	45.000,00
	Kassenbericht	500.000,00
8.	**BA:** Banküberweisung der Gehälter	42.000,00
9.	**ER:** Zieleinkauf von Waren	33.600,00
10.	**BA:** Abbuchung der betrieblichen Telefongebühren	2.060,00
11.	**BA, ER:** Banküberweisung für den Strom- und Gasverbrauch	16.800,00
12.	**AR, KA:** Verkäufe von Waren	
	Zahlungsziel 30 Tage	94.000,00
	Kassenbericht	300.000,00
13.	**BA:** Banküberweisung für Werbemaßnahmen	140.000,00
14.	**BA, ER:** Einkauf von Waren gegen Bankscheck	168.940,00
15.	**KB:** Verkäufe von Waren bar	5.000,00
16.	**KB/BA:** Einzahlung auf Bankkonto	800.000,00

a) Richten Sie die Konten ein.
b) Eröffnen Sie die Bestandskonten über das EBK.
c) Tragen Sie die Geschäftsfälle in das Grundbuch ein.
d) Buchen Sie die Geschäftsfälle auf den Konten des Hauptbuches.
e) Führen Sie den Abschluss durch.
f) Ermitteln Sie
  - das Rohergebnis,
  - den durchschnittlichen Handlungskostenzuschlagssatz,
  - den durchschnittlichen Gewinnzuschlagssatz.

4. Durch welche der unten stehenden Geschäftsfälle wird
(1) ein Aktiv-Tausch, (2) ein Passiv-Tausch,
(3) eine Aktiv-Passivmehrung, (4) eine Aktiv-Passivminderung hervorgerufen?

Geschäftsfälle:

a) Barzahlung von Gehältern
b) Barverkauf eines gebrauchten Pkw
c) Banküberweisung für eine fällige ER an einen Lieferer
d) Banküberweisung für eine fällige AR durch einen Kunden
e) Warenverkauf bar
f) Umwandlung einer Verbindlichkeit in ein Darlehen
g) Banküberweisung der Tilgungsrate für eine Darlehensschuld
h) Zinsgutschrift der Bank
i) Mieter überwies fällige Miete für gemieteten Lagerraum auf das Bankkonto

5. Welche der folgenden Aussagen treffen
(1) nur auf Aktivkonten, (2) nur auf Passivkonten,
(3) auf alle Bestandskonten, (4) nur auf Aufwandskonten,
(5) nur auf Ertragskonten, (6) auf alle Erfolgskonten zu?

Aussagen:

a) Sie haben keinen Anfangsbestand.
b) Der Saldo steht im Haben und wird auf das GuV-Konto übertragen.
c) Auf diesen Konten werden Eigenkapitalmehrungen gebucht.
d) Der Anfangsbestand steht im Haben.
e) Es sind Unterkonten des Eigenkapitals.
f) Auf diesen Konten werden Eigenkapitalminderungen gebucht.
g) Der Saldo wird auf die Sollseite des SBK eingetragen.
h) Sie erteilen Auskunft über die Vermögensänderungen.
i) Sie haben einen Endbestand.
j) Ihre Salden werden im Haben des GuV-Kontos gesammelt.

6. Das Vermögen eines Großhandelsunternehmens beträgt am Ende des Geschäftsjahres 7.200 TEUR (Tausend EUR), die Schulden betragen 3.700 TEUR. Im Laufe des Jahres sind 9.000 TEUR Aufwendungen und 9.150 TEUR Erträge entstanden.
a) Wie viel TEUR beträgt das Eigenkapital am Ende des Geschäftjahres?
b) Wie viel TEUR betrug das Eigenkapital am Anfang des Geschäftsjahres?

7. Ergänzen Sie Ihre Lernkartei, soweit das im Lernfeld 8 nicht geschehen ist, um folgende Begriffe mit entsprechender Fragestellung und Lösung: Wareneinsatz, Rohgewinn, Reingewinn, Bezugspreis/Einstandspreis, Handlungskostenzuschlagssatz, Selbstkostenpreis, Gewinnzuschlagssatz, Barverkaufspreis, netto.

8. Stellen Sie in Ihrem Ausbildungsbetrieb fest, wie die Verkaufspreise ermittelt werden bzw. zustande kommen.

1.2 Warenbestände und Warenbestandsveränderungen

Am Anfang des Geschäftsjahres hatte der Mars Elektrofachmarkt e. K. einen Bestand von 60 DVDs „Harry Potter“ zum Einstandspreis von 3,21 EUR. Im Laufe des Jahres wurden 2.200 Stück zum selben Bezugs-/Einstandspreis eingekauft. Der Auszubildende Mehmet Aydin erfasste damals diese Einkäufe auf dem Konto „**Aufwendungen für Waren**“. Er unterstellte dabei, dass diese Waren auch im Abrechnungsjahr verkauft und damit zum Aufwand für Waren (Wareneinsatz) würden.
„Da stimmt doch etwas mit unserem Bestandskonto nicht“, stellt er fest, als er bei der Inventur zum 31. Dezember am Lager noch 400 Stück DVD „Harry Potter“ zählt. Auf dem Warenbestandskonto steht jedoch nur der Anfangsbestand von 60 Stück zu je 3,21 EUR = 192,60 EUR.

ARBEITSAUFTRÄGE

- Geben Sie Gründe an, warum sich zum Jahresende mehr DVDs „Harry Potter“ auf Lager befinden als zu Beginn des Geschäftsjahres.
- Machen Sie einen Vorschlag zur Berichtigung des Lagerbestandes in der Buchführung.

Erklärung der Differenz zwischen Buch- und Istbestand

Bei der **Inventur zum Ende des Geschäftsjahres** zeigt sich:

- Der **Endbestand** ist **größer** als der **Anfangsbestand**.
- Es liegt eine **Bestandsmehrung** vor.
- Nicht alle Waren, die im Laufe des Jahres gekauft wurden, sind verkauft worden.
- Die nicht verkauften Waren befinden sich im Verkaufsraum oder im Reservelager.

- Der **Endbestand** ist **kleiner** als der **Anfangsbestand**.
- Es liegt eine **Bestandsminderung** vor.
- Neben den im Laufe des Jahres eingekauften Waren wurden Teile des Lagerbestandes verkauft.
- Der **Lagerbestand** wurde **abgebaut**.

In beiden Fällen sind also der Warenbestand und die Aufwendungen für Waren zu berichtigen.

Mögliche Bestandsveränderungen		
AB < EB	**Warenbestandsmehrung**	Wertmäßiger Warenkauf > Wareneinsatz
AB > EB	**Warenbestandsminderung**	Wertmäßiger Warenkauf < Wareneinsatz

Beispiel Zu Beginn des Geschäftsjahres weist das Konto **„Warenbestände"** einen Bestand an DVDs „Harry Potter" von 192,60 EUR (60 Stück zu je 3,21 EUR) aus. Die **Einkäufe** wurden sofort als Aufwand auf dem Konto **„Aufwendungen für Waren"** gebucht, nämlich 7.062,00 EUR (= 2.200 Stück zu je 3,21 EUR). Der Buchbestand blieb also **während des Geschäftsjahres unverändert**.

PRAXISTIPP Abweichungen der Sollbestände von den Istbeständen werden regelmäßig durch Inventur ermittelt.

Buchung der Warenbestandsveränderungen

Warenbestandsveränderungen werden einerseits auf dem **Warenbestandskonto** zur **Anpassung** des **Sollbestandes** an den **Istbestand** erfasst, andererseits auf dem Konto **Aufwendungen für Waren**. Der dort erfasste Wareneinsatz muss um die Bestandsveränderung korrigiert werden.

Bestandskonto

Warenbestände

Es weist aus:

im Soll
- den Warenanfangsbestand
- die Warenbestandsmehrung

im Haben
- die Warenbestandsminderung
- den Warenendbestand lt. Inventur

Erfolgskonto

Aufwendung für Waren

Es nimmt auf:

im Haben
- die Bestandsmehrung als Korrektur des Wareneinsatzes

im Soll
- die Wareneinkäufe
- die Bestandsminderung als zusätzlichen Wareneinsatz

Nach Durchführung der **Inventur** kann die Warenbestandsveränderung durch **Vergleich** des **Warenendbestandes** mit dem **Warenanfangsbestand** festgestellt werden (vgl. Seite 33 f.). Entsprechend ist dann der Warenbestand (**Sollbestand**) auf dem Bestandskonto

„**Warenbestände**“ dem Istbestand anzupassen. Die Gegenbuchung nimmt das Erfolgskonto „**Aufwendungen für Waren**“ auf. Mit dieser Buchung wird der Abschluss der Konten vorbereitet. Es handelt sich daher um eine **vorbereitende Abschlussbuchung** oder **Umbuchung**.

Durch folgende Gegenüberstellung wird der Unterschied von **Umbuchung** und **Abschlussbuchung** verdeutlicht:

Umbuchung	**Abschlussbuchung**
● Bei einer Bestandsmehrung werden die Eintragungen in den Konten – Warenbestände und – Aufwendungen für Waren berichtigt. ● Diese beiden Konten müssen also noch für den Abschluss vorbereitet werden.	● Nach der Erfassung der Bestandsmehrung werden die Konten Warenbestände und Aufwendungen für Waren abgeschlossen, d. h., die Salden werden auf ein Sammelkonto (GuV oder SBK) übertragen. ● Abschlussbuchungen erfolgen stets über das GuV-Konto oder das SBK.

Beispiel 1 Warenbestandsmehrung

Warenanfangsbestand: 60 Stück DVD „Harry Potter“ zu je 3,21 EUR.

Geschäftsfälle

1. Zieleinkäufe: 2.200 Stück DVD Harry Potter zu je 3,21 EUR
2. Zielverkäufe: 1.860 Stück DVD Harry Potter zu je 7,75 EUR

Dabei entstanden **Handlungskosten** in Höhe von 4.477,95 EUR (= 75 % Handlungskostenzuschlagssatz)

Warenendbestand laut Inventur: 400 Stück DVD Harry Potter zu je 3,21 EUR

Anfangsbestand		Endbestand		Bestandsmehrung
60 Stück zu je 3,21 EUR	<	400 Stück zu je 3,21 EUR	→	340 Stück zu je 3,21 EUR
= 192,60 EUR		= 1.284,00 EUR		= 1.091,40 EUR

Umbuchung

Warenbestand	1.091,40	an Aufwendungen für Waren	1.091,40

Darstellung der Bestandsmehrung auf Konten

S Warenbestände H

S			H
EBK	192,60	SBK	1.284,00
Aufw. f. Waren	1.091,40		
	1.284,00		1.284,00

S SBK H

S			H
Warenbestand	1.284,00		

S Aufwendungen für Waren H

S			H
1. Vb	7.062,00	Warenbestände	1.091,40
		GuV	5.970,60
	7.062,00		7.062,00

S Umsatzerlöse für Waren H

S			H
GuV	14.415,00	2. Ka	14.415,00

S Gewinn und Verlust H

S			H
Aufw. f. Waren	5.970,00	Umsatzerlöse für Waren	14.415,00
Versch. Aufw. (Handlungskosten	4.477,95		
Eigenkapital	3.966,45		
	14.415,00		14.415,00

Selbstkosten	**Wareneinsatz** Handlungskosten	Umsatz
Gewinn		

- Auf dem **Konto Warenbestände** wird nach Erfassung der Bestandsmehrung der Warenendbestand lt. Inventur (Istbestand) ausgewiesen.
- Warenbestand = Sollbestand + Bestandsmehrung
- Auf dem Konto Aufwendungen für Waren ergibt sich der Aufwand für Waren (Wareneinsatz) erst nach Umbuchung des Lagerzugangs.
- Aufwand für Waren (Wareneinsatz) = Wareneinkäufe – Bestandsmehrung

Beispiel 2 Warenbestandsminderung

Warenanfangsbestand: 400 Stück DVD „Harry Potter" zu je 3,21 EUR.
Geschäftsfälle
1. Zieleinkäufe: 2.200 Stück DVD Harry Potter zu je 3,21 EUR
2. Zielverkäufe: 2.500 Stück DVD Harry Potter zu je 7,75 EUR

Die **Handlungskosten** betrugen 6.018,75 EUR (= 75 % Handlungskostenzuschlagssatz)
Warenendbestand laut Inventur: 100 Stück DVD Harry Potter zu je 3,21 EUR

Anfangsbestand		Endbestand		Bestandsmehrung
400 Stück zu je 3,21 EUR	<	100 Stück zu je 3,21 EUR	→	300 Stück zu je 3,21 EUR
= 1.284,00 EUR		= 321,00 EUR		= 963,00 EUR

Umbuchung
Aufwendungen für Waren 963,00 an Warenbestände 963,00

Darstellung der Bestandsminderung auf Konten

S	Warenbestände		H
EBK	1.284,00	Aufw. f. Waren	963,00
		SBK	321,00
	1.284,00		1.284,00

S	SBK		H
Warenbestände	321,00		

S	Aufwendungen für Waren		H
1. Vb	7.062,00	GuV	8.025,00
Warenbestände	963,00		
	8.025,00		8.025,00

S	Umsatzerlöse für Waren		H
GuV	19.375,00	2. Ka	19.375,00

S	Gewinn und Verlust		H
Aufw. f. Waren	8.025,00	Umsatzerlöse für Waren	19.375,00
Versch. Aufw. (Handlungskosten)	6.018,75		
Eigenkapital	5.331,25		
	14.415,00		14.415,00

Selbstkosten	Wareneinsatz / Handlungskosten	Umsatz
Gewinn		

- Auf dem Konto Warenbestände wird nach Erfassung der Bestandsminderung der Bestand lt. Inventur (Istbestand) ausgewiesen.
- Warenbestand = Sollbestand – Bestandsminderung
- Auf dem Konto Aufwendungen für Waren ergibt sich der Wareneinsatz erst nach Erfassung der Bestandsminderung.
- Aufwand für Waren (Wareneinsatz) = Wareneinkäufe + Bestandsminderung

Warenbestände und Warenbestandsveränderungen

1.
2. a) Buchen Sie die folgenden Geschäftsfälle auf den Konten Warenbestände, Aufwendungen für Waren, Umsatzerlöse für Waren und GuV.
b) Ermitteln Sie den Erfolg.

Geschäftsfälle	Aufgabe 1	Aufgabe 2
1. Zieleinkäufe	500 St. zu je 720,00 EUR	1.400 St. zu je 240,00 EUR
2. Zielverkäufe	400 St. zu je 1.260,00 EUR	1.000 St. zu je 320,00 EUR
3. Einkäufe gegen Bankverrechnungsscheck	200 St. zu je 720,00 EUR	600 St. zu je 240,00 EUR
4. Verkäufe gegen Bankverrechnungsscheck	200 St. zu je 1.260,00 EUR	800 St. zu je 320,00 EUR
Dabei entstanden folgende **Aufwendungen**:		
Löhne, Gehälter	175.000,00 EUR	52.000,00 EUR
Mieten	25.000,00 EUR	16.000,00 EUR
Aufwendungen für Kommunikation	52.000,00 EUR	28.000,00 EUR
Endbestand lt. Inventur:	50 St. zu je 720,00 EUR	200 St. zu je 240,00 EUR

3. **Konten:** Warenbestände, Aufwendungen für Waren, Umsatzerlöse für Waren, GuV
Anfangsbestand:
100 Stück zu 15,00 EUR je Stück

Geschäftsfälle:

Verkauf auf Ziel	30 Stück zu 20,00 EUR je Stück
Zieleinkauf	30 Stück zu 15,00 EUR je Stück
Verkauf gegen Bankscheck	10 Stück zu 20,00 EUR je Stück
Endbestand lt. Inventur:	90 Stück zu je 15,00 EUR.

Ermitteln Sie die Aufwendungen für Waren (Wareneinsatz).

4.
5. **Konten:** Warenbestände, Aufwendungen für Waren, Umsatzerlöse für Waren, GuV

	4	5
	EUR	EUR
Warenanfangsbestand	43.300,00	78.500,00
Wareneinkäufe auf Ziel	416.700,00	521.500,00
Warenverkäufe bar	600.000,00	1.100.000,00
Zahlung verschiedener Aufwendungen durch Banküberweisung	210.000,00	450.000,00
Warenendbestand lt. Inventur	60.000,00	50.000,00

a) Ermitteln Sie
   - die Aufwendungen für Waren (Wareneinsatz),
   - den Gewinn (Reingewinn) bzw. Verlust (Reinverlust).

b) Stellen Sie die Zusammenhänge auf Konten dar.

c) Die Warenkonten sind abzuschließen.

6.
7. **Konten:** Warenbestände, Aufwendungen für Waren, Umsatzerlöse für Waren, GuV

	6	7
Anfangsbestand:	EUR	EUR
Warenbestand	15.000,00	8.000,00
Geschäftsfälle:		
1. Tageslosung, Kassenbericht Nr. 64	2.700,00	1.600,00
2. Verkauf gegen Bankscheck, AR 48	500,00	200,00
3. Einkauf von Waren auf Ziel, ER 97	2.000,00	1.400,00
4. Tageslosung, Kassenbericht Nr. 65	1.600,00	600,00
Endbestand lt. Inventur	13.400,00	7.600,00

Schließen Sie die Konten ab und ermitteln Sie Wareneinsatz, Warenumsatz und Rohgewinn.

8.
9. **Konten:** EBK, Warenbestände, Forderungen a. LL, Bank, Kasse, Eigenkapital, Verbindlichkeiten a. LL, Aufwendungen für Waren, Mieten, Umsatzerlöse für Waren, GuV, SBK

	8	9
Anfangsbestände:	EUR	EUR
Warenbestände	20.000,00	25.000,00
Forderungen a. LL	4.000,00	6.000,00
Bankguthaben	3.000,00	4.000,00
Kasse	1.500,00	1.600,00
Eigenkapital	?	?
Verbindlichkeiten a. LL	4.800,00	7.000,00
Geschäftsfälle:		
1. Wareneinkauf auf Ziel, ER 192	2.000,00	3.000,00
2. Tageslosung, Kassenbericht Nr. 114	1.600,00	1.500,00
3. Ausgleich der Liefererrechnung ER 184, BA 210	1.500,00	2.000,00
4. Ein Kunde überweist auf Bankkonto für AR 93, BA 211	1.000,00	1.200,00
5. Warenverkauf auf Ziel, AR 98	300,00	500,00
6. Warenverkauf gegen Bankscheck, BA 212	500,00	800,00
7. Zahlung der Geschäftsmiete bar	150,00	250,00

8. Tageslosung, Kassenbericht Nr. 115	4.400,00	7.100,00
Abschlussangaben:		
1. Warenbestand lt. Inventur	16.900,00	21.400,00

2. Die Salden der übrigen Bestandskonten stimmen mit den Inventurwerten überein.

a) Erfassen Sie Anfangsbestände und Geschäftsfälle auf obigen Konten.
b) Schließen Sie die Konten unter Berücksichtigung der Abschlussangaben ab.

10. Ein Einzelhandelsunternehmen hat bei der Errechnung des Warenendbestandes lt. Inventur eine Seite des Inventars nicht mit aufgerechnet. Dadurch wurde der Warenendbestand um 15.600,00 EUR zu niedrig in der Bilanz ausgewiesen.
Erläutern Sie die Auswirkungen dieses Fehlers
a) auf den Aufwand für Waren (Wareneinsatz),
b) auf den Rohertrag (Rohgewinn),
c) auf den Gewinn (Reingewinn).

11. Bilden Sie die Buchungssätze zur Erfassung folgender Sachverhalte am Geschäftsjahresende:

1. Warenendbestand lt. Inventur	45.000,00
2. Aufwand für Waren (Wareneinsatz)	840.000,00
3. Umsatzerlöse für Waren	1.720.000,00
4. Löhne/Gehälter	432.000,00
5. Gewinn (Reingewinn)	136.000,00

12. Ermitteln Sie aus folgenden Angaben
a) den Aufwand für Waren (Wareneinsatz),
b) den Rohertrag (Warenrohgewinn).

Warenanfangsbestand	200.000,00
Wareneinkäufe	1.200.000,00
Warenverkäufe	1.800.000,00
Warenendbestand lt. Inventur	150.000,00

13. Stellen Sie folgende Werte eines Geschäftsjahres auf den Konten Warenbestände, Aufwendungen für Waren, Umsatzerlöse, Gehälter, Aufwendungen für Kommunikation, Versicherungsbeiträge und Sonstige Aufwendungen dar:

	EUR
1. Warenanfangsbestand	47.200,00
2. Wareneinkäufe auf Ziel	747.800,00
3. Wareneinkäufe bar	17.400,00
4. Warenverkäufe bar	1.167.840,00
5. Warenverkäufe auf Ziel	209.660,00
6. Gehaltszahlung durch Banküberweisung	184.700,00
7. Aufwendungen für Kommunikation, bar	24.200,00
8. Versicherungsbeiträge und Sonstige Aufwendungen	133.100,00
9. Warenendbestand lt. Inventur	52.400,00

Ermitteln Sie
a) den Wareneinsatz,
b) den Gewinn (Reingewinn) auf dem Konto GuV
c) den Rohertrag (Rohgewinn).

14. Ermitteln Sie aus nachstehenden Angaben der Buchhaltung eines Einzelhandelsunternehmens
a) den Rohertrag (Rohgewinn),

b) den Gewinn (Reingewinn),
c) die Handlungskosten in EUR.

Angaben der Buchhaltung:	EUR
Wareneinsatz	1.884.000,00
Warenumsatz	2.826.000,00
Personalaufwendungen	376.800,00
Mieten, Pachten	128.400,00
Sonstige Aufwendungen	248.400,00

15. Ein Einzelhandelsunternehmen hat für die Berechnung der unten stehenden betrieblichen Kennziffern die folgenden Zahlen zu berücksichtigen:

Wareneinsatz	990.000,00
Handlungskosten	371.250,00
Umsatzerlöse	1.429.312,50

a) Wie viel EUR beträgt der Rohertrag (Rohgewinn)?
b) Wie viel Prozent vom Umsatz beträgt der Rohertrag (Rohgewinn)?
c) Wie viel EUR beträgt der Gewinn (Reingewinn)?
d) Wie viel Prozent beträgt der Gewinn (Reingewinn) bezogen auf die Selbstkosten?

16. Nehmen Sie in Ihre Lernkartei folgende Sachwörter auf: Warenbestandsmehrungen, Warenbestandsminderungen, Warenbestände, Warenbestandsveränderungen, Umbuchungen, Abschlussbuchungen.

17. Erklären Sie Abweichungen der Warenistbestände lt. Inventur von den Warensollbeständen lt. Warenbestandskonto und ihre Verursachung.

1.3 Umsatzsteuer

Mehmet Aydin soll folgende Belege buchen:

Elektro Bader KG
Elektrogeräte

Elektro Bader KG, Fabrikstraße 10-34, 04129 Leipzig

Mars Elektrofachmarkt e. K.
Aachener Straße 1250
50859 Köln

Geschäftsräume:
Fabrikstraße 10–34
04129 Leipzig
Tel.: 0341 554645
Fax: 0341 554849

Ihr Auftrag vom:	Kunden-Nr.	Rg-Nr.	Datum
09.05.20..	20344	64200	12.05.20..

Art.-Nr.	Menge	Artikelbezeichnung	Einzelpreis EUR	Gesamtpreis EUR
1849990	**20**	**Ruby Fernsehgerät Seoul**	**249,44**	**4.988,80**
1849990	**5**	**Sany Hi-Fi-Kompaktanlage X 2000**	**127,22**	**636,10**

Warenwert, netto EUR	Entgelt, netto EUR	16 % USt EUR	Gesamtbetrag EUR
5.624,90	5.624,90	899,98	6.524,88

Zahlbar binnen 10 Tagen nach Rechnungsdatum netto

Bankverbindung:
Stadtsparkasse Leipzig
BLZ 860 555 92
Kto.-Nr: 650 342 344

Steuernummer: 230/536/4781
USt-ID-Nr.: DE-24723451

MARS
ELEKTROFACHMARKT E. K.

Mars Elektrofachmarkt e. K., Aachener Str. 1250, 50859 Köln

Privatklinik am Stadtwald GmbH
Haydnstraße 8
50935 Köln

Aachener Str. 1250
50859 Köln

Telefon: 0221 1610705
Telefax: 0221 1700088

Kopie

RECHNUNG/AUFTRAGSBESTÄTIGUNG
Bei Zahlung/Rücksendung/Gutschrift unbedingt angeben

Kundennummer	Rechnungs-Nr.	Datum
8135	2345	18.05.20..

Artikel-Nr.	Artikelbezeichnung	Menge	Einzelpreis EUR	Gesamtpreis EUR
5056691849997	Ruby Fernsehgerät Seoul	20	449,00	8.980,00
5056691846668	Sany Hi-Fi-Kompaktanlage X 2000	5	229,00	1.145,00
				10.125,00

Im Rechnungsbetrag sind 16 % Umsatzsteuer = 1.396,55 EUR enthalten.

Zahlbar innerhalb 30 Tagen netto

Bankverbindungen:
Kreissparkasse Köln BLZ: 370 502 99 Kto-Nr.: 136 005 64
Deutsche Bank Köln BLZ: 370 700 60 Kto-Nr.: 340 731 420

Steuernummer: 223/337/2973
USt-ID-Nr.: DE-58344258

„Das ist aber komisch", brummt er vor sich hin, *„das Finanzamt verlangt sowohl auf die Einkäufe als auch auf die Verkäufe Umsatzsteuer. Das wird den Gewinn des Mars Elektrofachmarkts e. K. aber ganz schön schmälern."*

ARBEITSAUFTRÄGE

- Erläutern Sie die beiden Belege.
- Erklären Sie am Beispiel der beiden Belege das Umsatzsteuersystem.
- Überprüfen Sie die Aussage von Mehmet Aydin auf ihre Richtigkeit.
- Bilden Sie die Buchungssätze für beide Belege.

Umsatzsteuersystem

Umsatz und Umsatzsteuer

Der Gesetzgeber erhebt auf die Umsätze der Unternehmungen Umsatzsteuer. **Umsätze** im Sinne des Umsatzsteuergesetzes sind Lieferungen und sonstige Leistungen im Inland gegen **Entgelt**. Umsatzsteuer kann grundsätzlich nur dann entstehen, wenn die **Leistung durch einen Unternehmer** erbracht wird.

Beispiel Der Mars Elektrofachmarkt e. K. verkauft regelmäßig Elektroartikel aus seinem Warensortiment, er stellt Geräte auf und schließt sie an, er führt Reparaturen an verkauften Geräten (= Dienstleistungen) durch, verkauft von Zeit zu Zeit gebrauchte Gegenstände des Anlagevermögens. Alle diese berechneten Lieferungen und Leistungen sind Umsätze des Mars Elektrofachmarktes e. K.

Der Unternehmer – im Beispiel der Mars Elektrofachmarkt e. K. – muss die Umsatzsteuer, die aufgrund seiner Lieferung oder Leistung entstanden ist, an das **Finanzamt** abführen. Der Unternehmer, der die Lieferung oder Leistung ausführt, ist also **Steuerschuldner**.

Die Höhe des Umsatzes bemisst sich nach dem **vereinbarten Entgelt** (= **Bemessungsgrundlage**). Entgelt ist alles, was der Unternehmer als Gegenleistung für seine Lieferungen oder sonstigen Leistungen mit seinem Vertragspartner lt. Vertrag vereinbart hat.

Der Regelsteuersatz beträgt zzt. 16 % des Umsatzes, also 16 % der Bemessungsgrundlage. Für verschiedene **Umsätze an Endverbraucher**, z. B. Grundnahrungsmittel (wie Milch, Milcherzeugnisse, Mehl, Brot u. a.), Bücher, Zeitungen, Blumen und Kunstgegenstände gilt der ermäßigte Satz von 7 %.

Bei jedem Umsatz setzt sich der **Rechnungsbetrag** daher aus

- dem **Nettowert der Ware oder Leistung** (= vereinbartes Entgelt) und
- der **Umsatzsteuer** zusammen.

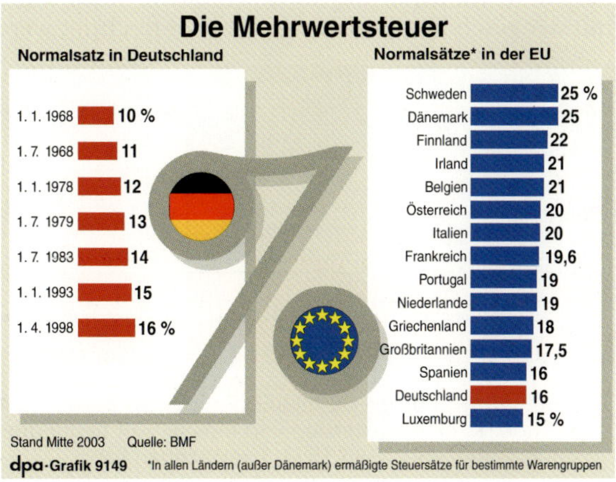

Beispiel Der Mars Elektrofachmarkt e. K. schuldet dem Finanzamt aufgrund der ausgeführten Lieferungen an den Kunden Privatklinik am Stadtwald GmbH lt. AR 2345 (vgl. Seite 38) 1.396,55 EUR.

Vereinbartes Entgelt →	100 % →	Gegenwert für die erbrachte Lieferung/Leistung des Einzelhandelsunternehmens
Umsatzsteuer →	16 %/ 7 % →	Schuld gegenüber dem Finanzamt
Gesamtbetrag der Ausgangsrechnung →	116 %/ 107 % →	Forderung an den Kunden

Die **Umsatzsteuer laut Ausgangsrechnung** ist somit eine **Verbindlichkeit gegenüber dem Finanzamt**. Jeder Unternehmer wälzt die abzuführende Umsatzsteuer auf den Kunden ab. Daher schreibt der Gesetzgeber vor, dass die **Umsatzsteuer** offen in der **Ausgangsrechnung** ausgewiesen werden muss. Diese Vorschrift gilt nicht für die Auszeichnung der Preise, die immer einschließlich Umsatzsteuer (Bruttopreise) angegeben werden LF 9 müssen (§ 1 Abs. 1 PAngV/Preisangabenverordnung).

○ Vorumsatz und Vorsteuer

Um den Umsatz erbringen zu können, muss eine Einzelhandelsunternehmung Lieferungen und Leistungen anderer Unternehmungen in Anspruch nehmen, die für den Lieferer Umsatz sind.

Beispiel Der Mars Elektrofachmarkt e. K. kauft weiße und braune Waren ein, nimmt Dienstleistungen anderer Unternehmen in Anspruch (Strom, Transport durch Frachtführer und Spediteure, Fremdinstandhaltung, Reinigung u. a.). Lt. Eingangsrechnung der Elektro Bader KG (vgl. Seite 38) werden dem Mars Elektrofachmarkt e. K. Waren zum Nettowert von 5.624,90 EUR berechnet.

Bei jedem Einkauf von Waren oder Bezug von Leistungen wird dem Einzelhändler daher neben dem Warenwert bzw. Nettowert Umsatzsteuer in Rechnung gestellt, die der Lieferer an das Finanzamt abführen muss. Die Eingangsrechnungen weisen daher neben dem vereinbarten Entgelt für die Waren oder Dienstleistungen die Umsatzsteuer aus. Aus der Sicht der beschaffenden Unternehmung wird die **Umsatzsteuer auf Eingangsbelegen** als **Vorsteuer** bezeichnet.

Die Vorsteuer ist eine **Forderung gegenüber dem Finanzamt**, weil sie eine Vorleistung auf die zu zahlende Umsatzsteuer darstellt. Sie kann bei der Umsatzsteuervoranmeldung mit der geschuldeten Umsatzsteuer verrechnet werden.

Vereinbartes Entgelt →	100 % →	Gegenwert für die empfangene Lieferung/Leistung
Vorsteuer →	16 %/ 7 % →	Forderung gegenüber dem Finanzamt
Gesamtbetrag der Eingangsrechnung →	116 %/ 107 % →	Verbindlichkeit gegenüber dem Lieferer

Beispiel Aufgrund der ER 64200 der Elektro Bader KG (vgl. Seite 38) hat der Mars Elektrofachmarkt e. K. eine Forderung von 899,98 EUR gegenüber dem Finanzamt, die er mit der Umsatzsteuerschuld von 1.396,55 EUR verrechnen kann.

Die **Erstattung der Vorsteuer** ist an **zwei Voraussetzungen** gebunden: Die Unternehmung muss

- eine Lieferung oder sonstige Leistung empfangen,
- eine Rechnung mit gesondertem Ausweis der Umsatzsteuer erhalten

haben.

○ Mehrwert und Steuer vom Mehrwert (Umsatzsteuerzahllast)

Der wertmäßige Unterschied zwischen dem Umsatz mit den Kunden und der Summe der Vorumsätze mit den Lieferern stellt den **Mehrwert** oder die **Wertschöpfung** dar, die die Einzelhandelsunternehmung zum Wert der verkauften Waren oder Dienstleistungen selbst beigetragen hat.

Beispiel Mehrwert oder Wertschöpfung aufgrund der Belege Seite 38.

Umsatz	Ausgangsrechnung Nr. 2345: Fernsehgerät, Hi-Fi-Kompaktanlage	8.728,45 EUR	Lieferung an einen Kunden
Vorumsatz	Eingangsrechnung Nr. 64200: Fernsehgerät, Hi-Fi-Kompaktanlage	5.624,90 EUR	Lieferung von einem Lieferer
Mehrwert		3.103,55 EUR	Wertschöpfung der Einzelhandelsunternehmung

Die Unternehmungen der einzelnen Wirtschaftsstufen erzeugen einen Mehrwert, der mit 16 % besteuert wird. Dies wird dadurch erreicht, dass die einzelnen Unternehmen von der geschuldeten Umsatzsteuer die zu fordernde Vorsteuer abziehen. Die Restschuld, die noch an das Finanzamt gezahlt werden muss, wird als **Umsatzsteuerzahllast** bezeichnet.

Wirtschaftsstufen	**Umsatz (vereinbartes Entgelt) in EUR**	**Vorumsatz in EUR**	**Mehrwert in EUR**	**Umsatzsteuer = Verbindlichkeit geg. FA in EUR**	**Vorsteuer = Forderung geg. FA in EUR**	**Umsatzsteuerzahllast in EUR**
I. Stahlwerk	1.000,00	–	1.000,00	160,00	–	160,00
II. Elektrogerätehersteller	4.500,00	1.000,00	3.500,00	720,00	160,00	560,00
III. Elektrogroßhandel (Elektro Bader KG)	5.624,90	4.500,00	1 124,90	899,98	560,00	179,98
IV. Elektroeinzelhandel (Mars Elektrofachmarkt)	8.728,45	5.624,90	3.103,55	1.396,55	899,98	496,57
Private Haushalte (Konsumenten)	8.728,45	⟷	8.728,45	16 % des privaten Verbrauchs ⟷		1.396,55

Wie die Tabelle zeigt, bekommt der Verbraucher vom letzten Unternehmen der Handelskette die Summe aller Mehrwerte und die gesamte Umsatzsteuer aller Wirtschaftsstufen in Rechnung gestellt. Er trägt also die gesamte Umsatzsteuer. Dies ist vom Gesetzgeber so gewollt, weil die Umsatzsteuer eine **Verbrauchsteuer** ist.

Elektro Bader KG → **Mars Elektrofachmarkt e. K.** → **Privatklinik am Stadtwald GmbH**

ER:	
Elektrogeräte, netto	5.624,90 EUR
+ 16 % USt	899,98 EUR
Rechnungsbetrag	6.524,88 EUR

AR:	
Rechnungsbetrag	10.125,00 EUR
16 % USt-Anteil	1.396,55 EUR
Nettobetrag	8.728,45 EUR

	USt-Einnahmen aufgrund von Verkäufen	= USt-Schuld gegenüber FA	1.396,55 EUR
–	USt-Ausgaben aufgrund von Einkäufen	= Forderungen gegenüber FA	899,98 EUR
=	USt-Zahllast an das Finanzamt		496,57 EUR

Diese Rechnung und die obige Darstellung zeigen, dass die **Umsatzsteuer keinen Einfluss auf den Erfolg** der Unternehmung hat. **Vorsteuer** und **Umsatzsteuer** sind so genannte **durchlaufende Posten**.

Umsatzsteuerbuchungen

Buchung der Umsatzsteuer

Die **Umsatzsteuer lt. Ausgangsrechnung** stellt eine **Verbindlichkeit gegenüber dem Finanzamt** dar. Sie wird deshalb auf dem **passiven Bestandskonto „Umsatzsteuer"** gebucht.

Beispiel Buchung der Ausgangsrechnung

Forderungen a. LL	10.125,00	an Umsatzerlöse für Waren	8.728,45
		an Umsatzsteuer	1.396,55

Buchung der Vorsteuer

Die bei Beschaffungsvorgängen zu zahlende **Vorsteuer laut Eingangsrechnung** ist **eine Forderung an das Finanzamt**. Sie wird auf dem **aktiven Bestandskonto „Vorsteuer"** gebucht.

Beispiel Buchung der Eingangsrechnung von Seite 136

Aufwendungen für Waren	5.624,90		
Vorsteuer	899,98	an Verbindlichkeiten a. LL	6.524,88

Ermittlung der Umsatzsteuerzahllast

Um die **Umsatzsteuerzahllast** zu ermitteln muss der **Saldo des Kontos „Vorsteuer" mit der Umsatzsteuer verrechnet werden**. Buchungstechnisch wird diese Verrechnung durch Übertragung **oder Umbuchung** der Vorsteuer auf das Konto **„Umsatzsteuer"** durchgeführt. Die für den vergangenen Monat ermittelte Umsatzsteuerzahllast muss jeweils bis zum 10. eines Monats an das Finanzamt überwiesen werden.

Beispiele Umbuchung der Vorsteuer zum Monatsende

Umsatzsteuer	899,98	an Vorsteuer	899,98

Buchung der Banküberweisung der USt-Zahllast am 10. des folgenden Monats

Umsatzsteuer	496,57	an Bank	496,57

Darstellung auf Konten

S	Aufwendungen für Waren		H
Vb	5.624,90		

S	Umsatzerlöse für Waren		H
		Fo	8.728,45

S	Vorsteuer		H
Vb	899,98	USt.	899,98 →

S	Umsatzsteuer		H
VST	899,98	Fo	1.396,55
Ba	496,57		

S	Verbindlichkeiten a. LL		H
		AfW/VSt	6.524,88

S	Forderungen a. LL		H
UfW/USt	10.125,00		

Passivierung der Umsatzsteuerzahllast

Wird die **Umsatzsteuerzahllast für den letzten Monat** des Geschäftsjahres ermittelt, dann ist die ermittelte Zahllast über das „Schlussbilanzkonto" abzuschließen (**Passivierung der Zahllast**).

Beispiel **Darstellung auf Konten**

S	Vorsteuer		H
Verb	899,98	USt	899,98

S	Umsatzsteuer		H
VST	899,98	Fo	1.396,55
SBK	496,57		

S	SBK		H
		USt	496,57

○ Vorsteuerüberhang

Ein Vorsteuerüberhang entsteht, wenn die **Vorsteuer** eines Monats **größer** ist als die **Umsatzsteuer. Ursachen für einen Vorsteuerüberhang** können sein:

- **Vorratskäufe** aufgrund von Sonderangeboten oder wegen erwarteter Preissteigerungen
- **Sonderveranstaltungen** (Geschäftseröffnung, vor Saisonwechsel, Jubiläumsverkauf etc.)
- **Investitionskäufe** (Kauf von Anlagevermögen zur Erweiterung des Fuhrparks oder der Geschäftsausstattung)

Bei einem **Vorsteuerüberhang** besteht ein **Erstattungsanspruch** gegenüber dem Finanzamt. Dieser wird im Rahmen der Umsatzsteuererklärung geltend gemacht. Ergibt sich im letzten Monat des Geschäftsjahres der Vorsteuerüberhang, ist dieser über SBK abzuschließen (**Aktivierung des Vorsteuerüberhangs**).

Beispiel Stand der Konten Vorsteuer und Umsatzsteuer zum 31. Dezember

S	Vorsteuer		H
Su	290.000,00	Su	250.000,00
		USt	18.000,00
		SBK	22.000,00
	290.000,00		290.000,00

S	Umsatzsteuer		H
Su	462.000,00	Su	480.000,00
VSt	18.000,00		
	480.000,00		480.000,00

Umbuchung der Umsatzsteuer zur Ermittlung des Vorsteuerüberhangs

Umsatzsteuer	18.000,00	an Vorsteuer	18.000,00

Abschlussbuchung: Aktivierung des Vorsteuerüberhangs

SBK	22.000,00	an Vorsteuer	22.000,00

Eröffnung des Kontos Vorsteuer im folgenden Jahr

Vorsteuer	22.000,00	an EBK	22.000,00

Buchung der Banküberweisung des Vorsteuerüberhangs durch das Finanzamt

Bank	22.000,00	an Vorsteuer	22.000,00

● Besonderheiten des Umsatzsteuerrechts

○ Steuerfreie Umsätze

Der Gesetzgeber hat verschiedene steuerbare Umsätze aus **sozialen**, **kulturellen** oder **wirtschaftspolitischen Gründen** von der **Umsatzsteuer befreit.**

Beispiele für steuerfreie Umsätze

- bestimmte Umsätze im Geld- und Kreditverkehr (z. B. Zinsen für Kredite)
- Umsätze der Ärzte, Zahnärzte, Heilpraktiker, Krankengymnasten
- Umsätze amtlicher Wertzeichen (Postwertzeichen, Gebührenmarken der Justizverwaltung)
- Versicherungsleistungen (Gewährung von Versicherungsschutz)

○ Kleinbetragsrechnungen

Bei Rechnungen, deren Gesamtbetrag **100,00 Euro nicht übersteigt**, dürfen das Entgelt und der Umsatzsteuerbetrag in **einer Summe** angegeben sein. Es muss nur der **Umsatzsteuersatz** angegeben werden.

Beispiel Auszug aus einem Kassenzettel über Kauf von Putzmaterialien:

3 Besen à 12,00	36,00
3 Kehrschaufeln à 5,10	15,30
5 Aufnehmer à 0,90	4,50
1 Großflasche Fensterreiniger à 2,90	2,90
4 Großflaschen Bodenreiniger à 7,80	31,20
	89,80

Betrag dankend erhalten 15. Juni 20.. RUBITEX GMBH

Im Rechnungsbetrag sind 16 % Umsatzsteuer enthalten.

Lösung
Zur Buchung muss die Umsatzsteuer aus dem Bruttorechnungsbetrag herausgerechnet werden. Dieser entspricht 116 % des Grundwertes (= vermehrter Grundwert).

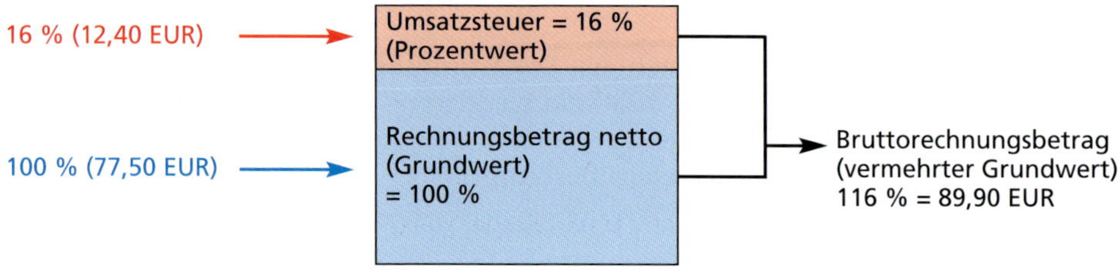

LF 3

Ermittlung des Rechnungsbetrages netto mithilfe des Dreisatzes und der Prozentrechnung

(1) Bedingungssatz: 116 % = 89,90 EUR

(2) Fragesatz: 100 % = x

(3) Bruchsatz: $x = \frac{89{,}90 \cdot 100}{116}$ x = 77,50 EUR

Ermittlung des Umsatzsteuerbetrags

116 % = 89,90 EUR

16 % = x

$\frac{89{,}90 \cdot 16}{116} = 12{,}40$ EUR

$$\textbf{Umsatzsteuerbetrag} = \frac{\text{Bruttorechnungsbetrag} \cdot \text{Umsatzsteuersatz}}{100 + \text{Umsatzsteuersatz}}$$

Buchung

Betriebskosten	77,50		
Vorsteuer	12,40	an Kasse	89,90

○ Umsatzsteuer-Voranmeldung

Nach dem Umsatzsteuergesetz müssen Unternehmungen grundsätzlich während des Geschäftsjahres monatlich Umsatzsteuervoranmeldungen online abgeben und zwar jeweils bis zum 10. eines Monats für den Vormonat (**Voranmeldungszeitraum**). Die Umsatzsteuervoranmeldung ist eine Steuererklärung beim Finanzamt im amtlich vorgeschriebenen Format. In dieser Steuererklärung hat jedes Unternehmen die zu zahlende Umsatzsteuer für den vorangegangenen Monat zu berechnen. Dabei sind die **Nettoumsätze** und **die hierauf entfallende Umsatzsteuerschuld** darzustellen. Der Umsatzsteuerschuld sind die auf den Voranmeldungszeitraum entfallenden **Vorsteuerbeträge** gegenüberzustellen. Die Differenz von Umsatzsteuerschuld und Vorsteuer ergibt die **Zahllast** oder den **Vorsteuerüberhang**. Die Zahllast ist an das Finanzamt als **Vorauszahlung auf die Umsatzsteuer des Kalenderjahres** zu entrichten.

Der notwendige Vordruck wird von der Finanzverwaltung unter der Internetadresse www.elster.de angeboten. Der ausgefüllte Vordruck wird dem Finanzamt per Internet gesendet. Der Absender erhält dann ein „**Übertragungsprotokoll**", das die gesendeten Daten enthält. Der Vordruck selbst kann nicht ausgedruckt werden.

Umsatzsteuer

Umsatzsteuer		Vorsteuer		Umsatzsteuerzahllast
● Steuer vom Umsatz laut Ausgangsrechnungen ● **Verbindlichkeiten** gegenüber dem Finanzamt ● Buchung auf dem **passiven Bestandskonto** Umsatzsteuer	–	● Steuer vom Vorumsatz laut Eingangsrechnungen ● **Forderung** an das Finanzamt ● Buchung auf dem **aktiven Bestandskonto** Vorsteuer	=	● Steuer vom Mehrwert ● **Restschuld** gegenüber dem Finanzamt ● **Ermittlung**: Umsatzsteuer – Vorsteuer ● **Passivierung der Zahllast**

- Ist die Vorsteuer größer als die Umsatzsteuer, entsteht ein **Vorsteuerüberhang**, der zu aktivieren ist.
- Bei **Kleinbetragsrechnungen** bis zu 100,00 EUR wird in der Praxis der Rechnungsbetrag brutto ausgewiesen. In diesen Fällen muss der Umsatzsteuersatz angegeben sein, damit der Umsatzsteueranteil herausgerechnet werden kann.
- Die Unternehmungen müssen bis zum 10. eines Monats für den Vormonat (**Voranmeldungszeitraum**) in dem amtlich vorgeschriebenen Format eine **Umsatzsteuervoranmeldung** abgeben.
- Wurde eine Zahllast ermittelt, ist diese gleichzeitig an das Finanzamt zu entrichten (**Vorauszahlung auf die Umsatzsteuer** des Kalenderjahres).

1. Ein Einzelhandelsbetrieb, der der 16%igen Umsatzsteuer unterliegt, hat im Juni 82.000,00 EUR steuerpflichtige Nettoeinkäufe lt. Eingangsrechnungen 85–97 getätigt. Im gleichen Zeitraum verkaufte er für 163.560,00 EUR (= Bruttowerte lt. Kassenberichte 135–160) Waren.

a) Ermitteln Sie – die Vorsteuer, – die Umsatzsteuerschuld, – die Zahllast.

b) Stellen Sie die Werte auf den Konten Aufwendungen für Waren, Vorsteuer, Verbindlichkeiten a. LL, Umsatzerlöse für Waren, Umsatzsteuer und Kasse dar.

c) Erstellen Sie eine Umsatzsteuer-Voranmeldung (vgl. Seite 44).

2.
3. **Konten:** EBK, Warenbestände, Forderungen a. LL, Bank, Kasse, Vorsteuer, Umsatzsteuer, Eigenkapital, Verbindlichkeiten a. LL, Aufwendungen für Waren, Personalaufwand, Umsatzerlöse für Waren, GuV, SBK.

	2	3
Anfangsbestände:	EUR	EUR
Warenbestände	10.000,00	8.000,00
Forderungen a. LL	500,00	100,00
Bankguthaben	3.000,00	1.500,00
Kasse	375,00	295,00
Verbindlichkeiten a. LL	1.600,00	1.400,00
Eigenkapital	?	?

Geschäftsfälle:

1. Wareneinkauf auf Ziel, ER 33, netto	840,00	720,00
+16 % USt	134,40	115,20
Rechnungsbetrag	974,40	835,20
2. Tageslosung, Kassenbericht 41, brutto[1]	783,00	740,08
3. Wareneinkauf bar, ER 38, netto	220,00	180,00
+ 16 % USt	35,20	28,80
4. Gehaltszahlung durch Banküberweisung	420,00	390,00
5. Tageslosung, Kassenbericht 42, brutto	1.118,24	980,20
6. Banküberweisung an Lieferer für ER 32, BA 26	885,50	736,00
Abschlussangaben:		
1. Warenendbestand lt. Inventur	10.100,00	8.200,00

2. Die Salden der übrigen Bestandskonten stimmen mit den Inventurwerten überein.

a) Richten Sie die Konten ein und buchen Sie die Geschäftsfälle.
b) Ermitteln Sie die Zahllast und schließen Sie das Konto Umsatzsteuer über SBK ab.
c) Schließen Sie die übrigen Konten ab.

4.
5. **Konten:** EBK, Geschäftsausstattung, Warenbestände, Forderungen a. LL, Bank, Kasse, Vorsteuer, Eigenkapital, Verbindlichkeiten a. LL, Umsatzsteuer, Aufwendungen für Waren, Personalaufwand, Mieten, Versicherungsbeiträge, Umsatzerlöse für Waren, GuV, SBK.

	4	5
Anfangsbestände:	EUR	EUR
Geschäftsausstattung	13.000,00	7.000,00
Warenbestände	24.000,00	15.000,00
Forderungen a. LL	222,00	555,00
Bankguthaben	3.000,00	2.000,00
Kasse	900,00	830,00
Verbindlichkeiten a. LL	5.100,00	3.000,00
Umsatzsteuer	210,00	180,00
Eigenkapital	?	?
Geschäftsfälle:		
1. Wareneinkäufe auf Ziel, ER 87–89, netto	2.340,00	1.610,00
+ 16 % USt	374,40	257,60
2. Bankauszüge 76–77, Ausgaben:		
Gehaltszahlung	340,00	320,00
Miete	280,00	270,00
3. Tageslosung, Kassenbericht 83, brutto	1.508,00	1.392,00
4. Bankauszüge 78–79		
Überweisung der Umsatzsteuer des Vormonats	210,00	180,00
Einbruchdiebstahlversicherung	85,00	78,00
Überweisung eines Kunden für AR 63	92,00	80,50
5. Tageslosung, Kassenbericht 84, brutto	1.995,20	888,56
6. Warenverkauf auf Ziel, AR 71, brutto	78,88	102,08
Abschlussangaben:		
1. Warenendbestand lt. Inventur	24.800,00	14.300,00

2. Die Salden der übrigen Bestandskonten stimmen mit den Inventurwerten überein.

Aufgabenstellung: wie Aufgaben 2 und 3.

1 Alle Verkaufsbeträge enthalten die 16%ige Umsatzsteuer.

6. Bilden Sie zu folgenden Geschäftsfällen 1–5 die Buchungssätze und ermitteln Sie
a) die Umsatzsteuerschuld, b) die Vorsteuer, c) die Zahllast.

	EUR	EUR
1. Wareneinkäufe auf Ziel, ER 207–235, netto	65.000,00	
+ 16 % USt	10.400,00	75.400,00
2. Warenverkäufe bar, Kassenberichte 54–78		164.720,00
3. Kauf von Büromaterial, ER 236, netto	240,00	
+ 16 % USt	38,40	278,40
4. Kauf eines Regals, ER 237, netto	1.400,00	
+ 16% USt	224,00	1.624,00
5. Warenverkäufe auf Ziel, AR 66–30, brutto		3.944,00

7.
8. Buchen Sie auf den Konten Aufwendungen für Waren, Umsatzerlöse für Waren, Vorsteuer und Umsatzsteuer:

	7	8
November:	EUR	EUR
Wareneinkäufe auf Ziel, ER 612–653, netto	26.500,00	44.800,00
+ 16% USt	4.240,00	7.168,00
Warenverkäufe bar, Kassenberichte 240–265 (einschließlich 16 % Umsatzsteuer)	52.432,00	67.976,00

Zum Ende des Monats ist die Umsatzsteuer zu ermitteln und zu buchen.

	7	8
Dezember:		
Überweisung der Zahllast des Monats November	?	?
Wareneinkäufe auf Ziel, ER 654–304, netto	31.200,00	47.900,00
+ 16% USt	4.992,00	7.664,00
Warenverkäufe bar, Kassenberichte 266–293	70.064,00	94.888,00

Am Monatsende ist die Zahllast zu ermitteln und zu passivieren.

9. Im Laufe des Monats Juni erfasste ein Einzelhändler auf den Konten Vorsteuer, Umsatzsteuer und Umsatzerlöse für Waren folgende Beträge:

S	Vorsteuer		H
Vb	5.800,00		
Vb	4.700,00		
Ba	3.500,00		

S	Umsatzsteuer		H
Ba	6.400,00	Ka, Fo	28.800,00

S	Umsatzerlöse für Waren		H
		Ka, Fo	180.000,00

a) Ermitteln Sie die Zahllast des Monats Juni.
b) Erstellen Sie die Umsatzsteuer-Voranmeldung Juni (vgl. Seite 44).

10. Ein Einzelhandelsunternehmen, das der 16%igen Umsatzsteuer unterliegt, tätigte im Monat Juni lt. Kassenberichten Warenverkäufe im Wert von 443.120,00 EUR einschließlich 16 % USt.
Im gleichen Zeitraum wurden Einkäufe in Höhe von 236.000,00 EUR + 16 % USt vorgenommen.
a) Ermitteln Sie die Umsatzsteuerschuld, die absetzbare Vorsteuer und die Umsatzsteuerzahllast.
b) Erstellen Sie die Umsatzsteuer-Voranmeldung Juni (vgl. Seite 44).

11.

S	Vorsteuer	H
Vb 73.600,00		

S	Umsatzsteuer	H
		Ka 101.440,00

S	Warenbestände	H
EBK 100.000,00		

S	Umsatzerlöse für Waren	H
		Ka 634.000,00

S	Aufwendungen für Waren	H
Vb 460.000,00		

Abschlussangaben:

1. Warenendbestand lt. Inventur 180.000,00 EUR
2. Die Handlungskosten des Abrechnungszeitraums betrugen 160.000,00 EUR.
   Ermitteln Sie aus oben stehenden Konten den Wareneinsatz, den Gewinn und die Zahllast.

12. In einem Einzelhandelsunternehmen wurden für den abgelaufenen Monat folgende Werte ermittelt:

	EUR
1. Warenanfangsbestand	150.000,00
2. Wareneinkäufe, netto	950.000,00
+ 16 % USt	
3. Warenverkäufe einschließlich 16 % USt	1.566.000,00
4. Warenendbestand lt. Inventur	160.000,00
5. Handlungskosten	185.000,00
darauf entfallende USt	18.400,00

Ermitteln Sie a) den Wareneinsatz, b) den Monatserfolg, c) die Umsatzsteuerzahllast.

13. Ein Einzelhandelsunternehmen, das der 16%igen Umsatzsteuer unterliegt, tätigte im Monat März lt. Kassenberichten Warenverkäufe von 443.120,00 EUR einschließlich 16 % USt. Im gleichen Zeitraum wurden umsatzsteuerpflichtige Einkäufe in Höhe von 512.600,00 EUR vorgenommen.

a) Ermitteln Sie
   - die Umsatzsteuerschuld,
   - die absetzbare Vorsteuer,
   - den Vorsteuerüberhang.

b) Erstellen Sie die Umsatzsteuer-Voranmeldung März (vgl. Seite 44).

c) Bilden Sie die Buchungssätze
   - bei Umbuchung der Umsatzsteuer auf das Vorsteuerkonto,
   - bei Erstattung des Vorsteuerüberhanges durch das Finanzamt durch Banküberweisung.

14. Entscheiden Sie, ob folgende Aussagen zutreffen auf

a) die Vorsteuer, b) die Umsatzsteuer, c) die Zahllast.

Aussagen:

1. Sie wird auf Eingangsrechnungen ausgewiesen.
2. Sie erhöht die Zahllast.
3. Sie vermindert die Zahllast.
4. Sie stellt eine Forderung gegenüber dem Finanzamt dar.
5. Sie wird auf Ausgangsrechnungen ausgewiesen und ist eine Verbindlichkeit gegenüber dem Finanzamt.
6. Sie ist bis zum 10. des folgenden Monats an das Finanzamt abzuführen.
7. Bei einem Überhang ist sie zu aktivieren.

15. Ermitteln Sie den Nettowert folgender Ausgangsrechnungen und die Umsatzsteuer in EUR und bilden Sie die Buchungssätze.

Bruttorechnungsbetrag in EUR		Umsatzsteuer in %
a)	25.520,00	16
b)	103,24	16
c)	9.142,08	7
d)	70,62	7

16. In einem Einzelhandelsbetrieb erhält ein Kunde einen Kassenzettel über 168,20 EUR mit dem Vermerk: „In diesem Betrag sind 16 % USt enthalten." Der Kunde bittet darum, dass die im Rechnungsbetrag enthaltene Umsatzsteuer gesondert ausgewiesen wird.
Berechnen Sie den Nettobetrag und die Umsatzsteuer in EUR.

17. a) Berechnen Sie den Umsatzsteueranteil aus dem Beleg der City-Tankstelle.
b) Bilden Sie zu beiden Belegen die Buchungssätze.

Zum Goldfisch

Zum Goldfisch, Grundstr. 4, 04349 Leipzig

Mars Elektrofachmarkt e. K.
Aachener Straße 1250
50859 Köln

HOTEL RESTAURANT
Eigentümer: M. und H. A. Porschke
Grundstr. 4
04349 Leipzig
Telefon 0341 290211

Rechnung

Reg.-Nr.	Tisch-Nr.	Kellner	Personen	Datum
484832	21	02	1	01.07.20..

1 Einzelzimmer mit Frühstück	115,00 EUR
1 Abendessen	30,00 EUR
	145,00 EUR

Vielen Dank für Ihren Besuch!

Im Rechnungsbetrag sind 16 % = 20,00 EUR USt enthalten

CITY-TANKSTELLE
Brigitte Huber e. K.
Jabachstr. 34
50676 KÖLN
Tel.: 0221 543463

SUPER BLEIFREI	66,26 EUR
ZP 5	72,00 LTR
TOTAL	66,26 EUR

69022 02.07.20.. 09:50

Im Betrag sind
16 % USt enthalten

Vielen Dank und gute Fahrt

18. Ergänzen die Lernkartei um folgende Sachwörter: Umsatzsteuer, Vorsteuer, Umsatzsteuerzahllast, Vorsteuerüberhang, Umsatzsteuer-Voranmeldung, Umsatzsteuer-Voranmeldungszeitraum, Kleinbetragsrechnungen.

19. Die Umsatzsteuer wird auch als „durchlaufender Posten" bezeichnet. Was ist damit gemeint?

20. Beantworten Sie folgende Fragen:
a) Wodurch unterscheiden sich Vorsteuer und Umsatzsteuer?
b) Wie wirkt sich die Umsatzsteuer auf den Erfolg des Einzelhandelsbetriebes aus?
c) Warum müssen die ausgezeichneten Preise die Umsatzsteuer enthalten?
d) Warum ist die Zahllast gleich der Umsatzsteuer vom Mehrwert und wie wird sie ermittelt?

21. Der Rechnungsbetrag für das Zeitschriftenabonnement „Der Einzelhändler" beträgt einschließlich 7 % Umsatzsteuer 192,60 EUR. Ermitteln Sie den Nettowarenwert und die Umsatzsteuer in EUR und bilden Sie den Buchungssatz.

1.4 Bearbeiten von Belegen

Frau Feld legt Mehmet Aydin nachstehende Belege vor. Er soll sie ordnen und vorkontieren und so für die Buchführung vorbereiten. Bisher hat Frau Feld ihm hierzu immer klare Anweisungen erteilt. Er blättert Beleg für Beleg um. Da sieht er Eingangsrechnungen, Kassenberichte, Ausgangsrechnungen, Bankkontoauszüge, Kreditkartenzahlungsbelege u. Ä.

ARBEITSAUFTRÄGE

- Erklären Sie die einzelnen Belege.
- Legen Sie die Reihenfolge ihrer Bearbeitung fest (mit Begründung), indem Sie die Belege mit Nummern versehen.
- Machen Sie Vorschläge für Mehmets Vorgehensweise.
- Erläutern Sie die einzelnen Schritte der Belegbearbeitung mithilfe des Textes auf Seite 54 f.
- Kontieren Sie die Belege vor.

Bürotec GmbH
Bürotechnik aller Art, Handys, Telekommunikation

Bürotec GmbH, Jahnstr. 24, 19055 Schwerin

Mars Elektrofachmarkt e. K.
Aachener Straße 1250
50859 Köln

Jahnstraße 24
19055 Schwerin

Tel.: 0385 162875
Fax: 0385 162875

Eingang 12.06.20..

Rechnung Nr.

Ihre Bestellung vom	Kunden-Nr.	Rg-Nr.	Datum
08.06.20..	95322	19374	11.06.20..

Artikel-Nr.	Artikelbezeichnung	Menge in St.	Einzelpreis EUR	Gesamtpreis EUR
1002018	FAXGERÄT MX 130	12	93,89	1.126,68
2899228	Handy D2 S453	24	74,50	1.788,00

Warenwert	Nettoentgelt	16 % USt	Bruttoentgelt
2.914,88	2.914,88	466,35	3.381,03

Zahlbar innerhalb 10 Tagen netto

Bankverbindung: Sparkasse Schwerin BLZ: 140 514 62 Kto-Nr.: 501 057 820

Steuernummer: 090/828/8373 **USt-IDNr.:** DE-53812732

MARS
ELEKTROFACHMARKT E. K.

Mars Elektrofachmarkt e. K., Aachener Str. 1250, 50859 Köln

Hotel Rheinischer Hof KG
Marzellenstraße 10
50667 Köln

Kopie

Aachener Str. 1250
50859 Köln

Telefon: 0221 1610705
Telefax: 0221 1700088

RECHNUNG/AUFTRAGSBESTÄTIGUNG
Bei Zahlung/Rücksendung/Gutschrift unbedingt angeben

Kundennummer	Rechnungs-Nr.	Datum
8994	0519	15.06.20..

Artikel-Nr.	Artikelbezeichnung	Menge	Einzelpreis EUR	Gesamtpreis EUR
5056694201006	Glühbirne hell 60 Watt	60	1,29	77,40
9457001002013	Faxgerät MX 130	1	169,00	169,00
5056691849997	Ruby Fernsehgerät Seoul	3	449,00	1.347,00
				1.593,40

Im Rechnungsbetrag sind 16 % Umsatzsteuer = 219,78 EUR enthalten.

Zahlbar innerhalb 10 Tagen netto

Bankverbindungen:
Kreissparkasse Köln BLZ: 370 502 99 Kto-Nr.: 136 005 64
Deutsche Bank Köln BLZ: 370 700 60 Kto-Nr.: 340 731 420

Steuernummer: 223/337/2973
USt-IDNr.: DE-58344258

Konto	KONTOAUSZUG		Auszug	Blatt
013600564	KREISSPARKASSE KÖLN	BLZ 370 502 99	122	1

Buch.-Tag	Wert	PN	Erläuterung/Verwendungszweck	Umsätze
13.06.	13.06.	4050	FITNESS-CENTER-OASE KG, KÖLN KD-NR 8453 RG-NR 10230 V 05.06.20..	3.132,00 H
13.06.	13.06.	4270	ERW, KD-NR 24-6946844, STROM RG-NR 3362 V 28.05.20.., INCL 16 % USt	522,00 S
13.06	13.06.	4380	RUBITEX KÖLN, KD-NR 2367 Gebäudereinigung RG-NR 999 V 30.05.20..	75,40 S
13.06	13.06.	0217	BAREINZAHLUNG	9.400,00 H

KREDITZUSAGE EUR 40.000,00

IHR AKTUELLER KONTOSTAND UM 10.30 UHR EUR 45.692,93 H

44	13.06.20..	14.06.20..	33.758,33 H	45.692,93 H
BS	Letzter Auszug	Auszugsdatum	EUR Alter Kontostand	EUR Neuer Kontostand

MARS ELEKTROFACHMARKT E.K., AACHENER STRASSE 1250, 50859 KOELN

MOTOR RABECK GMBH

Motor Rabeck GmbH, Falderstr. 17, 50999 Köln

Mars Elektrofachmarkt e. K.
Aachener Straße 1250
50859 Köln

Geschäftsräume:
Falderstr. 17
50999 Köln
Tel.: 0221 685943
Fax: 0221 685922

Ihre Nachricht vom	Unser Zeichen	KD NR	Datum
		3872	17.06.20..

Rechnung Nr. 1901

	EUR
Inspektion Inklusivpreis	380,00
+ 16 % Umsatzsteuer	60,80
Rechnungsbetrag	440,80

Eingang 17.06.20...

Zahlbar sofort ohne Abzug

Bankverbindung:
Kreisparkasse Köln BLZ 370 502 99 Kto-Nr.: 100 767 65

Steuernummer: 219/645/9933 **USt-IDNr.:** DE-98734563

Motor Rabeck GmbH
Falderstraße 17
50 999 Köln

Belastungs-Beleg

17.06.20.. 18.48 Uhr

3863 74072497 800295 K
KTO-NR: 37050299/13600564

Kartenzahlung
electronic cash

Zahlung erfolgt

POS-Nr.: 1003835
STEUERNR.: 219/645/9933
USTID-Nr.: DE-98734563
AID.P.: 0001528F
AID: 0G07706

Betrag EUR 440,80

CITY-TANKSTELLE
Brigitte Huber e. K.
Jabachstr. 34
50676 KÖLN
Tel.: 0221 543463

SUPER BLEIFREI 57,40 EUR
ZP 5 70,00 LTR
TOTAL 57,40 EUR

PER KARTE BEZAHLT

69022 18.06.20.. 13:30

Im Betrag sind 16 % USt enthalten

CITY-TANKSTELLE
Brigitte Huber e. K.
Jabachstr. 34
50676 KÖLN
Tel.: 0221 543463

TERMINAL-ID: 5400843
18.06.20.. 13.30 Uhr - 03

Kartenzahlung electronic cash
Zahlung 57,40 EUR

Kto. 37050299/13600564
Karte 5 gültig bis 12/20..
STEUERNR 215/191/2431
USTID DE-24132895

** Zahlung erfolgt **

MARS
ELEKTROFACHMARKT E. K. Aachener Straße 1250 – 50859 KÖLN

Kassenbericht Nr. *142 (Auszug)* vom *19.06.20..*

Kassenbestand bei Geschäftsschluss	*9.836*	*45*
abzüglich Kassenbestand des Vortages	*1.155*	*45*
= **Bareinnahmen (Tageslosung)**	*8.681*	*00*

Kundenzahl: *71* Unterschrift: Vera Feld

82531268 5437 19.06.20..
50589 KÖLN

* 100,00 EUR

Postwertzeichen ohne Zuschlag

Vielen Dank für Ihren Besuch.

Ihre Deutsche Post AG

COMPUTEC GMBH & CO KG
Hard- und Softwarebetrieb

Computec GmbH & Co. KG, Volksparkstr. 12–20, 22525 Hamburg

Mars Elektrofachmarkt e. K.
Aachener Straße 1250
50859 Köln

Volksparkstr. 12–20
22525 Hamburg
Tel.: 040 2244669
Fax: 040 2244664

Eingang 22.06.20...

RECHNUNG
Ihr Auftrag vom:

Kunden-Nr.	Rechnungs-Nr.	Datum
05839	64084	20.06.20..
Bei Zahlung bitte angeben		

Artikel-Nr.	Artikelbezeichnung	Menge	Einzelpreis EUR	Gesamtpreis EUR
1243212	Fotodruckprofi Software	5	6,96	34,80
234125	Notebook	8	445,00	3.560,00

Warenwert, netto	Entgelt, netto	16 % USt EUR	Gesamtbetrag EUR
3.594,80	3.594,80	575,17	4.169,97

Zahlbar innerhalb 30 Tagen netto

Bankverbindung: Hamburger Handelsbank BLZ 200 205 00 Kto-Nr.: 671 190 870

Steuernummer: 224/645/1022 **USt-IDNr.:** DE-77553948

Josef ACKERMANN E. K.

TERMINAL-ID: 5005343
21.06.20.. 10.30 Uhr – 04

Kartenzahlung
electronic cash
Zahlung 45,86 EUR

Kto. 37050299/13600564
Karte 4 gültig bis 12/20..
STEUERNR 223/270/8031
USTID DE-11338866

** Zahlung erfolgt **

Konto 013600564	KONTOAUSZUG KREISSPARKASSE KÖLN	BLZ 370 502 99	Auszug 123	Blatt 1

Buch.-Tag	Wert	PN	Erläuterung/Verwendungszweck	Umsätze
20.06.	20.06.	4050	MOTOR RABECK GMBH, KOELN KD-NR 3872 RG-NR 1901 V 17.06.20..	440,80 S
20.06.	20.06.	4380	CITY TANKSTELLE KOELN EC 94757243 18.06. 13.30 MEZ	57,40 S
20.06	20.06.	0217	BUEROTEC GMBH, SCHWERIN KD-NR 95322, RG-NR 19374 V 11.06.20..	3.381,03 S
20.06	20.06.	0101	BAREINZAHLUNG	8.600,00 H

KREDITZUSAGE EUR 40.000,00

IHR AKTUELLER KONTOSTAND UM 10.30 UHR EUR 50.413,70 H

44 BS	14.06.20.. Letzter Auszug	21.06.20.. Auszugsdatum	45.692,93 H EUR Alter Kontostand	50.413,70 H EUR Neuer Kontostand

MARS ELEKTROFACHMARKT E.K., AACHENER STRASSE 1250, 50859 KOELN

Josef Ackermann e.K.
Schönsteinstr. 3, 50825 Köln, Tel: 0221 334353
Haushaltswaren

Mars Elektrofachmarkt e. K.
Köln

	Datum: 21. Juni	EUR	EUR	Ct
4	Besen mit Stiel	5,22	20	88
2	Schrubber mit Stiel	4,80	9	60
5	Aufnehmer	1,88	9	40
2	Plastikeimer	2,99	5	98
			45	86

Vielen Dank für Ihren Besuch

Verk. 3	4557-8	In diesem Betrag sind 16 % Umsatzsteuer enthalten.

CD/DVD-Herstellung · Software
SANY AG

Sany AG, Mainzer Str. 1–3, 80803 München

Mars Elektrofachmarkt e. K.
Aachener Straße 1250
50859 Köln

Mainzer Str. 1–3
80803 München
Tel.: 089 435267-0
Fax: 089 4352679

Eingang 20.06.20...

Ihre Bestellung:

Lieferdatum:

RECHNUNG

Kunden-Nr.	Rechnungs-Nr.	Datum
16300	63543	19.06.20..
Bei Zahlung bitte angeben		

Artikel-Nr.	Artikelbezeichnung	Menge	Einzelpreis EUR	Gesamtpreis EUR
1821026	CD-Rohlinge Evasion 10 St.	115	1,78	204,70
1849990	Computerspiel Formel 1	15	4,28	64,20

Warenwert, netto	Entgelt, netto	16 % USt EUR	Gesamtbetrag EUR
268,90	268,90	43,02	311,92

Zahlbar innerhalb 30 Tagen netto

Bankverbindung: Deutsche Bank München BLZ: 700 700 10 Kto-Nr. 922 337 23

Steuernummer: 144/133/2642 **USt-IDNr.:** DE-91827311

Konto 013600564	KONTOAUSZUG KREISSPARKASSE KÖLN	BLZ 370 502 99	Auszug 124	Blatt 1

Buch.-Tag	Wert	PN	Erläuterung/Verwendungszweck	Umsätze
23.06.	23.06.	4270	J. ACKERMANN E. K., KOELN EC 54011239 21.06 10:30 MEZ	45,86 S
23.06	23.06.	4380	HOTEL RHEINISCHER HOF KG, KOELN	1.593,40 H

KREDITZUSAGE EUR 40.000,00

IHR AKTUELLER KONTOSTAND UM 15.30 UHR EUR 51.961,24 H

44 BS	21.06.20.. Letzter Auszug	24.06.20.. Auszugsdatum	50.413,70 H EUR Alter Kontostand	51.961,24 H EUR Neuer Kontostand

MARS ELEKTROFACHMARKT E.K., AACHENER STRASSE 1250, 50859 KOELN

Organisation der Belegbearbeitung

Die Belege werden in drei Schritten bearbeitet:

Belegvorbereitung → **Belegbuchung** → **Belegablage und -aufbewahrung**

Belegvorbereitung

Arbeitsschritte	Beispiele
Prüfung der sachlichen und rechnerischen Richtigkeit: Diese Überprüfung erfolgt in der Praxis vielfach in den Abteilungen, die die Belege durchlaufen haben, bevor sie in die Buchhaltung gelangen.	Eingangsrechnungen von Warenlieferern werden bereits im Rahmen der Eingangskontrolle der Waren sachlich und rechnerisch in den Abteilungen „Lager" und „Einkauf" geprüft (vgl. Organigramm Seite 15, 21, 22).
↓	↓
Sortieren der Belege: Die Belege werden nach Belegarten und Ausstellungs- bzw. Eingangsdatum sortiert. Dadurch wird es möglich, mehrere Belege in einer Buchung zu erfassen (**Sammelbuchung**).	Eingangsrechnungen werden nach Eingangsdatum, Ausgangsrechnungen (Kopien) nach fortlaufender Rechnungsnummer sortiert.
↓	↓
Nummerieren der Belege: Innerhalb jeder Belegart werden die Belege fortlaufend nummeriert.	Die Eingangsrechnungen werden nach Eingangsdatum mit ER 1, ER 2 usw. gekennzeichnet.
↓	↓

Vorkontieren der Belege: Im Buchungsstempel oder auf einem besonderen Vordruck (Kontierungsbeleg) wird der Buchungssatz eingetragen.	Vorkontierung der Eingangsrechnung eines Warenlieferers (siehe unten: Eingangsrechnung der Computer-Willi KG)

Beispiel

Computer-Willi KG

Hard- und Software

Computer-Willi KG, Nobelstraße 12, 51107 Köln

Mars Elektrofachmarkt e. K.
Aachener Straße 1250
50859 Köln

Computer-Willi KG
Nobelstraße 12
51107 Köln

Tel.: 0221 4144040
Fax.: 0221 4144041

Rechnung Nr. 2405 vom 06.05.20.. **Kunden-Nr. 8462**

Bei Zahlung bitte Rechnungs-Nr. und Kunden-Nr. angeben!

Artikel-Nr.	Artikel	Menge	Einzelpreis EUR	Betrag EUR
2330	Komplett-PC, bestehend aus: – Gehäuse mit Netzteil: Big Tower – Controller: Enhanced ADE – Prozessor: ACRA – Festplatte: ADA Western – Tastatur: Cherry – Maus: Ergo PAKETPREIS	2	1.100,00	2.200,00
			16 % Umsatzsteuer	352,00
			Rechnungsgesamtbetrag	2.552,00

Vorkontierung (Buchungsstempel):

GA	2.200,00	
Vorsteuer	352,00	
Verb.		2.552,00
Gebucht: S457/15-17		Vera Feld

Vorkontierung – Buchungsvermerk – Journalseite – Journalzeile – Finanzbuchhalterin Vera Feld

Zahlbar sofort ohne Abzug

Bankverbindung: Postbank Köln BLZ 370 100 50 Kto-Nr.: 72 6876-21

Steuernummer: 223/331/4854 **USt-IDNr.:** DE-27328491

○ Belegbuchung

Aufgrund der Vorkontierung werden die Buchungen im **Grund-** und im **Hauptbuch** vorgenommen. Dabei werden bei jeder Buchung Belegart und -nummer vermerkt. So kann jederzeit von der Buchung auf den Beleg geschlossen werden. Umgekehrt wird im **Buchungsstempel** oder auf dem Kontierungsbeleg ein **Buchungsvermerk** mit **Seite** und **Zeile des Grundbuchs** und **Buchungsdatum** eingetragen. LF 8

Vorkontierung der Belege → **Buchung in zeitlicher Reihenfolge im Grundbuch** → **Buchung auf den Sachkonten im Hauptbuch**

○ Belegablage und -aufbewahrung

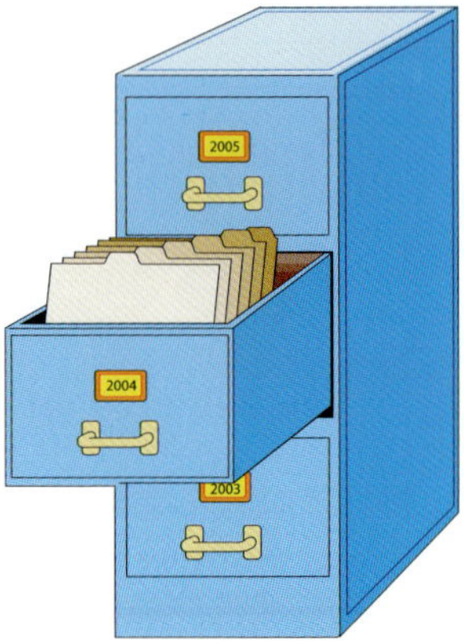

Die Belegablage muss nach einheitlichen Kriterien in der Unternehmung durchgeführt werden, sodass eine übersichtliche **Belegregistratur** entsteht und Belege bei Bedarf schnell wiederzufinden sind. Mit Ausnahme der Eröffnungsbilanz und der Jahresabschlüsse können alle Buchungsunterlagen auf einem Bildträger (z. B. Mikrofilm) oder auf anderen Datenträgern (z. B. Disketten) gespeichert werden. Innerhalb angemessener Frist muss jedoch die Reproduktion oder der Ausdruck der Buchungsunterlagen möglich sein.

Buchungsbelege wie Rechnungen, Quittungen oder Bankkontoauszüge sind **zehn Jahre**, empfangene **Handelsbriefe** sowie Durchschriften abgesandter Handelsbriefe und **Auftragsbücher** sind **sechs Jahre** aufzubewahren. Der **Aufbewahrungszeitraum beginnt mit dem Schluss des Kalenderjahres**, in dem der Beleg anfiel.

Bearbeiten von Belegen

- Keine Buchung ohne Beleg (**Belegzwang**).
- Die Belege werden in drei Schritten verarbeitet:
  - **Belegvorbereitung** (Sortieren, Nummerieren, Vorkontieren)
  - **Belegbuchung** im Grund- und Hauptbuch
  - **Belegablage** und **-aufbewahrung** (zehn Jahre)

1. Die Belege werden insgesamt in natürliche und künstliche, die natürlichen in externe und interne Belege unterteilt. Nennen Sie zu jeder Belegart zwei Beispiele.

2. Erläutern Sie die Belegbearbeitung in der Buchhaltung.

3. Nehmen Sie folgende Sachwörter in die Lernkartei auf: Belegbearbeitung, Belegprüfung, Belegsortierung, Belegnummerierung, Belegvorkontierung, Belegaufbewahrung und Belegregistratur.

4. Warum müssen zu jeder Buchung Belegart und -nummer angegeben werden?

5. Erläutern Sie in einem Vortrag an folgenden Beispielen die Belegbearbeitung, -ablage und -aufbewahrung in Ihrem Ausbildungsbetrieb: Eingangsrechnung, Ausgangsrechnung, Kassenbericht, Bankkontoauszug, Kassenbon.

6. Nachstehende Belege des Spezialgeschäftes Champions-Sport Gerhard Blunk KG im Einkaufszentrum Rheinpark Köln sind für die Buchführung vorzukontieren.
Beachten Sie, dass die Kontoauszüge die Buchungsunterlagen für den Bankverkehr darstellen, Kassenberichte dienen nur der Buchung von Tageslosungen. Die übrigen Kassenbewegungen werden durch Einzelbelege erfasst.

Konto	KONTOAUSZUG		Auszug	Blatt
25203488	DEUTSCHE BANK KÖLN	BLZ 370 700 60	248	1

Buch.-Tag	Wert	PN	Erläuterung/Verwendungszweck	Umsätze
24.12.	23.12.	4655	SCHUHFABRIK MATA OHG PIRMASENS KD-NR 6594, RG-NR 21612 V 15.12.20..	4.547,20 S
24.12.	23.12.	4280	BUCHUNGSSTELLE TELEKOM KLN 2219902376 INCL 16 % USt	484,56 S
24.12.	23.12.	4250	WASSERVERSORGUNG GMBH KD-NR 29446288, RG-V 08.12.20.. INCL 16 % USt	426,86 S

Beleg Nr. 1

KREDITZUSAGE EUR 30.000,00

IHR AKTUELLER KONTOSTAND UM 10.30 UHR EUR 18.894,86 H

44 BS	23.12.20.. Letzter Auszug	24.12.20.. Auszugsdatum	24.350,48 H EUR Alter Kontostand	18.894,86 H EUR Neuer Kontostand

CHAMPIONS-SPORT GERHARD BLUNK KG, AACHENER STRASSE 1248, 50589 KOELN

Champions-Sport
Gerhard Blunk KG

Gerhard Bunk KG, Aachener Straße 1248, 50589 Köln

Kopie

ASV Sankt Augustin
z. H. Herrn Wingen
Friedensstraße 54
3757 Sankt Augustin

Aachener Str. 1248
50589 Köln

Telefon: 0221 364234
Telefax: 0221 364235

Beleg Nr. 2

RECHNUNG/AUFTRAGSBESTÄTIGUNG
Bei Zahlung/Rücksendung/Gutschrift unbedingt angeben

Kundennummer	Rechnungs-Nr.	Datum
2356	1373	20.12.20...

Artikel-Nr.	Artikelbezeichnung	Menge	Einzelpreis EUR	Gesamtpreis EUR
19	Tischtennisplatten „Schöler"	5	348,00	1.740,00
194	Sport-Micke Super Tack-D	10	40,60	406,00
				2146,00

Im Rechnungsbetrag sind 16 % Umsatzsteuer = 296,00 EUR enthalten.

Zahlbar innerhalb 30 Tagen netto

Bankverbindungen:

Deutsche Bank AG Köln BLZ: 370 700 60 Kto-Nr.: 252 034 88

Steuernummer: 223/831/3149 **USt-IDNr.:** DE-27334924

Ernst Beier KG
Sportbekleidung

Ernst Beier KG, Eintrachtstraße 39, 52068 Aachen

Beleg Nr. 3

Champions-Sport
Gerhard Blunk KG
Aachener Strasse 1248
50859 Köln

Eintrachtstraße 39
52068 Aachen
Telefon: 0241 246497
Telefax: 0241 246479

RECHNUNG/AUFTRAGSBESTÄTIGUNG
Bei Zahlung/Rücksendung/Gutschrift unbedingt angeben

Kundennummer	Rechnungs-Nr.	Datum
9405	19374	21.12.20..

Artikel-Nr.	Artikelbezeichnung	Menge in St.	Einzelpreis je Stück	Gesamtpreis EUR
15	Turnanzug „Elegant" 48	50	72,00	3.420,00
23	Judoanzug 38	15	48,00	720,00
				4.140,00
	+ 16 % Umsatzsteuer			662,40
				4.801,40

Bankverbindungen:
Gewerbebank Aachen BLZ: 360 600 00 Kto-Nr.: 630 452 87

Steuernummer: 201/424/2738 **USt-IDNr.:** DE-12918473

Deutsche Post AG
50589 Köln
82531225 1137 27.12.20..

Beleg Nr. 5

***50,00 EUR**

Postwertzeichen ohne Zuschlag

Vielen Dank für Ihren Besuch
Ihre Deutsche Post AG

Paul Römer e. K.
Schreibwaren und Bürobedarf

Paul Römer e. K., Koblenzer Straße 66, 53177 Bonn

Champions-Sport Gerhard Blunk KG
Aachener Strasse 1248
50859 Koeln

Koblenzer Straße 66
53177 Bonn

Tel: 0228 338576
Fax: 0228 338579

Beleg Nr. 4

RECHNUNG/AUFTRAGSBESTÄTIGUNG
Bei Zahlung/Rücksendung/Gutschrift unbedingt angeben

Kundennummer	Rechnungs-Nr.	Datum
305674	63542	27.12.20..

Artikel-Nr.	Artikelbezeichnung	Menge	Einzelpreis EUR	Gesamtpreis EUR
7364	Büroordner	20	3,50	81,20

In diesem Betrag sind 16 % Umsatzsteuer enthalten.

Zahlbar innerhalb 30 Tagen netto

Bankverbindungen:
Stadtsparkasse Bonn BLZ: 380 500 00 Kto-Nr.: 71 234

Steuernummer: 205/368/2921 **USt-IDNr.:** DE-83182731

Josef Ackermann e. K.
Schönsteinstr. 3, 50825 Köln, Tel: 0221 334353
Haushaltswaren

Champions-Sport Gerhard Blunk KG
Aachener Str. 1248, 50589 Köln

	Datum: 27. Dezember	EUR	EUR	Ct
4	Besen mit Stiel	4,98	19	92
2	Schrubber mit Stiel	6,00	12	00
5	Aufnehmer	1,98	9	90
2	Plastikeimer	1,99	9	98
			45	80
	Beleg Nr. 6			

Betrag dankend erhalten 27.12.20..
Vielen Dank für Ihren Besuch

Verk. 3	4557-8	In diesem Betrag sind 16 % Umsatzsteuer enthalten.

Konto	KONTOAUSZUG		Auszug	Blatt
25203488	DEUTSCHE BANK KÖLN	BLZ 370 700 60	249	1

Buch.-Tag	Wert	PN	Erläuterung/Verwendungszweck	Umsätze
28.12.	27.12.	4050	TURA-BONN JUDOABT RG-NR 625 V 12.10.20..	6.333,60 H
28.12.	27.12.	4270	ERW-STROM KD-NR 6946844 RG-NR 3362 V 01.12.20.. INCL 16 % UST	487,20 S
28.12.	27.12.	4380	RUBITEX GMBH, KOELN, RG-NR 2241 V 27.12.20..	199,52 S
28.12.	27.12.	0217	BAREINZAHLUNG	9.200,00 H

Beleg Nr. 7

KREDITZUSAGE EUR 30.000,00

IHR AKTUELLER KONTOSTAND UM 10.30 UHR EUR 33.741,74 H

44 BS	24.12.20.. Letzter Auszug	29.12.20.. Auszugsdatum	18.894,86 H EUR Alter Kontostand	33.741,74 H EUR Neuer Kontostand

CHAMPIONS-SPORT GERHARD BLUNK KG, AACHENER STRASSE 1248, 50589 KOELN

Büromaschinen GmbH Bonn
Endenicher Straße 153 · 53115 Bonn

Champions-Sport Gerhard Blunk KG
Aachener Strasse 1248
50859 Köln

Tel: 0228 338576
Fax: 0228 338579

Beleg Nr. 8

RECHNUNG/AUFTRAGSBESTÄTIGUNG		
Bei Zahlung/Rücksendung/Gutschrift unbedingt angeben		
Kundennummer	Rechnungs-Nr.	Datum
9463	64084	29.12.20..

Artikel-Nr.	Artikelbezeichnung	Menge	Einzelpreis EUR	Gesamtpreis EUR
93874	Scanner-Kasse „Blitz" + 16 % Umsatzsteuer	1	4.840,00	4.840,00 774,40 5.614,40

Zahlbar innerhalb 30 Tagen netto

Bankverbindungen:
Postbank Köln BLZ: 370 100 50 Kto-Nr.: 81 403-668

Steuernummer: 205/370/4120 **USt-IDNr.:** DE-12437894

RUBITEX GMBH
GEBÄUDEREINIGUNG
und die Sauberkeit stimmt

Rubitex GmbH, Brunostr. 8, 50678 Köln

Champions-Sport
Gerhard Blunk KG
Aachener Strasse 1248
50859 Köln

Brunostr. 8
50678 Köln

Tel.: 0221 5567102
Fax: 0221 5567109

Rechnung Nr. *2241* Datum: 29.12.20..

Kundennummer: 2367
Obektnummer: 224

Beleg Nr. 9

	EUR
Schaufensterreinigung,	
Abrechnungszeitraum 15.11.20.. bis 15.12.20..	
Geschäftsräume Aachener Straße 1248	199,52

Im Rechnungsbetrag sind 16 % Umsatzsteuer enthalten.

Der Betrag wird von Ihrem Bankkonto (BLZ 370 700 60 Kto-Nr.: 25203488) abgebucht.

Bankverbindung:
Deutsche Bank Köln BLZ 370 700 60 Kto-Nr. 435 746 11

Steuernummer: 215/765/1122 **USt-IDNr.:** DE-83729128

Konto	KONTOAUSZUG		Auszug	Blatt
25203488	DEUTSCHE BANK KÖLN	BLZ 370 700 60	250	1

Buch.-Tag	Wert	PN	Erläuterung/Verwendungszweck	Umsätze
30.12.	30.12.	4280	TELEKOM BUCHUNGSSTELLE 22100000364234 DEZ EINSCHL. 16 % UST	319,00 S
30.12.	29.12.	4310	ROBERT BLUSCH GMBH, KOELN KD-NR 9639 RG-NR 1862 V 30.12.20..	194,88 S
30.12.	30.12.	4050	BAREINZAHLUNG	11.400,00 H
30.12.	29.12.	4655	SPORT BECKER GMBH, KOELN KD-NR 4352, RG-NR 63547 V 18.12.20..	14.250,60 S

KREDITZUSAGE EUR 30.000,00

Beleg Nr. 10

IHR AKTUELLER KONTOSTAND UM 15.30 UHR EUR 30.377,26 H

44	30.12.20..	31.12.20..	33.741,74 H	30.377,26 H
BS	Letzter Auszug	Auszugsdatum	EUR Alter Kontostand	EUR Neuer Kontostand

CHAMPIONS-SPORT GERHARD BLUNK KG, AACHENER STRASSE 1248, 50589 KOELN

Robert Blusch GmbH **Kassensysteme**

Verkauf Wartung Reparatur

Robert Blusch GmbH, Hagenstr. 55, 51147 Köln

Champions-Sport Gerhard Blunk KG
Aachener Strasse 1248
50859 Köln

Hagenstr. 55
51147 Köln
Tel: 0221 465342
Fax: 0221 465442

Ihr Auftrag
15.12.20..

RECHNUNG/AUFTRAGSBESTÄTIGUNG		
Bei Zahlung/Rücksendung/Gutschrift unbedingt angeben		
Kundennummer	Rechnungs-Nr.	Datum
9639	1862	30.12.20..

Art der Leistung	EUR
Wartung und Reparatur der Scanner-Kassen:	
Material lt. Anlage	48,00
1,5 Std.	120,00
	168,00
+ 16 % Umsatzsteuer	26,88
	194,88

Beleg Nr. 11

Bankverbindung:
Commerzbank BLZ: 370 400 44 **Kto-Nr.:** 75654332

Steuernummer: 218/142/2918 **USt-IDNr.:** DE-55493821

Robert Blusch GmbH
Hagenstr. 55
51147 Köln

Beleg Nr. 12

Belastung-Beleg

30.12.20.. 10:32 Uhr
3863 74072497 800295 K
KTO-NR: 37070060/25203488

Kartenzahlung
electronic cash

POS-Nr.: 1003835
STEUERNR.: 218/142/2918
USTID: DE-55493821
AID.P.: 0001528F
AID: 0G07706

Betrag EUR 194,88

Zahlung erfolgt

2 Wirtschaftlichkeit, Produktivität und Rentabilität: Die Kennziffern aus betrieblichen Prozessen zur Beurteilung des unternehmerischen Erfolges nutzen

Beim Mittagessen berichtet Mehmet Aydin Anna Klettke aus dem 2. Ausbildungsjahr von einem Gespräch zwischen Frau Feld und dem neuen Controller.

Mehmet: *„Dieser Controller will herausfinden, weshalb der Gewinn im letzten Jahr nicht im gleichen Maße gestiegen ist wie der Umsatz. Wenn Gewinn und Rentabilität bei gestiegenem Umsatz nicht gewachsen sind, heißt das, dass einzelne Bereiche nicht mehr so produktiv und so wirtschaftlich arbeiten. Um das zu überprüfen, soll Frau Feld ihm den Umsatz aufgeschlüsselt nach Warengruppen und nach Verkäuferinnen/Verkäufern zusammenstellen. Der will sich wohl gleich richtig beliebt machen.“*

Anna: *„Irgendwie wollen alle nach Tarif bezahlt*

werden, dann muss der Unternehmer wohl auch eine Gegenleistung erwarten können, und das von uns allen. Dann ist es wohl auch ein Recht des Unternehmers, Leistungen und Kosten aller Mitarbeiter/-innen zu überprüfen und zu vergleichen."

ARBEITSAUFTRÄGE

- Erläutern Sie, warum der Controller eine Umsatzgliederung nach Warengruppen und Verkäuferinnen wünscht.
- Stellen Sie gegenüber:
  - Rentabilität,
  - Wirtschaftlichkeit,
  - Produktivität

  und machen Sie Vorschläge zu ihrer Überprüfung.
- Erläutern Sie Maßnahmen zur Verbesserung dieser Kennziffern.

Rentabilität

Legt der Kaufmann Kapital an, z. B. bei einer Bank oder in einem Unternehmen, erwartet er eine **Rendite.** Die Anlage seines Kapitals bei einer Bank bringt ihm Zinsen, für die Bereitstellung als Eigenkapital im Unternehmen erhält er einen Anteil am Gewinn (vgl. Seite 62). Zum Vergleich rechnet er daher den absoluten Gewinn aus jeder Anlage in eine Rendite des investierten Kapitals um. Dadurch erhält er eine vergleichbare Aussage zur Ertragskraft des im Betrieb angelegten Kapitals. **LF 8**

Beispiel Im letzten Geschäftsjahr erzielte der Mars Elektrofachmarkt e. K. mit einem Fremdkapital von 684.432,00 EUR und einem Eigenkapital von 1.487.302,00 EUR einen Umsatz von 7.688.250,00 EUR und einen Gewinn von 398.650,00 EUR. In den Aufwendungen von 7.289.600,00 EUR sind 24.000,00 EUR Fremdkapitalzinsen enthalten.

Die **Ertragskraft** des Kapitals, das in einem Unternehmen eingesetzt wird, kann nur dann mit Erträgen möglicher anderer Anlageformen (z. B. Aktien etc.) verglichen werden, wenn man zuvor den Gewinn des Unternehmens denjenigen Größen gegenüberstellt, die diesen Gewinn hervorgebracht haben: Bei diesen Größen handelt es sich um das **eingesetzte Eigenkapital** oder das **Gesamtkapital** und um den erzielten **Umsatz.**

Zu unterscheiden sind also:

Eigenkapitalrentabilität	Gesamtkapitalrentabilität	Umsatzrentabilität

Eigenkapitalrentabilität

Die Eigenkapitalrentabilität ist ein Maßstab dafür, mit welchem Erfolg das Eigenkapital eingesetzt wurde. Sie wird durch das prozentuale Verhältnis des Gewinns zum Eigenkapital ausgedrückt. Bei der Berechnung wird in der Praxis vielfach das Anfangskapital[1] zugrunde gelegt.

$$\textbf{Eigenkapitalrentabilität} = \frac{\text{Gewinn} \cdot 100}{\text{Eigenkapital am Jahresanfang}}$$

1 *Oder häufig auch das durchschnittliche Eigenkapital:* $\frac{\text{Anfangsbestand + Endbestand}}{2}$

Beispiel (Fortsetzung von Seite 61)

$$\frac{398.650 \cdot 100}{1.487.302} = \underline{\underline{26{,}8\ \%}}$$

Die Eigenkapitalrentabilität von 26,8 % besagt, dass sich das eingesetzte Eigenkapital im Mars Elektrofachmarkt e. K. mit diesem Zinssatz verzinst hat. Bei einer Anlage des Kapitals bei einem Kreditinstitut würde Frau Mars zzt. nur eine Verzinsung von 6 % erzielen.

Es ist allerdings zu bedenken, dass der Gewinn neben der **Verzinsung des Eigenkapitals**, das **Arbeitsentgelt für den Unternehmer** (Unternehmerlohn) und eine **Risikoprämie** für das übernommene Unternehmerwagnis enthält.

Eine geringe Eigenkapitalrentabilität (z. B. unter dem Zinssatz für langfristiges Fremdkapital) lässt auf niedrige Gewinnerzielung und -ausschüttung schließen.

In Kapitalgesellschaften (AG, GmbH) führen niedrige Eigenkapitalrentabilitäten dazu, dass Gesellschafter ihre Anteile veräußern und der Börsenkurs fällt. Gleichzeitig lässt das Interesse möglicher Anleger nach.

○ Rentabilität des Gesamtkapitals (Unternehmungsrentabilität)

Zur Ermittlung der Rentabilität des Gesamtkapitals wird der mit dem Gesamtkapital erzielte Reinertrag, bestehend aus

- dem Gewinn für das Eigenkapital und
- den Fremdkapitalzinsen für das Fremdkapital,

dem Gesamtkapital am Jahresanfang gegenübergestellt.

$$\textbf{Gesamtkapitalrentabilität}\ \text{(Unternehmungsrentabilität)} = \frac{(\text{Gewinn} + \text{Fremdkapitalzinsen}) \cdot 100}{\text{Gesamtkapital}}$$

Beispiel (Fortsetzung von Seite 61)

$$\frac{(398.650 + 24.000) \cdot 100}{1.487.302 + 684.432} = \frac{422.650 \cdot 100}{2.171.734} = \underline{\underline{19{,}5\ \%}}$$

Das Gesamtkapital hat also eine Rendite von 19,50 EUR pro 100,00 EUR.

Mit der Gesamtkapitalrentabilität kann nachgewiesen werden, ob der Einsatz des Fremdkapitals sich gelohnt hat. Liegt sie über dem landesüblichen Zinssatz, kann die Eigenkapitalrentabilität durch fremd finanzierte Investitionen verbessert werden. Umgekehrt tritt eine Minderung der Eigenkapitalrentabilität ein, wenn der Zinssatz für Fremdkapital die Gesamtkapitalrentabilität übersteigt.

○ Umsatzrentabilität

Die Umsatzrentabilität gibt den prozentualen Anteil des Gewinns am Umsatzerlös für Waren an:

$$\textbf{Umsatzrentabilität} = \frac{\text{Gewinn} \cdot 100}{\text{Umsatzerlöse für Waren}}$$

Beispiel (Fortsetzung von Seite 61)

$$\frac{398.650 \cdot 100}{7.688.250} = \underline{\underline{5{,}19\ \%}}$$

Mit 100,00 EUR Umsatz erwirtschaftet der Mars Elektrofachmarkt eine Rendite von 5,19 EUR.

Die Umsatzrentabilität drückt den Gewinnanteil je 100,00 EUR Umsatzerlös aus, der für Investitionen oder Ausschüttungen verwendet werden kann. Diese Kennziffer ist nicht abhängig von den Finanzierungsformen. Sie ist ein **Maßstab für Auswirkungen von Preisänderungen und konjunkturellen Änderungen.**

Wirtschaftlichkeit

Da finanzielle Mittel knapp sind,

- konkurrieren alternative Anlagemöglichkeiten um das zur Verfügung stehende Kapital,
- versuchen Anleger ihr Kapital möglichst in Anlagemöglichkeiten mit dem höchsten Ertrag zu bringen.

Ob nun neue Verkäufer/-innen eingestellt, neue Verkaufs-, Lager- oder Verwaltungsräume dazugemietet werden: Immer muss sich der Kaufmann nach der Wirtschaftlichkeit fragen, d. h., ob der Ertrag den Aufwand deckt.

$$\textbf{Wirtschaftlichkeit} = \frac{\text{Umsatzerlöse für Waren (Leistungen)}}{\text{Betrieblicher Aufwand (Kosten)}}$$

Beispiel (Fortsetzung von Seite 61)

$$\frac{7.688.250}{7.289.600} = \underline{\underline{1,05\ \%}}$$

Mit einem Einsatz (Kosten) von 1,00 EUR erzielt der Mars Elektrofachmarkt einen Ertrag (Umsatz) von 1,05 EUR.

Die Wirtschaftlichkeit gibt den Ertrag (im Beispiel 1,05 EUR) für 1,00 EUR Kosteneinsatz an. Sie gibt also Auskunft darüber, in welchem Maß das **ökonomische Prinzip** verwirklicht wurde: LF 1

- einen bestimmten Umsatz mit möglichst wenig Kosten zu erzielen
- oder mit vorgegebenem Aufwand einen möglichst hohen Umsatz zu erwirtschaften.

Damit sind auch die Einflussfaktoren der Wirtschaftlichkeit benannt:

Umsatzerlöse für Waren (Leistungen):	Absatzmenge, Verkaufspreise
Kosten (betrieblicher Aufwand):	Wareneinsatz, Miete, Pflege-, Wartungs-, Reparaturkosten, Energie, Personalkosten u. a.

Ziel muss es immer sein, knappe Ressourcen in Maßnahmen, Artikel u. Ä. zu lenken, die den größeren Umsatzerlös für Waren versprechen.

Produktivität

Setzt man die Leistung (Umsatz) oder den Absatz ins Verhältnis zu der Menge der eingesetzten Produktionsfaktoren (z. B. Arbeitsstunde, Raumfläche), so erhält man die Produktivität. Sie gibt Auskunft über die Ergiebigkeit (Effizienz, Wirkung) eingesetzter Produktionsfaktoren, d. h., sie gibt z. B. den Umsatz je Mitarbeiter oder den Umsatz je m^2 Verkaufsfläche an.

Entsprechend sind Personal-, Raum-, Kundenproduktivität und andere zu unterscheiden.

Beispiel Der Mars Elektrofachmarkt e. K. erzielte im letzten Jahr auf einer Gesamtfläche von 1.400 m² bzw. einer Verkaufsfläche von 1.200 m² mit 40 Mitarbeitern/-innen, davon 29 Verkäufer/-innen, in 80.080 Stunden einen Umsatz von 7.688.250,00 EUR. Dabei wurden 22.944 Kunden lt. vorliegenden Kassenbons/Kassenberichten und Ausgangsrechnungen erfolgreich bedient.

$$\textbf{Personalproduktivität} = \frac{\text{Umsatz}}{\text{Anzahl der Mitarbeiter/-innen}}$$

Beispiel (Fortsetzung von Seite 61)

$$\frac{7.688.250}{40} = \underline{\underline{192.206,25 \text{ EUR}}}$$

Im Durchschnitt erzielte ein Mitarbeiter einen Umsatz von 192.206,25 EUR im Jahr.

$$\textbf{Personalstundenproduktivität} = \frac{\text{Umsatz}}{\text{Anzahl der Mitarbeiter/-innenstunden}}$$

Beispiel (Fortsetzung von Seite 61)

$$\frac{7.688.250}{80.080} = \underline{\underline{96,01 \text{ EUR}}}$$

Je Mitarbeiter/-innenstunde wurde ein Umsatz von 96,01 EUR erzielt.

$$\textbf{Verkäuferproduktivität} = \frac{\text{Umsatz}}{\text{Anzahl der Verkäufer/-innen}}$$

Beispiel (Fortsetzung von Seite 61)

$$\frac{7.688.250}{29} = \underline{\underline{265.112,07 \text{ EUR}}}$$

Das Verkaufspersonal erzielte im Jahr einen durchschnittlichen Umsatz von 265.112,07 EUR.

$$\textbf{Raumproduktivität} = \frac{\text{Umsatz}}{\text{m}^2 \text{ Geschäftsfläche}}$$

Beispiel (Fortsetzung von Seite 61)

$$\frac{7.688.250}{1.400} = \underline{\underline{5.491,61 \text{ EUR}}}$$

Pro m² Raumfläche wurde im Durchschnitt ein Umsatz von 5.491,61 EUR erzielt.

$$\textbf{Verkaufsraumproduktivität} = \frac{\text{Umsatz}}{\text{Verkaufsfläche}}$$

Beispiel (Fortsetzung von Seite 61)

$$\frac{7.688.250}{1.200} = \underline{\underline{6.406,88 \text{ EUR}}}$$

Der Umsatz pro m² Verkaufsfläche beträgt im Durchschnitt 6.406,88 EUR.

$$\textbf{Kundenproduktivität} = \frac{\text{Umsatz}}{\text{Anzahl der Kunden (Bon-Anzahl)}}$$

Beispiel (Fortsetzung von Seite 61)

$$\frac{7.688.250}{22.944} = \underline{\underline{335,09 \text{ EUR}}}$$

Jeder Kunde kaufte für durchschnittlich 335,09 EUR ein.

○ Maßnahmen aufgrund von Produktivitätskennziffern

Die Produktivitätskennziffern sind bei einem Zeitvergleich von Jahr zu Jahr, von Quartal zu Quartal, Monat zu Monat, Tag zu Tag, Stunde zu Stunde oder bei einem Betriebsvergleich (Filialen, Abteilungen) von Interesse. Nicht selten sind die Produktivitätskennziffern Auslöser von betrieblichen Entscheidungen, z. B. bei Arbeitseinsatzplanung, Arbeitszeitverteilung, Öffnung und Schließung von Kassen, Personalschulung, Kündigungen, Angeboten von Aufstiegsmöglichkeiten u. a.

Abschließend sei auf den Zusammenhang von Produktivität, Wirtschaftlichkeit und Rentabilität hingewiesen:

> Je größer die Wirksamkeit der einzelnen Einheiten der Produktionsfaktoren ist, desto wirtschaftlicher wird der Betrieb (aufgrund der hierfür zu tragenden Kosten). Gleichzeitig wird das eingesetzte Kapital rentabler, was dazu führt, dass mehr liquide Mittel für Reinvestitionen und Verteilung erwirtschaftet werden können.

Umsatzkennzahlen

Ähnlich wie die Produktivitätskennziffern verdient der Umsatz besondere Beobachtung, weil er Einflussgröße aller oben beschriebenen Kennziffern ist.

Kennzahlen	Beispiel
Planabweichung (Soll-Ist-Vergleich) $= \frac{(\text{Istumsatz} - \text{Planumsatz}) \cdot 100}{\text{Planumsatz}}$	$\frac{(7.688.250 - 7.900.000) \cdot 100}{7.900.000} = \underline{\underline{-2,68\ \%}}$
Umsatzentwicklung $= \frac{\text{Umsatz Berichtsjahr} \cdot 100}{\text{Umsatz Vorjahr}}$	$\frac{7.688.250 \cdot 100}{7.256.000} = \underline{\underline{105,96\ \%}}$
Umsatzindex $= \frac{\text{Umsatz Berichtsjahr} \cdot 100}{\text{Umsatz Basisjahr 1}}$	$\frac{7.688.250 \cdot 100}{6.648.000} = \underline{\underline{115,65\ \%}}$
Umsatzstruktur $= \frac{\text{Umsatz Weiße Ware} \cdot 100}{\text{Gesamtumsatz}}$	$\frac{2.895.300 \cdot 100}{7.688.250} = \underline{\underline{37,66\ \%}}$
Kurzfristige Umsatzbeobachtung $= \frac{\text{Umsatz Monat Januar} \cdot 100}{\text{Jahresumsatz}}$	$\frac{895.600 \cdot 100}{7.688.250} = \underline{\underline{11,39\ \%}}$

Erläutern Sie die Aussage der einzelnen Umsatzkennzahlen.

Wirtschaftlichkeit, Produktivität und Rentabilität: Die Kennziffern aus betrieblichen Prozessen zur Beurteilung des unternehmerischen Erfolges nutzen

- **Rentabilität**
  - **Kapitalrentabilität**: Ertrag für 100,00 EUR eingesetzten Kapitals

    a) **Eigenkapitalrentabilität** $= \frac{\text{Gewinn} \cdot 100}{\text{Eigenkapital}}$

    b) **Gesamtkapitalrentabilität** (Unternehmungsrentabilität) $= \frac{(\text{Gewinn} + \text{Fremdkapitalzinsen}) \cdot 100}{\text{Gesamtkapital}}$
  - **Umsatzrentabilität:** Gewinn bei 100,00 EUR Umsatz
- **Wirtschaftlichkeit** $= \frac{\text{Umsatzerlöse für Waren (Leistungen)}}{\text{Betrieblicher Aufwand (Kosten)}}$

  Ertrag für 1,00 EUR Kosteneinsatz

- **Produktivität** misst die Wirksamkeit einer Einheit einzelner eingesetzter Produktionsfaktoren:
  - Personalproduktivität
  - Verkäufer/-innenproduktivität
  - Verkaufsraumproduktivität
  - Kundenproduktivität
- **Umsatzkennzahlen**: Vergleichszahlen, die nähere Informationen über den Umsatz erschließen:
  - Planabweichung
  - Umsatzentwicklung
  - Umsatzindex
  - Umsatzstruktur
  - Kurzfristige Umsatzbeobachtung

1. Ein Einzelhändler möchte die Produktivität des Personals und der Verkaufsfläche seiner beiden Filialen vergleichen. Die Buchhaltung liefert ihm folgende Zahlen:

	Filiale A	Filiale B
Umsatz in EUR	150.000,00	180.000,00
Verkäufer/-innen	2	3
Verkaufsfläche in m^2	125	120

Errechnen Sie die Personal- und Flächenproduktivität und vergleichen Sie die Filialen miteinander.

2. Ein Einzelhandelsunternehmen hat folgende Zahlen vorliegen:

Eigenkapital .... 2.720.000,00 EUR
Gesamtkapital .... 5.200.000,00 EUR
Reingewinn .... 680.000,00 EUR
Umsatzerlöse.............. 13.600.000,00 EUR
Zinsaufwendungen..... 204.000,00 EUR

Ermitteln Sie
a) die Eigenkapitalrentabilität, b) die Unternehmungsrentabilität, c) die Umsatzrentabilität.

3. Ein Einzelhandelsunternehmen erzielte im vergangenen Jahr einen Nettoumsatz von 1.200.000,00 EUR; dabei wurde ein Reingewinn von 30.000,00 EUR erzielt. In diesem Jahr betrug der Nettoumsatz 1.440.000,00 EUR, die Umsatzrentabilität betrug 2,2 %.

Ermitteln Sie
a) die Umsatzrentabilität für das vergangene Jahr,
b) den Gewinn, den die Einzelhandlung dieses Jahr erzielte,
c) die prozentuale Steigerung des Umsatzes in diesem Jahr gegenüber dem Vorjahr,
d) die prozentuale Abnahme der Umsatzrentabilität in diesem Jahr gegenüber dem Vorjahr.

4. Der Jahresabschluss einer Einzelhandelsunternehmung weist folgende Angaben in TEUR aus:

Eigenkapital 4.000
Fremdkapital 6.000
Fremdkapitalzinsen.... 600
Umsatzerlöse............. 25.000
Reingewinn 800

Ermitteln Sie
a) die Eigenkapitalrentabilität,
b) die Gesamtkapitalrentabilität,
c) die Umsatzrentabilität,
d) die Wirtschaftlichkeit.

5. Folgende Bilanzen und GuV-Rechnungen (auszugsweise) sind auszuwerten:

Vorjahr:

A	Bilanz		P
...		EK	2.000.000,00
		FK	4.000.000,00

S	GuV		H
Auf. f. Waren	4.000.000,00	Umsatz	6.000.000,00
Gehälter	1.000.000,00		
FK-Zinsen	400.000,00		
Gewinn	600.000,00		

Berichtsjahr:

A	Bilanz		P
...		EK	2.600.000,00
		FK	4.000.000,00

S	GuV		H
Auf. f. Waren	4.500.000,00	Umsatz	6.500.000,00
Gehälter	1.000.000,00		
FK-Zinsen	480.000,00		
Gewinn	520.000,00		

a) Errechnen Sie für das Vorjahr und das Berichtsjahr folgende Werte:
– Eigenkapitalrentabilität, – Gesamtkapitalrentabilität, – Umsatzrentabilität.

b) Berechnen Sie für beide Jahre die Wirtschaftlichkeit.

c) Stellen Sie dar, in welcher Weise sich Wirtschaftlichkeit und Rentabilität im vorliegenden Fall beeinflussen.

6. Mit welcher der nachstehenden Formeln wird die Wirtschaftlichkeit einer Unternehmung errechnet?

a) $\frac{\text{Gewinn} \cdot 100}{\text{Eigenkapital}}$

b) $\frac{\text{Wareneinsatz}}{\text{Umschlagshäufigkeit}}$

c) $\frac{\text{Umsatz}}{\text{Anzahl der beschäftigten Personen}}$

d) $\frac{\text{Leistung}}{\text{Kosten}}$

e) $\frac{\text{Gewinn} \cdot 100}{\text{Umsatzerlöse}}$

7. In einem Einzelhandelsunternehmen beträgt das Eigenkapital am Jahresanfang 260.000,00 EUR. Es wurde im Laufe des Jahres ein Umsatz von 673.200,00 EUR erzielt. Dabei entstanden 642.000,00 EUR Kosten.
Ermitteln Sie

a) den Gewinn,

b) die Eigenkapitalrentabilität,

c) die Umsatzrentabilität,

d) die Wirtschaftlichkeit.

8. Eine Einzelhandelsunternehmung macht folgende Angaben zur Berechnung

a) der Eigenkapitalrentabilität (Unternehmerrentabilität),

b) der Gesamtkapitalrentabilität (auf eine Stelle nach dem Komma runden),

c) der Umsatzrentabilität:

Eigenkapital ...	800.000,00 EUR	Fremdkapitalzinsen	60.000,00 EUR
Schulden	600.000,00 EUR	Umsatzerlöse für Waren (netto)	4.800.000,00 EUR
Gewinn	160.000,00 EUR		

9. Nehmen Sie folgenden Sachwörter in Ihre Lernkartei auf: Eigenkapitalrentabilität, Gesamtkapitalrentabilität, Umsatzrentabilität, Wirtschaftlichkeit, Produktivität, Personalproduktivität, Verkäuferproduktivität, Raumproduktivität, Kundenproduktivität, Personalstundenproduktivität, Umsatzkennzahl.

10. Die Buchhaltung eines Einzelhandelsbetriebes liefert für die letzten drei Jahre folgende Zahlen:

	1. Jahr	2. Jahr	3. Jahr
Verkaufsfläche in m^2	150	150	150
Verkäufer/-innen	2	3	4
Eigenkapital in EUR	150.00,00	175.000,00	200.000,00
Fremdkapital in EUR	100.000,00	125.000,00	115.000,00
Zinsen für Fremdkapital in EUR	4.800,00	7.500,00	6.000,00
Gewinn in EUR	25.000,00	35.000,00	50.000,00
Umsatz zu Verkaufspreisen (netto) in EUR	580.000,00	750.000,00	960.000,00

a) Errechnen Sie die Eigenkapital-, Unternehmungs- und Umsatzrentabilität, die Wirtschaftlichkeit, die Personal- und Raumproduktivität.
b) Beurteilen Sie die Entwicklung des Unternehmens.
c) Nennen Sie Gründe für die Veränderungen der einzelnen Kennzahlen.

11. Ermitteln Sie aus folgenden Angaben
a) den Rohgewinn,
b) den Handlungskostenzuschlagssatz,
c) den Gewinnzuschlagssatz,
d) die Wirtschaftlichkeit,
e) die Umsatzrentabilität.

S	GuV		H
Wareneinsatz/Aufw. für Waren	975.000,00	Umsatzerlöse für Waren	1.537.500,00
Personalkosten	150.000,00		
Betriebliche Steuern	35.000,00		
Aufwendungen für Kommunikation (Werbung u. Ä.)	67.500,00		
Aufwendungen für bezogene Leistungen (Energie, Instandsetzungen u. a.)	127.500,00		

12. Folgende Daten der Center Warenhaus GmbH sind auszuwerten:

	Berichtsjahr	Vorjahr
Geschäftsfläche der Center Warenhaus GmbH in m^2	10.500	10.500
Verkaufsfläche in m^2	10.000	10.000
Umsatzerlöse in EUR	12.691.000,00	11.634.800,00
Mitarbeiter/-innen	65	62
Kundenzahl	206.500	198.700
Handlungskosten (davon 50.000,00 EUR Fremdkapitalzinsen im Berichtsjahr und 65.000,00 EUR im Vorjahr)	3.626.000,00	3.558.880,00
Wareneinsatz in EUR	7.252.000,00	6.844.000,00
Arbeitsstunden	118.300	109.616
Eigenkapital in EUR	4.000.000,00	3.500.000,00
Fremdkapital in EUR	8.000.000,00	7.000.000,00

a) Ermitteln Sie für das Berichtsjahr und das Vorjahr
- den Umsatz/m^2 Geschäftsfläche,
- den Umsatz/m^2 Verkaufsfläche,
- den erreichten Kalkulationszuschlagssatz,
- den Umsatz pro Kunde,
- den Umsatz pro Mitarbeiter/-in,
- den Umsatz pro Arbeitsstunde,
- das Rohergebnis,
- die Wirtschaftlichkeit,
- die Eigenkapitalrentabilität,
- die Gesamtkapitalrentabilität,
- die Umsatzrentabilität,
- die Umsatzentwicklung gegenüber dem Vorjahr.

b) Schreiben Sie einen kurzen Bericht zur Aussage der einzelnen Kennzahlen und zu ihrer Entwicklung.
c) Nennen Sie geeignete Maßnahmen in Fällen, in denen sich die Kennziffern verschlechtert haben.

3 Anlagen anschaffen und Abschreibungen auf Anlagen buchen

Der Mars Elektrofachmarkt e. K. hatte am 26. Januar des Geschäftsjahres einen Lkw angeschafft und hierfür folgende Eingangsrechnung erhalten:

Lkw-Handel
Andreas JOOST e. K.
Wodanstr. 15
51107 Köln
Tel.: 0221 785746
Fax: 0221 785748

Mars Elektrofachmarkt e. K.
Aachener Straße 1250
50859 Köln

Betriebs-Nr.: 13246833
Auftrags-Nr.: 00597
Datum: 26.01.20..
Kunden-Nr.: 32788

Rechnung-Nr. 00126

Amtl. Kennz.	*Typ/Modell*	*Fahrzeug-Ident-Nr.*	*Zulassungstag*	*Annahmetag*	*km-Stand*
K-PR-111	443 PH 5	44FA053238	26.01.20..	26.05.20..	30.000

Für Ihre Bestellung danken wir Ihnen.

		EUR
443 PH 5	Lkw Condor GKAT 3000	60.000,00
	+ 16 % Umsatzsteuer	9.600,00
		69.600,00

Bankverbindung: Deutsche Bank BLZ: 370 700 60 Kto-Nr.: 574 617 59
Bitte geben Sie bei Zahlung Ihre Kunden- und Rechnungsnummer an. Vielen Dank!

Steuernummer: 218/766/7767 **USt-IDNr.:** DE-10673904

Mehmet Aydin hatte damals die Rechnung vorkontiert.
Bei Durchsicht der Bücher zur Vorbereitung des Jahresabschlusses ist er erstaunt darüber, dass der Lkw noch mit dem Anschaffungswert von 60.000,00 EUR auf dem Konto Fuhrpark steht, obwohl der Lkw schon fast ein ganzes Jahr zur Abholung von Waren von Lieferern und zur Zustellung von Waren zu Kunden genutzt wurde.

ARBEITSAUFTRÄGE

- Erläutern Sie, auf welche Posten der Bilanz sich dieser Kauf auswirkt.
- Bilden Sie den Buchungssatz.
- Begründen Sie, warum der Lkw keine 60.000,00 EUR mehr wert ist.
- Suchen Sie nach Möglichkeiten, den wirklichen Wert des Lkw festzustellen.
- Bilden Sie den Buchungssatz für die Abschreibung.

Berechnung und Buchung der Anschaffungskosten bei Anlagenkäufen

Neben der menschlichen Arbeitskraft setzt die Einzelhandelsunternehmung **Betriebsmittel** im Rahmen der Warenbeschaffung, der Lagerung, des Absatzes und der Verwaltung ein, z. B. **Fahrzeuge** für die Warenabholung von Lieferern und für die Warenzustellung zu Kunden, **Einrichtungen** zur Lagerung und Präsentation der Waren in Lager- und Verkaufsräumen (Regale, Kühltheken), Einrichtungen zur Verwaltung und Kontrolle (Kassen, Wachanlagen, Sicherungsanlagen) usw. Zu den Betriebsmitteln zählen auch **Gebäude** und **Grundstücke**.

Betriebsmittel zählen zum Anlagevermögen. Im Unterschied zum Umlaufvermögen ist das **Anlagevermögen** dazu bestimmt, der Unternehmung **dauernd** oder über einen längeren Zeitraum **zu dienen**.

Anschaffungskosten

Beim Kauf werden die Anlagen mit ihren Anschaffungskosten auf den entsprechenden Anlagenkonten erfasst. Unter **Anschaffungskosten** ist der Wert zu verstehen, den das Einzelhandelsunternehmen aufwenden muss,

- um das **Anlagegut zu beschaffen** und
- um es **in einen betriebsbereiten Zustand** zu bringen (§ 255 HGB).

Die **Anschaffungskosten** werden folgendermaßen berechnet:

Listeneinkaufspreis
– Rabatt
Zieleinkaufspreis
– Skonto
Bareinkaufspreis
\+ Bezugskosten
\+ Montage-, Anschlusskosten u. a. bis zur Betriebsbereitschaft
= Anschaffungswert (= Anschaffungskosten)

Rabatt, Skonto: Anschaffungskostenminderungen
Bezugskosten, Montage-, Anschlusskosten: Anschaffungsnebenkosten

Typische **Anschaffungsnebenkosten** bei der Beschaffung von **beweglichen Anlagegütern**		
Transportkosten	**Fundamentierungskosten**	**Montagekosten**
Beispiele: Überführungskosten Transportversicherung	**Beispiele:** Befestigung – von Transportbändern – von Rolltreppen	**Beispiele:** Aufbau Anschluss TÜV-Abnahme

Nicht zu den Anschaffungskosten zählen die **Kosten der Geldbeschaffung** (z. B. Zinsen) und die **absetzbare Vorsteuer**.

○ Buchung der Anlagenkäufe

Beim Kauf werden die Anschaffungskosten auf den entsprechenden Anlagekonten erfasst. Entstehen Anschaffungskostenminderungen und Anschaffungsnebenkosten nachträglich, werden diese zur Korrektur des Wertes direkt auf dem Anlagekonto erfasst.

Beispiel

Buchung (vgl. Eingangsrechnung Seite 69)

Fuhrpark	60.000,00		
Vorsteuer	9.600,00	an Verbindlichkeiten a. LL	69.600,00

Beispiel mit nachträglichen Anschaffungsnebenkosten

1. ER 83: Kauf von 5 Kühltheken zum Listenpreis von 24.000,00 EUR abzüglich 10 % Rabatt + 16 % USt.
2. ER 99: Für Elektroanschluss werden der Einzelhandelsunternehmung vom Elektromeister Karl Klein nachträglich 750,00 EUR + 16 % USt in Rechnung gestellt.

Buchung

1. Geschäftsausstattung	21.600,00		
Vorsteuer	3.456,00	an Verbindlichkeiten a. LL	25.056,00
2. Geschäftsausstattung	750,00		
Vorsteuer	120,00	an Verbindlichkeiten a. LL	830,00

Anschaffungsnebenkosten vergrößern die Anschaffungskosten. Sie werden daher im Soll des entsprechenden Anlagekontos gebucht.

● Abschreibungen berechnen und buchen

○ Notwendigkeit der Abschreibungen

Gegenstände des Anlagevermögens sind dazu bestimmt, dem Unternehmen **dauernd** zu dienen. Die Nutzung der meisten Anlagegüter ist jedoch zeitlich begrenzt, da sie abgenutzt werden (**abnutzbares Anlagevermögen**). Sie unterliegen einem ständigen Werteverfall und müssen von Zeit zu Zeit durch neue Anlagegüter ersetzt werden.

Ursachen des Werteverfalls

technischer Verschleiß	ruhender Verschleiß	technische Überholung	Katastrophenverschleiß
durch den Gebrauch des Anlagegutes (Nutzungsverschleiß)	durch Umwelteinflüsse, Verwitterung, Zersetzung oder natürliche Rostschäden	aufgrund der Weiterentwicklung und Modernisierung von Anlagen	Verkürzung der Lebensdauer oder Untergang der Anlage (durch Feuer, Überschwemmung o. Ä.)

Dieser **Werteverfall** mindert das Anlagevermögen. Weil er einen **Aufwand** für das Unternehmen darstellt, mindert er auch das Eigenkapital. Der Werteverfall ist jährlich mittels **Abschreibungen** zu erfassen.

- Die **buchmäßige Erfassung** der **Wertminderung** des Anlagevermögens wird als Abschreibung bezeichnet. Das Steuerrecht nennt diese Abschreibung **Absetzung für Abnutzung** (AfA).
- Über die Buchung der Abschreibung werden die **Anschaffungskosten** nach und nach als **Aufwand** auf die Jahre der Nutzung **verteilt**. Das Handelsrecht nennt diesen Aufwand **planmäßige Abschreibung**.

§ 253 Abs. 2 HGB: Bei Vermögensgegenständen des Anlagevermögens, deren Nutzung zeitlich begrenzt ist, sind die Anschaffungs- oder Herstellungskosten um planmäßige Abschreibungen zu vermindern. Der Plan muss die Anschaffungs- oder Herstellungskosten auf die Geschäftsjahre verteilen, in denen der Vermögensgegenstand voraussichtlich genutzt werden kann.

§

○ Abschreibungsplan

Für jeden Gegenstand des abnutzbaren Anlagevermögens sollte ein Abschreibungsplan aufgestellt werden, der alle Daten über das Anlagegut enthält.

Daten des Abschreibungsplanes	Beispiel
Bezeichnung des Anlagegutes:	Lkw Condor GKAT 3000-443 PH 5
Tag der Anschaffung des Anlagegutes:	26. Januar 20..
Höhe der Anschaffungskosten:	60.000,00 EUR
voraussichtliche Nutzungsdauer:	acht Jahre
Abschreibungsmethode:	lineare Abschreibung

Bereits im Jahre der Anschaffung des Anlagegutes ist die Zeit der betrieblichen Nutzung des Anlagegutes (**Nutzungsdauer**) zu schätzen.

PRAXISTIPP Der Bundesfinanzminister hat im Einvernehmen mit den Finanzverwaltungen der Bundesländer **AfA-Tabellen** für abnutzbare Anlagegüter der einzelnen Wirtschaftszweige herausgegeben, die bei der Festlegung der Nutzungsdauer durch das Unternehmen berücksichtigt werden sollten.

Auszug aus der allgemeinen AfA-Tabelle

Anlagegüter	Nutzungsdauer in Jahren
Gebäude	33
Ladeneinbauten, Schaufenstereinbauten	9
Wirtschaftsgüter der Ladeneinrichtungen	8
– Registrierkassen	6
– Panzerschränke, Tresore	23
– Waagen	11
Büromaschinen und Organisationsmittel	
– Personalcomputer, Workstations; Notebooks und deren Peripheriegeräte (Drucker, Scanner, Bildschirme)	3
Lastkraftwagen	9
Personenkraftwagen	6

Alle wesentlichen Daten für den Abschreibungsplan ergeben sich in der Regel aus der **Anlagendatei** der Anlagenbuchhaltung, die eine Nebenbuchhaltung darstellt.

Beispiel

Anlagendatei		Mars Elektrofachmarkt e. K.		
Gegenstand: Lkw Condor		**Fahrzeug-Nr.** 45 K 84 300		
Fabrikat: GKAT 3000		**Lieferer:** Lkw-Handel Andreas Joost, Köln		
Nutzungsdauer: acht Jahre		**Anschaffungskosten:** 60.000,00 EUR		
Konto: Fuhrpark		**AfA-Satz:** 12,5 %	**AfA-Methode:** linear	
Datum	**Vorgang**	**Zugang in EUR**	**Abgang/AfA in EUR**	**Bestand in EUR**
26.01.20..	ER 00126	60.000,00		
31.12.20..	Umbuchung 23: AfA		7.500,00	52.500,00

○ Ermittlung der Abschreibungsbeträge bei linearer Abschreibung

Bei der linearen Abschreibung werden die Anschaffungskosten gleichmäßig auf die Jahre der Nutzung verteilt.

Beispiel Lineare Abschreibung
Anschaffungskosten: 60.000,00 EUR
Nutzungsdauer: 8 Jahre
Abschreibungssatz: 12,5%

Formel	Berechnung
$\frac{\text{Anschaffungskosten}}{\text{Nutzungsdauer}}$ = **Jahresabschreibungsbetrag**	$\frac{60.000}{8} = 7.500,00$ EUR
$\frac{100}{\text{Nutzungsdauer}}$ = **Abschreibungssatz**	$\frac{100}{8} = 12,5$ %
Berechnung der AfA mit AfA-Satz: Anschaffungskosten $\cdot \frac{\text{Abschreibungssatz}}{100}$	$60.000 \cdot \frac{12,5}{100} = 7.500,00$ EUR

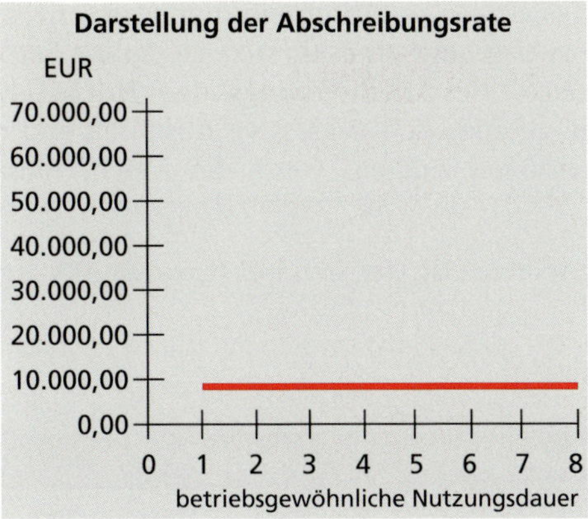

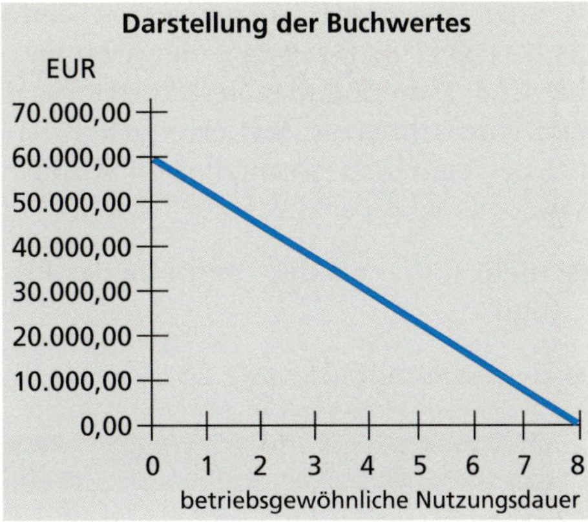

Buchwert und Erinnerungswert: Durch die jährliche Abschreibung wird der Wert der Anlage vermindert, der in der Bilanz ausgewiesen wird (**Buch-** oder **Restwert**). Am Ende der Nutzungsdauer wird der **Nullwert** erreicht. Befindet sich das Anlagegut nach Ablauf der geschätzten Nutzungsdauer noch im Betriebsvermögen, wird es mit einem Erinnerungswert von zurzeit 1,00 EUR im Vermögensverzeichnis geführt.

Betriebswirtschaftlich ist diese Methode **bei gleichmäßiger** Nutzung des Anlagegutes während der einzelnen Nutzungsjahre **empfehlenswert**. **Steuerrechtlich** bestehen gegen die lineare Methode **keine Einwände**.

○ Ermittlung der Abschreibungsbeträge bei geometrisch-degressiver Abschreibung

Bei der **geometrisch-degressiven Abschreibung** wird der Abschreibungsbetrag durch die Anwendung eines gleich bleibenden Abschreibungssatzes auf den jeweiligen Rest- oder Buchwert des Anlagegutes berechnet. Dadurch ergibt sich ein von Jahr zu Jahr fallender Abschreibungsbetrag, der in den ersten Jahren der Nutzung sehr hoch und in den späteren Nutzungsjahren niedrig ausfällt. Bei dieser Methode wird der Endwert Null in der geschätzten Nutzungsdauer nie erreicht.

Beispiel

Formel	Berechnung
$\text{Buchwert} \cdot \frac{\text{AfA - Satz}}{100}$ = **Abschreibungsbetrag**	**1. Jahr:** $60.000 \cdot \frac{20}{100}$ = 12.000,00 EUR **2. Jahr:** $48.000 \cdot \frac{20}{100}$ = 9.600,00 EUR
Anfangsbestand – Abschreibungsbetrag = **Buchwert**	**1. Jahr:** 60.000 – 12.000 = 48.000,00 EUR **2. Jahr:** 48.000 – 9.600 = 38.400,00 EUR

Da sich eine **Reihe fallender Abschreibungsbeträge** ergibt, bei denen das Verhältnis zwischen den Abschreibungsbeträgen und den Buchwerten stets gleich bleibt, spricht man von der geometrisch-degressiven Abschreibung.

Will man mithilfe der geometrisch-degressiven Abschreibung in der Nutzungsdauer die Anschaffungskosten weitgehend vollständig, d. h. bis auf 1,00 EUR, auf die Nutzungsdauer verteilen, dann ist ein sehr hoher Abschreibungssatz (im Beispiel etwa 90 %) notwendig. Das führt in den ersten Nutzungsjahren zu Abschreibungen (im Beispiel 54.000,00 EUR im 1. Jahr), die weder betriebswirtschaftlich noch steuerrechtlich vertretbar sind. Daher hat der Gesetzgeber für die Höhe des Abschreibungssatzes **Höchstgrenzen** vorgeschrieben: **Steuerrechtlich** ist die geometrisch-degressive Abschreibung nur bei **beweglichem abnutzbarem Anlagevermögen** zulässig, wenn der Abschreibungssatz

- **nicht höher als das Doppelte des Prozentsatzes** ist, der sich **bei linearer AfA** ergibt und
- **der Abschreibungssatz 20 % nicht übersteigt.**

Nutzungsdauer (ND)	Abschreibungssatz	Beispiele
ND < 10	20 %	ND: 5 Jahre → 20 % ND: 8 Jahre → 20 %
ND > 10	$\frac{100 \cdot 2}{ND}$	ND: 25 Jahre → 8 % ND: 20 Jahre → 10 % ND: 16 Jahre → 12,5 %

Da die geometrisch-degressive Abschreibung bei Anwendung des steuerrechtlich zulässigen AfA-Satzes zu einem verhältnismäßig hohen Restwert nach Ablauf der Nutzungsdauer führt, ist es zulässig, im letzten Nutzungsjahr den Buchwert abzuschreiben (vgl. Seite 73). Befindet sich das Anlagegut nach Ablauf der Nutzungsdauer noch im Betriebsvermögen, dann ist es üblich, das Anlagegut mit einem Erinnerungswert vor 1,00 EUR auszuweisen.

Anlagegut: Lkw Fabrikat: Condor Nutzungsdauer: 8 Jahre	lineare AfA 12,5 % der Anschaffungskosten	geometrisch-degressive AfA 20 % vom Buchwert
Anschaffungskosten – Abschreibung des 1. NJ	60.000,00 7.500,00	60.000,00 12.000,00
Buchwert nach dem 1. NJ – Abschreibung des 2. NJ	52.500,00 7.500,00	48.000,00 9.600,00
Buchwert nach dem 2. NJ – Abschreibung des 3. NJ	45.000,00 7.500,00	38.400,00 7.680,00
Buchwert nach dem 3. NJ – Abschreibung des 4. NJ	37.500,00 7.500,00	30.720,00 6.144,00
Buchwert nach dem 4. NJ – Abschreibung des 5. NJ	30.000,00 7.500,00	24.576,00 4.915,20
Buchwert nach dem 5. NJ – Abschreibung des 6. NJ	22.500,00 7.500,00	19.660,80 3.932,16
Buchwert nach dem 6. NJ – Abschreibung des 7. NJ	15.000,00 7.500,00	15.728,64 3.145,73
Buchwert nach dem 7. NJ – Abschreibung des 8. NJ	7.500,00 7.499,00	12.582,91 12.581,91
Erinnerungswert	1,00	1,00

Beispiel Geometrisch-degressive Abschreibung

Anschaffungskosten: 60.000,00 EUR Nutzungsdauer: 8 Jahre Abschreibungssatz: 20 %

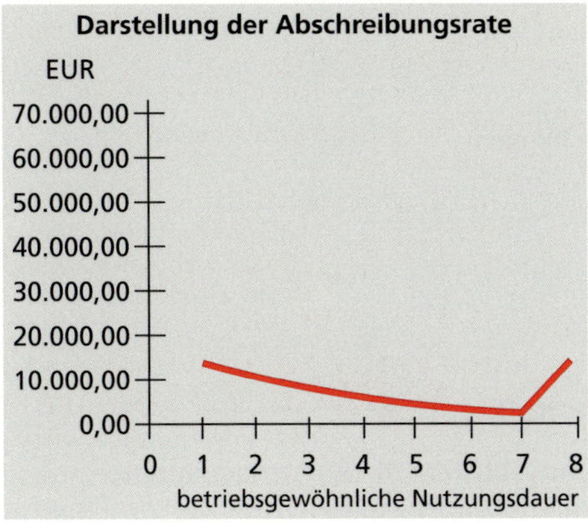

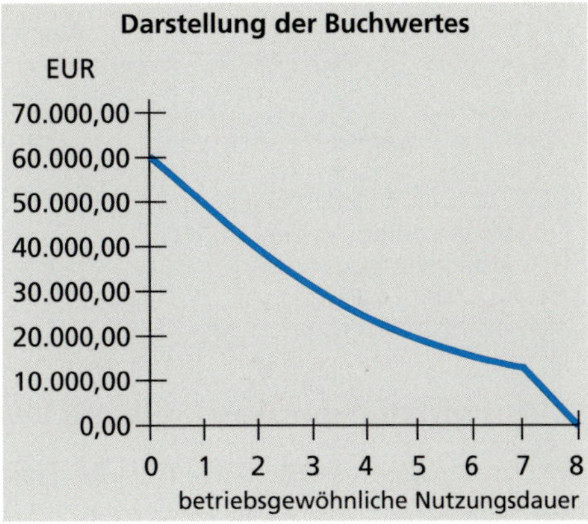

○ Buchung der Abschreibung

Abschreibungen auf das abnutzbare Anlagevermögen sind Aufwendungen, die im Soll des Aufwandskontos „**Abschreibungen auf Sachanlagen**" und im Haben des entsprechenden Anlagekontos als Minderung des Anlagevermögens gebucht werden. Das Anlagekonto weist dann nach der durchgeführten Abschreibung am Jahresende den Buchwert aus.

Beispiel Buchung des Abschreibungsbetrages am Ende des 1. Jahres bei linearer Abschreibung

Abschlussangaben: 12,5% lineare Abschreibungen auf Fuhrpark

Buchung: Abschreibungen auf Sachanlagen 15.000,00 an Fuhrpark 15.000,00

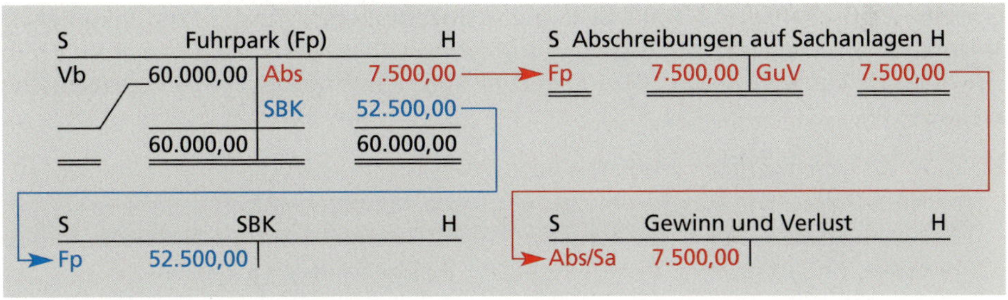

Nach 8 Jahren ist der Wagen abgeschrieben. Soll er dem Einzelhändler über die geschätzte Nutzungsdauer von 8 Jahren dienen, so muss er mit dem Erinnerungswert von 1,00 EUR im Inventar erscheinen. Am Ende des 8. Jahres dürfen dann nur 7.499,00 EUR abgeschrieben werden.

○ Auswirkung der Abschreibung in der Finanzbuchführung

Durch die Abschreibung werden die Anschaffungskosten vermindert. Der verbleibende **Restwert in der Bilanz** wird als Buchwert bezeichnet. In der **GuV-Rechnung** erscheint die **Abschreibung als Aufwand** und somit als Minderung des Gewinnes. Durch die Verteilung der Anschaffungskosten über die Jahre der Nutzung dient die Abschreibung der **richtigen und periodengerechten Erfolgsermittlung.**

Im folgenden Schaubild wird verdeutlicht, wie sich die Abschreibungen auswirken:

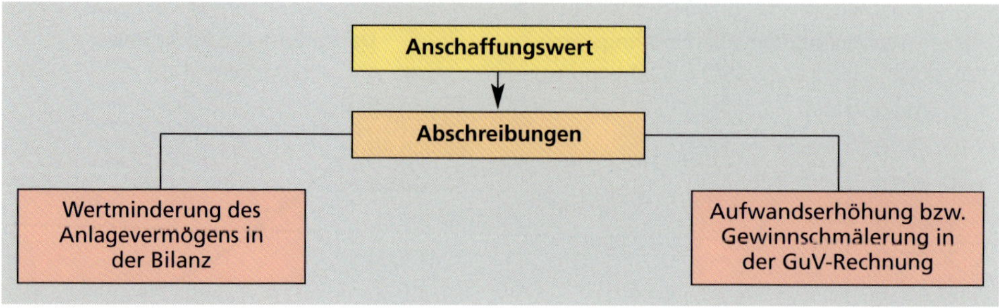

○ Auswirkung der Abschreibung in der Kalkulation

Abschreibungen werden als Teil der Handlungskosten in die Verkaufspreise einkalkuliert. Über die Umsatzerlöse werden sie dadurch zur Refinanzierung der Anschaffungskosten wieder hereingeholt.

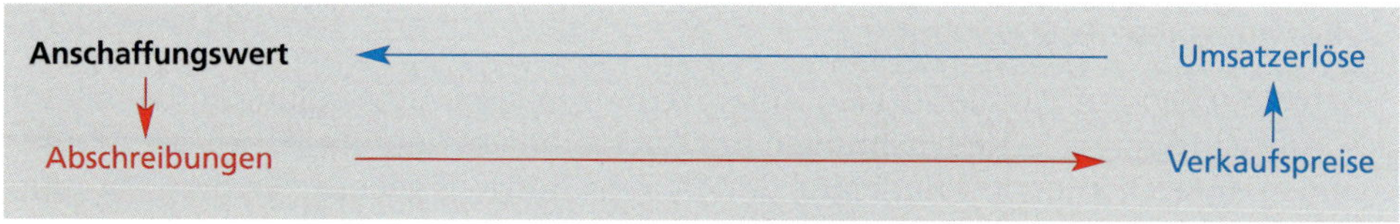

● Geringwertige Wirtschaftsgüter des Anlagevermögens

Zur Vereinfachung gestattet der Gesetzgeber (§ 6 Abs. 2 EStG), dass **abnutzbare** und **selbstständig nutzbare Wirtschaftsgüter** des Anlagevermögens im Anschaffungsjahr voll abgeschrieben werden **können** (Wahlrecht), wenn die Anschaffungskosten für das einzelne Wirtschaftsgut **410,00 EUR nicht übersteigen**. Will der Einzelhändler diese Wirtschaftsgüter am Ende des Anschaffungsjahres voll abschreiben, muss er sie bei ihrer Anschaffung auf dem Konto **„Geringwertige Wirtschaftsgüter des Anlagevermögens"** erfassen.

Beispiele für geringwertige Wirtschaftsgüter (GWG)

GWG-selbstständig nutzbar	GWG-nicht selbstständig nutzbar
● Regale, Tische, Stühle ● Beleuchtungskörper (Lampen) ● Kisten, Fässer, Collicos ● Flachpaletten zum Transport und zur Lagerung von Waren ● Computer-Software	● Einzelbauteile für Regale ● Reifen und Ersatzteile für Fahrzeuge

Beispiel

	EUR
Kassenquittung: Kauf eines Regals für das Reservelager, netto	380,00
+ 16 % Umsatzsteuer	60,80
	440,80

Buchung bei der Anschaffung			
Geringwertige Wirtschaftsgüter des AV	380,00		
Vorsteuer	60,80	an Kasse	440,80
Buchung zum 31.12.			
Abschreibungen auf GWG	380,00	an GWG	380,00

Geringwertige Wirtschaftsgüter des Anlagevermögens mit einem Anschaffungswert bis zu 60,00 EUR, wie z. B. Stempel, Stempelkissen, Heftzange, Locher, Schreibmaterial können sofort bei ihrer Anschaffung als Aufwand auf dem Konto „**Büromaterial**“ gebucht werden.

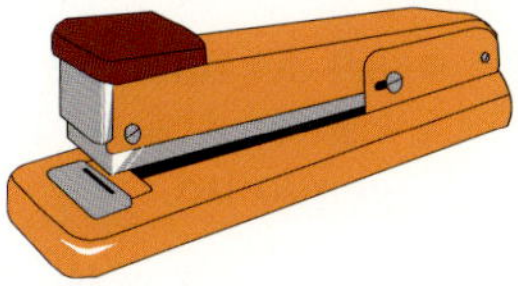

Beispiel

Kassenzettel: Barkauf von zwei Heftzangen für 46,40 EUR einschließlich 16 % Umsatzsteuer

Buchung

Büromaterial	40,00		
Vorsteuer	6,40	an Kasse	46,40

Anlagen anschaffen und Abschreibungen auf Anlagen buchen

- Anlagegüter werden beim Kauf mit ihren Anschaffungskosten erfasst.
- Anschaffungskosten setzen sich zusammen aus dem Anschaffungspreis abzüglich sofortiger oder nachträglicher **Anschaffungskostenminderungen** und zuzüglich der **Anschaffungsnebenkosten**.
- Die **abzugsfähige Vorsteuer** zählt nicht zu den Anschaffungskosten.

Anschaffungskosten bei Anlagekäufen

Anschaffungskostenminderungen	Anschaffungsnebenkosten	Berechnung der Anschaffungskosten
● Sofortrabatte ● Skonto	● Transportkosten ● Zölle ● Montagekosten **beim Immobilienkauf:** ● Notariats- und Gerichtskosten ● Grunderwerbsteuer	Listenpreis – Sofortrabatt Zieleinkaufspreis – Skonto Bareinkaufspreis + Anschaffungsnebenkosten Anschaffungskosten

- Durch die Abschreibungen werden **Wertminderungen der abnutzbaren Sachanlagen** erfasst.
- Die **Höhe der Abschreibungsbeträge** ist von der **Abschreibungsmethode** abhängig.
- **Abschreibungsmethoden**

Lineare Abschreibung	Geometrisch-degressive Abschreibung
● Abschreibung in gleich bleibenden Jahresbeträgen **AfA-Satz** = $\frac{100}{ND}$ **AfA-Betrag** = $\frac{\text{Anschaffungskosten} \cdot \text{AfA-Satz}}{100}$ ● unterstellt gleichmäßigen Werteverschleiß	● Buchwertabschreibung bei gleichbleibendem Abschreibungssatz **höchstzulässiger AfA-Satz** = $\frac{100}{ND} \cdot 2 \rightarrow$ maximal 20 % **AfA-Betrag** = $\frac{\text{Buchwert} \cdot \text{AfA-Satz}}{100}$

- Bei der Buchung der Abschreibung erfolgt die **Sollbuchung** auf dem Aufwandskonto „**Abschreibungen auf Sachanlagen**“, die **Habenbuchung** auf dem **Anlagenkonto**.
- Die Bilanz weist den berichtigten Wert, den **Buch- oder Restwert**, aus.
- Die **Gewinn- und Verlustrechnung** stellt die Abschreibung als **Aufwand** und Minderung des Gewinns dar.

1. a) Kauf eines Kombifahrzeuges für das Geschäft für 27.400,00 EUR. Überführungskosten 980,00 EUR, Zulassung 120,00 EUR. Der Vertragshändler stellt für alle vorstehenden Leistungen 16 % USt in Rechnung.
b) Die Rechnung gemäß Fall a) wird sofort mit Verrechnungsscheck unter Abzug von 2 % Skonto (nur vom Wagenpreis) bezahlt.

Ermitteln Sie den Anschaffungswert des Pkw.

2. a) Kauf einer Kühltheke, netto 25.000,00 EUR + 16 % USt auf Ziel.
b) Ausgleich der Rechnung (Fall a) durch Banküberweisung abzüglich 3 % Skonto.
c) Nachträglich werden der Einzelhandelsunternehmung für Elektroanschluss 550,00 EUR + 16 % USt berechnet.

Ermitteln Sie den Anschaffungswert der Kühltheke.

3. Kauf eines Lkw 104.000,00 EUR lt. Liste, Überführungskosten 1.600,00 EUR, Sonderrabatt 3 % vom Listenpreis, 2 % Skonto vom Zieleinkaufspreis, Zulassungsgebühr 203,60 EUR, Nummernschilder 34,00 EUR. Der Vertragshändler stellt zudem 16% USt in Rechnung.

Berechnen Sie den Anschaffungswert.

4. Ein Verbrauchermarkt richtet 20 Scanner-Kassen zu folgenden Bedingungen des Herstellers ein:
Listenpreis 12.000,00 EUR je Kasse, 10 % Mengenrabatt, 2 % Skonto binnen 10 Tagen, Fracht insgesamt 400,00 EUR, Transportversicherung insgesamt 220,00 EUR und 16 % USt.

Berechnen Sie den Anschaffungswert je Kasse.

5. Ein Anlagegut der BuG, das mit 20 % linear abgeschrieben wird, hat nach zwei Nutzungsjahren einen Buchwert von 5.250,00 EUR.
a) Wie viel EUR beträgt der jährliche Abschreibungsbetrag?
b) Wie viel EUR betrug der Anschaffungswert?
c) Wie lautet der Buchungssatz zur Erfassung der Abschreibung am Ende des 3. Nutzungsjahres?

6. In der folgenden Tabelle sind Anschaffungs- und Buchwert zweier Anlagen in aufeinander folgenden Jahren dargestellt:

	Anschaffungswert	Buchwert nach dem 1. Nutzungsjahr	Buchwert nach dem 2. Nutzungsjahr
Kühltheke	38.000,00	33.250,00	28.500,00
Computerkassen	120.000,00	96.000,00	76.800,00

a) Bestimmen Sie in beiden Fällen die Höhe des Abschreibungssatzes.
b) Welche Abschreibungsmethode wurde gewählt?
c) Welche Nutzungsdauer wird für die Kühltheke angenommen?
d) Bilden Sie die Buchungssätze in beiden Fällen für die Abschreibung am Ende des 3. Jahres.

7. Der Anschaffungswert einer DV-Anlage betrug 60.000,00 EUR. Sie wurde jährlich mit 20 % degressiv abgeschrieben.
a) Wie hoch ist der Abschreibungsbetrag am Ende des 3. Jahres?
b) Mit welchem Betrag steht die Anlage am Ende des 3. Jahres in der Bilanz?
c) Wie lautet der Buchungssatz für die Erfassung der Abschreibung nach dem 3. Nutzungsjahr?

8. Erläutern Sie, welche der folgenden Aussagen
1. auf die lineare,
2. auf die degressive Abschreibung zutreffen.
a) Die Abschreibungsbeträge werden von Jahr zu Jahr kleiner.
b) Die Abschreibungsbeträge werden immer vom Anschaffungswert berechnet.
c) Sie wird angewandt, wenn der Betrieb in den ersten Nutzungsjahren besonders hohe Abschreibungsbeträge geltend machen will.
d) Sie wird jährlich mit gleichem Prozentsatz vom Buchwert ermittelt.
e) Bei ihr wird von Jahr zu Jahr eine gleichmäßige Abnutzung unterstellt.
f) Die Abschreibungsbeträge sind von Jahr zu Jahr gleich.
g) Mit ihr kann ein starker Werteverfall in den ersten Nutzungsjahren infolge technischer Überholung am besten erfasst werden.
h) Der Abschreibungssatz beträgt: $\frac{100}{\text{Nutzungsdauer}}$
i) Der Abschreibungsbetrag ergibt sich aus der Rechnung: $\frac{\text{Buchwert} \cdot \text{Abschreibungssatz}}{100}$

9.

Gegenstand	Anschaffungspreis	Anschaffungsnebenkosten	Nutzungsdauer
1. Tischrechner	380,00 EUR	–	5
2. Locher	40,00 EUR	–	10
3. Kleintransporter	31.000,00 EUR	1.000,00 EUR	8
4. Scanner-Kasse	11.500,00 EUR	500,00 EUR	6

a) Wie lauten die Buchungssätze bei Anschaffung gegen Verrechnungsscheck unter Berücksichtigung von 16 % USt?
b) Mit welchem Betrag sind die einzelnen Gegenstände am Jahresende zu bilanzieren, wenn grundsätzlich die lineare Abschreibung gewählt wurde?
c) Welche Buchungen ergeben sich am Jahresende zur Erfassung der Abschreibung?

10. Ein Kleintransporter mit einem Anschaffungswert von 45.000,00 EUR ist degressiv mit 20 % abzuschreiben.
a) Welcher Betrag ist am Ende des 2. Nutzungsjahres abzuschreiben?
b) Wie lautet die entsprechende Buchung zur Erfassung der Abschreibung?
c) Welchen Buchwert hat der Kleintransporter nach vier Jahren?

11. Konten: Fuhrpark, Abschreibungen auf Sachanlagen, GuV, SBK
Fuhrpark (Buchwert): 9.000,00 EUR
Schreiben Sie 10 % vom Anschaffungswert 12.000,00 EUR ab.
Schließen Sie die Konten ab.

12. Konten: Büromaschinen, Abschreibungen auf Sachanlagen, SBK, GuV
Büromaschinen .... 8.000,00 EUR
Barkauf eines Druckers............. 900,00 EUR
Buchen Sie 15 % Abschreibung vom Buchwert (8.900,00 EUR) und schließen Sie die Konten ab.

13. Konten: Geschäftsausstattung, Abschreibungen auf Sachanlagen, SBK, GuV

	EUR
Betriebs- und Geschäftsausstattung: Anfangsbestand	11.600,00
Verkauf einer gebrauchten Computerkasse einschl. 16 % USt bar	174,00
Einkauf einer Computerkasse auf Ziel	1.050,00
+ 16 % USt	168,00

Abschreibung vom Buchwert: 12 %.

Schließen Sie die Konten ab.

14. Bilden Sie die Buchungssätze zu folgenden Geschäftsfällen:

	EUR
1. Kauf von Vordrucken für die Kassenabrechnung einschl. 16% USt bar	42,92
2. Kauf eines Lochers einschl. 16 % USt bar	75,40
3. Barkauf eines Tischrechners für das Büro, netto	380,00
+ 16 % USt	60,80

15. Berechnen Sie die Abschreibungssätze für die lineare Abschreibung bei einer betriebsgewöhnlichen Nutzungsdauer von 5, 6, 8, 10, 12, 15 und 20 Jahren.

16. Berechnen Sie die Abschreibungssätze für die lineare und geometrisch-degressive Abschreibung (steuerlich zulässiger AfA-Satz) beim Vorliegen einer Nutzungsdauer von 8,10,12,16 und 20 Jahren.

17. Der Anschaffungswert einer Transportanlage im Lager beträgt 25.000,00 EUR. Die betriebsgewöhnliche Nutzungsdauer beläuft sich auf 10 Jahre: Die Transportanlage soll geometrisch-degressiv mit dem höchstzulässigen Abschreibungssatz abgeschrieben werden.

a) Stellen Sie mithilfe eines Tabellenkalkulationsprogramms einen Abschreibungsplan für die ersten vier Nutzungsjahre nach der linearen und der geometrisch-degressiven Methode auf (vgl. AfA-Tabelle Seite 74).
b) Stellen Sie die Entwicklung von Abschreibungsbetrag und Buchwert nach beiden Methoden in einem Liniendiagramm dar.

18.

Gegenstand	Anschaffungstag	Anschaffungswert	Nutzungsdauer
1. Locher	9. Dezember	38,00 EUR	10 Jahre
2. Drehstuhl	5. August	400,00 EUR	5 Jahre

a) Wie lauten die Buchungssätze bei der Anschaffung (Verrechnungsscheck)?
b) Mit welchem Betrag sind die einzelnen Gegenstände am Jahresende zu bilanzieren (es wird grundsätzlich linear abgeschrieben)?
c) Welche Buchungen ergeben sich am Jahresende zur Erfassung der Abschreibung?

19. a) Ermitteln Sie aus nebenstehender Eingangsrechnung der Computer-Willi KG
- den Anschaffungswert eines PC,
- den Abschreibungsbetrag für PC und Bürostühle zusammen, wenn aus steuerlichen Überlegungen möglichst viel abgeschrieben werden soll.

b) Für den PC wird eine betriebsgewöhnliche Nutzungsdauer von vier Jahren, für die Bürostühle von acht Jahren angenommen.
- Bilden Sie die Buchungssätze zur Erfassung der Eingangsrechnung,
- zur Erfassung der Abschreibung.

Computer-Willi KG — **Hard- und Software**

Computer Willi KG, Nobelstraße 12, 51107 Köln

Elektrofachmarkt e. K.
Aachener Straße 1250
50859 Köln

Nobelstraße 12
51107 Köln
Tel.: 0221 4144040
Fax: 0221 4144041
Bank: Postbank Köln
BLZ 370 100 50
Kto-Nr.: 726 876-21

Ihre Bestellung:

Lieferdatum:

RECHNUNG

Kunden-Nr.	Rechnungs-Nr.	Datum
8844	2301	15.03.20..

Bei Zahlung bitte angeben

Artikel-Nr.	Artikelbezeichnung	Menge	Einzelpreis EUR	Gesamtpreis EUR
2331	Personalcomputer	2	2.250,00	4.500,00
25534	Bürostuhl	2	390,00	780,00

Warenwert, netto	Entgelt, netto	16 % USt EUR	Gesamtbetrag EUR
5.280,00	5.280,00	844,80	6.124,80

Zahlbar sofort ohne Abzug

Steuernummer: 216/331/4854 **USt-IDNr.:** DE-27328491

20. Zwei Anlagegüter werden am Ende des 3. Nutzungsjahres folgendermaßen dargestellt:

Anlagegüter	Anschaffungswert	Abschreibungen insgesamt	Abschreibungen des Jahres	Buchwert	Buchwert des Vorjahres
Lkw	180.000,00	87.840,00	23.040,00	92.160,00	
PC	4.400,00		1.100,00		2.200,00

a) Ermitteln Sie für den Lkw
- den Abschreibungssatz,
- die Abschreibungsmethode,
- den Buchwert des Vorjahres,
- wie viel Prozent abgeschrieben sind,
- die betriebsgewöhnliche Nutzungsdauer.

b) Ermitteln Sie für den PC
- den Buchwert des Geschäftsjahres,
- die Abschreibungsmethode,
- die betriebsgewöhnliche Nutzungsdauer,
- die kumulierte Abschreibung (aufgelaufene Abschreibung insgesamt),
- wie viel Prozent abgeschrieben sind (eine Stelle nach dem Komma kfm. runden).

21. Erläutern Sie folgende Aussage an einem Beispiel: „Die Abschreibung dient der Verteilung der Anschaffungskosten auf die Jahre der Nutzung der Anlage".

22. Erläutern Sie folgende Aussage an einem Beispiel: „Die Abschreibung dient der Erfassung der Wertminderung und der Refinanzierung der Anschaffungskosten".

23. Der Mars Elektrofachmarkt e. K. hat am 8. Januar des Geschäftsjahres einen Pkw angeschafft und hierfür nebenstehende Eingangsrechnung erhalten:

a) Ermitteln Sie
   - den Anschaffungswert des Pkw (Zugang in EUR),
   - den Abschreibungsbetrag für das erste Nutzungsjahr (AfA in EUR) lt. Anlagendatei,
   - den Buchwert zum 31. Dezember des ersten Nutzungsjahres (Bestand in EUR).

b) Bilden Sie die Buchungssätze
   - zur Erfassung der Eingangsrechnung,
   - zur Erfassung de Abschreibung,
   - zum Abschluss des Kontos „Abschreibungen",
   - zum Abschluss des Kontos „Fuhrpark".

MOTOR RABECK GMBH

Motor Rabeck GmbH, Falderstr. 17, 50999 Köln

Mars Elektrofachmarkt e. K.
Aachener Straße 1250
50859 Köln

Geschäftsräume:
Falderstr. 17
50999 Köln
Tel.: 0221 685943
Fax: 0221 685922

Betriebsnummer	Auftrag-Nr.	KD NR	Datum
13246833	33388	3872	08.01.20..

Rechnung Nr. 3857

		EUR
999 PW 1	Pkw HAWA 725 GTI	49.000,00
	+ Überführungskosten	875,00
	+ Zulassungsgebühren	45,00
		49.920,00
	+ 16 % Umsatzsteuer	7.987,20
		57.907,20

Zahlbar sofort ohne Abzug

Bankverbindung:
Kreisparkasse Köln BLZ 370 502 99 Kto-Nr.: 100 767 65

Steuernummer: 219/278/33865 **USt-IDNr.:** DE-13842532

In der Anlagenbuchhaltung wurde aufgrund der Eingangsrechnung folgende Datei für den Pkw angelegt:

Anlagendatei				**Mars Elektrofachmarkt e. K.**
Gegenstand: Pkw		**Fahrzeug-Nr.** 88 K 3711		
Fabrikat: AWA 725 GTI		**Lieferer.** Motor Rabeck GmbH, Köln		
Nutzungsdauer. acht Jahre		**Anschaffungskosten:**		
Konto: Fuhrpark		**AfA-Satz:**	**AfA-Methode:** linear	
Datum	**Vorgang**	**Zugang in EUR**	**Abgang/AfA in EUR**	**Bestand in EUR**
08.01.20..	ER 3857			

24. Erweitern Sie Ihre Lernkartei um folgende Sachwörter: Anschaffungskosten von Anlagen, Anschaffungsnebenkosten, Abschreibungsursachen, Abschreibungen, abnutzbares Anlagevermögen, Abschreibungsplan, AfA-Tabelle, Anlagendatei, Abschreibungsmethoden, lineare Abschreibung, geometrisch-degressive Abschreibung, Buchwert, Erinnerungswert, geringwertige Wirtschaftsgüter des Anlagevermögens, Abschreibungsauswirkung.

25. Stellen Sie typische abnutzbare Anlagegüter Ihres Ausbildungsbetriebes und deren betriebsgewöhnliche Nutzungsdauern in einer Tabelle zusammen.

26. Warum nimmt ein Einzelhändler Abschreibungen auf seine Betriebs- und Geschäftsausstattungen vor?

1. Um seinen Gewinn zu senken.
2. Um seine Handlungskosten zu senken.
3. Um seinen Gewinn zu erhöhen.
4. Um die Prämien für Versicherungen zu senken.
5. Um mehr Vorsteuer zu erzielen.

4 Kosten und Leistungen berechnen

4.1 Externes und internes Rechnungswesen

Mit den Warengruppen

Weiße Ware | Braune Ware | Software/Tonträger | Neue Medien

erwirtschaftete der Mars Elektrofachmarkt e. K. im Abrechnungs- und Vorjahr folgende Ergebnisse in EUR:

Aufbereitete GuV-Rechnungen des Geschäftsjahres und des Vorjahres									
	Geschäftsjahr		Vorjahr			Geschäftsjahr		Vorjahr	
	EUR	%	EUR	%		EUR	%	EUR	%
Aufw. für Waren	4.556.000,00	59,3	4.340.000,00	59,8	Umsatzerlöse für Waren	7.688.250,00	100,00	7.256.000,00	100,00
Personalaufwendungen	1.980.000,00	25,8	1.910.000,00	26,3					
Mieten	60.000,00	0,8	60.000,00	0,8					
Aufw. für Energie	54.000,00	0,7	55.000,00	0,8					
Werbung	75.000,00	1,0	110.000,00	1,5					
Büromaterial	24.000,00	0,3	26.000,00	0,4					
Instandh., Reinigung, Versich.	255.600,00	3,3	164.200,00	2,3					
Steuern	285.000,00	3,7	192.000,00	2,6					
Gewinn	398.650,00	5,2	398.800,00	5,5					
	7688.250,00	100,0	7.256.000,00	100,0		7.688.250,00	100,00	7.256.000,00	100,00

Frau Mars ist mit dem Ergebnis im Vergleich zur Entwicklung des Umsatzes und des Wareneinsatzes nicht zufrieden. Durch Vergleich der Positionen beider Jahre sollten in der ersten Stufe der Analyse die Abweichungen gegenüber dem Vorjahr und deren Ursachen herausgefunden werden.

ARBEITSAUFTRÄGE

- Ermitteln und erläutern Sie die Abweichungen der einzelnen Aufwendungen und Erträge.
- Erläutern Sie anhand folgender Skizze die Einflussgrößen des Gewinns und stellen Sie mögliche Gründe für die Abweichungen gegenüber dem Vorjahr zusammen.

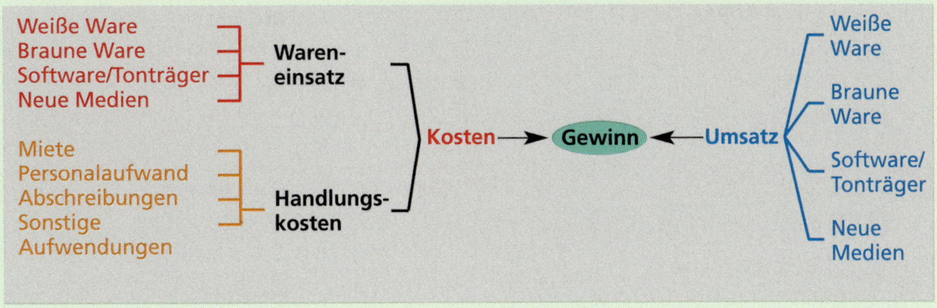

Unterstützungsfunktion des Rechnungswesens für den Kernprozess

Das betriebliche Rechnungswesen ist eine Dienstleistungsabteilung innerhalb der Unternehmung, die die Kernprozesse „Einkauf – Lagerung – Verkauf“ unterstützt, indem sie diese mit Informationen versorgt (**Unterstützungsfunktion**).

Grundlage bilden hier die Belege, in denen die Geschäftsfälle lückenlos festgehalten werden. Belege werden im Grundbuch chronologisch und im Hauptbuch auf Bestands- und Erfolgskonten nach ihrer Auswirkung auf Vermögen und Kapital erfasst. Beim Abschluss der Konten und bei der Aufstellung der **Gewinn- und Verlustrechnung** sowie der **Bilanz** werden die Informationen zu Berichten über die Vermögens-, Finanz- und Ertragslage verdichtet.

Diese Informationen können dann an solche Personen innerhalb und außerhalb des Unternehmens weitergeleitet werden, die sich für die wirtschaftliche Lage der Unternehmung interessieren (z. B. Geschäftsleitung, Abteilungsleiter, Eigen- und Fremdkapitalgeber, Finanzamt u. a.). Diese wiederum können die übermittelten Informationen auswerten und für Kontroll-, Planungs- und Steuerungszwecke verwenden.

Hinsichtlich des Informationsgegenstandes und der Informationsempfänger sind externes und internes Rechnungswesen zu unterscheiden.

Externes Rechnungswesen

Das externe Rechnungswesen spiegelt die **Vorgänge finanzieller Art** wider, die sich **zwischen der Einzelhandelsunternehmung und ihrer Umwelt** ergeben.

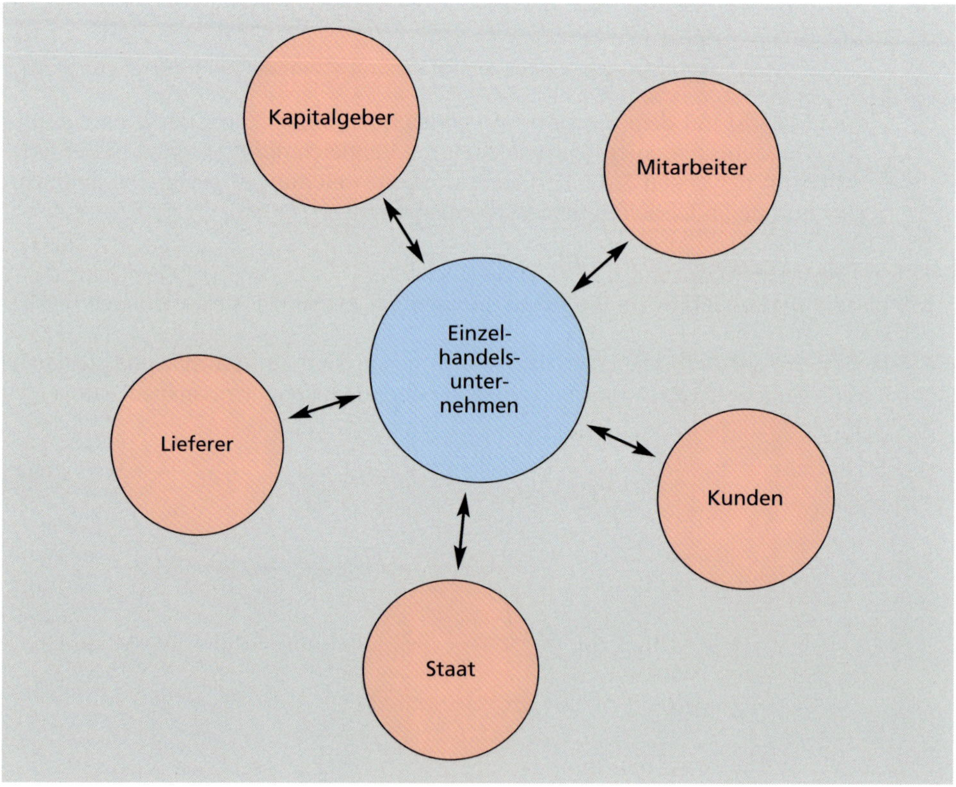

Das externe Rechnungswesen bildet zum einen den Kernprozess des Einzelhandelsunternehmens ab, indem es Einkäufe und Verkäufe und die damit verbundenen **Ausgaben** und **Einnahmen** erfasst. Zum anderen hält es Geldzuflüsse und -abflüsse durch finanzwirtschaftliche Vorgänge wie **Eigenkapitalzuflüsse**, **Fremdkapitalaufnahme** (vgl. Seite 314 ff.), **Kapitalrückzahlungen** und **Steuerzahlungen** fest.

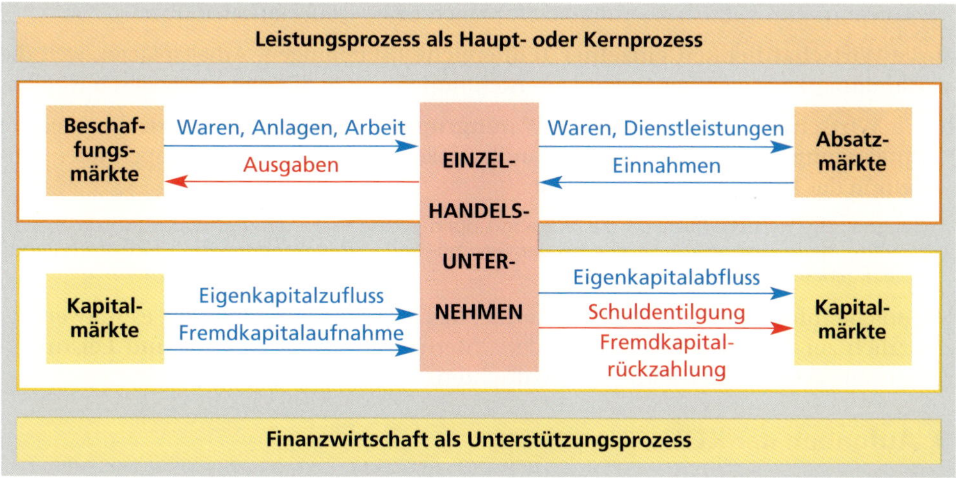

Das externe Rechnungswesen schließt mit der **Bilanz** und der **Gewinn- und Verlustrechnung**, die zusammen den **Jahresabschluss** bilden. Der Jahresabschluss dient der vergangenheitsorientierten Rechnungslegung und richtet sich an externe Informationsinteressenten (Lieferer, Kapitalgeber), die sonst keinen Einblick in das Unternehmen haben.

Zum **Schutz der Gläubiger** hat der Gesetzgeber zahlreiche handels- und steuerrechtliche Vorschriften für die Erstellung des Jahresabschlusses in der **Finanz**- oder **Geschäftsbuchhaltung** erlassen.

Internes Rechnungswesen

Das interne Rechnungswesen hat die Aufgabe, **innerbetriebliche Prozesse abzubilden,** die durch die im Unternehmen tätigen Mitarbeiter gesteuert werden. Wesentliche Aufgaben sind

- die Erfassung des in Geldwerten ausgedrückten Verzehrs an Produktionsfaktoren im Einzelhandelsunternehmen (Wareneinsatz, Handlungskosten).
- die Erfassung der Leistung des Einzelhandelsunternehmens (Umsatz von Waren und Dienstleistungen).
- die Überprüfung der Wirtschaftlichkeit von Leistungserstellungs- und Leistungsverwertungsprozessen (vgl. Seite 161,191).

Die Zahlen (Bezugspreise, Handlungskosten, Selbstkostenpreise, Kosten einzelner Betriebsbereiche) werden nicht veröffentlicht, sondern sind Informationen zur Planung, Steuerung und Kontrolle des **Betriebsprozesses**. Deshalb wird das interne Rechnungswesen auch als **Betriebsbuchhaltung** bezeichnet. Leitende und ausführende Mitarbeiter/-innen erhalten die Informationen aus dem internen Rechnungswesen in regelmäßigen Abständen oder bei Bedarf.

Informationen und Mängel der Gewinn- und Verlustrechnung aus der Finanzbuchhaltung

Mithilfe der **Finanz**- oder **Geschäftsbuchhaltung** wird durch Gegenüberstellung der **Aufwendungen und Erträge** des Geschäftsjahres das **Gesamtergebnis der Unternehmung**, der **Gewinn** oder der **Verlust**, ermittelt. Die Gewinn- und Verlustrechnung ermöglicht somit eine **Wirtschaftlichkeitskontrolle** der Unternehmung. LF 8

Die Gewinn- und Verlustrechnung liefert jedoch keine Informationen über

- die **Wirtschaftlichkeit einzelner Teilbereiche** (Abteilungen, Arbeitsplätze), weil die Handlungskosten der gesamten Unternehmung in einer Summe ausgewiesen werden,
- die **Wirtschaftlichkeit einzelner Warengruppen oder einzelner Artikel**, weil die Zurechnung der entsprechenden Handlungskosten zu den Warengruppen oder Artikeln in der Finanzbuchhaltung fehlt.

Beispiel Die Wirtschaftlichkeit der Warengruppen Weiße Ware, Braune Ware, Tonträger/Software, Neue Medien kann nicht aus der Gewinn- und Verlustrechnung des Elektrofachmarkts e. K. erkannt werden.

Um solche Informationen zur Wirtschaftlichkeit erhalten zu können, ist es notwendig, zusätzlich zur Finanzbuchhaltung in der Unternehmung eine **Kosten- und Leistungsrechnung** (**Betriebsbuchhaltung**) einzurichten.

Aufgaben der KLR

Die KLR (Kosten- und Leistungsrechnung) soll für eine Einzelhandelsunternehmung die typischen Erträge durch die **Umsatzerlöse** für abgesetzte Warengruppen erfassen und dem dafür notwendigen Einsatz an **Produktionsfaktoren** wie **Betriebsmittel** (Abschreibung auf Gebäude, Fahrzeuge, Geschäftsausstattung u. a.), **Waren** (Wareneinsatz) und **menschliche Arbeitskraft** (Gehälter, Löhne) in derselben Rechnungsperiode gegenüberstellen.

Beispiel Die Kosten- und Leistungsrechnung muss einmal die Umsätze der vier Warengruppen getrennt feststellen. Andererseits muss sie untersuchen, welcher Anteil der eingesetzten Produktionsfaktoren auf die jeweiligen Warengruppen entfällt.

Der typische oder **sachzielbezogene Ertrag** einer Rechnungsperiode wird als **Leistung** bezeichnet; den wertmäßigen Umfang der eingesetzten Faktoren nennt man **betrieblicher Aufwand (= Kosten)**. Zur Sicherung und Erhaltung der Wettbewerbsfähigkeit und zur Erfolgskontrolle ist eine genaue Erfassung dieser **betrieblichen Aufwendungen** und **betrieblichen Erträge** notwendig.

Durch die **Gegenüberstellung** der **betrieblichen Erträge** (**Leistungen**) und **betrieblichen Aufwendungen** (**Kosten**) wird das **Betriebsergebnis** ermittelt. Zur Information der Unternehmensleitung muss die Kostenrechnung die **Kosten und Leistungen erfassen** und **die Ursachen ihrer Entstehung verdeutlichen**, um sie beeinflussen zu können.

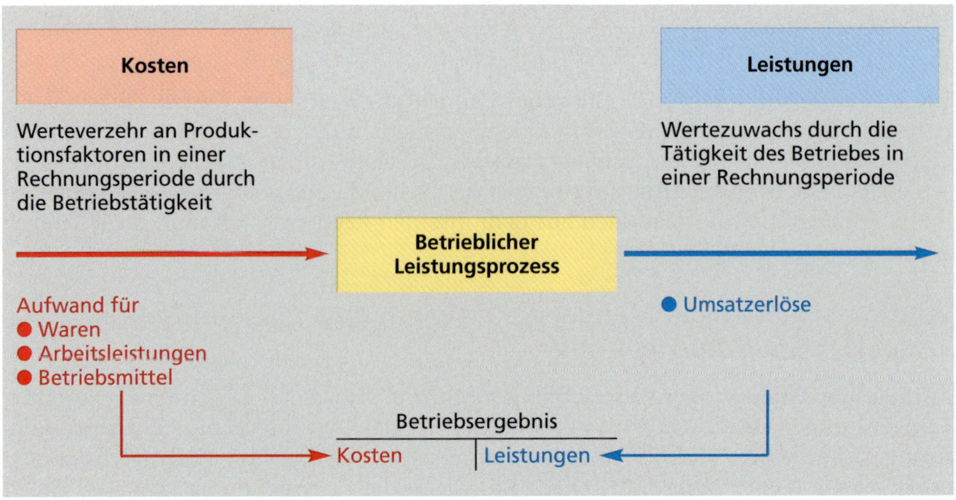

Aufgabenbereiche der KLR

Im Einzelnen hat die KLR zu untersuchen,

- **welche Kosten** durch Beschaffung (Bezugspreise), Lagerung (Pflege-, Sicherungs-, Raum-, Personalkosten), Absatz (Verpackung, Werbung, Warenzustellung, Gehälter) und Verwaltung (Bürokosten, Gehälter) verursacht wurden,
- **wo,** also in welchen betrieblichen Bereichen (Marketing, Logistik, Service, Kasse, Rechnungswesen, Bereiche der Warengruppen), die Kosten verursacht wurden,
- **welche Waren** (Artikel der vier Warengruppen) diese Kosten verursacht haben und sie daher tragen müssen.

Die Kostenrechnung gliedert sich also in drei Teilbereiche, wie folgendes Schaubild zeigt:

Finanzbuchhaltung	**Kosten- und Leistungsrechnung**		
	Kostenartenrechnung	**Kostenstellenrechnung**	**Kostenträgerrechnung**
Erfassung aller Aufwendungen und Erträge einer Rechnungsperiode zur Ermittlung des **Unternehmungsergebnisses** in der GuV-Rechnung	**Erfassung** und **Gliederung** der Kosten	**Verteilung** der Kosten **auf** die Betriebsbereiche **(Kostenstellen),** in denen sie angefallen sind	**Verteilung** der Kosten auf die Leistungen (Warengruppen, Artikel)
	Welche Kosten sind entstanden?	Wo sind die Kosten entstanden? Wer hat sie zu verantworten?	Welcher Kostenanteil entfällt auf die einzelnen Warengruppen und Artikel?

Anders als bei der Finanzbuchhaltung, die lediglich das Ergebnis der Unternehmung ermittelt, ist es die Aufgabe der KLR, zusätzliche Aussagen über die Aufwendungen zu gewinnen, nämlich,

- in welchen Bereichen des Betriebes sie entstanden sind und
- welche Warengruppen und Artikel sie verursacht haben und somit im Preis tragen müssen.

Daraus ergeben sich besondere Aufgaben des internen Rechnungswesens:

- Bereitstellung von Informationen für die Preisberechnung (Kalkulation)
- Wirtschaftlichkeitskontrolle der Abteilungen und der Artikel
- Informationen für Entscheidungen bei der Beschaffung (z. B. Preisobergrenze) und beim Absatz, wie z. B. Selbstkostenpreis, Verkaufspreis, Preisuntergrenze

Externes und internes Rechnungswesen

- **Externes Rechnungswesen (Finanz- oder Geschäftsbuchhaltung)**
  - bildet **Vorgänge finanzieller Art** zwischen Einzelhandelsunternehmung und Umwelt ab,

- erfasst **Einkäufe** und **Verkäufe** und die entsprechenden **Ausgaben** und **Einnahmen**,
- hält **Geldzuflüsse** und **-abflüsse** aufgrund von Finanzierungsvorgängen fest,
- fasst die Informationen aus dem vergangenen Rechnungsjahr in der **Bilanz** und **Gewinn- und Verlustrechnung** zusammen.
- Bilanz und Gewinn- und Verlustrechnung sind auch wichtige **Informationsquellen für Lieferer und Kapitalgeber**.
- Das **externe Rechnungswesen** unterliegt zahlreichen handelsrechtlichen und steuerrechtlichen Vorschriften zum **Schutz der Gläubiger**.

● **Mängel des externen Rechnungswesens**

- Die Finanzbuchhaltung ermittelt das **Gesamtergebnis** der Unternehmung in der Gewinn- und Verlustrechnung.
- Die **GuV-Rechnung** macht **keine Aussagen** über die **Wirtschaftlichkeit** des Betriebes, einzelner Teilbereiche oder einzelner **Warengruppen** oder **Artikel**.

● **Internes Rechnungswesen**

- erfasst die **Kosten** (Wareneinsatz, Handlungskosten), die der **Umsatz** verursacht,
- stellt den **Kosten** die **Leistungen** gegenüber,
- überprüft die **Wirtschaftlichkeit** einzelner Artikel, Warengruppen und einzelner Teilbereiche des Betriebes,
- stellt die **Informationen** leitenden und ausführenden Mitarbeitern/-innen zur **Planung, Steuerung und Kontrolle** zur Verfügung.

● **Aufgaben und Aufgabenbereiche der Kosten- und Leistungsrechnung**

- Die KLR ermittelt, **welche Leistungen** der Betrieb bereitstellt und welche Kosten diese Leistungsbereitstellung verursacht hat, **wo** die Kosten verursacht wurden und welchen Leistungen (Artikel, Dienstleistungen) **welcher Kostenanteil** zuzurechnen ist.
- Entsprechend sind **Kostenarten-, Kostenstellen- und Kostenträgerrechnung** als Bereiche der KLR zu unterscheiden.

1. Nennen Sie drei Aufgabenbereiche der KLR und erläutern Sie deren grundsätzliche Aufgaben.

2. Erläutern Sie, warum die GuV-Rechnung der Finanzbuchhaltung des Mars Elektrofachmarkts e. K. als Informationsinstrument des Betriebsgeschehens nicht ausreicht.

3. Bearbeiten Sie folgende Themen, indem Sie
a) zu jedem Thema ein Brain-Map entwickeln und
b) Ihre Ergebnisse in einem Vortrag vorstellen.
1. Ursachen des Gewinnrückgangs 2. Maßnahmen zur Gewinnverbesserung

4. Warum können aufgrund des Vergleichs der Erträge mit den Aufwendungen lt. GuV-Rechnung nur grobe Aussagen zur Wirtschaftlichkeit des Einzelhandelsunternehmens gemacht werden?

5. Die Buchführung eines Einzelhandelsgeschäftes stellt folgende Daten zur Erfolgsanalyse der beiden letzten Quartale zur Verfügung

GuV-Rechnungen der beiden letzten Quartale					
Aufwendungen	1. Quartal EUR	2. Quartal EUR	Erträge	1. Quartal EUR	2. Quartal EUR
Aufwendungen für Waren	535.000,00	588.000,00	Umsatzerlöse	2.024.000,00	1.884.000,00
Fremdinstandhaltung, Entsorgung, Reinigung	91.000,00	102.800,00			
Personalkosten	932.000,00	924.500,00			
Abschreibungen	85.100,00	88.600,00			
Mieten, Beratungskosten	94.200,00	106.400,00			
Büromaterial, Postgebühren, Telefon, Werbung, Dekoration	65.000,00	81.900,00			
Versicherungen, Beiträge zu Wirtschaftsverbänden	32.700,00	29.100,00			
Betriebliche Steuern	25.100,00	26.500,00			
Zinsaufwendungen	16.800,00	15.400,00			

a) Ermitteln Sie den Erfolg für das 1. und 2. Quartal.
b) Stellen Sie die Veränderungen (Abweichungen) in Prozent fest.
c) Worauf können die Abweichungen zurückzuführen sein?
d) Zeigen Sie die Informationsmängel der GuV-Rechnung auf, wenn Sie den Einfluss einzelner Warengruppen auf den Erfolg bestimmen wollen.
e) Welche Maßnahmen schlagen Sie vor, um bessere Informationen über die Aufwandsverursachung zu erhalten?

6. Stellen Sie „internes" und „externes" Rechnungswesen gegenüber.
Erläutern Sie dabei
a) die Aufgaben,
b) die Informationsgegenstände,
c) die Informationsempfänger.

7. Erläutern Sie am Beispiel des Mars Elektrofachmarkts e. K.
a) Probleme bei der Feststellung der Wirtschaftlichkeit einzelner Artikel aus dem Sortimentsbereich „Weiße Ware",
b) Aufgaben der Kostenrechnung zur Lösung dieser Probleme.

8. Ergänzen Sie Ihre Lernkartei um folgende Sachwörter: externes Rechnungswesen, internes Rechnungswesen, Kernprozess, Unterstützungsprozess, Aufgaben der KLR, Kostenartenrechnung, Kostenstellenrechnung, Kostenträgerrechnung, Kosten und Leistungen.

4.2 Gliederung der Kostenarten

Frau Mars hat aus der Kostenartenanalyse (vgl. Seite 83, 90 ff.), abgesehen von den Positionen „Instandsetzung, Reinigung und Versicherung" und „Steuern", keine besonders auffallenden Abweichungen gegenüber dem Vorjahr erkannt. Frau Feld und der Controller sollen die Abweichungen näher untersuchen und Vorschläge zu ihrer Beeinflussung erarbeiten.

Heute fordert sie beide dazu auf, zu untersuchen, wie der Betriebsgewinn durch die vier Warengruppen des Mars Elektrofachmarktes e. K. beeinflusst wird. Mehmet Aydin, der das Gespräch aufmerksam verfolgt hat, meint, an Frau Feld gerichtet: *„Das ist doch einfach, da brauchen wir doch nur die Umsätze der vier Warengruppen aus unserem Warenwirtschaftssystem abzurufen."*

ARBEITSAUFTRÄGE

- Untersuchen Sie, ob Mehmet Aydin mit seiner Bemerkung Recht hat.
- Erläutern Sie, welche Informationen Frau Mars erwartet.

Einfluss der einzelnen Artikel bzw. Warengruppen auf den Betriebserfolg

Das Betriebsergebnis zeigt einerseits die Umsatzerlöse, andererseits die Kosten des Betriebes in einer Rechnungsperiode. Die Kosten setzen sich zusammen aus den Anschaffungskosten der einzelnen verkauften Artikel **(Wareneinsatz)** und den **Handlungskosten** zwischen dem Eingang und dem Vertrieb der Ware an die Kunden wie Personalkosten, Mieten, Bürokosten, Werbung, Kfz-Versicherung, Kfz-Steuer, Abschreibungen u. a. Die Umsatzerlöse setzen sich aus dem Umsatz der einzelnen Warengruppen und Artikel zusammen.

Will die Unternehmensleitung den Einfluss einzelner Artikel auf den Betriebserfolg erfahren, muss sie den Umsatzerlösen jedes Artikels die durch den einzelnen Artikel verursachten Kosten gegenüberstellen.

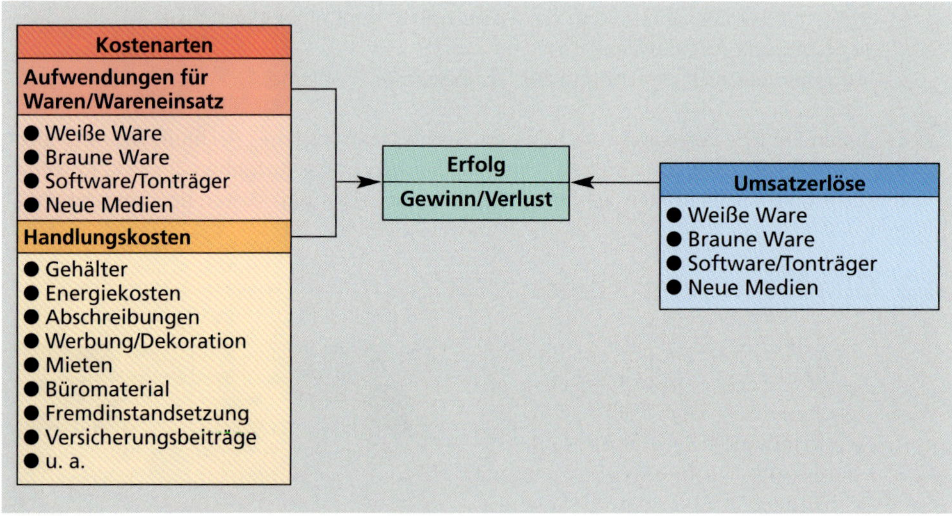

Nehmen beispielsweise die Umsatzerlöse einer Warengruppe (z. B. Weiße Ware) ab oder steigen deren Anschaffungskosten, wird der Gewinn dadurch abnehmen. Der Unternehmer braucht also **Informationen** über die **Umsatzerlöse** und **die Kosten jeder Warengruppe** und **jedes Artikels.** Darüber hinaus muss er darauf achten, dass möglichst jeder Artikel seine eigenen Kosten deckt und einen Gewinn erzielt.

Gliederung der Kosten nach ihrer Zurechenbarkeit: Gemeinkosten und Einzelkosten

Aussagen über den Einfluss der einzelnen Warengruppe oder des einzelnen Artikels auf den Erfolg setzen voraus, dass die ermittelten Kosten den einzelnen Warengruppen zugerechnet werden. In Unternehmen mit mehreren Warengruppen wie dem Mars Elektrofachmarkt e. K. ist eine solche Zurechnung jedoch nicht exakt möglich, weil die Handlungskosten fast durchweg für mehrere oder alle Warengruppen gemeinsam anfallen. Nach der Zurechenbarkeit werden die Kosten in Einzel- und Gemeinkosten unterteilt.

Gemeinkosten

Kosten, die **durch mehrere Warengruppen** oder alle Warengruppen verursacht werden, sind Gemeinkosten. Sie können den einzelnen Warengruppen oder Artikeln nur auf dem Weg besonderer Umlageverfahren zugerechnet werden.

Beispiele Gemeinkosten des Mars Elektrofachmarktes e. K.
- Kosten der Entsorgung (Verpackung, Altöl der Fahrzeuge)
- Brennstoffe und Energie
- Gehälter und entsprechende soziale Abgaben
- Aufwendungen für Fremdleistungen (z. B. Fremdinstandsetzungen)
- Miete und Reinigung von Verkaufsräumen und Reservelager
- Abschreibungen für Gebäude, Fuhrpark, Betriebs- und Geschäftsausstattung
- Aufwendungen für Kommunikation (Büromaterial, Fachliteratur, Postentgelte, Werbung)
- Aufwendungen für Versicherungen
- Betriebliche Steuern, Gebühren, Beiträge

Einzelkosten

Kostenarten, die **einzelnen Warengruppen direkt zugeordnet werden** können, werden als Einzelkosten bezeichnet.

Beispiel Entgelte für die eingesetzten Waren und deren Beschaffung (Bezugs-/Einstandspreise)

Kosten nach ihrer Zurechenbarkeit auf die Kostenträger

Einzelkosten	Gemeinkosten
Sie können den einzelnen Kostenträgem (Artikeln, Warengruppen) unmittelbar aufgrund von Belegen zugerechnet werden.	Sie können den Kostenträgern nicht direkt zugerechnet werden, weil sie gleichzeitig durch mehrere Artikel, Warengruppen oder alle Waren gemeinsam verursacht werden. Sie werden den einzelnen Warengruppen oder Artikeln mithilfe besonderer Verteilungsverfahren zugerechnet.
Beispiele Bezugspreise der eingesetzten Artikel, Fracht für Warenzustellung	**Beispiele** Gehälter der Verwaltungsabteilung, Miete für Verkaufsräume und Reservelager, Aufwendungen für Reinigung, Energie, Abschreibungen

Gliederung der Kosten nach ihrem Verhalten bei Beschäftigungsschwankungen: fixe und variable Kosten

Nach der Reaktion auf Schwankungen der Absatzmenge (Beschäftigungsänderungen) sind **fixe** und **variable** Kosten zu unterscheiden.

○ Fixe Kosten

Fixe Kosten sind **„unabhängig" von der Beschäftigung**. Sie bleiben bei Absatzschwankungen fix (= **konstant**). Auf die Einheit der Leistung (Stück, 1,00 EUR Umsatz) bezogen nehmen sie mit zunehmender Absatzmenge ab, sie verlaufen degressiv.

Beispiele Miete, Kfz-Steuer, Kfz-Versicherung, Abschreibungen

Absatzmenge	Fixe Kosten insgesamt (K_f)	Fixe Kosten je Stück (k_f)
0	240,00	–
10	240,00	24,00
20	240,00	12,00
30	240,00	8,00
40	240,00	6,00
50	240,00	4,80

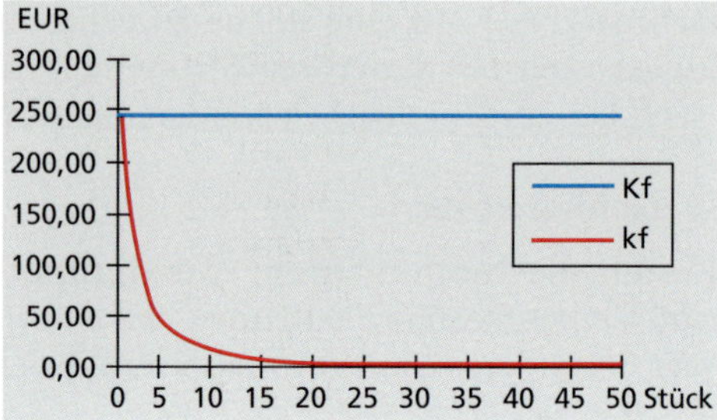

Geringe Absatzmengen bewirken, dass die fixen Kosten auf eine geringere Absatzmenge verteilt werden müssen und infolgedessen höhere Gesamtkosten je Absatzeinheit verursacht werden.

○ Variable Kosten

Variable Kosten sind **abhängig von der Beschäftigung** (Absatzmenge). Mit jeder weiteren Absatzeinheit steigen die Kosten an.

Proportionale variable Kosten: Steigen die Kosten mit jeder Absatzeinheit um den gleichen Betrag, spricht man von **proportionalen Kosten**. Die variablen Gesamtkosten **steigen** dann **gleich bleibend** an.

Beispiele Bezugs-/Einstandspreis eines Artikels, Verkaufsprämie je Verkaufseinheit

Absatzmenge	Variable Kosten insgesamt (K_v)	Variable Kosten je Stück (k_v)
0	0,00	0,00
1	5,00	5,00
2	10,00	5,00
3	15,00	5,00
4	20,00	5,00
5	25,00	5,00

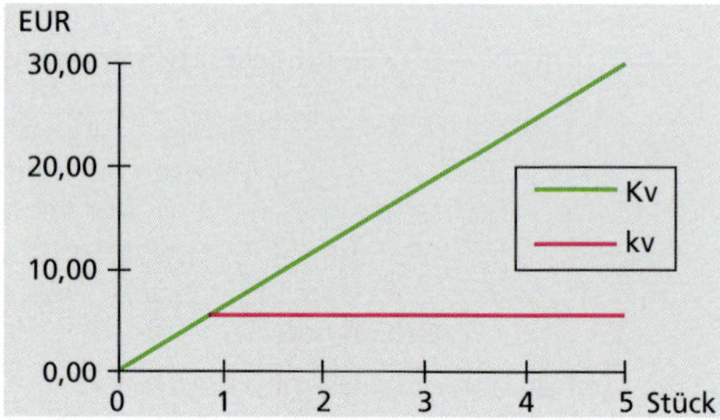

Steigen die variablen Kosten bei zunehmender Absatzmenge in geringerem Maße als die Absatzmenge, spricht man von degressiven Kosten.

Degressive variable Kosten: Sie verhalten sich **unterproportional** zu einer Absatzänderung. Bei einer Absatzzunahme steigen die Kosten vergleichsweise in geringerem Maße als die Absatzmenge. Der Anstieg der variablen Gesamtkosten verringert sich mit zunehmender Absatzmenge.

Beispiele Fallende Bezugs-/Einstandspreise aufgrund gestaffelter Mengenrabatte beim Einkauf

Absatzmenge	Variable Kosten insgesamt (K_v)	Variable Kosten je Stück (k_v)
0	0,00	–
1	10,00	10,00
2	18,00	9,00
3	24,00	8,00
4	28,00	7,00
5	30,00	6,00

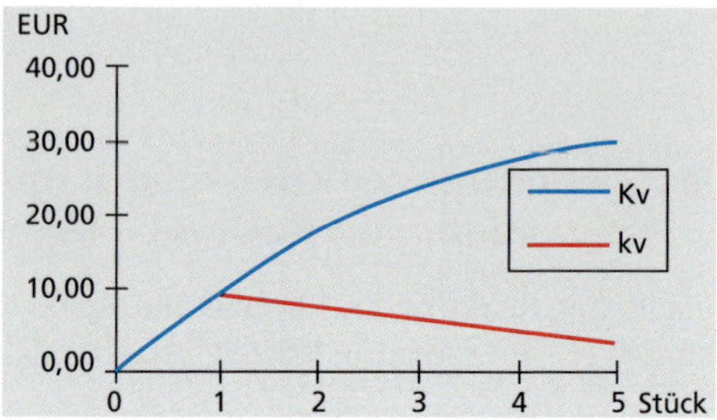

Nachhaltigkeit – Zukunftsfähigkeit

Ressourcenverbrauch und damit die Zerstörung der natürlichen Umwelt nehmen immer schneller zu. Im Jahr 2001 wurde gegenüber 1950 die siebenfache Menge an Verbrauchsgütern produziert und der Natur die fünffache Menge an Rohstoffen entzogen. Wegen der rasanten Entwicklung der Schwellenländer, insbesondere im Osten und Südosten Asiens (China, Indien)

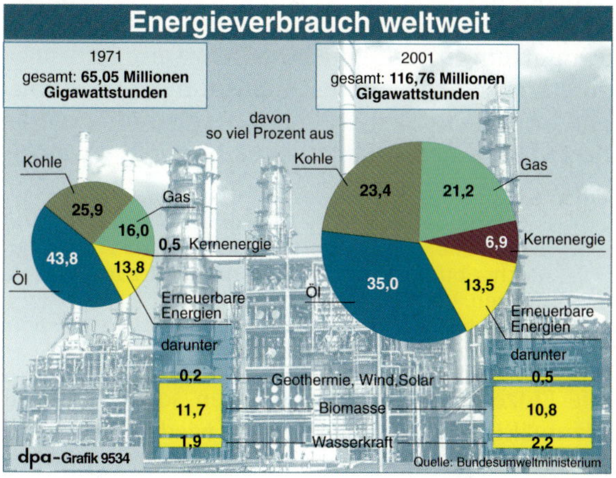

- wird die Tragfähigkeit der Erde für die schnell wachsende Bevölkerung bezweifelt,
- werden seit den Siebziger Jahren des vergangenen Jahrhunderts Wege gesucht, dieser Entwicklung entgegenzuwirken und das Überleben heutiger und künftiger Generationen auf der Erde zu sichern.

„**Dauerhafte** (nachhaltige) Entwicklung ist Entwicklung, die die Bedürfnisse der Gegenwart befriedigt, ohne zu riskieren, dass künftige Generationen ihre eigenen Bedürfnisse nicht befriedigen können." Brundtland-Kommission für Umwelt und Entwicklung

Aus dieser Annahme wird weltweit ein Zielsystem mit den Dimensionen Ökonomie, Ökologie und soziale Aspekte entwickelt.

Ökonomie	Ökologie	soziale Aspekte
Produktion von Gütern und Dienstleistungen zur Versorgung und Wohlstandschaffung in der jetzigen und den nachfolgenden Generationen	Stütze und Bewahrung der natürlichen Umwelt durch Auskommen mit weniger Ressourcen ● Entnahme von erneuerbaren Ressourcen, nur soweit sie sich regenerieren ● Entnahme nicht erneuerbarer Ressourcen, soweit Alternativen zu ihrer Nutzung bereitstehen.	gerechte Verteilung der Güter und Dienstleistungen zur Versorgung und Wohlstandsschaffung auf die jetzige Generation und die nachfolgenden Generationen

Externe und interne Kosten

Volkswirtschaftlich spiegeln die ermittelten Kosten die tatsächlich verursachten Kosten nicht wider. Das kommt daher, dass ein Teil der betrieblich verursachten **Umweltkosten** nicht vom Verursacher, sondern von der Allgemeinheit (Gesellschaft) getragen werden (**gesellschaftliche Kosten**). Es handelt sich um **externe Kosten**, die außerhalb des Betriebes anfallen.

Beispiele

- Kosten aufgrund von Gesundheitsschäden durch Hitze, Geruch, Lösungsmittelverdampfung am Arbeitsplatz
- Kosten aufgrund der Klimabelastung durch CO_2 und aufgrund der Verschmutzung der Atmosphäre, Kosten zur Gesundhaltung der Luft, Gewässer und Wälder

Solche Kosten werden daher nicht in die Preise der Artikel des Einzelhandelsunternehmens eingerechnet. Es ist Aufgabe der Regierungen, mithilfe von politischen Instrumentarien (Ökosteuer, Gebühren, Ordnungsstrafen) für alle Verursacher von Umweltverschmutzungen z. B. Emissionsgrenzwerte festzulegen, um das **Verursacherprinzip** umzusetzen und so externe Kosten zu internen zu machen (**Internalisierung**). Soweit solche Instrumentarien vorliegen, werden die externen Kosten zu internen Kosten, die in der betrieblichen Kalkulation berücksichtigt werden können.

Beispiele
- Entsorgungsentgelte für Müllabfuhr, Abwasser
- Maßnahmen zur Wiederverwendung und zum Recycling von Verpackungen (z. B. Pfand)
- Abschreibungen auf Investitionskosten zum Umweltschutz (z. B. Einbau von Filtern vor Kläranlagen, Verbrennungsanlagen)
- Schornsteinfegerentgelte zur Kontrolle von Emissionsgrenzwerten
- Strafen bei Umweltbelastungen

Die Einzelhandelsbetriebe können solche Umweltkosten mitbeeinflussen, indem sie planmäßig Verpackungsmaterial wieder verwenden, Luftemissionen vermeiden, energiesparend heizen und grundsätzlich belastende Stoffe über Sonderentsorgung abgeben.

Besondere Möglichkeiten zur Einflussnahme auf die **Nachhaltigkeit** besitzt der Einzelhandel durch seine Sortimentszusammenstellung. Bei der Beschaffung sollte er alle Artikel durch die „**Umweltbrille**" betrachten.

Gliederung der Kostenarten

- Um die Wirtschaftlichkeit einzelner Warengruppen oder Artikel feststellen zu können, müssen den Umsatzerlösen die jeweiligen Kosten gegenübergestellt werden.
- **Gliederung der Kosten für Zwecke der Weiterverrechnung**
  - **Einzelkosten** können aufgrund von Belegen einzelnen Artikeln oder Warengruppen zugerechnet werden.
  - **Gemeinkosten**, die durch mehrere oder alle Warengruppen bzw. Artikel verursacht werden, können nur mithilfe von besonderen Umlageverfahren verteilt werden.
- **Gliederung der Kosten nach ihrem Verhalten bei Beschäftigungsschwankungen**
  - **Fixe Kosten**: Sie bleiben bei Beschäftigungsschwankungen konstant.
  - **Variable Kosten**: Sie sind abhängig von der Absatzmenge (**Beschäftigung**). Mit jeder weiteren Absatzeinheit steigen die Kosten an.
    Proportionale Kosten: Die variablen Kosten steigen mit jeder Absatzeinheit um den gleichen Betrag an.
    Degressive Kosten: Die variablen Kosten steigen in geringerem Maße (unterproportional) als die Absatzmenge.
- **Externe und interne Kosten**
  - Durch unüberlegten Ressourceverbrauch und Zerstörung der natürlichen Umwelt ist die **Nachhaltigkeit (Zukunftsfähigkeit)** der Erde gefährdet.
  - Die Wirtschaft muss daher in das ökonomische Denken ökologische und soziale Grundsätze einbeziehen.
  - Der Staat muss durch politische Instrumentarien dafür sorgen, dass externe Kosten, die außerhalb des Betriebes anfallen und von der Gesellschaft getragen werden, zu betriebsinternen Kosten werden und vom Verursacher in die Kalkulation seiner Artikel einbezogen werden.

1. Welche der unten angegebenen Kosten einer Einzelhandelsunternehmung sind
a) Einzelkosten, c) fixe Kosten,
b) Gemeinkosten, d) variable Kosten?

1. Gehaltszahlung an die Angestellten
2. den Kunden zu berechnende Leihverpackung (Flaschen, Kisten)
3. Miete für einen Verkaufsraum
4. Lohnzahlung an die Lagerarbeiter
5. Wareneinsatz
6. Abschreibung auf Betriebs- und Geschäftsausstattung
7. Stromverbrauch des Betriebes
8. Zustellentgelt für die Warenlieferung an einen Kunden
9. Werbeanzeigenkosten für Sonderangebote
10. Kfz-Steuer für den betriebseigenen Kleintransporter
11. Umsatzprovision für Verkaufspersonal
12. Benzinverbrauch des betriebseigenen Kleintransporters

2. Nennen Sie je drei Beispiele für
a) Einzelkosten, b) Gemeinkosten, c) fixe Kosten, d) variable Kosten, e) externe Kosten und f) interne Kosten.

3. Welche der folgenden Kosten eines Einzelhandelsbetriebes zählen zu den fixen Kosten, welche zu den variablen Kosten?
a) Miete für den Geschäftsraum
b) Umsatzprovision für die einzelnen Abteilungen
c) Abschreibungen auf Geschäftsausstattung
d) Gehälter für Aushilfskräfte
e) Einbruchdiebstahlversicherung
f) Kfz-Versicherung für den Geschäftslieferwagen

4. Im Textilhaus Peter Klein e. K. liegen folgende Daten vor:

	1. Jahr	2. Jahr	3. Jahr	4. Jahr	5. Jahr
Umsatzerlöse für Waren in EUR	1.122.400	1.145.600	1.475.000	1.205.000	1.575.000
Verkaufsfläche in m^2	250	250	250	250	300
Wareneinsatz in EUR	748.300	763.700	983.300	803.300	1.086.200
Personalkosten in EUR	145.200	152.600	170.800	152.100	210.700
Zahl der Verkäufer/-innen	6	6	6	5	6

a) Ermitteln Sie für die Jahre 1 bis 5
 – die Flächenproduktivität, – die Verkäufer/-innenproduktivität
 und erläutern Sie die Entwicklung bei der Produktivität.
b) Stellen Sie in einem Kurvendiagramm die Entwicklung
 – der Umsatzerlöse, – des Wareneinsatzes, – der Personalkosten
 dar und erläutern Sie die Grafik.
c) Stellen Sie die Ergebnisse der Produktivitäten im Textilhaus Peter Klein e. K. und in der Branche in einem Stabdiagramm dar und erläutern Sie die Abweichungen:

Branchenzahlen	1. Jahr	2. Jahr	3. Jahr	4. Jahr	5. Jahr
Verkaufsfläche/m^2	6.100	6.300	6.500	6.000	6.700
Umsatz pro Verkäufer/-in in EUR	230.000	240.000	250.000	225.000	260.000

5. Ergänzen Sie Ihre Lernkartei um folgende Sachwörter: Gemeinkosten, Einzelkosten, fixe Kosten, variable Kosten, proportionale Kosten, degressive Kosten.

6. Nehmen Sie Stellung zu dem Zitat aus der Brundtland-Kommission für Umwelt und Entwicklung: **„Dauerhafte** (nachhaltige) Entwicklung ist Entwicklung, die die Bedürfnisse der Gegenwart befriedigt, ohne zu riskieren, dass künftige Generationen ihre eigenen Bedürfnisse nicht befriedigen können."

4.3 Verteilung der Kostenarten auf Kostenstellen mithilfe des Verteilungsrechnens

Mehmet Aydin bekommt folgendes Gespräch zwischen Frau Feld und dem Controller mit:
Controller: *Der Mars Elektrofachmarkt e. K. unterhält die Abteilungen: Weiße Ware, Braune Ware, Tonträger/Software und Neue Medien.*
Diese verursachen unterschiedlich hohe Handlungskosten/Gemeinkosten. So verursachen „Weiße Ware" und „Braune Ware" höhere Raumkosten als die Abteilungen „Tonträger/Software" und „Neue Medien". Dagegen verursachen „Neue Medien" verhältnismäßig höhere Personalkosten. Die unterschiedliche Verursachung von Handlungskosten muss sich auch im Handlungskostenzuschlagssatz jeder Warengruppe ausdrücken. Wir müssen also die Handlungskosten auf die vier Abteilungen verursachungsgemäß verteilen."
Frau Held: *„Moment mal, wenn wir die Kosten schon verteilen, dann müssen wir auch überlegen, welcher Handlungskostenanteil auf die Verwaltung mit den Abteilungen Logistik, Service, Kasse, Rechnungswesen und auf das Marketing entfällt."*
Controller: *„Ja, das ist noch ein zusätzliches Problem, aber letztlich müssen auch die Kosten dieser Abteilungen anteilig den Warenabteilungen zugerechnet werden."*

ARBEITSAUFTRÄGE

- Erläutern Sie anhand des Organigramms des Mars Elektrofachmarktes e. K. Seite 22, welchen Abteilungen die Handlungskosten zuzurechnen sind.
- Erklären Sie den Unterschied von Hilfs- und Hauptkostenstellen.
- Erläutern Sie Vorschläge für eine solche Verteilung an den Beispielen Miete, Gehälter, Energiekosten.

Kostenstellen und ihre Einteilungskriterien

Um die Gemeinkosten beeinflussen zu können, muss der Unternehmer wissen, **wo** sie entstanden sind und **wer** sie zu verantworten hat. Dazu ist es notwendig, den **Gesamtbetrieb** nach **Aufgaben-** und **Verantwortungsbereichen** zu unterteilen. Diese **Bereiche der Kostenverursachung** werden als **Kostenstellen** bezeichnet.

Eine **Gliederung nach Verantwortungsbereichen** ist sinnvoll, wenn bei Untersuchungen der Kostenstruktur bzw. der Kostenentwicklung, z. B. bei Abweichungen von den geplanten Kosten, die Verantwortlichen herangezogen werden sollen.

Beispiel Die Kosten der Verwaltung des Mars Elektromarktes e. K. sind bei vergleichbarem Umsatz unverhältnismäßig gestiegen. Verantwortlich ist der Abteilungsleiter Heinz Tophoven.

Bei einer **Gliederung nach Funktionen (Aufgaben)** werden die Kostenstellen nach Tätigkeitsbereichen voneinander abgegrenzt. Ein Tätigkeitsbereich kann vom einzelnen Arbeitsplatz bis zu Abteilungen reichen. Organisatorisch kann eine Übereinstimmung von Funktions- und Verantwortungsbereich erzielt werden.

Beispiele

Funktionsbereiche im Mars Elektrofachmarkt e. K.	Verantwortliche
Verwaltung	Herr Tophoven
Marketing	Frau Bauer
Logistik	Herr Bonnet
Service	Frau Dick
Kasse	Frau Kopp
Rechnungswesen	Frau Feld
Verkauf „Weiße Ware"	Herr Orth
Verkauf „Braune Ware"	Herr Kraft
Verkauf „Tonträger/Software"	Frau Ozyurt
Verkauf „Neue Medien"	Frau Quirl

Kostenstellengliederung

Den wesentlichen Aufgabenbereichen des Einzelhandelsbetriebes entsprechend bietet sich eine Gliederung in folgende Kostenstellen an:

Funktionsbereiche	Kosten nach dem Ort ihrer Verursachung
I. Einkauf	Kosten der Warenbeschaffung
II. Lager	Kosten der Annahme, Prüfung, Einordnung, Pflege, des Einsortierens in den Verkaufsbereich
III. Verkauf	Kosten des Verkaufs, der Werbung, Warenpflege und Warenzustellung
IV. Verwaltung	Kosten der Geschäftsleitung, Buchhaltung

Diese Kostenstellen können zum Zweck einer verfeinerten Kostenkontrolle weiter unterteilt werden. So ist im Einzelhandel eine Unterteilung der Funktionsbereiche Einkauf, Lager und Verkauf nach Warengruppen (A, B, C) empfehlenswert, um genauere Unterlagen für die Verteilung der Gemeinkosten zu erhalten.

Hauptkostenstellen

Die Gemeinkosten werden letztlich wie die Einzelkosten von den gekauften, gelagerten und verkauften Waren verursacht. Die Kontrolle der Wirtschaftlichkeit der einzelnen Warengruppen setzt somit die Zurechnung der Gemeinkosten auf die Warengruppen (Kostenträger, Endkostenstellen) voraus.

Ein wichtiges Kriterium für die Kostenstellengliederung bilden somit die **nach Warengruppen gegliederten Verkaufsabteilungen** (= Hauptkostenstellen).

Beispiel

Hauptkostenstellen des Mars Elektrofachmarkts e. K.			
Weiße Ware	Braune Ware	Tonträger/Software	Neue Medien

Nur die Einzelkosten (Wareneinsatz) können den Hauptkostenstellen verursachungsgerecht aufgrund von Belegen zugeordnet werden. Auch können Gehälter problemlos zugeordnet werden, wenn die Verkäufer/-innen nur in einer Warenabteilung tätig sind. Der größte Teil der Gemeinkosten kann diesen Hauptkostenstellen nicht problemlos zugeordnet werden, weil er durch mehrere Warengruppen oder den Gesamtbetrieb verursacht wird. Teilweise ist überhaupt kein Verursachungszusammenhang zwischen Warengruppen und Kosten zu erkennen.

Beispiele

- Gehälter des Lagerpersonals, das in verschiedenen Bereichen des Lagers (Warengruppen) oder Verkaufsabteilungen tätig ist
- Gehälter der Angestellten in der Logistik, im Servicebereich, an den Kassen und im Rechnungswesen
- Miete für die Verkaufsräume, das Reservelager und die Verwaltungsräume
- betriebliche Steuern
- Energie-, Reinigungskosten, Büromaterial

○ Hilfskostenstellen

Gemeinkosten fallen meistens in den verschiedenen Funktionsbereichen des Einzelhandelsbetriebes (Verwaltung, Marketing, Verkauf) an. Ein direkter Bezug zur einzelnen Warengruppe ist nur selten eindeutig erkennbar. In Einzelfällen, in denen ein solcher Zusammenhang erkennbar ist (z. B. Werbekosten für einen bestimmten Artikel oder eine Warengruppe), verzichtet man sogar auf die direkte Verteilung auf die Hauptkostenstellen, um die Kosten der einzelnen Funktionsbereiche zu erkennen.

Da Funktionsbereiche vielfach mit Verantwortungsbereichen leitender Angestellter übereinstimmen, können Kosten so von Rechnungsperiode zu Rechnungsperiode in ihrer Entwicklung beobachtet und durch Anweisungen an verantwortliche Personen direkt beeinflusst werden. Daher werden die Gemeinkosten, soweit nicht ein eindeutiger Bezug zu den einzelnen Warengruppen besteht, zunächst den Funktionsbereichen Verwaltung, Marketing und Verkauf zugeordnet.

Mithilfe von Verteilungsschlüsseln werden die Gemeinkosten dann auf die Warengruppen (**Hauptkostenstellen**) verteilt. Somit dienen die Funktionsbereiche der Umlage der Gemeinkosten auf die Warengruppen. Sie werden daher als **Hilfskostenstellen** bezeichnet.

Die Übersicht Seite 99 zeigt eine Möglichkeit der Kostenstellenbildung. Die in den Hilfskostenstellen erledigten Aufgaben verursachen Kosten, die sich auf mehrere oder alle Hauptkostenstellen beziehen. Ein besonderes Problem der Kostenstellenrechnung ist es daher, einen geeigneten Schlüssel für die Kostenumlage von den Hilfskosten- auf die Hauptkostenstellen zu finden.

● Verteilungsmöglichkeiten der Gemeinkosten auf die Kostenstellen

Die Kostenstellenrechnung hat die Aufgabe, die Gemeinkostenarten auf die Kostenstellen zu verteilen. Vielfach kann diese Zuordnung aufgrund von Angaben auf Belegen oder aufgrund von Mess- und Zähleinrichtungen erfolgen (z. B. Gehälter, Löhne und Sozialkosten mithilfe von Gehaltslisten, Kosten der Werbung anhand von Belegen, Abschreibungen bestimmter Anlagen mittels Anlagendatei, Stromkosten mithilfe von Zählern). Gemeinkosten, die den einzelnen Kostenstellen so direkt zugerechnet werden können, sind **Kostenstelleneinzelkosten**.

Viele Gemeinkostenarten können nur mithilfe von Verteilungsschlüsseln zugerechnet werden. Gemeint sind die Gemeinkosten, die von mehreren oder allen Kostenstellen ge-

Hilfskostenstellen					Hauptkostenstellen			
Verwaltung				Marketing	Verkauf			
Logistik	Service	Kasse	Rechnungswesen		Weiße Ware	Braune Ware	Tonträger/ Software	Neue Medien
● Bezugsquellen-ermittlung ● Angebotsein-holung ● Angebotsver-gleich ● Bestellwesen ● Waren-annahme ● Warenprüfung ● Eingabe ins WWS ● Warenpflege	● Kundendienst – Waren-zustellung – Reparaturen ● Reklamationen	● Kassiervorgänge ● Kassensturz ● Ermittlung der Tageslosung im Kassenbericht	● Buchhaltung ● Kosten- und Leistungs-rechnung ● Statistik ● Planung ● Controlling	● Werbung ● Verkaufs-organisation ● Kreditverkäufe ● Dekoration ● Sonderaktionen				

meinsam verursacht werden (z. B. Raumkosten, Steuern, Abschreibungen auf Fuhrpark, Versicherungsprämien, freiwillige Sozialkosten). Es handelt sich hierbei um **Kostenstellengemeinkosten**.

Unterteilung der Gemeinkosten nach ihrer Verteilung auf Kostenstellen

Kostenstelleneinzelkosten

Gemeinkosten, die bestimmten Kostenstellen aufgrund von Belegen, Aufzeichnungen oder Zähl- oder Messeinrichtungen eindeutig zugerechnet werden können (direkte Kostenstellengemeinkosten).

Kostenstellengemeinkosten

Gemeinkosten, die einzelnen Kostenstellen nicht eindeutig zugerechnet werden können; sie werden durch mehrere Kostenstellen gemeinsam verursacht und müssen mithilfe von Schlüsseln verteilt werden (indirekte Kostenstellengemeinkosten oder Schlüsselkosten).

Verteilungsmöglichkeiten einzelner Kostenstellengemeinkosten	
Kfz-Steuer Kfz-Versicherung Kraftstoff	nach km (Fahrtenbücher) auf Verwaltung (mit Logistik, Service, Kassen, Rechnungswesen), Marketing und Verkauf
Unfallversicherung	nach der Zahl der Beschäftigten in den Funktionsbereichen
Feuerversicherung	nach dem Wert des versicherten Vermögens in den Funktionsbereichen
Mieten Reinigungsmaterial Reinigung Energie/Heizung	nach m^2 oder m^3
Abschreibungen	nach Wert des Anlagevermögens in den Funktionsbereichen

Ziel der Gemeinkostenverteilung muss es sein, alle Gemeinkosten verursachungsgerecht auf die Hauptkostenstellen der Kostenträger zu verteilen. Daher wird bei der Verteilung der einzelnen Gemeinkostenarten bereits versucht, Bestandteile der Gemeinkostenart den einzelnen Hauptkostenstellen mithilfe von Belegen oder eindeutigen Schlüsseln zuzuordnen.

Beispiele
- Miete für den Lager- und den Verkaufsraum einzelner Warengruppen
- Gehälter, Sozialaufwand für Beschäftigte, die für bestimmte Warengruppen zuständig sind
- Versicherungsbeiträge für durchschnittliche Lagerbestandswerte einzelner Warengruppen

● Verteilung der Gemeinkosten mithilfe der Verteilungsrechnung

○ Verteilung nach ganzen Anteilen mit vorgegebenem Verteilungsschlüssel

Die Verteilungssumme wird nach einem bestimmten Verteilungsschlüssel verteilt. Es muss der Wert eines Anteils berechnet werden, um die einzelnen Verteilungsanteile ermitteln zu können.

Beispiel Die Miete von 60.000,00 EUR für die Verkaufsfläche von 1.200 m^2 soll im Verhältnis von 6 : 4 : 1 : 1 auf die vier Verkaufsabteilungen „Weiße Ware“, „Braune Ware“, „Tonträger/Software“ und „Neue Medien“ verteilt werden.

Lösung

①

Abteilungen	Anteile (Verteilungsschlüssel)	Wert je Anteil in EUR	Verteilungsanteile in EUR
Weiße Ware	② 6	④ 5.000,00	⑤ 30.000,00
Braune Ware	4	5.000,00	20.000,00
Tonträger/Software	1	5.000,00	5.000,00
Neue Medien	1	5.000,00	5.000,00
	③ 12 Teile	=	⑥ 60.000,00
	④ 1 Teil	=	5.000,00

Auf „Weiße Ware" entfallen 30.000,00 EUR, auf „Braune Ware" 20.000,00 EUR, auf „Tonträger/Software" 5.000,00 EUR und auf „Neue Medien" 5.000,00 EUR Miete.

○ Verteilung ohne vorgegebenen Verteilungsschlüssel

Wenn kein Verteilungsschlüssel vorgegeben ist, dann muss das Verhältnis der Anteile (= Verteilungsschlüssel) ermittelt werden. Daraus ist dann der Wert eines Anteils zu berechnen, damit die einzelnen Verteilungsanteile bestimmt werden können.

Beispiel Die Energiekosten von 54.000,00 EUR werden nach Verbrauch aufgrund besonderer Zähler wie folgt verteilt:

Abteilung	Verbrauch in kWh
Verwaltung	125.000
Marketing	75.000
Verkaufsabteilungen	520.000

Lösung

①

Abteilungen	Verbrauch (Verteilungsgrundlage)	Anteile (Verteilungsschlüssel)	Wert je Anteil in EUR	Verteilungsanteile in EUR
Verwaltung	125.000	② 25	④ 375,00	⑤ 9.375,00
Marketing	75.000	15	375,00	5.625,00
Verkaufsabteilungen	520.000	104	375,00	39.000,00
		③ 144 Teile	=	⑥ 54.000,00
		④ 1 Teil	=	375,00

Auf die Abteilung „Verwaltung" entfallen 9.375,00 EUR, auf die Abteilung „Marketing" 5.625,00 EUR und auf die Verkaufsabteilungen 39.000,00 EUR Energiekosten.

○ Verteilung nach Bruchteilen

Ist das Verteilungsverhältnis in Brüchen angegeben, muss der Hauptnenner ermittelt werden, wobei die dazugehörigen Zähler das Verteilungsverhältnis (= Verteilungsschlüssel) ergeben.

Beispiel Die Werbungskosten von 75.000,00 EUR sollen aufgrund einer Absprache zwischen Frau Bauer (Marketing) und den Verkaufsleitern verteilt werden:
Weiße Ware: 3/10, Braune Ware 1/3, Tonträger/Software 1/6, Neue Medien 1/5

Lösung

①

Abteilungen	Bruchteil (Verteilungsgrundlage)	Anteile (Verteilungsschlüssel)	Wert je Anteil in EUR	Verteilungsanteile in EUR
Weiße Ware	3/10 = 9/30	② 9	④ 2.500,00	⑤ 22.500,00
Braune Ware	1/3 = 10/30	10	2.500,00	25.000,00
Tonträger/Software	1/6 = 5/30	5	2.500,00	12.500,00
Neue Medien	1/5 = 6/30	6	2.500,00	15.000,00
		③ 30 Teile	=	⑥ 75.000,00
		④ 1 Teil	=	2.500,00

Auf „Weiße Ware" entfallen 22.500,00 EUR, auf „Braune Ware" 25.000,00 EUR, auf „Tonträger/Software" 12.500,00 EUR und auf „Neue Medien" 15.000,00 EUR Miete.

Lösungsweg

① Stellen Sie die Verteilungstabelle auf.
② Ermitteln Sie die Verteilungsschlüssel (durch Kürzen oder Erweitern).
③ Ermitteln Sie die Summe der Anteile.
④ Ermitteln Sie den Wert je Anteil, indem Sie die Verteilungssumme durch die Summe der Anteile dividieren.
⑤ Ermitteln Sie die Verteilungsanteile, indem Sie die Anteile mit dem Wert je Anteil multiplizieren.
⑥ Machen Sie die Probe, indem Sie die Verteilungsanteile addieren. Das Ergebnis muss mit der Verteilungssumme übereinstimmen.

Auswertung der Kosten pro Kostenstelle

Die Ergebnisse der Kostenstellenrechnung können nach unterschiedlichen Gesichtspunkten ausgewertet werden:

Zeitvergleich

Die Kosten einer Kostenstelle werden von Rechnungsperiode zu Rechnungsperiode ermittelt und verglichen. Über die Abweichungsanalyse können positive und negative Veränderungen festgestellt werden. Im Anschluss müssen Ursachen und Wirkungen analysiert werden.

Beispiel Im Mars Elektrofachmarkt e. K. wurden die Handlungskosten der Kostenstelle „Weiße Ware" vom Berichtsjahr und Vorjahr gegenübergestellt:

Kostenstelle: „Weiße Ware"	Handlungskosten im Berichtsjahr		Handlungskosten im Vorjahr		Veränderungen	
	in EUR	in %	in EUR	in %	in EUR	in %
Personalaufwendungen	259.578,62	52,00	249.775,16	52,54	+9.803,46	+3,92
Mieten	29.951,38	6,00	28.524,00	6,00	+1.427,38	+5,00
Aufwendungen für Energie	39.935,17	8,00	36.130,40	7,60	+3.804,77	+10,53
Werbung	34.943,28	7,00	40.218,84	8,46	–5.275,56	–13,12
Büromaterial	19.967,59	4,00	19.253,70	4,05	+713,89	+3,71
Instandhaltung, Reinigung, Versicherungen	49.918,97	10,00	39.458,20	8,30	+10.460,77	+26,51
Steuern	64.894,66	13,00	62.039,70	13,05	+2.854,96	+4,60
	499.189,66	100,00	475.400,00	100,00	+23.789,66	+5,00

Im Verhältnis zum Wareneinsatz „Weiße Ware" kann der durchschnittliche Handlungskostenzuschlagssatz und seine Veränderung gegenüber dem Vorjahr berechnet werden.

Abteilungs-, Filial-, Betriebsvergleich

Die Kosten mehrerer Kostenstellen werden miteinander verglichen. Dadurch wird erkannt, wer die Hauptverursacher der Kosten sind. Im Vergleich mit dem Umsatz der Kostenstellen können die Wirtschaftlichkeit und die Produktivität einzelner Produktionsfaktoren (z. B. Verkäufer/-innenproduktivität, Flächenproduktivität) errechnet werden (vgl. Seite 63 f.).

Beispiel

Kostenarten:	Kostenstelle „Weiße Ware"		Kostenstelle „Braune Ware"	
	in EUR	in %	in EUR	in %
Personalaufwendungen	259.578,62	52	306.733,19	43
Mieten	29.951,38	6	42.799,98	6
Aufwendungen für Energie	39.935,17	8	57.066,64	8
Werbung	34.943,28	7	85.599,96	12
Büromaterial	19.967,59	4	35.666,65	5
Instandhaltung, Reinigung, Versicherungen	49.918,97	10	99.866,62	14
Steuern	64.894,66	13	85.599,96	12
	499.189,66	100	713.333,00	100

○ Soll-Ist-Vergleich

Kostenstellenrechnungen dienen auch der Einschätzung der Kosten der künftigen Rechnungsperiode, Basis hierfür ist die vergangene Rechnungsperiode. Eine solche Einschätzung ist notwendig,

- um den verantwortlichen Abteilungen den Planumsatz und die Plankosten (Kostenrahmen) vorzugeben,
- um auf dieser Basis eine Kalkulation der Preise für die künftige Rechnungsperiode durchzuführen.

In Monats- oder Quartalsabständen oder am Ende der Rechnungsperiode werden dann Plan- und Istkosten gegenübergestellt. So können rechtzeitig Planabweichungen erkannt, Ursachen erforscht und Gegenmaßnahmen organisiert bzw. gesteuert werden.

Beispiel

Kostenstelle: „Weiße Ware"	Plankosten		Istkosten		Abweichungen	
Handlungskosten	**EUR**	**%**	**EUR**	**%**	**EUR**	**%**
Personalaufwendungen	263.800,00	52,76	259.578,62	52,00	+4.221,38	+1,60
Mieten	29.450,00	5,89	29.951,38	6,00	–501,38	–1,70
Aufwendungen für Energie	36.150,00	7,23	39.935,17	8,00	–3.785,17	–10,47
Werbung	33.500,00	6,70	34.943,28	7,00	–1.443,28	–4,31
Büromaterial	21.950,00	4,39	19.967,59	4,00	+1.982,41	+9,03
Instandhaltung, Reinigung, Versicherungen	41.500,00	8,30	49.918,97	10,00	–8.418,97	–20,29
Steuern	73.650,00	14,73	64.894,66	13,00	+8.755,34	+11,89
	500.000,00	100,00	499.189,66	100,00	+810,34	+0,16
Wareneinsatz	2.000.000,00		1.996.758,60		3.241,40	
Selbstkosten	2.500.000,00		2.495.948,26		4.051,74	
Umsatz	2.900.000,00		2.895.300,00		4.700,00	

○ Nachkalkulation

Auf der Basis von Plankosten und Planumsatz werden der durchschnittliche Handlungskostenzuschlagssatz und der Gewinnzuschlagssatz festgelegt. Am Ende der Rechnungsperiode kann auf der Grundlage der Istzahlen geprüft werden, inwieweit die Zuschlagssätze zutreffend waren, um die kalkulierten Kosten zu decken und den geplanten Gewinn zu erreichen.

Beispiel (Zahlen aus vorstehendem Plan-Ist-Vergleich)

	Plankalkulation		Nachkalkulation (Istkalkulation)	
	EUR	%	EUR	%
Wareneinsatz	2.000.000,00		2.100.000,00	
Handlungskosten	500.000,00	25,00	499.189,66	23,77
Selbstkosten	2.500.000,00		2.599.189,66	
Gewinn	400.000,00	16,00	333.889,66	12,85
Umsatzerlöse	2.900.000,00		2.265.300,00	

Das Beispiel zeigt, dass die kalkulierten Handlungskosten (25 %) größer als die tatsächlich entstandenen (23,77 %) sind. Es wird eine **Kostenüberdeckung** erzielt, der Handlungskostenzuschlagssatz kann auch künftig beibehalten werden.

Liegt dagegen eine wesentliche **Kostenunterdeckung** vor, müssen Ursachen gefunden und Maßnahmen zur Kostensenkung eingeleitet werden.

Beispiel Ursachen einer Kostenunterdeckung
- Steigerung der Energiepreise (Kraftstoffe, Heizung)
- Gehaltserhöhung durch Änderung des Tarifvertrags

Kostensenkungsmaßnahmen zur Ergebnisverbesserung

Negative Abweichungen der Istkosten von den Plankosten gegenüber Vergleichsperioden, gegenüber anderen Abteilungen oder gegenüber Branchenzahlen zeigen an, bei welcher Kostenart die Abweichung untersucht bzw. begründet werden muss und Maßnahmen zur Kostensenkung eingeleitet werden müssen.

Maßnahmen sind im gesamten Logistikprozess denkbar, von der Beschaffung über das Lager bis zum Verkauf und in den Unterstützungsprozessen der Verwaltung, insbesondere in der Personalwirtschaft. Jede Maßnahme ist hinsichtlich ihrer Folgewirkung genau zu durchdenken, wie folgender Katalog von Beispielen zeigt:

Beispiele

	Maßnahmen	Mögliche Folgewirkungen
Beschaffungs-, Lager- und Absatzlogistik	Bündelung von Bestellungen	+ höhere Rabatte – größere Kapitalbindung – höhere Lagerkosten – höheres Verderbs-, Verwaltungsrisiko – erhöhter Pflege- und Kontrollbedarf
	Kürzere Lieferzeiten	+ Absenken der Mindest- und Meldebestände + Minderung der Lagerkosten + Absenken der Bestellmengen – niedrigere Rabatte + Beschleunigung der Umschlagshäufigkeit
	Neue Bezugsquellen	+/– Billigartikel + Kundenaufmerksamkeit +/– No-Name-Artikel

LF 6

	Maßnahmen	Mögliche Folgewirkungen
Beschaffungs-, Lager- und Absatzlogistik	Regelmäßige Angebotsvergleiche Verhandlungen mit Lieferern des Kernsortiments	+ Senkung der Bezugspreise + Aktualisierung des Sortiments
	Just-in-time-Beschaffung	+ keine, allenfalls kurzzeitige Lagerung + geringe Lagerdauer + geringe Lagerkosten – Abhängigkeit von Lieferern – erhöhte Transportkosten durch das erhöhte Transportaufkommen – Verlagerung des Lagers auf die Straße – Kostenverlagerung vom Betrieb auf die Volkswirtschaft und Gesellschaft
	Strenge Wareneingangskontrollen	+ Qualitätssicherung + Verringerung von Kundenreklamationen – Personalaufwand
	Entsorgung (Abfallbeseitigung, Verwendung und Verwertung) durch Teilnahme am **Dualen System**	+ Rückführung in den Rohstoffkreislauf – Umweltkosten
	Verpackungsentsorgung durch Lieferer	+ Wiederverwertung
	Vergleich mit den Branchenführern bzw. mit Branchendurchschnittskennzahlen	+ Erkennen von Schwachstellen und Stärken
	Änderung der Betriebsform	+ Personalkosteneinsparung – Verlust von Arbeitsplätzen – Kostenverlagerung auf Sozialsysteme – Imageverlust – Kundenverlust
	Werbemaßnahmen wie Wochenflyer, Anzeigen in regionalen Zeitungen und Extrablättern	– Aufmerksamkeit der Kunden + Beschleunigung des Umschlags – Kosten
	Aktionen, Umgestaltung der Verkaufsräume, der Kundenwege, Anpassung der Dekoration	+ Kundenaufmerksamkeit – Kosten – Kundenverärgerung und -abwanderung
	Warenpflege	+ gleich bleibende Qualität + Kundentreue

	Maßnahmen	Mögliche Folgewirkungen
Personalbereich	Verkäufer/-innen-Schulung	+ Kundenberatung + Kundenbindung – Kosten
	Einstellung von qualifiziertem Personal	+ Kundenberatung + Verbesserung der Logistik + Verbesserung der Absatzorganisation + Nutzung moderner Warenwirtschafts- und Lagersteuerungssysteme – Kosten
	Weiterbildung bei innerbetrieblichen Veränderungen: ● Sortimentserweiterung ● Sortimentsbereinigung	+ Kundenzufriedenheit (vgl. Seite 183) + Herausnahme kostenintensiver Langsamdreher – vereinzelt Kundenverärgerung – Verkäufer/-innen-Überforderung – Kosten
Verwaltungsbereich	Warenwirtschaft Kassenwesen	+ artikelgenaue Informationen über Absatz, Umsatz + Grundlagen für Wirtschaftlichkeits- und Produktivitätskennzahlen (vgl. Seite 63) – Kosten für Installation und Wartung + Vermeidung von Inventurdifferenzen + Grundlage für kurzfristige Erfolgsrechnungen
	● Herabsetzung der Lagerbestände ● Kundenbeobachtungseinrichtungen	siehe oben + Optimierung der Warenpositionierung + Optimierung der Kundenwege + Vermeidung von Diebstahl

Vielfach können Kosten nicht oder nicht mehr beeinflusst werden. Typische Beispiele hierfür sind fixe Kosten und externe Kosten, die über mehrere Geschäftsjahre nicht beeinflussbar sind.

Beispiele

- Der Bau oder Kauf eines Geschäftshauses führt zu Abschreibungen, deren Höhe in den Folgejahren (25 Jahre) unverändert bleibt. Gleiches trifft auf die Geschäftsausstattung, Fahrzeuge, Lagerausstattung zu.
- Der Mars Elektrofachmarkt e. K. wird durch Gesetz dazu verpflichtet, Verpackungen zurückzunehmen und zu entsorgen.

Solche Kosten sind **nachhaltig** nicht beeinflussbar. Sie werden der Geschäftsleitung teilweise aufgrund früherer Entscheidungen oder von außen (**externe Kosten**) aufgezwungen.

Verteilung der Kostenarten auf Kostenstellen mithilfe des Verteilungsrechnens

- Die Kostenstellenrechnung informiert über die Kostenverursachung einzelner Betriebsbereiche oder Kostenstellen (Funktions- und Verantwortungsbereiche).
- Dadurch lassen sich Kosten verantwortlichen Personen zuordnen.
- Durch Vergleich der Kostenstellen in bestimmten Zeitabständen (z. B. Monat, Quartal, Jahr) kann die Kostenentwicklung jeder Kostenstelle festgestellt werden.
- Bei der Kostenstellenbildung sind Haupt- und Hilfskostenstellen zu unterscheiden.

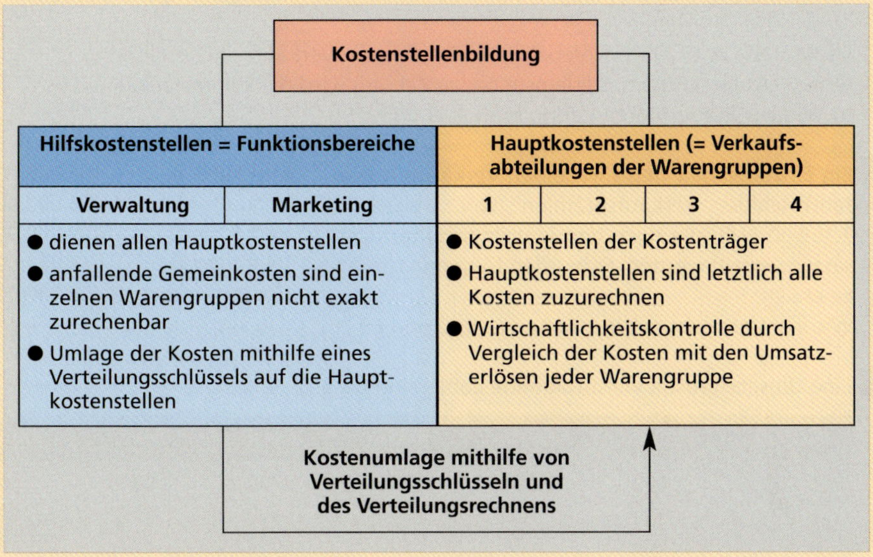

- Durch Vergleich der Kosten einer Kostenstelle von Jahr zu Jahr kann die Kostenentwicklung beobachtet werden.
- Durch Vergleich der Kosten einer Kostenstelle mit den Kosten anderer Kostenstellen werden Hinweise auf die Kostenverursachung entdeckt.
- Der Vergleich der Istkosten mit geplanten Kosten einer Kostenstelle führt zu neuen Zielsetzungen und Steuerungsmaßnahmen zur Kostensenkung.

1. Ein Warenhaus benötigt jährlich 140 Hektoliter Heizöl. 1.000 Liter Heizöl kosten 420,00 EUR. Die Heizkosten sollen nach der Größe der Abteilungen verteilt werden, wobei sich zwischen den Abteilungen I–V folgendes Verteilungsverhältnis ergibt: 2 : 3 : 4 : 2 : 1.

2. In einem Kaufhaus gibt es 5 Abteilungen mit einer Verkaufsfläche von 625 m^2, 525 m^2, 475 m^2, 450 m^2 und 300 m^2.
Die raumbedingten Kosten eines Geschäftsjahres belaufen sich auf 19.475,00 EUR, die nach ihrer Fläche auf die 5 Abteilungen umzulegen sind.
Wie viel EUR Kosten entfallen auf jede Abteilung?

3. Ein Textilgeschäft hat drei Filialen. Die Jahresbetriebskosten der Filialen betragen 60.060,00 EUR insgesamt. Folgende Filialumsätze sind gegeben:
Filiale I 560.000,00 EUR Filiale II 840.000,00 EUR Filiale III 280.000,00 EUR
Verteilen Sie die Betriebskosten im Verhältnis der Umsätze auf die Filialen.

4. Drei nebeneinander liegende Einzelhandelsgeschäfte haben gemeinsam eine Reinigungskraft beschäftigt, die im Monat 630,00 EUR verlangt. Die Geschäfte tragen die Kosten im Verhältnis der zu reinigenden Ladenflächen. Die Ladenfläche des Geschäfts A beträgt 100 m^2, des Geschäfts B 60 m^2 und des Geschäfts C 50 m^2.
Wie sind die Kosten zu verteilen?

5. Ein Einzelhändler verteilt eine Treueprämie von 3.465,00 EUR an seine Mitarbeiter. Berechnungsgrundlage ist die jeweilige Dauer der Betriebszugehörigkeit. Betriebszugehörigkeit der Mitarbeiter:
Verkäuferin A 18 Jahre, Verkäuferin B 4 Jahre, Verkäuferin C 6 Jahre
a) In welchem Verhältnis (kleinste ganze Zahlen) wird die Summe aufgeteilt?
b) Wie viel EUR erhalten Verkäuferin A, B und C?

6. Ein Einzelhändler gewährt seinen Verkäufern zum Jahresschluss Verkaufsprämien von insgesamt 7.164,00 EUR, die nach den jeweils erzielten Umsätzen verteilt werden. Es wurden folgende Umsätze erzielt:
Wie viel Verkaufsprämie erhalten A, B, C und D?

Verkäufer A	363.000,00 EUR
Verkäufer B	396.000,00 EUR
Verkäufer C	459.000,00 EUR
Verkäufer D	573.000,00 EUR
Gesamtumsatz	1.793.000,00 EUR

7. Eine Umsatzstatistik weist folgende Zahlen in EUR aus:

Artikel	Januar	Februar	März	April	Mai	Juni
A	1.000	1.200	2.000	1.400	1.000	1.400
B	400	500	500	600	600	400
C	800	700	1.200	1.300	1.500	1.500
D	1.600	2.400	2.000	2.000	1.700	2.300

5.400,00 EUR Kosten für eine Werbeaktion sollen entsprechend dem Halbjahresumsatz auf die Artikel verteilt werden.
Mit wie viel EUR Kosten werden die Artikel A, B, C und D belastet?

8. Vier Einzelhändler beziehen aufgrund eines Sonderangebotes Waren in Höhe von 26.040,00 EUR. Hiervon übernimmt A 1/3, B 1/12, C 1/6 und D den Rest.
Wie viel EUR muss jeder bezahlen?

9. Der Werbeabteilung eines Einzelhandelsunternehmens stehen 20.000,00 EUR für den Werbezeitraum 01.01. bis 31.07. zur Verfügung. Die Verteilung ist wie folgt geplant:
1/4 für Werbezugaben, 1/5 für Anzeigen, 3/8 für Werbebriefe und der Rest für sonstige Werbemaßnahmen.
Wie viel EUR entfallen auf die sonstigen Werbemaßnahmen?

10. Die monatlichen Kosten für Vervielfältigungen betragen 3.960,00 EUR; sie sollen auf drei Abteilungen verteilt werden.
a) Wie viel EUR beträgt der Anteil der Abteilung A, die 3/5 der Vervielfältigungen erhalten hat?

b) Wie viel EUR beträgt der Anteil der Abteilung B, die 25 % der Vervielfältigungen erhalten hat?
c) Wie viel Prozent beträgt der Anteil der Abteilung C, die die restlichen Vervielfältigungen erhalten hat?

11. Eine Umsatzprämie von 1.566,00 EUR soll an die drei Mitarbeiter einer Abteilung verteilt werden. Verteilungsgrundlage sollen die Gehälter der Mitarbeiter sein.

Verkäufer A	verdient	2.800,00 EUR
Verkäufer B	verdient	2.100,00 EUR
Auszubildender C	verdient	700,00 EUR

a) In welchem Verhältnis, ausgedrückt in kleinsten ganzen Zahlen, wird die Summe aufgeteilt?
b) Wie viel EUR erhält jeder Mitarbeiter?

12. Ein Einzelhändler will im nächsten Geschäftsjahr 21.000,00 EUR für Werbung ausgeben. Davon sind geplant:
1/4 für Inserate, 1/3 für Prospekte, 1/5 für Handzettel, der Rest für Werbegeschenke.
a) Wie viel EUR sind für Prospekte vorgesehen?
b) Wie viel EUR sind für Werbegeschenke vorgesehen?

13. Die Geschäftsfläche eines Geschäftshauses wird von 4 Einzelhändlern genutzt. Die allgemeinen Unterhaltungskosten betragen insgesamt 52.000,00 EUR.
A nutzt 1/2 der Gesamtfläche, B 1/4, C 1/5 und D den Rest = 260 m^2.
a) Wie viel m^2 nutzt B?
b) Wie viel Kosten hat jeder zu tragen, wenn die Kosten nach der Geschäftsfläche zu verteilen sind?

14. Sie sind an der Kasse eingesetzt. Der EAN-Strichcode auf der Verpackung wird von Ihnen mithilfe eines Scanners maschinell gelesen. Welchen Vorteil hat diese Verkaufsdatenerfassung im Rahmen eines Warenwirtschaftssystems?
1. Durch Scanning wird die Wareneingangskontrolle überflüssig.
2. Durch Scanning wird eine genaue Fortschreibung des Sollbestandes der Waren ermöglicht.
3. Durch Scanning muss der Wareneingang nur noch wertmäßig erfasst werden.
4. Durch Scanning wird der Mindestbestand nicht unterschritten.
5. Durch Scanning ist der Ausgleich zwischen Soll- und Istbestand gewährleistet.

15. Die folgenden Gemeinkosten eines Einzelhandelsbetriebes sind nach den unten stehenden Angaben zu verteilen:

	EUR
Aufwendungen für Verpackung	14.000,00
Aufwendungen für Energie	28.009,00
Fremdinstandhaltung	17.500,00
Reinigung	35.000,00
Gehälter/Sozialaufwand	282.996,00
Abschreibungen	126.005,00
Mieten	105.504,00
Büromaterial	27.999,00
Werbung	42.000,00
betriebliche Steuern	20.987,00

Angaben zur Verteilung:

Kostenarten	Verteilungs-grundlage	EDV	Einkauf	Lager	Ver-waltung	Verkauf	Warengruppen		
							A	B	C
Aufwendungen für Verpackung	Schlüssel	0	0	0	0	20	5	2	1
Aufwendungen für Energie	m²	300	8.400	18.500	2.700	12.300	4.500	4.700	4.618
Fremdinstand-haltung	Reparatur-stunden	40	80	500	55	200	0	0	0
Reinigung	Schlüssel	25	100	200	50	100	250	90	60
Gehälter/ Sozialaufwand	Gehaltslisten	9.000,00	31.000,00	47.996,00	27.000,00	65.000,00	48.000,00	29.000,00	26.000,00
Abschreibungen	nach Anlagendatei	21.361,00	14.510,00	28.482,00	15.541,00	39.824,00	2.450,00	1.400,00	2.437,00
Mieten	m²	500	300	3.000	900	3.100	200	450	342
Büromaterial	Schlüssel	1	3	5	2	6	0	0	0
Werbung	Belege	0	0	0	6.000,00	24.000,00	4.000,00	6.000,00	2.000,00
betriebliche Steuern	Schlüssel	2	5	9	7	8	0	0	0
Verteilung EDV	Schlüssel		200	250	200	180	70	40	60
Verteilung Einkauf							3	4	1
Verteilung Lager							11	5	4
Verteilung Verwaltung							3	1	1
Verteilung Verkauf							3	5	2

16. Für die Kostenstelle „Haushaltswaren" in der Center Warenhaus GmbH ermittelte die Kostenrechnung für die beiden letzten Jahre folgende Ergebnisse (in EUR):

	Berichtsjahr	Vorjahr
Umsatzerlöse für Waren	962.172,00	957.444,00
Wareneinsatz	445.450,00	520.350,00
Handlungskosten:		
Personalkosten	259.200,00	225.600,00
Miete	32.000,00	32.000,00
Energie	10.450,00	8.670,00
Reinigung	6.840,00	6.260,00
Bürokosten	3.160,00	4.200,00
Werbung	27.600,00	21.470,00
Instandsetzungen	4.450,00	3.860,00
Gewerbesteuer	12.660,00	10.150,00
Verkaufsfläche in m²	500	450
Verkäufer/-innen	6	7

a) Stellen Sie die Abweichungen gegenüber dem Vorjahr in Prozent fest.

b) Ermitteln Sie für beide Jahre
- den Handlungskostenzuschlagssatz,
- den Gewinnzuschlagssatz,
- die Wirtschaftlichkeit,
- die Verkaufsflächenproduktivität,
- die Verkäufer/-innenproduktivität.

c) Stellen Sie in einem kurzen Bericht die wesentlichen Veränderungen zusammen.

d) Nennen Sie Ursachen für die Veränderungen und Maßnahmen zur Verbesserung.

17. a) In einem Warenhaus sind nach folgenden Angaben die Gemeinkosten des letzten Quartals auf die Abteilungen „Schuhe/Lederwaren" und „Strickwaren" zu verteilen.

Gemeinkosten	EUR	Verteilungs-grundlage	Verteilungs-schlüssel	Schuhe/ Lederwaren EUR	Strick-waren EUR
Gehälter	135.700,00	Gehaltsliste	–	72.400,00	63.300,00
Mieten	24.400,00	Fläche in m^2	siehe unten		
Reinigung	3.140,00	Umsatz	siehe unten		
Energie	2.450,00	Fläche in m^2	siehe unten		
Büromaterial	1.240,00	Belege	–	810,00	430,00
Werbung/Dekoration	12.804,00	Umsatz	siehe unten		
Gewerbesteuer	5.160,00	Umsatz	siehe unten		
sonstige Gemeinkosten	22.630,00	Umsatz	siehe unten		
Handlungskosten insgesamt	207.524,00				

Abteilungsbezogene Angaben	insgesamt	Schuhe/Lederwaren	Strickwaren
Umsatz des letzten Quartals	726.334,00	472.117,00	254.217,00
Wareneinsatz	415.048,00	259.405,00	155.643,00
Fläche in m^2	250	160	90
Zahl der Verkäufer/-innen	14	6	8

b) Werten Sie die Ergebnisse unter Berücksichtigung der abteilungsbezogenen Angaben aus und ermitteln Sie
- den durchschnittlichen Handlungskostenzuschlagssatz des Betriebes und der beiden Abteilungen,
- den Gewinn des Betriebes und beider Abteilungen,
- den durchschnittlichen Gewinnzuschlagssatz des Betriebes und beider Abteilungen,
- die Wirtschaftlichkeit des Betriebes und beider Abteilungen,
- die Flächenproduktivität des Betriebes und beider Abteilungen,
- die Verkäufer/-innenproduktivität des Betriebes und beider Abteilungen.

c) Vergleichen Sie beide Abteilungen anhand der Ergebnisse und leiten Sie Maßnahmen daraus ab.

18. Für die Kostenstelle „Spielwaren" in der Center Warenhaus GmbH ermittelte die Kostenrechnung folgende Plan- und Istwerte in EUR:

	Planwerte	Istwerte
Umsatzerlöse	628.000,00	599.960,00
Wareneinsatz	322.000,00	304.800,00
Handlungskosten:		
Personalkosten	134.400,00	138.620,00
Miete	10.000,00	9.600,00
Energie/Reinigung	2.100,00	3.160,00
Bürokosten/Telefon	1.500,00	1.840,00
Instandsetzungen	1.000,00	1.350,00
Werbung	8.000,00	9.460,00
Gewerbesteuer	4.000,00	3.600,00

a) Ermitteln Sie die Planabweichungen in EUR und in Prozent.
b) Stellen Sie in einer Plankalkulation fest, welcher Handlungskosten- und welcher Gewinnzuschlagssatz geplant wurde.
c) Stellen Sie in einer Nachkalkulation auf der Basis der Istkosten fest, welcher Handlungskosten- und welcher Gewinnzuschlagssatz erreicht wurde.
d) Stellen Sie die Ursachen der Abweichungen und Maßnahmen zur Verbesserung zusammen.

19. Bei einem Umsatzsteuersatz von 16 % betrug die Umsatzsteuer für die Monate Juli 8.000,00 EUR, August 7.360,00 EUR, September 7.680,00 EUR.
Wie viel EUR betrug der Bruttoumsatz in diesem Quartal?

20. Ergänzen Sie Ihre Lernkartei um folgende Sachwörter: Kostenstellengliederung, Hauptkostenstellen, Hilfskostenstellen, Gemeinkosten, Kostenstelleneinzelkosten, Kostenstellengemeinkosten, Verteilungsrechnen, Verteilungsschlüssel, Verteilungsgrundlage, Zeitvergleich, Betriebsvergleich, Abteilungsvergleich, Filialvergleich, Soll-Ist-Vergleich, Nachkalkulation, Kostensenkungsmaßnahmen, externe Kosten, interne Kosten, Umweltkosten, Nachhaltigkeit, Internalisierung, Kostenüberdeckung, Kostenunterdeckung.

4.4 Deckungsbeitragsrechnung

Der Privatklinik am Stadtwald GmbH wurde auf eine Anfrage nach 50 Ruby Fernsehgeräten Seoul zur Ausstattung der Krankenzimmer ein Rabatt von 10 % auf den Verkaufspreis von 449,00 EUR angeboten. Herr Kraft, der Abteilungsleiter „Braune Ware" hat mehrere Tage auf den Auftrag der Klinik gewartet, vergebens. Er versucht telefonisch den Grund zu erfahren.
„Wir haben den Auftrag noch nicht vergeben, aber einer Ihrer Mitbewerber hat uns das gleiche Gerät für 336,75 EUR angeboten", wird Herrn Kraft von einem Verwaltungsmitarbeiter der Privatklinik mitgeteilt. *„Das ist nicht möglich, unsere Konkurrenz muss doch auch kalkulieren"*, meint verblüfft Herr Kraft. *„Das ist richtig, aber die kalkuliert wohl anders"*, ist die knappe Antwort.
Nach dem Telefonat führt Herr Kraft sofort ein Gespräch mit Frau Mars, Frau Bauer und Frau Feld.
„Vielleicht können wir in diesem besonderen Fall einmal auf die fixen Kosten verzichten", meint Frau Mars.

ARBEITSAUFTRÄGE
- Berechnen Sie den Rabatt, den die Konkurrenz gewährt hat.
- Begründen Sie das große Interesse von Herrn Kraft an diesem Auftrag.
- Erläutern Sie den Vorschlag von Frau Mars.
- Zeigen Sie Möglichkeiten auf, wie der Auftrag doch noch hereingeholt werden kann.

Mängel der Vollkostenrechnung

Der Einzelhandelskaufmann muss ständig auf die Wirtschaftlichkeit seines Betriebes achten. Ein Betrieb ist wirtschaftlich, wenn die Leistungen aus dem Verkauf der Waren (= Verkaufspreis) über den Kosten liegen. Bei der Kalkulation der Waren muss somit darauf geachtet werden, dass sämtliche anfallenden Kosten den Kostenträgern (Artikel, Dienstleistungen) zugerechnet (**Vollkostenrechnung**) und über den Verkauf (Umsatz) hereingeholt werden.

Zahlreiche Situationen (Wettbewerb u. a.) verlangen jedoch im Einzelhandel eine **marktorientierte Preisstellung**, bei der **vorübergehend** oder **ganz** auf die Berücksichtigung von bestimmten **Kosten verzichtet** wird, die die Vollkostenrechnung ermittelt hat.

Beispiele
- Einführungspreise für neue Artikel
- Sonderangebote aus verschiedenen Anlässen
- Niedrigere Konkurrenzpreise
- Sonderveranstaltungen

Fixe Kosten

In solchen Situationen stellt sich die Frage nach der **Preisuntergrenze**. Die Vollkostenrechnung führt zwangsläufig zu Wettbewerbsnachteilen, weil sie dem einzelnen Artikel Kosten anlastet, die der Gesamtbetrieb, aber nicht der Artikel direkt, verursacht hat. So fällt ein großer Teil der Gemeinkosten auch an, wenn der einzelne Artikel nicht geführt und verkauft wird. Gemeint sind die **fixen Kosten**, die also **unabhängig vom Absatz** einzelner Artikel **in gleicher Höhe** anfallen; diese werden auch die „**Kosten der Betriebsbereitschaft**" genannt, weil sie bereits mit der Bereitstellung einer bestimmten Kapazität anfallen (vgl. Seite 91 f.).

Beispiele Miete, Abschreibungen, Löhne, Gehälter, Kfz-Versicherung, Kfz-Steuer, Heizungskosten der Verkaufsräume u. a. fallen in gleicher Höhe an, egal ob Waschmaschinen oder Fernsehgeräte verkauft werden oder nicht.

Deshalb kann bei der Preisbildung vielfach auf die Einbeziehung der fixen Kosten verzichtet werden. Daher beruhen die folgenden Preisüberlegungen auf der Trennung von fixen und variablen Kosten (vgl. Seite 91 f.).

Lösung mithilfe der Deckungsbeitragsrechnung

Direkte Kosten als Preisuntergrenze

Die Deckungsbeitragsrechnung basiert auf der Aufteilung der gesamten Kosten in **fixe** und **variable** Bestandteile. Da die fixen Kosten den einzelnen Artikeln nicht verursachungsgerecht zugerechnet werden können, verzichtet die Deckungsbeitragsrechnung ganz auf ihre Einbeziehung in die Preisfestsetzung der Artikel. Es werden nur die vom einzelnen Artikel **direkt verursachten variablen Kosten** kalkuliert. Im Einzelhandel stimmen sie weitgehend mit den Einzelkosten überein. In der Deckungsbeitragsrechnung werden diese Kosten als **direkte Kosten** bezeichnet. Direkte Kosten oder Einzelkosten erkennt man daran, dass sie nur dann auftreten, wenn der bestimmte Artikel geführt wird. Fällt der Artikel weg, treten diese Kosten nicht auf.

Beispiele Wareneinsatz je Artikel, Verkaufsverpackung für diesen Artikel, Umsatzprovision für Verkäufer/-innen je Artikelumsatz.

Die **direkten Kosten** bilden somit die absolute **Preisuntergrenze**, weil sie bei jeder Einheit ersetzt werden müssen.

○ Deckungsbeitrag

Jeder Preis, der über den variablen Kosten liegt, erbringt einen Beitrag zur Deckung der durch den Gesamtbetrieb verursachten fixen Kosten.

Deckungsbeitrag je Einheit	=	Verkaufspreis je Einheit	–	Variable Kosten
↓		↓		↓
d_B	=	e	–	k_v

Beispiel Herr Kraft hat nochmals mit Frau Mars, Frau Feld und Frau Bauer, der Marketingleiterin, über die Preisgestaltung bei Großaufträgen diskutiert. Dabei hat er die Auffassung vertreten, dass bei der Berechnung des Angebotspreises ganz oder teilweise auf die Einrechnung der fixen Kosten verzichtet werden könnte: *„Sie entstehen sowieso, auch wenn wir den Auftrag nicht kriegen." „Meinen Sie, dass wir dann auf die gesamten Handlungskosten verzichten sollten?"*, fragt Frau Feld. *„Nur, soweit sie ohnehin entstehen, nur so haben wir eine echte Chance gegenüber der Konkurrenz. Natürlich können wir nicht auf Handlungskosten verzichten, die im Zusammenhang mit dem Verkauf der Fernseher entstehen, z. B. Verpackung, Transportkosten zum Kunden und eventuell Verkaufsprovision."*

Nach dem Gespräch ermitteln Frau Feld und Herr Kraft die **variablen Kosten:**

	Bezugs-/Einstandspreis	249,44 EUR
+	Transportkosten zum Kunden	11,31 EUR
=	Variable Kosten	260,75 EUR

Ermittlung des Deckungsbeitrags			**Beispiel**
	Verkaufspreis der Konkurrenz	e	336,75 EUR
–	Variable Kosten	k_v	260,75 EUR
=	Deckungsbeitrag	d_B	76,00 EUR

Mit jedem Fernsehgerät werden neben den variablen Kosten von 260,75 EUR zusätzlich 76,00 EUR zur Deckung der fixen Kosten erwirtschaftet, z. B. Miete, Abschreibungen, die wir pro Monat mit 3.192,00 EUR ermitteln haben.

○ Gewinnschwelle

Deckt die Summe aller Deckungsbeiträge die fixen Kosten, erreicht der Betrieb **die Gewinnschwelle oder den Break-even-Point** (toter Punkt, kritischer Punkt). Dieser Punkt zeigt die Absatzmenge (Beschäftigungsgrad), bei der der Gesamtdeckungsbeitrag (D_B) die fixen Kosten deckt. Wird dieser Punkt nicht erreicht, bewegt sich der Betrieb in der **Verlustzone**, wird er überschritten, tritt er in **die Gewinnzone** ein.

Beispiel Nach dieser Rechnung könnte der Verkaufspreis kurzfristig sogar bis auf 260,75 EUR zurückgenommen werden. Langfristig müsste der Verkaufspreis aber über 260,75 EUR liegen, weil die fixen Kosten des Unternehmens gedeckt werden müssen.
Nach diesen Überlegungen ruft Herr Kraft die Privatklinik am Stadtwald GmbH an: *„Wir können Ihnen den Preis der Konkurrenz auch anbieten, dazu noch die kostenlose Anlieferung, den Anschluss und die Einstellung der Geräte durch unser Fachpersonal."*

Die Absatzmenge zur Deckung der fixen Kosten – und damit die zur Erreichung der Gewinnschwelle – lässt sich auf folgenden Wegen erreichen:

- Absatzmenge am Break-even-Point = $\frac{K_f}{d_B}$ | $\frac{3.192}{76}$ = 42 Stück

Im Beispielfall müssten also 42 Geräte verkauft werden, um die fixen Kosten insgesamt zu decken.

- Der Break-even-Point ist dadurch gekennzeichnet, dass die Umsatzerlöse sämtliche Kosten decken. Er kann somit auch durch die folgende Gleichung definiert werden.

Umsatzerlöse (E)	=	**Gesamtkosten (KG)**
Preis je Einheit · Absatzmenge	=	Fixe Kosten + variable Kosten je Einheit · Absatzmenge
$e \cdot x$	=	$K_f + k_v \cdot x$

$$336{,}75 \cdot x = 3.192 + 260{,}75 \cdot x$$
$$76\,x = 3.192$$
$$x = \frac{3.192}{76}$$
$$x = \underline{\underline{42}}$$

Diese Zusammenhänge werden im folgenden Diagramm verdeutlicht:

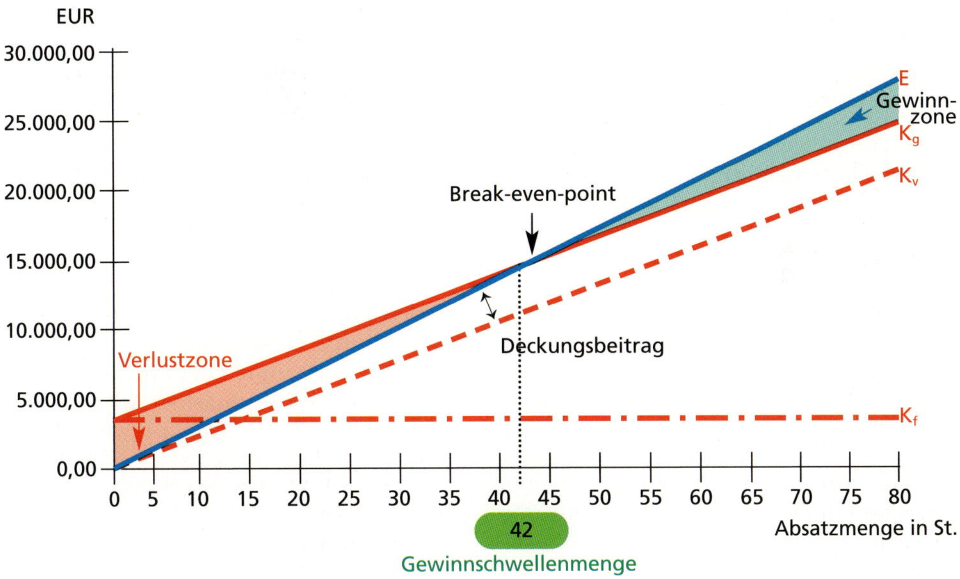

Erfolgsermittlung in der Deckungsbeitragsrechnung (Periodenrechnung)

Ist der Deckungsbeitrag aller Artikel bekannt, kann der Gesamtdeckungsbeitrag der Abteilung oder des Betriebes ermittelt werden. Der Gewinn wird ermittelt, indem vom Gesamtdeckungsbeitrag (DB) noch die fixen Kosten (K_f) abgezogen werden.

Σ	der Deckungsbeiträge aller Artikel (= DB)
–	Fixe Kosten des Betriebes (= K_f)
=	Gewinn der Rechnungsperiode

Beispiel Frau Quirl, Abteilungsleiterin „Neue Medien" im Mars Elektrofachmarkt e. K., führt vier neue Medien in ihrer Abteilung in einem bisher noch nicht genutzten Verkaufsbereich. Die fixen Kosten in diesem Bereich betragen jährlich 10.800,00 EUR.

	A	B	C	D
Absatzmenge in Stück	1.200	1.250	1.200	1.400
Listenverkaufspreis netto in EUR	98,00	46,00	35,00	78,00
Bezugs-/Einstandspreis in EUR	80,00	32,00	38,00	54,00
dB je Einheit in EUR	18,00	14,00	–3,00	54,00
DB je Artikel in EUR	21.600,00	17.500,00	–3.600,00	33.600,00
DB insgesamt	69.100,00			
Fixe Kosten (kf)	10.800,00			
Gewinn	58.300,00			

Preisgestaltung mithilfe der Deckungsbeitragsrechnung

Preisuntergrenze

LF 6 Wenn man annimmt, dass die gesamten Handlungskosten fixe Gemeinkosten sind und somit nicht direkt zurechenbar, so liegt die Preisuntergrenze beim Einstandspreis eines Artikels. Beim Verkauf eines Artikels über diesem Preis erzielt er einen Deckungsbeitrag, der dann identisch mit dem Rohgewinn ist.

Die Preisuntergrenze gilt grundsätzlich nur kurzfristig und darf zu besonderen absatzpolitischen Entscheidungen genutzt werden (vgl. Seite 87). Nur im Rahmen von **Mischkalkulationen** kann eventuell sogar diese Grenze unterschritten werden.

LF 6 Mischkalkulation

Im Wettbewerb mit anderen Unternehmen können Einzelhandelsunternehmen nicht immer ihre kostenorientierten Preise durchsetzen und ihre kalkulierten Gewinne erzielen. Die **Orientierung am Markt** ist also lebenswichtig. Im Rahmen der Preispolitik versucht der Einzelhändler daher, durch deutliche Preisherabsetzung einzelner Artikel seines Sortiments auf sich aufmerksam zu machen.

In regelmäßig verteilten Flyern oder in Tageszeitungen und regionalen Extrablättern werden diese Artikel mit Niedrigstpreisen besonders herausgestellt. Diese Artikel zeigen dem Kunden, dass das Unternehmen preisgünstige Waren anbietet (so genannte **Zeiger-Artikel**).

LF 6 **Ausgleichsnehmer:** Artikel, die mit einem Kalkulationszuschlagssatz bzw. Deckungsbeitrag kalkuliert werden, der unter dem durchschnittlich geplanten liegt, werden als **Ausgleichsnehmer** bezeichnet. Sie mindern die geplante Kalkulation, sodass die geplanten Kosten nicht hereingeholt und/oder Gewinne bzw. Deckungsbeiträge nicht verwirklicht werden.

Beispiel Der Mars Elektrofachmarkt e. K. hat die Digitalkamera „Sport-200m" in das Sortiment aufgenommen. Bezugs-/Einstandspreis: 98,00 EUR, geplanter Kalkulationszuschlagssatz der Warengruppe 4: 100%.
Der Artikel wird bereits von einem ortsnahen Discounter für 176,40 EUR angeboten. Der Mars Elektrofachmarkt e. K. bietet deshalb die Kamera zum wesentlich niedrigeren Preis von 149,99 EUR an.

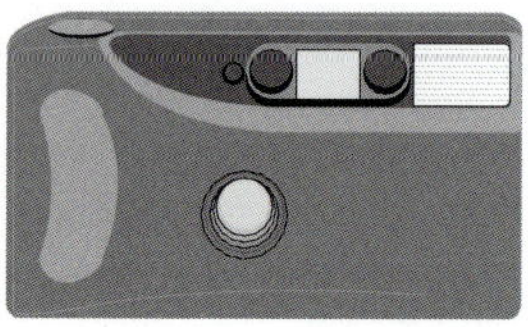

Ausgleichsgeber: Die übrigen Artikel dieser Warengruppe werden mit einem Kalkulationszuschlagssatz kalkuliert, der über dem geplanten Kalkulationszuschlag liegt. Sie sind Ausgleichsgeber, weil sie den „Verlust" durch die Ausgleichsnehmer ausgleichen.

Beispiel Der Mars Elektrofachmarkt e. K. hat intern für die Warengruppe 4 einen Kalkulationszuschlagssatz von 96 % geplant, bietet die Artikel aber mit einem Kalkulationszuschlagssatz von 100 % an.

Gewinnmaximale Sortimentsgestaltung

Ist der Deckungsbeitrag aller Artikel oder Sortimentsgruppen bekannt, kann die Unternehmensleitung auf dieser Grundlage absatzpolitische Entscheidungen treffen.

Beispiel Erfogsrechnung eines Betriebes mit vier Artikeln

	A	B	C	D
Absatzmenge in Stück	15.000	5.000	10.000	3.000
Barverkaufspreis (netto) in EUR	18,00	42,00	24,00	48,00
Bezugs-/Einstandspreis in EUR	–9,00	–45,00	–10,00	–30,00
Deckungsbeitrag je Stück (d_B) in EUR	9,00	–3,00	14,00	18,00
Deckungsbeitrag je Artikel (DB) in EUR	135.000,00	–15.000,00	140.000,00	54.000,00
∑ Deckungsbeiträge in EUR	314.000,00			
Fixe Kosten in EUR	180.000,00			
Gewinn in EUR	134.000,00			

Aufgrund des Ergebnisses (im Beispiel)

- werden problematische (B) und gewinnbringende Sortimentsgruppen sichtbar,
- können gezielte Maßnahmen ergriffen werden:
  - Herausnahme eines Artikels aus dem Sortiment (B);
  - stärkere Förderung eines Artikels, z. B. durch Werbung (D).

Jeder Maßnahmen muss jedoch eine Ursachenforschung vorausgehen.

Stufenweise Deckungsbeitragsrechnung

In der bisherigen Darstellung der Deckungsbeitragsrechnung wurden die fixen Kosten als geschlossener Kostenblock der „Betriebsbereitschaft" behandelt, der der Summe der Deckungsbeiträge der Artikel ungegliedert gegenübergestellt wurde. Diese Form wird als **einstufige** Deckungsbeitragsrechnung bezeichnet.

Vorteile dieser Rechnung sind gegenüber der Zuschlagskalkulation in der Vollkostenrechnung ihre einfache Handhabung und der Wegfall der Schlüsselungs- und Verteilungsproblematik der Gemeinkosten in der Kostenstellenrechnung (vgl. Seite 87, 96 ff.). Demgegenüber ist der **Nachteil** der fehlenden Information über die Zusammensetzung der fixen Kosten sehr groß.

Beispiel Frau Mars möchte wissen, ob wenigstens Teile der fixen Kosten wegfallen, wenn einzelne Artikel aus dem Sortiment genommen werden oder eine Warenabteilung geschlossen wird.

Um diese Frage zu lösen, muss der Fixkostenblock aufgelöst werden und die **Teilblöcke** müssen einzelnen Kalkulationsobjekten (Artikel, Artikelgruppen, Warengruppen/Abteilungen, Gesamtbetrieb) zugeordnet werden.

Stufenweise Auflösung des Fixkostenblocks

1. Stufe: K_f einzelner Artikel **Beispiele** Miete, Abschreibungen für Waschmaschine CLEAN 400	A | B | C | D | E | F | G | H | I | J | K | L | M
2. Stufe: K_f einzelner Artikelsorten **Beispiele** Waschmaschinen	A bis C | D bis G | H bis K | L bis M
3. Stufe: K_f einzelner (Warengruppen) Verkaufsabteilungen **Beispiele** Gehälter der Verkaufsleiter	Weiße Ware | Braune Ware | Tonträger/ Software | Neue Medien
4. Stufe: K_f des Gesamtbetriebes **Beispiele** Gehälter der Unternehmensleitung, der Leiter von Verwaltung und Marketing	A bis M

Aufbau der stufenweisen Deckungsbeitragsrechnung

	Verkaufserlöse der Artikelarten
–	K_v der Artikelarten
=	Deckungsbeitrag I
–	K_f einzelner Artikelarten
=	Deckungsbeitrag II
–	K_f einzelner Artikelsorten
=	Deckungsbeitrag III
–	K_f einzelner Warengruppen
=	Deckungsbeitrag IV
–	K_f Gesamtbetrieb
	Betriebsgewinn

Mithilfe der stufenweisen Auflösung und der Zurechnung der fixen Kosten wird der Anteil der K_f sichtbar, der durch

- einzelne Artikel,
- eine Artikelsorte,
- eine Warengruppe/Warenabteilung,
- den Gesamtbetrieb verursacht wird.

Damit wird der K_f-Anteil erkennbar, der bei Sortimentsentscheidungen eingespart wird.

Beispiel Kfz-Ansparung bei Sortimentsbereinigungen, Schließung einer Abteilung

Letztlich wird der Einblick in die Erfolgsstruktur, insbesondere in die Handlungskosten, wesentlich verbessert.

Deckungsbeitragsrechnung

Kostenträgerstückrechnung	Periodenrechnung (Kostenträgerzeitrechnung)
• berechnet den Deckungsbeitrag einzelner Artikel: $d_B = e - k_v$ • d_B = Beitrag zur Fixkostendeckung • setzt Trennung fixer und variabler Kosten voraus • positive Deckungsbeiträge verbessern das Betriebsergebnis	• berechnet je Rechnungsperiode – den Deckungsbeitrag einzelner Artikel – den Deckungsbeitrag der Sortimentsbereiche – die Summe der Deckungsbeiträge (DB) • stellt die Summe der DB den fixen Kosten des Betriebs zur Ergebnisermittlung gegenüber: Betriebsergebnis = DB – K_f

- **Anwendung der Deckungsbeitragsrechnung**
  - Ermittlung der **Gewinnschwelle** und **Gewinnschwellenmenge**
  - schnelle Berechnung der **kurzfristigen Preisuntergrenze**
  - einfache Handhabung von **Mischkalkulation**
  - einfache Gestaltung des **gewinnmaximalen Sortiments**
  - **stufenweise Auflösung des Fixkostenblocks** für sortimentspolitische Entscheidungen

1. In einem SB-Center soll die Deckungsbeitragsrechnung für den Sortimentsbereich „Kaffee, Tee, Kakao" für die vergangenen sechs Monate durchgeführt werden. Folgende Zahlen liegen vor:

Bruttoumsatz		347.750,00 EUR
USt		7 %
Variable Kosten:	Wareneinsatz	291.141,00 EUR
Fixe Kosten:	Personalkosten	8.804,00 EUR
	Mietkosten	1.674,00 EUR
	Werbekosten	7.696,00 EUR
	Sonstige Kosten	5.839,00 EUR

Ermitteln Sie a) den Deckungsbeitrag, b) den Reingewinn.

2. Der Inhaber eines SB-Warenhauses erteilt Ihnen einen Auftrag, die Deckungsbeitragsrechnung für die Abteilung „Brot und Backwaren" mithilfe nachfolgender Zahlen durchzuführen:

Bruttoumsatz		1.000.878,00 EUR
USt		7 %
Variable Kosten:	Wareneinsatz	450.100,00 EUR
Fixe Kosten:	Personalkosten	146.200,00 EUR
	Mietkosten	25.000,00 EUR
	Energiekosten	25.100,00 EUR
	Leasingkosten	53.000,00 EUR
	Abschreibungen	14.000,00 EUR
	Sonstige Kosten	18.000,00 EUR

Ermitteln Sie a) den Deckungsbeitrag, b) den Reingewinn.

3. Die Klein Lebensmittel KG führt die Abteilungen Lebensmittel und Frischkäse. Sie erhalten als Mitarbeiter des Unternehmens folgenden Auszug und werden um eine Stellungnahme gebeten:

Aufwendungen/Umsatz in EUR		Lebensmittel	Frischkäse
Variable Kosten:	Wareneinsatz	630.000,00	105.000,00
Fixe Kosten:	Personalkosten	38.000,00	27.000,00
	Energiekosten	36.000,00	8.000,00
	Aufwendungen für Kommunikation	45.500,00 (gesamt)	
Nettoumsatz:		750.000,00	160.000,00

Die Aufwendungen für Kommunikation sind nach dem Umsatz zu verteilen (Fixkosten).

a) Berechnen Sie den Deckungsbeitrag der Abteilung Lebensmittel und der Abteilung Frischkäse.

b) Ermitteln Sie den Deckungsbeitrag für beide Abteilungen zusammen.
c) Überprüfen Sie, ob es sinnvoll ist, die Abteilung Frischkäse zu schließen.

4. Die Kostenrechnung der Center Warenhaus GmbH ermittelt für das abgeschlossene Geschäftsjahr folgende Daten für die Warengruppe Lederwaren/Schuhe:

Bruttoumsatz (einschl. 16 % USt) 2.378.000,00
Wareneinsatz 1.538.500,00
Handlungskosten 450.000,00

Ermitteln Sie a) den Deckungsbeitrag (Rohertrag), b) den Gewinn.

5. Ein Handelsbetrieb führt die Artikel A, B und C unter den folgenden Bedingungen.

	Artikel		
	A	B	C
Nachfragemenge in ME	900	2.100	1.200
Verkaufspreis pro ME in EUR	4,00	2,00	3,00
Variable Kosten pro ME in EUR	2,00	1,30	2,10

In welcher Reihenfolge sind die Artikel zu fördern?

6. Wodurch unterscheiden sich
a) Rohgewinn in der Vollkostenrechnung und Deckungsbeitrag in der Deckungsbeitragsrechnung,
b) Gewinn in der Vollkostenrechnung und Deckungsbeitrag in der Deckungsbeitragsrechnung?

7. Nennen Sie Situationen, in denen auf die Einrechnung der fixen Kosten verzichtet werden sollte.

8. Im Einzelhandelsgeschäft Peter Klein e. K., das drei Warengruppen führt, wurden in der Kostenrechnung für das Abrechnungsjahr folgende Daten in EUR ermittelt:

Warengruppe / Angaben	I	II	III
Warenumsatzerlöse	385.000,00	475.600,00	78.200,00
Wareneinsatz	92.100,00	126.800,00	39.100,00
Variable Handlungskosten	108.600,00	167.500,00	35.700,00
Fixe Handlungskosten		145.800,00	

a) Berechnen Sie den Deckungsbeitrag jeder Warengruppe und insgesamt.
b) Ermitteln Sie das Betriebsergebnis.
c) Welche Auswirkung hätte die Herausnahme der Warengruppe III aus dem Sortiment auf das Betriebsergebnis?

9. Ein Einzelhandelsbetrieb setzte im abgelaufenen Monat 50.000 Stück eines Massenartikels zum Preis von 3,20 EUR je Stück ab. Der Absatz verursachte 55.000,00 EUR K_v und 84.000,00 EUR K_f.

a) Ermitteln Sie
   – den Stück- und Monatsdeckungsbeitrag,
   – den Erfolg.
b) Bei welchem Absatz würde die Gewinnschwelle erreicht werden?
c) Wie hoch sind Umsatz und Kosten an der Gewinnschwelle?

10. Die Kostenrechnung ermittelte in einem Warenhaus für die vier Warenabteilungen folgende Leistungen und Kosten in EUR:

	Abteilungen	Umsatzerlöse für Waren	Wareneinsatz
1. Etage	Kinderbekleidung Damenbekleidung	1.560.000,00 2.890.000,00	865.000,00 1.651.000,00
Erdgeschoss	Sport- und Freizeitbekleidung Herrenbekleidung	892.000,00 2.460.000,00	695.000,00 1.230.000,00

		Zurechenbare fixe Kosten		
	Abteilungen	Abteilungen	Etagen	Betrieb
1. Etage	Kinderbekleidung Damenbekleidung	135.000,00 225.000,00	355.000,00	580.000,00
Erdgeschoss	Sport- und Freizeitbekleidung Herrenbekleidung	200.000,00 270.000,00	496.000,00	

a) Berechnen Sie
   – die Deckungsbeiträge I, II und III,
   – den Betriebsgewinn.

b) Erläutern Sie die Wirtschaftlichkeit der Abteilungen und des Betriebs.

c) Die Geschäftsleitung möchte aufgrund der Ergebnisse die Abteilung „Sport- und Freizeitbekleidung" schließen und dafür die Abteilung mit dem höchsten Deckungsbeitrag auf die frei werdenden Räume ausdehnen. Nehmen Sie dazu Stellung und unterbreiten Sie einen Vorschlag.

11. Vervollständigen Sie die folgende Tabelle:

Artikel	Abgesetzte Menge Stück	Anteilige fixe Kosten EUR	Variable Kosten EUR	Gesamtkosten EUR	Variable Kosten je Stück EUR	Fixe Kosten je Stück EUR	Gesamtkosten je Stück EUR
Tische	3.800	300.000,00	980.000,00	?	?	?	?
Stühle	6.600	400.000,00	1.300.000,00	?	?	?	?
Schränke	2.800	300.000,00	720.000,00	?	?	?	?
Summen		1.000.000,00	3.000.000,00				

12. In einem Verbrauchermarkt wurden in der Haushaltswarenabteilung folgende vier Kaffeemaschinen verkauft:

Kaffeemaschine	A	B	C	D
Absatzmenge in Stück	50	30	40	60
Verkaufspreis (netto) in EUR	105,00	130,00	95,00	85,00
Bezugspreis in EUR	60,00	84,00	59,00	54,00

Die fixen Kosten betrugen 5.400,00 EUR.
Ermitteln Sie

a) den Deckungsbeitrag je Stück,

b) den Deckungsbeitrag je Artikel A, B, C und D insgesamt,

c) den Deckungsbeitrag für alle Kaffeemaschinen insgesamt,

d) den Reingewinn für alle Kaffeemaschinen insgesamt.

13. Die angegebenen Absatzmengen verursachten folgende Gesamtkosten:

Absatzmenge (x)	0	1	2	3	4	5	6	7	8	9	10
Gesamtkosten (K_g) in EUR	40	51	64	85	120	175	256	369	520	715	960

a) Stellen Sie die Abhängigkeit zwischen Absatzmenge und K_g in einem Diagramm dar.
b) Ermitteln Sie
- die Gesamtstückkosten (k_g),
- die variablen Stückkosten (k_v).

c) Stellen Sie den Verlauf der Stückkosten in einem Diagramm dar.

14. Ergänzen Sie selbstständig Ihre Lernkartei um wichtige Sachwörter zur Deckungsbeitragsrechnung. Stellen Sie Ihre Auswahl, die entsprechenden Fragestellungen und Lösungen der Klasse vor und treffen Sie eine gemeinsame Entscheidung für die Ergänzung Ihrer Lernkartei.

Übungsaufgaben

1. a) Tragen Sie nachstehende Werte in die Konten ein.
b) Schließen Sie die Konten ab.
c) Ermitteln Sie
- das Rohergebnis,
- den Handlungskostenzuschlagssatz,
- den Gewinnzuschlagssatz.

	EUR
Geschäftsausstattung	112.000,00
Grundstück mit Gebäuden	839.000,00
Forderungen a. LL	126.500,00
Bank	362.000,00
Eigenkapital	840.800,00
Verbindlichkeiten a. LL	227.700,00
Aufwendungen für Waren	2.007.000,00
Aufwendungen für Energie	284.000,00
Löhne/Gehälter	1.540.000,00
Steuern	275.000,00
Büromaterial	88.000,00
Mieten	127.000,00
Umsatzerlöse für Waren	4.692.000,00

2. Ermitteln Sie aus unten stehenden Angaben der Buchhaltung in TEUR zum Ende eines Geschäftsjahres
a) das Anlagevermögen,
b) das Umlaufvermögen,
c) die Schulden,
d) die Handlungskosten in TEUR,
e) den Wareneinsatz,
f) den Gewinn (Reingewinn),
g) das Eigenkapital zu Beginn des Geschäftsjahres.

Angaben der Buchhaltung in TEUR:

Personalaufwand	8.500	Steuern	440
Grundstücke und Gebäude	12.800	Forderungen a. LL	16
Warenverkauf	45.000	Kurzfristige Bankverbindlichkeiten	8.800
Langfristige Bankverbindlichkeiten	2.200	Warenanfangsbestand	2.660
Verbindlichkeiten a. LL	9.900	Aufwendungen für Waren	25.140
Mietaufwand	640	Warenendbestand	2.700
Fuhrpark	200	Bankguthaben	9.200
Kasse	24	Sonstige Aufwendungen	4.800
Geschäftsausstattung	4.300		

3. In einem Spielwarengeschäft werden zum Artikel „Modellautos Viererpack" in den vier Quartalen des letzten Jahres folgende Daten ermittelt:

	1. Quartal	2. Quartal	3. Quartal	4. Quartal	Jahr
Anfangsbestand in Stück	660	?	?	?	?
Einkäufe in Stück	1.500	1.500	1.500	1.500	?
Endbestand in Stück	920	750	970	360	?
Absatzmenge in Stück	?	?	?	?	?

Ein „Viererpack" wurde für 0,68 EUR eingekauft und für 1,94 EUR verkauft.

a) Vervollständigen Sie diese Tabelle, indem Sie ermitteln
   - die Anfangsbestände der drei letzten Quartale,
   - die Absatzmengen der vier Quartale und des Geschäftjahres.

b) Erstellen Sie eine zweite Tabelle, aus der für die einzelnen Quartale hervorgehen
   - der Umsatz,
   - die Wareneinkäufe in EUR,
   - die Bestandsveränderungen in EUR,
   - der Wareneinsatz (Aufwendungen für Waren).

c) Ermitteln Sie
   - den Jahresumsatz aus diesem Artikel,
   - den Wareneinsatz dieses Artikels im Jahr.

d) Ermitteln Sie
   - mit welcher Menge,
   - mit welchem Wert

   der Bestand an Modellautos „Viererpack" am Jahresende ins Inventar aufzunehmen ist.

4. Im Dezember sind folgende umsatzsteuerpflichtige Vorgänge angefallen:

1. Wareneinkäufe auf Ziel, netto .... 237.200,00 EUR
   +16 % USt
2. Einkauf eines Kleintransporters gegen Verrechnungsscheck, netto.. 34.400,00 EUR
   + 16 % USt
3. Tageslosungen des Monats einschließlich 16 % USt .... 214.832,00 EUR

Bilden Sie die Buchungssätze zu den Fällen 1 bis 3.

a) Erfassen Sie diese auf den Konten Vorsteuer und Umsatzsteuer.

b) Stellen Sie fest, ob sich eine Zahllast oder ein Vorsteuerüberhang ergibt und führen Sie die entsprechende Umbuchung bzw. Abschlussbuchung durch.

c) Wie lautet die Buchung bei Eröffnung des USt-Kontos?

d) Wie lautet die Buchung bei Banküberweisung eines eventuellen Vorsteuerüberhanges durch das Finanzamt?

5.

MARS
ELEKTROFACHMARKT E. K.

Mars Elektrofachmarkt e. K., Aachener Str. 1250, 50859 Köln

Seniorenheim Monika GmbH
Richterstraße 15
50933 Köln

Kopie

Aachener Str. 1250
50859 Köln

Telefon: 0221 1610705
Telefax: 0221 1700088

Beleg Nr. 284

RECHNUNG/AUFTRAGSBESTÄTIGUNG
Bei Zahlung/Rücksendung/Gutschrift unbedingt angeben

Kundennummer	Rechnungs-Nr.	Datum
8142	12396	25.05.20..

Artikel-Nr.	Artikelbezeichnung	Menge	Einzelpreis EUR	Gesamtpreis EUR
8756812370641	Multifunktionsdrucker PSC 1205	3	99,00	297,00

Im Rechnungsbetrag sind 16 % Umsatzsteuer = 40,97 EUR enthalten.

Zahlbar innerhalb 30 Tagen netto

Bankverbindungen:
Kreissparkasse Köln BLZ: 370 502 99 Kto-Nr.: 136 005 64
Deutsche Bank Köln BLZ: 370 700 60 Kto-Nr.: 340 731 420

Steuernummer: 223/337/2973
USt-IDNr.: DE-58344258

MARS
ELEKTROFACHMARKT E. K.

Mars Elektrofachmarkt e. K., Aachener Str. 1250, 50859 Köln

Seniorenheim Monika GmbH
Richterstraße 15
50933 Köln

Kopie

Aachener Str. 1250
50859 Köln

Telefon: 0221 1610705
Telefax: 0221 1700088

Beleg Nr. 285

RECHNUNG/AUFTRAGSBESTÄTIGUNG
Bei Zahlung/Rücksendung/Gutschrift unbedingt angeben

Kundennummer	Rechnungs-Nr.	Datum
8142	12425	28.05.20..

Artikel-Nr.	Artikelbezeichnung	Menge	Einzelpreis EUR	Gesamtpreis EUR
	Anschluss und Beratung für die am 25. Mai 20.. gelieferten Geräte	3		29,00

Im Rechnungsbetrag sind 16 % Umsatzsteuer enthalten.

Zahlbar innerhalb 30 Tagen netto

Bankverbindungen:
Kreissparkasse Köln BLZ: 370 502 99 Kto-Nr.: 136 005 64
Deutsche Bank Köln BLZ: 370 700 60 Kto-Nr.: 340 731 420

Steuernummer: 223/337/2973
USt-IDNr.: DE-58344258

Elektro AG

Herstellung von Elektrogeräten und Zubehör

Mainzer Straße 160 • 10247 Berlin • Tel: 030 2341526-0 • Fax: 030 23415098

Elektro AG, Mainzer Str. 160, 10247 Berlin

Mars Elektrofachmarkt e. K.
Aachener Straße 1250
50859 Köln

Beleg Nr. 286

Bankverbindungen:
Commerzbank Berlin
BLZ: 100 400 00
Kto-Nr.: 43205624

Ihre Bestellung:

RECHNUNG

Lieferdatum:

Kunden-Nr.	Rechnungs-Nr.	Datum
8394	26321	26.05.20..
Bei Zahlung bitte angeben		

Artikel-Nr.	Artikelbezeichnung	Menge	Einzelpreis EUR	Gesamtpreis EUR
3456271	Akku-Zahnbürste Demex OC 500	15	37,86	567,90
2533914	Akku-Rasierer DEMEX DR 300	8	44,76	358,08
0768598	Autoradio Acapulco MP52	5	105,00	525,00

Warenwert, netto	Entgelt, netto	16 % USt	Gesamtbetrag
1.450,98	1.450,98	232,16	1.683,14

Zahlbar innerhalb 30 Tagen netto

Steuernummer: 134/178/3417 USt-IDNr.: DE-54384261

Lkw-Handel
Andreas JOOST e. K.
Wodanstr. 15
51107 Köln
Tel.: 0221 785746
Fax: 0221 785748

Mars Elektrofachmarkt e. K.
Aachener Straße 1250
50859 Köln

Beleg Nr. 287

Betriebs-Nr.: 12346833
Auftrags-Nr.: 47326
Datum: 27.05.20..
Kunden-Nr.: 32788

Rechnung-Nr. 2394

tl. Kennz.	*Typ/Modell*	*Fahrzeug-Ident-Nr.*	*Zulassungs-tag*	*Annahme-tag*	*km-Stand*
K-PR-111	443 PH 5	44FA053238	26.01.20..	26.05.20..	30.000

443 PH 5	Lkw-Inspektion	EUR
	Material lt. Anlage	420,00
	Arbeit	540,00

Arbeitspreis	*Material/ Fertigung*	*Nettoentgelt in EUR*	*16 %-USt in EUR*	*Rechnungs-betrag*
540,00	**420,00**	**960,00**	**153,60**	**1.113,60**

Bankverbindung: Deutsche Bank BLZ: 370 700 60 Kto-Nr.: 574 617 59
Bitte geben Sie bei Zahlung Ihre Kunden- und Rechnungsnummer an. Vielen Dank!

Steuernummer: 218/766/7767 **USt-IDNr.:** DE-10673904

a) Die Belege 284 bis 287 sind vorzukontieren.
b) Errechnen Sie aus den vier Belegen
 - die Umsatzsteuerschuld,
 - die absetzbare Vorsteuer,
 - die Umsatzsteuerzahllast/den Vorsteuerüberhang.

6. Die Buchhaltungsabteilung hat einen Beleg über den Kauf von Fachbüchern zum Gesamtpreis von 215,00 EUR einschließlich 7 % Umsatzsteuer zu buchen.
Wie viel EUR beträgt die Umsatzsteuer?

7. Ein Einzelhandelsunternehmen weist folgende Zahlen aus:

Eigenkapital	3.000.000,00 EUR	Umsatzerlöse	14.000.000,00 EUR
Gesamtkapital	5.000.000,00 EUR	Fremdkapitalzinsen	100.000,00 EUR
Jahresüberschuss	900.000,00 EUR		

Ermitteln Sie
a) die Eigenkapital-, b) die Unternehmungs-, c) die Umsatzrentabilität.

Aufgaben zur Prüfungsvorbereitung

1. Vervollständigen Sie unten stehende Sätze durch Einfügen der Begriffe
1. Wirtschaftlichkeit, 2. Rentabilität, 3. Arbeitsproduktivität
zu richtigen Aussagen.
a) Vergleicht man die erbrachten Leistungen einer Einzelhandelsunternehmung mit den Kosten, ermittelt man die ...
b) Eine Steigerung der Verkaufsstückzahlen eines Artikels bei gleich bleibendem Personalbestand kann ein Zeichen für eine höhere ... sein.
c) Der Anteil knapp kalkulierter Artikel am Gesamtumsatz nimmt zugunsten der gut kalkulierten Artikel ab. Wenn die Kosten und der Umsatz gleich bleiben, erhöht sich dadurch die ... der Einzelhandlung.
d) Je höher die Gewinnspanne bei gleich bleibenden Umsätzen ist, desto höher ist die ... der Einzelhandlung.

2. Ein Lebensmitteleinzelhandelsunternehmen ermittelte für das abgelaufene Geschäftsjahr folgende Daten für die einzelnen SB-Filialen:

Filiale	Jahresumsatz in EUR	Verkaufsfläche in m^2	durchschnittliche Beschäftigtenzahl
Köln	33.324.480,00	2.800	82
Düsseldorf	14.996.016,00	1.505	44
Duisburg	6.508.687,00	835	21
Dortmund	7.350.000,00	1.100	33
Koblenz	23.436.000,00	2.360	70
Frankfurt	7.224.000,00	1.575	46

a) Ermitteln Sie
- den Umsatzanteil der SB-Filialen am Gesamtumsatz,
- die Raumflächenproduktivität,
- die Personalproduktivität.

b) Erläutern Sie mögliche Maßnahmen der Geschäftsleitung aufgrund der unterschiedlichen Ergebnisse in den SB-Filialen.

3. Eine Einzelhandelsunternehmung weist folgende Zahlen aus:

Eigenkapital	2.720.000,00 EUR	Umsatzerlöse für Waren (netto)	12.480.000,00 EUR
Gesamtkapital	5.200.000,00 EUR	Zinsaufwendungen	204.000,00 EUR
Gewinn	780.000,00 EUR		

Ermitteln Sie
a) die Eigenkapitalrentabilität,
b) die Unternehmungsrentabilität,
c) die Umsatzrentabilität,
d) die Wirtschaftlichkeit.

4. a) Ermitteln Sie anhand des folgenden GuV-Kontos
- den Gewinn in EUR,
- den Wareneinsatz,
- die Handlungskosten in EUR,
- den Handlungskostenzuschlagssatz,
- die Selbstkosten,
- den Gewinnzuschlagssatz,
- den Rohertrag (Rohgewinn),
- die Umsatzrentabilität,
- die Wirtschaftlichkeit.

b) Das Ergebnis wurde mit 25 Verkäuferinnen/Verkäufern auf einer Ladenfläche von 300 m^2 erzielt. Ermitteln Sie die Verkäuferproduktivität und die Raumproduktivität.

S	GuV		H
Aufwendungen für Waren	6.600.000,00	Umsatzerlöse für Waren (Warenverkauf)	10.256.400,00
Aufwendungen für Materialien und Leistungen (Verpackung, Energie, Reinigung, Abfallentsorgung)	154.000,00		
Gehälter	1.964.400,00		
Gesetzliche Sozialaufwendungen	225.000,00		
Abschreibungen	264 000,00		
Mieten	98.000,00		
Büromaterial	75.600,00		
Werbung, Dekoration	222.000,00		
Betriebliche Steuern	165.000,00		
Gewinn	488.400,00		
	10.256.400,00		10.256.400,00

5. Für einen Gabelstapler mit einem Anschaffungswert von 24.000,00 EUR wurde eine Nutzungsdauer von 8 Jahren angenommen. Es wurde dabei die lineare Abschreibungsmethode gewählt. Zurzeit beträgt der Buchwert des Gabelstaplers noch 15.000,00 EUR.

a) Wie viel EUR werden jährlich abgeschrieben?

b) In welchem Nutzungsjahr befindet sich die Anlage?

c) Bilden Sie die Buchungssätze mit Beträgen
- zur Erfassung der Abschreibung am Ende des Geschäftsjahres,
- zum Abschluss des Kontos Abschreibungen,
- zum Abschluss des Kontos Lagerausstattung.

6. Der Mars Elektrofachmarkt e. K. hat am 8. Januar des Geschäftsjahres einen Pkw angeschafft und hierfür folgende Eingangsrechnung erhalten:

MOTOR RABECK GMBH

Motor Rabeck GmbH, Falderstr. 17, 50999 Köln

Mars Elektrofachmarkt e. K.
Aachener Straße 1250
50859 Köln

Geschäftsräume:
Falderstr. 17
50999 Köln
Tel.: 0221 685943
Fax: 0221 685922

Betriebsnummer	Auftrag-Nr.	KD NR	Datum
13246833	02123	3872	08.01.20..

Rechnung Nr. 0496

		EUR
221 PW 1	Pkw BBW 525 GTI	47.100,00
	+ Überführungskosten	860,00
	+ Zulassungsgebühren	40,00
		48.000,00
	+ 16 % Umsatzsteuer	7.680,00
		55.680,00

Zahlbar sofort ohne Abzug

Bankverbindung:
Kreisparkasse Köln BLZ 370 502 99 Kto-Nr.: 100 767 65

Steuernummer: 219/278/3386 **USt-IDNr.:** DE-13842532

In der Anlagenbuchhaltung wurde aufgrund der Eingangsrechnung folgende Datei für den Pkw angelegt:

Anlagendatei				**Mars Elektrofachmarkt e. K.**
Gegenstand: Pkw		**Fahrzeug-Nr.** 23 K 7364		
Fabrikat: BBW 525 GTI		**Lieferer:** Motor Rabeck GmbH, Köln		
Nutzungsdauer: sechs Jahre		**Anschaffungskosten:**		
Konto: Fuhrpark		**AfA-Satz:** 16 2/3 AfA-Methode: linear		
Datum	**Vorgang**	**Zugang in EUR**	**Abgang/AfA in EUR**	**Bestand in EUR**
08.01.20..	ER 0496			

a) Ermitteln Sie
   - den Anschaffungswert des Pkw (Zugang in EUR),
   - den Abschreibungsbetrag für das erste Nutzungsjahr (AfA in EUR) laut Anlagendatei,
   - den Buchwert zum 31. Dezember des ersten Nutzungsjahres (Bestand in EUR).

b) Bilden Sie die Buchungssätze
   - zur Erfassung der Eingangsrechnung,
   - zur Erfassung der Abschreibung,
   - zum Abschluss des Kontos „Abschreibungen",
   - zum Abschluss des Kontos „Fuhrpark".

7. Eine Einzelhandelsunternehmung stellt ihrer Werbe- und Dekorationsabteilung einen Etat von 82.000,00 EUR zur Verfügung. Dieser Betrag wird wie folgt verteilt:
1/4 für Anzeigen,
1/5 für Zeitungsbeilagen und Prospekte,
3/8 für Schaufensterdekoration.
Der Rest wird für die Innendekoration verwendet.
a) Wie viel EUR entfallen auf die Schaufensterdekoration?
b) Wie viel EUR verbleiben für die Innendekoration?
c) Wie viel EUR entfallen auf Anzeigen, Zeitungsbeilagen und Prospekte?

8. Ermitteln Sie anhand der unten stehenden Tabelle
a) die Monatsmiete je m^2 für Filiale B in EUR,
b) die durchschnittliche Monatsmiete je m^2 für alle Filialen in EUR (auf zwei Stellen nach dem Komma runden),
c) um wie viel Prozent die Monatsmiete je m^2 der Filiale B unter der durchschnittlichen Monatsmiete je m^2 aller Filialen liegt (auf eine Stelle nach dem Komma runden).

Geschäftsraummietkosten 20..			
Filiale	Jahresumsatz je m^2 EUR	Jahresmiete in Prozent vom Umsatz %	Monatsmiete je m^2 EUR
A	6.260,00	4,2	21,91
B	7.200,00	4,1	?
C	8.080,00	4,5	30,30
D	9.360,00	4,0	31,20

9. In einem Verbrauchermarkt wurden in der Haushaltswarenabteilung folgende vier Küchenmaschinen verkauft:

Küchenmaschinen	A	B	C	D
Absatzmenge in Stück	150	130	140	160
Verkaufspreis (netto) in EUR	95,00	70,00	75,00	85,00
Bezugspreis in EUR	50,00	44,00	39,00	54,00

Ermitteln Sie
a) den Deckungsbeitrag je Stück,
b) den Deckungsbeitrag je Artikel A, B, C und D insgesamt,
c) den Deckungsbeitrag für alle Küchenmaschinen insgesamt,
d) den Reingewinn für alle Küchenmaschinen bei insgesamt 5400,00 EUR fixen Kosten.

10. Die Bäckerei und Konditorei Peter Hauser e. K. ist Kuchenzulieferer einer Handelskette. Bei voller Auslastung eines Backofens kann sie monatlich 8.000 Hefekuchen herstellen. Die Gesamtkosten betrugen nach Berechnungen
- bei einer Monatsproduktion von 6.600 Kuchen .... 67.800,00 EUR
- bei einer Monatsproduktion von 7.400 Kuchen .... 74.200,00 EUR

Je Kuchen kann ein Preis von 12,00 EUR erzielt werden. Die variablen Kasten sind proportionale Kosten.

a) Erläutern Sie die unterschiedlichen Kosten in Bezug auf den Beschäftigungsgrad.
b) Berechnen Sie
   - die variablen Stückkosten,
   - die fixen Kosten je Monat insgesamt.
c) Bestimmen Sie die Gewinnschwelle.
d) Stellen Sie in einem Koordinatensystem die Entwicklung der Gesamtkosten und der Gesamterlöse dar und erläutern Sie die einzelnen Verläufe zueinander.
e) Berechnen Sie den Gewinn in EUR bei einem Beschäftigungsgrad von 50 %, 80 % und 100 %. Beschreiben Sie die Gewinnentwicklung und begründen Sie sie betriebswirtschaftlich.
f) Geben Sie den Preis an, zu dem die Unternehmung Hauser in einem Konkurrenzkampf noch anbieten kann (Preisuntergrenze) und begründen Sie Ihre Entscheidung.

11. Marktforschung und Kostenrechnung haben vor der Markteinführung für einen Artikel folgende Daten erfasst:

Verkaufspreis (p) EUR	nachgefragte Menge M	Umsatz U	variable Stückkosten k_v	fixe Stückkosten k_f	gesamte Stückkosten k_g	variable Kosten K_v	fixe Kosten K_f	Gesamtkosten K_g	Gesamtgewinn G	Stückgewinn g
8,00	10.000		2,00				50.000,00			
6,00	20.000		2,00				50.000,00			
5,00	30.000		2,00				50.000,00			
4,00	40.000		2,00				50.000,00			
3,50	50.000		2,00				50.000,00			

a) Vervollständigen Sie die vorstehende Tabelle als Grundlage für preispolitische Überlegungen.
b) Welchen Preis wird das Unternehmen unter Berücksichtigung dieser Daten aus der Marktforschung wahrscheinlich für ein Stück verlangen? Begründen Sie Ihre Entscheidung.
c) Überprüfen Sie, ob eine andere Preisfestsetzung auch denkbar wäre. Wenn dies möglich ist: mit welcher Zielsetzung?

12. Der Absatz von 600.000 Kugelschreibern verursacht 360.000,00 EUR Gesamtkosten.
a) Wie hoch sind die fixen Kosten, wenn die variablen Stückkosten 0,35 EUR betragen?
b) Stellen Sie den Verlauf
   - der fixen Kosten,
   - der variablen Kosten und
   - der Gesamtkosten

   insgesamt und je Stück im Koordinatensystem dar.

13. Entscheiden Sie, ob die unten stehenden Aussagen zutreffen auf

1. die Vorsteuer
2. die Umsatzsteuer
3. die Umsatzsteuerzahllast
4. den Vorsteuerüberhang

a) ..... wird auf Eingangsrechnungen ausgewiesen.
b) ..... wird in der Bilanz auf der Passivseite ausgewiesen.
c) ..... wird auf Kassenberichten und Ausgangsrechnungen ausgewiesen.
d) ..... ergibt sich, wenn die Vorsteuer größer ist als die Umsatzsteuer.
e) ..... wird jeweils zum 10. des folgenden Monats an das Finanzamt abgeführt.
f) ..... wird in der Bilanz aktiviert.

Mit Marketingkonzepten Kunden gewinnen und binden

1 Marketing als zentrale Aufgabe im Einzelhandel

Zwei Jahre nach der Schulentlassung wird ein Klassentreffen organisiert. Alle berichten von ihren Erfahrungen in der Berufsausbildung. Mehmet Aydin wird von seinem alten Klassenkameraden Oliver angesprochen: *„Du hast es ja gut, stehst den ganzen Tag im Laden herum, bedienst ab und zu mal die Kasse und verdienst dein Geld im Schlaf, denn die Kunden kommen ja von selbst zu euch. Ich werde Versicherungskaufmann, da musst du ganz schön clever sein. Ich arbeite gerade in unserer Marketingabteilung, du würdest staunen, was wir da alles auf die Beine stellen!"* Mehmet muss sich zusammennehmen, er antwortet aber ganz ruhig: *„Lieber Oliver, als ihr bei der Versicherung noch nicht mal wusstet, was Marketing ist, haben wir im Einzelhandel es schon längst betrieben. Es würde mich nicht wundern, wenn Marketing überhaupt eine Erfindung des Handels wäre!"*

ARBEITSAUFTRÄGE

- Beschreiben Sie, worin die Kerntätigkeit eines Einzelhändlers besteht und erläutern Sie, weshalb ein Einzelhandelsunternehmen nicht ohne Marketing existieren kann.
- Erläutern Sie den Zusammenhang zwischen Marketing und Marktkommunikation.

Die **Kerntätigkeit** eines Einzelhändlers besteht darin, Waren zu **beschaffen** und sie an den Endverbraucher **weiterzuverkaufen**. Die Schwierigkeit dabei ist, diejenigen Waren zu bestimmen und zu beschaffen, die von den Kunden gewünscht werden und sie so zu präsentieren, dass sie auch gekauft werden. Außerdem müssen sämtliche Aufwendungen für Warenbeschaffung, Personal, Lagerung der Ware, Miete für Ladenlokale, Werbung usw. über die Erträge durch den Warenverkauf gedeckt werden. Darüber hinaus müssen die Erträge langfristig höher als die Aufwendungen sein, damit ein angemessener Gewinn erzielt werden kann.

Diese Aufgaben eines Einzelhändlers sind nur scheinbar einfach. In der Realität zeigt sich, dass viele Einzelhandelsunternehmer die Balance zwischen Einkauf, Kostenmanagement und Verkauf nicht bewältigen und mit ihrem Unternehmen vom Markt verdrängt werden. Daher muss sich die Unternehmensführung bestimmter Techniken und Strategien bedienen, damit sich ein Einzelhandelsunternehmen langfristig in seinem Markt behaupten kann. Nur über die **Kenntnis und Nutzung der Marktstrukturen und -entwicklungen** (Verhalten der Kunden, Mitbewerber und Lieferanten) kann ein Einzelhandelsunternehmen „überleben" und die Arbeitsplätze seiner Mitarbeiter sichern.

LF 5

> Wenn sich ein Einzelhandelsunternehmen in allen seinen Entscheidungen konsequent am **Markt**, also an seinen Kunden, orientiert, es also „vom Markt her" geführt wird, dann betreibt es **Marketing.**

Die Marketingarbeit in einem Einzelhandelsunternehmen hat zum **Hauptziel**, Kunden zu gewinnen und sie an das Unternehmen zu binden. Hierzu sind sowohl eine vielfältige Kommunikation mit der Unternehmensumwelt als auch die Nutzung spezieller Methoden und Techniken (**Marketinginstrumente**, vgl. Seite 134 f.) unerlässlich.

Marketing und Marktkommunikation

Das **Marketing** eines Einzelhandelsunternehmens bestimmt seine gesamte **strategische Ausrichtung** und ist somit die Grundlage für die Gestaltung aller betriebsinternen und -externen Beziehungen, insbesondere im Bereich der Kommunikation.

Beispiele

- **Betriebsinterne Beziehungen:** Personaleinsatz, innerbetriebliche Organisation der Arbeitsabläufe zwischen den Abteilungen.
- **Betriebsexterne Beziehungen:** Regelungen der Beziehungen zu Lieferanten, Banken, Spediteuren, Kunden.
- **Kommunikationsbeziehungen:** Austausch von Informationen zwischen Einzelhandelsunternehmen und Lieferanten (Anfragen, Angebote), zwischen Einzelhandelsunternehmen und Kunden (Werbung, Verkaufsförderung).

Marketingarbeit orientiert sich an den Marktverhältnissen, insbesondere an Verhaltensweisen, Ansprüchen und Erwartungen von Kunden (**Kundenorientierung**). Aber auch das Verhalten der Mitbewerber (**Konkurrenzorientierung**) im Markt muss einbezogen werden, um eigene Wettbewerbsvorteile auszubauen.

LF 1 Die Gestaltung der Kommunikationsbeziehungen orientiert sich am **betrieblichen Zielsystem**. Da jedes Unternehmen in reale Märkte eingebunden ist (z. B. Absatz-, Beschaffungs-, Kapital-, Personalmärkte) und diese Märkte bestimmte Merkmale und Eigenschaften aufweisen, ergeben sich unterschiedliche Ziele, Aufgaben und Prozesse der Marktkommunikation.

Beispiel Mars Elektrofachmarkt e. K.

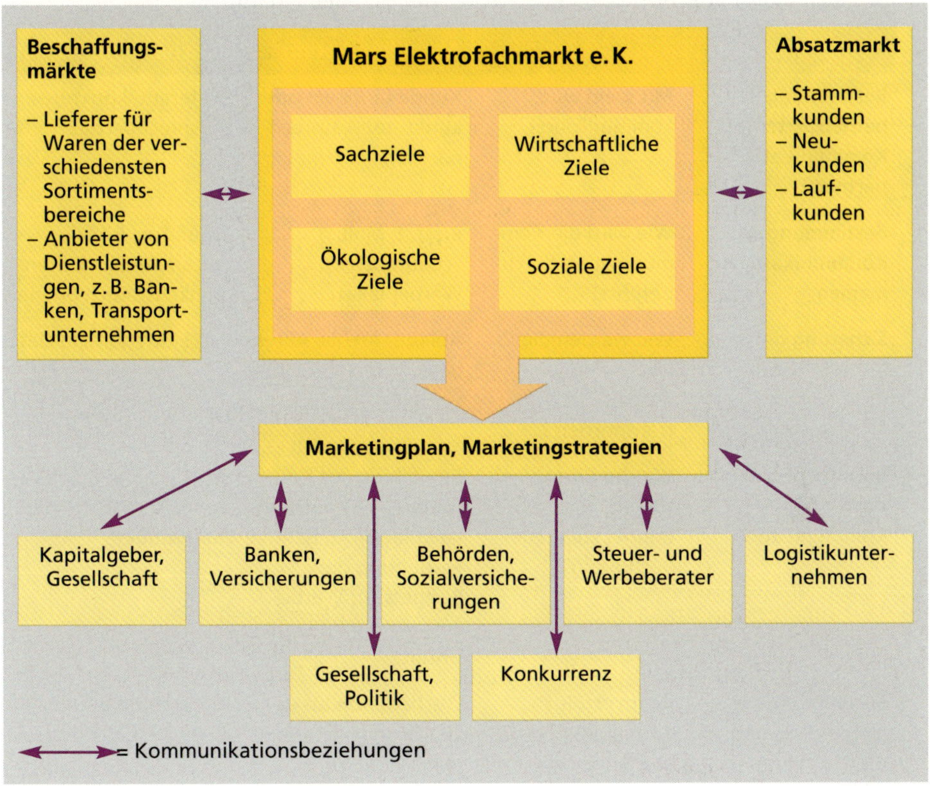

Aufgaben der Marktkommunikation

Aus den Zielen der Marketingarbeit (Gewinnung und Bindung von Kunden) lassen sich konkrete Aufgaben für die Gestaltung von Geschäftsprozessen und die Marketingentscheidungen ableiten.

Beispiele des Mars Elektrofachmarkt e. K.

Aufgaben der Marktkommunikation	Fragen	Beispiele	
		Absatzmarketing	Beschaffungsmarketing
Bestimmung der notwendigen Informationen für die Geschäftsprozesse	**Welche** Informationen werden benötigt?	Anzahl, Kaufkraft, Verhaltensweisen von Kunden (Kundenanalyse), Preislisten, Kataloge, Werbebroschüren usw.	Bezugsquellen, Lieferantenmerkmale (lieferbare Waren, Lieferbedingungen, Preise usw.)
Auswahl der betriebsinternen Kommunikationspartner	**Wer** führt Kommunikation durch?	Verantwortliche Abteilung, Arbeitsgruppe, Mitarbeiter (im Verkauf, im Einkauf, in der Reklamationsabteilung, im Rechnungswesen usw.)	

Aufgaben der Marktkommunikation	Fragen	Beispiele	
		Absatzmarketing	Beschaffungsmarketing
Bestimmung der betriebsexternen Kommunikationspartner	**Mit wem** wird kommuniziert?	Kunde (anonym oder konkreter Ansprechpartner)	Lieferant, konkrete Ansprechpartner
Bestimmung der Kommunikationsmedien	**Wie** wird die Kommunikation durchgeführt?	Brief, E-Mail, Schaufenster, Werbeplakat,	Brief, Fax, E-Mail, automatischer Datenbankaustausch online
Sicherung der Informationen	**Wie** werden die Informationen gespeichert bzw. transportiert?	Ablage, Archiv, Aktennotiz, Eintragung in Datenbank, Speichermedien	
Bestimmung der Kosten für Kommunikation	**Welche Kosten** entstehen, welches Budget steht zur Verfügung?	Ermittlung der Kosten für eine Verkaufspreiskalkulation, z. B. Festlegung des Budgets für Werbeausgaben = 5 % vom Umsatz	Kosten einer Beschaffung, Preisobergrenzen für Produkte
Bestimmung des Zeitpunktes und des Zeitrahmens der Kommunikation	**Wann** erfolgt Kommunikation, wie lange soll sie dauern?	Werbeaktion ab 10. Kalenderwoche, Mailaktion für 6 Wochen	Lieferantenauswahl bis Ende 25. Kalenderwoche

Marketingplanung

LF 1 Ein Marketingplan richtet sich immer nach den betrieblichen Zielen des Einzelhandelsunternehmens. In ihm wird festgelegt,

- **in welchem Zeitraum** die **Ziele** zu verwirklichen sind und
- welche **Maßnahmen zur Zielerreichung** eingesetzt werden sollen.

Beispiel Der Mars Elektrofachmarkt e. K. hat folgende Marketingziele als Planungsgrundlage (Auszug):

Kurzfristig (ein Jahr): Stabilität der Verkaufspreise, Verbesserung der Beratungskompetenz des Verkaufspersonals, Steigerung des Umsatzes um 6 Prozent in allen Abteilungen

Mittelfristig (drei Jahre): Bekanntheitsgrad des Unternehmens steigern, Image des Unternehmens als Problemlöser für Kunden verbessern, Marktnischen ergründen und besetzen, Erhöhung der Produktivität und der Rentabilität

Langfristig (sieben Jahre): Errichtung von drei weiteren Filialen, Vollsortiment an Unterhaltungselektronik, Telekommunikation, Shop-in-the-Shop für Home-Office

Jedes Ziel wird möglichst messbar formuliert, sodass Zielabweichungen frühzeitig erkannt und Maßnahmen zur Zielerreichung eingeleitet werden können. Dabei werden die Ziele auf bestehende Abteilungen zugeschnitten.

Zielplanung für das nächste Geschäftsjahr:

Abteilung	Umsatzziele	Produktivitätsziele	Gewinnziele
– Weiße Ware	+ 12 %	+ 4 %	+ 3 %
– Braune Ware	+ 25 %	+ 6 %	+ 9 %
– Neue Medien	+ 40 %	+ 15 %	+ 12 %
– Tonträger/Software	+ 18 %	+ 5 %	+ 8 %
...			

Der Marketingplan darf nicht zu starr sein, denn es muss auf unvorhersehbare Marktveränderungen oder technische Innovationen reagiert werden können (**Flexibilität der Planung**).

● Marketingkonzepte

Ein Marketingkonzept umfasst alle kurz- bis langfristigen Entscheidungen zur Erhaltung der Marktfähigkeit eines Einzelhandelsunternehmens. Es zeigt sich dem Kunden insbesondere durch die Sortimentszusammenstellung und -darbietung in den verschiedenen Betriebsformen, den Vertriebsformen und den Bedienungsformen des Unternehmens. LF 1,4

Beispiele

- Betriebsformen sind u. a.: Fachgeschäft, Warenhaus, Kaufhaus, Supermarkt, Einkaufszentrum.
- Vertriebsformen sind u. a.: Ladenhandel, Versandhandel und Online-Shop, ambulanter Handel, Automatenhandel.
- Bedienungsformen sind u. a.: Selbstbedienung, Bedienung, Vorwahl (Teilbedienung).

Marketingkonzepte im Einzelhandel verändern sich mit der Zeit. Es werden neuere Konzepte entwickelt und vorhandene Konzepte verändert. Letztlich entscheiden die Kunden über den Erfolg eines Marketingkonzeptes.

● Marketingstrategien

Unter einer Marketingstrategie versteht man zeitlich festgelegte Verhaltensgrundsätze, mit denen ein Einzelhandelsunternehmen seine betrieblichen Ziele auf dem Markt verfolgen will.

Strategie	Erläuterung	Beispiele
Anpassung	Ein Einzelhandelsunternehmen versucht sich an Verhaltensweisen seiner Konkurrenten anzupassen.	Der Lebensmitteldiscounter Schlegel KG bringt wöchentlich Sonderangebote auf den Markt, die nicht aus seinem Kernsortiment stammen, z. B. Textilien oder Elektrogeräte. Er hat damit Erfolg. Ein anderer Lebensmitteldiscounter übernimmt dieses Vorgehen – er passt sich an den Markt an – und bietet ebenfalls wöchentlich sortimentsfremde Waren an.

Strategie	Erläuterung	Beispiele
Differenzierung	Ein Einzelhandelsunternehmen möchte sich bewusst von anderen Konkurrenten unterscheiden.	Die men-shop Bernd Kreitner GmbH hat in ihrem Geschäft ein kleines Bistro eingerichtet, in dem Kaffee, Cocktails und Kuchen angeboten werden.
Marktdurchdringung	Ein Einzelhandelsunternehmen möchte mit seinem Sortiment an seinem Standort den vorhandenen Markt möglichst umfassend durchdringen und beherrschen.	Ein Fachgeschäft für Küchen mit drei Filialen betreibt in seiner Region sehr intensiv Werbung und stellt insbesondere seine Preiswürdigkeit und sein tiefes Sortiment in den Vordergrund. Es möchte an seinem Standort das führende Fachgeschäft für Küchen werden und Konkurrenten über einen Preiskampf verdrängen.
Markterschließung	Ein Einzelhandelsunternehmen möchte mit seinem Sortiment neue Märkte erschließen.	Ein Sportfachgeschäft erkennt den Trend der Zeit und errichtet eine Filiale, die sich vorwiegend an die Kundenzielgruppe über fünfzig Jahre wendet. Es konzipiert ein spezielles Sortiment für diese Kundengruppe.
Marktsegmentierung	Ein Unternehmen teilt seinen Markt in Teilmärkte auf. Dadurch können die Bedürfnisse einzelner Zielgruppen besser erfasst und gezielter bearbeitet werden. Zielgruppen können nach verschiedenen Kriterien gebildet werden, u. a.: Sortimentsbereiche (Herren-, Damen-, Kinderbekleidung), Preisgruppen usw.	Das Textilkaufhaus Werl KG hat sein Sortiment nach dem „Shop-in-the-Shop"-Prinzip gegliedert. So gibt es u. a. eine Boutique für junge, modebewusste Kunden, einen fachgeschäftähnlichen Bereich für Übergrößen, einen Selbstbedienungsbereich für T-Shirts, Hemden usw., eine Sportbekleidungszone usw.

Die aufgezählten Strategien werden in der Praxis meist nicht in reiner Form angewendet, es gibt **Mischformen, Kombinationen und betriebsindividuelle Strategien**. Häufig werden auch für unterschiedliche Sortimentsbereiche oder Zielgruppen in einem Unternehmen verschiedene Strategien verwendet.

LF 6 Als speziell auf das Sortiment bezogene Marketingstrategien sind das **„Trading-up"**, das **„Trading-down"** sowie die **Handels- und Eigenmarken** zu nennen.

● Marketinginstrumente

Um seine betrieblichen Ziele zu erreichen setzt ein Einzelhändler bestimmte absatzorientierte Marketinginstrumente ein. LF 5

Marketinginstrumente	Zu klärende Fragen
Sortimentspolitik	Welche Waren sollen verkauft werden?
Preispolitik	Zu welchen Preisen sollen die Waren verkauft werden?
Servicepolitik	Welche Serviceleistungen sollen den Kunden angeboten werden?
Kommunikationspolitik	Welche Werbemaßnahmen sollen durchgeführt werden?
Verkaufsstellenpolitik	Wie ist das Geschäft (Verkaufsstelle) verkaufswirksam zu gestalten?

LF 5

Die Entscheidungen in diesen Bereichen sind eng miteinander vernetzt, sodass sie sich gegenseitig beeinflussen. Die Kombination dieser Instrumente bezeichnet man als **Marketing-Mix**. LF 5

Öffentlichkeitsarbeit (Publicrelations)

Öffentlichkeitsarbeit umfasst alle Maßnahmen eines Einzelhändlers, sein Ansehen in der Öffentlichkeit zu pflegen oder zu verbessern **(Imagebildung)**. Sie sollen beim Kunden eine positive Grundeinstellung zu dem Einzelhändler erwecken. LF 5

Beispiele Sponsoring, Tag der offenen Tür, Spenden, Maßnahmen zum Umweltschutz.

Standortmarketing

Unter Standortmarketing versteht man insbesondere Bemühungen von Städten oder Regionen, ihre Besonderheiten für die Bürger herauszustellen. Hierbei spielt der Einzelhandel eine große Rolle. Insbesondere der Zusammenhang zwischen Stadtentwicklung und **Ansiedelung von Einzelhandelsunternehmen** hängen eng zusammen. Denn: Erst wenn genügend und verschiedene Einzelhandelsgeschäfte in einem Stadtteil nahe beieinander zu finden sind, werden Kunden bereit sein, diesen Stadtteil aufzusuchen. In vielen Städten gibt es daher eine enge Zusammenarbeit zwischen den Ämtern für Wirtschaftsförderung, Stadtplanung und Stadtmarketing sowie den örtlichen Vertretern der Einzelhandelsunternehmen. Aber auch überregionale Aktivitäten beschäftigen sich mit dem Standortmarketing.

Beim Standortmarketing ist die **Marktkommunikation** von Einzelhandelsbetrieben besonders deutlich sichtbar, denn Kommunikationspartner sind sowohl andere Unternehmen des Einzelhandels, Unternehmen der Gastronomie, städtische Unternehmen (Theater, Sportstätten), Kunden und Zulieferer sowie städtische Ämter und Behörden.

Wichtige **Ziele des Standortmarketings** sind u. a.:

- Stärkung der kulturellen Identität der Städte
- Erhaltung der Multifunktionalität der Innenstädte
- Öffnung der Zentren für ein breites Besucherspektrum
- Vernetzung von Politik und Verwaltung mit Handel, Gastronomie und Kultur
- Schaffung neuer Impulse für Erlebnisqualität und Verweildauer

Beispiel

Gemeinsame Initiative „Ab in die Mitte! Die City-Offensive“

Idee

Lebendige Innenstädte mit einem attraktiven kulturellen Angebot sind für die Einwohner und Besucher der Städte sehr wichtig. Denn sie stiften Identität und steigern die Lebensqualität. Für große Städte gilt das ebenso wie für kleinere Gemeinden. Doch die Stadtentwicklung ging in der Vergangenheit oftmals in eine andere Richtung: Leerstände, Filialisierung, Verkehrsprobleme und Uniformierung in den Stadtzentren prägen vielerorts das Stadtbild. Negativ wirkt sich zudem die wachsende Konkurrenz durch den großflächigen **Einzelhandel** auf der „Grünen Wiese“ aus.

Vier Jahre Erfahrung mit „Ab in die Mitte! Die City-Offensive NRW“ zeigen zudem, dass die Zusammenarbeit zwischen Wirtschaft, Kommunen und Land sich bewährt hat und erfolgreich ist.

Ziele

Mehr Leben und mehr Erlebnisvielfalt in die Innenstädte bringen, ihre Attraktivität durch Kunst- und Kulturaktionen steigern – das sind die langfristigen Ziele der Initiative. Erreicht werden kann und soll dies durch enge Zusammenarbeit und Informationsaustausch der verschiedenen Akteure auf Initiatoren- und Städte-Ebene.

Der Wettbewerb „Ab in die Mitte! Die City-Offensive NRW“ zielt auf eine nachhaltige Stadtentwicklung. Daher ist es wichtig, dass sich die am Wettbewerb teilnehmenden Städte dieser Leitlinie verpflichten und mit ihren Projekten entsprechend die nachhaltige Entwicklung ihrer Stadt im Blick haben.

Quelle: http://www.abindiemitte.de

Marketing als zentrale Aufgabe im Einzelhandel

- Marketing bestimmt die **strategische Ausrichtung eines Einzelhandelsunternehmens auf den Markt.**
- Die Maßnahmen des **Absatz- und des Beschaffungsmarketings** sind aufeinander abzustimmen.
- Marktkommunikation ist Voraussetzung zur Erreichung der **betrieblichen Ziele.**
- **Ziel der Marketingarbeit** ist die Gewinnung und Bindung von Kunden.
- Marktkommunikation verursacht **Kosten** und ist somit unter wirtschaftlichen Aspekten zu gestalten.
- Die **Marketingplanung** vollzieht sich kurz- (ca. 1 Jahr), mittel- (ca. 3 Jahre) und langfristig (ca. 7 Jahre), dabei werden Zeitraum und Maßnahmen zur Zielerreichung festgelegt.
- **Marketingkonzepte** zeigen sich dem Kunden besonders durch Sortimentsdarbietung in den Betriebs- und Bedienungsformen.
- **Marketingstrategien** sind zeitlich festgelegte Verhaltensgrundsätze eines Unternehmens zur Erreichung betrieblicher Ziele.
- **Marketinginstrumente**: Sortiments-, Preis-, Service-, Kommunikations-, Verkaufsstellenpolitik
- **Marketing-Mix** ist die Kombination der **Marketinginstrumente** (Sortiments-, Preis-, Service-, Kommunikations-, Verkaufsstellenpolitik).
- **Standortmarketing** beschäftigt sich mit der Zusammenarbeit von Einzelhandel und Städten oder Regionen mit dem Ziel einer gemeinsamen Entwicklung von Stadt- und Einzelhandelsstrukturen.

1. Formulieren Sie eine treffende Definition für Marketing.

2. Arbeiten Sie Unterschiede und Gemeinsamkeiten (Schnittmengen) von Beschaffungs- und Absatzmarketing hinsichtlich Aufgaben und Zielen heraus.

3. Stellen Sie dar, welche Kosten durch Maßnahmen der Marktkommunikation verursacht und welche Ergebnisse bzw. Nutzeffekte damit erzielt werden können.

4. Erläutern Sie, was man unter Standortmarketing versteht.

5. Rufen Sie im Internet die Seite *http://www.abindiemitte.de* auf. Prüfen Sie, ob hier Aktivitäten für Ihre Stadt (bzw. einen Ort in Ihrer Nähe) aufgeführt sind. Informieren Sie sich über die Aktion „Ab in die Mitte-City-Offensive". Rufen Sie auch die Seite *www.kommunalweb.de* auf, geben Sie im Suchfeld die Stichworte „Standortmarketing" oder „Stadtmarketing" ein und lesen Sie die Fundstellen. Fassen Sie Ihre Ergebnisse stichwortartig zu einem Schaubild zusammen.

2 Das Internet im Verkauf nutzen (E-Commerce)

Mehmet Aydin ist im Mars Elektronikfachmarkt e. K. gerade in der PC-Abteilung eingesetzt. Darauf hat er sich schon seit langer Zeit gefreut. Allerdings ärgert ihn häufig das Verhalten von Kunden. Sehr oft muss er erleben, dass er ein umfangreiches Verkaufsgespräch geführt hat und die Kunden auch sehr zufrieden sind, aber trotzdem nicht kaufen. Vielfach hört er: *„Danke für die ausführlichen Informationen, ich bestelle das Gerät dann über das Internet bei ihnen."* Sein Ausbildungsleiter sagt zu ihm dann immer: *„Ist doch egal, ob die Kunden hier im Geschäft oder online kaufen, Hauptsache wir machen den Umsatz!"*

ARBEITSAUFTRÄGE

- Erfassen Sie in Ihrer Klasse Ihre Erfahrungen mit Online-Käufen und sammeln Sie die Ergebnisse stichwortartig.
- Bilden Sie in Ihrer Klasse zwei Arbeitsgruppen, in denen folgende Themen zu bearbeiten sind: 1. „Onlineshopping unterstützt den Einzelhandel", 2. „Onlineshopping ist eine Gefahr für den Einzelhandel". Führen Sie anschließend in der Klasse eine Podiumsdiskussion zu diesem Thema durch.

E-Commerce

Unter E-Commerce versteht man die Abwicklung von Handelsgeschäften über elektronische Medien, insbesondere über das **Internet**. Die Beteiligten im E-Commerce können Unternehmen (Business), Endverbraucher (Customer) oder staatliche Einrichtungen (Government) sein. Da die Initiative zum E-Commerce von jedem Beteiligten ausgehen kann, können neun Klassen unterschieden werden:

Akteure	Business	Customer	Government
Business	**B-to-B, B2B** Alle Transaktionen zwischen Unternehmen, z. B. Beschaffung, Zahlungsabwicklung, Kooperationen, Marktplätze	**B-to-C, B2C** Alle Vertriebsaktivitäten mit Endverbrauchern als Zielgruppe, z. B. Teleshopping, Tele-Service, Homebanking, Reisen buchen	**B-to-G, B2G** Aktivitäten zwischen Unternehmen und staatlichen Einrichtungen, z. B. Umsatzsteuervoranmeldung, Nachfrage nach Gewerbeflächen

Akteure	Business	Customer	Government
Customer	**C-to-B, C2B** Aktivitäten, die vom Endverbraucher ausgehen und sich an Unternehmen richten, z. B. Powershopping (Einkaufsgemeinschaften)	**C-to-C, C2C** Transaktionen zwischen Privatleuten, z. B. Gebrauchtwarenbörsen, Kleinanzeigenmärkte, Gelegenheitsarbeiten	**C-to-G, C2G** Aktivitäten zwischen Privatleuten und staatlichen Einrichtungen, z. B. Anfragen, Steuererklärungen
Government	**G-to-B, G2B** Aktivitäten staatlicher Einrichtungen, die sich an Unternehmen richten, z. B. Steuerabwicklung, Angebote für Standorte, Vermittlung von Arbeitskräften	**G-to-C, G2C** Aktivitäten staatlicher Einrichtungen, die sich an Privatleute richten, z. B. Abrechnung von Gebühren, Bürgerinformationen	**G-to-G, G2G** Abwicklung von Prozessen zwischen staatlichen Einrichtungen, z. B. Kommunikation, gemeinsame Verarbeitung von Daten

E-Commerce und Einzelhandel

Der Kauf über das Internet hat in den letzten Jahren erheblich an Bedeutung gewonnen und steht somit in direktem Wettbewerb zum Einkauf beim stationären Einzelhandel vor Ort. Folgende Gründe sprechen u. a. für das Einkaufen im Internet:

Aus der Sicht von Kunden	Aus der Sicht des Einzelhandels
– Günstigere Preise, Schnäppchen, Rabatte – Macht Spaß, verspricht Spannung – Unabhängigkeit von Ort, Zeit – Schnelle, unkomplizierte Bestellmöglichkeit – Spontane Verfügbarkeit der Produkte – Keine Ladenöffnungszeiten – Keine Fahrtkosten und -zeiten, Parkplatzsuche usw.	– Keine Ladenöffnungszeiten – Weltweite Präsentation von Waren – Geringe Kosten für Standort (Ladenmiete) – Ergänzung des stationären Handels – Automatisierung des Verkaufs – Automatisierung des Zahlungsverkehrs – Schnelle Präsentation von Sonderangeboten – Kundenbindung

Formen des Onlineshoppings

Die Formen des Onlineshoppings sind vielfältig. Sie entwickeln sich ständig weiter und es entstehen z. T. völlig neue Geschäftsmodelle.

Beispiele

E-Shop	Elektronischer Handel mit allen Aspekten der Werbung, Produktdemonstration (Onlinekataloge), Bestellung, Auftragsbestätigung, Rechnungsstellung, Versandüberwachung und Bezahlung, B2B oder B2C
E-Mall	Virtueller Zusammenschluss unabhängiger E-Shops zu einem elektronischen Marktplatz, B2B oder B2C
E-Auction	Virtuelle Auktionen im WWW, bietet Käufern günstige Einkaufsmöglichkeiten und Verkäufern zusätzlichen Vertriebskanal (z. B. für Überbestände), B2B, B2C, C2C

Power-shopping	Produkte werden im WWW mit einem Startpreis angeboten, je mehr Interessenten sich finden, desto günstiger wird der Endpreis. Hier können sich auch Einkaufsgemeinschaften bilden, um Rabatte zu erzielen.
Virtual community	Spezielle Interessengruppen werden angesprochen (z. B. Heimwerker, Senioren, Schüler), sie bilden eine „Onlinegemeinde". Die Community ist gleichzeitig Kommunikations- und Einkaufsplattform.

Gütesiegel beim E-Commerce

Wie in allen Branchen gibt es auch im Internet „schwarze Schafe", d. h. unseriöse Shop-Betreiber. Deshalb haben sich viele Onlineshops zertifizieren lassen und werben mit einem Gütesiegel, z. B. „Trusted Shops" **(www.trustedshops.de)**. Die hier angeschlossenen Shops verpflichten sich u. a. zu folgenden Mindestregelungen:

1. Anbieterkennzeichnung mit Firma, Rechtsform, Sitz des Unternehmens, Name des Vertretungsberechtigten, Registergericht und Handelsregisternummer, vollständige Anschrift inklusive Telefonnummer und E-Mail.

2. Verweis auf die allgemeinen Geschäftsbedingungen (AGB) bereits auf der Startseite mit leichter und vollständiger Abrufbarkeit in leicht lesbarer Form (Schriftgröße, -farbe), ferner müssen die AGB dem Kunden als Datei (E-Mail) oder in Papierform spätestens bei Lieferung zugegangen sein, Rückgaberechte, Sachmängelhaftungs- und Garantiebedingungen müssen hervorgehoben sein, der Kunde muss vor Bestellung deutlich auf einen Vorbehalt und die versprochene Leistung im Falle der Nichtverfügbarkeit hingewiesen werden, zeitlich befristete Angebote müssen als solche erkennbar sein.

3. Der Online-Shop darf nur Waren anbieten, die innerhalb der gesetzlichen Bestimmungen liegen, und muss insbesondere sämtliche Bestimmungen des Gesetzes über die Verbreitung jugendgefährdender Schriften und Medieninhalte einhalten. Sofern sich Angebote an Kinder wenden, darf deren Unerfahrenheit und Geschäftsunfähigkeit nicht ausgenutzt werden.

4. Der Preis aller Waren muss klar und leicht auffindbar sein, der verbindliche Endpreis (inklusive aller Steuern und Versandkosten) muss vor der Bestellung deutlich bestätigt werden. Die Preise sind verbindlich, auf zeitliche Befristung muss deutlich hingewiesen werden. Beim Kauf mehrerer Artikel muss dem Kunden stets die Kontrolle über seine Bestellung möglich sein. Informationen zu Zahlungsbedingungen und -verfahren müssen vollständig sein.

5. Kundenanfragen sind immer innerhalb einer angemessenen Zeit zu beantworten. Der Kunde wird über vergriffene Produkte informiert. Er erhält eine Bestätigung seiner Bestellung mittels einer deutlichen Zusammenfassung aller Artikel mit Einzelpreis und Menge sowie Endpreis und Bestelldatum.

● Rechtliche Aspekte des Onlineshoppings

Grundsätzlich gelten beim Onlineshopping die gleichen rechtlichen Bestimmungen (z. B. Kaufvertragsrecht, vgl. Seite 143) wie beim stationären Einzelhandel auch. Zum Zwecke des Verbraucherschutzes gilt zusätzlich § 312 BGB. Dieser Paragraf sichert dem Verbaucher bestimmte Rechte wie Rückgabe- und Widerrufsrecht und bindet den Händler an bestimmte **Informations- und Aufklärungspflichten**.

Fragen	Antworten
Kann ich die bestellte Ware ohne Angabe von Gründen zurückgeben?	Ja. In der Regel ist dies möglich. Bestellungen im Internet fallen unter den § 312 BGB über Fernabsatzverträge. Nach § 312 d BGB hat der Verbraucher das Recht, im Internet bestellte Waren ohne Angabe von Gründen zurückzugeben. Man bezeichnet dies als Widerrufsrecht (gilt nicht unter Privatleuten). Ausnahmen: Lebensmittel, Hygieneartikel usw.
Wie lange kann ich nach Erhalt der bestellten Ware diese zurückgeben?	Die Frist für die Ausübung des Widerrufsrechts beträgt 2 Wochen. Diese Frist beginnt mit dem Erhalt der Ware. Dies gilt allerdings nur dann, wenn der Unternehmer seinen Informationspflichten nach § 312 c BGB nachgekommen ist und insbesondere den Verbraucher rechtzeitig auf sein **Widerrufsrecht aufmerksam gemacht hat**. Andernfalls beginnt die Frist für die Ausübung des Widerrufsrechts erst dann, wenn der Unternehmer die Widerrufsbelehrung nachholt. Der Widerruf ist entweder schriftlich oder aber dadurch zu erklären, dass die Ware an den Unternehmer zurückgesandt wird (Beleg als Beweis, z. B. Einschreiben). Wenn der Unternehmer die Widerrufsbelehrung versäumt hat, erlischt das Widerrufsrecht spätestens 4 Monate nach Erhalt der Ware.
Worauf muss ich achten, wenn ich die Ware wieder zurückgeben will?	Bevor der Verbraucher entscheiden kann, ob er die Waren behalten oder zurücksenden will, muss er diese begutachten. Hierzu ist das Öffnen des Paketes unerlässlich. Deshalb darf der Verbraucher alles tun, was notwendig ist, um sich einen Eindruck von der gelieferten Ware zu verschaffen, ohne dass er hierdurch sein Widerrufsrecht verliert. Dabei sollte er jedoch vorsichtig vorgehen. Das Widerrufsrecht wird nicht dadurch ausgeschlossen, dass die Ware beim Verbraucher oder beim Transport beschädigt oder sogar zerstört wurde. Und zwar selbst dann nicht, wenn der Verbraucher für eine solche Verschlechterung der Ware verantwortlich ist. In diesem Fall muss er dem Verkäufer jedoch den entsprechenden Schaden ersetzen. Für die Verschlechterung ist der Verbraucher verantwortlich, wenn er diese vorsätzlich oder fahrlässig herbeigeführt hat. Hat der Verkäufer es allerdings versäumt, den Verbraucher in ausreichender Weise auf das Bestehen des Widerrufsrechts hinzuweisen, ist dieser nur für solche Schäden verantwortlich, die er mindestens grob fahrlässig verursacht hat.

Fragen	Antworten
Wer trägt die Kosten für die Rücksendung von Waren?	Übt der Verbraucher ein Widerrufsrecht aus, so ist er zur Rücksendung der Ware verpflichtet. Die Kosten hierfür hat allerdings grundsätzlich der Unternehmer zu tragen. Dies bedeutet, dass der Verbraucher dem Unternehmer die Rücksendekosten in Rechnung stellen kann. Schon aus diesem Grunde sollte der Verbraucher sich die Kosten vom Transportunternehmen (Deutsche Post AG, Spedition usw.) quittieren lassen. Allerdings hat der Unternehmer bei einer Bestellung bis zu einem Betrag von 40,00 EUR die Möglichkeit, dem Verbraucher die Kosten der Rücksendung aufzuerlegen. Dies kann allerdings nur durch einen ausdrücklichen Hinweis bereits beim Vertragsschluss geschehen.
Was tun, wenn die Ware einen Schaden hat?	Ist die gelieferte Ware fehlerhaft (oder entspricht sie nicht der bestellten), so hat der Käufer folgende Möglichkeiten: Er kann zuerst nur Nacherfüllung verlangen. Gelingt die Nacherfüllung nicht, kann er den Kauf rückgängig machen und den Kaufpreis, sofern er bereits entrichtet wurde, zurückverlangen, oder er kann die Herabsetzung des Kaufpreises entsprechend dem mangelbedingten Minderwert verlangen.
Gibt es beim Onlinekauf Abweichungen von den üblichen Garantieregelungen?	Weder die gesetzlichen Sachmängelhaftungsrechte noch die vertraglichen Garantieregelungen weichen beim Onlinekauf von anderen Formen des Kaufs ab.
Wie sicher ist das Zahlungsverfahren Nachnahme?	Bei dieser Zahlungsweise ist der Käufer zur Vorleistung verpflichtet. Das heißt, er muss die Ware zunächst bezahlen, bevor er sie erhält, und kann sie vor der Ablieferung nicht untersuchen. Er geht also das Risiko ein, dass er etwas erhält und bezahlt, was entweder fehlerhaft ist oder nicht dem entspricht, was er bestellt hat. Ist dies der Fall, muss er sich selbst darum kümmern, den Kaufpreis vom Verkäufer zurückzuerhalten.
Wie sicher ist das Zahlungsverfahren Bankeinzug?	Bei dieser Zahlungsweise wird dem Verkäufer die Ermächtigung zur Einziehung des Kaufpreises bei der Bank des Kunden erteilt. Die Gefahr für den Kunden besteht darin, dass diese Ermächtigung vom Verkäufer missbraucht werden kann, weil die Bank die Wirksamkeit der Ermächtigung im Einzelfall nicht überprüft. Der Kunde muss dann dafür sorgen, dass er der Belastung seines Kontos rechtzeitig widerspricht.
Wie sicher ist das Zahlungsverfahren Kreditkarte?	Die Zahlung mittels Kreditkarte ist mit Sicherheit die bequemste Möglichkeit des Einkaufens im Internet. Die Zahlung wird einfach und schnell abgewickelt, der Kunden spart sich den Weg zur Bank oder andere Mühen. Aber Vorsicht ist geboten: Diese Zahlungsart ist die derzeit noch gefährlichste. Kreditkarteninformationen sind sensible Daten, die Gefahr eines Missbrauchs ist groß. Kreditkarteninformationen sollten deshalb in jedem Fall nur verschlüsselt mittels SSL oder SET übermittelt werden. Die Herausgabe der PIN (Personal Identification Number) ist im Internet zu vermeiden.
Wie sicher ist das Zahlungsverfahren Rechnung?	Bei dieser Zahlungsweise bezahlt der Kunde nur die Ware, die er tatsächlich erhalten hat. Auch hat er vor der Zahlung die Gelegenheit, die Ware sorgfältig zu untersuchen. Zudem werden keinerlei Daten in unsicherer Form übermittelt, sodass auch in dieser Hinsicht keinerlei Missbrauch zu befürchten ist. Diese Zahlungsweise ist also für den Kunden die sicherste.

§

BGB § 312b Fernabsatzverträge (Auszug)

(1) Fernabsatzverträge sind Verträge über die Lieferung von Waren oder über die Erbringung von Dienstleistungen, die zwischen einem Unternehmer und einem Verbraucher unter ausschließlicher Verwendung von Fernkommunikationsmitteln abgeschlossen werden, es sei denn, dass der Vertragsschluss nicht im Rahmen eines für den Fernabsatz organisierten Vertriebs- oder Dienstleistungssystems erfolgt.
(2) Fernkommunikationsmittel sind Kommunikationsmittel, die zur Anbahnung oder zum Abschluss eines Vertrags zwischen einem Verbraucher und einem Unternehmer ohne gleichzeitige körperliche Anwesenheit der Vertragsparteien eingesetzt werden können, insbesondere Briefe, Kataloge, Telefonanrufe, Telekopien, E-Mails sowie Rundfunk, Tele- und Mediendienste.
(3) Die Vorschriften über Fernabsatzverträge finden keine Anwendung auf Verträge ...
5. über die Lieferung von Lebensmitteln, Getränken oder sonstigen Haushaltsgegenständen des täglichen Bedarfs, die am Wohnsitz, am Aufenthaltsort oder am Arbeitsplatz eines Verbrauchers von Unternehmern im Rahmen häufiger und regelmäßiger Fahrten geliefert werden.

BGB § 312c Unterrichtung des Verbrauchers bei Fernabsatzverträgen (Auszug)

(1) Der Unternehmer hat den Verbraucher rechtzeitig vor Abschluss eines Fernabsatzvertrags in einer dem eingesetzten Fernkommunikationsmittel entsprechenden Weise klar und verständlich zu informieren über
1. die Einzelheiten des Vertrags, für die dies in der Rechtsverordnung nach Artikel 240 des Einführungsgesetzes zum Bürgerlichen Gesetzbuche bestimmt ist, und
2. den geschäftlichen Zweck des Vertrags.
...

BGB § 312d Widerrufs- und Rückgaberecht bei Fernabsatzverträgen (Auszug)

(1) Dem Verbraucher steht bei einem Fernabsatzvertrag ein Widerrufsrecht nach § 355 zu. Anstelle des Widerrufsrechts kann dem Verbraucher bei Verträgen über die Lieferung von Waren ein Rückgaberecht nach § 356 eingeräumt werden.

BGB § 312e Pflichten im elektronischen Geschäftsverkehr (Auszug)

(1) Bedient sich ein Unternehmer zum Zwecke des Abschlusses eines Vertrages über die Lieferung von Waren oder über die Erbringung von Dienstleistungen eines Tele- oder Mediendienstes (Vertrag im elektronischen Geschäftsverkehr), hat er dem Kunden
1. angemessene, wirksame und zugängliche technische Mittel zur Verfügung zu stellen, mit deren Hilfe der Kunde Eingabefehler vor Abgabe seiner Bestellung erkennen und berichtigen kann,
...
3. den Zugang von dessen Bestellung unverzüglich auf elektronischem Wege zu bestätigen und
4. die Möglichkeit zu verschaffen, die Vertragsbestimmungen einschließlich der Allgemeinen Geschäftsbedingungen bei Vertragsabschluss abzurufen und in wiedergabefähiger Form zu speichern.
Bestellung und Empfangsbestätigung im Sinne von Satz 1 Nr. 3 gelten als zugegangen, wenn die Parteien, für die sie bestimmt sind, sie unter gewöhnlichen Umständen abrufen können.

Das Internet im Verkauf nutzen (E-Commerce)

- **E-Commerce:** Abwickeln des Einkaufens über Dienste des Internets
- **Geschäftsmodelle:** E-Shop, E-Mall, E-Auction, Powershopping, Community
- **Gütesiegel:** Einzelhändler, die mit dem Gütesiegel werben, verpflichten sich zu bestimmten Mindestregelungen, die z. T. über die gesetzlichen Regelungen hinausgehen.
- **Rechtliche Aspekte:** § 312 BGB regelt den Fernabsatz.

1. Beschreiben Sie den Ablauf eines Kaufes in einem Online-Shop.

2. Erläutern Sie jeweils aus der Sicht des Einzelhändlers und des Kunden Gründe für Online-Käufe.

3. Rufen Sie einen Online-Shop Ihrer Wahl im Internet auf, suchen Sie nach den Allgemeinen Geschäftsbedingungen, drucken sie diese aus und lesen sie aufmerksam. Listen Sie alle Unklarheiten auf und besprechen Sie diese in der Klasse.

4. Nehmen Sie Stellung zu folgender Aussage: „Wenn ich im Internet bei einem seriösen Einzelhändler einkaufe, stehe ich rechtlich immer besser da!"

5. Erläutern Sie in einem Referat die rechtlichen Aspekte des Onlineshoppings, insbesondere zu den Fragen: Rückgabe von Waren, beschädigte Waren, Zahlungsmöglichkeiten, Garantie.

3 Informationen im Marketing nutzen

Kerstin Dahn ist nun im dritten Jahr ihrer Ausbildung zur Einzelhandelskauffrau beim Lebensmitteldiscounter Schlegel KG. Von ihrem stellvertretenden Filialleiter Herrn Hell wird sie gebeten, sich um den neuen Auszubildenden Ingo Berg zu kümmern, der vor kurzem in Kerstins Abteilung versetzt wurde. Beide sitzen im Büro von Herrn Hell und erhalten Arbeitsaufträge:

„Ich brauche folgende Informationen: 1. Wie viel Lieferungen hatten wir im letzten Quartal von der Alpenglück GmbH? 2. Wie viel Flaschen Rotwein St. Croix 0,7 l haben wir in den letzten beiden Wochen verkauft? 3. Wie viel Kunden hatten wir an den letzten vier Samstagen und wie viel kauften sie durchschnittlich ein? Kerstin, seien Sie so freundlich und suchen mir die Informationen heraus, weil ich sie für einige wichtige Entscheidungen benötige! Ingo kann Ihnen ja dabei zuschauen, so erhält er auch gleich einen Einblick in unsere Informationswirtschaft."

Ingo ist sehr erstaunt über den Auftrag von Herrn Hell und wendet sich an Kerstin, nachdem sie das Büro verlassen haben. Ingo: *„Ich denke, wir sollen hier verkaufen und Kunden bedienen. Was will er mit den Informationen, dadurch verkauft er doch kein Stück mehr."* Kerstin: *„Das lernst du schon noch! Rotwein St. Croix ist ein ganz neuer Artikel in unserem Sortiment, da will Herr Hell natürlich wissen, wie dieses Produkt von unseren Kunden angenommen wurde. Hiervon hängt ab, ob wir den Artikel weiter führen. Wir wollen doch im Sinne unserer Kunden nur Waren anbieten, die auch von ihnen gewünscht sind. Das ist eben angewandtes Marketing."*

ARBEITSAUFTRÄGE

- Betrachten Sie die Informationswünsche von Herrn Hell. Geben Sie jeweils Beispiele an, wozu die Informationen im Rahmen von Marketingentscheidungen benötigt werden.
- Beschreiben Sie, weshalb das Marketing und die Informationswirtschaft in einem Einzelhandelsunternehmen untrennbar miteinander verbunden sind.

Jedes Einzelhandelunternehmen muss bei seiner Marketingarbeit mit seiner Umwelt kommunizieren. Es muss mit Lieferanten, Banken und vor allem mit seinen Kunden Informationen austauschen, damit es seine eigenen Unternehmensziele verfolgen kann. LF 1
Das Austauschen, Aufbereiten und Auswerten von Informationen – also die Kommunikation – setzt voraus, dass das Einzelhandelsunternehmen seine **Informationswirtschaft** zielgerichtet gestaltet.

Die **Informationswirtschaft** betrifft alle **Tätigkeiten** in einem Einzelhandelsunternehmen, die nötig sind, um die Waren vom Hersteller bis in die Einkaufstasche des Kunden zu bringen. Hierzu gehören alle **Informationen** über Waren, Kunden, Mitarbeiter, Lieferer usw. um den Warenfluss zu kontrollieren und zu steuern. Wegen der großen Zahl der **Entscheidungen** ist der **betriebliche Informationsbedarf** im Einzelhandel vielschichtig und umfangreich.

Bei allen Arbeiten in einem Einzelhandelsunternehmen können wir unterscheiden zwischen

- Arbeiten mit und an Waren, Arbeiten mit **Informationen über Waren**
- Arbeiten mit Kunden, Arbeiten mit **Informationen über Kunden**

Beispiel

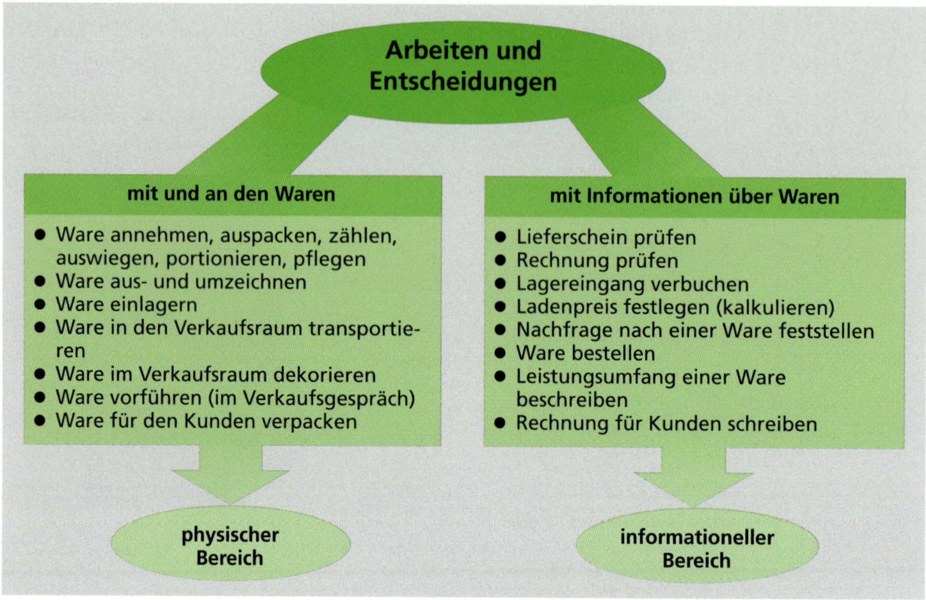

Die Arbeiten mit und an Waren betreffen den **physischen Bereich** (körperlichen Bereich) und Arbeiten mit Informationen über Waren den **informationellen Bereich.** Ähnliche Unterscheidungen können auch für die Kunden, die Mitarbeiter und die Finanzmittel (Geld) gemacht werden.

Beispiel

Letztendlich werden alle Tätigkeiten im Einzelhandel von Informationen begleitet. Die Arbeiten und Entscheidungen eines Einzelhandelskaufmanns sind ohne Informationen nicht möglich. Informationen für Verarbeitungszwecke heißen **Daten**. Ein Einzelhandelsbetrieb kann somit als **Informations-** oder **Daten verarbeitendes System** bezeichnet werden (Datenverarbeitungssystem = **DV-System**).

Beispiele für Daten

1. Artikeldaten:

Artikelbezeichnung:	Rotkohl
Zusatz:	fein abgeschmeckt
Artikelnummer:	EAN-Code 40804002
Hersteller:	Carl Kühne KG, Hamburg
Ladenverkaufspreis:	0,99 EUR
Füllmenge:	680 g
Abtropfgewicht:	650 g
Haltbarkeitsdatum:	2007
Zutaten:	Rotkohl, Branntweinessig, Zucker, Salz usw.
Kennzeichnung:	Grüner Punkt für Entsorgung der Verpackung
Gütezeichen:	CMA
Herkunft:	aus eigenem Vertragsanbau
Verpackung:	Glas

2. Kundendaten:

Der Lebensmitteldiscounter Schlegel KG ermittelt die Kundenfrequenz im Laufe eines Tages, um die Kassen optimal zu besetzen, damit keine langen Warteschlangen an den Kassen entstehen. Zusätzlich werden weitere Werte ermittelt.

- Anzahl der Kunden im Tagesablauf: 8:00 – 10:00 Uhr → 75
  10:00 – 12:00 Uhr → 270
  12:00 – 13:00 Uhr → 140 usw.
- Durchschnittliche Anzahl der Kunden pro Tag im Monat Mai: 1.234.
- Durchschnittlicher Einkaufsbetrag der Kunden: 15,39 EUR.
- Durchschnittliche Anzahl der gekauften Artikel je Kunde : 4,7.
- Name, Anschrift, Umsatz von Stammkunden.

3. Daten, die Geldbestände betreffen (Finanzdaten):

- Kassenbestand nach Geschäftsschluss,
- Anzahl der Kartenzahlungen,
- Umsatz eines Tages,
- Kassenfehlbeträge (Manko).

Daten und Informationen steuern im Einzelhandel betriebliche Tätigkeiten und lösen Aktionen aus. Diese hängen im weiteren Sinne alle mit Marketingaufgaben zusammen.

Beispiel Die Erfassung des Verkaufs einer Flasche Rotwein „St. Croix" am 03.02 um 10:30 Uhr an der Kasse 21 durch die Auszubildende Kerstin Dahn löst eine ganze Reihe von betrieblichen Informationsströmen aus:

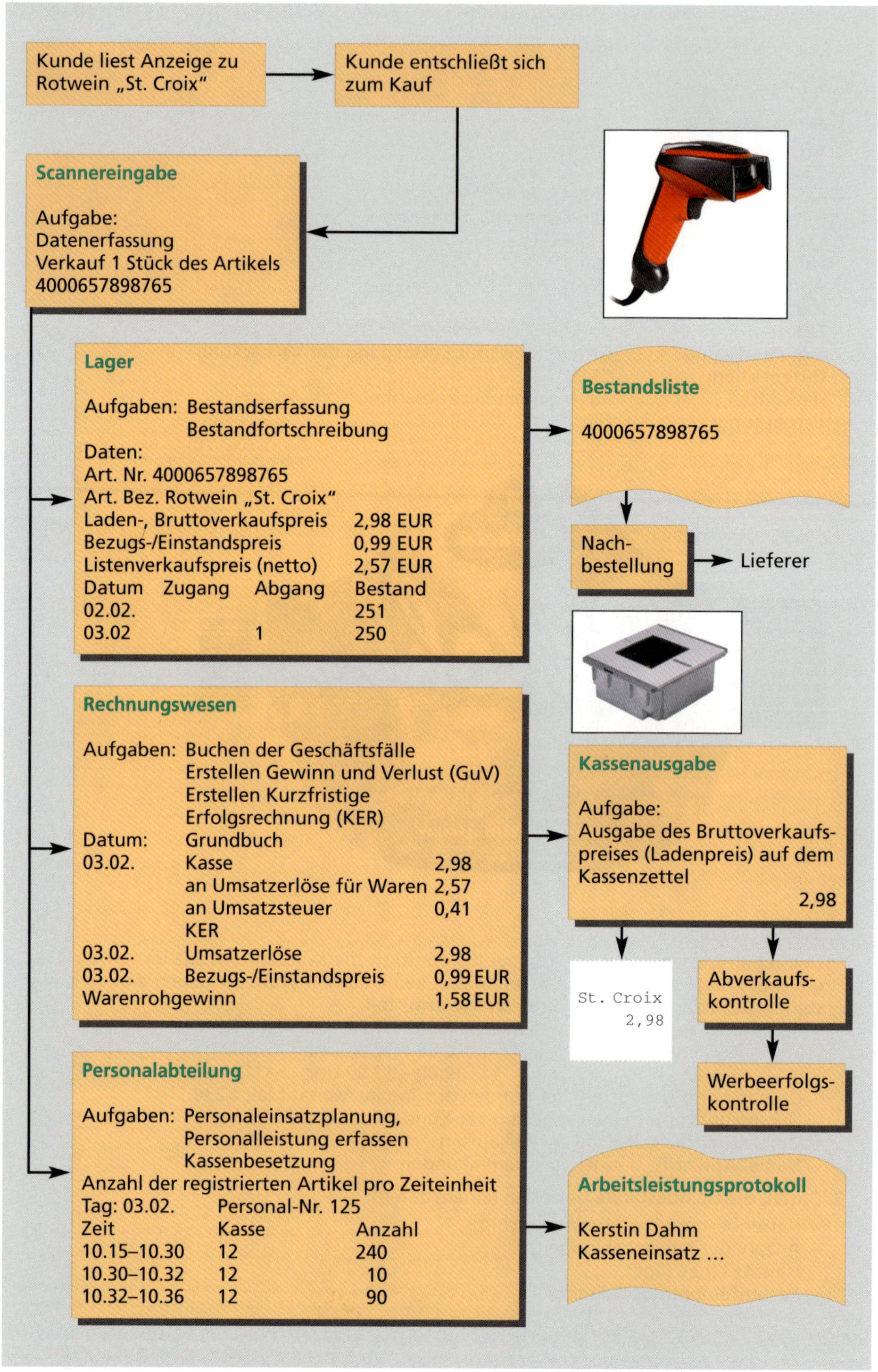

Die Informationen bzw. Daten fließen durch die einzelnen Abteilungen des Betriebes: Einkauf, Lager, Verkauf, Rechnungswesen, Personalabteilung **(interner Informationsfluss)**.

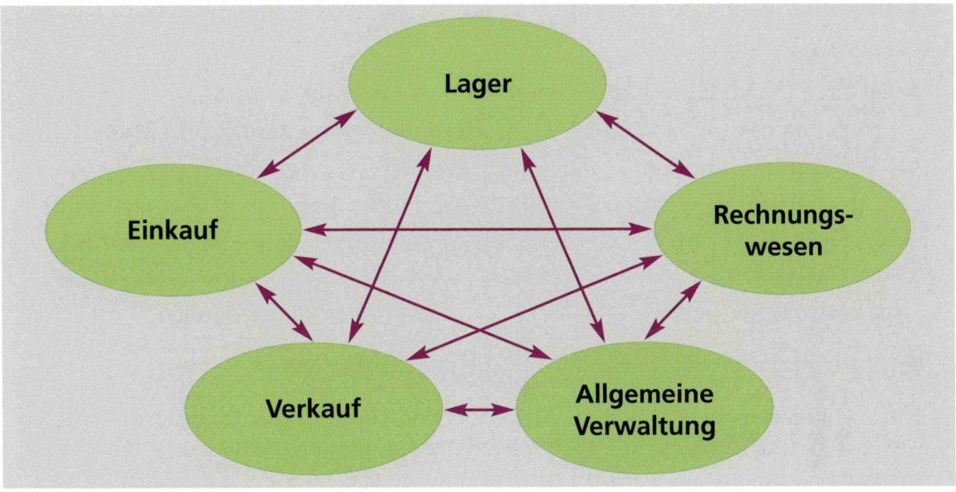

Interner Informationsfluss im Einzelhandel

Informationen und Daten sind die Grundlage für sämtliche Entscheidungen des Einzelhändlers. Je nach Größe, Branche, Sortiment oder Verkaufsform ist der betriebliche **Informationsbedarf** verschieden.

Der Informationsfluss vollzieht sich aber nicht nur intern (innerhalb) eines Einzelhandelsunternehmens, sondern umfasst auch externe Stellen (außerhalb des Unternehmens). So werden Informationen und Daten z. B. mit dem Finanzamt, der IHK, den Banken usw. ausgetauscht **(externer Informationsfluss)**.

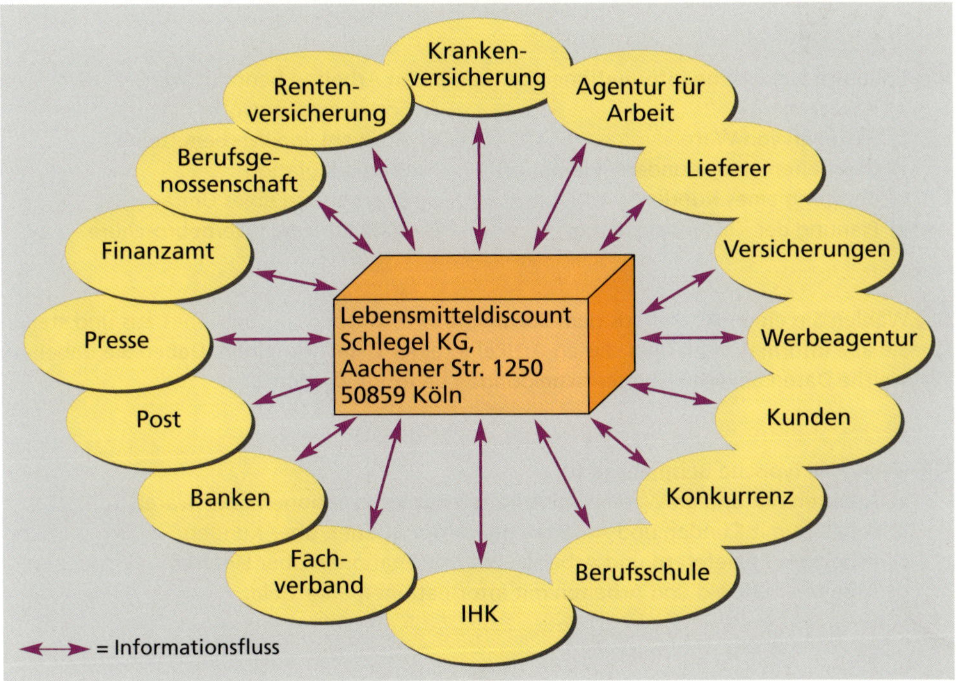

Informationen im Marketing nutzen

- **Informationen sind die Grundlage** für alle Tätigkeiten und Entscheidungen in einem Einzelhandelsgebiet, insbesondere im Marketing.
- Die Arbeiten im Einzelhandel werden unterschieden in

physischer Bereich	informationeller Bereich
– Arbeiten mit und an Waren	– Arbeiten mit Informationen über Waren
– Arbeiten mit Kunden	– Arbeiten mit Informationen über Kunden
– Arbeiten mit Lieferanten	– Arbeiten mit Informationen über Lieferanten
– Arbeiten mit Geld	– Arbeiten mit Informationen über Geld

- Informationen zum Zwecke der Verarbeitung heißen **Daten**
- Informationen und Daten fließen **innerhalb eines Einzelhandelsunternehmens (intern)** zwischen den einzelnen Abteilungen und werden u. a. für Marketingzwecke dokumentiert und ausgewertet.
- Informationen und Daten werden auch mit der **Außenwelt eines Einzelhandelsunternehmens** ausgetauscht **(extern)**.

1. Erläutern Sie, welche Informationen bzw. Daten über sich selbst Sie bei Ihrer Bewerbung abgegeben haben.

2. Erläutern Sie, welche Informationen bei folgenden Arbeiten benötigt werden.

a) Kassieren
b) Bestellen von Ware
c) Bearbeiten einer Kundenreklamation
d) Beratung eines Kunden
e) Planung der Kassenbesetzung
f) Sortimentskontrolle
g) Auswahl von Werbemitteln
h) Preiskalkulation
i) Bearbeitung eines Umtausches
j) Erstellen einer Werbebroschüre

3. Wählen Sie einen Artikel aus dem Sortiment Ihres Ausbildungsbetriebes aus und stellen Sie alle Informationen über diesen Artikel in einer Liste zusammen. Geben Sie dabei an, welche Daten bei Marketingentscheidungen benötigt werden.

4. Geben Sie typische Beispiele an für

a) Arbeiten mit und an Waren und Arbeiten mit Informationen über Waren,
b) Arbeiten mit Kunden und Arbeiten mit Informationen über Kunden,
c) Arbeiten mit Lieferern und Arbeiten mit Informationen über Lieferer,
d) Arbeiten mit Geld und Arbeiten mit Informationen über Geld.

4 Marktforschung als Basis des Marketing

Die Center Warenhaus GmbH plant eine kundenorientierte Sortimentserweiterung durchzuführen. In allen Abteilungen sollen sich Veränderungen ergeben. Alle Auszubildenden sollen sich an dieser Planungsarbeit beteiligen. Hierzu wird ihnen von der Geschäftsleitung eine wöchentliche „Sitzungszeit" von zwei Stunden eingeräumt. In dieser Zeit sind die Auszubildenden von ihren Verpflichtungen in den Abteilungen freigestellt. In der ersten Sitzung, auf der auch Sven Braun, der Assistent der Geschäftsleitung anwesend ist, melden sich einige Auszubildende spontan zu Wort: Birgit Moll (Auszubildende als Schauwerbegestalterin): *„Ja, ich stelle mir schon vor, wie wir unsere Schaufenster neu dekorieren und die Abteilungen mit schönen Dekos ausstatten."* Petra Breuer ist gerade in der Abteilung Schuhe und Lederwaren, sie sagt: *„Reisekoffer und Wanderschuhe sind unsere wunde Stelle, bei diesen Warengruppen ist unser Sortiment nicht tief genug."* Bodo Stamm aus der Lebensmittelabteilung ruft dazwischen: *„Frischen Fisch müssen wir endlich einführen, da rennen uns die Kunden die Türen ein!"* ... So geht es weiter, jeder hat sofort einige Ideen aus seiner Abteilungssicht und will sie den anderen mitteilen. Sven Braun hört sich die Beiträge ruhig an, in einer Gesprächspause mischt er sich ein: *„Herrschaften, ich freue mich über so viel spontane Ideen. Was wir hier konkret machen, ist aber Marketingarbeit. Marketing kann man aber nicht nur mit Ideen betreiben, sondern alle Marketingentscheidungen müssen auf knallharten betriebswirtschaftlichen Daten beruhen, die wir nur durch intensive Marktforschung gewinnen können. Bevor wir also daran gehen, irgendwelche sortimentspolitischen Maßnahmen zu besprechen, sollten wir uns ein Konzept für unsere Marktforschungsarbeit erstellen!"* Sabine Freund murmelt darauf vor sich her: *„Darauf hätte ich wetten können, da kommen von uns die tollsten Ideen und der Braun hat nichts anderes zu tun, als von theoretischer Marktforschung zu erzählen. Einfacher wäre es doch, in den einzelnen Abteilungen ein paar neue Artikel einzuführen, dann sieht man schon, ob die Kunden sie kaufen."*

ARBEITSAUFTRÄGE

- Nehmen Sie Stellung zu der Bemerkung von Sabine Freund. Sammeln Sie Argumente für und gegen seine Ansicht.
- Erstellen Sie eine Übersicht über die Aufgaben und Teilbereiche der Marktforschung.

Ziele und Aufgaben der Marktforschung

Betriebswirtschaftliche Entscheidungen im Marketingbereich basieren auf Marktdaten über Kunden und Mitbewerber. Je genauer und aktueller die Informationen sind, desto sicherer kann eine Entscheidung getroffen werden. **Marketingmanagement ist somit**

weitgehend Informationsmanagement und Informationswirtschaft (vgl. Seite 375).

LF 5 Das Ziel der Marktforschung (**Mafo**) ist:

Erkennen der eigenen Wettbewerbssituation, um Stärken auszubauen und Schwächen zu minimieren

Dies setzt voraus, dass die gewonnenen **Marktdaten**

- **exakt** (ungenaue Daten führen zu ungenauen Entscheidungen),
- **aktuell** (veraltete Daten können keine zukunftsorientierten Entscheidungen ermöglichen),
- **zielorientiert** (Daten, die keinen Bezug zum Entscheidungsziel haben, sind störend),
- **zuverlässig** (Daten müssen nachprüfbar sein, keine Vermutungen oder Spekulationen) sind
- und ihre **Erhebung** unter **wirtschaftlichen Gesichtpunkten** erfolgt (Kosten der Datenbeschaffung und -aufbereitung müssen im Verhältnis zum Nutzen stehen).

Instrumente der Marktforschung

Zur Beschaffung der Informationen wendet die Marktforschung folgende Instrumente an:

Marktforschungsinstrumente	Erläuterung	Beispiele
Marktanalyse	Zu einem bestimmten **Zeitpunkt** werden alle Einflussfaktoren eines Marktes ermittelt.	Zweimal jährlich führt der Mars Elektrofachmarkt e. K. eine systematische Marktanalyse durch. Dabei untersucht er durch Fragebogen und Interviews seine Kundenstruktur, wertet seine Umsatz- und Absatzstatistiken zum Zwecke der Sortimentsoptimierung exakt aus, ermittelt seine Marktstellung im Verhältnis zu seinen Mitbewerbern, untersucht sein Image bei den Kunden usw. Die ermittelten Daten werden mit den vorigen Erhebungen verglichen, um Trends und Entwicklungen zu erkennen.
Marktbeobachtung	Die Entwicklung des Marktes wird über einen bestimmten **Zeitraum** untersucht. Dabei sollen Trends festgestellt werden.	Der Mars Elektrofachmarkt e.K. beobachtet über einen Zeitraum von sechs Monaten den Markt für Notebooks. Hierzu werden seine Verkaufsmitarbeiter besonders vorbereitet. Sie sollen die speziellen Wünsche der Kunden bezüglich der Notebooks (inkl. Zubehör) erfassen und täglich in einem Formular festhalten. Hierdurch möchte die Geschäftsleitung herausfinden, welche Maßnahmen zu treffen sind, um diesen Sortimentsbereich besonders herauszustellen.
Marktprognose	Sie baut auf den Ergebnissen der Marktanalyse und der Marktbeobachtung auf. Sie soll Aussagen über **künftige Marktsituationen** ermöglichen.	Die Geschäftsleitung des Mars Elektrofachmarktes e. K. hat alle Ergebnisse ihrer Marktanalyse und -beobachtung vorliegen. Aus diesen Daten versucht sie bestimmte Trends im Verhalten und in den Kaufmotiven von Kunden herauszuarbeiten, um künftige Marketingentscheidungen sicherer treffen zu können.

Alle Marktforschungsziele können sich sowohl auf das gesamte Sortiment eines Einzelhandelsunternehmens als auch auf Teilmärkte beziehen. Die Marktforschung sollte als Teilprozess innerhalb der gesamten Marketingaktivitäten verstanden werden. Dieser Prozess liefert Daten, die strategische und taktische Entscheidungen unterstützen.

● Marktforschungsbereiche

Je nach dem Tätigkeitsschwerpunkt und nach dem Untersuchungsgebiet kann die Marktforschung eines Einzelhandelsunternehmens wie folgt gegliedert werden:

Marktforschungsbereiche	Erläuterung	Beispiele
Marktaktivitäten	Absatz-Mafo, Beschaffungs-Mafo, Finanz-Mafo, Personal-Mafo	Der Mars Elektrofachmarkt e. K. betreibt im Rahmen seiner Verkaufsbemühungen Absatzmarktforschung. Gleichzeitig untersucht er aber auch den Markt seiner Lieferanten (welche gibt es, zu welchen Konditionen liefern sie usw.). Ferner untersucht er den Arbeitsmarkt, um geeignete Mitarbeiter zu finden. Schließlich benötigt er auch Kapital (u. a. für Betriebserweiterungen) und untersucht deshalb den Kapitalmarkt.
Raum	Regionale, nationale, europäische, internationale Märkte	Der Mars Elektrofachmarkt e. K. untersucht sein direktes Einzugsgebiet (ca. 30 km Radius um Standort). Zusätzlich untersucht er Marktmöglichkeiten für Filialen im In- und Ausland.
Zeit	vergangenheits-, gegenwarts-, zukunftsbezogen	Der Mars Elektrofachmarkt e. K. wertet seine Marktforschungsdaten der Vergangenheit aus, vergleicht sie mit den aktuellen Daten, ermittelt hieraus Entwicklungen und Trends und erstellt auf dieser Basis Prognosen für Sortiments- und Ladengestaltung
Zweck	Diagnose, Prognose der Marktsituation	Der Mars Elektrofachmarkt e. K. analysiert gegenwärtige Marktstrukturen und versucht zukunftsorientierte Entscheidungen zu treffen.
Objekt	Sortimentsbereiche	Der Mars Elektrofachmarkt e. K. betreibt Marktforschung bezüglich seiner Sortimentsbereiche: TV, DVD, Sat, Auto-Hi-Fi, PC, Elektrogeräte, Küchengeräte usw.

Das Ziel von **quantitativen Marktforschungsaktivitäten** sind numerische Werte wie Anzahl der möglichen Kunden, Preisuntergrenzen für Produkte, Marktanteile usw. Die **qualitative Marktforschung** versucht, Verhaltensweisen, Erwartungen, Einstellungen und Motive in einem Markt festzustellen (z. B. Meinungsforschung).

Bei allen Entscheidungsprozessen sollten zunächst die sekundären Quellen ausgewertet werden. Oft reichen diese Informationen für eine Problemlösung aus. Selbst wenn das Enscheidungsproblem nicht vollständig gelöst werden kann, bieten Sekundärerhebungen dem Einzelhändler doch Hilfen für eine präzise Aufgabenstellung zur Planung einer Primärerhebung.

Kosten der Marktforschung

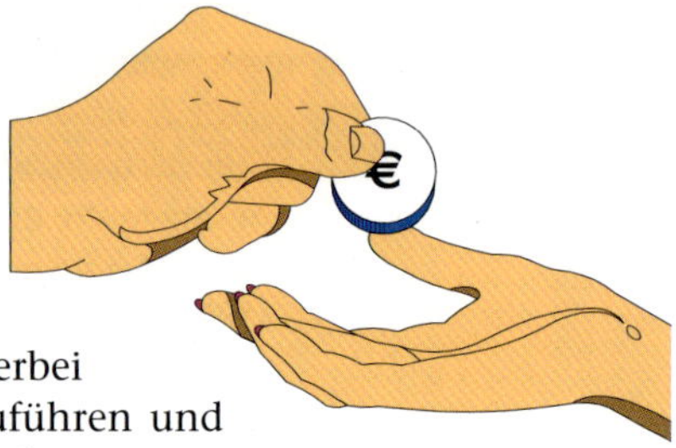

Eine Erhebung von Daten ist mit **Kosten** verbunden. Wenn die Erhebung als Auftrag an Externe (betriebsfremde, spezialisierte Marktforschungsunternehmen) vergeben wird, so sollten die Kosten durch Einholung von Angeboten ermittelt werden. Wird die Erhebung durch betriebseigene Mitarbeiter durchgeführt, so setzen sich die Kosten aus Personal- und Sachkosten zusammen. Hierbei empfiehlt sich, die **Erhebung als Projekt** durchzuführen und entsprechende Methoden und Instrumente des Projektmanagements einzusetzen.

Erhebungsmethoden

Marketingformationen können durch zwei Erhebungesmethoden gewonnen werden.

Erhebungs-methoden	Erläuterungen, Beispiele	
Sekundärerhebung	Aufbereitung und Auswertung von Daten, die bereits vorhanden sind und meist für andere Zwecke erhoben bzw. erstellt wurden. Hierzu zählen z. B. Daten des betrieblichen Rechnungswesens, Daten aus Veröffentlichungen von Verbänden, Banken, Messen u. Ä., Fachliteratur und -presse usw.	
	● Vorteile – Meist kostengünstiger als Primärerhebung – Meist umfangreiches Datenvolumen – Daten stehen sofort zur Verfügung	● Nachteile – Daten ggf. veraltet – Benötigte Daten müssen erst herausgefiltert werden (z. T. aufwendig) – Daten stehen oft auch Mitbewerbern zur Verfügung
Primärerhebung	Diese Daten müssen erst erhoben werden, da sie nicht in anderen Quellen verfügbar sind, hierzu zählen u. a. Befragungen von Kunden, Beobachtungen von Kunden usw.	

Für Primärerhebungen, bei denen bisher nicht vorhandene Marktdaten neu ermittelt werden, muss je nach Datenmenge unterschieden werden **in Voll- und Teilerhebungen**. Da sich Primärerhebungen häufig auf Befragungen und Beobachtungen beziehen, geht es hierbei also um die Anzahl der befragten bzw. beobachteten Personen.

Vollerhebung	Teilerhebung
alle Erhebungsobjekte (Personen) werden einbezogen	nur eine Auswahl von Erhebungsobjekten (Personen) wird betrachtet
– anwendbar, wenn die Anzahl der zu untersuchenden Personen klein ist – Genauigkeit der Ergebnisse – hohe Kosten, hoher Zeitaufwand	– Auswahl muss repräsentativ sein – Ergebnisse müssen mit Genauigkeitsverlust „hochgerechnet" werden – geringere Kosten, geringerer Zeitaufwand
Beispiel Der Mars Elektrofachmarkt e. K. befragt alle Kunden, die im letzten Jahr mehr als eine Reklamation hatten, hinsichtlich ihrer Wünsche über Serviceverbesserungen.	**Beispiel** Der Mars Elektrofachmarkt e. K. befragt nur die Kunden der PC-Abteilung hinsichtlich ihrer Wünsche über Serviceangebote.

Nachdem die Entscheidung über Voll- oder Teilerhebung getroffen ist, kann der Einzelhändler festlegen, mit welcher Methode die Erhebung durchgeführt wird.

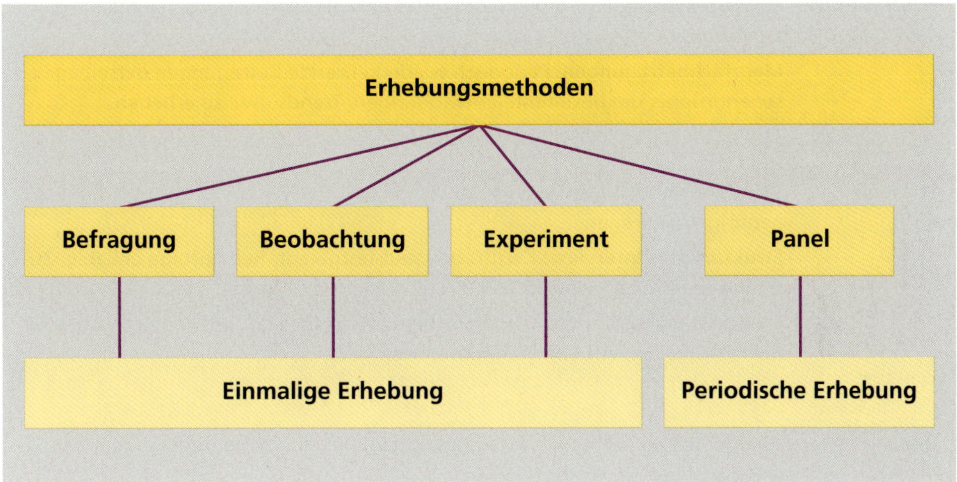

○ Befragung

Befragungen lassen sich nach verschiedenen Kriterien (**Befragungsarten**) einteilen.

Kriterium	Erläuterungen, Beispiele
Zahl der Themen	– Ein-Themen-Befragung: Nur ein Aspekt, z. B. Zufriedenheit mit Serviceleistungen, wird erhoben. – Mehr-Themen-Befragung: Mehrere Aspekte, z. B. Ansprüche von Kunden, Kaufplanungen von Kunden, Kaufmotive, Zufriedenheit mit dem Geschäft usw. werden erhoben.
Personen	– Unternehmensbefragungen (z. B. Lieferanten) – Verbraucherbefragungen (Endverbraucher, Kunden) – Expertenbefragungen (Befragung von Spezialisten und Fachleuten, z. B. Werbeexperten)

Kriterium	Erläuterungen, Beispiele
Kommunikationsart	– **Schriftliche Befragung:** Fragebogen werden über Postweg oder Zeitungsbeilagen verteilt; das Problem der häufig geringen Rücklaufquote kann durch Anreize (z. B. Preisausschreiben) z. T. gelöst werden. – **Telefonische Befragung:** Hier sind nur einfache und knappe Fragestellungen möglich, jedoch kann eine gezielte Eingrenzung von Zielgruppen vorgenommen werden. – **Mündliche Befragung:** Befragungen „auf der Straße", Interviews vor dem Geschäft; die Fragestellungen und die Fragetaktik kann individuell abgestimmt werden. – **Online-Befragungen im Internet:** Versenden von Fragebogen über E-Mail; Fragebogen auf einer Website, wobei die Antworten gespeichert und ausgewertet werden können; Interviews in Chatrooms, Befragungen über Newsgroups.
Häufigkeit	– **Einmalbefragungen:** Für ein bestimmtes Erhebungsziel werden einmalig Personen befragt. – **Mehrfachbefragungen:** Periodisch wiederkehrende Befragungen derselben Personengruppe, um bestimmte Entwicklungen, Trends usw. zu erheben.
Strategie	– **Standardisiertes Interview:** genau vorformulierte Fragen mit festgelegter Reihenfolge der Fragen. – **Strukturiertes Interview:** Kernfragen sind festgelegt, Reihenfolge beliebig, Zusatzfragen sind zugelassen. – **Freies Gespräch:** Nur das Gesprächsthema steht fest, der Interviewer kann über Reihenfolge und Art von Fragen frei entscheiden.
Taktik	– **Direkte Befragung**: Durch die Frage ist das Befragungsziel direkt erkennbar, z. B. „Besitzen Sie ein Notebook?" – **Indirekte Befragung:** Die Fragen sind psychologisch so formuliert, dass der Befragte nicht sofort das Ziel der Frage erkennen kann, z. B. „Wenn Sie auf Geschäftsreise sind, können Sie dann Ihr Textverarbeitungsprogramm einsetzen?".

Bei der Konzeption von **Fragebogen** ist besonders auf das **Untersuchungsziel** hinzuarbeiten. Die Fragen sind auf die Zielgruppe abzustimmen und müssen eindeutig sowie sprachlich genau und verständlich sein. Die Antwortmöglichkeiten bei einer Befragung sind im Voraus abschätzbar. Hinsichtlich der Auswertung der Antworten muss daher entschieden werden, welche Antworten zulässig sind.

Beispiel Checkliste

Bevor ein Fragebogen zum eigentlichen Zweck eingesetzt wird, sollten die Befrager ausreichend geschult werden. Die Fragen sollten in einer **Testbefragung** hinsichtlich Verständlichkeit und Beitrag zum Erreichen des Untersuchungsziels überprüft werden. Außerdem ist der Zeitpunkt und der Zeitraum sowie das **Kostenbudget** (Etat) für die Befragung vorher festzulegen. Schließlich darf auch nicht vergessen werden, wie die Befragungsergebnisse ausgewertet werden sollen.

Beispiel Der Mars Elektrofachmarkt e. K. plant eine Kundenbefragung. Sie soll in der dritten Märzwoche durchgeführt werden. Als Befrager sind sowohl die eigenen Auszubildenden als auch Studenten vorgesehen. Nachdem alle Entscheidungen festgehalten sind (Befragungsziel, Fragearten, Befragungszeitpunkt und -dauer, Auswertung durch manuelles Zählen und Nutzung einer Tabellenkalkulationssoftware, Aufbereitung durch eine Präsentationssoftware, Kostenbudget usw.) wird bei allen Mitarbeitern eine Testbefragung durchgeführt. Falls hierbei Mängel (Verständlichkeit und Eindeutigkeit der Fragen) festgestellt werden, können sie vor dem „Ernstfall" noch behoben werden.

○ Beobachtung

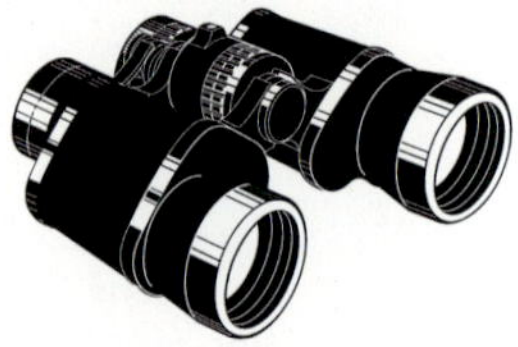

Eine Beobachtung im Rahmen der Marktforschung ist die **planmäßige Erhebung** von Verhaltensweisen oder Eigenschaften von Personen. Sie liefert insbesondere bei der Kundenanalyse (vgl. Seite 166) wichtige Informationen. Beobachtungen können einmalig oder in periodischen Abständen durchgeführt werden.

Beispiele: Der Mars Elektrofachmarkt e. K. beobachtet das Verhalten seiner Kunden im Ladenlokal. Erhoben werden dabei Daten über Aufenthaltsdauer, die Bereitschaft, Zusatzkäufe zu tätigen, das Frageverhalten an das Verkaufspersonal, das Alter der Kunden usw.)

PRAXISTIPP Bei der Auswertung der erhobenen Daten muss berücksichtigt werden, ob sich der Beobachtete bewusst war, dass er beobachtet wurde, weil dadurch Verhaltensänderungen entstehen können.

○ Experiment

Experimente oder **Tests** haben in der Marktforschung das Ziel, systematisch herauszufinden, wie sich bestimmte Faktoren verändern, wenn bestimmte Einflussgrößen verändert werden.

Beispiele

- **Verpackungstest:** Eine Grafikkarte wird mit unterschiedlicher Verpackung (Farbe, Design usw.) Kunden angeboten, es soll herausgefunden werden, auf welche Verpackung Kunden positiv reagieren.
- **Platzierungstest:** Notebooks werden im Mars Elektrofachmarkt e. K. an unterschiedlichen Plätzen im Verkaufsraum präsentiert, es soll herausgefunden werden, welcher Platz von Kunden besonders frequentiert wird.
- **Testmärkte:** Ein Hersteller von Lernsoftware für Kinder bietet ein neuartiges Produkt in einem Testmarkt zu unterschiedlichen Preisen an, er will herausfinden, welche Preisobergrenze von Kunden akzeptiert wird.

Experimente können als **Pretest** (vor einer Marketingaktivität) oder als **Posttest** (nach einer Marketingaktivität als Kontrollinstrument) durchgeführt werden.

○ Panel

Ein Panel ist eine dynamische Marktdatenerhebung, bei der ein bestimmter Personenkreis über einen längeren Zeitraum in periodischen Abständen befragt wird. Aus den gewonnenen Daten können Entwicklungen und Trends abgelesen werden. Panels werden wegen ihres Aufwandes häufig von Marktforschungsinstituten durchgeführt. Die Ergebnisse können von interessierten Unternehmen käuflich erworben werden.

Beispiel Panels der GfK (Auswahl), www.gfk.de

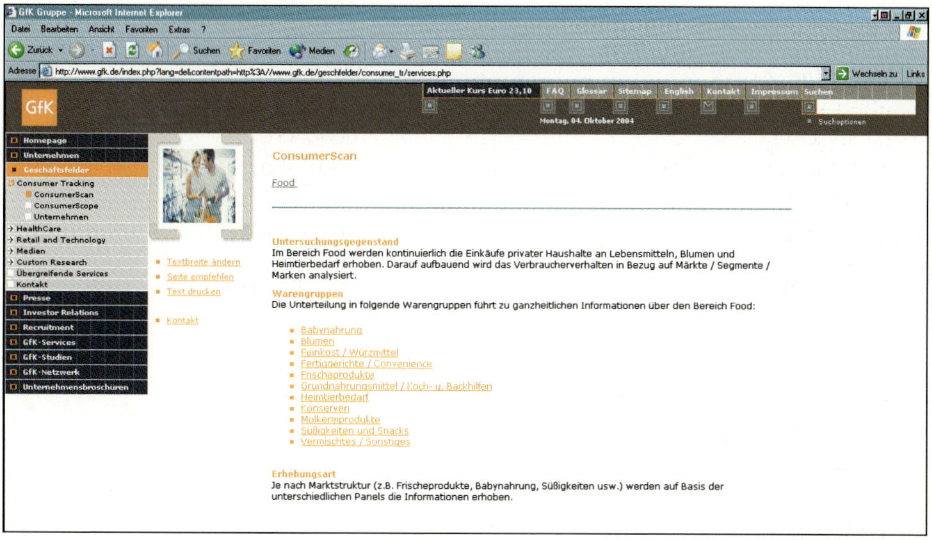

● Marktpotenzial, Marktvolumen, Marktanteil

Der Marktanteil eines Einzelhandelsunternehmens wird häufig als wichtigste Messlatte im Vergleich zur Konkurrenz betrachtet. In der Praxis bereitet es jedoch große Schwierigkeiten, einen bestimmten Markt konkret abzugrenzen.

Beispiel Wettbewerbssituation im Teilmarkt PC, Marktanteil des Mars Elektrofachmarkts e. K. in der Region: 10 %

Mitbewerber	Marktanteil (geschätzt)	Verhalten des Mitbewerbers
Die PC-GmbH	5 %	Kooperationsbereitschaft
PC-Discount-GmbH	20 %	aggressive Preispolitik
Elektrofachmarkt Media-for-all	25 %	sehr breites und tiefes Sortiment, baut Marktführerschaft aus
Multimedia-AG	10 %	hochpreisige Ware mit intensiver Beratung
Sonstige	30 %	–

Diese Daten sind lediglich Ergebnis einer Schätzung und nur gültig für den Erhebungszeitpunkt. Sie können sich daher schnell verändern.

○ Marktpotenzial

Das Marktpotenzial ist eine theoretische Größe. Sie gibt die maximale Aufnahmefähigkeit eines Marktes in Stück an, wobei unterstellt wird, dass alle denkbaren Käufer über entsprechendes Einkommen verfügen und alle auch entsprechende Kaufbereitschaft entwickelt haben.

Beispiel Das Marktpotenzial für Handys in Deutschland entspricht in etwa der Bevölkerungsanzahl (Ausnahme Kleinkinder). Nicht alle Bürger sind aber bereit bzw. in der Lage, sich ein Handy anzuschaffen.

○ Marktvolumen

Das Marktvolumen ist eine Teilmenge des Marktpotenzials. Man versteht hierunter die **realisierbaren** bzw. abschätzbaren **Absatzmengen** pro Periode in einem abgegrenzten Markt. Hierbei wird von realitätsnahen Prognosen ausgegangen, z. B. in Bezug auf Bevölkerungswachstum, Kaufkraft der Kunden, konjunkturelle Entwicklungen usw.

Beispiel Das Marktvolumen für Handys im Jahr 2007 basiert auf der Prognose, dass bestimmte Zielgruppen bereit und in der Lage sind, ein Handy zu kaufen. Zielgruppe Jugendliche (bis 16 Jahre): 65 %, Zielgruppe Erwachsene: 65 %, Zielgruppe Senioren: 35 %. Wenn diese Daten mit den Bevölkerungszahlen abgeglichen werden, kann das Marktvolumen ermittelt werden. Hierbei muss jedoch noch berücksichtigt werden, wie viele Personen erstmalig ein Handy kaufen bzw. Ersatzbeschaffungen tätigen.

○ Marktanteil

Der Marktanteil eines Unternehmens ist der prozentuale Anteil seines Umsatzes bzw. Absatzes am Marktvolumen. Der Marktanteil wird in Prozent angegeben. Mit dieser Messzahl wird die **Stärke der Marktposition** im Vergleich zur Konkurrenz gemessen. Der Marktanteil kann in Mengeneinheiten wie Stück (Absatz) oder in Werteinheiten wie EUR (Umsatz) gemessen werden.

$$\textbf{Marktanteil} = \frac{\text{Unternehmensumsatz oder -absatz} \cdot 100}{\text{Marktvolumen}} \, \%$$

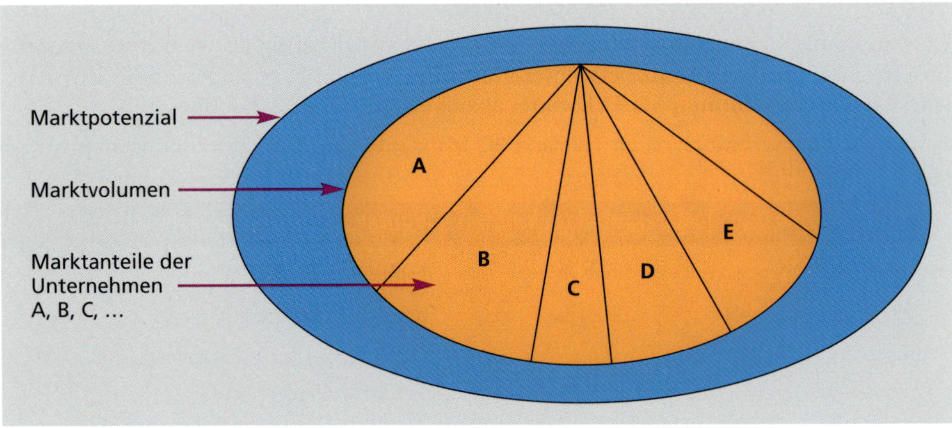

Die Veränderung des Marktanteils zeigt die Entwicklung der Marktstellung eines Unternehmens. Da die Summe aller Marktanteile eines Marktes genau 100 % ist, kann eine Ausweitung des Marktanteiles eines Unternehmens immer nur zulasten des Marktanteils eines anderen Unternehmens gehen.

Beispiel Im Einzugsgebiet des Mars Elektrofachmarktes e. K. leben ca. 3 Mio. Menschen (Marktpotenzial). Davon sind ca. 1,2 Mio. Menschen Handynutzer, die im letzten Jahr ca. 270.000 neue Handys gekauft haben (Marktvolumen). Im letzen Jahr wurden im Elektrofachmarkt Mars 6.000 Handys gekauft (Unternehmensabsatz). Hieraus kann der Marktanteil des Elektrofachmarktes Mars abgeleitet werden:

$$\textbf{Marktanteil} = \frac{\text{Unternehmensumsatz} \cdot 100}{\text{Marktvolumen}} = \frac{6.000 \cdot 100}{270.000} = 2{,}2\ \%$$

Das bedeutet, dass der Elektrofachmarkt Mars ca. 2,2 % aller im Einzugsgebiet gekauften Handys verkauft hat, die übrigen wurden von Mitbewerbern verkauft.

○ Marktwachstum

Das Marktwachstum stellt die Vergrößerung des Marktvolumens dar, es ist i. d. R. von einem Einzelhandelsunternehmen kaum beeinflussbar.

$$\textbf{Marktwachstum} = \frac{\text{Zusätzliches reales Wachstum in einer Periode} \cdot 100}{\text{Marktvolumen der vorigen Periode}} \%$$

Tendiert das Marktwachstum gegen null, liegt **Marktsättigung** vor, bei einem negativen Wert handelt es sich um einen **schrumpfenden Markt**.

Beispiel Es wird auf der Basis von Marktprognosen erwartet, dass im Einzugsbereich des Mars Elektrofachmarktes e. K. im kommenden Jahr ca. 30.000 Handys zusätzlich gekauft werden (zusätzliches reales Wachstum). Dies liegt daran, dass einige Verbraucher, die bisher kein Handy benutzten, sich nun zu einem Kauf entschließen oder daran, dass Kinder ins Jugendlichenalter gewachsen sind usw.

$$\textbf{Marktwachstum} = \frac{30.000 \cdot 100}{270.000} \% = \underline{\underline{11,11 \%}}$$

Der Mars Elektrofachmarkt e. K. kann also mit ca. 11,11 % Marktwachstum rechnen. Will er seinen Marktanteil von 2,2 % halten, so muss er im kommenden Jahr ca. 660 Handys mehr verkaufen als im letzten Jahr.

Marktforschung als Basis des Marketing

- Die Marktforschung hat das **Ziel**, Informationen bereitzustellen, um die Wettbewerbssituation zu erkennen, eigene Stärken auszubauen und Schwächen zu minimieren.
- Die Marktforschung umfasst die **Marktanalyse** (zeitpunktbezogen), die Marktbeobachtung (zeitraumbezogen) und die **Marktprognose** (zukunftsbezogen).
- Die Marktforschung kann sich beziehen auf:
  - **Marktaktivitäten** (Absatz-, Beschaffungs-, Personalmarktforschung)
  - **Raum** (regionale, nationale, internationale Marktforschung)
  - **Zeit** (Vergangenheit, Gegenwart, Zukunft)
  - **Zweck** (Diagnose, Prognose)
  - **Objekt** (Sortimentsbereiche)
- Die **Informationsgewinnung** kann über eine **Primärerhebung** (erstmalige Erhebung der Daten) oder eine **Sekundärerhebung** (Auswerten bereits vorhandener Daten) bzw. über eine **Vollerhebung** (alle denkbaren Untersuchungsobjekte werden einbezogen) oder eine **Teilerhebung** (nur eine Auswahl von Untersuchungsobjekten wird betrachtet) erfolgen.
- **Erhebungsmethoden** für Daten:
  - **Befragungen** (Interviews, Fragebogen)
  - **Beobachtungen** (von Verhaltensweisen der Kunden)
  - **Experiment** (Tests), **Pretest** (Test vor einer Marketingaktivität), **Posttest** (Test nach einer Marketingaktivität)
  - **Panel** (systematische Datenerhebung über einen längeren Zeitraum, wobei immer den gleichen Personen die gleichen Fragen gestellt werden)

- Marktforschung verursacht **Kosten**, weswegen wirtschaftliche Überlegungen anzustellen sind.
- Das **Marktpotenzial** gibt an, wie groß die maximale Aufnahmefähigkeit eines Marktes ist.
- Das **Marktvolumen** bezeichnet die realisierbaren Absatzmengen in einem abgegrenzten Markt.
- Der **Marktanteil** eines Unternehmens bezeichnet seinen Anteil am Marktvolumen.

1. Beschreiben Sie das Ziel der Marktforschung in einem Einzelhandelsbetrieb.

2. Erläutern Sie die Unterschiede zwischen Marktanalyse, Marktbeobachtung und Marktprognose.

3. Beschreiben Sie, wie Ihnen das Internet bei der Erhebung von Sekundärdaten helfen kann.

4. Ihr Ausbildungsbetrieb möchte wissen, ob die Kunden mit dem Sortiment (Breite, Tiefe) zufrieden sind. Hierzu soll eine Kundenbefragung durchgeführt werden.
   a) Erstellen Sie eine Übersicht über die Befragungsarten, die nach den Kriterien der Befragung gegliedert ist.
   b) Ihr Ausbildungsbetrieb entschließt sich, zur Untersuchung einen Fragebogen einzusetzen. Erstellen Sie eine Übersicht über die Fragearten und Antwortmöglichkeiten.
   c) Entwickeln Sie einen fertigen Fragebogen und führen Sie in Ihrer Klasse eine Testbefragung durch.
   d) Sammeln Sie Möglichkeiten, wie für die Kunden die Befragung attraktiv gemacht werden kann, damit möglichst viele Kunden sich an der Befragung beteiligen.
   e) Stellen Sie die Vor- und Nachteile der schriftlichen Befragung und eines Interviews gegenüber.

5. Entwickeln Sie einen Beobachtungsbogen für Ihren Ausbildungsbetrieb. Ziel ist es, das Verhalten Ihrer Kunden während des Aufenthaltes in den Geschäftsräumen zu beobachten. Beobachtungskriterien sind z. B. Dauer des Aufenthaltes, Laufwege im Geschäft. Finden Sie weitere Kriterien heraus.

6. Beschreiben Sie, welche Informationen ein Panel für einen Einzelhändler liefern kann.

7. Beschreiben Sie die Problematik der Marktanteilermittlung im Einzelhandel. Ermitteln Sie annäherungsweise für einen bestimmten Artikel (bzw. einen Sortimentsbereich) den Marktanteil Ihres Ausbildungsbetriebes. Berücksichtigen Sie dabei das Einzugsgebiet des Unternehmens.

8. Nehmen Sie kritisch Stellung zu der Aussage: „Marktforschung können sich nur große Einzelhandelsunternehmen leisten."

5 Marktsituationen und -entwicklungen im Einzelhandel

Das Center-Management des EKZ Rheinpark Köln veranstaltet einer Feierstunde zur Pensionierung eines Mitarbeiters. Sabine, Kerstin und Mehmet sind dabei. Sie sind als Kellner engagiert und können sich dadurch einige Euro nebenbei verdienen. Der Pensionär ist Herr Wolf, er ist bisher im Center-Management als Berater für Einzelhändler tätig gewesen, die sich im Einkaufszentrum niederlassen wollen. Der Leiter des Center-Managements Herr Wesel hält eine Ansprache: *„Lieber Herr Wolf, Sie gehen heute in den verdienten Ruhestand. Mit Ihnen verlässt ein echtes Urgestein des Einzelhandels seine langjährige Wirkungsstätte. ... Sie haben vor fünfzig Jahren als Lehrling in einem Herrenbekleidungsfachgeschäft Ihre Einzelhandelslaufbahn begonnen. In dieser Zeit hat sich viel verändert. ... Damals gab es kein Einkaufszentrum, keinen Fachmarkt, keinen Discounter, keine Boutique, kein Online-Shopping. In einem Kaffee-Geschäft wurde nur Kaffee angeboten und keine Radios, Sportbekleidung oder Küchengeräte ...“*

Die Rede geht weiter, aber Mehmet sagt zu Kerstin: *„Was heißt das, es gab noch keinen Fachmarkt? Wo haben denn die Leute ihren Fernseher gekauft, der war doch schon erfunden!“ – „Psst! Sei ruhig, ich will zuhören, wahrscheinlich gab es damals nur kleine Fachgeschäfte oder Kaufhäuser!“*

Herr Wesel: *„Es gab Drogerien, aber keine Drugstores, Baumärkte oder Fashion-Shops. All diese Dinge, die heute selbstverständlich sind, waren damals noch nicht erfunden. Wahrscheinlich haben Sie, Herr Wolf, auch gar nicht daran gedacht, dass sich die Struktur des Einzelhandels einmal so stark verändern wird. Damals war noch nicht häufig die Rede von ausgeklügelten Marketingstrategien oder von Verkaufspsychologie. Im Zentrum stand der Kunde, der vom Verkäufer höflich und freundlich bedient wurde ...“*

Mehmet flüstert, sodass es nur Kerstin hören kann: *„Wie langweilig! Fast wie Schwarz-Weiß-Fernsehen mit nur zwei Programmen!“*

ARBEITSAUFTRÄGE

- Geben Sie Gründe an, weshalb sich der Einzelhandel in seiner Struktur und in seinen Formen im Zeitablauf geändert hat.
- Erläutern Sie, weshalb die Analyse und Beobachtung von Marktsituationen für Marketingentscheidungen im Einzelhandel besonders wichtig ist.

Markt

Auf einem Wochenmarkt treffen sich Kunden und Händler, um Obst und Gemüse zu kaufen und zu verkaufen. Auch in einem Einkaufszentrum treffen Kunden und Einzelhändler aufeinander. Die Kunden sind die **Nachfrager**, die ihren Bedarf an Gütern decken möchten. Die Einzelhändler sind die **Anbieter**, die ihre Waren absetzen möchten. **Das Zusammentreffen von Angebot und Nachfrage bezeichnet man als Markt.** Dies gilt für jedes Zusammentreffen von Angebot und Nachfrage. Je nach der Art der gehandelten Güter lassen sich Märkte einteilen.

Beispiele

- Auf dem **Arbeitsmarkt** werden Arbeitsleistungen gehandelt. Arbeitgeber wie die Einzelhändler im Einkaufszentrum Rheinpark Köln fragen Arbeitskräfte, z. B. Verkäufer, nach.
- Auf dem **Immobilienmarkt** findet der Handel mit Grundstücken und Gebäuden statt.
- Auf dem **Kapitalmarkt** werden Kredite nachgefragt und angeboten.

Ein Einzelhandelsunternehmen befindet sich immer im **Spannungsfeld** verschiedener Märkte (Beschaffungsmarkt, Absatzmarkt, Kapitalmarkt, Arbeitsmarkt), die unterschiedliche Merkmale aufweisen können. Eine genaue Kenntnis und Analyse seiner Marktsituation und der Marktentwicklungen (Trends) ist deshalb Voraussetzung für marketingpolitische Entscheidungen eines Einzelhändlers.

Marktentwicklung im Einzelhandel

Märkte befinden sich ständig im Umbruch, d. h, sie verändern sich im Zeitablauf. Dies kann z. B. konjunkturell bedingt sein oder Ursachen im veränderten Verbraucherverhalten haben. Zwar kann niemand die Zukunft exakt voraussagen, jedoch ist es möglich, bestimmte Entwicklungen auf dem Markt zu erkennen. Eine Studie der BBE-Unternehmensberatung GmbH zeigt auf, welche Trends in den nächsten Jahren im Einzelhandel zu erwarten sind.

Beispiel BBE-Studie (Auszug)

Zukunft Handel – Handel der Zukunft · Thesen zum Handel 2010

Seit ziemlich genau 10 Jahren stagniert der Umsatz des deutschen Einzelhandels: das letzte Quartal mit „echtem" Wachstum war I/1992 – mit immerhin atemberaubenden 8 %, allerdings endete das ganze Jahr dann mit lediglich plus 1,5 %! Hier einige einschneidende Thesen zur Fortentwicklung des Handels bis etwa 2010:

0. **Der Handel verdient 2010 kein Geld mehr**
   Es gibt keinen Grund für die Hoffnung, dass der Handel 2010 noch Geld verdient, denn er sitzt bei knallhartem Wettbewerb auf dem sinkenden Ast des Inlandprodukts und macht sich gegenseitig das Leben immer schwerer. Flächenwachstum, Discount, neue Anbieter usw. Dieser Trend ist erst nach 2010 umkehrbar!

1. **Der Handel muss den Handel vergessen: das Wachstum ist zu gering**
   Was tut der Deutsche, wenn es ihm dreckig geht? Er packt die Koffer und haut ab! 10 Jahre kein Handelswachstum – aber 10 Jahre Tourismus-Boom. 1960 gab jeder Deutsche von jedem EUR, den er mehr hatte, 25 Cent im Handel aus – 2001 noch ganze 3 Cent! Der Mensch will keine Ware, er will Dienstleistungen und Problemlösungen – die muss der Handel bieten ...

2. **Power-Retailer erobern die Märkte**
   Power-Retailer greifen an in Preis und Werbung, sie ... verkaufen bedarfsorientierte und nicht einkaufsorientierte Sortimente, sie definieren Märkte neu ... Das sind Firmen wie Aldi, Lidl, Ikea, H+M, Zara usw.

3. **Der Handel verliert alle Grenzen**
   Die EU bringt die totale Liberalisierung, das Internet ermöglicht allen – auch Nicht-Händlern – aggressiv zu verkaufen, die Sortimente verwischen über Branchengruppen hinweg ... Der Handel bekommt viele neue Gegner. Verkaufen ist einfach – Handeln auch?
4. **Der Handel lebt von Innovation**
   Wer überleben will, muss ständig Neues bieten: Sortimente, Verkaufsformen, Kundenansprache, wie z .B. Stilwerk, Otto-Online, Galeria-Kaufhof, die Payback-Karten usw.
5. **Neue Technologien verändern die Märkte**
   Stellen Sie sich vor: Sie kaufen ein in einem Laden (fast) ohne Personal, packen alles in den Einkaufswagen, fahren durch einen Scanning-Tunnel, in den Sie vorher Ihre Kreditkarte geschoben haben und alles ist durch Quellensicherung (elektronischem Code per Induktion) erfasst, bezahlt durch Abbuchung vom Konto: 7 % Handels-Spanne reichen dafür aus, Aldi braucht (angeblich) 12–13 %!
6. **Die Ernüchterung (er)schlägt E-Commerce**
   2 ‰ !! seines Einkaufs (1 Milliarde Euro von 500 Milliarden) tätigte der deutsche Endverbraucher 2001 im Internet – zum Autofahren zu viel, als Marktanteil zu wenig. Aber: das Internet kommt, nur langsamer als gedacht. 2010 dürfte der Anteil bei 7–8 % liegen, aber auch 2015 kaum über 15 %! Sieger werden die etablierten Versender und großen Händler sein, die bereits heute eine Marke darstellen. Allerdings bestreitet der Handel selbst nur 50 % des Electronic Shopping, den Rest teilen sich andere!
   ...
9. **Der Verbraucher wird immer unberechenbarer**
   Er macht, was er will, er setzt sein Geld strategisch ein: der Smart Shopper mit mittlerem Einkommen kauft keine mittlere Preislage, wie gehofft, sondern vor allem beim Discounter, um anschließend teuren Urlaub zu machen, „teure Klamotten" zu tragen, aufwendig Essen zu gehen etc. Der Gegensatz lebt in uns allen. Bei Aldi stehen mehr Mercedes und BMW vor der Tür als in der Bundesstatistik. Morgens Aldi – abends 3-Sterne-Restaurant!
10. **Kundenbindung ist der Erfolgskurs**
    Jeder muss seine Kunden kennen – „Tante Emma" von Angesicht zu Angesicht, alle anderen über die Datenbank. Kunden zu halten, mit ihnen mehr Umsatz zu machen, ist effektiver (und billiger) als neue Kunden zu gewinnen!
11. **Der Handel braucht Emotionen**
    Der Mensch ist und bleibt ein emotionales Wesen, eben Mensch, und das auch beim Einkaufen. Internet & Co. können nur 2. Sieger werden, der Mensch will anfassen, fühlen, riechen, schmecken, Spaß haben, persönlich behandelt werden.
12. **Der Handel muss selbst zur Marke werden**
    Die Welt ist unübersichtlich und wird es noch mehr: noch mehr Medien, noch mehr Angebote, noch weniger Zeit. Deshalb braucht der Mensch einen Ankerpunkt zur Orientierung – und das ist die Marke, das „bekannte Wesen". Deshalb muss der Handel sich selbst zur Marke machen und nicht (nur) Marken verkaufen!

Die hier ausgewählten Thesen bilden die Quintessenz der neuen BBE-Trendstudie „Zukunft Handel – Handel der Zukunft", Jahrgang 2002, die rund 400 Seiten mit über 250 Tabellen und Grafiken umfasst. Der Autor, Ulrich Eggert (53), ist Geschäftsführer der BBE-Unternehmensberatung GmbH, Köln, Unternehmensberater, Trend-, Markt- und Handelsforscher.

Quelle: http://www.bbeberatung.com/bbe_cms/news/zukunft_handel.php#

Marktentwicklungen sind mittel- und langfristig zu betrachten. Wenn ein Einzelhändler die Entwicklungen in seiner Branche sowie die im Verhalten seiner Kunden und Lieferer kennt oder zumindest einschätzen kann, so kann er sich darauf einstellen und entsprechende Maßnahmen planen.

Entwicklung des Kundenverhaltens

Marktentwicklungen und die Entwicklung des Kundenverhaltens können viele Einzelhändler aufgrund ihrer Berufserfahrung für ihren Bereich oft selbst gut einschätzen. Es ist aber hilfreich, das Wissen von Spezialisten aus Marktforschungsinstituten oder Einzelhandelsverbänden zusätzlich zu nutzen. Hierdurch können eigene Einschätzungen bestätigt oder korrigiert werden. Für einen Einzelhändler ist es wichtig rechtzeitig Trends zu erkennen und Modeentwicklungen abzuschätzen.

Beispiel Veröffentlichung der PBS-Akademie (Internet-Portal für Papier-, Büro- und Schreibwaren)

Mode: der Begriff kommt ursprünglich aus dem Lateinischen, von Modus = das Maß. Und auch ein anderer lateinischer Begriff, Modulus = die Form, spielt hier mit hinein. Sprach man früher vom „Model", also einer Form um z. B. Lebkuchen oder Printen herzustellen oder auch einer Gußform, so ist heute das „Modell" in aller Munde, sozusagen die „Frau nach Maß". Bereits in der ersten Hälfte des 17. Jahrhunderts wurde die Formel „à la mode" geprägt, was schlicht „zeitgemäß" bedeutet. Und genau das meint der Begriff Mode heute immer noch. Im Gegensatz zum Trend sind Moden meist kurzlebig (und oft zyklisch) und vielfach regional eng begrenzt oder nur auf eine relativ kleine Gruppe bezogen.

Eine Mode kann sich beziehen auf

- den Kleiderstil, Frisur, Make-up usw.
- die Essgewohnheiten, bevorzugte Getränke
- Einrichtungsstil, Farbwahl und Ambiente etc.
- Musik, Literatur, Kunst
- Reiseziele
- Freizeitverhalten u. v. a. m.

Trend: ist ein sehr viel schwierigerer, vielschichtiger Begriff. Ursprünglich aus dem Englischen bedeutet „to trend" = sich erstecken. Besser verdeutlicht aber die mittelhochdeutsche Wurzel „trendeln = wirbeln" Herkunft und Bedeutung dieses Begriffs. Im Gegensatz zur Mode ist der Trend nämlich eine Erscheinung, die nicht nur kurzlebig auf das Konsumverhalten einwirkt, sondern eine dauerhafte Veränderung im Verhalten und den Einstellungen der Menschen bewirkt.

Beispiel Damenhosen können heute kurz oder lang, eng oder weit, gemustert oder uni, in gedämpften oder schrillen Farben auftreten, das ist eine Frage der Mode. Keine dieser modischen Eigenschaften aber hat Auswirkungen auf das Verhalten und die Einstellungen der Frauen, die diese Hosen tragen. Dass Frauen heute Hosen tragen, ist jedoch ein Trend, der in den 50er Jahren bei der Sportbekleidung (Ski-Hosen) begann und heute bei formeller Kleidung für den Beruf (Hosenanzug) oder festliche Anlässe angekommen ist (z. B. Hosenanzug als „Hochzeitsdress"). Ein Trend, der in unserem Kulturkreis alle Schichten und alle Altergruppen umfasst und zu einer grundlegend veränderten Einstellung hinsichtlich korrekter Damenkleidung (Schicklichkeit) geführt hat. Dieser Trend hat gravierend auf das Verhalten, die Einstellungen und die Sitten eingewirkt, ist also keineswegs mit einer kurzlebigen Mode zu vergleichen, sondern hat die Kleiderordnung usw. ganz dauerhaft verändert.

Trends sind also sehr viel weitreichender und dauerhafter als Moden, auch wenn sie manchmal vielleicht sogar mit einer Mode beginnen. Aber: längst nicht jede Mode mausert sich zum Trend! Denn Trends lassen sich weder herbeireden noch wesentlich beeinflussen. Einer der wesentlichen Unterschiede: **Mode kann propagiert werden**, durch Werbung und TV-Serien usw. unterstützt werden. Die Teilnahme an einer Mode entspringt in der Regel entweder dem Nachahmungstrieb, einem Gruppenzwang oder (im positiven Fall) dem Spieltrieb und der experimentellen Neugier der Konsumenten.

Ein weiterer Unterschied zwischen Trend und Mode ist die Art der Verbreitung. Eine Mode kann in einer Kindergartengruppe, einer Schulklasse, der Leserschaft eines bestimmten Magazins oder einer beliebigen anderen Gruppe entstehen. Ob sie sich von dort verbreitet, also von anderen Gruppen aufgegriffen wird, hängt u. a. von den Kommunikationsmitteln ab. So werden die Grundschulkinder in Hamburg kaum eine Mode mitmachen, die in München bei derselben Gruppe gerade hoch aktuell ist, oder auch nur im nahe gelegenen Cuxhaven total en vogue, weil es an den Möglichkeiten zum kommunikativen Austausch fehlt. Es sei denn, eines der Medien, die bei den jeweiligen Gruppen akzeptiert sind, informiert darüber.

Quelle: http://www.pbs-akademie.de/body_info_kunden_thema94.htm

Entwicklungen im Einzelhandel

Niemand kann in die Zukunft schauen. Daher weiß niemand genau, wie sich der Einzelhandel künftig entwickeln wird. Allerdings sind Trends absehbar. Eine vollständige Liste aller Trends ist nicht erstellbar, jedoch können folgende Entwicklungen besonders hervorgehoben werden:

Zunehmende Nutzung des Internets

Das Internet wird von Einzelhandelsbetrieben vermehrt als Vertriebs- und Werbekanal eingesetzt. Ebenso werden internetgestützte Beschaffungsaktivitäten (Einkauf per Internet) zunehmen. Die Kunden nutzen das Internet zunehmend zur Information über Sortimente, Preisvergleiche und zur Bestellung von Waren.

Technische Innovationen im Laden

Hierzu gehören z. B. elektronische Sicherheitsvorkehrungen (Maßnahmen gegen Ladendiebstahl), elektronische Preisauszeichnungen am Regal, Funketiketten, bargeldlose Zahlung per Handy, Kunden- und Kreditkarten sowie elektronische Einkaufshilfen.

Beispiele

- Eine elektronische Einkaufshilfe ist u. a. ein Personal-Shopping-Assistant (PSA). Dies ist ein kleiner Computer, bei dem sich der Kunde über seine Kundenkarte identifiziert. Über einen Display kann der Kunde seine Einkaufsliste, Sonderangebote, Produktinformationen oder Standort von Waren im Laden abrufen. Das Display gibt auch an, welche Einkaufssumme der Kunde bereits im Warenkorb hat. Die gekauften (eingescannten) Waren brauchen später nicht mehr auf das Laufband an der Kasse gelegt zu werden, ebenfalls entfällt der Kassiervorgang, weil der Kunde sich mit seiner Kundenkarte angemeldet hat.
- Intelligente Waagen beinhalten eine eingebaute Digitalkamera, die die Waren automatisch erkennen, sodass der Kunde z. B. in der Obst und Gemüseabteilung keine Nummernkombination mehr eingeben muss.
- Info-Terminals im Laden bieten dem Kunden zusätzliche Informationen, z. B. welcher Wein zum Essen passt.
- Elektronische Werbedisplays mit Videosequenzen informieren den Kunden über Produkte und Verkaufsaktionen.

Marktkräfte im Einzelhandel

Auf alle Märkte wirken unterschiedliche Faktoren ein. Die **Analyse und ständige Beobachtung** dieser Marktkräfte ist eine Kernaufgabe des Marketings, die vorwiegend durch Marktforschung (vgl. Seite 151 ff.) betrieben wird.

Beispiele

Marktkräfte	Erläuterungen, Kommentare, Beispiele
Marktmacht der Kunden	Je mehr Kunden am Markt aktiv sind, desto größer ist für einen Einzelhändler die Chance, erfolgreich Kunden zu gewinnen und desto geringer ist sein Risiko, wenn einzelne Kundengruppen zur Konkurrenz abwandern. **Beispiel** Je größer das Einzugsgebiet eines Einzelhandelsunternehmens ist, desto mehr Kunden können angesprochen werden. Deshalb gibt es im EKZ Rheinpark kostenlose Parkplätze, damit auch Kunden aus entfernten Gebieten zum Einkaufen kommen können.
Marktmacht der Lieferer	Je eher Lieferer austauschbar sind, desto geringer ist für den Einzelhändler das Risiko, von einem bestimmten Lieferer abhängig zu werden, da er jederzeit den Lieferer wechseln kann. Probleme können entstehen, wenn Lieferer sich zusammenschließen und Preise- bzw. Konditionen diktieren. **Beispiel** Der Lebensmittel Discount Schlegel KG bezieht von 9 verschiedenen Lieferern sein Obst- und Gemüse. Die Lieferer stehen im Wettbewerb zueinander. Dies kann der Einzelhändler ausnutzen, um günstige Lieferbedingungen auszuhandeln.
Bedrohung durch Ersatzprodukte	Je eher eine bestimmte Ware durch eine andere Ware ersetzt werden kann, desto geringer sind die langfristigen Marktchancen für den Einzelhändler. **Beispiel** Ein Mars Elektrofachmarkt e. K. führte in seinem Sortiment vor Jahren eine große Anzahl an Kassettenrecordern. Diese Produkte sind seit langem durch andere Geräte vom Markt verdrängt worden, z. B. MP3-Player
Wettbewerbs-intensität	Je mehr Mitbewerber es gibt, desto stärker ist der Wettbewerb und entsprechend höher sind die Aufwendungen, im Markt zu bestehen. Gleichzeitig werden aber auch die Möglichkeiten der Gewinnerzielung verringert. **Beispiel** Im EKZ Rheinpark Köln sind 3 Geschäfte mit der Warengruppe „Schuhe" ansässig, sie teilen sich also den Markt. Wenn sich nun zusätzlich weitere zwei Schuhgeschäfte ansiedeln, so wird der Wettbewerb stärker, weil ja gleichzeitig nicht die Nachfrage nach Schuhen steigt.
Bedrohung durch neue Wettbewerber	Je geringer die Einstiegshürden in einen vorhandenen Markt sind, desto leichter wird es anderen Unternehmen gemacht, in diesen Markt einzudringen und Kunden abzuwerben. **Beispiel** Im EKZ Rheinpark Köln gibt es ein Fachgeschäft für Bücher. Weil zunehmend aber Bücher bei Internetanbietern gekauft werden, entsteht für diesen Einzelhändler eine Bedrohung.

Virtuelle Märkte

Die rasante Entwicklung und Verbreitung der Internetnutzung hat in den letzten Jahren zu vollkommen neuen Marktausprägungen geführt. Das Schlagwort **„Die Konkurrenz ist nur einen Mausklick entfernt!“** kennzeichnet die neue Struktur. Unternehmen unterhalten eine Internetpräsenz und sind so mit ihrem Angebot weltweit 24 Stunden verfügbar („anytime, anywhere“). **E-Commerce** (Electronic-Commerce, E-Business) ist heute für Unternehmen ein entscheidender Wettbewerbsfaktor. Hierunter versteht man den elektronischen Austausch (Kommunikation) und die elektronische Abwicklung von Geschäftstransaktionen (vgl. Seite 138 ff.).

Marktsituationen und -entwicklungen im Einzelhandel

- Ein **Markt** ist der Ort der Regulierung von Angebot und Nachfragen.
- Märkte befinden sich in zeitlichem **Wandel.**
- **Marktentwicklungen** beinhalten Trends und Moden.
  - **Moden** sind kurzlebig und häufig nur auf eine bestimmte Gruppe bezogen (z. B. Kleidermode)
  - **Trends** sind weitreichender und dauerhafter als Moden
- **Marktkräfte** sind etwa Marktmacht von Kunden und Lieferern, Bedrohung durch Ersatzprodukte, Wettbewerbsintensität, Bedrohung durch neue Wettbewerber.

1. Beschreiben Sie mit eigenen Worten, was unter einem Markt zu verstehen ist.

2. Überprüfen Sie, auf welchen Märkten Sie selbst als Anbieter oder Nachfrager aktiv sind.

3. Nehmen Sie kritisch Stellung zu der Behauptung: „Wenn sich die Kunden zusammenschließen, dann können sie den Einzelhandel in arge Bedrängnis bringen!“

4. Geben Sie konkrete Beispiele aus Ihrem Erfahrungsbereich an, wie Märkte durch Ersatzprodukte wirtschaftlich bedeutungslos geworden sind.

5. Geben Sie aus Ihrer Erfahrung jeweils drei Beispiel für Moden und für Trends an.

6. In der These 1 aus der Studie des BBE (vgl. Seite 164 f.) wird die Behauptung aufgestellt: „Der Mensch will keine Ware, er will Dienstleistungen und Problemlösungen – die muss der Handel bieten!“

a) Diskutieren Sie in Ihrer Klasse diese Aussage.

b) Beschreiben Sie, welche konkreten Auswirkungen auf die Marketingarbeit eines Einzelhandelsunternehmens aus dieser Aussage abzuleiten sind.

c) Erläutern Sie, welche konkreten Konsequenzen sich aus dieser Aussage für Ihre persönliche Berufsausübung als Kaufleute im Einzelhandel ergeben.

7. Spielen Sie in Ihrer Klasse einmal „Zukunftswerkstatt“. Bilden Sie Arbeitsgruppen und denken Sie gemeinsam darüber nach, wie der Einzelhandel aussehen könnte, wenn Sie einmal Rentner sind. Fantasieren Sie ruhig und formulieren Sie Visionen. Tauschen Sie Ihre Ideen aus und überlegen Sie, welche Ideen tatsächlich Wirklichkeit werden können.

6 Kunden – die wichtigsten Personen im Einzelhandel

Im Pausenraum der Center Warenhaus GmbH hat die Geschäftsleitung folgendes Plakat aufgehängt:

Ein Kunde ist ...

- **... der wichtigste Mensch in unserem Unternehmen.**
- **... nicht von uns abhängig – wir sind von ihm abhängig.**
- **... kein Störfaktor – er ist Zweck unserer Arbeit**
- **... niemand, dem wir einen Gefallen tun, indem wir ihn bedienen – er tut uns einen Gefallen, indem er uns Gelegenheit gibt, ihn zu bedienen.**
- **... jemand, der mit seinen Bedürfnissen zu uns kommt – unsere Aufgabe ist es, diese Bedürfnisse auf möglichst perfekte Weise für ihn und uns zu erfüllen.**

(Quelle: Gündling, Christian: Maximale Kundenorientierung)

Die Belegschaft diskutiert seitdem über dieses Plakat. Unter anderem sind etwa folgende Meinungen zu hören:

- Anne B., Kassiererin in der Lebensmittelabteilung: „Die von der Geschäftsleitung haben gut reden, die haben ja keinen Ärger mit den Kunden, wenn sie kurz vor Ladenschluss noch zu uns kommen!“
- Kurt K., Herrenoberbekleidung: „Es stimmt ja, was auf dem Plakat steht: ohne Kunden kein Umsatz – ohne Umsatz kein Gewinn, ohne Gewinn kein Unternehmen, ohne Unternehmen kein Arbeitsplatz.“
- Gisela K., Schreibwarenabteilung: „Einerseits ist es richtig, was da geschrieben steht, andererseits bin ich doch Fachkraft für Schreibwaren und nicht der Diener meiner Kunden!“

ARBEITSAUFTRÄGE

- Führen Sie in Ihrer Klasse eine Diskussion zu den Aussagen auf diesem Plakat und sammeln Sie dabei Pro- und Contra-Argumente.
- Überlegen Sie sich Gründe, weshalb die Geschäftsleitung dieses Plakat aufgehängt haben könnte.

Stammkunden zu halten und Neukunden zu gewinnen ist die Kernaufgabe des gesamten Marketings im Einzelhandel.

Was ist ein Kunde?

LF 1 Kundenorientierung ist im Einzelhandel mehr als nur ein Schlagwort. Deshalb wird eine konzentrierte Ausrichtung von Marketingaktivitäten auf den Kunden und seine Bedürfnisse zur **Überlebensstrategie für Einzelhandelsunternehmen. Kundenorientierung** (vgl. Seite 130) und ihre Umsetzung ist langfristig die Voraussetzung für Wettbewerbsfähigkeit. Zur Kundenorientierung gehört zunächst einmal die Kenntnis der Kaufmotive von Kunden, ihre Ansprüche (vgl. Seite 173) und ihr Kundenverhalten. Diese Informationen sind die Voraussetzung für die Planung und Umsetzung von Maßnahmen zur Kundenbindung.

Kaufmotive und Kaufverhalten von Kunden

Die Kenntnis der Kaufmotive von Kunden ist Voraussetzung für erfolgreiche Marketingarbeit in einem Einzelhandelsunternehmen. Private Kunden (**Konsumenten, Endverbraucher**) haben für ihre Bedürfnisbefriedigung immer nur beschränkte finanzielle Mittel (Budgets, Kaufkraft) zur Verfügung. Ihre Kaufmotive sind dabei unterschiedlich. LF 2

Beispiele

- privater Verbrauch (Lebensmittel)
- privater Gebrauch (Haushaltsgeräte, Bekleidung)
- Kauf als Geschenk (Geburtstage, Weihnachten)
- Spontan-, Impulskauf (ungeplanter Kauf beim Bummel durch eine Geschäftsstraße)
- Gewohnheit (Zigaretten)
- Statusgründe (teurer Schmuck als Statussymbol)
- Angst-/Vorratskauf bei steigenden Preisen („Hamsterkauf")
- Bequemlichkeit (Koffer mit Rollen = Convenience)
- Gesundheitsbewusstsein (Bioprodukte)
- ökologisches Bewusstsein (Deospray ohne Treibgas)
- Hobby (Angelausrüstung)
- Freizeitbeschäftigung (Sportbekleidung)

Aus den verschiedenen Kaufmotiven können sich unterschiedliche Verhaltensweisen von Kunden ergeben. Das Kaufverhalten einzelner Kunden kann sich im Zeitablauf erheblich ändern. Für einen Einzelhändler ist somit die Kenntnis **„seiner Kunden"** (vorhandene und potenzielle Kunden) und ihrer Erwartungen und Ansprüche von Bedeutung. Ebenso muss er die Entwicklung des Kaufverhaltens beobachten. Nur so kann eine zielorientierte Kundenansprache bzw. -pflege betrieben werden, was wiederum die Voraussetzung für erfolgreiche **Kundengewinnung und -bindung** darstellt.

Das Konsumentenverhalten kann regional oder je nach Branche unterschiedlich sein. Es wird sowohl von rationalen als auch von emotionalen Faktoren beeinflusst. Ebenso ist das Kaufverhalten sowohl von der zu kaufenden Ware als auch von dem gewählten Geschäft abhängig.

Beispiel Konsumenten zwischen Lust und Frust (Auszug aus einer Studie der PBS-Akademie, PBS = Papier, Büro, Schreibwaren)

> Die Konsumenten bewegen sich zwischen der Lust am Genuss, am Produkt, am Kauferlebnis – und dem Kauf-Frust. Starker Partner der Kauflust sind Anreize und Impulse, aber auch lieb gewordene Gewohnheiten und kleine Alltagsrituale. Stärker als je zuvor sind Shops und Produkte heute gefordert den Kaufimpuls zu stimulieren. Wo diese Impulse fehlen, wird das Überleben für den Händler in dieser schwierigen Zeit zum Problem.

Logisch verständlich erscheint die Kaufzurückhaltung bei größeren Anschaffungen, die man ganz besonders bei technischen Geräten usw. feststellt. Hier wird vielleicht gar nicht unbedingt dauerhaft auf den Kauf verzichtet, die Anschaffung jedoch zunächst einmal zurückgestellt.

...

Am Beispiel der Hightech-Geräte lässt sich auch feststellen, dass der extrem schnelle technische Innovationsdruck samt seinen Nebenwirkungen auf Preise und Angebotsstruktur vom Normalverbraucher schlicht nicht mehr nachvollzogen wird. Die handlungsleitenden Faktoren des Konsumverhaltens im Markt zu kennen und zu verstehen ist deshalb gerade in eher problematischen Zeiten wesentliche Erfolgsvoraussetzung für alle Entscheider im Markt, vom Schreibwarenhändler bis zum Hersteller der Produkte.

Handlungsleitende Determinanten
des Konsumverhaltens im Einzelhandel

Rationale Faktoren:
- konkreter Bedarf
- Preis, Kaufkraft
- Produktmerkmale
- Erreichbarkeit Shop
- Verfügbarkeit Produkt

Emotionale Faktoren:
- Impulse
- Gewohnheiten
- individuelle Vorlieben
- Wünsche, Erwartungen
- Image der Einkaufsstätte

Shop-Faktoren:
- Standort, Öffnungszeiten
- Angebot, Auswahl, Sortiment
- Preise, Preis-Image
- Service, Kommunikation, Leute
- Optik, Ambiente, Aufenthalt

Produkt-Faktoren:
- Convenience
- Impuls, Kaufanreiz
- Optik, visuelle Reize
- Qualität, Genuss, Erlebnis
- Platzierung, Präsentation im Shop
- Relation Preis-Leistung

Wir sehen im schematischen Schaubild, dass wir es hier, was die Person des Konsumenten betrifft, sowohl mit rationalen als auch mit emotionalen Faktoren zu tun haben, die sich handlungsleitend auf das Konsumverhalten auswirken.

Quelle: http://www.pbs-akademie.de/body_info_kunden_thema71.htm

Das Konsumentenverhalten hat Auswirkungen auf den Einzelhandel. Dieser muss das Verhalten der Konsumenten voraussehen und versuchen mit Marketingmaßnahmen entsprechend zu reagieren.

Beispiel Konsumverhalten und Auswirkungen auf die Handelslandschaft (Auszug aus eine Studie der PBS-Akademie)

Konsumverhalten
Auswirkungen auf die Handelslandschaft

Konsumverhalten:
- Kaufzurückhaltung, Sparneigung
- Verzicht mit Genuss
- Schattenwirtschaft (ebay usw.)
- tauschen, weitergeben, gemeinsam kaufen und nutzen

Konsumententrends:
- out: Wegwerfgesellschaft
- in: beständige Produkte
- „unkaputtbare" Produkte
- Modetrend: dirty Look, used Look

Auswirkungen auf den Handel:
- Umsatzrückgänge Ø –5%
- Sparmaßnahmen
- Insolvenzen
- Beschränkung der Öffnungszeiten
- noch härterer Preiswettbewerb

Empfehlungen für PBS-Shops:
- Standortvorteile besser nutzen
- konsequente Sortimentsüberprüfung
- Optimierung der Warenpräsentation
- preiswerte Produkte herausstellen
- Produkte ohne „Wegwerfimage"
- Kaufimpulse geben

Quelle: http://www.pbs-akademie.de/body_info_kunden_thema71.htm

Kundenansprüche

Die Ansprüche von Konsumenten (Kunden) verändern sich ständig. Diese **Veränderungstrends** haben zwangsläufig Auswirkungen auf die Marketingarbeit eines Unternehmens. Sie zu erkennen und daraus entsprechende kundenorientierte Maßnahmen abzuleiten, erfordert unternehmerisches Geschick und Weitblick. Durch Nutzung einschlägiger Informationen der Marktforschung, (vgl. Seite 151 ff.) können die Risiken von Entscheidungen gemindert werden (**Risikomanagement**). In allen Veränderungen liegen jedoch auch Chancen, die für einen Einzelhändler marktwirtschaftlich nutzbar sind (**Chancenmanagement**). Letztlich kann aber ein Einzelhandelsunternehmen am Markt nur bestehen, wenn es in der Lage ist, die Ansprüche seiner Kunden bestmöglich zu erfüllen.

Kundenansprüche können sich verändern, wenn gesellschaftliche oder konjunkturelle Einflüsse gegeben sind. Ebenso kann sich eine Veränderung des Wertewandels auf die Kundenansprüche auswirken. LF 2

Beispiel Studie der PBS-Akademie (Auszug)

Die Befindlichkeit der deutschen Konsumenten im Jahr 2004, soweit wir dies bisher überblicken können, zeigt keine Veränderung hin zu Hedonismus[1], zu mehr Luxus und Genuss. Ganz im Gegenteil kommt eine aktuelle Studie von Wiegner + Weber Absatzforschung zu den hier skizzierten Ergebnissen, die man verkürzt vielleicht mit der „zunehmenden Doppelbelastung der Verbraucher durch den Zwang zur Sparsamkeit" umschreiben könnte. Offenbar ist für einen Großteil der deutschen Verbraucher ganzjährig Aschermittwoch angesagt.

Wir stellen fest:

- **Sparneigung** nimmt weiter zu,
- **Konsumverzicht** gehört zum Alltag und wird als messbarer Erfolg gewertet,
- **Preis-Leistungsverhältnis** wird immer wichtiger bei der Bewertung von Produkten und Dienstleistungen,
- **Wertewandel:** Nicht wie viel Geld man verdient, sondern wie viel man daraus macht, zählt heute,
- **Doppelbelastung** der Verbraucher durch Schnäppchenjagd, Einkaufen und Preise vergleichen so zeitraubend wie nie zuvor,
- **Neue Impulse** aus Subkulturen und Avantgarde fehlen.

Quelle: http://www.pbs-academie.de/body_info_kunden_thema84.htm

Kaufentscheidende Faktoren

Bezüglich des Kaufverhaltens von Kunden muss ein Einzelhändler untersuchen, welche Faktoren für seine Kunden **kaufentscheidend** sind, er muss also die Schlüsselfaktoren, die **„Key Buying Factors"** **(KBF)** kennen. Seine Grundfrage lautet somit:

„Welche Produkteigenschaften einer Ware und welche Eigenschaften eines Geschäftes sind für den Kunden bei seiner Kaufentscheidung wichtig ?"

Wenn er die Antworten hierauf weiß, kann er sich darauf einstellen und sein Sortiment entsprechend planen.

Beispiele Checkliste für Key Buying Factors beim Kauf einer Digitalkamera und eines Herrenanzuges:

Liste möglicher KBFs	Beispiele bei Digitalkamera	Beispiele bei Herrenanzug
Technische Faktoren – Eigenschaftsmerkmale – Technische Leistungsdaten – Einsatzbedingungen usw.	Größe, Farbe, Gewicht; Lichtstärke, Zoomfaktor, Pixelzahl; Nachtaufnahmen, Nahaufnahmen	Größe, Farbe, Design, Mode; Strapazierfähigkeit, Reinigung; Kombinationen mit anderer Garderobe
Wirtschaftliche Kriterien – Verkaufspreis – Rabatte, Sonderkonditionen – Betriebskosten usw.	Barkauf, Finanzierungskauf; Zugaben (Fototasche); Lebensdauer des Akkus, Kosten für Zubehör	Barkauf; Zugaben (Gürtel, Weste); Reinigung

1 Hedonismus erhebt Lust und Vergnügen zum obersten Lebensprinzip.

Liste möglicher KBFs	Beispiele bei Digitalkamera	Beispiele bei Herrenanzug
Unternehmensbezogene Kriterien – Breite, Tiefe des Sortiments – Technischer Service – Garantien – Finanzierungsangebote – Beratungskompetenz des Verkaufspersonals	Auswahl an verschiedenen Geräten; Ersatzteile, Reparatur, ggf. länger als gesetzlich; Ratenkauf; Eingehen auf verschiedene Käufertypen	Auswahl an verschiedenen Anzügen; Änderungsschneiderei; Haltbarkeit der Nähte; Ratenkauf; Eingehen auf verschiedene Käufertypen

Speziell folgende Fragen sind hinsichtlich dieser kaufentscheidenden Merkmale zu untersuchen:

- Wie gut kann das eigene Unternehmen diese Merkmale erfüllen?
- Wie gut können die Wettbewerber diese Merkmale erfüllen?
- Wie verändert sich in Zukunft die Wichtigkeit dieser Merkmale bei den Kunden?

Bei der Beantwortung dieser Fragen helfen z. B. Befragungen und Kundeninterviews, also die Marktforschungsarbeit (vgl. Seite 155).

Ziel ist es, die Rangfolge der Produkteigenschaften in Bezug auf ihre Wichtigkeit für die Kaufentscheidung herauszufinden. Hieraus lässt sich der **Teilnutzenwert eines Produktes** am Gesamtnutzen ableiten. Dadurch kann deutlich werden, welche Produktmerkmale die Kaufentscheidung maßgeblich beeinflussen.

Beispiel: Ergebnisse einer Untersuchung eines Möbelhauses: Untersucht wurde die Zielgruppe „Junge Familie mit Kindern“, die ein neues Sofa anschaffen will.

Produkteigenschaften	Bedeutung der Eigenschaft für Kaufentscheidung
Reinigungsmöglichkeit	25 %
Preiswürdigkeit	22 %
Alltagstauglichkeit, Belastbarkeit	19 %
Bequemlichkeit, Sitzgefühl	15 %
Kombinationsmöglichkeiten mit anderen Möbeln	7 %
Ökologische Aspekte	6 %
Lebensdauer	5 %
Sonstiges	1 %
Summe	100 %

Aus diesen Daten lässt sich ableiten, welche Produkteigenschaften für die Zielgruppe (junge Familie) kaufentscheidend sind. Für eine andere Zielgruppe können ganz andere Merkmale bedeutend sein.

Zielgruppen im Einzelhandel

Die Kenntnis und die Unterscheidung von Zielgruppen im Einzelhandel ermöglicht es dem Einzelhändler, spezifische Sortiments- und Serviceleistungen zu planen. Häufig wird von **Zielgruppenmarketing** gesprochen. Hierbei werden alle marketingpolitischen Instrumente (vgl. Seite 134 f.) eingesetzt und auf die Zielgruppe abgestimmt. LF 5

Beispiel Im Mars Elektrofachmarkt e. K. ist die PC-Abteilung in mehrere Bereiche eingeteilt. Für die Zielgruppe der jüngeren PC-Benutzer ist ein „Game-Corner" eingerichtet. Hier befinden sich PC-Spiele und Zubehör für diese Zielgruppe. Ferner gibt es den „Office-Corner", der sich an die PC-Kunden richtet, die ihren Computer vorwiegend für geschäftliche Zwecke nutzen; hier werden u. a. Notebooks, Laserdrucker und Office-Software angeboten. Daneben gibt es den „Multimedia-Corner", der die Zielgruppe der Foto-, Film- und Sound-Freaks ansprechen soll. Letztlich gibt es auch einen Bereich, der sich an die Kunden richtet, die insbesondere preiswerte Produkte erwerben wollen, den „Low-Budget-Corner". In allen Bereichen sind die entsprechenden Waren zielgruppengerecht platziert. Da einige Waren für alle Zielgruppen interessant sind, sind Mehrfachplatzierungen vorzufinden.

Es ist möglich, eine bestimmte Zielgruppe in kleinere Untergruppen zu gliedern, um den besonderen Kundenansprüchen noch stärker zu entsprechen. Im Extremfall kann sogar jeder einzelne Kunde als Zielgruppe betrachtet werden: Man spricht dann von **One-to-one-Marketing**.

Kundenstrukturen (Kundentypen, Kundensegmente)

Ein Einzelhandelsunternehmen kann seine Kunden nach betriebsindividuellen Kriterien in Gruppen einteilen. Die Schaffung von **Kundengruppen**, die sich aus den Zielgruppen ableiten lassen, ermöglicht Schwerpunkte zu bilden und besondere **Kundensegmente** zu definieren, auf die jeweils mit speziellen Maßnahmen (z. B. bei Neueinführung von Artikeln, bei Reklamationen usw.) reagiert werden kann. Marketingexperten haben für Einzelhandelsunternehmen bestimmte **Kundentypologien** entwickelt, Kunden werden in Gruppen, Typen eingeteilt. Sie helfen dem Einzelhändler seine Marketingaktivitäten zielgruppenorientiert zu planen.

Da der Einzelhandel sehr verschiedenartig ist, ist es schwer, allgemeingültige Kundengruppen zu beschreiben. Je nach Branche, Betriebsgröße, Standort, Betriebs- und Bedienungsform gibt es somit unterschiedliche Kundengruppen.

Beispiele: Kunden im PBS-Geschäft (Papier-, Büro, Schreibwaren):

Kunden im PBS Geschäft lassen sich im Grunde ganz unabhängig vom Alter und vom momentanen Bedarf in vier wichtige Gruppen einteilen.

EUROPA KONTOR **WIEGNER+WEBER**

Kundentypen und Einstellungsmuster

42 % Typ „bequeme Kunden"
Erreichbarkeit, Lage, Nähe des Geschäfts usw. sind für sie die wichtigsten Kriterien beim PBS-Kauf

24 % Typ „anspruchsvolle Kunden"
sie legen Wert auf gute Qualität, bekannte Marken, kompetente Einkaufsstätten, Service, Beratung

17 % Typ „sparsame Kunden"
preisinformiert, preisbewusst bis stark preisempfindlich

17 % Typ „gleichgültige Kunden"
ohne definierten Anspruch, kaufen nach Bedarf

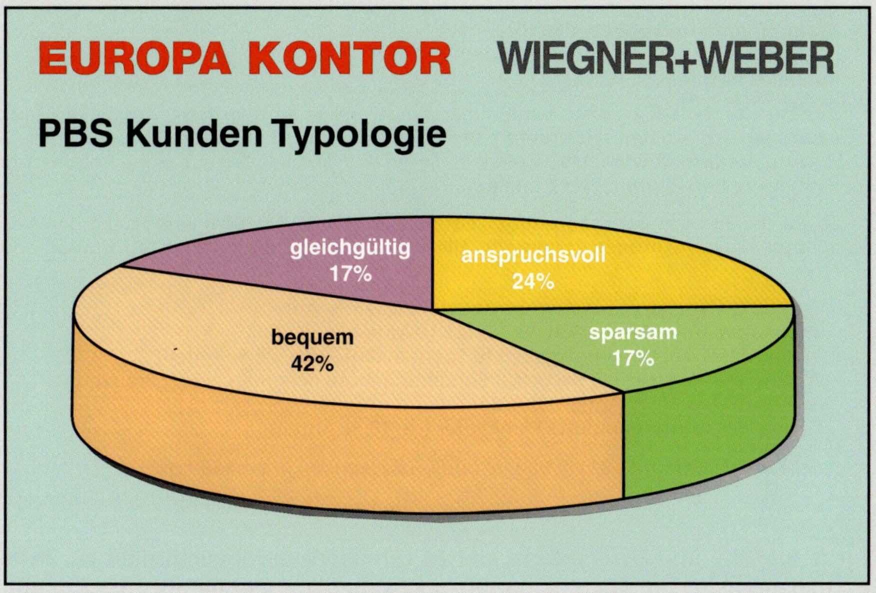

Natürlich wollen wir hier nicht einem simplen „Schubladen-Denken" Vorschub leisten. Kein Kunde ist so einfach gestrickt, dass er „nur" bequem, anspruchsvoll oder sparsam ist. Vielmehr ist das Einstellungsmuster in der Regel ein Zusammenfallen von Meinungen und Einstellung, woraus wir dann jeweils das wichtigste handlungsleitende Motiv herausgearbeitet haben.

Überprüfen Sie die Bequemlichkeit Ihres Geschäfts aus Kundensicht anhand folgender Fragen:

- Steht die Bequemlichkeit des Kunden für Sie im Mittelpunkt?
- Macht Einkaufen in meinem Geschäft Spaß?
- Ist der Einkauf unkompliziert?
- Ist die Warenpräsentation übersichtlich?
- Stimmt der Service?
- Läuft der Kassiervorgang schnell und unkompliziert ab?
- Sind die Öffnungszeiten bequem für die Kunden?
- Könnten Sie den Kunden noch mehr Bequemlichkeit bieten?

Tipp für die Praxis:

Der Geschäftsinhaber im PBS-Geschäft sollte kritisch prüfen, welcher Kundentyp für sein Geschäft wirklich wichtig ist. Und welchen Anspruch diese Kunden gerade an sein Geschäft haben.

Erkennen Sie Ihre Kundenstruktur und analysieren Sie deren Bedürfnisse.

Stellen Sie sich kritisch folgende Fragen:

- Wer kauft eigentlich bei mir ein?
- Warum? Welchen Vorteil bietet mein Geschäft dem Kunden?
- Welche Kundengruppen ist momentan die wichtigste für mein Geschäft?
- Welche Kundengruppe wird in 10 Jahren die wichtigste sein?
- Welchen Anspruch haben meine wichtigsten Kunden an ein PBS Geschäft?
- Wird mein Geschäft diesem Anspruch gerecht?
- Was kann ich tun, um anspruchsvolle Kunden künftig noch stärker an mein Geschäft zu binden?

Quelle: http://www.pbs-akademie.de/body_info_kunden_thema02.htm sowie die Folgeseiten _thema03 und 04

Kundentypen im Lebensmittelbereich

Kunde ist nicht gleich Kunde ...

... diese alte Handelsweisheit wird immer wieder gerne aufgegriffen. Von Zeit zu Zeit beschäftigen sich Studien mit unserem Verbraucher, dem unbekannten Konsumwesen. Und in wirtschaftlich schwierigen Zeiten wie diesen warten viele auf die frohe Botschaft bzw. das bessere Verständnis ihres Kunden.

So wurde jüngst in der Lebensmittelzeitung (Nr. 12 v. 19.03.2004) eine Studie der Werbeagentur Vasata-Schröder vorgestellt. Hier im Kurzprofil die wichtigsten Konsumententypen:

- Cheapy, der preissensible Angebotskäufer (ca. 25 % Anteil)
- Brandy, der treue Markenkäufer (ca. 20 % Anteil)
- Jumpy, der sonderangebotsgelenkte Spontankäufer (ca. 28 % Anteil)
- Watchy, der Vorsichtige, der selbst Sonderangebote nochmals einem Preisvergleich unterzieht (ca. 15 % Anteil)
- Planny, der wohlorganisierte Plankäufer (ca. 10 % Anteil)

Quelle: http://www.pbs-akademie.de/body_info_kunden_thema88.htm

LF 1 Für jede Branche und Betriebsform gibt es verschiedene Möglichkeiten zur Erstellung von Kundentypologien. Für alle Einzelhandelsunternehmen gilt aber das Kriterium der **Kundenbindung**. Jedes Unternehmen kann nach diesen Kriterien seine Kunden in Gruppen (Typen) einteilen.

Kriterium	Erläuterungen, Beispiele
Kundenbindung	**Stammkunden:** Sie kommen regelmäßig und benötigen eine besondere Ansprache, da sie wesentlich zum Erfolg des Unternehmens beitragen. Diese Kunden haben eine Beziehung zu dem Geschäft aufgebaut und sind bereit, stets wieder in diesem Unternehmen einzukaufen. Stammkunden empfehlen „ihr" Geschäft gerne an Freunde und Bekannte weiter und werden dadurch zu einem wichtigen Werbekanal für den Einzelhändler. **Neukunden:** Sie sind i. d. R. durch Empfehlung oder durch Werbemaßnahmen in ein bestimmtes Geschäft gekommen. Sie bedürfen ebenfalls einer besonderen Ansprache, da sie zu Stammkunden werden können. **Laufkunden:** Das sind Kunden, die eher zufällig, z. B. beim Bummeln durch die Stadt, das Geschäft eines Einzelhändlers betreten, weil sie z. B. durch Schaufensterauslagen auf sein Sortiment aufmerksam geworden sind.

Auf der Grundlage qualitativer **Kundensegmente** müssen in der Praxis konkrete **betriebsindividuelle Kriterien** für die Kundeneinstufung gebildet werden.

Beispiele

- **Kundensegmente im Lebensmitteleinzelhandel**, Kriterien sind z. B. Größe des Haushalts und Bedarf an bestimmten Produkten: Single-Haushalte, Seniorenhaushalte, Haushalte mit Kleinkindern, Haushalte mit Vorlieben für Ökoprodukte, Haushalte mit Vorlieben für besonders preiswerte Produkte, Haushalte mit Vorlieben für Fertigprodukte
- **Kundensegmente im Sporteinzelhandel**, Kriterien sind z. B. Sportarten und Intensität der Sportausübung: Angelsport, Laufsport, Segelsport, Tennis, Fußball, Freizeitsportler bzw. Gesundheitssportler (Jogger), ambitionierte Sportler (Teilnehmer an Amateurwettkämpfen), Leistungssportler (Halb- und Vollprofis)
- **Kundensegmente im Einzelhandel** für Unterhaltungselektronik, Kriterien sind z. B. Ansprüche der Kunden an Technik, Preisbewusstsein

Kundenwert

Der **Kundenwert** ist eine Form der wirtschaftliche **Kundenbetrachtung**. Das bedeutet: Ein Kunde wird an seinen Einkäufen innerhalb einer bestimmten Zeit gemessen (ein Jahr, zehn Jahre, Lebenszeit).

Beispiele

- Kundenwertermittlung beim Lebensmitteldiscount Schlegel KG: Ein Drei-Personen-Haushalt kauft in einer Woche bei einem bestimmten Lebensmittel-Dicounter für 45,00 EUR ein. Auf ein Jahr bezogen bedeutet dies einen Umsatz von ca. 2.250,00 EUR. Rechnet man ca. 10 % dieser Summe für spontane Zusatzkäufe bzw. Sonderangebote hinzu, so ergibt sich ein Jahreskundenwert von ca. 2.500,00 EUR. In zehn Jahren sind das (unverzinst) ca. 25.000,00 EUR Wenn der Einzelhändler solch einen Stammkunden verliert, weil sein Angebot nicht mehr dem Kunden entspricht, so verliert er auch diesen Umsatz und folglich auch den darin enthaltenen Gewinn.
- Kundenwertermittlung im Mars Elektrofachmarkt e. K. (Abteilung Neue Medien): Ein Kunde kauft einen Standard-PC für ca. 1.200,00 EUR. Zusätzlich kauft er einen Drucker. Zunächst beabsichtigt er, damit seine Büroarbeiten zu erledigen und Zugang zum Internet zu erhalten. Die mittlere PC-Nutzungsdauer liegt heute bei ca. drei bis vier Jahren. Innerhalb dieser Zeit benötigt ein PC-Nutzer Verbrauchsartikel (Druckerpapier, Druckertinte bzw. -toner), Disketten, CD- oder DVD-Rohlinge für die Datensicherung usw.). Ferner benötigt er Zubehör (Kabel, CD-Hüllen usw.) und Erweiterungs- bzw. Aufrüstungsteile (Speichererweiterungen, Speichersticks, Netzwerkteile, Zusatzkarten usw.). Schließlich benötigt er auch Software und einschlägige Literatur. Die Summe dieser Käufe entspricht dem Kundenwert. Wenn es dem Einzelhändler gelingt, dem Kunden beim Erstverkauf etwa durch Beratungskompetenz und Preiswürdigkeit zu imponieren, dann ist die Wahrscheinlichkeit groß, dass der Kunde seine Einkäufe auch bei ihm tätigt.

Der Kundenwert verdeutlicht, wie wichtig es für einen Einzelhändler ist, Stammkunden zu gewinnen und zu binden. Dabei ist zu beachten, dass **jeder** Kunde Stammkunde werden kann.

Kunden – die wichtigsten Personen im Einzelhandel

- **Kundenorientierung** ist eine notwendige Überlebensstrategie für Einzelhandelsunternehmen; sie ermöglicht die Wettbewerbsfähigkeit.
- Kunden haben unterschiedliche **Kaufmotive** und **Kundenansprüche**, diese zu erkennen ermöglicht die Kundengewinnung und Kundenbindung.
- Das **Konsumverhalten von Kunden** wird beeinflusst durch rationale und emotionale Faktoren sowie durch Shop- und Produktfaktoren.
- **Kundenverhalten und Kundenansprüche** verändern sich im Zeitablauf und werden beeinflusst durch politische, gesellschaftliche und konjunkturelle Entwicklungen.
- Zu einem Kauf werden die Kunden durch bestimmte **kaufentscheidende Faktoren** beeinflusst, die je nach Zielgruppe oder Branche unterschiedlich sein können.
- **Zielgruppenmarketing** orientiert sich an speziellen Bedürfnissen oder Verhaltensweisen von Kunden.
- In allen Einzelhandelsunternehmen lassen sich besondere **Kundentypen** beschreiben und bestimmte **Kundensegmente** erstellen, worauf mit unterschiedlichen Marketingmaßnahmen reagiert werden muss.
- Der **Kundenwert** ist eine wirtschaftliche Betrachtung des Kunden, er drückt aus, welchen Wert (Umsatz, Gewinn) ein bestimmter Kunde für ein Einzelhandelsunternehmen hat.

1. Erläutern Sie, weshalb Kundenorientierung im Einzelhandel eine Überlebensstrategie für Unternehmen ist.

2. a) Erstellen Sie eine Übersicht über Kaufmotive von Kunden Ihres Ausbildungsbetriebes.
b) Geben Sie bei jedem Kaufmotiv an, mit welchen Marketingmaßnahmen auf diese Motive eingegangen wird.

3. Geben Sie Beispiele für das Verhalten von Kunden an, gliedern Sie diese Beispiele in rationale, emotionale, Shop- und Produktfaktoren. Als Arbeitshilfe lesen Sie hierzu den Aufsatz „Konsumenten zwischen Lust und Frust" auf Seite 171 f.

4. Kundenansprüche und Kundenverhalten ändern sich im Zeitablauf.
a) Erläutern Sie Ursachen und Gründe hierfür. Berücksichtigen Sie dabei Ihre eigenen Erfahrungen als Kunde. Überlegen Sie sich z. B., wie sich Ihr Einkaufsverhalten in den letzten zehn Jahren verändert hat, wie haben Sie als Kind eingekauft, wie kaufen Sie heute ein?
b) Geben Sie Beispiele an, wie der Einzelhandel auf die Veränderungen von Kundenansprüchen reagieren kann.

5. Betrachten Sie einen Sortimentsausschnitt Ihres Ausbildungsbetriebes und erstellen Sie eine Liste von kaufentscheidenden Faktoren für diese Waren.

6. Erstellen Sie für Ihren Ausbildungsbetrieb eine Übersicht von Zielgruppen bzw. Kundensegmenten. Stellen Sie diese Übersicht in Ihrer Klasse zur Diskussion und leiten Sie aus den Diskussionsergebnissen weitere Zielgruppen ab. Überlegen Sie sich, wie diese Zielgruppen durch Werbung und durch Verkaufsförderungsmaßnahmen angesprochen werden können.

7. a) Ermitteln Sie den Kundenwert für einen typischen Kunden Ihres Ausbildungsbetriebes.
b) Beschreiben Sie stichwortartig, welche Probleme bei der Ermittlung des Kundenwertes auftreten können.

7 Kunden gewinnen und Kunden binden

Im Mars Elektrofachmarkt e. K. sind Überstunden angeordnet. Mehmet Aydin ist auch betroffen. Für die nächste Woche ist eine groß angelegte Werbeaktion geplant, in der TV-Geräte und Hi-Fi-Anlagen im Mittelpunkt stehen. Hierzu muss das Lager mit viel Ware aufgefüllt werden, die Preisauszeichnung muss durchgeführt werden und die Geschäftsräume müssen komplett neu dekoriert werden. Bei dieser Aktion erhalten alle Verkaufsmitarbeiter Sonderprämien für Verkäufe. Mehmet

freut sich schon auf den Zusatzverdienst, denn er ist gerade in der Hi-Fi-Abteilung eingesetzt: *„Wenn ich Glück habe, dann ziehe ich aus dieser Aktion einen Batzen Geld!"*, sagt er zu einem älteren Kollegen. Der antwortet nur mürrisch: *„Solche Aktionen bringen auf Dauer meist nichts ein, denn die Konkurrenz schläft ja nicht. Kunden in den Laden zu holen, ist ja keine Kunst – aber Kunden langfristig zu binden, das schafft man nicht durch eine Werbeaktion!"*

ARBEITSAUFTRÄGE

- Erarbeiten Sie die Gemeinsamkeiten und Unterschiede von Kundengewinnung und Kundenbindung.
- Erstellen Sie einen Katalog von Maßnahmen zur Kundenbindung für Ihren Ausbildungsbetrieb

Konsequente Marketingarbeit bedeutet eine strikte Kunden- und Wettbewerbsorientierung. Mit Instrumenten der Marktforschung (vgl. Seite 152 f.) werden aktuelle Daten und Trends ermittelt. Diese müssen zielgerecht in betriebliche Entscheidungen eingebunden werden, um die Marktfähigkeit eines Einzelhandelsunternehmens dauerhaft zu sichern.

Win-Win-Situationen

Sowohl das Einzelhandelsunternehmen als auch seine Kunden müssen von einem Einkauf profitieren, es muss eine **„Win-Win-Situation"** geschaffen werden, in der sich beide Parteien als „Winner", also als Gewinner, sehen können. Wichtig ist jedoch, dass die Kunden beim Einkauf ihre Win-Situation realisieren; sie müssen also den Einkauf als Gewinn bringendes Erlebnis erkennen.

Beispiele

- Ein Kunde kauft einen MP3-Player. Wegen der vielen Funktionen, des Zubehörs und des Designs empfindet er den Kauf als Gewinn für sich, obwohl es preiswertere Modelle im Angebot gab.
- Eine Kundin kauft ein teures Parfum, das gerade im Sonderangebot vorhanden ist. Mit diesem Parfum verbindet sie ein wenig Luxus und es gibt ihr ein besseres Selbstwertgefühl. Sie betrachtet den Kauf als Gewinn für sich.

In beiden Fällen ergibt sich aber auch für den Einzelhändler eine Win-Situation, weil er einerseits einen Kunden zufrieden gestellt hat (der vielleicht wiederkommt) und andererseits einen Umsatz getätigt hat.

Grundnutzen und Zusatznutzen von Waren

Jede Ware hat einen **Grundnutzen** und einen **Zusatznutzen**. Kunden wollen nicht einfach nur Waren kaufen. Es geht ihnen oft auch um den Zusatznutzen, weil die meisten Grundbedürfnisse unserer Kunden weitgehend befriedigt sind (Essen, Trinken, Wohnen usw.). Dabei wünscht sich der Kunde ein angemessenes Preis-Leistungs-Verhältnis. Hierbei wird aber die Leistung häufig über den Zusatznutzen definiert. LF 2

Beispiele

Kauf einer Ware	Grundnutzen	Zusatznutzen
Kauf einer Uhr	Zeitangabe	Prestige, Schmuck
Kauf von Lebensmitteln	Sättigung	Genuss, Lebensfreude
Kauf eines Anzugs	Bekleidung	Image, Modebewusstsein

Vielfach sind die Waren verschiedener Einzelhändler bzw. verschiedener Marken hinsichtlich ihres Grundnutzens sehr ähnlich und somit austauschbar. Der Wettbewerb findet auf der Ebene des Zusatznutzens statt. Hier können Einzelhändler durch Marketingmaßnahmen, insbesondere durch Zielgruppenmarketing (vgl. Seite 130), Kunden gewinnen. Das Herausstellen von Zusatznutzen und von **Problemlösungen für Kunden** wird immer stärker zum Mittelpunkt der Marketingarbeit.

Hierbei sind wirtschaftliche Überlegungen anzustellen. So ist der Aufwand (Kosten, Zeit) einen bereits vorhandenen Kunden zufrieden zu stellen i. d. R. geringer als der Aufwand, einen völlig neuen Kunden zu gewinnen. Der Verlust von Stammkunden kann sich also bedrohlich auswirken.

Kundenzufriedenheit

Kundenorientierung hat zum Ziel, **Kundenzufriedenheit** herzustellen und zu optimieren, um dadurch den Wechsel der Kunden zu Mitbewerbern zu verhindern. Kundenzufriedenheit wirkt sich positiv auf den wirtschaftlichen Erfolg eines Einzelhandelsunternehmens aus. Das bedeutet, dass eine Steigerung der Kundenzufriedenheit zu Umsatz- und Gewinnzuwächsen führt. Zwar verursachen viele Maßnahmen zur Optimierung der Kundenzufriedenheit Ausgaben, jedoch sind diese Investitionen „zinsbringende" Anlagen, da sie den Kunden langfristig binden und damit die Wettbewerbsfähigkeit sichern.

Betriebswirtschaftliche Untersuchungen haben u. a. folgende Erkenntnisse ergeben:

- **Jeder zufriedene Kunden bringt** mindestens drei weitere **neue Kunden**.
- Es ist fünf- bis sechsmal **teurer**, einen neuen Kunden zu gewinnen, als einen Stammkunden zu halten.
- Vor allem durch **Weiterempfehlung von Stammkunden** erhält man **kostenlose Werbung**.
- Zufriedene Kunden sind gerne bereit, ihre guten Erfahrungen weiterzugeben.

Hieraus lassen sich konkrete **Empfehlungen für die Marketingarbeit** eines Einzelhändlers ableiten:

- Einzelhandelsunternehmen sollten ihre Aktivitäten vor allem auf die **Pflege und Intensivierung vorhandener Kundenbeziehungen** statt nur auf die Gewinnung von Neukunden konzentrieren. Wenn z. B. der Service wegrationalisiert wird, bleiben auch die Kunden aus.
- Über Kostenmanagement nachzudenken, ist heute die Pflicht eines jeden Unternehmers. Statt aber über Rationalisierung von Personal (also Stellenstreichungen) nachzudenken, sollten andere Bereiche des Betriebes durchdacht und Organisationen gegebenenfalls neu strukturiert werden. **Statt weniger sollte es mehr Personal in den Unternehmen geben**, und zwar qualifiziertes Personal. Im Einzelhandel ist der Faktor Mensch, also die Verkäufer, durch nichts zu ersetzen. Nichts

bleibt positiver in Erinnerung als ein freundliches Gespräch mit einem hilfsbereiten und kompetenten Verkäufer.

- **Binden Sie gute Mitarbeiter an das Unternehmen**, vielleicht mit einem Prämiensystem. Rechnen Sie nicht ängstlich mit Cents, um die Hochleistungswilligen Ihrer Branche an sich zu binden. Die Mitarbeiter werden dadurch motiviert, handeln selbstständig, wollen etwas bewegen. Investieren Sie Zeit und Geld in die Ausbildung Ihrer Mitarbeiter.

Quelle: in Anlehnung an Seiwert, L.:
http://www.incentive-journal.de/Archive/1999/04/Marketin/049906/049906.htm

• Kundenzufriedenheitspyramide

Kundenzufriedenheit äußert sich im Verhalten der Kunden, sie kann durch Beobachtung und durch Befragungen festgestellt werden. Letztlich zeigt sich aber die Kundenzufriedenheit „in der Kasse“ des Einzelhändlers. **LF 2**

Die Kundenzufriedenheit ist eng mit den Erwartungen der Kunden und ihren Ansprüchen verbunden (vgl. Seite 173). Drei Möglichkeiten sind hier denkbar:
1. Die Erwartungen werden mehr als erfüllt, der Kunde ist positiv überrascht und vollkommen zufrieden.
2. Die Erwartungen werden zwar erfüllt, aber es entsteht keine Begeisterung.
3. Die Erwartungen werden nicht erfüllt, der Kunde ist enttäuscht und unzufrieden.

Aus diesen drei Möglichkeiten leiten sich jeweils verschiedene Verhaltensweisen der Kunden ab. Der Zusammenhang kann in einer **Zufriedenheitspyramide** veranschaulicht werden.

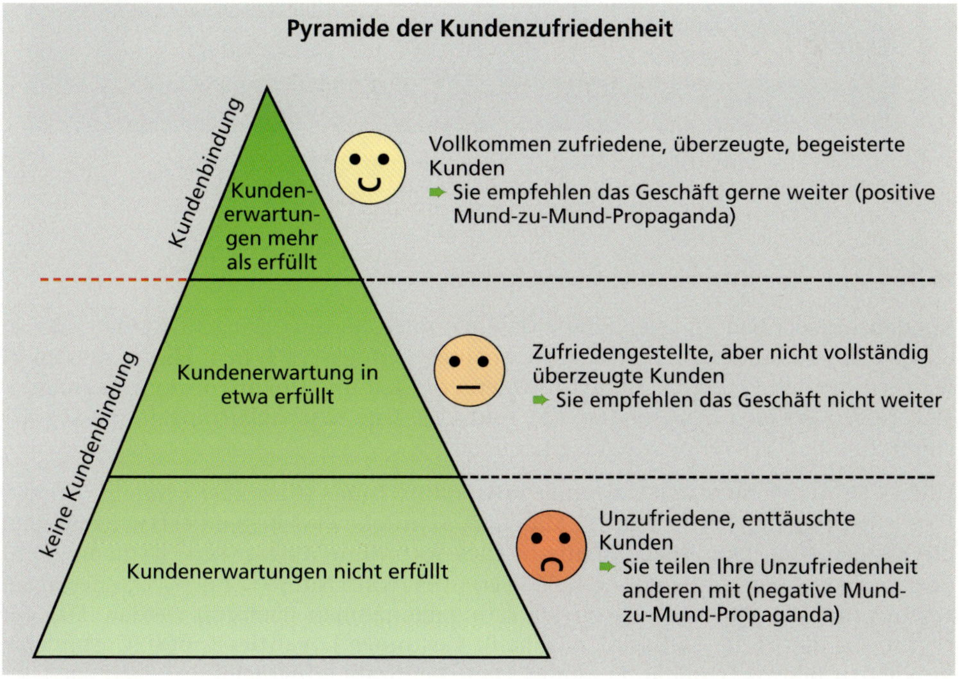

Quelle: http://www.incentive-journal.de/Archive/1999/04/Marketing/049906/049906.htm

Beispiel Kundenzufriedenheit

Kundenzufriedenheit ist die Differenz zwischen den Erwartungen des Kunden und der wahrgenommenen Leistung. Diese Erwartungen setzen sich aus vier Bausteinen zusammen: 1. die erwarteten Produkteigenschaften, 2. der Preis, 3. das Image des Produktes und dessen Herstellers sowie 4. der erwartete Service. Dem gegenüber steht die Summe der nach dem Kauf wahrgenommenen Leistungen in Bezug auf diese vier Bausteine.

Das bedeutet, wenn das Erlebte die Erwartungen erfüllt, ist der Kunde zufrieden. Zufriedene Kunden reichen in der heutigen Zeit jedoch nicht mehr. Die Kunden müssen begeistert werden. Das Erlebte muss das Erwartete übersteigen. Gerade für den Einzelhandel ist die Kundenbindung mithilfe begeisterter Kunden ein elementarer Bestandteil zum Überleben in der heutigen Zeit geworden.

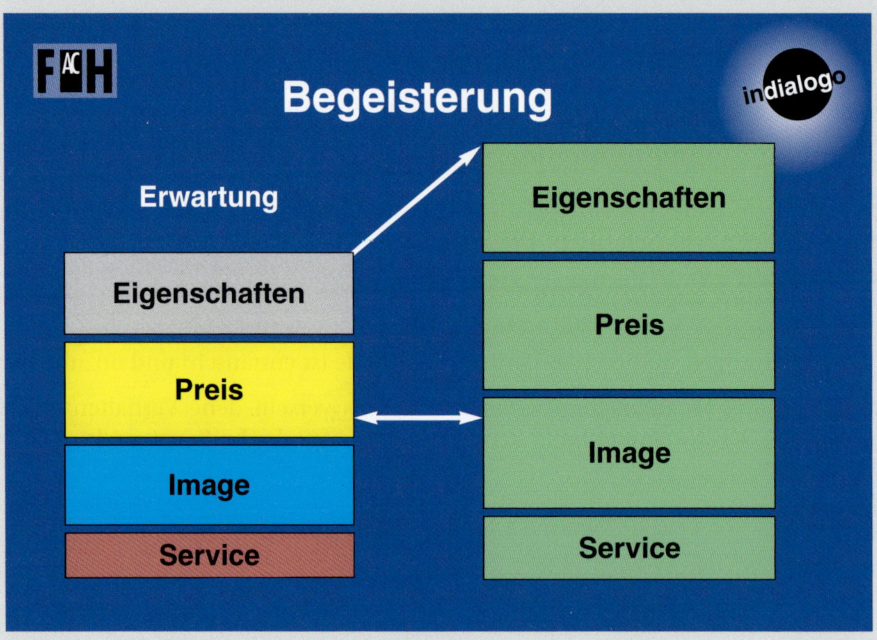

Quelle: http://www.businessvillage.de/Magazin/mag_detail/mag-69.html

Messen der Kundenzufriedenheit

Kundenzufriedenheit als qualitatives Merkmal muss messbar gemacht werden, um zu überprüfen, ob bestimmte Marketingmaßnahmen erfolgreich waren. Hierzu werden in der betrieblichen Praxis diverse **Kennzahlen** ermittelt und in Entscheidungen einbezogen. Hierzu gehören insbesondere **CSI und CLI**. Dies sind Abkürzungen, die aus der amerikanischen Marketingforschung kommen.

Unter CSI versteht man den **Customer Satisfaction Index** (Customer = Kunde, Satisfaction = Befriedigung, Zufriedenheit). Mit dieser Kennzahl wird ausgedrückt, wie zufrieden die Kunden sind. Eine solche Kennzahl ist jedoch ohne Aussagewert, wenn sie nicht über einen längeren Zeitraum regelmäßig ermittelt wird. Nur so können Veränderungen erkannt und die Wirksamkeit von Marketingmaßnahmen überprüft werden. Das gilt ebenso für die zweite Kennzahl. CLI heißt **Customer Loyalities Index** (Customer = Kunde, Loyalities = Loyalität, Bindung). Diese Kennzahl umschreibt den Grad der Kundenbindung.

Kennzahl	Erläuterungen	Beispiele
Zufriedenheitsindex **Customer Satisfaction Index (CSI)**	IM CSI werden verschiedene Informationen, aus denen Kundenzufriedenheit ableitbar ist, in einer Checkliste aufgeführt. Jedes Kriterium wird dann auf einer Skala, z. B. von 1–6 bewertet. Hieraus wird eine Kennzahl abgeleitet. Der CSI ist u. a. anwendbar auf eine Abteilung oder eine Filiale bzw. auf eine bestimmte Kunden- oder Produktgruppe.	**Beispiele** für Bewertungskriterien: – Preis-Leistungs-Verhältnis – Zeit, in der ein Ansprechpartner (Verkäufer) gefunden wird – Verkaufsgesprächsatmosphäre – Reaktionszeit bei Kundenwünschen – Berücksichtigung von Sonderwünschen – Verkaufsraumgestaltung – Sortiment (Tiefe, Breite) – Serviceleistungen usw.
Bindungsindex **Customer Loyalities Index (CLI)**	Mit dem CLI wird der Grad der Kundenbindung gemessen. Er soll ausdrücken, wie stark sich Kunden an das Unternehmen gebunden fühlen bzw. wie hoch die Schwelle ist, bei einem Mitbewerber zu kaufen.	**Beispiele** für Bewertungskriterien: – Aufwand für Kunden bei Wechsel zur Konkurrenz (Anfahrtsweg o. Ä.) – Persönliche Beziehungen des Kunden zum Unternehmen usw.

CLI und CSI stehen in engem Zusammenhang. In der Praxis ist die Ermittlung dieser Kennzahlen sehr zeit- und kostenaufwändig. Meist wird nur eine Teilerhebung (vgl. Seite 155) durchgeführt. Hierzu werden Befragungen und Interviews eingesetzt.

● Nichtkunden und verlorene Kunden

Für Marketingentscheidungen ist auch eine Analyse der „Nichtkunden" (**Non Customer Analysis**, NCA) von Bedeutung. Hier geht es um die Frage: „Warum kaufen Kunden bei einem Mitbewerber?" Auch eine Analyse der verlorenen bzw. abgewanderten Kunden (**Lost Customer Analysis**, LCA) ist erforderlich. Hier wird die Frage gestellt: „Warum habe ich den Kunden verloren?" Wenn es einem Einzelhändler gelingt, diese Fragen schlüssig zu beantworten, kann er Maßnahmen einleiten, um seine Kunden zu binden (vgl. Seite 186 ff.).

Beispiele **Gründe für Nichtkunden:** Kunde kennt das Einzelhandelsunternehmen und sein Sortiment nicht, Geschäft liegt nicht verkehrsgünstig, das Geschäft wurde von Freunden als nicht empfehlenswert benannt usw.
Gründe für verlorene Kunden: Kunde wurde schlecht beraten, Kunde hatte Probleme bei einer Reklamation, Kunde kann Ware anderweitig günstiger kaufen, Umzug des Kunden usw.

● Maßnahmen der Kundenbindung

Kundenbindungsmaßnahmen sind wichtige Bestandteile des Marketing von Einzelhandelsunternehmen und müssen daher mit allen Marketinginstrumenten (vgl. Seite 134 f.) abgestimmt werden. Da Kundenbindungsmaßnahmen meist Kosten verursachen, sind sie auch unter wirtschaftlichen Gesichtspunkten zu beurteilen. So sind sie stets auf ihre Wirksamkeit hin zu untersuchen. Alle Kundenbindungsmaßnahmen müssen auf die jeweiligen Zielgruppen (vgl. Seite 175 f.) bzw. Kundensegmente bezogen sein.

Die Maßnahmen zur Kundenbindung im Einzelhandel sind sehr vielfältig. Sie unterscheiden sich hinsichtlich Betriebsgröße, Branche, Betriebsform, Standort usw. Kundenbindungsmaßnahmen haben zum Ziel, möglichst viele Stammkunden zu gewinnen.

Daher muss jedes Einzelhandelsunternehmen seine eigene Situation prüfen und sich für die Maßnahmen entscheiden, die zu ihm und seinen Kunden passten.

Beispiele für Kundenbindungsmaßnahmen

Maßnahme	Erläuterungen, Beispiele
LF 2,3 Service	● **warenabhängige Serviceleistungen** z.B. – Zustell-, Installations-, Reparatur-, Ersatzteilservice bei technischen Geräten – Änderungsschneiderei bei Oberbekleidung – Auftragsannahme, Auswahlsendungen, Verpackungen, Garantien – Finanzierungshilfen (Ratenkauf) ● **warenunabhängiger Service** (kostenlos oder kostenpflichtig), z. B. Kundenparkplätze, Spielecken für Kinder, Rolltreppen und Aufzüge
Sonderaktionen, Events	● Das Einkaufszentrum Rheinpark Köln führt monatlich besondere Aktionstage oder -wochen durch, z. B.: – Februar: Fitness für den Frühling – März: Balkon und Garten fit machen – August: Der Schulanfang Während dieser Sonderaktionen ist das gesamte EKZ auf das jeweilige Motto eingestimmt. Alle Geschäfte richten ihr Sortiment darauf aus. Der Besuch des EKZ wird für die Kunden zu einem Einkaufserlebnis. ● Die Brado Sportfachgeschäft KG richtet in Verbindung mit örtlichen Tennisvereinen Tennisturniere aus, bei denen Stammkunden kostenlose Teilnahme ermöglicht wird, und tritt als Sponsor auf.
Warenproben, Draufgaben	**Warenproben** sind kleine Mengen eines Artikels, die zum Kauf anregen sollen, z. B.: – Eine Weinhandlung lädt ihre Stammkunden regelmäßig zu kostenlosen Weinproben ein. – In der Käseabteilung erhalten Stammkunden häufig Proben von neu eingeführten Artikeln. – In der PC-Abteilung erhalten Stammkunden kostenlos Softwareproben. **Draufgaben:** Ein Kunde erhält statt zehn Artikel einen Artikel zusätzlich ohne Berechnung.
Treuerabatte	Stammkunden erhalten beim Einkauf einen Treuerabatt. Dieser Rabatt kann sofort beim Kauf verrechnet werden oder in Form von „Bonuspunkten" angespart werden. Hierzu werden häufig auch Kundenkarten verwendet.
LF 3 Kundenkarten	Kundenkarten werden an besondere Kunden ausgegeben, bei jedem Einkauf werden die Umsatz- und Artikeldaten elektronisch erfasst und genutzt. Über Kundenkarten ist oft auch eine bargeldlose Zahlung möglich, was Wartezeiten an der Kasse verringert. Meist ist mit den Karten auch eine Kreditfunktion für Kunden verbunden, da der Kaufbetrag erst später abgebucht wird, z. B.: – Eine Kette von Kosmetik-Fachgeschäften hat für ihre Kunden Kundenkarten ausgegeben, sie erhalten regelmäßige Mitteilungen über Sonderangebote und können in allen Filialen bargeldlos einkaufen.

Maßnahme	Erläuterungen, Beispiele	
Payback-Karten	Bei Payback-Karten können die Kunden Umsatzpunkte (bei verschiedenen Einzelhändlern) sammeln. Je nach Punkteguthaben können Gutschriften oder Sachprämien ausgegeben werden, z. B.: – Die Abels Bau- und Hobbymarkt GmbH hat in ihren Filialen Terminals aufgestellt, an denen der Punktestand der Payback-Karten abgefragt werden kann, bei Bedarf kann der Kunde sofort Einkaufsgutscheine in Höhe seines Guthabens ausdrucken lassen.	LF 10
Kundenwerbung	Wenn ein Stammkunde einen neuen Kunden wirbt, erhält er Gutschein, Gutschriften, Rabatte oder Sachprämien, z. B.: – Stammkunden einer Buchhandlung erhalten beim Werben eines neuen Kunden beim nächsten Kauf einen Sonderrabatt.	LF 5
Garantien	Stammkunden erhalten verbesserte Garantiebedingungen, z. B.: – Stammkunden des Mars Elektrofachmarktes e. K. erhalten Garantien, die sechs Monate über der gesetzlichen Gewährleistung liegen.	LF 10
Bestellservice, Lieferservice	Stammkunden können ihre Waren telefonisch, per Fax, brieflich oder per E-Mail aufgeben. Sie bezahlen meist per Rechnung oder mit Kundenkarten. Häufig wird auch ein Lieferservice angeboten, z. B.: – Stammkunden des Fachgeschäfts Willi Meyer e. K. Schreibwaren können ihre Bestellungen per E-Mail aufgeben.	
Zusatzleistungen	Stammkunden werden z. T. zusätzliche Dienstleistungen angeboten (meist kostenlos oder zu reduzierten Preisen), z. B.: – Inhaber von Kundenkarten der Center Warenhaus GmbH erhalten eine kostenlose Reisegepäckversicherung. – Stammkunden eines Angelbedarf-Fachgeschäftes erhalten monatlich eine kostenlose Zeitung. – Stammkunden des Mars Elektrofachmarkt e. K. erhalten während der Reparatur ihres PCs kostenlose Ersatzgeräte. – Stammkunden der Garten Center Klein KG können sich kostenlos Transporthilfen (Anhänger, Dachgepäckträger) ausleihen. – Stammkunden eines Sportfachgeschäfts können regelmäßig kostenlose Fitness-Tests durchführen.	LF 5
Geschenke	Motto: „Kleine Geschenke erhalten die Freundschaft", z. B.: – Stammkunden der men-shop Bernd Keitner GmbH erhalten regelmäßig zum Geburtstag eine Krawatte zugeschickt. – Stammkunden eines Feinkostgeschäftes erhalten zu Weihnachten einen kleinen Geschenkkorb.	
Spezielle Kundenaktionen	Hierzu gehören Aktionen, die sich zwar an alle Kunden richten, jedoch für Stammkunden bestimmte Vorteile beinhalten, z. B.: – Die Abels Bau- und Hobbymarkt GmbH veranstaltet am Wochenende Heimwerkerkurse für Tapezierarbeiten, Teppichverlegung, Gartengestaltung usw., die für Stammkunden kostenlos sind. – Ein Reformhaus veranstaltet für seine Kunden spezielle Tee-Seminare, Stammkunden erhalten Warenproben.	

Maßnahme	Erläuterungen, Beispiele
Win-win-win-Situationen, Verbundangebote schaffen (vgl. Seite 181)	Zwischen Einzelhändler und Kunde sollten immer Win-win-Situationen ablaufen. Wenn zusätzlich noch eine dritte Partei eingebunden werden kann und dadurch der Zusatznutzen für alle Beteiligte erhöht wird, spricht man von Win-win-win-Situationen, z. B.: – In einem Sportfachgeschäft werden Stammkunden Gymnastik- und Ski-Kurse von einem Fitness-Studio zu einem ermäßigtem Preis angeboten. – Ein PC-Händler vermittelt einen günstigen PC-Support zu einem Unternehmen.
Kundenbriefe	Kunden werden persönlich angeschrieben und auf Sortimentneuigkeiten oder Aktionen hingewiesen. Häufig werden auch zu besonderen Anlässen (Geburtstage, Jubiläen) Grußkarten mit Warengutscheinen versendet, z. B.: – Die Blumenwelt Hanna Gerdes e. K. schickt ihren Stammkunden regelmäßig Grußkarten zu Weihnachten, Geburtstagen, Hochzeitstagen usw. und weist auf ihre Serviceleistungen hin.
Kundenclubs	Kundenclubs werden oft von Einzelhändlern eingerichtet bzw. unterstützt, z. B.: – Ein Sportfachgeschäft hat einen Lauftreff organisiert, hier treffen sich Kunden unter Anleitung eines Übungsleiters und trainieren für Laufwettbewerbe. – Die Garten Center Klein KG hat einen Kundenclub für Rosenzüchter gegründet und stellt hierfür ihre Räumlichkeiten zur Verfügung – Der Mars Elektrofachmarkt e. K. hat für Jugendliche einen Club für Computerspiele gegründet, in dem die Jugendlichen neue Spiele ausprobieren können.
Kundenzeitungen	Kundenzeitungen dienen der Information und Unterhaltung der Kunden, z. B.: – Die Abels Bau- und Hobbymarkt GmbH gibt eine Kundenzeitung heraus, in der über Renovierungen, Umzugs- und Umbaumaßnahmen in Häusern berichtet wird, für Kinder gibt es eine besondere Beilage für Bastelarbeiten. – Die Kaufland eG gibt eine Kundenzeitung mit Ernährungsratschlägen und Kochrezepten heraus.

Das **Internet** wird für Kundenbindungsmaßnahmen zunehmend von Einzelhändlern genutzt und von Kunden akzeptiert. Nahezu jedes Unternehmen unterhält eine Website, die von Kunden jederzeit aufgerufen werden kann. Auf dieser kann der Einzelhändler Sonderangebote und Aktionen aktuell ankündigen und zusätzliche Informationen für den Kunden präsentieren.

Beispiele für Kundenbindungsmaßnahmen im Internet

Maßnahme	Erläuterungen, Beispiele aus EKZ Rheinpark Köln
Web-Site	Die Website ist die virtuelle Visitenkarte eines Einzelhändlers. Hier kann er Informationen zu seinem Sortiment und zu seinem Geschäft publizieren, z. B.: – Die Champions-Sport Gerhard Blunk KG hat auf ihrer Startseite einen Routenplaner integriert, hier kann der Kunde seine Heimatadresse eingeben und er erhält einen genauen Anfahrtsplan.

Maßnahme	Erläuterungen, Beispiele aus EKZ Rheinpark Köln
	– Die Lebensmitteldiscount Schlegel KG, die wöchentlich spezielle Artikel im Sonderangebot hat, informiert ihre Kunden über diese Angebote bereits zwei Wochen vorher auf ihrer Website. – Das Fotofachgeschäft Foto-Knirps e. K. bietet auf seiner Website eine Linkliste für frei kopierbare Fotos an.
Download-Bereich	Downloads sind Dateien, die sich der Besucher einer Website auf seinen Rechner laden kann, z. B.: – Der Mars Elektrofachmarkt e. K. bietet kostenlose Software zur Fotobearbeitung und Lernsoftware für Kinder zum Download an. – Die Abels Bau- und Hobbymarkt GmbH bietet Bauanleitungen und Bedienungsanleitungen zum Download an.
FAQ-Bereich Bereich für häufig gestellte Fragen	Auf der Website wird ein FAQ-Bereich eingerichtet (FAQ = frequently asked questions, das sind häufig gestellte Fragen), hier können sich Kunden informieren somit ist der Einzelhändler von Standardfragen entlastet, z. B.: – Ein PC-Händler hat eine FAQ-Liste bereitgestellt, in der Fragen zum Einbau von Hardwarekomponenten beantwortet sind. – Die Garten-Center Klein KG bietet eine FAQ-Liste für Blumenpflege an. – Die Baby-Markt Verkaufs- GmbH beantwortet in ihrem FAQ-Bereich Fragen zu Kindersitzen in Autos.
E-Mail	Der Einzelhändler verschickt E-Mails an Kunden, die damit einverstanden sind (unverlangte Werbe-E-Mails sind verboten), z. B.: – Ein Feinkosthändler verschickt an seine Kunden E-Mails mit Hinweis auf Sonderangebote. – Das Fotofachgeschäft Foto-Knirps schickt E-Mail-Glückwünsche zum Geburtstag seiner Kunden.
Newsletter	Newsletter sind regelmäßig erscheinende E-Mails an Kunden, die ausdrücklich diese Informationen angefordert haben, meist sind in Newslettern neben reinen Produktinformationen noch zusätzliche nützliche Hinweise für Kunden vorhanden, z. B.: – Ein PC-Händler verschickt alle sechs Wochen einen Newsletter und informiert seine Kunden über neue Produkte, Testberichte, Virenscanner und Software-Neuheiten. – Ein Weinhändler verschickt seine Newsletter mit Informationen zu Weinen, Anbaugebieten und Links zu Veranstaltungen mit Weinproben.
Online-Kauf, (vgl. Seite 138 f.)	Viele Einzelhändler bieten über ihre Website auch den Zugang zu einem Online-Shop an. Dieser kann frei zugänglich oder nur für bestimmte Kundengruppen geöffnet sein, z. B.: – Die meisten Waren des Mars Elektrofachmarktes e. K. können auch im Online-Shop bestellt werden. – Ein Textilfachgeschäft bietet seine Restposten in seinem Online-Shop an.
Chat	Chatten ist schriftliches Kommunizieren im Internet, einige Einzelhändler nutzen diesen Dienst, z. B.: – Ein PC-Händler bietet seinen Kunden an, kurze Fragen zum Einbau von Hardware-Komponenten per Chat zu beantworten. – Ein Musikalienhändler bearbeitet auf Wunsch Kundenfragen per Chat.

Kundenbeziehungsmanagement

Alle Maßnahmen eines Einzelhändlers, die die Beziehungen des Unternehmens zu seinen Kunden betreffen, werden unter dem Begriff Kundenbeziehungsmanagement **(Customer Relationship Management, CRM)** zusammengefasst. Hierzu gehören alle Maßnahmen zur Gestaltung der Händler-Kunden-Beziehungen, von der Kundenansprache in der Werbung oder im Laden über die Kundenberatung bis hin zum Kaufabschluss und der Verabschiedung des Kunden sowie eventuelle Bearbeitungen von Reklamationen. Kundenbeziehungsmanagement ist mehr als nur ein Gesichtspunkt des Marketings, es beschreibt einen umfassenden (ganzheitlichen) Ansatz der kundenorientierten Unternehmensführung.

Das CRM ist eine strategische Aufgabe der Unternehmensleitung. Sie entscheidet über die Gestaltung der Strukturen und Abläufe der Kundenbeziehungen. Der Mitarbeiter im Verkaufsraum füllt diese Strukturen aus und handelt innerhalb seiner Entscheidungsmöglichkeiten.

Beispiel Im Center Warenhaus GmbH haben die Mitarbeiter bei Reklamationen nicht die Möglichkeit, den Kundenwert (vgl. Seite 179) eines bestimmten Kunden festzustellen, da sie keinen Zugang zu den Daten haben. Die Mitarbeiter des Mars Elektrofachmarktes e. K. können über einen Computer die Daten eines Kunden abfragen (sofern dieser bei früheren Einkäufen erfasst wurde) und über Reklamationen schnell entscheiden.

Das Customer Relationship Management wird üblicherweise in das analytische, das operative und das kommunikative CRM gegliedert.

Kommunikatives CRM	Analytisches CRM	Operatives CRM
Hier wird die direkte Berührung zum Kunden betrachtet, es geht um die Bereitstellung und Gestaltung der verschiedenen **Kommunikationskanäle**.	Hier werden meist computergestützt umfangreiche **Datensammlungen** zu Kunden und deren Kaufverhalten aufbereitet und ausgewertet, um Marketingentscheidungen vorzubereiten oder zu überprüfen.	Hier geht es um die kundengerechte **Gestaltung** der betrieblichen **Prozesse**, in denen Kundenbeziehungen eine Rolle spielen, und die **Unterstützung** der Mitarbeiter, die diese Kundenbeziehungen pflegen.
Beispiel Mit dem Kunden wird über verschieden Kanäle kommuniziert, insbesondere Werbebotschaften werden über Plakate, Schaufenster, Broschüren, TV, Internet usw. an den Kunden herangetragen. Ferner wird mit dem Kunden gesprochen (Verkaufsgespräch, Kassieren, Bearbeiten von Reklamationen usw.). Darüber hinaus wird mit ihm korrespondiert (Briefe, Faxe, E-Mails).	**Beispiel** Eine Baumarktkette wertet ihre Datenbanken bundesweit aus, indem sie nach typischen regionalen Unterschieden im Kaufverhalten ihrer Kunden sucht. Hierzu wertet sie die Datenbank ihres Warenwirtschaftssystems aus, führt Kassenbonanalysen durch, gleicht diese Daten mit demographischen Informationen (Bevölkerungsstruktur im Einzugsgebiet einer Filiale) und mit konjunkturellen Daten ab.	**Beispiel** Im Mars Elektrofachmarkt e. K. werden nach Möglichkeit die Kundendaten beim Kauf erfasst (häufig sind diese notwendig, wenn z. B. die Ware angeliefert werden soll). Über jeden erfassten Kunden kann somit seine Kaufgeschichte abgerufen werden. Dies ermöglicht den Verkaufsmitarbeitern häufig eine bessere Kundenberatung (z. B., wenn der Kunde nicht mehr genau weiß, welches Gerät er gekauft hat, aber jetzt ein Ersatzteil benötigt).

Data Warehouse

Beim **analytischen CRM** zeigt sich die enge Verbindung zwischen Marketing und Informationswirtschaft in Einzelhandelsunternehmen. Hier sind z. T. sehr umfangreiche und komplexe Datenbanken zu bearbeiten. Diese Daten können durch eigene Aufzeichnungen entstehen bzw. aus dem Rechnungswesen oder dem betrieblichen Warenwirtschaftssystem stammen. Häufig sind diese Daten aber nicht ausreichend, um bestimmte Analysen durchzuführen. Daher werden sie mit anderen Daten, die auch aus betriebsexternen Quellen stammen können, zusammengefasst und aufbereitet. Da die Daten aus verschiedenen Quellen (Datenbanken) stammen, wird im analytischen CRM häufig der Begriff **„Data Warehouse“** verwendet (warehouse = Lager). Wie aus einem Datenlager werden je nach Analyseziel die Daten aus verschiedenen „Regalen“ (Datenquellen) herausgeholt und miteinander in Beziehung gesetzt.

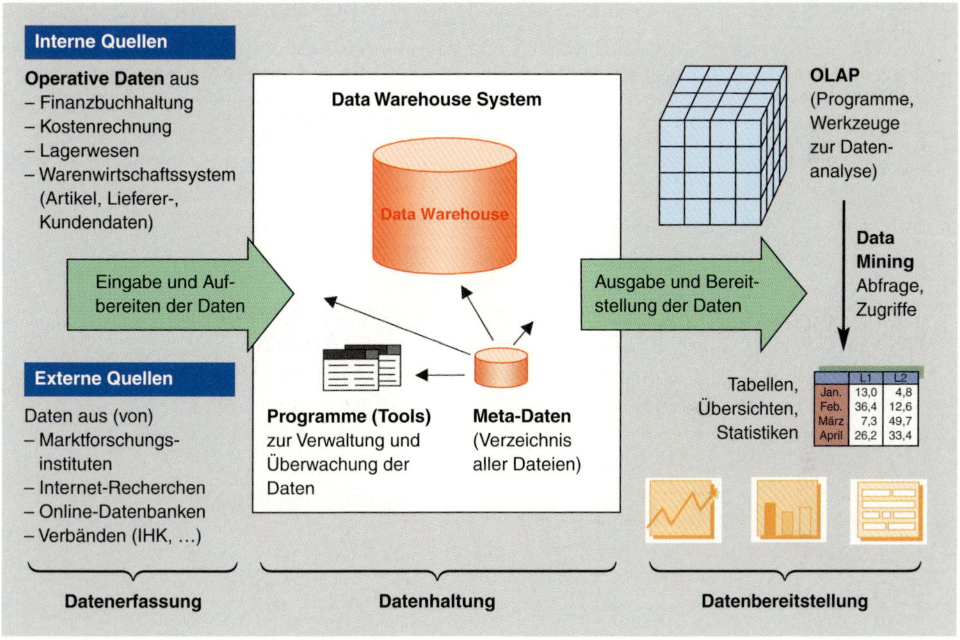

Erläuterungen zur Abbildung:

- **Operative Daten** stammen insbesondere aus dem Rechnungswesen und dem Warenwirtschaftssystem
- **Metadaten** sind „Daten über Daten“, sie stellen gewissermaßen den „Katalog“ des Datenlagers dar.
- **Data Mining:** Verfahren und Werkzeuge zur Datenanalyse.
- **OLAP (= Online Analytical Processing):** Werkzeuge zur mehrdimensionalen Datenanalyse

Beispiel Die Geschäftsleitung des Center Warenhauskonzerns, der inzwischen Niederlassungen in sechs europäischen Ländern hat, möchte ihren Datenbestand nach verschiedenen Dimensionen (Abfragekriterien) analysieren. Sie könnte ihre Verkaufszahlen z. B. nach Artikel (Produkt), Filiale (Stadt), Zeit (Verkaufstag) gliedern. Hierzu hat sie mehrere Zugriffsmöglichkeiten (Pfade):

- Zu den Artikeln des Sortiments gelangt sie über: Abteilungssortiment → Sortimentsgruppe → Artikel
- Zu der Filiale kommt sie über: Land → Bundesland (Region) → Stadt (Filiale)
- Zu dem Verkaufstag geht es über: Jahr → Quartal → Monat → Woche → Tag

Durch Kombination und Veränderung der Zugriffe kommt sie zu verschiedenen Darstellungen der Daten. Man kann sich mit einem Würfel (**OLAP-Würfel**) diesen Vorgang veranschaulichen:

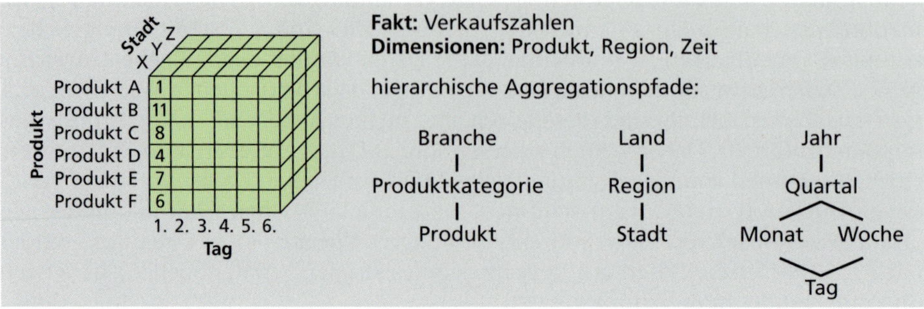

Quelle:
http://www.mik.com/webSite/MIKWebArchiv.NSF/PDF/DataWarehouse/$File/DataWarehouse.pdf

Das Abfrageziel lautet: „Welche Umsätze sind in den Jahren 2004 und 2005 in den Abteilungen Kosmetik, Elektro und Haushaltswaren in den Bundesländern Sachsen-Anhalt und Thüringen angefallen?"

1. OLAP-Würfel:

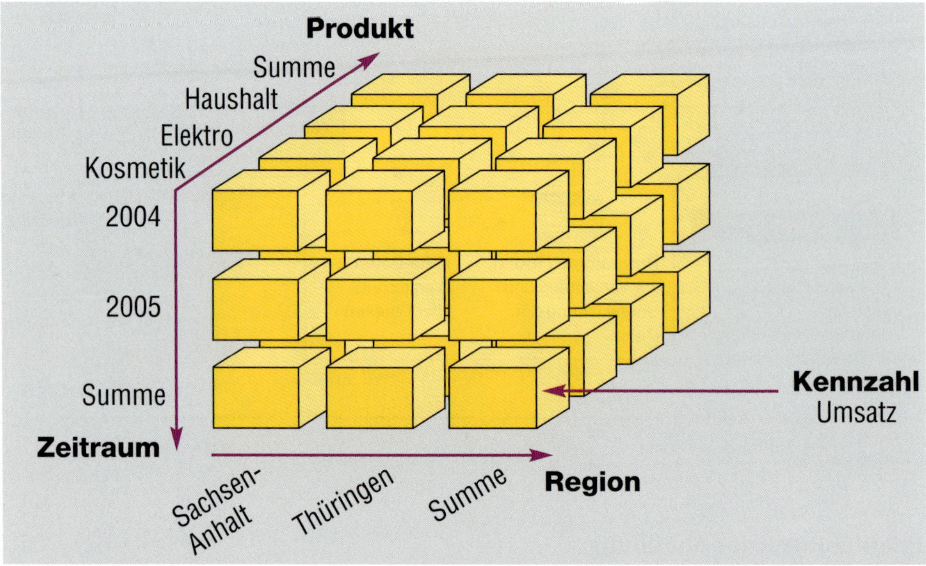

2. Ergebnis in Übersicht

Umsatz in 10.000 EUR		Kosmetik	Elektro	Haushaltswaren	Summe
2004	Sachsen-Anhalt	45	123	17	185
	Thüringen	43	131	21	195
	Summe	88	254	38	380
2005	Sachsen-Anhalt	47	131	19	185
	Thüringen	40	136	20	195
	Summe	87	267	38	380
Gesamtsumme		175	521	77	773

Quelle: http://www.uni-hohenheim.de/wi1/Veranstaltungen/SoSe04/ Information%20management/IM_LE3_Data_Warehouse.pdf; verändert

Beschwerde- und Reklamationsmanagement

Zum Kundenbeziehungsmanagement gehört auch ein leistungsfähiges Beschwerde- und Reklamationsmanagement. Durch Kundenbeschwerden können innerbetriebliche Fehler aufgedeckt, behoben und künftig vermieden werden. Beschwerden von Kunden sind eine Chance für den Einzelhändler, seine Geschäftsabläufe zu optimieren.

Beispiel Im Mars Elektrofachmarkt e. K. befindet sich in allen Abteilungen ein „Meckerkasten" für Kunden. Hierzu liegen vorbereitete Formulare aus. Die Kunden können bei Bedarf ihre Beschwerde oder ihren Verbesserungsvorschlag sofort im Laden abgeben. Falls sie ihren Namen und ihre Anschrift angeben, wird ihr Anliegen schnellstens schriftlich beantwortet und die Geschäftsleitung bedankt sich mit einem kleinen Einkaufsgutschein.

Kunden gewinnen und binden

- Voraussetzung zur Gewinnung und Bindung von Kunden sind **Win-win-Situationen** im Einzelhandel. Sowohl der Einzelhändler als auch der Kunde müssen beim Verkauf Gewinner sein.
- Jede Ware hat einen **Grundnutzen** und einen **Zusatznutzen**. Meist vollzieht sich der **Wettbewerb** über den Zusatznutzen.
- **Kundenzufriedenheit** sichert die **Wettbewerbsfähigkeit**. Sie hängt von der Erfüllung der Kundenerwartungen ab.
- **Kundenorientierung** ist eine **Überlebensstrategie für den Einzelhandel**.
- Die Kundenzufriedenheit kann über **Kennzahlen** gemessen werden, hierzu sind Befragungen und Beobachtungen über längere Zeiträume erforderlich.
  - **Zufriedenheitsindex**: gibt den Grad der Kundenzufriedenheit an
  - **Bindungsindex**: gibt den Grad der Kundenbindung an
- Die **Nichtkunden-Analyse** untersucht die Frage: Warum kaufen die Kunden bei der Konkurrenz?
- Die **Analyse der verlorenen Kunden** stellt die Frage: Warum habe ich den Kunden verloren?
- **Maßnahmen der Kundenbindung** sind u. a. abhängig von Betriebs- und Vertriebsform, Betriebsgröße, Branche, Standort. Hierzu gehören u. a.: Serviceleistungen, Sonderaktionen, Events, Verbundangebote, Warenproben, Draufgaben, Rabatte, Kundenkarten, Payback-Karten, Bonus für Kundenwerbung, Garantieleistungen, Zusatzleistungen, Geschenke, Kundenbriefe, Kundenclubs oder Kundenzeitungen.

  Durch Nutzung des **Internets** sind weitere Maßnahmen möglich: Website, Downloads, FAQ, E-Mail, Newsletter, Chat, Online-Kauf.
- **Kundenbeziehungsmanagement (Customer Relationship Management, CRM)** ist eine umfassende (ganzheitliche) Strategie der Unternehmensführung.
  - **Kommunikatives CRM:** Auswahl und Gestaltung der Kommunikationskanäle zum Kunden
  - **Analytisches CRM:** Auswertung von Datenbeständen über Kunden
  - **Operatives CRM:** kundengerechte Gestaltung von Arbeitsabläufen
- Bei **Data Warehouse-Konzepten** sind umfangreiche Datenbestände eines Einzelhandelsunternehmens auszuwerten.
- Das **Beschwerde- und Reklamationsmanagement** nutzt konsequent die Beschwerden von Kunden zur Optimierung der Geschäftsabläufe.

1. Erläutern Sie mit Beispielen aus Ihrer eigenen Erfahrung als Kunde und als Verkäufer, was unter Win-win-Situationen zu verstehen ist.

2. a) Waren haben immer einen Grund- und einen Zusatznutzen, erläutern Sie den Unterschied.
b) Geben Sie für folgende Waren jeweils den Grund- und den Zusatznutzen an: Handy, Fernseher, Handtasche, Turnschuhe.
c) Erklären Sie, weshalb im Einzelhandel der Wettbewerb meist über den Zusatznutzen geführt wird.

3. Nehmen Sie kritisch Stellung zu der Aussage: „Kundenzufriedenheit sichert Arbeitsplätze im Einzelhandel."

4. Geben Sie konkrete Beispiele aus Ihrem Erfahrungsschatz für folgende Situationen an:
a) Die Erwartungen eines Kunden werden mehr als erfüllt.
b) Die Erwartungen eines Kunden werden im Großen und Ganzen erfüllt.
c) Die Erwartungen eines Kunden werden nicht erfüllt.
Leiten Sie aus den Situationen jeweils Konsequenzen für das künftige Kundenverhalten ab.

5. Geben Sie Gründe an, weshalb Einzelhandelsunternehmen mit z. T. aufwändigen und kostspieligen Verfahren versuchen, Kundenzufriedenheit und Kundenbindung mit Kennzahlen zu messen.

6. Erstellen Sie für Ihren Ausbildungsbetrieb eine Checkliste der bereits praktizierten Kundenbindungsmaßnahmen. Erweitern Sie diesen Katalog um weitere sinnvolle Alternativen und geben Sie jeweils Gründe an, weshalb diese Maßnahmen noch nicht praktiziert werden.

7 Bilden Sie in Ihrer Klasse Arbeitsgruppen und skizzieren Sie für die Center Warenhaus GmbH eine Website. Es geht nicht darum, dass Sie diesen Internetauftritt selbst realisieren (das soll später eine Web-Agentur leisten), sondern lediglich um eine Strukturierung der Inhalte. Entscheiden Sie sich, welche Inhalte, Bereiche, Layoutalternativen usw. Sie auf dieser Website haben wollen. Ihr Arbeitsergebnis soll so aussehen, dass Sie es der Web-Agentur mit eigenen Erläuterungen übergeben können.

8. Diskutieren Sie in Ihrer Klasse die Aussage: „Kundenbeziehungsmanagement ist Chefsache."

9. Erläutern Sie mit eigenen Worten, was unter einem Data Warehouse-Konzept zu verstehen ist.

Übungsaufgaben

1. Sie sollen für die Auszubildenden des ersten Lehrjahres ein Einführungsreferat zum Marketing im Einzelhandel halten, um diesen einen Einstieg in ihre Berufswelt zu geben.
a) Erklären Sie mit eigenen Worten, was unter Marketing im Einzelhandel zu verstehen ist.
b) Beschreiben Sie Unterschiede und Gemeinsamkeiten von Absatz- und Beschaffungsmarketing.

c) Erstellen Sie eine Übersicht der Marketinginstrumente des Einzelhandels und geben bei jedem Marketinginstrument jeweils drei Beispiele an.
d) Erläutern sie an konkreten Beispielen, was Marketing-Mix ist.

2. Der Einsatz von Marketinginstrumenten ist kurz-, mittel- und langfristig zu planen. Hierbei sind Marketingstrategien und Marketingkonzepte zu berücksichtigen. Erläutern Sie den Zusammenhang zwischen Marketingkonzepten, -strategien und -planung.

3. Ihr Ausbildungsbetrieb möchte eine Filiale in einer anderen Stadt eröffnen. Führen Sie hierzu eine Internetrecherche zum Standortmarketing durch. Prüfen Sie dabei, ob für den Standort Ihres Ausbildungsbetriebes von Seiten der Stadt oder des Kreises entsprechende Maßnahmen zur Förderung des Einzelhandels durchgeführt werden.

4. Durch eine Kundenbefragung möchte der Inhaber eines Fotofachgeschäfts Informationen über seine Kunden erhalten.
a) Erstellen Sie eine Liste der Informationen, die für ihn wichtig sein können.
b) Entwerfen Sie einen Interviewbogen für die Kundenbefragung.
c) Entwerfen Sie einen Erfassungsbogen, der im Rahmen eines Preisausschreibens die Kundendaten erfassen soll.
d) Geben Sie an, welche Möglichkeiten der Kundenbefragung das Internet für diesen Fall bietet.
e) Erstellen Sie eine Übersicht aller zu berücksichtigenden Kosten zur Durchführung der Kundenbefragung.

5. a) Geben Sie an, welche grundsätzlichen Möglichkeiten zur Sortimentsgestaltung gegeben sind.
b) Erläutern Sie die Sortimentskonzeption Ihres Ausbildungsbetriebes.
c) Vergleichen Sie die Sortimentskonzeption Ihres Ausbildungsbetriebes mit den Konzeptionen von drei Mitbewerbern.

6. Um Sortimente zu optimieren werden Sortimentskontrollen durchgeführt.
a) Erstellen Sie eine Übersicht über die verschiedenen Möglichkeiten der Sortimentskontrolle.
b) Geben Sie konkrete Beispiele aus Ihrem Ausbildungsbetrieb hierzu an.
c) Erläutern Sie, welche Hilfen Ihnen bei der Sortimentskontrolle ein Warenwirtschaftssystem geben kann.

7. Im Rahmen der Preispolitik versucht der Einzelhändler einerseits die Verkaufspreise so niedrig wie möglich zu halten, um konkurrenzfähig zu bleiben, andererseits ist er bestrebt, möglichst hohe Verkaufspreise zu erzielen, um seine Gewinnziele zu erreichen. Erläutern Sie, welche Möglichkeiten ein Einzelhändler hat, um diesen Konflikt zu lösen.

8. Ihr Filialleiter bittet Sie, einem Auszubildenden des ersten Ausbildungsjahres die Grundsätze der Warenkalkulation erklären. Erstellen Sie sich hierzu ein Konzept und bilden geeignete Beispiele aus Ihrem Ausbildungsbetrieb.

9. a) Erstellen Sie in Ihrer Klasse jeweils Übersichten über die Serviceleistungen, die in Ihren Ausbildungsbetrieben angeboten werden.
a) Gliedern Sie dabei in die Bereiche warenabhängiger Service und warenunabhängiger Service.
b) Vergleichen Sie Ihre Arbeitsergebnisse.

c) Untersuchen Sie, welche Serviceleistungen aus anderen Betrieben für Ihren Ausbildungsbetrieb interessant wären.
d) Schreiben Sie an die Geschäftsleitung Ihres Ausbildungsbetriebes einen Verbesserungsvorschlag zur Einführung neuer Serviceleistungen.

10. Erarbeiten Sie für Ihren Ausbildungsbetrieb ein Konzept für Publicrelations. Darin soll enthalten sein: 1. eine Aufstellung der Ziele dieser Maßnahme, 2. ein Maßnahmenkatalog, 3. eine Liste von Maßnahmen zur Überprüfung des Erfolges dieser Aktion.

11. Nehmen Sie Stellung zu der Aussage: „Betriebsformen sind das Ergebnis von Marketingkonzepten."

12. In einer TV-Talkshow zum Thema E-Commerce behauptet ein Gast: „Beim Online-Kauf steht ein Kunde immer besser da als beim Kauf in einem Geschäft!" Erläutern Sie, was an dieser Behauptung richtig und was daran falsch ist.

13. Erläutern Sie, weshalb ein Einzelhandelsunternehmen immer im Spannungsfeld verschiedener Märkte steht.

14. Geben Sie Gründe an, weshalb die Marktsituation eines Einzelhandelsunternehmens sich im Zeitablauf ständig verändert.

15. Unterscheiden Sie Trend und Mode mit konkreten Beispielen aus Ihrer Branche.

16. Bilden Sie in Ihrer Klasse Gruppen. Jede Gruppe wählt einen bestimmten Artikel aus (z. B. Handy, T-Shirt, Schuhe ...), hierzu wird jeweils eine Liste von Produkteigenschaften erstellt. Anschließend wird in der ganzen Klasse eine Umfrage durchgeführt, welche Produkteigenschaften beim Kauf dieses Artikels Bedeutung haben (Punktezuordnung). Abschließend wird die Umfrage ausgewertet.

17. Beschreiben Sie, welche Bedeutung die Ermittlung des Kundenwertes haben kann.

18. Ein altes Kaufmannssprichwort lautet: „Kunden locken ist nicht schwer – Kunden halten dagegen sehr!" Erläutern Sie, welcher tiefere Sinn in dieser Aussage steckt, wenn man bedenkt, dass die Ausgaben für Werbung i. d. R. höher sind als die Ausgaben für Kundenbindungsmaßnahmen.

19. Beschreiben Sie die Problematik der Messung von Kundenzufriedenheit und Kundenbindung.

Gebundene Aufgaben zur Prüfungsvorbereitung

1. Was versteht man unter Standortmarketing?
1. Werbung für verschiedene Filialen eines Einzelhandelsunternehmens
2. Werbung für eine bestimmte Filiale eines Einzelhandelsunternehmens
3. gemeinsame Marketingarbeit von Einzelhändlern eines bestimmten Ortes
4. gemeinsame Marketingarbeit von Städten mit Einzelhandelsunternehmen und anderen Unternehmen
5. Es handelt sich um einen Schreibfehler, es muss heißen Standardmarketing.

2. Welche der folgenden Vorgänge betreffen die Marketingplanung?
1. kurzfristige Preisreduzierung eines Artikels, um Lagerbestände abzubauen
2. Personaleinteilung an der Kasse
3. mittelfristige Verbesserungen der Beratungskompetenz der Verkaufsmitarbeiter
4. Ergründen und Besetzen von Marktnischen
5. Kalkulation des Verkaufspreises für einen Testartikel

3. Welche der folgenden Aussagen sind richtig?
1. Bei der Strategie der Differenzierung will ein Einzelhandelsunternehmen sich bewusst von der Konkurrenz unterscheiden.
2. Bei der Strategie der Anpassung versucht ein Einzelhandelsunternehmen sich an die Verhaltensweise der Konkurrenz anzupassen.
3. Bei der Strategie der Marktdurchdringung versucht ein Einzelhandelsunternehmen mit seinem Sortiment neue Märkte zu erschließen.
4. Bei der Strategie der Marktsegmentierung versucht ein Einzelhandelsunternehmen seinen Markt möglichst umfassend zu durchdringen und zu beherrschen.
5. Marktstrategien sind immer nur kurzfristig, also max. vier Wochen zu betrachten.

4. Unter Marketing-Mix versteht man ...
1. ... die zielgerechte Kombination der Marketinginstrumente
2. ... eine bestimmte Marketingstrategie
3. ... zufallsbedingte Marketingentscheidungen
4. ... eine wissenschaftliche Marketingarbeit
5. ... ein häufiges Wechseln der Marketingstrategie

5. Stellen Sie fest, welche der folgenden Aussagen im Rahmen des E-Commerce auf B2B (1), C2C (2), B2C (3) zutreffen.
1. Aktivitäten zwischen Privatleuten
2. Transaktionen zwischen Unternehmen
3. Aktivitäten zwischen Unternehmen und staatlichen Einrichtungen
4. Vertriebsaktivitäten mit Endverbrauchern
5. Einkaufsgemeinschaften von Privatleuten

6. Welche der folgenden Aussagen sind richtig?
1. Gütesiegel für Online-Shops sind gesetzlich vorgeschrieben.
2. Gütesiegel sind nur für Online-Shops aus dem Ausland erforderlich.
3. Beim Onlineshoping können alle Waren grundsätzlich zurückgegeben werden.
4. Fernabsatzverträge sind im BGB geregelt.
5. Fernabsatzverträge sind nur gültig, wenn sie von beiden Vertragsparteien per Fax bestätigt werden.

7. Geben Sie an, welche der folgenden Tätigkeiten zum physischen Bereich (1) und zum informationellen Bereich (2) gehören.
1. Lagereingang buchen
2. Ware auszeichnen
3. Verkaufsgespräch führen
4. Auswertung von Kundengesprächen
5. Ermitteln der Tageseinnahmen

8. Welche der folgenden Aussagen treffen auf die Marktforschung zu?
1. Marktforschung kann nur von Großbetrieben durchgeführt werden.
2. Zur Marktforschung gehört auch die Marktprognose.
3. Die Marktforschung bezieht sich nur auf die Gegenwart.
4. Marktforschung und Marktbeobachtung sind deckungsgleich.
5. Marktforschung dient auch der Sortimentsgestaltung.

9. Welche der folgenden Aussagen sind falsch?
1. Einzelhandelsentwicklungen sind sehr langfristig absehbar.
2. Die Marktsituation eines Einzelhandelsunternehmens ist durch wirtschaftspolitische Maßnahmen des Staates weitgehend stabil.
3. Trends und Moden sind unzertrennlich.
4. Onlineshopping wird im Einzelhandel künftig eine größere Bedeutung haben.
5. Das Kundenverhalten ist für die Marktsituation eines Einzelhändlers unbedeutend.

10. Ergänzen Sie folgenden Satzanfang mit den richtigen Aussagen: Kaufmotive von Kunden ...
1. ... sind für jeden Einzelhändler unbedeutend, weil er sie nicht beeinflussen kann.
2. ... sind je nach Zielgruppe höchst unterschiedlich.
3. ... können die Verhaltensweisen von Kunden bestimmen.
4. ... verändern sich im Zeitablauf.
5. ... zu erkennen, ist bei Verkaufsgesprächen sehr wichtig.

11. Das Verhalten von Konsumenten wird von verschiedenen Faktoren geleitet. Hierzu gehören rationale (1), emotionale (2), Produkt- (3) und Shop-Faktoren (4). Geben sie jeweils an, welche der im folgenden genannten Stichworte zu den jeweiligen Faktoren gehören.
1. Preis
2. Öffnungszeiten
3. konkreter Bedarf
4. Service
5. Gewohnheiten
6. Qualität
7. individuelle Vorlieben
8. Ausstattung der Ware

12. Welche der folgenden Aussagen zu kaufentscheidenden Faktoren sind falsch?
1. Ausschließlich der Preis ist kaufentscheidend.
2. Je nach Ware können unterschiedliche Faktoren kaufentscheidend sein.
3. Je nach Ware können Serviceleistungen kaufentscheidend sein.
4. Das Image eines Einzelhändlerunternehmens ist nie kaufentscheidend.
5. Je nach Zielgruppe sind unterschiedliche Faktoren kaufentscheidend.

13. Entscheiden Sie, welche der folgenden Aussagen richtig sind.
1. Zielgruppenmarketing ist in allen Einzelhandelsunternehmen möglich.
2. Nur Großbetriebe können auch Kundensegmente bilden.
3. One-to-one-Marketing ist eine spezielle Form des Zielgruppenmarketings.
4. Eine Orientierung an den Besonderheiten von Kundengruppen ist umsatzfördernd.
5. Kundentypen einer Branche lassen sich nicht immer auf andere Branchen übertragen.

14. Geben Sie an, welche Aussagen auf die folgenden Kundentypen zutreffen: Stammkunden (1), Neukunden (2), Laufkunden (3)
1. Kunden, die eine positive Beziehung zu einem Einzelhandelsgeschäft pflegen
2. Kunden, die wesentlich zum Erfolg eines Einzelhandelsgeschäftes beitragen
3. Kunden, die zufällig auf ein Einzelhandelsgeschäft aufmerksam geworden sind
4. Kunden, die durch Empfehlung erstmalig ein Einzelhandelsgeschäft betreten
5. Kunden, die ein Einzelhandelsgeschäft seit langem weiterempfehlen

15. Jede Ware hat jeweils Grundnutzen und Zusatznutzen. Geben Sie bei folgenden Waren an, ob es sich um einen Grundnutzen (1) oder einen Zusatznutzen (2) handelt.
1. Wohlfühlen in modischer Kleidung
2. Möglichkeit der Erreichbarkeit bei einem Handy
3. Empfinden von Wertschätzung bei einem Anzug (Kostüm)
4. Sättigung nach Genuss von Lebensmitteln
5. Empfindung von Lebensfreude nach Genuss von Lebensmitteln

Personaleinsatz planen und Mitarbeiter führen

1 Personalwirtschaftliche Aufgaben im Betrieb

Sabine Freund hat als Wahlqualifikationsbaustein den Bereich „Personal" gewählt. Sie wird deshalb im Rahmen ihrer Ausbildung in der Personalabteilung eingesetzt. Nachdem sie erfahren hat, dass ihre Aufgabe nicht nur in der Berechnung von Löhnen und Gehältern besteht, freut sie sich auf die Arbeit. Sie war schon in der Schule Klassensprecherin und hat sich immer sehr für die Rechte ihrer Mitschülerinnen und Mitschüler eingesetzt. Sabine denkt sich: *„Genauso werde ich jetzt für die Interessen der Mitarbeiterinnen und Mitarbeiter der Center Warenhaus GmbH kämpfen!"* Als sie diesen Standpunkt ihrer Ausbilderin, Frau Meys, erläutert, ist diese allerdings der Meinung, dass die Aufgabe der Personalwirtschaft die Wahrnehmung der Unternehmensinteressen sei.

ARBEITSAUFTRÄGE

- Erarbeiten Sie die unterschiedlichen Aufgaben der Personalwirtschaft.
- Erklären Sie die Bedeutung eines Personalinformationssystems für die Personalwirtschaft.

Aufgaben der Personalwirtschaft

Die Versorgung eines Unternehmens mit qualifizierten und motivierten Mitarbeitern ist **Aufgabe der Personalwirtschaft.** Die konkrete Organisationseinheit der Personalwirtschaft ist das **Personalwesen.** Es hat folgende Hauptaufgaben:

- **Personalbedarfs- und Personaleinsatzplanung** (vgl. Seite 201)
- **Personalbeschaffung** (vgl. Seite 206)
- **Personalbetreuung und Personalbeurteilung** (vgl. Seite 210 ff.)
- **Berechnung von Löhnen und Gehältern (Personalentlohnung**, vgl. Seite 235 ff.)

Personalinformationssysteme

Im Rahmen der Personalwirtschaft werden **Informationen über Mitarbeiter** des Unternehmens benötigt, um Entscheidungen vorzubereiten und die Verwaltungsarbeiten zu optimieren. Von jedem Mitarbeiter werden die für den Betrieb wichtigen Daten erfasst und gespeichert.

Beispiele

- **Persönliche Daten:** Name, Anschrift, Familienstand, Vorbildung, beruflicher Werdegang, Arbeitsvertragsdaten usw.
- **Lohn- und Gehaltsdaten** (vgl. Seite 242 ff.): Tarifgruppe, Zuschläge, Arbeitszeit, Steuerklasse, Krankenkasse, Rentenversicherung usw.
- **Personaleinsatz** (vgl. Seite 204 f.): Abteilung, Kostenstelle, geplanter Einsatz für die Zukunft, Spezialkenntnisse, Schulungsbedarf usw.
- **Personalbeurteilungsdaten** (vgl. Seite 210): Beurteilungen der Vorgesetzten, Führungsqualifikation, Belastbarkeit, Fehlzeiten usw.

Diese Informationen müssen systematisch erfasst und zentral in einer **Datenbank** gespeichert sein. Die Mitarbeiter der Personalabteilung und die Geschäftsleitung haben über ihre Computer Zugang zu dieser Datenbank. Eine derartige Datensammlung heißt **Personalinformationssystem** (vgl. Seite 253). Es ist Grundlage für Entscheidungen in der Personalwirschaft sowie Basis für verschiedene Statistiken und Auswertungen. (Personalcontrolling, vgl. Seite 264).

Beispiele

- Urlaubsplanung, Vertretungspläne, Arbeitspläne für Teilzeitkräfte und für Auszubildende
- Lohn- und Gehaltsabrechnung, Ermittlung von Mehrarbeitszuschlägen
- Personalbeurteilung
- Grunddaten für Einstellungsgespräche
- Detaillierte Informationen für die Kostenrechnung

Der Leistungsumfang eines Personalinformationssystems umfasst folgende **Hauptfunktionen:**

- **Lohn- und Gehaltsabrechnung** (Berechnung der Löhne, Gehälter und Ausbildungsvergütungen, Lohnsteuerabrechnung, Sozialversicherung, Pfändungen, Arbeitgeberdarlehen usw.)
- **Zeitermittlung** (Anwesenheitskontrolle, Fehlzeitenstatistik, Verrechnung der gleitenden Arbeitszeit usw.)
- **Personalplanung** (Bedarfsplanung, Stellenplanbewirtschaftung, Personaleinsatzplanung, Fort- und Weiterbildungsplanung usw.)
- **Verwaltung der Personalstammdaten** (Erfassen und Ändern von Namen, Anschriften usw. der Mitarbeiter)
- **Personalverwaltung** (Einstellungen, Versetzungen, Entlassungen usw.)

Durch die Nutzung eines Personalinformationssystems werden die Mitarbeiter der Personalabteilung einerseits von Routinetätigkeiten entlastet. Andererseits hat die Geschäftsleitung jederzeit Zugriff auf aktuelle Daten aller Mitarbeiter.

Aus Gründen des **Datenschutzes** (vgl. Seite 252) muss der Zugang zu einem Personalinformationssystem durch organisatorische Maßnahmen so geregelt werden, dass Missbrauch verhindert wird. Mitarbeiter der Personalabteilung dürfen nur auf diejenigen Daten zugreifen können, die sie für ihre betriebliche Arbeit benötigen.

Beispiel Ein Mitarbeiter in der Lohnabrechnung darf keinen Zugriff auf Beurteilungsdaten haben.

Personalwirtschaftliche Aufgaben im Betrieb

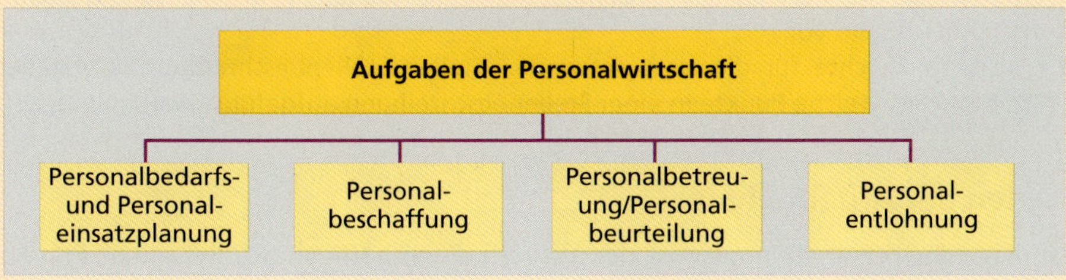

1. Die Center Warenhaus GmbH schafft ein neues Warenwirtschaftssystem an. Das Bestellwesen kann jetzt statt von drei Mitarbeitern von einer angelernten Kraft geleistet werden. Diskutieren Sie die Vor- und Nachteile dieser Veränderung.

2. Stellen Sie fest, welche Bereiche der Personalwirtschaft durch die in Aufgabe 1 dargestellten Veränderungen berührt werden.

3. „Die Bedeutung des Menschen im Unternehmen nimmt immer mehr zu!"
„Im Unternehmen des neuen Jahrtausends ist für den Menschen kein Platz mehr!"
Versuchen Sie jede dieser Aussagen durch Argumente zu vertreten. Wählen Sie sich eine Stellungnahme aus und diskutieren Sie in der Klasse Pro und Kontra. Fertigen Sie über den Verlauf der Diskussion ein Protokoll an.

2 Personalbedarfs- und Personaleinsatzplanung

Elena Gutowski, die Substitutin der Abteilung Textil/Sport, soll der Abteilungsleitung die Personalbedarfsplanung für das kommende Kalenderjahr vorlegen. Hierbei soll ihr Sabine Freund helfen. Der Abteilung ist ein Soll-Personalbestand von sieben Vollzeitkräften zugewiesen worden. Frau Gutowski weiß, dass eine Verkäuferin in Rente geht und ihre Stellvertreterin zum Jahresende Mutter wird und Elternzeit nimmt. Zwei Verkäuferinnen wollen nur noch halbtags arbeiten, da sie geheiratet haben. Als Personalzugänge sind ihr zwei neue Verkäuferinnen angekündigt worden. Die Abteilung ist zurzeit mit vier Vollzeitkräften besetzt.

Als Hilfsmittel steht ihr der folgende Vordruck zur Verfügung:

Personalbedarfsplan	Abteilung Rechnungswesen
Ist-Personalbestand am Anfang des Jahres	
– voraussichtliche Personalabgänge	
+ erwartete Personalzugänge	
= Zwischensumme	
Soll-Personalbestand	
erforderlicher Personalbedarf/-abbau	

ARBEITSAUFTRÄGE

- Ermitteln Sie den Personalbedarf der Abteilung und stellen Sie Ihren Lösungsvorschlag Ihren Mitschülern vor.
- Frau Meys möchte für die zu besetzenden Stellen Stellenbeschreibungen erstellen. Ermitteln Sie, welche Punkte in einer Stellenbeschreibung aufgeführt werden müssen.

Arten der Arbeitnehmer

Grundlage der Personalplanung ist der **aktuelle Personalbestand.** Bei seiner Erfassung müssen folgende **Arten von Arbeitnehmern** unterschieden werden:

- **Vollzeitbeschäftigte**, d. h. Mitarbeiter, die mit der tariflich vorgesehenen Stundenzahl eingesetzt sind.

  Beispiel Ein Arbeitnehmer im Einzelhandel arbeitet nach Tarif 37,5 Stunden in der Woche.

- **Teilzeitbeschäftigte**, d. h. Mitarbeiter, die nur eine begrenzte Stundenzahl im Unternehmen beschäftigt sind.

  Beispiel Doris Hahn ist allein erziehende Mutter. Vormittags ist ihr Kind im Kindergarten. In dieser Zeit arbeitet sie als Verkäuferin in der Center Warenhaus GmbH.

- **Jobsharing-Mitarbeiter**, d. h. Mitarbeiter, die sich einen Arbeitsplatz teilen.

  Beispiel Die Stelle einer Sachbearbeiterin im Einkauf ist auf zwei Mitarbeiter aufgeteilt. Vormittags sitzt der eine Mitarbeiter, nachmittags der/die andere am selben Schreibtisch.

- **Leiharbeitnehmer**, d. h. Arbeitnehmer, die von Personalleasing-Unternehmen (vgl. Seite 208, 322) bereitgestellt werden.

  Beispiel Während einer Grippewelle im Frühjahr ist der Auslieferungsfahrer erkrankt. Die Gruppenleiterin Personal bei der Center Warenhaus GmbH, Maria Meys, beschafft einen Fahrer bei einem Personalleasing-Unternehmen.

Personalveränderungen: Der Personalbestand eines Unternehmens ist ständigen **Veränderungen** unterworfen. Wir unterscheiden dabei zwischen autonomen und initiierten Personalveränderungen.

- **Autonome Personalveränderungen** sind Veränderungen, auf die das Unternehmen keinen oder nur bedingten Einfluss hat.

  Beispiele Zugänge durch Rückkehr von Mitarbeitern aus Bundeswehr oder Zivildienst und Abgänge durch Kündigung vonseiten der Arbeitnehmer

- **Initiierte Personalveränderungen** sind Veränderungen, die vom Unternehmen ausgehen.

  Beispiele Übernahme eines Auszubildenden oder Kündigung eines Arbeitnehmers durch den Arbeitgeber

Personalbedarfsplanung

Die **Personalbedarfsplanung** verfolgt den Zweck, den mittel- und langfristigen Personalbedarf eines Unternehmens quantitativ und qualitativ zu ermitteln, d. h., sie soll festlegen, wie viele Mitarbeiter mit welcher Qualifikation benötigt werden.

Dieser zukünftige Personalbedarf kann mithilfe der Stellenplanmethode oder der Kennzahlenmethode ermittelt werden.

- Bei der **Stellenplanmethode** werden die benötigten Stellen (Stellenbestand, vgl. Seite 203) dem tatsächlichen Personalbestand gegenübergestellt.

Beispiel Auszug aus dem Stellenplan der Center Warenhaus GmbH

Stellenplan	Lebensmittelabteilung			
Stellenart	**Tarifgruppe**	**Personalbestand**	**Stellenbestand**	**Differenz**
Abteilungsleiter/-in	T4	1	1	–
Substitut	T3	1	1	–
Verkäufer	T2	1	2	1

Im **Stellenbesetzungsplan** werden die verfügbaren Stellen den Mitarbeitern zugeordnet.

- Bei der **Kennzahlenmethode** wird ebenfalls vom aktuellen Personalbestand ausgegangen. Dieser wird in Beziehung zu bestimmten betrieblichen Kennzahlen, z. B. Umsatz oder Zeitbedarf, gesetzt.

  Beispiel Die Abteilung Textil/Sport der Center Warenhaus GmbH hat im letzten Jahr mit sieben Mitarbeiterinnen und Mitarbeitern einen Umsatz von 1,4 Mio. EUR erzielt. Für das kommende Geschäftsjahr ist eine Umsatzsteigerung von 10 % geplant. Bei sonst unveränderten Bedingungen steigt der Personalbedarf ebenfalls um 10 %.

Die Personalbedarfsplanung legt aber nicht nur die Zahl der Mitarbeiter fest, sondern auch deren erforderliche **Qualifikation.**

Hilfsmittel hierfür ist die **Stellenbeschreibung**, die die wesentlichen Merkmale einer Stelle genau festlegt. Sie ermöglicht es der Personalabteilung bei der Stellenbesetzung Qualifikation des Mitarbeiters und Anforderung der Stelle optimal aufeinander abzustimmen.

Beispiel

Stellenbeschreibung	
Stellenbezeichnung:	Leiterin/-leiter der Abteilung Lebensmittel
Stelleneinordnung: – Unterstellung – Überstellung	 Substitut Verkauf Verkäuferin/Verkäufer
Stellenaufgabe:	Fachliche und disziplinarische Leitung der Lebensmittelabteilung
Stellenziele:	Personalplanung, Personalbeschaffung, Personalkostenberechnung
Stellenbefugnisse:	Handlungsvollmacht gemäß den Richtlinien für Substitute
Stellenverantwortung:	gemäß den Richtlinien für Substitute
Stellenvertretung:	stellvertretende Substitute der Abteilung Lebensmittel
Stellenanforderungen: – Ausbildung – Erfahrung – Kenntnisse	 Kaufmannsgehilfenprüfung, Prüfung gemäß Ausbildereignungs-Verordnung fünf Jahre Betriebszugehörigkeit, fünf Jahre Tätigkeit im Lebensmittelbereich Warenwirtschaftssystem

LF 1 **Inhalt einer Stellenbeschreibung sind u. a.:**

- Stellenbezeichnung
- Stelleneinordnung
- Stellenaufgabe
- Stellenziele
- Stellenbefugnisse
- Stellenverantwortung
- Stellenvertretung
- Stellenanforderungen

Personaleinsatzplanung

Die Personaleinsatzplanung verfolgt den Zweck, **den kurzfristigen Personaleinsatz zu regeln.** Ziel ist es, den wirtschaftlichen Einsatz der vorhandenen Mitarbeiter für die geplante Leistungserstellung zu gewährleisten. Der Personaleinsatzplan stellt also sicher, dass die Stellen im vorgesehenen Zeitraum mit qualifizierten Mitarbeitern besetzt sind und diese entsprechend ihren zeitlichen Verpflichtungen und Qualifikationen eingesetzt werden.

Der **Personaleinsatzplan** enthält:

- die Namen der Mitarbeiter,
- die Wochentage des Einsatzes,
- den geplanten Einsatz und
- vorhersehbare Fehlzeiten (Urlaub, Freizeitausgleich, Berufsschultage u. Ä.).

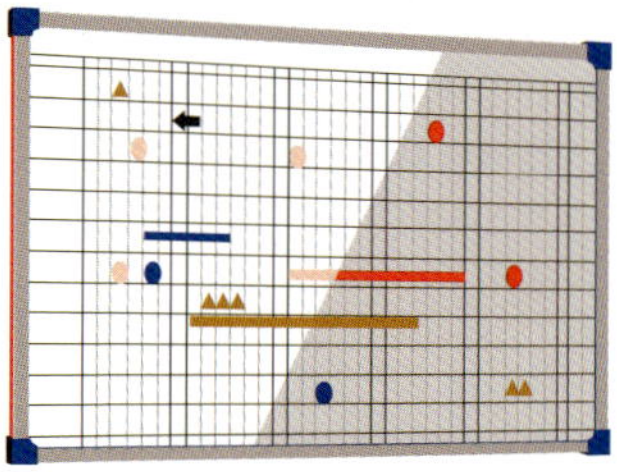

Personaleinsatzplan als Wandtafel

Oft ist noch eine Mindestbesetzung vorgegeben.

Beispiel Elena Gutowski, Substitutin in der Abteilung Textil/Sport der Center Warenhaus GmbH, plant die zweite Dezemberwoche. Sie hat vier Vollzeitkräfte, eine Teilzeitkraft und die Auszubildende Sabine Freund zur Verfügung. Ihre Stellvertreterin ist Frau Schmitt, weitere Verkäufer/-innen sind Frau Schneiders, Frau Fischer, Frau Alt, Herr Jung und die Auszubildende Sabine Freund. Es sind folgende vorhersehbare Fehlzeiten bekannt:

- Frau Gutowski ist am Donnerstag ganztägig auf einer Fortbildung.
- Frau Schmitt hat Montag und Dienstag Urlaub.
- Frau Schneiders muss am Dienstag um 8:00 Uhr zum Arzt und wird um 12:00 Uhr zurück sein.
- Frau Fischer bekommt am Donnerstag ab 14:00 Uhr ihren Freizeitausgleich.
- Sabine Freund hat Mittwoch von 8:00 Uhr bis 11:10 Uhr und Donnerstag von 8:00 Uhr bis 13:10 Uhr Berufsschule.

Personaleinsatzplan Textil/Sport							50. KW
Name	Montag	Dienstag	Mittwoch	Donnerstag	Freitag	Samstag	Summe
Gutowski	8	8	–	8A	5,5	8	37,5
Schmitt	8U	8U	8	5,5	–	8	37,5
Schneiders	–	4K+4	8	8	8	8	37,5
Fischer	4	4	4	2F+6	–	–	20,0
Alt	8	8	5,5	8	8	–	37,5
Jung	8	–	5,5	8	8	8	37,5
Freund	8	8	3,5B+5	5B	8	–	37,5
U = Urlaub, K = Krank, F = Freizeitausgleich, A = Fortbildung, B = Berufsschule							

Die Wochenarbeitszeit laut Tarifvertrag beträgt 37,5 Stunden. Die Betriebsvereinbarung sieht vor, dass die Verkäufer/-innen nur an 5 Tagen beschäftigt werden. Frau Fischer steht als Teilzeitkraft mit 20 Stunden zur Verfügung. Die Geschäftsleitung schreibt vor, dass Frau Gutowski oder ihre Stellvertreterin ständig anwesend sein müssen und eine Mindestbesetzung von 4 Verkäuferinnen sicherzustellen ist. Der Personaleinsatzplan der Abteilung Textil/Sport könnte folgendermaßen aussehen:

Personalbedarfs- und Personaleinsatzplanung

- Grundlage der Personalplanung ist der **aktuelle Personalbestand.** Bei seiner Ermittlung sind die verschiedenen **Arten von Arbeitnehmern** (Voll-, Teilzeitbeschäftigte, Jobsharing-Mitarbeiter, Leiharbeitnehmer) und die **Personalveränderungen** zu berücksichtigen.
- Die **Personalbedarfsplanung** verfolgt den Zweck, den mittel- und langfristigen Personalbedarf eines Unternehmens quantitativ und qualitativ zu ermitteln. Hilfsmittel sind der **Stellenplan**, der **Stellenbesetzungsplan** und die **Stellenbeschreibung**.
- Im **Personaleinsatzplan** wird der kurzfristige Personaleinsatz geregelt.

1. Suchen Sie in den Stellenanzeigen der Wochenendausgabe Ihrer Tageszeitung nach Beispielen für die unterschiedlichen Arten von Arbeitnehmern und stellen Sie diese in einer Liste vor.

2. Die Auszubildende der Center Warenhaus GmbH Sabine Freund meldet sich am Dienstag nach dem Arztbesuch für den Rest der Woche krank. Erstellen Sie einen neuen Personaleinsatzplan unter Berücksichtigung der Bedingung, dass die ausgefallenen Stunden durch andere Mitarbeiter vertreten werden (vgl. Seite 204).

3. Erläutern Sie Möglichkeiten zur Ermittlung des zukünftigen Personalbedarfs.

4. Erstellen Sie eine Stellenbeschreibung für den Abteilungsleiter Verkauf/Marketing der Center Warenhaus GmbH.

5. Erkundigen Sie sich bei der Gewerkschaft, in welchem Ausmaß in Ihrer Region Arbeitnehmer in Teilzeitarbeit, Jobsharing und als Leiharbeitnehmer beschäftigt werden. Stellen Sie die Ergebnisse z. B. als Kreis- oder Balkendiagramm grafisch dar und erläutern Sie diese in der Klasse.

6. Warum führen die zuständigen Mitarbeiter Ihres Unternehmens eine exakte Personaleinsatzplanung (PEP) durch?

1. PEP wird durchgeführt, um den Krankenstand der Mitarbeiter zu verbessern.
2. PEP wird durchgeführt, um größere Austrittsquoten (Kündigungen) bei Mitarbeitern zu verhindern.
3. PEP wird durchgeführt, um u. a. die Personalbesetzung an die Abweichungen von Arbeitszeit und Geschäftsöffnungszeit anzupassen.
4. PEP wird durchgeführt, um Fehlzeiten der Mitarbeiter zu verhindern.
5. PEP wird durchgeführt, um das Leistungsverhalten des einzelnen Mitarbeiters zu steigern.

3 Personalbeschaffung

Am Ende des Geschäftsjahres stellt man bei der Center Warenhaus GmbH fest, dass der Umsatz gegenüber dem Vorjahr um 5 % zurückgegangen ist. Frau Sommer und Herr Becker haben zu einer Krisensitzung eingeladen, an der die Abteilungsleiter, der Assistent der Geschäftsleitung und der Vorsitzende des Betriebsrates teilnehmen. Sabine Freund ist gebeten worden, das Protokoll zu führen. Herr Becker schlägt zunächst vor, die Kosten unter die Lupe zu nehmen. *„Wenn der Umsatz sinkt, müssen wir die Kosten senken!"*, stellt er fest. *„Und wenn wir die Kosten z. B. für Werbung oder die Ausstattung der Verkaufsräume senken, sinkt der Umsatz weiter"*, erwidert Oliver Lehnert, der Abteilungsleiter Verkauf/Marketing: *„Ich bin den ganzen Tag mit dem Alltagsgeschäft beschäftigt, da bleibt keine Zeit für neue Ideen. Die Verstärkung der Salespromotion und die Einrichtung eines Online-Shops sind nur zwei Themen, die wir anpacken müssen."* Sven Braun, der Assistent der Geschäftsleitung, unterstützt ihn: *„Bereits 4 % des Einzelhandesumsatzes werden im Bereich Online erzielt, das Geschäft sollten wir uns nicht entgehen lassen!"* Frau Sommer meldet sich zu Wort: *„Ich schlage vor, die Funktion des Abteilungsleiters Verkauf/Marketing auf zwei Personen aufzuteilen. Herr Lehnert kümmert sich weiter um das Tagesgeschäft und wir suchen eine zweiten Abteilungsleiter für den Bereich Online-Shop und Salespromotion." „Und wie wollen Sie einen geeigneten Mitarbeiter finden?"*, fragt Sabine Freund neugierig. *„Das ist natürlich die Aufgabe von Frau Meys"*, entgegnet Herr Becker. Nach kurzer Diskussion wird der Vorschlag von allen befürwortet.

ARBEITSAUFTRÄGE

- Stellen Sie fest, welche Möglichkeit es gibt, den erforderlichen Mitarbeiter zu gewinnen.
- Entscheiden Sie sich für eine Form der Personalbeschaffung und begründen Sie Ihre Entscheidung.

Die Personalbeschaffung befasst sich mit der **Bereitstellung der für das Unternehmen erforderlichen Mitarbeiter.** Um die erforderlichen Mitarbeiter in qualitativer und quantitativer Hinsicht bereitstellen zu können, kann sich ein Unternehmen interner und externer Beschaffungswege bedienen.

Interne Personalbeschaffung

Interne Personalbeschaffung bedeutet, dass Stellen mit Mitarbeitern aus dem Unternehmen besetzt werden. Dies kann auf folgende Weise geschehen:

- **Innerbetriebliche Stellenausschreibung:** Gemäß § 93 BetrVerfG (Betriebsverfassungsgesetz) kann der Betriebsrat verlangen, dass Arbeitsplätze vor ihrer Besetzung innerhalb des Betriebes ausgeschrieben werden.

Beispiel Bevor Frau Meys die Stellenanzeige in der Tageszeitung veröffentlicht hat, wurde die Stelle im Wege der innerbetrieblichen Stellenausschreibung am schwarzen Brett der Center Warenhaus GmbH ausgehängt.

- **Versetzung**

  Beispiel Eine Sachbearbeiterin aus dem Rechnungswesen wird in die Personalabteilung versetzt.

- **Mehrarbeit** bei kurzzeitigem Personalmehrbedarf

  Beispiel Um eine Sonderverkaufsaktion durchführen zu können, werden nach Rücksprache mit dem Betriebsrat Überstunden geleistet.

- **Fort- und Weiterbildung im Rahmen der Personalentwicklung**

  Beispiel Ein Kaufmann im Einzelhandel besucht die Fachschule für Wirtschaft. Nach erfolgreicher Prüfung wird er als Substitut eingesetzt.

Die interne Personalbeschaffung, insbesondere bei der innerbetrieblichen Stellenausschreibung, hat für das Unternehmen folgende **Vorteile:**

- Motivation der Mitarbeiter, da die Möglichkeit des Aufstiegs besteht
- Erleichterung der Einarbeitung
- geringe Beschaffungskosten

Dem stehen folgende **Nachteile** gegenüber:

- Bei einer Ablehnung empfindet der Mitarbeiter dies als Misserfolg.
- Es kann zu negativen Reaktionen des bisherigen Vorgesetzten auf die Bewerbung kommen.
- Es besteht die Gefahr der „Betriebsblindheit", da kein „frischer Wind" von außen kommt.

Die interne Personalbeschaffung kann auch eine **Änderung des bestehenden Arbeitsverhältnisses** erfordern. Dies kann z. B. durch die Umwandlung eines Teilzeit- in ein Vollzeitarbeitsverhältnis, durch die Umwandlung von befristeten in unbefristete Arbeitsverhältnisse oder die Übernahme von Auszubildenden erfolgen.

Beispiel Die Personalabteilung der Center Warenhaus GmbH bietet einem Aushilfsverkäufer eine Vollzeitbeschäftigung an.

Externe Personalbeschaffung

Sie bezieht sich auf den Teil des Arbeitsmarktes, der außerhalb des Unternehmens liegt. Hierbei können folgende Vermittler eingeschaltet werden:

Arbeitsverwaltung

Die Arbeitsvermittlung wird in der Bundesrepublik Deutschland i. d. R. von der Bundesagentur für Arbeit wahrgenommen. Um möglichst wirkungsvoll beraten und vermitteln zu können, ist es für die Arbeitsagenturen wichtig, **die Unternehmen möglichst genau zu kennen.** Aus diesem Grund sollten die Unternehmen möglichst engen Kontakt zu den örtlichen Arbeitsagenturen halten.

Private Arbeitsvermittler

Zunehmend treten auch **private Arbeitsvermittler** auf, die sich oft auf bestimmte Gruppen von Arbeitnehmern, wie z. B. Führungskräfte, spezialisiert haben.

○ Stellenanzeigen

Die meisten Unternehmen versuchen ihr Personal durch Stellenanzeigen zu beschaffen. Voraussetzung für den Erfolg dieser Maßnahme ist, dass der geeignete **Werbeträger** ausgewählt wird, die Anzeige zum richtigen Termin erscheint und Aufmachung und Inhalt ansprechend sind.

○ Personalleasing

Personalleasing-Unternehmen (vgl. Seite 202, 322) verleihen die bei ihnen beschäftigten Arbeitnehmer an ein Unternehmen. Diese Form der Personalbeschaffung eignet sich immer dann, wenn Arbeitnehmer **kurzfristig** eingesetzt werden sollen, also z. B. im Saisongeschäft, in der Urlaubszeit oder bei Krankheit.

○ Sonstige Beschaffungswege

Neben den genannten Möglichkeiten der Personalbeschaffung gibt es eine Vielzahl weiterer Möglichkeiten wie z. B.:

- Kontakte mit Schulen und sonstigen Bildungseinrichtungen, die z. B. zu Betriebsbesichtigungen eingeladen werden
- Vermittlung durch eigene Mitarbeiter, die über den Personalbedarf informiert werden
- Plakate, Handzettel usw.

Personalbeschaffung

Personalbeschaffung

intern
- innerbetriebliche Stellenausschreibung
- Versetzung
- Mehrarbeit
- Fort- und Weiterbildung

extern
- Arbeitsverwaltung
- private Arbeitsvermittler
- Stellenanzeigen
- Personalleasing
- sonstige Beschaffungswege

1. Unter welchen Voraussetzungen ist die Besetzung einer Stelle
a) nach innerbetrieblicher Stellenausschreibung,
b) bei Versetzung,
c) bei Mehrarbeit oder
d) nach durchgeführter Fort- und Weiterbildung sinnvoll?

2. Die Center Warenhaus GmbH sucht einen Auszubildenden für den Beruf Verkäufer/Verkäuferin. Entwerfen Sie die Stellenanzeige.

3. Begründen Sie, wann die Stellenanzeige veröffentlicht werden sollte und welchen Werbeträger Sie auswählen würden.

4. Erläutern Sie das Personalleasing. Beschreiben Sie, für welche Fälle diese Form der Personalbeschaffung besonders geeignet ist.

5. Beschaffen Sie sich Informationsmaterial eines Personalleasing-Unternehmens. Stellen Sie die Vor- und Nachteile dieser Form der Personalbeschaffung gegenüber:
a) für den Arbeitnehmer, b) für den Arbeitgeber.
Tragen Sie die Ergebnisse in der Klasse vor.

4 Personalführung, -entwicklung, -beurteilung und Umgang mit Konflikten

In der Center Warenhaus GmbH kommt in einer Abteilungsleiterbesprechung, an der auch Sabine Freund teilnimmt, das Thema Arbeitsmotivation zur Sprache. Die Abteilungsleiterin Verwaltung, Claudia Ahlemann, stellt fest, dass einige Mitarbeiter mit dem Führungsstil der Geschäftsleitung unzufrieden sind und sich nicht gerecht beurteilt und entlohnt fühlen. *„Die Folge ist eine Verringerung der Arbeitsmotivation, die sich in zurückgehenden Umsätzen niederschlägt"*, führt sie aus. *„Das gilt aber nicht für unsere Auszubildenden"*, entgegnet Frau Meys, *„seit wir Ihnen die Verantwortlichkeit für den Junior-Shop übertragen haben und das Prämienlohnsystem eingeführt wurde, sind sie kaum noch zu bremsen." „Und die Umsätze liegen deutlich über dem allgemeinen Durchschnitt"*, ergänzt Oliver Lehnert. *„Also ein kooperativer Führungsstil in Verbindung mit einer leistungsabhängigen Entlohnung"*, stellt Herr Becker fest und fragt: *„Könnte man das Modell nicht auf das ganze Unternehmen übertragen?"*

ARBEITSAUFTRÄGE

- Erläutern Sie die unterschiedlichen Führungsstile und ordnen Sie den Führungsstil Ihres Ausbildungsbetriebes einem der Führungsstile zu.
- Stellen Sie das Prämienlohnsystem als Anreizsystem für Arbeitnehmer dar.
- Erläutern Sie die Auswirkung der Personalbeurteilung auf die Mitarbeitermotivation.
- Überprüfen Sie, wie Konflikte in einem Einzelhandelsunternehmen gelöst werden können.

Die **Unternehmenskultur** entsteht und entwickelt sich im Laufe der Geschäftstätigkeit eines Unternehmens. Zu ihr gehören die nach innen und außen wirkenden Denkweisen und Verhaltensregeln, das Werte- und Normgefüge und das Konzept der Personal- und Unternehmensführung.

Personalführung

Der Bereich der Führung in der Unternehmung erstreckt sich auf das Unternehmen als Ganzes (**Unternehmensführung**) und auf die Mitarbeiterinnen und Mitarbeiter (**Personalführung**).

Unternehmensführung

Die Aufgaben der Unternehmensführung umfassen die Gestaltung des Unternehmensaufbaus und des Arbeitsablaufs. Die Führung eines Unternehmens drückt sich in der gewählten **Aufbau- und Ablauforganisation** aus.

Personalführung

Sie beschäftigt sich mit der Führung der Mitarbeiterinnen und Mitarbeiter. Das **Führungsverhalten** der Führenden zur Durchsetzung der Ziele der Einzelhandelsunternehmung kann in zwei Grundmuster eingeteilt werden:

- Der **autoritative Führungsstil** (auch als **Direktoralsystem** bezeichnet) ist durch Abstand und Höherstellung des Vorgesetzten gekennzeichnet. Der Vorgesetzte entscheidet und ordnet an, er schätzt den disziplinierten und willigen Mitarbeiter.

- Der **kooperative Führungsstil** (auch als **Kollegialsystem** bezeichnet) ist durch Nähe und Gleichstellung von Vorgesetzten und Mitarbeitern gekennzeichnet. Der Vorgesetzte formuliert das Problem, delegiert die Entscheidung innerhalb bestimmter Grenzen und fungiert als Koordinator nach innen und außen. Als Mitarbeiter wird die selbstständige Persönlichkeit geschätzt, deren Handeln durch Einsicht und Verantwortung gegenüber dem Unternehmen gekennzeichnet ist.

Die Wahl des Führungsstils hängt vom grundsätzlichen Verhältnis der Unternehmensleitung zu den Mitarbeiterinnen und Mitarbeitern und vom Unternehmensleitbild ab.

Trotz möglicher Nähe und Gleichstellung von Vorgesetztem und Mitarbeiter sind beide in **unterschiedlichen Rollen** tätig. Der Verkäufer z. B. handelt auf Anordnung, der Substitut trägt die Verantwortung für seine Abteilung. Wenn der Mitarbeiter die in ihn gesetzten Erwartungen nicht erfüllt oder wenn sich die an ihn gerichteten Erwartungen widersprechen, kann es zu **Konflikten** (vgl. Seite 212) kommen. Erfüllt z. B. eine Verkäuferin/ein Verkäufer die Anforderungen nicht, wird sie/ihn die Substitutin für die schlechten Leistungen tadeln und sie/ihn schlecht beurteilen. Im schlimmsten Fall muss sie/er mit einer Kündigung rechnen.

Die Leistungsbereitschaft der Mitarbeiter kann durch **Leistungsanreize**, wie z. B. Aufstiegschancen durch eine gute Beurteilung oder leistungsgerechte Entlohnung, erhöht werden (vgl. Seite 236 f.).

Personalentwicklung

Die Verbesserung der Leistungsfähigkeit und der Leistungsbereitschaft der Mitarbeiter ist Aufgabe der Personalentwicklung. Hierbei spielt die Weiterqualifizierung der Mitarbeiter (vgl. Seite 232) eine wesentliche Rolle.

Personalbeurteilung

Aufgabe des Personalwesens ist es, den richtigen Mitarbeiter in einem Einzelhandelsunternehmen zur richtigen Zeit am richtigen Ort einzusetzen. Diese Aufgabe kann nur erfüllt werden, wenn seine Leistungen und die Möglichkeiten einer weiteren beruflichen Entwicklung durch geeignete Verfahren erfasst und beurteilt werden.

Die Beurteilung der Mitarbeiter eines Unternehmens soll aus folgenden **Gründen** erfolgen:

- Eine gezielte **Personalentwicklung** durch Beförderung, Versetzung, Umschulung oder Fortbildung setzt die Kenntnis der wesentlichen Eigenschaften des Mitarbeiters voraus.
- Eine gerechte **Entlohnung** ist nur aufgrund einer objektiven Leistungsbeurteilung möglich.
- Ein optimaler **Personaleinsatz** erfordert die genaue Kenntnis der Leistungsfähigkeit und -bereitschaft des Mitarbeiters.
- Eine fehlerfreie **Zeugniserteilung** setzt eine möglichst regelmäßige Beurteilung voraus.
- Die Personalbeurteilung dient der **Motivation** und ist damit Ansporn für bewusstes Leistungsverhalten.

Beispiel Die Mitarbeiter der Center Warenhaus GmbH werden jährlich anhand des folgenden Bewertungsbogens beurteilt:

Beurteilung

Name: ☐☐☐☐☐☐☐☐☐☐☐☐☐☐☐☐☐☐☐

Datum der Beurteilung: ☐☐☐☐☐☐ Beurteilungszeitraum: von: ☐☐☐☐☐☐ bis: ☐☐☐☐☐☐

Beurteilungsmerkmale		1	2	3	4	5	6
1	Kundenorientierung	❍	❍	❍	❍	❍	❍
2	Zuverlässigkeit, Sorgfalt, Genauigkeit	❍	❍	❍	❍	❍	❍
3	Aufrichtigkeit, Offenheit	❍	❍	❍	❍	❍	❍
4	Fleiß, Ausdauer	❍	❍	❍	❍	❍	❍
5	Fachliche Kenntnisse	❍	❍	❍	❍	❍	❍

Die **Arten der Personalbeurteilung** sind vielfältig. In Großbetrieben wird i. d. R. in regelmäßigen Abständen anhand fester Bewertungskriterien beurteilt. Kleine und mittlere Betriebe beurteilen Mitarbeiter oft nur im Rahmen eines geforderten Arbeitszeugnisses oder anhand konkreter Anlässe, z. B. einer Beförderung.

Vor Beginn eines Arbeits- oder Ausbildungsverhältnisses wird für jeden Mitarbeiter eine **Personalakte** angelegt, in der die persönlichen Daten aufgenommen werden. Im Laufe des Arbeits- oder Ausbildungsverhältnisses wird diese Personalakte weitergeführt und um Angaben ergänzt.

Beispiele Beurteilung vor Abschluss der Probezeit, Zwischen- und Abschlussprüfungsergebnis, Ausbildungsmaßnahmen außerhalb der Ausbildungsstätte, Beurteilungen von Vorgesetzten

Für die Leistungsbeurteilung werden u. a. die nachfolgenden **Bewertungskriterien** benutzt:

- **Arbeitsverhalten**, z. B. Arbeitsqualität, Ausdauer, Belastbarkeit, Fachkenntnisse, Pünktlichkeit, Zuverlässigkeit
- **Sozialverhalten**, z. B. Hilfsbereitschaft, Kooperationsbereitschaft, Aufgeschlossenheit
- **Führungsverhalten**, z. B. Durchsetzungsvermögen, Delegation, Motivationsfähigkeit
- **Geistige Anlagen**, z. B. Auffassungsgabe, Gedächtnis, Kreativität
- **Persönliches Auftreten**, z. B. Erscheinungsbild, Umgangsformen, Ausdrucksfähigkeit

Neben der reinen **Leistungsbeurteilung** können auch Aussagen über die Eignung für bestimmte neue Aufgaben und die Möglichkeiten der weiteren beruflichen Entwicklung in die Beurteilung einbezogen werden **(Potenzialbeurteilung)**.

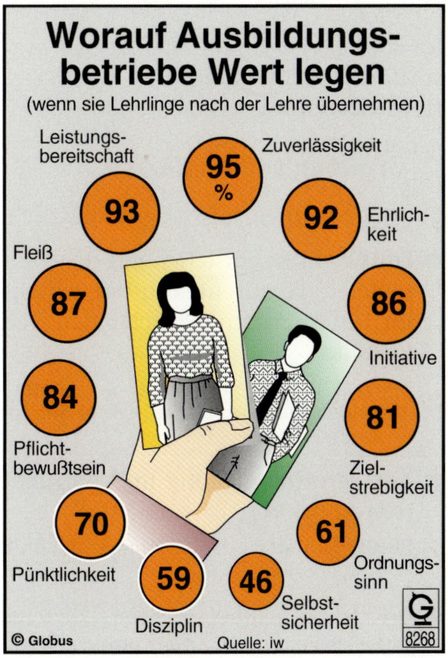

Beispiel „Für Führungsaufgaben geeignet"

Mit der regelmäßigen und systematischen Personalbeurteilung sind aber auch **Probleme** verbunden:

- Sie erfordert **Zeit** und führt so zu zusätzlicher Arbeitsbelastung der Vorgesetzten.

  Beispiel Die Dauer für die Beurteilung eines Mitarbeiters wird bei der Center Warenhaus GmbH mit 2,5 Stunden angesetzt. Wenn alle 105 Mitarbeiter einmal jährlich beurteilt werden sollen, müssen die Vorgesetzten dafür 262,5 Stunden jährlich aufwenden.

- Sie kann **Konflikte** auslösen, die anhand einer Beurteilung zum Ausbruch kommen.
- Sie kann **fehlerhaft** sein.

  Beispiel Der Beurteiler schließt von einem wesentlichen Merkmal auf alle Kriterien oder übernimmt kritiklos früher vorgenommene Beurteilungen.

Gemäß § 82 Abs. 2 BetrVerfG kann ein Arbeitnehmer die Erörterung seiner Beurteilung sowie die Möglichkeiten seiner beruflichen Entwicklung im Betrieb verlangen.

Beispiel Nach erfolgter Beurteilung wird mit jedem Mitarbeiter der Center Warenhaus GmbH ein Personalgespräch geführt. Hier wird die Beurteilung erläutert und es werden Möglichkeiten der beruflichen Weiterentwicklung besprochen.

Umgang mit Konflikten

Entstehung von Konflikten

Konflikte entstehen, wenn bei Mitgliedern von Gruppen unterschiedliche Bedürfnisse und Interessen vorliegen. Bei Konflikten handelt es sich um Abweichungen im Wahrnehmen, Denken, Fühlen und Wollen, die zu Beeinträchtigungen im Zusammenleben führen. Solche Beeinträchtigungen liegen vor, wenn sich Mitglieder von Gruppen behindert, blockiert, verletzt oder bedroht fühlen.

Im Rahmen des Konfliktmanagements sind zunächst die **Konfliktursachen** zu klären, es sind die **Konfliktparteien** zu benennen und im Anschluss daran Maßnahmen zur **Konfliktbehandlung** zu ergreifen.

Ursachen von Konflikten

Konflikte können auf vier grundsätzlichen **Ursachen** beruhen:

- Die Konflikte entstehen aus den **Unter- und Überordnungsbeziehungen** im Unternehmen (**Hierarchiekonflikt** zwischen Vorgesetzten und Unterstellten) oder aus den im Unternehmen herrschenden Verteilungskämpfen um Ressourcen (**Verteilungskonflikt**).

  Beispiel Die Abteilungsleiter der Center Warenhaus GmbH fordern für ihre jeweiligen Abteilungen Werbeetats, die in ihrer Summe den Gesamtetat übersteigen. Es kommt zum Verteilungskonflikt.

- Aus der Arbeitsteilung im Unternehmen resultieren **Kooperations- und Koordinationskonflikte.**

  Beispiel In einem Unternehmen geben Abteilungsleiter und Substitute sich widersprechende Anweisungen.

- Aus den individuellen Zielen der Mitarbeiterinnen und Mitarbeiter und ihren sozialen Anbindungen entstehen **persönliche oder soziale Konflikte**.

Beispiel Ein Abteilungsleiter der Center Warenhaus GmbH ordnet nach Rücksprache mit dem Betriebsrat Überstunden an. Da einer Mitarbeiterin für ihre Tochter eine Tagesmutter nur für bestimmte Stunden zur Verfügung steht, kommt es zu einem **Rollenkonflikt** zwischen der Rolle der Mutter und der Arbeitnehmerin.

- Durch unterschiedliche Wert- und Moralvorstellungen der Mitarbeiterinnen und Mitarbeiter im Unternehmen kommt es zu **Wertekonflikten**.

  Beispiel Ein Abteilungsleiter der Center Warenhaus GmbH hat andere Vorstellungen von Ordnung am Arbeitsplatz als ein Mitarbeiter.

○ Konfliktparteien

Die **Konfliktparteien** können einzelne Personen, Personengruppen, Abteilungen oder das Unternehmen als Ganzes sein.

Beispiel In einer Abteilung der Center Warenhaus GmbH wird eine Beförderungsstelle ausgeschrieben. Da zwischen Abteilungsleitung und einem Mitarbeiter unterschiedliche Auffassungen über die Voraussetzungen der Beförderung bestehen, entsteht ein Konflikt zwischen einer Einzelperson und der Abteilung.

○ Konfliktbehandlung

Je nach Konfliktursache und Konfliktparteien **sind Konflikte im Unternehmen unterschiedlich zu behandeln.** Vorteil aller Konflikte ist, dass Unstimmigkeiten deutlich werden, Nachteil, dass Konflikte im Unternehmen in nicht geringem Umfang die Leistungsfähigkeit des Betriebes beeinträchtigen. Bei der Konfliktbehandlung gibt es folgende **Regeln**:

- klare Einhaltung der Führungsgrundsätze (vgl. Seite 209)
- klare und deutliche Anweisungen erteilen
- Kompromissbereitschaft trainieren und praktizieren
- potenzielle Konfliktursachen bei Personalauswahl, -führung und -entwicklung berücksichtigen
- bei Dauerkonflikten Hilfe außen stehender (externer) Berater erwägen

○ Konfliktlösungsstrategien

Ziel eines jeden Konfliktgespräches sollte es sein, **Einsichten zu vermitteln** und eine **Verhaltensänderung zu erreichen**. Dies kann z. B. in den folgenden Phasen geschehen:

- In der ersten Stufe geht es um die **Wahrnehmung des Konfliktes** und eine **Definition des Problems.**

  Beispiel Die Partner akzeptieren, dass sie einen Konflikt haben: „Der Druck der Abteilungsleitung ist für mich unerträglich"; „Der Mitarbeiter ist ständig schlecht gelaunt und bringt die geforderte Leistung nicht".

- In der zweiten Stufe wird gemeinsam nach den **Ursachen** gesucht.

  Beispiel Bei nur einem mobilen Datenerfassungsgerät für drei Mitarbeiter der Abteilung ist die durch den Vorgesetzten übertragene Inventurarbeit in der vorgegebenen Zeit nicht zu leisten.

- In der dritten Stufe wird nach **Lösungsmöglichkeiten** gesucht. Wichtig ist es hier, konkrete Zielvereinbarungen zu treffen und diese zeitlich und inhaltlich festzulegen.

  Beispiel Es wird ein zweites mobiles Datenerfassungsgerät für die Abteilung angeschafft. In drei Monaten sollen die Arbeitsleistung und das Arbeitsklima Gegenstand eines Gespräches sein.

Personalführung, -entwicklung, -beurteilung und Umgang mit Konflikten

Führungsstil

autoritativ	kooperativ
– Vorgesetzter entscheidet und ordnet an	– Vorgesetzter delegiert und fungiert als Koordinator

- **Personalentwicklung:** Verbesserung der Leistungsfähigkeit und -bereitschaft der Mitarbeiter
- Die **Personalbeurteilung** gibt Auskunft darüber, inwieweit ein Mitarbeiter den Anforderungen und Erwartungen entspricht, die der Arbeitsplatz an ihn stellt.
- Beim **Konfliktmanagement** sollten die **Konfliktursachen** geklärt werden, die **Konfliktparteien** benannt und **Maßnahmen zur Konfliktbehandlung** ergriffen werden.

1. Erläutern Sie die Bereiche der Personalführung.

2. Diskutieren Sie anhand des Organigramms der Center Warenhaus GmbH (vgl. Seite 15), welches das Konzept der Unternehmensführung sein könnte.

3. Diskutieren Sie, welche Vor- und Nachteile mit einer regelmäßigen Personalbeurteilung verbunden sind.

4. Jede Klasse hat einen Klassensprecher.
a) Erstellen Sie eine Liste von Qualifikationen, die ein Klassensprecher erfüllen sollte.
b) Entwickeln Sie einen Beurteilungsbogen, anhand dessen die Qualifikationen gemessen werden können.
c) Führen Sie eine Beurteilung anhand der gefundenen Kriterien durch.
d) Diskutieren Sie die mit dem Verfahren verbundenen Probleme.

5. In der Center Warenhaus GmbH soll die Stelle der Substitutin für die Parfümerie besetzt werden.
a) Erstellen Sie eine Liste von Qualifikationen, über die die Bewerberin verfügen sollte.
b) Entwickeln Sie einen Beurteilungsbogen, anhand dessen die Qualifikationen gemessen werden können.

6. Stellen Sie fest, ob und wie Konflikte in Ihrem Ausbildungsbetrieb gelöst werden.

5 Personaleinstellung

5.1 Das Stellenangebot

Die Center Warenhaus GmbH hat eine Stelle für einen stellvertretenden Abteilungsleiter Verkauf/Marketing ausgeschrieben. Diese Ausschreibung läuft zunächst innerbetrieblich, doch leider bewerben sich hierauf keine geeigneten

Kandidaten. Nachdem entschieden wurde, einen geeigneten Mitarbeiter über eine Stellenanzeige zu suchen, bittet Frau Meys ihre Auszubildende Sabine Freund um Vorschläge für den Text der Anzeige, die Auswahl eines geeigneten Werbeträgers und einen Gestaltungsvorschlag.

ARBEITSAUFTRÄGE

- Helfen Sie Sabine Freund bei der Formulierung des Textes.
- Erarbeiten Sie Vorschläge für die Auswahl des Werbeträgers.

Der häufigste Weg der externen Personalbeschaffung durch Einzelhandelsunternehmen ist die Suche von Mitarbeitern durch eine **Stellenanzeige.**

Der **Inhalt** der Anzeige sollte klar und informativ sein. Sie sollte Aussagen über folgende Punkte enthalten:

> ➤ **Können Sie mehr, als Sie bisher zeigen durften?**
> ➤ **Fühlen Sie sich beruflich eingeengt?**
> ➤ **Haben Sie es satt, immer nur die zweite Geige zu spielen?**
>
> Dann machen Sie **jetzt** Karriere bei der Center Warenhaus GmbH als
>
> **Stellvertretender/de Abteilungsleiter/in**
>
> in unserer Filiale, Aachener Str. 1250, 50859 Köln
>
> **Wir erwarten,** gute Fachkenntnisse, Verkaufserfahrung und die Fähigkeit, Mitarbeiter zu führen. **Wir bieten** überdurchschnittliches Gehalt und eine selbstständige Tätigkeit.
>
> Bei der Wohnungsbeschaffung sind wir behilflich.
>
> Zuschriften erbeten an Center Warenhaus GmbH, Aachener Str. 1250, 50859 Köln

- das Unternehmen

  Beispiele Name des Unternehmens, Standort, Größe

- die freie Stelle

  Beispiele Aufgabenbeschreibung, Entwicklungschancen

- die Anforderungsmerkmale

  Beispiele Ausbildung, Fähigkeiten, Berufserfahrung

- die Leistungen

  Beispiele Hinweis auf Lohn- und Gehaltshöhe, Sozialleistungen

- die Bewerbungsunterlagen

  Beispiele Lebenslauf, Zeugnisse, persönliches Vorstellungsgespräch

In ihrer **Aufmachung** sollte die Stellenanzeige Aufmerksamkeit wecken und sich von anderen Anzeigen abheben. Zur Gestaltung von Stellenanzeigen wird i. d. R. eine Werbeagentur eingeschaltet.

Für Stellenanzeigen stehen folgende **Werbeträger** zur Verfügung:

- regionale Tageszeitungen

  Beispiele Kölner Stadt-Anzeiger, WAZ

- überregionale Tageszeitungen

  Beispiel Frankfurter Allgemeine Zeitung

- überregionale Wochenzeitungen

  Beispiel Die Zeit

- Fachzeitschriften

  Beispiele Absatzwirtschaft, Lebensmittelzeitung

Leitende Mitarbeiter oder Spezialisten sucht man vorzugsweise über überregionale Tages- oder Wochenzeitungen und in Fachzeitschriften. **Arbeitskräfte der unteren bis mittleren Hierarchieebene** werden überwiegend in regionalen Tageszeitungen gesucht. **Arbeitskräfte mit Spezialkenntnissen** werden über Fachzeitschriften angesprochen.

Das Stellenangebot

- Bei der Einschaltung einer Stellenanzeige müssen folgende Punkte beachtet werden:

Stellenangebot

Anzeigeninhalte	Gestaltung	Werbeträger
– klar und informativ	– Aufmerksamkeit	– z. B. Tageszeitung, Internetportal

1. Die Center Warenhaus GmbH sucht einen Substituten für den Verkauf im Bereich der Abteilung Spielwaren. Formulieren Sie einen Text für eine Stellenanzeige.

2. Wählen Sie einen geeigneten Anzeigentermin und einen Werbeträger für die o. g. Anzeige aus. Begründen Sie Ihre Entscheidung.

3. Fertigen Sie einen Entwurf der o. g. Stellenanzeige an.

4. Sammeln Sie Stellenanzeigen aus Tageszeitungen und Fachzeitschriften. Stellen Sie fest, welche Qualifikationen gefragt sind und versuchen Sie diese zu systematisieren.

5. Sammeln Sie Stellenanzeigen, mit denen Kaufleute im Einzelhandel und Verkäuferinnen/Verkäufer gesucht werden. Stellen Sie fest, welche Qualifikationen hier gefragt sind und wie sich die Qualifikationen unterscheiden.

5.2 Die Bewerbung

In der Wochenendausgabe der örtlichen Tageszeitung erscheint die Stellenanzeige der Center Warenhaus GmbH. Von den Bewerbern kommen zwei in die engere Auswahl. Frau Blümel und Herr Eberle. Frau Blümel ist 23 Jahre alt, ledig und gelernte Werbekauffrau. Ihre Ausbildung hat sie in einer Werbeagentur gemacht. Danach war sie bei einem Warenhaus-Konzern, einer Werbeagentur und der Messegesellschaft Köln beschäftigt. Sie weist darauf hin, dass sie flexibel sei, sich schnell anpassen könne und eine rasche Auffassungsgabe habe. Die Kündigung ihrer letzten Arbeitsstelle erfolgte „in gegenseitigem Einvernehmen“. Frau Blümel steht sofort zur Verfügung.

Tabellarischer Lebenslauf

Name:	Silke Blümel	
Adresse:	Mozartstraße 7 50674 Köln	
Geburtstag:	7. März ...	
Geburtsort:	Bonn	
Familienstand:	ledig	
Schulbildung:	1988 – 1992	Schillergrundschule, Bonn
	1992 – 1998	Max-Planck-Realschule, Köln
Schulabschlüsse:	1998	Fachoberschulreife
Berufsausbildung:	1998– 2001	Ausbildung zur Werbekauffrau in der Werbeagentur Acon in Köln
Berufsabschluss	2001	Werbekauffrau Abschlussnote: gut
Berufliche Tätigkeit:	2001 – 2002	Junior-Kontakterin bei der Werbeagentur Acon
	2002 – 2003	Sachbearbeiterin bei der Profil-Messebau-GmbH, Düsseldorf
	2003 – 2004	Sachbearbeiterin bei der Werbeagentur Publica, Köln
	2004 – 2005	Messegesellschaft, Köln
Zusatzqualifikation:		gute Englischkenntnisse in Wort und Schrift Führerschein Klasse 3 seit 2000 Mitglied im Marketing-Club Köln-Bonn

Herr Eberle ist 35 Jahre alt, verheiratet und hat eine 12-jährige Tochter. Nach Abschluss der Ausbildung zum Kaufmann im Einzelhandel in einem großen Warenhaus war er noch fünf Jahre in seinem Ausbildungsbetrieb tätig. Seit neun Jahren ist Herr Eberle Einkäufer in einem Elektrofachmarkt. Sein letzter Arbeitgeber bescheinigt ihm, dass er „stets zu seiner vollsten Zufriedenheit" gearbeitet habe und besonders zuverlässig sei.

ARBEITSAUFTRÄGE

- Erstellen Sie einen Kriterienkatalog für die Auswahl der Bewerber.
- Stellen Sie die beiden Bewerbungen gegenüber und treffen Sie eine begründete Entscheidung für einen Bewerber.

Grundlage jeder Personalauswahl sind die **Bewerbungsunterlagen.** Hierzu gehören

- das Bewerbungsschreiben
- ein Lichtbild
- der Lebenslauf
- Arbeitszeugnisse
- Zeugnis der Abschlussprüfung
- Schulzeugnisse

Bewerbungsschreiben

Das Bewerbungsschreiben sollte folgende Fragen beantworten:

- Aus welchem Grund erfolgt die Bewerbung?
- Welche Qualifikationen sind vorhanden?
- Welche besonderen Kenntnisse und Erfahrungen hat der Bewerber?
- Befindet sich der Bewerber in einem Arbeitsverhältnis?
- Wann steht der Bewerber frühestens zur Verfügung?

Gehaltsforderungen sollten nur gestellt werden, wenn dies ausdrücklich verlangt wurde. Dabei kann sich der Bewerber am entsprechenden **Gehalts- und Lohntarifvertrag** orientieren.

Beispiele Auszug aus dem Gehalts- und Lohntarifvertrag für Arbeitnehmerinnen und Arbeitnehmer im Einzelhandel

Gehaltsgruppe IV

Angestellte in leitender Stellung mit Anweisungsbefugnissen und mit entsprechender Verantwortung für ihren Tätigkeitsbereich, und zwar in Arbeitsbereichen:

- Gehaltsstaffel a) ohne oder mit in der Regel bis zu 4 unterstellten fest angestellten Vollbeschäftigten einschließlich der Auszubildenden
- Gehaltsstaffel b) mit in der Regel mehr als 4 bis zu 8 unterstellten fest angestellten Vollbeschäftigten einschließlich der Auszubildenden
- Gehaltsstaffel c) mit in der Regel mehr als 8 unterstellten fest angestellten Vollbeschäftigten einschließlich der Auszubildenden sowie hauptamtliche Personalausbildungsleiter
- Teilzeitbeschäftigte werden unter Berücksichtigung der geleisteten Arbeitsstunden in Vollbeschäftigte umgerechnet. Ergeben sich hierbei Bruchteile, ist auf die nächste volle Zahl aufzurunden.

Beispiele Abteilungsleiter; Einkäufer; Oberaufsicht (Hausaufsicht); Einkäufer und Abteilungsleiter; Büroleiter (Bürochefs); Filialrevisoren; Hausinspektoren; Atelierleiter; Leiter der Warenannahmeabteilung; Leiter der Versandabteilung; Leiter der Verwaltung; Sortimentskontrolleur; Verkaufsstellenleiter

Gehaltsstaffel a)	**ab 01.07.2004**
im 1. bis 3. Tätigkeitsjahr	EUR 2.435,00
im 4. und 5. Tätigkeitsjahr	EUR 2.625,00
nach dem 5. Tätigkeitsjahr	EUR 2.740,00

Gehaltsstaffel b)	
im 1. bis 3. Tätigkeitsjahr	EUR 2.625,00
im 4. und 5. Tätigkeitsjahr	EUR 2.740,00
nach dem 5. Tätigkeitsjahr	EUR 3.120,00

Gehaltsstaffel c)	
im 1. bis 3. Tätigkeitsjahr	EUR 2.740,00
im 4. und 5. Tätigkeitsjahr	EUR 3.120,00
nach dem 5. Tätigkeitsjahr	EUR 3.786,00

Die **Form** des Bewerbungsschreibens sollte der DIN 5008 entsprechen. Es kann, abhängig von der ausgeschriebenen Stelle, mit der Maschine oder sauber mit der Hand auf weißem unlinierten Papier geschrieben sein. Der **Inhalt** soll zeigen, wie der Bewerber sich einschätzt, was er will und wie er von anderen gesehen werden möchte (vgl. Seite 219).

Das Lichtbild

Das Lichtbild sollte ein Passbild sein. Auf der Rückseite sind Name und Anschrift anzugeben.

Der Lebenslauf

Der Lebenslauf gibt Auskunft über die persönliche und berufliche Entwicklung des Bewerbers. Er kann tabellarisch oder in Aufsatzform verfasst und mit der Hand oder der Maschine geschrieben werden. Er sollte folgende Angaben enthalten:

- Name und Vorname
- Wohnort und Straße
- Geburtsdatum und -ort
- Familienstand
- Berufstätigkeit
- berufliche Ausbildung
- schulische Ausbildung
- Prüfungen
- berufliche Fähigkeiten und Weiterbildungen
- Ort, Datum und Unterschrift

Der Lebenslauf soll zeitlich lückenlos sein. Er sollte Ereignisse hervorheben, die für die angestrebte Stelle von Wichtigkeit sind.

Beispiel für Bewerbungsschreiben

Michael Evers ·
Bachemer Straße 7 ·
50935 Köln
Tel. 02 21 41 71 18

15. Februar 20..

Center Warenhaus GmbH
Personalabteilung
Aachener Straße 1250
50859 Köln

Unser Gespräch auf der Ausbildungsmesse am 13. Februar .. im Berufsinformationszentrum (BIZ) der Arbeitsagentur

Sehr geehrte Frau Meys,

durch unser Gespräch auf der Ausbildungsmesse des Berufsinformationszentrums habe ich interessante Informationen über die Center Warenhaus GmbH erhalten.

Das Sortiment und der von Ihnen erläuterte kooperative Führungsstil haben mir so gut gefallen, dass ich mich hiermit um einen Ausbildungsplatz als Kaufmann im Einzelhandel in Ihrem Unternehmen bewerbe.

Zurzeit besuche ich die Höhere Handelsschule am Berufskolleg I in Köln, die ich im Juni des Jahres abschließen werde.

Meinen Interessen und Fähigkeiten entsprechend interessiert mich der Beruf des Kaufmanns im Einzelhandel besonders. Ich habe als Wahlfach den Kurs Wirtschaftsinformatik/Organisationslehre belegt und wirke aktiv im Redaktionsteam sowie bei Herstellung und Vertrieb unserer Schülerzeitung mit. Verstärkt wurde mein Interesse am Beruf des Kaufmanns im Einzelhandel durch ein Praktikum im Mars Elektrofachmarkt e. K.

Es würde mich freuen, wenn meine Bewerbung Ihr Interesse findet. Über die Einladung zu einem persönlichen Gespräch würde ich mich sehr freuen.

Mit freundlichen Grüßen

Evers

Evers

Anlagen
Lebenslauf
Lichtbild
Zeugniskopien

Zeugnisse

- **Schulzeugnisse** sind in (ggf. beglaubigter) Kopie beizufügen. Dabei sind das jeweils letzte Zeugnis und die Zeugnisse, mit denen Abschlüsse erworben wurden (z. B. die Fachoberschulreife, Abitur), beizulegen.
- **Arbeitszeugnisse** sind die Zeugnisse der vorherigen Arbeitgeber. Es kann sich hierbei um einfache oder qualifizierte Arbeitszeugnisse handeln (vgl. Seite 261).

- Die **Zeugnisse der Abschlussprüfungen**, wie z. B. der Kaufmannsgehilfenbrief oder das Zeugnis des schulischen Teils der Fachhochschulreife, sind in (beglaubigter) Kopie beizufügen.

Aufgrund der eingereichten Bewerbungsunterlagen wird eine Vorauswahl getroffen. Viele Unternehmen führen bei Auszubildenden eine zusätzliche **Eignungsfeststellung** (Test) durch. Alle arbeitsrechtlich zulässigen Fragen müssen **wahrheitsgemäß** beantwortet werden. Falsche Antworten können zu einer fristlosen Kündigung führen.

Die Bewerbung

- Grundlage der Personalauswahl sind die **Bewerbungsunterlagen**.
- Sie enthalten:

1. Bewerbungsschreiben	4. Schulzeugnisse
2. Lichtbild	5. Zeugnisse der Abschlussprüfungen
3. Lebenslauf	6. Arbeitszeugnisse

1. Verfassen Sie Ihren Lebenslauf
a) in tabellarischer Form, b) in Aufsatzform.

2. Suchen Sie sich eine Stellenanzeige für einen Arbeitsplatz nach Abschluss der Ausbildung Ihrer Wahl und verfassen Sie ein Bewerbungsschreiben.

3. Tauschen Sie die Bewerbungsschreiben in der Klasse aus. Versetzen Sie sich in die Rolle des Personalchefs und beurteilen Sie die Bewerbungsschreiben.

4. Wählen Sie eine Stellenanzeige für alle Schülerinnen und Schüler der Klasse aus. Bilden Sie zwei Gruppen.
a) Die Gruppe „Bewerber" schreibt Bewerbungen auf die Stellenanzeige.
b) Die Gruppe „Personalabteilung" stellt Kriterien für die Auswahl der Bewerber auf und wählt drei Kandidaten aus.
Die Auswahlentscheidung ist zu begründen.

5. Die Arbeitsagenturen, einige Kreditinstitute und Verlage bieten Material zum Thema „Die erfolgreiche Bewerbung" an. Beschaffen Sie entsprechendes Material und stellen Sie es in der Klasse vor.

5.3 Eignungsfeststellung und Vorstellungsgespräch

Am Wochenende trifft Sabine Freund ihre Freundin Birgit. Birgit hat sich um einen Ausbildungsplatz als Kauffrau im Einzelhandel beworben und ist bei drei Ausbildungsbetrieben zum Test eingeladen worden. Da Sabine schon im zweiten Ausbildungsjahr ist und sogar in der Personalabteilung arbeitet, will Birgit natürlich von ihr wissen, um was es bei diesen Tests eigentlich geht.

ARBEITSAUFTRÄGE

- Erläutern Sie die unterschiedlichen Verfahren der Eignungsfeststellung.
- Erstellen Sie eine Liste der Themen, die bei Ihrem Einstellungsgespräch angesprochen wurden, und vergleichen Sie diese mit dem Gesprächsleitfaden auf Seite 222.

Eignungsfeststellung

Die sorgfältige Analyse der Bewerbungsunterlagen vermittelt den Mitarbeitern der Personalabteilung eine Vielzahl von Erkenntnissen über den Bewerber. Weitere Hinweise können durch Arbeitsproben, Eignungstests oder situative Verfahren gewonnen werden.

Arbeitsproben

Arbeitsproben können mit den Bewerbungsunterlagen eingereicht oder unter Aufsicht durchgeführt werden.

Beispiele

- Ein Dekorateur legt seinen Bewerbungsunterlagen die Zeichnung für ein besonders aufwändiges Schaufenster als Arbeitsprobe bei.
- Ein Verkäufer in einem Fahrradgeschäft muss ein Rennrad zusammenbauen.

Psychologische Eignungstests

Psychologische Eignungstests sollten nur von dafür ausgebildeten Diplom-Psychologen durchgeführt werden. Sie sind nur zulässig, wenn der Bewerber seine Zustimmung gegeben hat. Im Rahmen der Personalbeschaffung werden sie als Fähigkeits- und Persönlichkeitstests eingesetzt:

Mithilfe von **Fähigkeitstests** können Intelligenz, Merkfähigkeit, Konzentration, Geschicklichkeit oder technisches Verständnis gemessen werden. Hier sind i. d. R. bestimmte Aufgaben in einer begrenzten Zeit zu lösen. Um die Aussagekraft zu erhöhen, werden meist mehrere Tests nebeneinander **(Testbatterien)** eingesetzt.

Beispiel Eine Reihe von Zahlen sind in einer bestimmten Weise angeordnet. Diese Regel soll herausgefunden werden. Dann soll die Zahl gefunden werden, die als Nächste kommen würde.
Aufgabe: 1 3 6 10 15 21 28 Lösung: A = 29 B = 34 C = 36

Mithilfe von **Persönlichkeitstests** können soziale Verhaltensweisen oder charakterliche Eigenschaften festgestellt werden.

Beispiel Aussage: „Auf Partys stehe ich gern im Mittelpunkt."
Trifft zu ☐ Trifft nicht zu ☐ Weiß nicht ☐

Situative Verfahren

Situative Verfahren simulieren Situationen, die der späteren Tätigkeit des Bewerbers nahe kommen.

Beispiel Fünf Bewerber für die Stelle des stellvertretenden Abteilungsleiters Verkauf/Marketing werden gemeinsam eingeladen und zur Diskussion über ein bestimmtes Thema aufgefordert. Die Mitarbeiter der Personalabteilung beobachten das Verhalten der Kandidaten und ziehen Schlüsse zur Auffassungsgabe, Redefähigkeit, Durchsetzungsfähigkeit usw.

Das Vorstellungsgespräch

Ziel des Vorstellungsgespräches ist es, die in den Bewerbungsunterlagen gegebenen Informationen zu bestätigen, zu ergänzen und abzurunden. Darüber hinaus soll ein persönlicher Eindruck des Bewerbers gewonnen werden.

Um das Gespräch erfolgreich durchführen zu können, ist eine sorgfältige **Vorbereitung** erforderlich. So ist z. B. festzulegen, wer an dem Gespräch teilnimmt, wo Lücken oder Unklarheiten in den Bewerbungsunterlagen vorliegen, welche Anforderungen an die zu besetzende Position zu stellen sind usw.

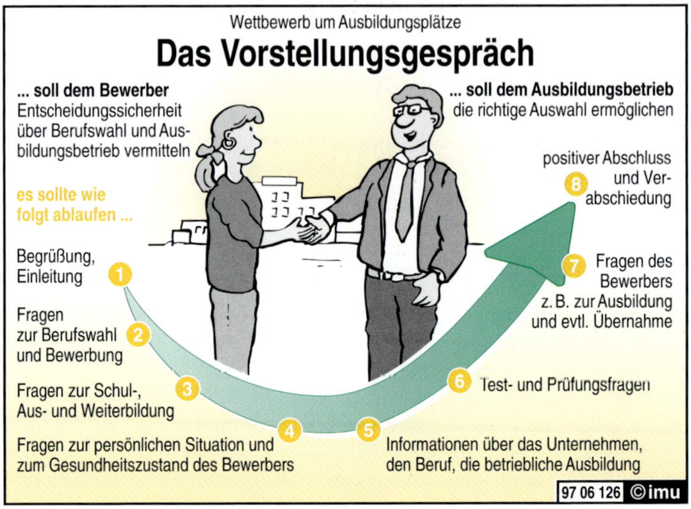

Das Vorstellungsgespräch sollte als Dialog geführt werden. Die **Durchführung** kann anhand eines Leitfadens erfolgen.

Im Interesse aller Beteiligten sollte nach dem Vorstellungsgespräch eine **schnelle Entscheidung** erfolgen.

Eignungsfeststellung und Vorstellungsgespräch

- **Eignungsfeststellung**
  - **Verfahren:**
    - Arbeitsproben – Eignungstests – situative Verfahren
- **Vorstellungsgespräch**
  - **Ziel:** Gewinnung eines persönlichen Eindrucks vom Bewerber
  - **Durchführung:** Kann sich an einem Gesprächsleitfaden orientieren

1. Immer mehr Unternehmen gehen dazu über, bei der Einstellung von Mitarbeitern Eignungstests durchzuführen. Diskutieren Sie die Ursachen für diese Entwicklung.

2. Erläutern Sie Arbeitsproben, Eignungstests und situative Verfahren anhand je eines Beispiels.

3. Planen Sie ein Vorstellungsgespräch in Form eines Rollenspiels.
a) Beschreiben Sie die zu besetzende Stelle möglichst genau und formulieren Sie den Text für eine Stellenanzeige.
b) Teilen Sie die Klasse in zwei Gruppen, die Bewerber und die Personalchefs. Jede Gruppe legt Kriterien für ihre Arbeit fest. Bewerber und Personalchef werden ausgewählt.
c) Führen Sie drei Bewerbungsgespräche anhand des Gesprächsleitfadens durch.
d) Die Personalchefs wählen einen Bewerber aus und begründen ihre Entscheidung. Falls es an Ihrer Schule eine Videokamera gibt, nehmen Sie die Gespräche auf Video auf und werten Sie diese anschließend aus.

4. Frau Müller bewirbt sich nach der Ausbildung um eine neue Arbeitsstelle. Nach welchem Merkmal darf in einem Personalfragebogen nicht gefragt werden?
1. nach dem Familienstand
2. nach einer Ausbildung in Erste Hilfe
3. nach der Zugehörigkeit zu einer Gewerkschaft
4. nach umfangreichen Fachkenntnissen
5. nach besuchten Fortbildungsmaßnahmen

5.4 Der Arbeitsvertrag

Anna Monberg, Substitutin der Schreibwarenabteilung der Center Warenhaus GmbH, hat nach Feierabend einen Versandhandel für Bürobedarf aufgebaut. Als ihr Abteilungsleiter, Herr Lehnert, durch Zufall davon erfährt, untersagt er ihr das. Frau Monberg ist empört: In der Abteilung sei sie die beste Einkäuferin und was sie nach Feierabend mache, sei ja wohl ihre Sache! Zu Hause kommen ihr Zweifel.

ARBEITSAUFTRÄGE
- Stellen Sie die Rechte und Pflichten der Arbeitnehmer in einer Übersicht gegenüber.
- Begründen Sie, ob Frau Monberg gegen ihre Rechte als Arbeitnehmerin verstoßen hat und welche Konsequenzen ihr Verhalten haben kann.

Der **Arbeitsvertrag** ist eine **Form des Dienstvertrages**. In ihm verpflichtet sich der Arbeitnehmer zur Leistung der vereinbarten Dienste, der Arbeitgeber zur Zahlung der entsprechenden Vergütung. LF 3

Auch für den Arbeitsvertrag gilt der Grundsatz der **Vertragsfreiheit**. Um Benachteiligungen zu vermeiden, ist die Vertragsfreiheit jedoch durch Gesetz (z. B. BGB, HGB), Verordnungen (z. B. Arbeitsstättenverordnung), Tarifverträge (vgl. Seite 225) und Betriebsvereinbarungen eingeschränkt. Diese Regelungen dürfen im Arbeitsvertrag nicht unterschritten werden. Günstigere Vereinbarungen für den Arbeitnehmer sind jedoch zulässig. LF 3 LF 1

Die wesentlichen Vertragsbedingungen eines Arbeitsvertrages (= Arbeitsvereinbarungen: Name und Anschrift der Vertragsparteien, Beginn des Arbeitsverhältnisses, Arbeitsort, Beschreibung der Tätigkeit, Höhe des Arbeitsentgeltes, Arbeitszeit, Urlaub, Kündigungsfristen) müssen schriftlich niedergelegt und von beiden Vertragsparteien unterschrieben werden. Mit Abschluss des Arbeitsvertrages übernehmen Arbeitnehmer und Arbeitgeber **Rechte und Pflichten**. Bei den meisten Arbeitsverhältnissen gelten die ersten drei Monate nach Beginn des Anstellungsverhältnisses als **Probezeit.** Bis zum letzten Tag der Probezeit kann beiderseits mit Monatsfrist zum Monatsende **schriftlich** gekündigt werden.

Rechte des Arbeitnehmers

- Der Arbeitnehmer hat das Recht auf **Vergütung** seiner Arbeit. Die Höhe der Vergütung regelt der Tarifvertrag. Die Zahlung der Vergütung muss spätestens am letzten Werktag eines Monats erfolgen.

Beispiel
Zwischen dem Einzelhandelsverband Nordrhein-Westfalen e. V. sowie der Landesarbeitsgemeinschaft der Mittel- und Großbetriebe des Einzelhandels in Nordrhein-Westfalen e. V. und der ver.di – Vereinte Dienstleistungsgewerkschaft e. V. – Landesbezirk Nordrhein-Westfalen wird in Ergänzung des Manteltarifvertrages für den Einzelhandel in Nordrhein-Westfalen in der jeweils geltenden Fassung folgender **Gehaltstarifvertrag** abgeschlossen:

Gehaltsgruppe III

Angestellte mit selbstständiger Tätigkeit im Rahmen allgemeiner Anweisung und mit entsprechender Verantwortung für ihren Tätigkeitsbereich, und zwar in Arbeitsbereichen:

- Gehaltsstaffel a) ohne oder mit in der Regel bis zu 4 unterstellten fest angestellten Vollbeschäftigten einschließlich der Auszubildenden
- Gehaltsstaffel b) mit in der Regel mehr als 4 bis zu 8 unterstellten fest angestellten Vollbeschäftigten einschließlich der Auszubildenden sowie Kassierer der Hauptkasse in Einzelbetrieben und in Filialen (Zweigniederlassungen)
- Gehaltsstaffel c) mit in der Regel mehr als 8 unterstellten fest angestellten Vollbeschäftigten einschließlich der Auszubildenden.

Beispiele Substitute; Disponenten; Erste Verkäufer mit Einkaufsbefugnis; Lagererste mit Einkaufsbefugnis; Sortimentskontrolleure; Etagenaufsichten; Kassenaufsichten; Gruppenführer in der Buchhaltung in Hauptverwaltungen; Registratoren in Hauptverwaltungen; Verwalter von Warenannahme und/oder Versand; Direktricen; Akquisiteure für Raumgestaltung; Verkaufsstellenverwalter

– Gehaltsstaffel a)	**ab 01.07.2004**
im 1. bis 3. Tätigkeitsjahr	EUR 2.055,00
im 4. und 5. Tätigkeitsjahr	EUR 2.196,00
nach dem 5. Tätigkeitsjahr	EUR 2.428,00
– Gehaltsstaffel b)	
im 1. bis 3. Tätigkeitsjahr	EUR 2.196,00
im 4. und 5. Tätigkeitsjahr	EUR 2.428,00
nach dem 5. Tätigkeitsjahr	EUR 2.673,00
– Gehaltsstaffel c)	
im 1. bis 3. Tätigkeitsjahr	EUR 2.428,00
im 4. und 5. Tätigkeitsjahr	EUR 2.673,00
nach dem 5. Tätigkeitsjahr	EUR 2.921,00

Im **Krankheitsfall** wird das Gehalt vom Arbeitgeber für die Dauer von sechs Wochen fortgezahlt. Danach bekommt der Arbeitnehmer Krankengeld von der Krankenkasse. LF 1

- Der Arbeitnehmer hat das Recht auf **Fürsorge.** So müssen z. B. die Geschäftsräume und die Arbeitsmittel so beschaffen sein, dass der Angestellte gegen Gefährdungen seiner Gesundheit geschützt ist.

  Beispiel Nach Rücksprache mit der zuständigen Berufsgenossenschaft installiert die Center Warenhaus GmbH auf der Laderampe Schutzgitter.

- Der Arbeitnehmer hat Anspruch auf bezahlten **Erholungsurlaub.** Das Bundesurlaubsgesetz (BundUrlG) garantiert einen Mindesturlaub von 24 Werktagen. Im Tarifvertrag sind i. d. R. längere Urlaubszeiten vereinbart.

  Beispiel Für den Einzelhandel ist ein Jahresurlaub von 30 Tagen garantiert. Während des Urlaubs darf der Arbeitnehmer keiner Erwerbstätigkeit nachgehen. Erkrankt er im Urlaub, so werden die durch Attest nachgewiesenen Tage nicht auf den Jahresurlaub angerechnet.

- Der Arbeitnehmer hat das Recht auf ein **Zeugnis.** Dabei kann er zwischen dem einfachen und dem qualifizierten Arbeitszeugnis wählen. Das **einfache** Arbeitszeugnis enthält lediglich Angaben über die Person des Arbeitnehmers sowie Art und Dauer der Beschäftigung. Das **qualifizierte** Arbeitszeugnis wird auf Wunsch des Arbeitnehmers ausgestellt und enthält zusätzlich Angaben über Führung und Leistung (vgl. Seite 261).
- Der Arbeitnehmer hat das Recht auf Einhaltung einer **Kündigungsfrist.** Wenn im Vertrag keine abweichende Regelung getroffen ist, gilt die gesetzliche Kündigung von vier Wochen zum Monatsende oder zum 15. eines Monats (vgl. Seite 262).

Pflichten des Arbeitnehmers

- Der Arbeitnehmer hat die Pflicht, die im Arbeitsvertrag vereinbarten **Dienste zu leisten.**

§ 611 BGB Wesen des Dienstvertrags.
(1) Durch den Dienstvertrag wird derjenige, welcher Dienste zusagt, zur Leistung der versprochenen Dienste, der andere Teil zur Gewährung der vereinbarten Vergütung verpflichtet.
(2) Gegenstand des Dienstvertrags können Dienste jeder Art sein.

§

- Der Arbeitnehmer ist verpflichtet, „den **Anordnungen der Arbeitgeber** in Beziehung auf die ihm übertragenen Arbeiten und auf die häuslichen Einrichtungen **Folge zu leisten**" (§ 121 GewO).

Beispiele
- Der Geschäftsführer der Center Warenhaus GmbH fordert Herrn Schmick auf, alle Lieferscheine der Schuhfabrik Mata OHG aus den letzten fünf Jahren herauszusuchen. Auch wenn es sich um eine unangenehme Arbeit handelt, muss Herr Schmick den Anordnungen Folge leisten, da es sich um eine Anweisung im Rahmen seines Arbeitsvertrages handelt.
- Der Abteilungsleiter des Lagers, Herr Rubens, fordert den Angestellten Jung auf, in der Mittagspause sein Auto zu reparieren. Er ist der Meinung, Gesellenjahre seien keine Herrenjahre und er habe als Berufsanfänger seiner Chefin sogar im Haushalt helfen müssen. Der Angestellte Jung muss den Anordnungen nicht folgen, da sie in keinem Zusammenhang mit dem Arbeitsvertrag stehen.

- Der Arbeitnehmer muss über Geschäfts- und Betriebsgeheimnisse Stillschweigen bewahren **(Schweigepflicht).**

Beispiel Sabine Freund ist als Auszubildende in der Einkaufsabteilung eingesetzt. Die Namen der Lieferanten der Center Warenhaus GmbH, Einkaufspreise und Konditionen sind Betriebsgeheimnisse und unterliegen der Schweigepflicht. Teilt sie diese einem Konkurrenten mit, muss sie mit einer fristlosen Kündigung rechnen.

§ 60 HGB: (1) Der Arbeitnehmer darf ohne Einwilligung des Arbeitgebers weder ein Handelsgewerbe betreiben noch in dem Handelszweige des Prinzipals für eigene oder fremde Rechnung Geschäfte machen.

§

- Dieser Paragraf beinhaltet zwei Verbote: Der kaufmännische Angestellte darf sich nicht selbstständig machen **(Handelsverbot)** und er darf auf eigene oder fremde Rechnung keine Geschäfte in der Branche des Arbeitgebers abschließen **(Wettbewerbsverbot).**

Beispiel Eine Mitarbeiterin der Center Warenhaus GmbH möchte neben ihrer Tätigkeit als Verkäuferin in der Spielwarenabteilung einen Versandhandel für Spielwaren betreiben. Falls sie dies ohne Genehmigung der Geschäftsleitung tut, verstößt sie gegen das Handels- und Wettbewerbsverbot und muss ggf. mit einer Kündigung rechnen.

Zusätzliche Regelungen und Grundlagen des Arbeitsverhältnisses

Um Benachteiligungen des Arbeitnehmers zu vermeiden, liegen dem Arbeitsverhältnis folgende zusätzliche Regelungen zugrunde:

- die **Betriebsordnung** des Unternehmens z. B. in Form einer Betriebsvereinbarung.
- der für die Branche geltende **Tarifvertrag** (vgl. Seite 223). Die Tarifbestimmungen stellen geltendes Recht dar. Sie sind **unabdingbar**, d. h. den Tarifbestimmungen widersprechende Abmachungen sind nichtig. LF 1
- **gesetzliche Bestimmungen zum Arbeitsschutz**, z. B. Bundesurlaubsgesetz, Kündigungsschutzgesetz, Arbeitszeitgesetz (vgl. Seite 262)

Grundlagen des Arbeitsverhältnisses nach der Rangordnung der Rechtsquellen:

Zwingende Bestimmung der Arbeitszeitgesetzgebung	festgelegt durch den Gesetzgeber (z. B. Jugendarbeitsschutzgesetz, BGB, HGB, Arbeitszeitgesetz)
Zwingende Bestimmung des Tarifvertrages	zwischen den Tarifvertragsparteien (Gewerkschaft und Arbeitgeberverband)
Zwingende Bestimmung der Betriebsvereinbarung	zwischen dem Betriebsrat eines Unternehmens und dem einzelnen Arbeitgeber
Bestimmung des Arbeitsvertrages	zwischen einzelnem Arbeitnehmer und einzelnem Arbeitgeber

Der Arbeitsvertrag

- Der Arbeitsvertrag ist eine Form des **Dienstvertrages**. Aus ihm ergeben sich für den Arbeitnehmer Rechte und Pflichten:

Arbeitsvertrag

Rechte	Pflichten
– Vergütung	– Dienstleistung
– Fürsorge	– Weisungen Folge leisten
– Urlaub	– Schweigepflicht
– Zeugnis	– Handelsverbot
– Kündigungsfrist	– Wettbewerbsverbot

1. Erläutern Sie, durch welche Regelungen die Vertragsfreiheit beim Abschluss eines Arbeitsvertrages eingeschränkt wird.

2. Ein Angestellter der Center Warenhaus GmbH jobbt während des Urlaubs als Animateur in einem Ferienclub. Als Frau Sommer davon erfährt, verbietet sie ihm den Ferienjob. Der Angestellte ist der Meinung, was er in seinem Urlaub mache, gehe niemanden etwas an. Beurteilen Sie den Fall.

3. Ein Angestellter der Center Warenhaus GmbH wird im Urlaub krank. Durch Attest kann er sechs Tage Arbeitsunfähigkeit belegen. Überprüfen Sie, welche Auswirkungen dies auf seinen Urlaubsanspruch hat.

4. Schreiben Sie ein qualifiziertes Arbeitszeugnis über Ihren Banknachbarn. Tragen Sie das Ergebnis vor und begründen Sie die gewählten Formulierungen.

5. Diskutieren Sie das in Aufgabe 4 erstellte Zeugnis mit Ihrem Banknachbarn. Der Rest der Klasse beobachtet die Diskussion und fertigt darüber ein Protokoll an.

6. In den Arbeitsvertrag einer ungelernten Mitarbeiterin sollen Sie das tariflich vereinbarte Entgelt eintragen. Wo informieren Sie sich?

1. beim Finanzamt, da dort die Einstufung in die Lohnsteuerklassen erfolgt
2. im Lohn- und Gehaltstarif bei der Einstufung über Qualifikationen und Ausübungsdauer der Tätigkeit
3. bei ungelernten Arbeitskräften beim Betriebsrat, da der Verdienst individuell vom Betriebsrat festgelegt wird
4. im Manteltarifvertrag des jeweiligen Tarifgebietes
5. beim Personalchef, denn für ungelernte Arbeitskräfte gelten keine Bestimmungen

6 Personalbetreuung

6.1 Verfahren zur Humanisierung der Arbeit

„Sie sind heute aber spät dran“, stellt Herr Becker fest, als er die Dekorateurin Vera Hausberg um 9 Uhr auf dem Parkplatz trifft. Frau Hausberg murmelt etwas Unverständliches und geht mit rotem Kopf Richtung Bürogebäude. *„Frau Hausberg bringt doch jeden Morgen ihre Tochter in den Kindergarten und kommt deshalb erst um 9 Uhr“*, sagt Frau Ahlemann, die Verwaltungsleiterin, *„und außerdem ist sie allein erziehende Mutter.“ – „Und sie ist Dekorateurin der Center Warenhaus GmbH und sollte während der Kernarbeitszeit für alle Mitarbeiter ansprechbar sein“*, erwidert Herr Becker verärgert.

ARBEITSAUFTRÄGE

- Erarbeiten Sie die nachfolgenden im Sachtext dargestellten Verfahren zur Verbesserung der Arbeitsbedingungen.
- Stellen Sie die unterschiedlichen Möglichkeiten der Arbeitszeitgestaltung dar.
- Erarbeiten Sie ein Konzept der Arbeitszeitgestaltung, das den besonderen Belangen allein erziehender Mütter Rechnung trägt.

In den 20er-Jahren des vorigen Jahrhunderts versuchte man, in Industriebetrieben die **Arbeit in möglichst kleine Handgriffe** zu zerlegen, damit sie in der **schnellstmöglichen Zeit** erledigt werden konnte. Die Arbeitskräfte wurden durch Fließbandfertigung zu einer **Maximalleistung** gebracht, wodurch sich wiederum die **Kosten je Artikel minimieren** ließen. Dabei wurden die Interessen und Belange des einzelnen Mitarbeiters oft völlig außer Acht gelassen.

Auch vor dem Einzelhandel machte diese Entwicklung nicht Halt. So wurde z. B. der Vorgang des Kassierens vom Verkaufsvorgang abgekoppelt und einem eigenen Arbeitsplatz zugeordnet (Kasse) oder die Warenauszeichnung wird von speziellen Mitarbeiterinnen und Mitarbeitern vorgenommen.

Humanisierung

Grundsätzlich versucht jeder Kaufmann, die Kosten möglichst niedrig zu halten. Dabei müssen jedoch die Bedürfnisse der Mitarbeiter berücksichtigt werden, da sich eine bestimmte Arbeitsleistung auf Dauer nur erzielen lässt, wenn

- die Mitarbeiter motiviert sind, weil ihre Fähigkeiten und Qualifikationen berücksichtigt werden,
- sich Streitigkeiten vermeiden lassen,

- das Betriebsklima stimmt,
- die Bezahlung angemessen ist und
- sich Aufstiegschancen ergeben.

Merke: Humanisierung der Arbeit bedeutet, die Arbeit und den Arbeitsablauf stärker an die **Fähigkeiten (Qualifikationen) und Bedürfnisse der Mitarbeiter anzupassen**.

Verfahren zur Verbesserung der Arbeitsbedingungen

Durch die Zerlegung der Arbeit in kleinste Handgriffe wurde zwar die Wirtschaftlichkeit erhöht, aber es wuchs auch der Krankenstand, die Fehlzeiten stiegen, und die Mitarbeiter waren wegen der monotonen Arbeit immer weniger motiviert. Deshalb versuchte man, die Aufgaben der Mitarbeiter interessanter und abwechslungsreicher zu gestalten. Dies kann auf verschiedene Weise geschehen.

Arbeitsplatzwechsel (Jobrotation)

Bei diesem Verfahren tauschen die Beschäftigten innerhalb eines festgelegten Arbeitsabschnittes in bestimmten Abständen ihre Arbeitsplätze. Die Arbeit wird dadurch **abwechslungsreicher**.

Beispiel Damit die Mitarbeiter einer Abteilung kompetent Beratungsgespräche zu allen Artikeln führen können, will die Center Warenhaus GmbH das Konzept der „Jobrotation" einführen. So werden die Mitarbeiter der Lebensmittelabteilung im 14-tägigen Wechsel in allen Bereichen der Lebensmittelabteilung eingesetzt.

Aufgabenerweiterung (Jobenlargement)

Beim Jobenlargement werden mehrere hintereinander geschaltete Arbeitsgänge zu einer Aufgabe zusammengefasst.

Beispiel Die Substitutin der Textilabteilung der Center Warenhaus GmbH, Elena Gutowski, ist auch für die Bestellung einiger Waren zuständig, sie holt die Waren aus dem Lager, überwacht falls erforderlich das Aufbügeln und platziert die Ware im Verkaufsraum.

Aufgabenbereicherung (Jobenrichment)

Das so genannte Jobenrichment ist der Versuch, die Arbeit des Mitarbeiters **qualitativ** aufzuwerten. Der Mitarbeiter soll selbst herausfinden, wie die einzelnen Arbeiten erledigt werden sollen, und die Qualität seiner Arbeit selbst überwachen.

Beispiele
- In der Fahrrad-Center-Mauel GmbH müssen die Verkäufer in der Lage sein, ein Rennrad zusammenzubauen.
- In der Waltraud Schiffer GmbH, einem Möbeleinzelhandelsunternehmen, bauen drei gewerbliche Arbeitnehmer die Einbauküchen vollständig zusammen und nehmen auch die Endkontrolle vor.

(Teil-)autonome Arbeitsgruppen

Die Mitglieder von autonomen Arbeitsgruppen planen und organisieren ihre Arbeit selbstständig; sie führen alle Arbeitsgänge, -entscheidungen und -kontrollen in eigener Verantwortung aus.

Beispiel Bei der Sportex GmbH & Co. KG, einem Lieferanten der Center Warenhaus GmbH, ist eine Gruppe von Arbeitnehmern für die Herstellung von Fitnessgeräten zuständig. Die Gruppe teilt sich die Arbeit selbstständig ein und entscheidet auf Grund der Anforderungen der Verkaufsabteilung, welche Geräte wann und in welcher Menge hergestellt werden.

○ Ziele der Humanisierung

Durch die unterschiedlichen Formen der Humanisierung der Arbeit sollen folgende **Ziele** erreicht werden:

- Verringerung der Eintönigkeit der Arbeit
- umfassende Informationen über den gesamten Ablauf im Unternehmen und damit ein erhöhtes Interesse an der Arbeit
- Förderung der Teamfähigkeit bei den Mitarbeitern
- Verbesserung der Motivation und der Arbeitszufriedenheit
- Möglichkeit zur Selbstverwirklichung durch Mitgestaltung der Arbeitsabläufe und Mitverantwortung bei der Kontrolle.

● Gestaltung der Arbeitszeit

Die Gestaltung der Arbeitszeit muss einerseits die Interessen der Mitarbeiter berücksichtigen, andererseits aber auch die Ziele des Betriebes unterstützen.

○ Arbeitszeitgesetz

Das Arbeitszeitgesetz (ArbZG, vgl. Seite 225) schreibt vor, welche Arbeitszeiten nicht überschritten werden dürfen. Andererseits vereinbarten Arbeitgeber und Arbeitnehmer bisher oft in ihren Tarifverhandlungen immer geringere Wochenarbeitszeiten, sodass der Freizeitanteil mit der Zeit immer größer wurde.

Abweichend von diesen mehr generellen Regelungen gibt es verschiedene **Möglichkeiten der Arbeitszeitgestaltung**, um den Interessen von Betrieb und Mitarbeitern entgegenzukommen. Flexibel gestaltete Arbeitszeiten sind aus folgenden Gründen sinnvoll:

- Sie entsprechen dem Wunsch der Mitarbeiter nach mehr Freiheit und Selbstbestimmung.
- Sie ermöglichen dem Betrieb einen Mitarbeitereinsatz entsprechend der Kundenfrequenz zu steuern.
- Sie sparen Kosten.

○ Gleitende Arbeitszeit

Bei der gleitenden Arbeitszeit wird die Arbeitszeit in eine **Kernarbeitszeit** und eine **Gleitzeit** aufgeteilt. Während bei der Kernarbeitszeit eine Anwesenheitspflicht besteht, kann der Mitarbeiter im Gleitzeitbereich Beginn und Ende seiner täglichen Arbeitszeit selbst bestimmten. Bedingung ist lediglich, dass er die vorgeschriebene Wochenarbeitszeit einhält.

Beispiel Die Geschäftsleitung der Center Warenhaus GmbH diskutiert für die Mitarbeiter in der Verwaltung folgendes Arbeitszeitmodell:

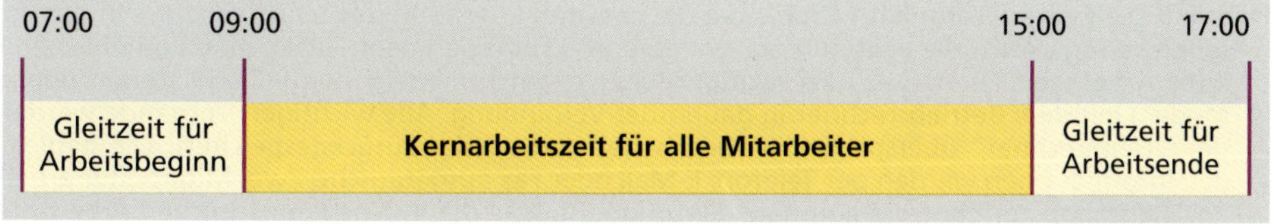

Ein Mitarbeiter hat jetzt mehrere Möglichkeiten. Er kann nun um 8:00 Uhr beginnen, muss jedoch dann bis 16:00 Uhr bleiben. Er kann aber auch früh um 7:00 Uhr kommen und dafür schon um 15:00 Uhr gehen. Falls ein Arbeitnehmer um 14:00 Uhr gehen möchte, kann er die fehlende Arbeitsstunde innerhalb von 14 Tagen nacharbeiten. Gleitzeit in der beschriebenen Form ist **für die Verkaufsabteilung nicht praktikabel**, da hier Verkäufer entsprechend der Kundenfrequenz anwesend sein müssen. Um trotzdem die Möglichkeit der Arbeitszeitflexibilisierung zu ermöglichen, hat die Center Warenhaus GmbH in einer Betriebsvereinbarung festgelegt, dass die Substituten mit ihren Verkäuferinnen und Verkäufern den Einsatz flexibel planen können. Dabei werden lediglich bestimmte Rahmenbedingungen (ständige Anwesenheit des Substituten oder Stellvertreters, Mindestbesetzung usw.) vorgegeben.

○ Teilzeitarbeit

Bei der Teilzeitarbeit handelt es sich meist um **Halbtagsarbeit**. Die Mitarbeiter stehen dem Betrieb nur einen Teil der tariflichen Arbeitszeit zur Verfügung. Teilzeitarbeitskräften stehen viele Unternehmen skeptisch gegenüber. Die Gründe hierfür sind:

- Viele Verkäufer/-innen wollen ausschließlich am Vormittag arbeiten.
- Viele Verkäufer/-innen wollen nicht am Montag und am Samstag arbeiten.
- Teilzeitkräfte stehen oft nicht auf Abruf zur Verfügung, um bei verkaufsstarken Zeiten flexibel eingesetzt werden zu können.

Trotzdem spielt die Teilzeitarbeit im Einzelhandel eine bedeutende Rolle.

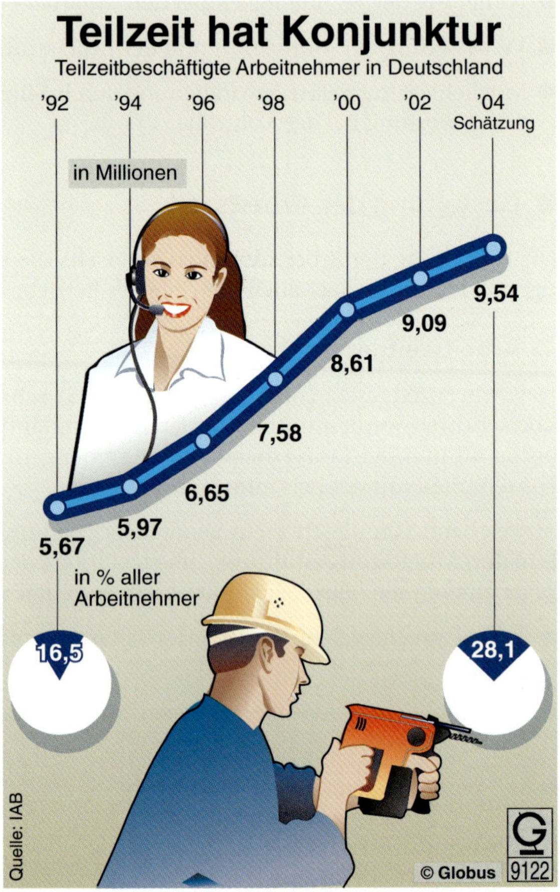

○ Telearbeit

Werden flexible Arbeitszeitmodelle mit den Möglichkeiten der modernen Informations- und Kommunikationstechnologie verknüpft, so ergeben sich völlig neue Modelle. Es öffnet sich ein neuer Markt für **Heimarbeit am PC**, in dem Mitarbeiter von zu Hause interaktiv in ständiger Verbindung mit dem Zentralrechner stehen und Arbeiten erledigen. Der Arbeitsplatz wird also in die private Umgebung des Arbeitnehmers verlagert.

Beispiel Die Center Warenhaus GmbH hat die gesamte Erstellung des Schriftverkehrs in die Heimarbeit verlegt. Auch die beiden Programmierer des Unternehmens leisten einen erheblichen Teil ihrer Arbeitszeit zu Hause. Alle verfügen über einen firmeneigenen PC und stehen über ein Modem mit dem Betriebsrechner in dauernder Verbindung. Alle wichtigen Vorgänge werden in den „Heimrechner" überspielt, dort bearbeitet und wieder zurückgespeichert. Die begleitenden Informationen werden per Telefon, E-Mail oder Fax ausgetauscht. Zwei Mitarbeiter arbeiten im Onlineshop der Center Warenhaus GmbH drei Tage in der Woche am häuslichen Arbeitsplatz.

Diese Form von Heimarbeit eignet sich insbesondere für qualifizierte Arbeitskräfte zu Hause,

- die aus persönlichen Gründen (Kindererziehung) nicht ganztags arbeiten können,
- die keine starre Arbeitszeit akzeptieren oder
- die weitab von ihrem Arbeitsplatz wohnen.

Verfahren zur Humanisierung der Arbeit

- **Humanisierung** der Arbeit bedeutet, die Arbeit und den Arbeitsablauf **stärker an die Fähigkeiten, Qualifikationen und Bedürfnisse der Mitarbeiter anzupassen.**
- Verfahren zur Verbesserung der Arbeitsbedingungen:
  - **Aufgabenerweiterung (Jobenlargement)**
  - **Arbeitsplatzwechsel (Jobrotation)**
  - **Aufgabenbereicherung (Jobenrichment)**
  - **(Teil)autonome Arbeitsgruppen**
- Das **Arbeitszeitgesetz** gibt die Rahmenbedingungen für die Arbeitszeit vor.

Flexibilisierungsmöglichkeiten

Gleitende Arbeitszeit
- unterteilt Arbeitszeit in
  - Gleitzeit
  - Kernarbeitszeit

Teilzeitarbeit
- Mitarbeiter steht nur stundenweise dem Betrieb zur Verfügung

Telearbeit
- Mitarbeiter erledigt Arbeiten am häuslichen PC

- **Heimarbeit** verlagert bestimmte Arbeiten in die private Umgebung des Arbeitnehmers. Dieser bestimmt seine Arbeitszeit selbst.

1. Erklären Sie den Begriff „Humanisierung der Arbeit".

2. Beurteilen Sie folgende Maßnahmen zur Humanisierung der Arbeit:
a) Jobrotation b) Jobenlargement c) Jobenrichment

3. Untersuchen Sie die Belastungen von Schülern und Lehrern am „Arbeitsplatz Schule" (Mobiliar, Beleuchtung, Arbeitszeiten, ...) und entwerfen Sie ein ideales Konzept, wie mögliche Belastungen abgebaut werden können.

4. Stellen Sie dar, welche Vorteile ein Einzelhandelsbetrieb durch die Einführung flexibler Arbeitszeiten erlangen kann.

5. Unterscheiden Sie Kernarbeitszeit, Gleitzeit und Teilzeitarbeit.

6. Formulieren Sie für das Gleitzeitmodell der Center Warenhaus GmbH eine Betriebsvereinbarung.

6.2 Möglichkeiten der Weiterqualifizierung

Aus den Bewerbern für die Stelle als stellvertretender Abteilungsleiter/-in Verkauf/Marketing wurden Frau Blümel und Herr Eberle ausgewählt und zu Vorstellungsgesprächen eingeladen. Frau Blümel wurde eingestellt. Leider hat Frau Blümel die Center Warenhaus GmbH bereits in der Probezeit wieder verlassen, da sie mit ihrem Aufgabenbereich unzufrieden war. In der Konferenz der Abteilungsleiter werden die hohen Kosten angesprochen, die mit der externen Personalbeschaffung verbunden sind. Frau Meys macht daraufhin den Vorschlag, der Personalentwicklung größere Beachtung zu schenken. Der stellvertretende Geschäftsführer, Herr Becker, beauftragt sie, in der nächsten Sitzung kurz Aufgaben und Ziele der Personalentwicklung darzustellen. Sabine Freund soll ihr hierbei helfen.

ARBEITSAUFTRÄGE

- Bereiten Sie eine Liste von Argumenten für Frau Meys vor.
- Stellen Sie Ihre Argumente in Form einer kleinen Präsentation in der Klasse vor.

Qualifikation ist gefragt. **Lebenslanges Lernen** ist gefordert. Wer heute einen Beruf erlernt, kann sich nicht ein Leben lang auf seinen Kenntnissen ausruhen. Es wird davon ausgegangen, dass die **„Halbwertzeit" beruflicher Bildung** nur noch drei bis fünf Jahre beträgt, d. h., dass nach dieser Zeit nur noch die Hälfte des einmal erlernten Wissens aktuell ist.

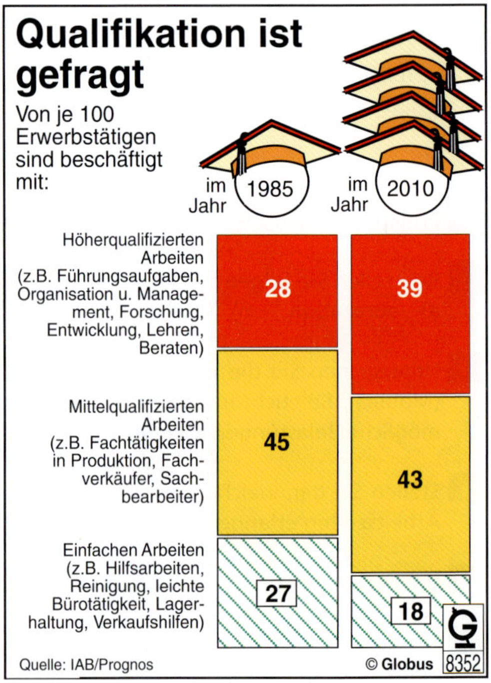

Die Veränderungen und neuen Entwicklungen in der Berufswelt führen zu veränderten Anforderungen und Qualifikationen der Mitarbeiter. Komplexe Informationstechnologien und Arbeitsmethoden, moderne Marketingkonzepte und neue Betriebsformen im Einzelhandel verändern die geforderten beruflichen Qualifikationen. Auf diese Veränderungen reagiert man im Rahmen der Personalentwicklung mit einer stetigen Qualifikationsanpassung und -erweiterung.

Merke: Als Personalentwicklung bezeichnen wir die **Summe aller Maßnahmen, die eine Verbesserung der Qualifikation der Mitarbeiter zum Ziel haben.**

Diesem Ziel wird die Personalentwicklung durch die Wahrnehmung folgender **Aufgaben** gerecht:

- Im Rahmen der **Ausbildung** wird qualifizierter Berufsnachwuchs herangezogen.
- Durch die **Fortbildung** wird den Mitarbeitern neues Wissen vermittelt.
- Die **Aufstiegsschulung** bereitet auf Führungsaufgaben vor.
- Im Rahmen der **Umschulung** können Mitarbeiter, z. B. bei Einsatz neuer Techniken, im Unternehmen gehalten werden.

Berufliche Ausbildung

Die **berufliche Ausbildung** findet in der Bundesrepublik Deutschland an zwei Lernorten statt, im Ausbildungsbetrieb und in der Berufsschule (**duales Berufsausbildungssystem**). LF 1

Fortbildung

Die **Fortbildung** dient der Verbesserung der fachlichen Qualifikation der Mitarbeiter am Arbeitsplatz. Sie kann im Rahmen einer betriebsinternen oder einer unabhängigen Fortbildung durchgeführt werden.

- **Unabhängige Fortbildungen** werden von den Mitarbeitern selbstständig wahrgenommen. Um dies zu unterstützen, kann der Arbeitgeber z. B. Kosten übernehmen oder den Arbeitnehmer für die Teilnahme freistellen.

  Beispiel Ein Mitarbeiter der Lebensmittelabteilung meldet sich zum Studium an einer Fachschule für Wirtschaft an. Der Unterricht findet zweimal wöchentlich abends und am Samstag statt. Nach Rücksprache mit der Personalabteilung kann der Arbeitnehmer an den Wochentagen jeweils eine Stunde früher gehen.

- **Betriebsinterne Fortbildungen** können regelmäßig oder zu bestimmten Anlässen durchgeführt werden.

  Beispiel Auszug aus dem Fortbildungskonzept der Center Warenhaus GmbH:

Zielgruppe	Maßnahmen
Auszubildende	– Betriebsunterricht – Prüfungsvorbereitungskurse – Exkursionen in Betriebe von Kunden und Lieferanten – Entsendung zu überbetrieblichen Warenkundeseminaren – alle kaufmännischen Auszubildenden durchlaufen ein vierwöchiges Praktikum in der Produktion eines Lieferers

Zielgruppe	Maßnahmen
Kaufmännische Mitarbeiter	– Grundkurs Wirtschaftsinformatik – Gesprächsführung – Verkaufsgespräche erfolgreich führen
Mitarbeiter Rechnungswesen	– Finanzbuchhaltungsprogramm – Lohn- und Gehaltsabrechnung – Praxis des Electronic Banking
Mitarbeiter Verkauf	– Schulung Verkaufsförderung – Einsatz von Notebooks, DFÜ und Fax – Outdoor-Training zur Förderung der Teamfähigkeit
Abteilungs- und Gruppenleiter	– Führungsverhalten – Techniken des Personalgesprächs – Motivation am Arbeitsplatz

Aufstiegsschulung

Während die Aus- und Fortbildung in erster Linie der Vermittlung von Wissen dient, wird im Rahmen der **Aufstiegsschulung** Führungsverhalten trainiert.

Beispiel Im Lager/Versand häufen sich die Fehlzeiten. Frau Meys, die Gruppenleiterin Personal, trainiert im Rahmen der Fortbildung „Technik des Personalgesprächs“ in Form eines Rollenspiels das Gespräch mit den betroffenen Mitarbeitern.

Die Eignungsfeststellung bei leitenden Mitarbeitern wird häufig im Rahmen eines **Assessment-Centers** ermittelt. Dabei handelt es sich um ein Auswahlverfahren, bei dem Verhaltensleistungen von mehreren Beobachtern gleichzeitig für mehrere Teilnehmer in Bezug auf vorher definierte Anforderungen getestet werden.

Beispiel Bewerber für die Stelle des stellvertretenden Abteilungsleiters Verkauf/Marketing der Center Warenhaus GmbH werden in einem ganztägigen Assessment-Center mit Aufgaben im Rahmen der Planung und Durchführung einer Sonderverkaufsaktion konfrontiert. Sie werden dabei von den Geschäftsführern und einem Unternehmensberater beobachtet.

Umschulung

Kann ein Mitarbeiter, z. B. durch Einsatz neuer Techniken, aus krankheitsbedingten Gründen oder durch Aufgabe einer Ware oder einer Warengruppe, nicht mehr am alten Arbeitsplatz eingesetzt werden, ist die Möglichkeit einer **Umschulung** zu prüfen.

Beispiel Die Center Warenhaus GmbH führt im Bereich der Warenannahme ein EDV-gestütztes Warenwirtschaftssystem ein. Zwei freigesetzte Mitarbeiter der Warenannahme werden als Verkäufer umgeschult.

Möglichkeiten der Weiterqualifizierung

Qualifikation der Mitarbeiter

Ausbildung	Fortbildung	Aufstiegsschulung	Umschulung
Qualifizierung von Berufsnachwuchs	Vermittlung von neuem Wissen an Mitarbeiter	Vorbereitung auf Führungsaufgaben	z. B. bei Sortimentsveränderungen

1. Ein Mitarbeiter kommt häufig zu spät. Führen Sie in Form eines Rollenspiels ein Mitarbeitergespräch zu diesem Thema durch.

2. Stellen Sie Stärken und Schwächen von jeweils einem Mitschüler Ihrer Klasse zusammen. Formulieren Sie im Rahmen eines Personalentwicklungskonzeptes Vorschläge, wie Ihr Mitschüler seine Stärken ausbauen und seine Schwächen ausgleichen kann. Stellen Sie die Ergebnisse Ihrer Arbeit in Form eines Kurzreferates vor.

3. Planen sie ein Assessment-Center für einen Substituten/eine Substitutin in der Lebensmittelabteilung der Center Warenhaus GmbH. Legen Sie dazu zunächst die Anforderungen an die Stelle fest. Stellen Sie anschließend Aufgaben zusammen, die die Teilnehmer lösen sollen. Formulieren Sie Beobachtungsaufträge und führen Sie das Assessment-Center durch.

4. Beschreiben Sie die Fortbildungsmaßnahmen und Aufstiegschancen in Ihrem Ausbildungsbetrieb. Stellen Sie diese in einer geeigneten Weise Ihren Mitschülern vor.

6.3 Lohn- und Gehaltsabrechnung

6.3.1 Lohnformen und Lohnnebenkosten

Nun arbeitet Nicole Orth schon über zwei Jahre als Verkaufsleiterin „Weiße Ware" im Mars Elektrofachmarkt e. K. In den nächsten Tagen erwartet sie die erste Gehaltszahlung nach der ersten Gehaltserhöhung auf ihrem Bankkonto. Sie hat nach etwas längerer Verhandlung einem angebotenen Bruttomonatsgehalt von 2.860,00 EUR zugestimmt, nachdem ihr Frau Mars gesagt hat: *„Sie liegen damit schon 10 % über Tarifvertrag. Im Übrigen kosten Sie mich jeden Monat ca. 4.500,00 EUR."*
Mehmet Aydin, der seit einem Monat in der Lohnbuchhaltung ist und das Gespräch zusammen mit Frau Feld mitbekommen hat, meint: „Das versteht doch keiner. Was verdient sie denn jetzt wirklich?"

ARBEITSAUFTRÄGE

- Stellen Sie Argumente für die unterschiedliche Auffassung beider Verhandlungspartner zur Höhe des Arbeitsentgelts gegenüber.
- Ermitteln Sie das Gehalt gemäß Tarifvertrag.
- Begründen Sie, weshalb Frau Mars einem Gehalt über Tarifvertrag zugestimmt hat.
- Erläutern Sie die Behauptungen von Frau Mars, dass Frau Orth den Betrieb ca. 4.500,00 EUR kostet.

Lohn/Gehalt

Die Arbeitnehmer stellen dem Unternehmen ihre Arbeitskraft zur Verfügung. Als Vergütung dafür (Arbeitsentgelt) erhalten die **Arbeiter Löhne**, die **Angestellten Gehälter. Löhne** und **Gehälter** sind für den Arbeitnehmer **Einkommen**, für das Unternehmen (Arbeitgeber) **Aufwand.**

Die Höhe des Einkommens bestimmt das Maß der **Bedürfnisbefriedigung** und damit den **Lebensstandard** der Gehaltsempfänger. Die Forderung nach steigendem Einkommen hat im Wunsch nach steigendem Lebensstandard und in der **Kaufkraftentwertung** seine Gründe. Im Einzelhandelsbetrieb zählen die Gehälter zu den bedeutendsten **Aufwendungen.** Die Höhe der Gehälter beeinflussen somit

- die **Höhe der Selbstkosten** und **Bruttoverkaufspreise,**
- die **Wettbewerbsfähigkeit** und
- die **Höhe des Gewinns.**

Mit diesem Kostenargument werden die Gewerkschaften von den Arbeitgeberverbänden zur Mäßigung ihrer Forderungen aufgerufen.

Grundlage für die Bemessung sind die in Tarifverträgen festgelegten Gehälter. Von Mitgliedern des Tarifvertragsparteien dürfen die tariflichen Gehälter nicht unterschritten, wohl aber überschritten werden.

Beispiel Laut Tarifvertrag beträgt das Gehalt für Frau Orth 2.600,00 EUR. Der Mars Elektrofachmarkt e. K. zahlt ihr 10 % mehr, also 2.860,00 EUR.

Nichtmitglieder sind nicht tarifgebunden. Sie unterschreiten die Tarifgehälter nicht selten um 15 bis 20 %.

Lohnformen

Maßstäbe für die Lohn- und Gehaltshöhe können sein:

- die Arbeitszeit
- die Leistung
- Arbeitszeit und Leistung

Entsprechend sind zu unterscheiden:

Zeitlohn	Leistungs-/Prämienlohn	Kombinationsformen von Zeit- und Leistungs-/Prämienlohn

Zeitlohn

Beim Zeitlohn richtet sich die Höhe des Entgelts für geleistete Arbeit nach der **Zeit der Anwesenheit.** Als Entgeltsformen sind **Gehälter** und **Stundenlohn** zu unterscheiden. Die Angestellten des Kaufmanns/der Kauffrau im Einzelhandel erhalten Gehalt, das monatlich nachträglich gezahlt wird.

Beispiel Frau Orth erhält ein Monatsgehalt von 2.860,00 EUR.

Die Arbeiter, aber auch Aushilfsarbeitskräfte und Teilzeitbeschäftigte, werden nach geleisteten Arbeitsstunden entgolten.

Lohnsumme = Geleistete Arbeitsstunden • Stundenlohnsatz

Beispiel Mit der Aushilfe Eva Lux wurde ein Stundenlohn von 8,80 EUR vereinbart. Im August hat sie 158 Stunden gearbeitet. Ihr Bruttoarbeitsentgelt für August beträgt also 1.390,40 EUR.

Der **Hauptnachteil** des Zeitlohns ist der geringe Anreiz zur Mehrleistung, weil größere Leistungsbereitschaft und höhere Leistung nicht belohnt werden. Aus diesem Grund geht der Einzelhandel in immer stärkerem Maße zur Leistungsentlohnung über.

○ Leistungs-/Prämienlohn

Der reine Leistungslohn, bei dem das Arbeitsentgelt ausschließlich von der erbrachten Leistung abhängig ist, kommt im Einzelhandel kaum vor. Statt dessen werden im Einzelhandel Mehrleistungen durch Gewährung eines zusätzlichen Entgelts **(Prämie)** zum vereinbarten Grundlohn gefördert. Solche zusätzlichen Entgelte werden im Einzelhandel häufig gezahlt

- für das Überschreiten eines vorgegebenen Umsatzes,
- für den Verkauf modischer, teurer, ausgefallener, auslaufender Modelle, Stücke u. a.,
- für die Umsatzleistung eines Verkäufers, soweit sie die durchschnittliche Verkäuferleistung überschreitet.

Merke: Mehrleistungen im Einzelhandel werden als Prämien oder Provision gezahlt.

Beispiel Eine Verkäuferin eines Textilunternehmens, die ein Monatsgehalt von 2.240,00 EUR erhält, erzielte im Monat Mai einen Umsatz von 53.200,00 EUR. Für das Überschreiten des Durchschnittsumsatzes von 22.500,00 EUR erhält sie 4 % Provision von diesem Mehrbetrag.

Berechnen Sie das Bruttogehalt.

Berechnung des Bruttogehaltes:

Grundgehalt	2.240,00 EUR
+ Provision: 30.700 · 4 : 100 =	1.228,00 EUR
Bruttogehalt	3.468,00 EUR

Hauptvorteil der leistungsbezogenen Prämie ist der Anreiz der Arbeitnehmer zu erhöhter Leistung. **Nachteile** können zunehmender Konkurrenzdruck, eine mögliche Verschlechterung des Betriebsklimas, z. B. durch das „Wegschnappen" von Kunden, und eine Verschlechterung der Beratung sein.

Die Verkäuferleistung kann anhand folgender Größen errechnet werden:

- erzielter prozentualer Umsatzanteil am Gesamtumsatz,
- prozentualer Anteil der durch eine Verkaufskraft bedienten Kunden pro Zeiteinheit.

Aus diesen Ergebnissen wird mithilfe folgender Formel eine **Leistungskennzahl** ermittelt:

$$\frac{\text{Erzielter prozentualer Umsatzanteil am Gesamtumsatz + prozentualer Anteil der bedienten Kunden}}{2}$$

Beispiel Die vier Verkäufer „Weiße Ware" haben gegenüber dem letzten Monat einen Mehrumsatz von 20.000,00 EUR erzielt. Dafür sollen sie eine Prämie von 10 % dieses Mehrumsatzes erhalten. Die Prämie wird zur Hälfte nach den Anteilen am Gesamtumsatz und zur Hälfte nach den Anteilen der bedienten Kunden verteilt:

Verkäufer/in	a Anteil am Gesamtumsatz in %	b Anteil der bedienten Kunden in %	$\frac{a+b}{2}$ Leistungskennzahl	Prämie
Alt	18	16	17	340
Bähr	20	34	27	540
Carlet	30	22	26	520
Dragic	32	28	30	600
gesamt	100	100	100	2.000

Grundsätzlich besteht die Möglichkeit, das Prämienlohnsystem für einzelne Arbeitskräfte als **Individualprämie** oder, z. B. für die Arbeitnehmer einer Abteilung, als **Gruppen-** oder **Teamprämie** einzuführen. Bei der Gruppenprämie wird die Leistung aller Gruppenmitglieder addiert und auf die einzelnen Mitarbeiter anteilig verteilt.

Zuschläge

Zuschläge werden wegen der Besonderheit der Arbeit oder wegen der Arbeitszeit gewährt.

Zuschläge	Begründung (Beispiele)
– Mehrarbeitszuschläge	– Überstunden
– Zuschläge für besondere Arbeitszeiten	– Nachtarbeit, Sonn- und Feiertagsarbeiten, Heiligabend, Silvester
– Gefahren- und Erschwerniszuschläge	– Niedrige Temperaturen in Kühlräumen, besonders schwere körperliche Arbeit

Personalneben- oder -zusatzkosten

Jeder Arbeitnehmer erhält neben dem Entgelt, das er für die geleistete Arbeit bezieht, einen **„zweiten Lohn"**. Er besteht aus gesetzlichen, tariflichen und freiwilligen Sozialleistungen des Betriebes. Die Personalkosten eines Betriebes setzen sich also aus dem - **Direktlohn** für geleistete Arbeit und den **Personalnebenkosten** zusammen.

Beispiele für Personalnebenkosten

gesetzliche	tarifliche	freiwillige
– Arbeitgeberbeiträge zur gesetzlichen Kranken-, Renten-, Arbeitslosen- und Pflegeversicherung – gesetzliche Unfallversicherung – Entgeltfortzahlung während Krankheit, Mutterschutz, Urlaub, Feiertagen – Mutterschutz, Mindesturlaub, Feiertage	– Urlaubsanspruch über den gesetzlichen Mindesturlaub hinaus – bezahlte Freistellung von der Arbeit bei Sonderanlässen (Umzug, Eheschließung u. a.) – vermögenswirksame Leistungen	– Kosten im Rahmen der Personalentwicklung (Fort- und Weiterbildung) – Fahrtkostenzuschüsse wie z. B. Job Ticket – Einrichtung einer Kantine – Personalrabatte beim Personalkauf – Angebot von Sport- und Erholungseinrichtungen

Bezogen auf Lohn und Gehalt für geleistete Arbeit machen die Personalzusatzkosten im Einzelhandel im Durchschnitt 75 % aus. Das heißt, dass ein Einzelhändler für je 100,00 EUR, die er als Direktlohn zahlt, zusätzlich 75,00 EUR für gesetzliche, freiwillige oder tarifliche Sozialleistungen aufwenden muss.

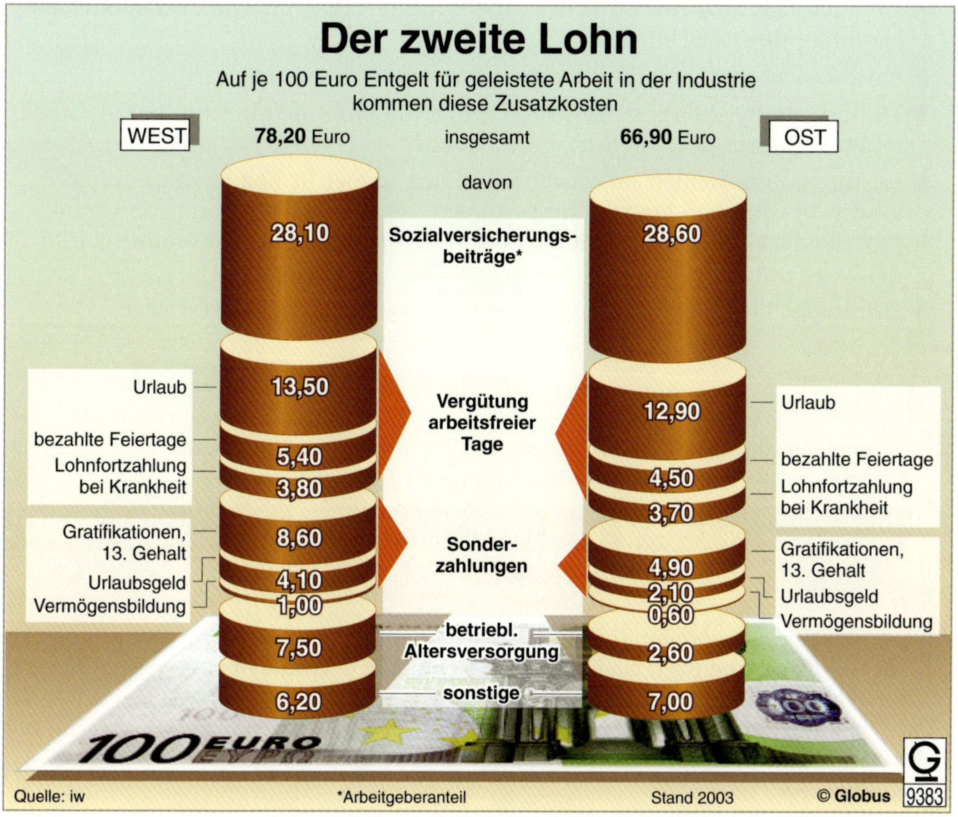

Wenn von Personal- oder Lohnnebenkosten die Rede ist, dann sind damit jene Personalkosten gemeint, die Betriebe neben dem Direktentgelt für geleistete Arbeit aufzuwenden haben. So sind im Westen auf je 100 Euro Arbeitsentgelt noch einmal 78,20 Euro hinzuzurechnen. Im Osten sind es 66,90 Euro. Dabei handelt es sich beispielsweise um die Vergütung arbeitsfreier Tage wie Urlaub, Feier- und Krankheitstage, um Sonderzahlungen wie Weihnachts- und Urlaubsgeld oder um Aufwendungen für die betriebliche Altersvorsorge. Der größte Posten bei den Nebenkosten sind die gesetzlich vorgeschriebenen Arbeitgeberzahlungen in die Sozialversicherungskassen, also in die Kassen der Renten-, Arbeitslosen-, Kranken- und Pflegeversicherung.

Natürlich ist die gute Absicherung für die Arbeitnehmer sehr beruhigend **(soziales Netz)**. Andererseits sind durch die hohen Personalkosten Arbeitskräfte in Deutschland im Verhältnis zu anderen Ländern teuer. Entsprechend hoch sind dann auch die Preise, zu denen die Betriebe ihre Waren verkaufen müssen.

Dies ist einer der Gründe für die Diskussion über den Standort Deutschland. Viele Betriebe plädieren für eine Verlagerung ins Ausland, weil insbesondere die Personalkosten in Deutschland hoch sind. Auf der anderen Seite bewirken die Tarifabschlüsse der letzten Jahre nur noch minimale Anstiege im Bereich der Personalkosten. In jüngsten Tarifverträgen werden dementsprechend nur noch geringe Entgeltsteigerungen und ein Absenken der Lohnnebenkosten angestrebt.

Lohnformen und Lohnnebenkosten

- **Löhne und Gehälter** sind für den Arbeitgeber Aufwand, für den Arbeitnehmer Einkommen.
- Grundlage für die **Bemessung des Arbeitsentgeltes** kann die Arbeitszeit oder die Leistung (Arbeitsergebnis) sein.
- Entsprechend sind **Zeit- und Leistungslohn** zu unterscheiden.
- **Monatsgehälter** für die Angestellten und **Stundenlöhne** für Aushilfskräfte sind typische Formen des Zeitlohns.
- Leistungslöhne werden im Einzelhandel fast immer in Kombination mit Zeitlöhnen in Form von Prämien für besondere Umsätze oder in Form von Umsatzprovisionen als **Individualprämie** oder als **Gruppen**- oder **Teamprämie** berechnet und gezahlt.
- **Grundlage** für die Bestimmung der Arbeitsentgelte bilden **Tarifverträge**.

1. Für eine Substitutin mit einem Monatsgehalt von 2.873,00 EUR (brutto) liegt folgender Arbeitsstundennachweis im Abrechnungsmonat vor:

Woche	1. Woche	2. Woche	3. Woche	4. Woche	5. Woche
Arbeitsstunden	43	38,5	38,5	48	38,5

Die regelmäßige wöchentliche Arbeitszeit beträgt laut Tarifvertrag 38,5 Stunden. Eine über tarifliche Arbeitszeit hinausgehende Mehrarbeit je Woche ist mit 1/169 des Monatsgehaltes und folgenden Zuschlägen zu vergüten:
- Mehrarbeit bis zu 4 Stunden je Woche 25 %
- Mehrarbeit ab der 5. Mehrarbeitsstunde in der Woche 40 %

Ermitteln Sie
a) die Mehrarbeit in Stunden, die zuschlagsfrei zu vergüten ist,
b) die Mehrarbeit in Stunden, die mit einem Zuschlag von 25 % abzugelten ist,
c) die Mehrarbeit in Stunden, die mit einem Zuschlag von 40 % abzugelten ist,
d) die Vergütung für die geleistete Mehrarbeit,
e) das Bruttogehalt der Substitutin für den nächsten Monat, wenn die Mehrarbeit mit dem Gehalt des nächsten Monats ausgezahlt wird und in dem nächsten Monat keine Mehrarbeit geleistet wird.

2. Drei Verkäufer einer Textileinzelhandelsunternehmung erhalten zu ihrem Grundgehalt jeweils einen leistungsabhängigen Gehaltsanteil, und zwar werden
1. je verkauftes Stück bis zum Durchschnittspreis von 400,00 EUR 1,50 EUR Prämie je verkauftes Stück, über dem Durchschnittspreis von 400,00 EUR 2,00 EUR Prämie gezahlt.
2. Außerdem erhält jeder Verkäufer 0,7 % Provision des von ihm erzielten Umsatzes.

Verkäufer	Absatzmenge in Stück	Umsatz in EUR	Grundgehalt in EUR
A	160	67.200,00	2.100,00
B	250	55.000,00	2.400,00
C	470	58.750,00	2.000,00

Berechnen Sie die Bruttogehälter.

3. Das Gehalt eines kaufmännischen Angestellten stieg um 5 % und beträgt jetzt 1.470,00 EUR. Wie viel EUR betrug die Erhöhung?

4. Durch Erhöhung der Tarifgehälter steigt in einer Einzelhandelsunternehmung die Lohn-/Gehaltssumme im Jahr um 3,8 %, und zwar um 20.235,00 EUR. Die Personalkosten machen 20 % des Umsatzes aus.
Um wie viel EUR muss der Umsatz gesteigert werden, damit die Kosten im Verhältnis zum Umsatz unverändert bleiben?

5. Eine Verkäuferin erhält neben ihrem Gehalt von 1.900,00 EUR für 8 Überstunden jeweils 10,20 EUR zuzüglich 25 % Überstundenzuschlag. Außerdem erhält sie vom Arbeitgeber 20,00 EUR für vermögenswirksame Leistung. Ermitteln Sie das Bruttogehalt.

6. Am Ende des Geschäftsjahres stehen den Umsatzerlösen von 2.500.000,00 EUR 1.800.000,00 EUR Kosten gegenüber. In den Kosten sind 618.000,00 EUR Gehälter enthalten. Mit Beginn des abgelaufenen Geschäftsjahres wurde eine Gehaltserhöhung von 3 % gewährt.
a) Welcher Gewinn in EUR wurde erzielt?
b) Um wie viel Prozent sind die Handlungskosten durch die Gehaltserhöhung gestiegen, wenn die anderen Kosten unverändert geblieben sind?
c) Um wie viel Prozent hätten die Verkaufspreise erhöht werden müssen, um den ursprünglich einkalkulierten Gewinn zu erreichen?

7. Erläutern Sie die Vor- und Nachteile des Zeitlohnes.

8. Erläutern Sie den Prämienlohn anhand eines Beispiels aus dem Einzelhandel.

9. Erläutern Sie Vor- und Nachteile, die mit der Individual- oder Team- und Gruppenprämie verbunden sind.

10. Direktlohn und Personalzusatzkosten sind in den letzten Jahren sprunghaft angestiegen. Nachfolgend wird der durchschnittliche Jahresverdienst eines Arbeitnehmers in den Jahren 1966 bis 2004 dargestellt:

	1966 in EUR	1988 in EUR	1990 in EUR	1995 in EUR	2004 in EUR
Direktlohn	4.615,00	17.600,00	18.800,00	19.600,00	20.900,00
Zusatzlohn	2.001,00	14.700,00	15.750,00	16.050,00	17.450,00
Personalkosten insgesamt	6.616,00	32.300,00	34.550,00	35.650,00	38.350,00

a) Berechnen Sie den prozentualen Anteil des Direktlohnes und des Zusatzlohnes an den Gesamtkosten.
b) Welche Ursachen könnte der prozentuale Anstieg der Personalzusatzkosten haben?
c) Welche Probleme sind für den Arbeitgeber mit dieser Entwicklung verbunden?

11. Errechnen Sie die Personalkosten, die Sie für Ihren Ausbildungsbetrieb verursachen. Gehen Sie dabei von den durchschnittlichen Personalzusatzkosten im Einzelhandel in Höhe von 75 % aus.

6.3.2 Vom Grund- zum Bruttolohn oder -gehalt, vom Brutto- zum Nettolohn oder -gehalt

Bei ihrer ersten Gehaltszahlung nach ihrer Gehaltserhöhung ist Frau Orth geschockt: nur 1.665,06 EUR (vgl. Seite 241). Von der 10%igen Gehaltserhöhung bleibt nur etwas mehr als die Hälfte übrig. Sie ist ledig und kinderlos. Sie erzählt Frau Feld in der Buchhaltung die ganze Geschichte und lässt sich die Abrechnung erklären. Frau Feld meint: *„Die Abzüge kommen Ihnen wieder auf anderem Wege zu."* Mehmet Aydin meint: *„Warum dann überhaupt Abzüge, wenn sie diese wieder bekommt?"*

ARBEITSAUFTRÄGE

- Erläutern Sie die Aussage von Frau Feld: „Die Abzüge kommen Ihnen wieder auf anderem Wege zu!"
- Führen Sie die Gehaltsabrechnung mithilfe der Abzugstabellen (vgl. Seite 246 f.) durch; der Beitragssatz zur Krankenversicherung beträgt 14 %.
- Stellen Sie fest, für welche Informationen oder Daten die Bestimmungen des Datenschutzes gelten, und fassen Sie Ihre Ergebnisse in einer Tabelle zusammen.

Vom Brutto- zum Nettoentgelt

Der Arbeitgeber ist durch Gesetz verpflichtet,

- **Lohnsteuer, Solidaritätszuschlag** und **Kirchensteuer** vom **steuerpflichtigen Bruttogehalt** des Arbeitnehmers einzubehalten und an das **Finanzamt** abzuführen,
- **Beiträge des Arbeitnehmers** zur **gesetzlichen Sozialversicherung** vom **sozialversicherungspflichtigen Bruttogehalt** einzubehalten und zusammen mit den **Beiträgen des Arbeitgebers** zur gesetzlichen Sozialversicherung an die **Krankenkasse** abzuführen.

Lohnsteuer

Die einbehaltene Lohnsteuer richtet sich nach

- der **Höhe des Arbeitslohnes,**
- der **Steuerklasse** (Familienstand, Kinder des Arbeitnehmers, Zahl der Arbeitsverträge),
- möglichen **Freibeträgen** laut Lohnsteuerkarte (z. B. wegen erhöhter Werbungskosten) und
- **Tabellenfreibeträgen**, die bereits bei der Ermittlung des zu versteuernden Einkommens in den Tabellenwerten berücksichtigt werden.

Beispiele Grundfreibetrag, Arbeitnehmerpauschbetrag, Vorsorgepauschale

Außerdem können im Rahmen des Lohnsteuerjahresausgleichs erhöhte Werbungskosten, Sonderausgaben und außergewöhnliche Belastungen geltend gemacht werden (vgl. Seite 244).

Lohnsteuerklassen: Die Lohnsteuerklassen, denen die Arbeitnehmer zugeordnet werden, spiegeln gesellschaftspolitische Zielsetzungen wider (Förderung von Ehe und Familie).

Klasse	Zuordnungskriterien
I	Arbeitnehmer, die ledig sind, oder Verheiratete, die verwitwet oder geschieden sind.
II	Die in der Steuerklasse I genannten Personen, in deren inländischer Wohnung mindestens ein Kind gemeldet ist.
III	Verheiratete Arbeitnehmer, wenn der Ehegatte keinen Arbeitslohn bezieht oder wenn der Ehegatte in die Steuerklasse V eingereiht wird.
IV	Verheiratete Arbeitnehmer, wenn beide Ehegatten Arbeitslohn beziehen.
V	Verheiratete Arbeitnehmer; wenn der Ehegatte ebenfalls Arbeitslohn bezieht und die Einreihung des einen Ehegatten in die Steuerklasse III auf Antrag beider Ehegatten erfolgt.
VI	Arbeitnehmer, die gleichzeitig Arbeitslohn von mehreren Arbeitgebern beziehen; Eintragung auf der zweiten oder jeder weiteren Steuerkarte.

Lohnsteuerkarte: Die Besteuerungsmerkmale entnimmt der Arbeitgeber der Lohnsteuerkarte, die die **Gemeinden** dem Arbeitnehmer für jedes Kalenderjahr **unentgeltlich ausstellen.** Die Gemeinde hat auf der Lohnsteuerkarte insbesondere die **persönlichen Daten** (Name, Geburtstag), die **Steuerklasse,** die **Zahl der Kinderfreibeträge** für Kinder des Arbeitnehmers, die das 18. Lebensjahr noch nicht vollendet haben, und die Abkürzung für den Kirchensteuerabzug einzutragen. Die Zahl der Kinderfreibeträge wird mit dem Zähler 0,5 angegeben, wenn sich die Ehegatten den Kinderfreibetrag von 3.648,00 EUR im Jahr teilen. Kinderfreibeträge wirken sich nicht auf den Lohnsteuerabzug aus, wohl aber auf die Höhe des Solidaritätszuschlages und auf die Kirchensteuer. Wenn beide Ehegatten Arbeitslohn beziehen, stellt der Gesetzgeber **zwei Steuerklassenkombinationen** zur Wahl. Die **Kombination IV/IV** bei gleich hohem Arbeitslohn, die **Steuerklassenkombination III/IV** bei erheblich höherem Lohn eines Ehegatten. Auf der Rückseite der Lohnsteuerkarte bescheinigt der Arbeitgeber dem Arbeitnehmer die Gesamtbeträge des Bruttoentgelts, der Lohnsteuer, der Kirchensteuer und des Solidaritätszuschlags.

Höhe der Lohnsteuer: Das Vier-Stufen-Konzept des Einkommensteuertarifs veranschaulicht die Steuerbelastung der Einkommen:

Steuerbelastung	Zu versteuerndes Einkommen in EUR	
	Grundtarif (Alleinstehende)	Splittingtarif (Verheiratete)
Grundfreibetrag (Nullzone) keine Lohnsteuer	bis 7.664,00	bis 15.330, 00
Erste Progressionszone von 15 % (**Eingangssteuersatz**) bis auf 24 %	von 7.665,00 bis 12.739,00	von 15.330,00 bis 25.480,00
Zweite Progressionszone Der Steuersatz steigt linear von 24 % auf 42 %	von 12.740,00 bis 52.151,00	von 25.480,00 bis 104.304,00
Obere Proportionalzone konstanter **Spitzensteuersatz** von 42 %	ab 52.152,00	ab 104.304,00

Schuldner der Lohnsteuer ist der **Arbeitnehmer.** Der **Arbeitgeber haftet** für die Einbehaltung und Abführung der Lohnsteuer.

Lohnsteuerfreibeträge: Mögliche Freibeträge (z. B. erhöhte **Sonderausgaben, Werbungskosten** und **außergewöhnliche Belastungen**) werden auf Antrag des Arbeitnehmers vom Finanzamt auf der Lohnsteuerkarte als persönlicher Freibetrag eingetragen.

Beispiel Frau Quirl, Verkaufsleiterin „Neue Medien" des Mars Elektrofachmarkts e. K., die ein Bruttogehalt von 2.147,00 EUR erhält, hat sich auf Antrag einen Jahressteuerfreibetrag wegen erhöhter Werbungskosten von 2.400,00 EUR in die Steuerkarte eintragen lassen. In diesem Fall wird die Lohnsteuer von 1.947,00 EUR ermittelt (2.400 : 12 = 200; 2.147 – 200 = 1.947).

Werbungskosten	Sonderausgaben	außergewöhnliche Belastungen
= Aufwendungen des Arbeitnehmers zur Erwerbung, Sicherung und Erhaltung des Arbeitslohnes	= bestimmte im Gesetz aufgeführte Aufwendungen	= vergleichsweise erhöhte Belastungen, denen sich der Steuerpflichtige aus rechtlichen und sittlichen Gründen nicht entziehen kann.
● verkehrsmittelunabhängige Entfernungspauschale zwischen Wohnung und Arbeitsstätte ● Berufskleidung ● Kosten für Arbeitszimmer ● Fachbücher, Fachzeitschriften ● Beiträge zu Berufsverbänden und Gewerkschaften ● Fortbildungskosten im ausgeübten Beruf	● **Vorsorgeaufwendungen** – Beiträge zur Kranken-, Renten-, Arbeitslosen- und Pflegeversicherung – Unfallversicherung – Lebensversicherung – Bausparbeiträge ● **übrige Sonderausgaben** – Unterhaltsleistungen an den geschiedenen oder dauernd getrennt lebenden Ehegatten – Kosten der eigenen Berufsausbildung und Weiterbildung in einem nicht ausgeübten Beruf – Kirchensteuer – Steuerberatungskosten – Spenden	● Beerdigungskosten ● außergewöhnliche Krankheitskosten ● Kuren ● Umzugskosten

○ Solidaritätszuschlag

Seit dem 31. Dezember 1994 wird ein Solidaritätszuschlag erhoben. Er beträgt zurzeit 5,5 % der Lohnsteuer (2005). Er wird unter Berücksichtigung von Kinderfreibeträgen in der Lohnsteuertabelle getrennt ausgewiesen. Am 10. des auf die Lohnzahlung folgenden Monats ist er zusammen mit der Lohn- und Kirchensteuer an das Finanzamt abzuführen.

○ Kirchensteuer

Neben der Lohnsteuer muss der Arbeitgeber bei der Lohn- und Gehaltsabrechnung an Mitarbeiter, die einer steuererhebenden Religionsgemeinschaft angehören, Kirchensteuer abziehen und an das Finanzamt abführen. Die Kirchensteuer ist nicht in allen Bundesländern gleich hoch. Sie beträgt in Bayern und Baden-Württemberg 8 % und in den übrigen Bundesländern **9 % der Lohnsteuer**. Ein eventueller Kinderfreibetrag ist in die Lohnsteuertabelle eingearbeitet.

○ Kindergeld

Seit 2002 beträgt das Kindergeld monatlich:

- für das erste, zweite und dritte Kind je 154,00 EUR
- für jedes weitere Kind 179,00 EUR

Arbeitnehmer erhalten das Kindergeld monatlich von den Familienkassen der Arbeitsagenturen als Steuervergütung ausbezahlt. Auf die Höhe der Lohnsteuer hat die in der Lohnsteuerkarte bescheinigte Zahl der Kinderfreibeträge keinen Einfluss mehr.

○ Ermittlung der Lohnsteuer, des Solidaritätszuschlags und der Kirchensteuer aus Lohnsteuertabellen

Lohnsteuertabellen dienen der schnellen Durchführung des Lohnsteuerabzugs. In ihnen werden die Abzüge für die einzelnen Steuerklassen unter Berücksichtigung allgemeiner Freibeträge ausgewiesen.

Beispiele Grundfreibetrag von 7.664,00 EUR bzw. 15.328,00 EUR (Ehegatten-Splitting), der Arbeitnehmerpauschbetrag (Werbungskostenpauschale von 920,00 EUR), eine Vorsorgepauschale, ein Sonderausgabenpauschbetrag von 36,00 EUR in den Steuerklassen I, II und IV bzw. von 72,00 EUR in der Steuerklasse III.

Aus der Lohnsteuertabelle kann häufig auch der Solidaritätszuschlag, die Kirchensteuer, die Rentenversicherung, die Arbeitslosenversicherung und die Pflegeversicherung entnommen werden.

Arbeit mit der Lohnsteuertabelle

1. Ermitteln Sie zuerst das steuerpflichtige Bruttogehalt:

Grundgehalt (lt. Arbeits- oder Tarifvertrag)
\+ Zuschläge (z. B. Überstunden)
\+ Sonstige Beträge (z. B. Arbeitgeberanteil zur vermögenswirksamen Leistung, Job Ticket)

Sozialversicherungspflichtiges Bruttogehalt: Berechnungsgrundlage für die Sozialversicherungsbeiträge vom Arbeitnehmer und Arbeitgeber
– Steuerfreibetrag lt. Lohnsteuerkarte

Steuerpflichtiges Bruttogehalt: Berechnungsgrundlage der Lohnsteuer

2. Ermittlung der Lohnsteuer, des Solidaritätszuschlages und der Kirchensteuer

Stimmt der Tabellenwert nicht mit dem steuerpflichtigen Bruttogehalt überein, ist die Lohnsteuer vom nächst höheren Tabellenwert zu wählen. Achten Sie dabei auf

- die Steuerklasse und
- den Kinderfreibetrag.

● Sozialversicherung

Zur Berechnung der Beiträge zur Sozialversicherung (vgl. Seite 248) legt der Gesetzgeber jährlich Beitragsbemessungsgrenzen fest. Oberhalb dieser Grenzen werden Löhne und Gehälter nicht mit Beiträgen belastet.

Beiträge zu den Sozialversicherungen (2005)			
Sozialversicherung	**Beitragssatz**	**Beitragsbemessungsgrenze**	
Rentenversicherung	19,5 %	5.200,00 (4.440,00)[1]	EUR/Monat
Krankenversicherung[2]	11,8 % – 16,8 %	3.525,00	EUR/Monat
Arbeitslosenversicherung	6,5 %	5.200,00 (4.440,00)[1]	EUR/Monat
Pflegeversicherung[3]	1,7 %	3.525,00	EUR/Monat

[1] *Die Werte in Klammern gelten für die neuen Bundesländer einschließlich Ost-Berlin*
[2] *Beitragspflicht bis zu einem Jahresarbeitsentgelt von 46.800,00 EUR/Jahr (3.900,00 EUR/Monat)*
[3] *Kinderlose zwischen 23 und 64 Jahren zahlen einen um 0,25 % erhöhten Beitrag, der Arbeitnehmeranteil beträgt somit 1,1%.*

Abzüge an Lohnsteuer, Solidaritätszuschlag (SolZ) und Kirchensteuer (8%, 9%) in den Steuerklassen

Lohn/ Gehalt bis €*	I – VI					I, II, III, IV		mit Zahl der Kinderfreibeträge . . . 0,5			1			1,5			2			2,5			3**		
		LSt	ohne Kinderfreibeträge SolZ	8%	9%		LSt	SolZ	8%	9%	SolZ	8%	9%	SolZ	8%	9%	SolZ	8%	9%	SolZ	8%	9%	SolZ	8%	9%
2462,99	I,IV	393,91	21,66	31,51	35,45	I	393,91	17,72	25,78	29,—	13,96	20,30	22,84	10,37	15,08	16,97	6,96	10,12	11,39	—	5,44	6,12	—	1,55	1,74
	II	361,25	19,86	28,90	32,51	II	361,25	16,—	23,28	26,19	12,32	17,92	20,16	8,81	12,82	14,42	3,73	7,97	8,96	—	3,56	4,01	—	0,12	0,14
	III	128,—	—	10,24	11,52	III	128,—	—	6,17	6,94	—	2,60	2,92	—	—	—	—	—	—	—	—	—	—	—	—
	V	742,91	40,86	59,43	66,86	IV	393,91	19,67	28,61	32,18	17,72	25,78	29,—	15,81	23,—	25,88	13,96	20,30	22,84	12,14	17,66	19,86	10,37	15,08	16,97
	VI	775,16	42,63	62,01	69,76																				
2465,99	I,IV	394,75	21,71	31,58	35,52	I	394,75	17,76	25,84	29,07	14,—	20,36	22,91	10,41	15,14	17,03	6,99	10,18	11,45	—	5,49	6,17	—	1,59	1,79
	II	362,08	19,91	28,96	32,58	II	362,08	16,05	23,34	26,26	12,36	17,98	20,23	8,85	12,88	14,49	3,88	8,03	9,03	—	3,61	4,06	—	0,16	0,18
	III	128,66	—	10,29	11,57	III	128,66	—	6,21	6,98	—	2,64	2,97	—	—	—	—	—	—	—	—	—	—	—	—
	V	744,16	40,92	59,53	66,97	IV	394,75	19,71	28,68	32,26	17,76	25,84	29,07	15,86	23,07	25,95	14,—	20,36	22,91	12,18	17,72	19,94	10,41	15,14	17,03
	VI	776,41	42,70	62,11	69,87																				
2468,99	I,IV	395,66	21,76	31,65	35,60	I	395,66	17,81	25,91	29,15	14,04	20,43	22,98	10,45	15,21	17,11	7,04	10,24	11,52	—	5,55	6,24	—	1,63	1,83
	II	363,—	19,96	29,04	32,67	II	363,—	16,09	23,41	26,33	12,40	18,04	20,30	8,89	12,94	14,55	4,01	8,08	9,09	—	3,66	4,12	—	0,19	0,21
	III	129,33	—	10,34	11,63	III	129,33	—	6,26	7,04	—	2,68	3,01	—	—	—	—	—	—	—	—	—	—	—	—
	V	745,41	40,99	59,63	67,08	IV	395,66	19,76	28,75	32,34	17,81	25,91	29,15	15,91	23,14	26,03	14,04	20,43	22,98	12,23	17,79	20,01	10,45	15,21	17,11
	VI	777,66	42,77	62,21	69,98																				
2471,99	I,IV	396,58	21,81	31,72	35,69	I	396,58	17,86	25,98	29,23	14,09	20,50	23,06	10,50	15,27	17,18	7,08	10,30	11,58	—	5,60	6,30	—	1,67	1,88
	II	363,83	20,01	29,10	32,74	II	363,83	16,14	23,48	26,41	12,45	18,11	20,37	8,93	13,—	14,62	4,16	8,14	9,16	—	3,71	4,17	—	0,23	0,26
	III	129,83	—	10,38	11,68	III	129,83	—	6,30	7,09	—	2,72	3,06	—	—	—	—	—	—	—	—	—	—	—	—
	V	746,75	41,07	59,74	67,20	IV	396,58	19,81	28,82	32,42	17,86	25,98	29,23	15,95	23,20	26,10	14,09	20,50	23,06	12,27	17,85	20,08	10,50	15,27	17,18
	VI	778,91	42,84	62,31	70,10																				
2474,99	I,IV	397,50	21,86	31,80	35,77	I	397,50	17,91	26,05	29,30	14,13	20,56	23,13	10,54	15,33	17,24	7,12	10,36	11,65	—	5,66	6,36	—	1,72	1,93
	II	364,75	20,06	29,18	32,82	II	364,75	16,18	23,54	26,48	12,49	18,17	20,44	8,97	13,06	14,69	4,30	8,20	9,22	—	3,76	4,23	—	0,26	0,29
	III	130,50	—	10,44	11,74	III	130,50	—	6,36	7,15	—	2,76	3,10	—	—	—	—	—	—	—	—	—	—	—	—
	V	748,—	41,14	59,84	67,32	IV	397,50	19,86	28,89	32,50	17,91	26,05	29,30	16,—	23,27	26,18	14,13	20,56	23,13	12,31	17,91	20,15	10,54	15,33	17,24
	VI	780,16	42,90	62,41	70,21																				
2477,99	I,IV	398,33	21,90	31,86	35,84	I	398,33	17,95	26,12	29,38	14,18	20,63	23,21	10,58	15,39	17,31	7,16	10,42	11,72	—	5,71	6,42	—	1,76	1,98
	II	365,58	20,10	29,24	32,90	II	365,58	16,23	23,61	26,56	12,54	18,24	20,52	9,02	13,12	14,76	4,45	8,26	9,29	—	3,80	4,28	—	0,30	0,34
	III	131,16	—	10,49	11,80	III	131,16	—	6,40	7,20	—	2,80	3,15	—	—	—	—	—	—	—	—	—	—	—	—
	V	749,25	41,20	59,94	67,43	IV	398,33	19,91	28,96	32,58	17,95	26,12	29,38	16,05	23,34	26,26	14,18	20,63	23,21	12,36	17,98	20,22	10,58	15,39	17,31
	VI	781,41	42,97	62,51	70,32																				
2480,99	I,IV	399,25	21,95	31,94	35,93	I	399,25	18,—	26,18	29,45	14,22	20,69	23,27	10,62	15,46	17,39	7,20	10,48	11,79	—	5,76	6,48	—	1,80	2,02
	II	366,50	20,15	29,32	32,98	II	366,50	16,28	23,68	26,64	12,58	18,30	20,59	9,06	13,18	14,82	4,60	8,32	9,36	—	3,86	4,34	—	0,34	0,38
	III	131,83	—	10,54	11,86	III	131,83	—	6,45	7,25	—	2,84	3,19	—	—	—	—	—	—	—	—	—	—	—	—
	V	750,50	41,27	60,04	67,54	IV	399,25	19,96	29,03	32,66	18,—	26,18	29,45	16,09	23,40	26,33	14,22	20,69	23,27	12,40	18,04	20,30	10,62	15,46	17,39
	VI	782,66	43,04	62,61	70,43																				
2483,99	I,IV	400,16	22,—	32,01	36,01	I	400,16	18,05	26,26	29,54	14,27	20,76	23,35	10,67	15,52	17,46	7,24	10,53	11,84	—	5,82	6,54	—	1,84	2,07
	II	367,33	20,20	29,38	33,05	II	367,33	16,32	23,74	26,71	12,62	18,36	20,66	9,10	13,24	14,89	4,73	8,37	9,41	—	3,90	4,39	—	0,38	0,42
	III	132,50	—	10,60	11,92	III	132,50	—	6,49	7,30	—	2,88	3,24	—	—	—	—	—	—	—	—	—	—	—	—
	V	751,75	41,34	60,14	67,65	IV	400,16	20,—	29,10	32,73	18,05	26,26	29,54	16,13	23,47	26,40	14,27	20,76	23,35	12,44	18,10	20,36	10,67	15,52	17,46
	VI	783,91	43,11	62,71	70,55																				
2486,99	I,IV	401,08	22,05	32,08	36,09	I	401,08	18,09	26,32	29,61	14,31	20,82	23,42	10,71	15,58	17,52	7,28	10,59	11,91	—	5,87	6,60	—	1,88	2,12
	II	368,25	20,25	29,46	33,14	II	368,25	16,37	23,82	26,79	12,67	18,43	20,73	9,14	13,30	14,96	4,88	8,43	9,48	—	3,95	4,44	—	0,41	0,46
	III	133,16	—	10,65	11,98	III	133,16	—	6,54	7,36	—	2,92	3,28	—	—	—	—	—	—	—	—	—	—	—	—
	V	753,—	41,41	60,24	67,77	IV	401,08	20,05	29,17	32,81	18,09	26,32	29,61	16,18	23,54	26,48	14,31	20,82	23,42	12,49	18,17	20,44	10,71	15,58	17,52
	VI	785,25	43,18	62,82	70,67																				
2489,99	I,IV	401,91	22,10	32,15	36,17	I	401,91	18,14	26,39	29,69	14,36	20,89	23,50	10,75	15,64	17,60	7,32	10,65	11,98	—	5,92	6,66	—	1,92	2,16
	II	369,08	20,29	29,52	33,21	II	369,08	16,42	23,88	26,87	12,71	18,49	20,80	9,18	13,36	15,03	5,03	8,49	9,55	—	4,—	4,50	—	0,45	0,50
	III	133,83	—	10,70	12,04	III	133,83	—	6,58	7,40	—	2,96	3,33	—	—	—	—	—	—	—	—	—	—	—	—
	V	754,25	41,48	60,34	67,88	IV	401,91	20,10	29,24	32,89	18,14	26,39	29,69	16,23	23,61	26,56	14,36	20,89	23,50	12,53	18,23	20,51	10,75	15,64	17,60
	VI	786,50	43,25	62,92	70,78																				
2492,99	I,IV	402,83	22,15	32,22	36,25	I	402,83	18,19	26,46	29,76	14,40	20,95	23,57	10,79	15,70	17,66	7,36	10,71	12,05	—	5,98	6,73	—	1,97	2,21
	II	370,—	20,35	29,60	33,30	II	370,—	16,46	23,95	26,94	12,76	18,56	20,88	9,23	13,42	15,10	5,16	8,54	9,61	—	4,05	4,55	—	0,48	0,54
	III	134,50	—	10,76	12,10	III	134,50	—	6,64	7,47	—	3,01	3,38	—	—	—	—	—	—	—	—	—	—	—	—
	V	755,50	41,55	60,44	67,99	IV	402,83	20,15	29,31	32,97	18,19	26,46	29,76	16,28	23,68	26,64	14,40	20,95	23,57	12,58	18,30	20,58	10,79	15,70	17,66
	VI	787,75	43,32	63,02	70,89																				

2642,99	I,IV	448,16	24,64	35,85	40,33	I	448,16	20,57	29,93	33,67	16,68	24,27	27,30	12,97	18,86	21,22	9,43	13,72	15,43	5,86	8,82	9,92	—	4,29	4,82
	II	414,50	22,79	33,16	37,30	II	414,50	18,80	27,35	30,77	14,99	21,80	24,53	11,35	16,51	18,57	7,89	11,48	12,91	0,56	6,70	7,54	—	2,54	2,85
	III	168,83	1,36	13,50	15,19	III	168,83	—	9,08	10,21	—	5,14	5,78	—	1,72	1,93	—	—	—	—	—	—	—	—	—
	V	818,50	45,01	65,48	73,66	IV	448,16	22,59	32,86	36,96	20,57	29,93	33,67	18,61	27,07	30,45	16,68	24,27	27,30	14,80	21,54	24,23	12,97	18,86	21,22
	VI	850,75	46,79	68,06	76,56																				
2645,99	I,IV	449,08	24,69	35,92	40,41	I	449,08	20,62	30,—	33,75	16,73	24,34	27,38	13,01	18,92	21,29	9,47	13,78	15,50	6,01	8,88	9,99	—	4,34	4,88
	II	415,33	22,84	33,22	37,37	II	415,33	18,85	27,42	30,84	15,03	21,87	24,60	11,39	16,58	18,65	7,93	11,54	12,98	0,70	6,76	7,60	—	2,58	2,90
	III	169,66	1,53	13,57	15,26	III	169,66	—	9,13	10,27	—	5,20	5,85	—	1,76	1,98	—	—	—	—	—	—	—	—	—
	V	819,75	45,08	65,58	73,77	IV	449,08	22,64	32,93	37,04	20,62	30,—	33,75	18,65	27,14	30,53	16,73	24,34	27,38	14,85	21,60	24,30	13,01	18,92	21,29
	VI	852,—	46,86	68,16	76,68																				

2861,99	I,IV	516,58	28,41	41,32	46,49	I	516,58	24,18	35,17	39,56	20,13	29,28	32,94	16,26	23,65	26,60	12,56	18,27	20,55	9,04	13,15	14,79	4,53	8,29	9,32
	II	481,50	26,48	38,52	43,33	II	481,50	22,33	32,49	36,55	18,36	26,71	30,05	14,57	21,20	23,85	10,95	15,93	17,92	7,51	10,93	12,29	—	6,18	6,95
	III	230,33	12,66	18,42	20,72	III	230,33	1,86	13,70	15,41	—	9,25	10,40	—	5,30	5,96	—	1,85	2,08	—	—	—	—	—	—
	V	910,50	50,07	72,84	81,94	IV	516,58	26,27	38,22	42,99	24,18	35,17	39,56	22,13	32,20	36,22	20,13	29,28	32,94	18,17	26,43	29,73	16,26	23,65	26,60
	VI	942,75	51,85	75,42	84,84																				
2864,99	I,IV	517,50	28,46	41,40	46,57	I	517,50	24,23	35,24	39,65	20,18	29,35	33,02	16,30	23,72	26,68	12,60	18,34	20,63	9,08	13,21	14,86	4,66	8,34	9,38
	II	482,50	26,53	38,60	43,42	II	482,50	22,38	32,56	36,63	18,41	26,78	30,12	14,61	21,26	23,91	11,—	16,—	18,—	7,55	10,99	12,36	—	6,24	7,02
	III	231,16	12,71	18,49	20,80	III	231,16	2,—	13,76	15,48	—	9,30	10,46	—	5,36	6,03	—	1,89	2,12	—	—	—	—	—	—
	V	911,75	50,14	72,94	82,05	IV	517,50	26,32	38,29	43,07	24,23	35,24	39,65	22,18	32,26	36,29	20,18	29,35	33,02	18,21	26,50	29,81	16,30	23,72	26,68
	VI	944,—	51,92	75,52	84,96																				

Abzüge an Krankenversicherung (KV) bei einem Beitragssatz von

11,8% 13,4% 15,0%	11,9% 13,5% 15,1%	12,0% 13,6% 15,2%	12,1% 13,7% 15,3%	12,2% 13,8% 15,4%	12,3% 13,9% 15,5%	12,4% 14,0% 15,6%	12,5% 14,1% 15,7%	monatliches Arbeitsentgelt* neue und alte Länder in €	12,6% 14,2% 15,8%	12,7% 14,3% 15,9%	12,8% 14,4% 16,0%	12,9% 14,5% 16,1%	13,0% 14,6% 16,2%	13,1% 14,7% 16,3%	13,2% 14,8% 16,4%	13,3% 14,9% 16,5%	Sozialversicherung: RV AV PV-AG PV-AN (mit K. ohne K.)	PV-Sachsen: mit K. AG AN ohne K. AG AN
145,14	146,37	147,60	148,83	150,06	151,29	152,52	153,75		154,98	156,21	157,44	158,67	159,90	161,13	162,36	163,59	239,85	8,61
164,82	166,05	167,28	168,51	169,74	170,97	172,20	173,43	2 460,–	174,66	175,89	177,12	178,35	179,58	180,81	182,04	183,27	79,95 20,91	33,21 8,61
184,50	185,73	186,96	188,19	189,42	190,65	191,88	193,11		194,34	195,57	196,80	198,03	199,26	200,49	201,72	202,95	20,91 27,06	39,36
145,73	146,97	148,20	149,44	150,67	151,91	153,14	154,38		155,61	156,85	158,08	159,32	160,55	161,79	163,02	164,26	240,83	8,65
165,49	166,73	167,96	169,20	170,43	171,67	172,90	174,14	2 470,–	175,37	176,61	177,84	179,08	180,31	181,55	182,78	184,02	80,28 21,–	33,35 8,65
185,25	186,49	187,72	188,96	190,19	191,43	192,66	193,90		195,13	196,37	197,60	198,84	200,07	201,31	202,54	203,78	21,– 27,17	39,52
146,32	147,56	148,80	150,04	151,28	152,52	153,76	155,–		156,24	157,48	158,72	159,96	161,20	162,44	163,68	164,92	241,80	8,68
166,16	167,40	168,64	169,88	171,12	172,36	173,60	174,84	2 480,–	176,08	177,32	178,56	179,80	181,04	182,28	183,52	184,76	80,60 21,08	33,48 8,68
186,–	187,24	188,48	189,72	190,96	192,20	193,44	194,68		195,92	197,16	198,40	199,64	200,88	202,12	203,36	204,60	21,08 27,28	39,68
146,91	148,16	149,40	150,65	151,89	153,14	154,38	155,63		156,87	158,12	159,36	160,61	161,85	163,10	164,34	165,59	242,78	8,72
166,83	168,08	169,32	170,57	171,81	173,06	174,30	175,55	2 490,–	176,79	178,04	179,28	180,53	181,77	183,02	184,26	185,51	80,93 21,17	33,62 8,72
186,75	188,–	189,24	190,49	191,73	192,98	194,22	195,47		196,71	197,96	199,20	200,45	201,69	202,94	204,18	205,43	21,17 27,39	39,84
147,50	148,75	150,–	151,25	152,50	153,75	155,–	156,25		157,50	158,75	160,–	161,25	162,50	163,75	165,–	166,25	243,75	8,75
167,50	168,75	170,–	171,25	172,50	173,75	175,–	176,25	2 500,–	177,50	178,75	180,–	181,25	182,50	183,75	185,–	186,25	81,25 21,25	33,75 8,75
187,50	188,75	190,–	191,25	192,50	193,75	195,–	196,25		197,50	198,75	200,–	201,25	202,50	203,75	205,–	206,25	21,25 27,50	40,–
148,09	149,35	150,60	151,86	153,11	154,37	155,62	156,88		158,13	159,39	160,64	161,90	163,15	164,41	165,66	166,92	244,73	8,79
168,17	169,43	170,68	171,94	173,19	174,45	175,70	176,96	2 510,–	178,21	179,47	180,72	181,98	183,23	184,49	185,74	187,–	81,58 21,34	33,89 8,79
188,25	189,51	190,76	192,02	193,27	194,53	195,78	197,04		198,29	199,55	200,80	202,06	203,31	204,57	205,82	207,08	21,34 27,61	40,16
148,68	149,94	151,20	152,46	153,72	154,98	156,24	157,50		158,76	160,02	161,28	162,54	163,80	165,06	166,32	167,58	245,70	8,82
168,84	170,10	171,36	172,62	173,88	175,14	176,40	177,66	2 520,–	178,92	180,18	181,44	182,70	183,96	185,22	186,48	187,74	81,90 21,42	34,02 8,82
189,–	190,26	191,52	192,78	194,04	195,30	196,56	197,82		199,08	200,34	201,60	202,86	204,12	205,38	206,64	207,90	21,42 27,72	40,32
149,27	150,54	151,80	153,07	154,33	155,60	156,86	158,13		159,39	160,66	161,92	163,19	164,45	165,72	166,98	168,25	246,68	8,86
169,51	170,78	172,04	173,31	174,57	175,84	177,10	178,37	2 530,–	179,63	180,90	182,16	183,43	184,69	185,96	187,22	188,49	82,23 21,51	34,16 8,86
189,75	191,02	192,28	193,55	194,81	196,08	197,34	198,61		199,87	201,14	202,40	203,67	204,93	206,20	207,46	208,73	21,51 27,83	40,48
[illegible]	[illegible]	[illegible]	[illegible]	154,94	[illegible]	[illegible]	[illegible]		[illegible]	[illegible]	[illegible]	[illegible]	[illegible]	[illegible]	[illegible]	[illegible]	247,65	[illegible]
155,17	156,49	157,80	159,12	160,43	161,75	163,06	164,38		165,69	167,01	168,32	169,64	170,95	172,27	173,58	174,90	256,43	9,21
176,21	177,53	178,84	180,16	181,47	182,79	184,10	185,42	2 630,–	186,73	188,05	189,36	190,68	191,99	193,31	194,62	195,94	85,48 22,36	35,51 9,21
197,25	198,57	199,88	201,20	202,51	203,83	205,14	206,46		207,77	209,09	210,40	211,72	213,03	214,35	215,66	216,98	22,36 28,93	42,08
155,76	157,08	158,40	159,72	161,04	162,36	163,68	165,–		166,32	167,64	168,96	170,28	171,60	172,92	174,24	175,56	257,40	9,24
176,88	178,20	179,52	180,84	182,16	183,48	184,80	186,12	2 640,–	187,44	188,76	190,08	191,40	192,72	194,04	195,36	196,68	85,80 22,44	35,64 9,24
198,–	199,32	200,64	201,96	203,28	204,60	205,92	207,24		208,56	209,88	211,20	212,52	213,84	215,16	216,48	217,80	22,44 29,04	42,24
156,35	157,68	159,–	160,33	161,65	162,98	164,30	165,63		166,95	168,28	169,60	170,93	172,25	173,58	174,90	176,23	258,38	9,28
177,55	178,88	180,20	181,53	182,85	184,18	185,50	186,83	2 650,–	188,15	189,48	190,80	192,13	193,45	194,78	196,10	197,43	86,13 22,53	35,78 9,28
198,75	200,08	201,40	202,73	204,05	205,38	206,70	208,03		209,35	210,68	212,–	213,33	214,65	215,98	217,30	218,63	22,53 29,15	42,40
[illegible]	[illegible]	159,60	[illegible]	[illegible]	[illegible]	164,92	[illegible]		[illegible]	[illegible]	170,24	[illegible]	[illegible]	[illegible]	[illegible]	[illegible]	[illegible]	[illegible]
213,75	[illegible]	[illegible]	[illegible]	219,45	[illegible]	[illegible]	[illegible]		225,15	226,58	[illegible]	[illegible]	[illegible]	232,28	233,70	[illegible]	[illegible] 31,35	[illegible]
168,74	170,17	171,60	173,03	174,46	175,89	177,32	178,75		180,18	181,61	183,04	184,47	185,90	187,33	188,76	190,19	278,85	10,01
191,62	193,05	194,48	195,91	197,34	198,77	200,20	201,63	2 860,–	203,06	204,49	205,92	207,35	208,78	210,21	211,64	213,07	92,95 24,31	38,61 10,01
214,50	215,93	217,36	218,79	220,22	221,65	223,08	224,51		225,94	227,37	228,80	230,23	231,66	233,09	234,52	235,95	24,31 31,46	45,76
169,33	170,77	172,20	173,64	175,07	176,51	177,94	179,38		180,81	182,25	183,68	185,12	186,55	187,99	189,42	190,86	279,83	10,05
192,29	193,73	195,16	196,60	198,03	199,47	200,90	202,34	2 870,–	203,77	205,21	206,64	208,08	209,51	210,95	212,38	213,82	93,28 24,40	38,75 10,05
215,25	216,69	218,12	219,56	220,99	222,43	223,86	225,30		226,73	228,17	229,60	231,04	232,47	233,91	235,34	236,78	24,40 31,57	45,92

Lohnabzugstabellen (vgl. Seite 246 f.): Sie werden von den verschiedenen Krankenversicherungsträgern herausgegeben und dienen der beschleunigten **Ermittlung der Sozialversicherungsbeiträge.**

Ermittlung der Beiträge von Arbeitnehmer und Arbeitgeber zur gesetzlichen Krankenkasse: Unter den in einer Abzugstabelle angegebenen Beitragssätzen wird der halbe Beitrag ausgewiesen, der vom Arbeitnehmer für die Krankenkasse einzubehalten ist. Die andere Hälfte ist vom Arbeitgeber zusätzlich zum Gehalt aufzubringen und zusammen mit dem Arbeitnehmeranteil an die Krankenkasse abzuführen. Gleiches gilt auch für die **Renten- (RV)**, **Arbeitslosen- (AV)** und **Pflegeversicherung (PV)**, die in der rechten Spalte ausgewiesen werden.

Nettogehalt

Nach Abzug der Lohnsteuer, des Solidaritätszuschlags, der Kirchensteuer und des Sozialversicherungsbeitrages des Arbeitnehmers (AN) vom sozialversicherungspflichtigen Bruttogehalt erhält man das Nettogehalt.

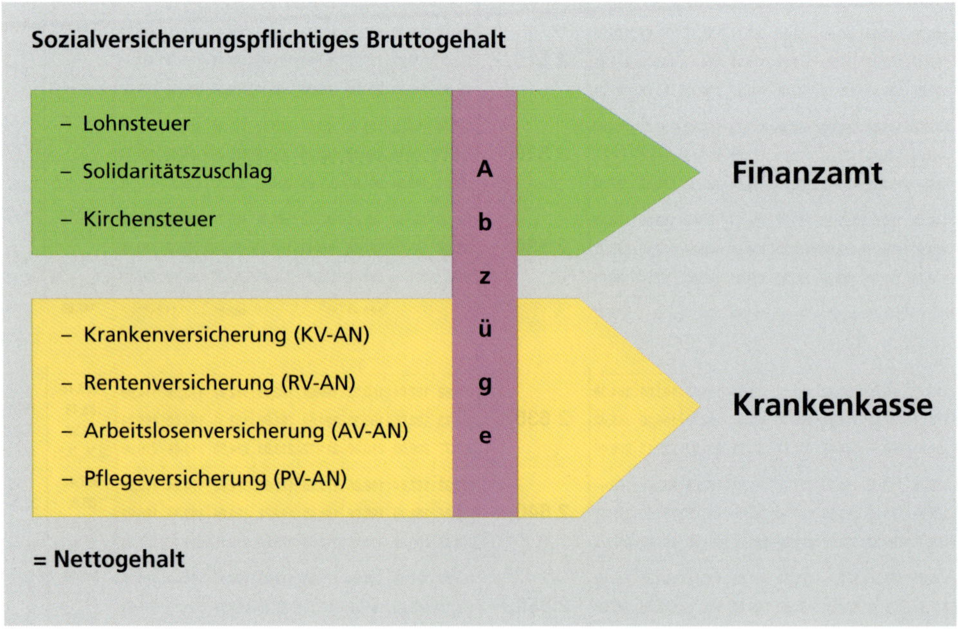

Verdienstabrechnung

Für jeden einzelnen Mitarbeiter wird für jede Auszahlung eine **Verdienstabrechnung** oder **Verdienstbescheinigung** erstellt. Aus ihr gehen alle Daten hervor, die der Lohn- und Gehaltsabrechnung zugrunde liegen.

Beispiel Verdienstabrechnung der Angestellten Nicole Orth im Mars Elektrofachmarkt e. K.:
Die Angestellte Nicole Orth, rk (römisch-katholisch), ledig, kinderlos, erhält ein Bruttogehalt von 2.860,00 EUR.

MARS
ELEKTROFACHMARKT E. K.

Name: Orth, Nicole **Straße:** Richterstraße 12 **PLZ/Ort:** 50933 Köln	**Verdienstabrechnung** **für Monat:** April **Jahr:** 20..

Personal-nummer:	Abteilung:	Kosten-stelle:	Geburts-datum:	Eintritts-datum:	Sozialversicherungs-nummer
III 1 80-1	Verkauf	III	12.06.1972	01.09.2002	53 12 06 72 O 28 3

Lohnsteuer-klasse:	Kinderfrei-betrag:	Steuerfrei-betrag pro Monat:	Kon-fession:	Bankverbindung:	BLZ:	Konto-nummer:
I/0			rk	Kreissparkasse Köln	370 502 99	121 665 341

Bruttogehalt:			**EUR 2.860,00**
Gesetzliche Abzüge			
Lohnsteuer:		**EUR 516,58**	
Solidaritätszuschlag:		**EUR 28,41**	
Kirchensteuer:		**EUR 46,49**	
Krankenversicherung (Arbeitnehmeranteil)	7 %:	**EUR 200,20**	
Pflegeversicherung (Arbeitnehmeranteil)	1,1 %:	**EUR 31,46**	
Arbeitslosenversicherung (Arbeitnehmeranteil)	3,25 %:	**EUR 92,95**	
Rentenversicherung (Arbeitnehmeranteil)	9,75 %:	**EUR 278,85**	
Summe gesetzliche Abzüge:			**EUR 1.194,94**
Nettogehalt:			**EUR 1.665,06**
Sonstige Abzüge:			
Sparrate vwL:		**EUR 40,00**	
Wohnungsmiete Mai:		**EUR 200,00**	
Personalkauf April:		**EUR 90,48**	
Gewerkschaftsbeitrag:		**EUR 20,00**	
Summe sonstige Abzüge:			**EUR 350,48**
Auszahlungsbetrag:			**EUR 1.314,58**

Vom Nettolohn oder -gehalt zum Auszahlungsbetrag

Das Nettogehalt steht dem Arbeitnehmer zu. Dieser kann jedoch den Arbeitgeber beauftragen, bestimmte Beträge des Nettogehaltes zum Ausgleich von Verpflichtungen an Dritte zu überweisen.

Typische Beispiele hierfür sind verrechnete **Lohn- und Gehaltsvorschüsse** und einbehaltene **vermögenswirksame Sparraten.**

Lohn- und Gehaltsvorschüsse

Vorschüsse auf Lohn oder Gehalt haben den Charakter eines kurzfristigen Kredits, da der Arbeitnehmer seine Arbeitsleistung noch nicht erbracht hat. Bei Auszahlung des Vorschusses mit dem Nettogehalt erhöht sich der Auszahlungsbetrag gegenüber dem Nettogehalt entsprechend. In den Folgemonaten wird der Vorschuss dann ganz oder teilweise mit dem Nettogehalt verrechnet.

Beispiel Frau Klein, Verkäuferin „Neue Medien", verheiratet, zwei Kinder, im Mars Elektrofachmarkt e. K. erzielt im Juli ein Nettogehalt von 1.872,00 EUR. Für ihren Urlaub im August lässt sie sich einen Vorschuss von 500,00 EUR auf das Augustgehalt zusammen mit dem Juligehalt auszahlen:

Nettogehalt Juli	1.872,00 EUR
Vorschuss auf das Augustgehalt	500,00 EUR
Auszahlungsbetrag Juli	2.372,00 EUR

Im August und September soll der Vorschuss je zur Hälfte verrechnet werden:

Nettogehalt August	1.872,00 EUR
Vorschussverrechnung	250,00 EUR
Auszahlungsbetrag August (und September)	1.622,00 EUR

Vermögenswirksame Leistungen

LF 1 Vermögenswirksame Leistungen werden häufig im Rahmen einzelvertraglicher, tariflicher oder betrieblicher Vereinbarungen zusätzlich zum Arbeitsentgelt gewährt. In diesem Fall sind sie zusätzlich zum Gehalt steuer- und sozialversicherungspflichtig. Soweit die vermögenswirksamen Leistungen nicht zusätzlich zum Lohn/Gehalt gezahlt werden, kann jeder Arbeitnehmer bei seinem Arbeitgeber beantragen, dass Teile seines Arbeitslohnes einbehalten und vermögenswirksam angelegt werden.

Im Rahmen des Lohnsteuerjahresausgleichs erfolgt die Festsetzung und Auszahlung von Arbeitnehmersparzulagen durch das Finanzamt; dies geschieht auf den Antrag des Arbeitnehmers hin, den er auf dem Vordruck der Einkommenssteuererklärung (Anlage VL) nach Ablauf des Anlagejahres stellen muss.

Sonstige Verrechnungen

Der Arbeitnehmer kann per Sammelüberweisung andere Verpflichtungsbeträge vom Nettogehalt bezahlen lassen, z. B. Miete, Gewerkschaftsbeitrag oder Ähnliches.

Beispiel Vom Nettogehalt über 1.665,06 EUR von Frau Orth werden Ende April einbehalten und per Sammelüberweisung weitergeleitet bzw. verrechnet:
- 40,00 EUR Sparrate Vermögenswirksame Leistung an die Bausparkasse
- 200,00 EUR Wohnungsmiete Mai
- 90,48 EUR Personalkauf April
- 20,00 EUR Gewerkschaftsbeitrag

Demnach ergibt sich für Frau Orth ein Auszahlungsbetrag von 1.314,58 EUR (siehe Verdienstabrechnung Seite 249).

DV-gestützte Lohn- und Gehaltsabrechnung

Wegen vielfältiger Wiederholeffekte bietet sich gerade im Bereich der Lohn- und Gehaltsabrechnung die Unterstützung durch die elektronische Datenverarbeitung an. Dies gilt sowohl für die Lohn- und Gehaltsabrechnung als auch für die gesamte Personalverwaltung und den Zahlungsverkehr im Zusammenhang mit der Lohn- und Gehaltszahlung sowie für die Abrechnungen mit den Krankenkassen bzw. den Sozialversicherungsträgern und dem Finanzamt. Mittlerweile sind zahlreiche Lohn- und Gehaltsprogramme entwickelt worden, die diese Arbeiten erleichtern. Voraussetzung für ihre Anwendung ist eine Speicherung der **Stammdaten** und eine gute Vorbereitung der regelmäßig benötigten variablen Daten (**Bewegungsdaten**).

Stammdaten		Bewegungsdaten
– Personalnummer – Name – Vorname – Straße – Postleitzahl – Wohnort	– Familienstand – Geburtsdatum – Steuerklasse – Bankverbindung (Kontonummer, Bankleitzahl, Kontoinhaber) – Art der Krankenkasse usw.	– Arbeitstage – Arbeitsstunden – Krankentage – Urlaubstage usw.

Der Einsatz eines Lohn- und Gehaltsabrechnungsprogramms hat in jedem Fall den Vorteil größerer Schnelligkeit und Genauigkeit. Insbesondere können Stammdaten für vielfältige Verwendungszwecke abgerufen werden.

Beispiel Gehaltsabrechnung mithilfe eines Tabellenkalkulationsprogramms

	A	B	C	D	E	F	G	H
1	**Gehaltsliste (Formeleingabe)**							
2	Familienname	Berg	Braun	Buderbach	Erb	Holl		Arbeitgeber-
3	Vomame	Sabine	Erika	Gerd	Sigrid	Helmut		anteil zur
4	Familienstand	verh.	verh.	ledig	ledig	verh.		Sozialver-
5	Steuerklasse	III,0	IV,0	I,0	I,0	III,0	Summe	versicherung
6	Bruttoverdienst	3006	1523	1525	1408	2229	=SUMME(B6:F6)	
7	Lohnsteuer	323,16	156	156,83	121,91	116	=SUMME(B7:F7)	
8	SolZ	=B7*5,5%	=C7*5,5%	=D7*5,5%	=E7*5,5%	=F7*5,5%	=G7*5,5%	
9	Kirchensteuer	=B7*9%	=C7*9%	=D7*9%	=E7*9%	=F7*9%	=G7*9%	
10	RV (AN-Anteil)	=B6*9,75%	=C6*9,75%	=D6*9,75%	=E6*9,75%	=F6*9,75%	=G6*9,75%	=G10
11	ALV (AN-Anteil)	=B6*3,25%	=C6*3,25%	=D6*3,25%	=E6*3,25%	=F6*3,25%	=G6*3,25%	=G11
12	PV (AN-Anteil)	=B6*0,85%	=C6*0,85%	=D6*0,85%	=E6*0,85%	=F6*0,85%	=G6*0,85%	=G12
13	KV (AN-Anteil)	=B6*7%	=C6*7%	=D6*7%	=E6*7%	=F6*7%	=G6*7%	=G13
14	SV (AN-Anteil)	=SUMME(B10:B13)	=SUMME(C10:C13)	=SUMME(D10:D13)	=SUMME(E10:E13)	=SUMME(F10:F13)	=SUMME(G10:G13)	=G14
15	Nettogehalt	=B6-B7-B8-B9-B14	=C6-C7-C8-C9-C14	=D6-D7-D8-D9-D14	=E6-E7-E8-E9-E14	=F6-F7-F8-F9-F14	=G6-G7-G8-G9-G14	

	A	B	C	D	E	F	G	H
1	**Gehaltsliste (Ausrechnung)**							
2	Familienname	Berg	Braun	Buderbach	Erb	Holl		Arbeitgeber-
3	Vorname	Sabine	Erika	Gerd	Sigrid	Helmut		anteil zur
4	Familienstand	verh.	verh.	ledig	ledig	verh.		Sozialver-
5	Steuerklasse	III,0	IV,0	I,0	I,0	III,0	Summe	versicherung
6	Bruttoverdienst	3 006,00	1 523,00	1 525,00	1 408,00	2 229,00	9 691,00	
7	Lohnsteuer	323,16	156,00	156,83	121,91	116,00	873,90	
8	SolZ	17,77	8,58	8,63	6,71	6,38	48,06	
9	Kirchensteuer	29,08	14,04	14,11	10,97	10,44	78,65	
10	RV (AN-Anteil)	293,09	148,49	148,69	137,28	217,33	944,87	944,87
11	ALV (AN-Anteil)	97,70	49,50	49,56	45,76	72,44	314,96	314,96
12	PV (AN-Anteil)	25,55	12,95	12,96	11,97	18,95	82,37	82,37
13	KV (AN-Anteil)	210,42	106,61	106,75	98,56	156,03	678,37	678,37
14	SV (AN-Anteil)	626,75	317,55	317,96	293,57	464,75	2 020,57	2 020,57
15	Nettogehalt	2 009,23	1 026,83	1 027,47	974,85	1 631,43	6 669,81	

Personaldaten und Datenschutz

Unter Personaldaten, die in Personaldateien verwaltet werden, versteht man:

- Name und Adresse des Arbeitnehmers
- Private Daten des Arbeitnehmers (Geburtstag, Geburtsort, Religion, Kontonummer usw.)
- Betriebsbezogene Daten des Arbeitnehmers (z. B. Personalnummer, Abteilung, Eintrittsdatum in den Betrieb usw.)
- Numerische Daten des Arbeitnehmers (Gehalt, Stundenlohn, Zuschläge, Lohnsteuerklasse, Sozialversicherungsbeitragssätze usw.)

Während bei kleinen Einzelhandelsunternehmen die Personaldateien häufig vom Inhaber selbst verwaltet werden, unterhalten große Einzelhandelsbetriebe eigene **Personalabteilungen.** In der Vergangenheit wurden die Personaldaten in Büchern und Karteien verwaltet. Heute werden diese Daten oft mithilfe der EDV und fertigen **Lohn- und Gehaltsprogrammen** verwaltet.

Die in der EDV gespeicherten Daten können sehr schnell ausgewertet werden, sodass man sich jederzeit einen Überblick über den Personalbereich verschaffen kann. Aufgrund des **Datenschutzgesetzes (BDSG)** müssen diese Daten aber vor Missbrauch geschützt sein. Dieses erreicht man bei EDV-Programmen dadurch, dass man für die Benutzung dieser Daten erst so genannte **Passwörter** eingeben muss, um Zugriff zu den Daten erlangen zu können. Zudem ist auch eine Überwachung und Kontrolle der für diesen Bereich tätigen Mitarbeiter erforderlich.

Für die Einhaltung des Datenschutzes ist in größeren Betrieben ein **Datenschutzbeauftragter** zu ernennen (§ 28 ff. BDSG). Der Datenschutzbeauftragte ist u. a. für folgende Aufgaben zuständig:

- **Unterhaltung einer Übersicht über die Art der gespeicherten personenbezogenen Daten** und Angabe der Gründe, warum die Kenntnis dieser Daten für den Betrieb unbedingt erforderlich ist
- **Überwachung der ordnungsgemäßen Anwendung** entsprechender Lohn- und Gehaltsprogramme (z. B. ob die Zugriffsmöglichkeiten auf die Daten durch Passwörter nur auf bestimmte Personen beschränkt sind)
- **Information der Mitarbeiter** über die entsprechenden Paragrafen des Bundesdatenschutzgesetzes

Jeder Mitarbeiter hat ein **Recht** darauf,

- Auskunft über die zu seiner Person gespeicherten Daten zu bekommen,
- Berichtigung von Daten zu verlangen, die falsch sind,
- Löschung von personenbezogenen Daten zu verlangen, deren Speicherung unzulässig ist (z. B. Vorstrafen von Angestellten, Ehescheidungen von Mitarbeitern).

Mithilfe moderner Scanner-Kassen kann eine sehr genaue **Personalanalyse** (vgl. Seite 264 ff.) vorgenommen werden. Folgende Aktivitäten eines Verkäufers können hierbei überwacht werden:

- Arbeitsintensität (Umsatz, Artikel, Kunden, geleistete Arbeitszeit, Artikel pro Kunde)
- Bedienungszeit (Kunden, Artikel pro Kunde)
- Null-Bon (Fehler, Reklamationen, Beschwerden)

Es ist aber darauf zu achten, dass z. B. die Überwachung der Bedienungszeit mitbestimmungspflichtig ist, d. h., dass der Betriebsrat zustimmen muss.

● Abgrenzung Datenschutz und Datensicherung

Häufig werden Datensicherung und Datenschutz in der Umgangssprache gleichgesetzt. Beide Maßnahmen überschneiden sich teilweise, jedoch unterscheiden sie sich in folgenden Gesichtspunkten:

	Datensicherung	Datenschutz
Umfang	Alle Maßnahmen gegen Übertragungsfehler, Vernichtung, Verfälschung und Diebstahl von **jeglichen Daten** und Programmen	Alle Maßnahmen zum Schutz nur von **personenbezogenen Daten** vor missbräuchlicher Verwendung
Motiv	Schutz des Betriebes vor wirtschaftlichen Folgen aus Verlust von Daten	Schutz des Bürgers in seiner Privatsphäre und Erhaltung seiner informationellen Selbstbestimmung
Regelung	betriebsindividuell	gesetzlich vorgeschrieben
Durchführung	freiwillig	gesetzlicher Zwang

Für **alle** Daten in einem Unternehmen wird angestrebt:

- der Schutz vor unberechtigtem Zugriff (damit soll die Vertraulichkeit der Daten gewährleistet werden)
- der Schutz der Daten vor Verlust
- der Schutz der Verfälschung der Daten

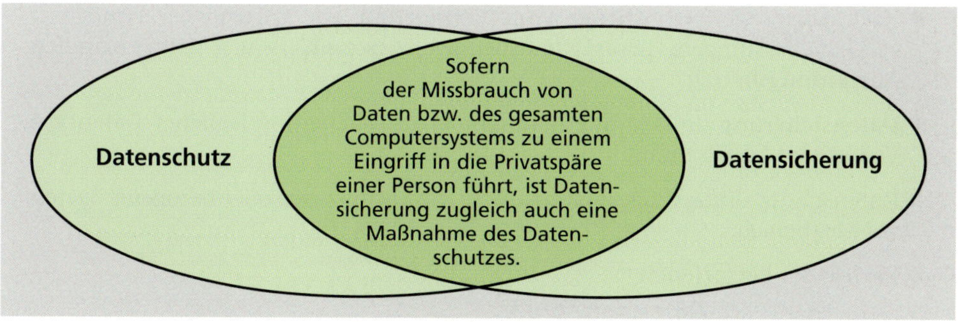

○ Personalinformationssysteme und Datenschutz

In vielen Unternehmen werden zunehmend Personalinformationssysteme eingesetzt, um die Fülle der Personaldaten zu bewältigen und zielorientiert auswerten zu können. Ihr Leistungsumfang bezieht sich auf folgende **Hauptfunktionen:**

Insbesondere beim Betrieb eines solchen Systems sind die Vorkehrungen für den Datenschutz zu beachten, da meist an verteilten Arbeitsplätzen **(Computernetzwerke)** auf verschiedene Daten zugegriffen werden kann.

Personalabrechnung	Löhne, Gehälter, Lohnsteuer, Sozialversicherung, Pfändungen, Vorschüsse, Darlehen, Provisionen, Sonderzahlungen usw.
Zeitermittlung	Anwesenheitskontrolle, Fehlzeitenstatistik, Gleitzeitermittlung, Urlaubsplanung usw.
Personalplanung	Bedarfsplanung, Stellenpläne, Einsatzplanung, Fortbildungsplanung usw.
Stammdatenverwaltung	Arbeitsvertragsdaten, Änderungsdienste, Ausbildungsdaten, Tätigkeiten, Beurteilungsdaten usw.
Personalverwaltung	Bewerbungen, Einstellungen, Versetzungen, Entlassungen, Leistungsbewertung usw.

Vom Grund- zum Bruttolohn oder -gehalt, vom Brutto- zum Nettolohn oder -gehalt

- Das **steuerpflichtige Bruttoentgelt** setzt sich aus dem Grundbetrag und möglichen Zuschlägen zusammen.
- Vom Bruttoentgelt behält der Arbeitgeber ein:
  - **Lohnsteuer**, Solidaritätszuschlag und Kirchensteuer für das Finanzamt
  - die **Beiträge des Arbeitnehmers zur Kranken-, Renten-, Arbeitslosen- und Pflegeversicherung** für die Krankenkasse.
- Die einbehaltenen Abzüge werden anhand von Lohnabzugstabellen ermittelt.
- Die **Sozialversicherungsbeiträge** zur Kranken-, Renten-, Arbeitslosen- und Pflegeversicherung werden meistens je zur Hälfte vom Arbeitgeber und Arbeitnehmer (Betriebsanteil oder Arbeitgeberanteil) getragen.
- Die **Unfallversicherungsprämie** trägt der Arbeitgeber allein.
- Nach **Abzug weiterer Abzüge vom Nettogehalt**, wie Vorschüsse, vermögenswirksame Leistungen, Gewerkschaftsbeiträge, Personalkäufe u. a., erhält man den **Auszahlungsbetrag**.
- **Datensicherung** umfasst alle Maßnahmen zur Sicherung jeglicher Daten vor Verlust und Verfälschung.
- **Datenschutz** umfasst alle Maßnahmen zum Schutz personenbezogener Daten vor Missbrauch.
- **Rechte der Betroffenen**
  - Benachrichtigung
  - Berichtigung
  - Schadenersatz
  - Auskunft
  - Löschung
  - Sperrung
  - Anrufung des Bundesbeauftragten für Datenschutz oder von Kontrollinstanzen
  - Einsicht in Datenregister
- Ab einer bestimmten Betriebsgröße ist ein **Datenschutzbeauftragter** zu bestellen.
- Es sind **technische und organisatorische Maßnahmen** zu treffen, personenbezogene Daten vor Verlust oder vor Missbrauch zu schützen (Datenschutz).

1. Die Gehaltsabrechnung für einen Angestellten, Steuerklasse III, weist folgende Beträge auf:

	EUR		EUR
Bruttogehalt	2.800,00	Krankenversicherung (Arbeitnehmeranteil)	201,60
Lohnsteuer	213,16	Rentenversicherung (Arbeitnehmeranteil)	273,00
Solidaritätszuschlag	10,23	Arbeitslosenversicherung (Arbeitnehmeranteil)	91,00
Kirchensteuer	19,18	Pflegeversicherung (Arbeitnehmeranteil)	23,80
		Zu verrechnender Gehaltsvorschuss	250,00

Berechnen Sie
a) das Nettogehalt,
b) den Überweisungsauftrag durch Bank an den Angestellten,
c) den an das Finanzamt abzuführenden Betrag,
d) den an die Krankenkasse abzuführenden Betrag (einschl. Arbeitgeberanteil).

2. Ein Mitarbeiter eines Diskountgeschäftes erhält ein Monatsgehalt von 2.488,00 EUR. Steuerliche Merkmale: Steuerklasse III, Kinderfreibeträge 2,0
Beitragssatz zur Krankenversicherung: 13,2 %
Benutzen Sie für die Ermittlung der Lohn- und Kirchensteuer und der Beiträge zu den Sozialversicherungen die Auszüge aus der Gesamtabzugstabelle auf Seite 246.
Ermitteln Sie
a) die Gesamtabzüge an Lohnsteuer, SolZ und Kirchensteuer,
b) die Gesamtabzüge für Sozialversicherung (Arbeitnehmeranteil),
c) das Nettoentgelt des Mitarbeiters.

3. Anhand der Gehaltsliste Dezember der Center Warenhaus GmbH wird die Banküberweisung der Gehälter an die Angestellten ausgeführt:

Center Warenhaus GmbH

Gehaltsliste (Auszug)										Monat: Dezember
Name	Bilstein	Cremer	Meys	Rubens	Schaaf	Schmick	Wiedemann			Arbeitgeberanteil zur Sozialversicherung
Vorname	Eva	Marc	Maria	Gerd	Otto	Werner	Nicole	...		
Pers. Nr.	III 9 94-1	IV 1 Azubi	V 1 76-1	III 1 80-1	II 9 83-1	II 1 95-1	I 9 91-1	...		
Steuerklasse	I	I	I	III, 2	I	I	IV, 1	...	Summe	
Bruttoverdienst	3.250,00	1.389,00	3.850,00	4.350,00	3.980,00	3.250,00	3.450,00	...	244.971,00	
Lohnsteuer	478,83	0,00	660,33	347,16	701,00	478,83	538,00	...	38.815,30	
SolZ	26,33	0,00	36,31	0,00	38,55	26,33	24,87	...	1.920,25	
Kirchensteuer	43,09	0,00	59,42	3,56	63,09	43,09	40,70	...	3.174,50	
KV (AN-Anteil)	227,60	97,19	269,49	304,46	278,63	227,60	241,46	...	17.149,75	17.149,75
PV (AN-Anteil)	27,64	11,80	32,72	36,97	33,83	27,64	29,32	...	2.082,40	2.082,40
ALV (AN-Anteil)	105,67	45,12	125,12	141,36	129,36	105,67	112,11	...	7.962,40	7.962,40
RV (AN-Anteil)	330,02	140,92	390,76	441,46	404,01	330,02	350,11	...	24.866,90	24.866,90
Nettogehalt	2.010,82	1.093,97	2.275,85	3.075,03	2.331,53	2 010,82	2.113,43	...	148.999,50	
Auszahlung	2.010,82	1.093,97	2.275,85	3.075,03	2.331,53	2 010,82	2.113,43	...	148.999,50	

Ermitteln Sie
a) die Summe der für das Finanzamt einbehaltenen Beträge,
b) die Summe der an die Krankenkasse zu zahlenden Beträge,
c) den Gesamtpersonalaufwand der Center Warenhaus GmbH aufgrund dieser Gehaltszahlung,
d) den durchschnittlichen Anteil der Gesamtabzüge an den Bruttogehältern in Prozent.

4. a) Für die Angestellten eines Einzelhandelsgeschäftes sind Lohnsteuer, Solidaritätszuschlag und Kirchensteuer im Monat März mithilfe der Abzugstabelle Seite 246 zu ermitteln. Die Sozialversicherungsbeiträge sind nach den angegebenen Beitragssätzen für Arbeitgeber und Arbeitnehmer zusammen zu berechnen.

1. Josef Klein, verheiratet, 2 Kinder, Ehefrau nicht berufstätig
   Gehalt 2.635,00 EUR, Lohnsteuerjahresfreibetrag lt. Lohnsteuerkarte 1.860,00 EUR, KV 14,8 %, RV 19,5 %, AV 6,5 %, PV 1,7 %
2. Karin Reuth, geschieden, 1 Kind, Gehalt 2.440,00 EUR, vermögenswirksame Leistung Arbeitgeber 20,00 EUR, KV 13,6 %, RV 19,5 %, AV 6,5 %, PV 1,7 %
3. Christa Bahr, ledig, Gehalt 2.065,00 EUR, 2 % Prämie auf überdurchschnittlichen Umsatz von 19.900,00 EUR, KV 14 %, RV 19,5 %, AV 6,5 %, PV 1,7 %
4. Gerd Last, ledig, Aushilfe, 164 Stunden, Stundenlohn 15,00 EUR, KV 13,2 %, RV 19,5 %, AV 6,5 %, PV 1,7 %

b) Stellen Sie die Gehaltsabrechnungen der vier Angestellten in einer Gehaltsliste zusammen und ermitteln Sie für den Monat März
   - die Nettogehälter,
   - den Arbeitgeberanteil zur Sozialversicherung,
   - den an das Finanzamt abzuführenden Betrag,
   - den an die Krankenkasse abzuführenden Betrag.

5. Durch welche der unten stehenden Tatbestände

A werden die Personalkosten des Betriebes (1) erhöht, (2) vermindert, (3) nicht verändert?	**B** wird das Nettogehalt an die Mitarbeiter (4) erhöht, (5) vermindert, (6) nicht verändert?

Tatbestände	Tatbestände
A a) Senkung der Lohnsteuer b) Senkung des Krankenkassenbeitragssatzes c) Anhebung des Beitragssatzes zur Rentenversicherung um 0,5 %	**B** d) Gehaltserhöhung e) Erhöhung des Beitragssatzes an die Berufsgenossenschaft f) Anhebung der Beitragsbemessungsgrenzen

6. Die Dezember-Gehaltsliste einer Einzelhandelsunternehmung weist folgende Summen aus:

Bruttogehälter	Lohnsteuer, SolZ	Kirchensteuer	Arbeitnehmeranteil zur Sozialversicherung	Gesamtabzüge	Nettogehälter	Arbeitgeberanteil zur Sozialversicherung
142.000,00	11.960,00	975,00	18.200,00			

Ermitteln Sie
a) die Gesamtabzüge,
b) die Summe der Nettogehälter
c) den Arbeitgeberanteil zur Sozialversicherung

7. Vom Bruttogehalt über 2.840,00 EUR werden 528,25 EUR Lohnsteuer, 29,05 EUR Solidaritätszuschlag und 47,54 EUR Kirchensteuer, 592,14 EUR Sozialversicherungsbeiträge des Arbeitnehmers, 100,00 EUR Tilgungsrate eines Arbeitgeberdarlehens und 25,00 EUR Zinsen für das Arbeitgeberdarlehen einbehalten.
Berechnen Sie
a) das Nettogehalt,
b) den Auszahlungsbetrag,
c) den an die Krankenkasse abzuführenden Betrag.

8. In einer Einzelhandelsunternehmung wurden laut Gehaltsliste „Dezember" folgende Werte ausgewiesen:

	EUR
Bruttogehälter	34.200,00
Einbehaltene Beträge	
Lohnsteuer, Solidaritätszuschlag und Kirchensteuer	5.920,00
Gehaltsvorschüsse	1.200,00
Warenverkäufe an Angestellte einschl. 16 % USt	1.392,00
Arbeitnehmeranteil zur Sozialversicherung	5.814,00
Arbeitgeberanteil zur Sozialversicherung	5.814,00

Ermitteln Sie

a) die Nettogehälter,

b) den Auszahlungsbetrag,

c) den an die Krankenkasse abzuführenden Betrag.

9. Die Gehaltsabrechnung einer ledigen Angestellten ist mithilfe der angegebenen Prozentsätze zu ergänzen:

	EUR	EUR
Bruttogehalt		2.700,00
Lohnsteuer	466,66	
Solidaritätszuschlag 5,5 %	?	
Kirchensteuer 9 %	?	?
Krankenversicherung 14 %	?	
Rentenversicherung (Beitragssatz insgesamt 19,5 %)	?	
Arbeitslosenversicherung (Beitragssatz insgesamt 6,5 %)	?	
Pflegeversicherung (Beitragssatz insgesamt 1,7 %)	?	?
Nettogehalt		?
Verrechneter Vorschuss		150,00
Auszahlung durch Banküberweisung		?
Arbeitgeberanteil zur Sozialversicherung		?

a) Welcher Betrag ist

– an die Krankenkasse,

– an das Finanzamt zu überweisen?

b) Wie viel EUR beträgt der Arbeitgeberanteil zur Sozialversicherung?

10. Die Gehaltsabrechnung der Verkäuferin Christa Bungert, ledig, ein Kind, enthält folgende Daten:

	EUR		
Bruttogehalt	2.120,00	Krankenversicherung, Beitragssatz 14,4 %	?
Lohnsteuer	264,66	Rentenversicherung, Beitragssatz 19,5 %	?
Kirchensteuer	12,27	Arbeitslosenversicherung, Beitragssatz 6,5 %	?
Solidaritätszuschlag	7,50	Pflegeversicherung, Beitragssatz 1,7 %	?
Verrechneter Vorschuss	20,00	Arbeitgeberanteil	?

Ermitteln Sie

a) das Nettogehalt,

b) den ausgezahlten Betrag,

c) den Arbeitgeberanteil zur Sozialversicherung.

11. Eine Mitarbeiterin in einem Textilfachgeschäft erhält ein Bruttogehalt von 2.460,00 EUR. Bei der Gehaltsabrechnung sind folgende Daten zu berücksichtigen:

Familienstand	verheiratet, 1 Kind
Konfession	evangelisch
Steuerklasse	IV/0,5
Krankenversicherung	12,8 %

Arbeitgeberzuschuss zur vermögenswirksamen Leistung
(steuer- und sozialversicherungspflichtig) 15,00 EUR
vermögenswirksame Leistung des Arbeitnehmers 40,00 EUR
Ermitteln Sie
a) anhand des Auszuges aus der Gesamtabzugstabelle von Seite 246 die Lohnsteuer, den Solidaritätszuschlag und die Kirchensteuer der Mitarbeiterin,
b) den Arbeitnehmeranteil zur Sozialversicherung,
c) den auszuzahlenden Betrag.

12. Frau Milde, verheiratet, Steuerklasse V, bezieht im September ein Bruttogehalt von 2.480,00 EUR. Mit dem Gehalt sind ein Gehaltsvorschuss von 200,00 EUR und Personalkäufe im September in Höhe von 98,00 EUR zu verrechnen. Beitragssatz zur Krankenversicherung 14,4 %.
Berechnen Sie mithilfe der Abzugstabellen Seiten 246 f.
a) die Abzüge für das Finanzamt,
b) die Abzüge für die Sozialversicherung,
c) das Nettogehalt
   – im August, – im September,
d) den Auszahlungsbetrag im September,
e) den Arbeitgeberanteil zur Sozialversicherung.

13. **A.** Stellen Sie fest, ob es sich bei folgenden Aufwendungen einer Kauffrau im Einzelhandel um
(1) Werbungskosten, (3) außergewöhnliche Belastungen,
(2) Sonderausgaben, (4) keine steuerlich absetzbaren Aufwendungen
handelt.

Aufwendungen
a) Beitrag für Sportverein
b) Prämie für die Kfz-Haftpflichtversicherung
c) Abonnement für die Tageszeitung
d) Prämie für die Feuerversicherung
e) Wintermantel (einmal jährlich)
f) Kirchensteuer
g) Privathaftpflichtversicherung
h) typische Berufskleidung
i) Kraftfahrzeugsteuer
j) Bezugsentgelt für Fachzeitschrift
k) Sturmschadenversicherung
l) Spende an politische Partei
m) Beitrag an Bausparkasse
n) Beitrag an Krankenversicherung
o) Reinigungskosten für Arbeitskleidung (z. B. chemische Reinigung)
p) Beitrag zur Rentenversicherung
q) Beitrag für Gewerkschaft
r) Fahrtkosten zur Arbeitsstelle
s) Spenden für Entwicklungshilfe
t) Beitrag für Lebensversicherung
u) Umzugskosten

B. Bei welchen Aufwendungen von a) bis u) handelt es sich um Vorsorgeaufwendungen?

14. Der Verkäufer Michel Lauter, Steuerklasse I,0 erhält ein Bruttogehalt von 2.250,00 EUR. Davon sind einbehalten worden 14,79 % Lohnsteuer, 5,5 % Solidaritätszuschlag, 9 % Kirchensteuer, 6 % Krankenversicherung, 9,75 % Rentenversicherung, 3,25 % Arbeitslosenversicherung, 0,85 % Pflegeversicherung.
Ermitteln Sie mithilfe des Tabellenkalkulationsprogramms Excel
a) die einzelnen Abzüge, c) den Arbeitgeberanteil.
b) das Nettogehalt,

15. Frau Bleser ist im Personalbüro angestellt. Dort kommt sie ständig mit den personenbezogenen Daten ihrer Kollegen in Kontakt. Bei einer Betriebsfeier teilt sie einer Mitarbeiterin einer Abteilung mit, wie viel der Abteilungsleiter dieser Abteilung verdient. Begründen Sie, ob Frau Bleser diese Daten an ihre Kollegin weitergeben durfte.

16. Bei der Aufstellung einer Gehaltsliste sind folgende Abzüge zu berücksichtigen:

1. Solidaritätszuschlag	5,5 %	der Lohnsteuer
2. Kirchensteuer	9 %	der Lohnsteuer
3. Krankenversicherung, Beitragssatz	12 %	
4. Rentenversicherung, Beitragssatz	19,5 %	
5. Arbeitslosenversicherung, Beitragssatz	6,5 %	
6. Pflegeversicherung, Beitragssatz	1,7 %	

Erstellen Sie die Gehaltsliste für folgende Angestellte mithilfe eines Tabellenkalkulationsprogramms:

	Ina Beier	Gerd Hohn	Klaus Korn	Ingo Maier	Clara Weber
Steuerklasse	I	II,1	V,0	III,3	IV,2
Bruttogehalt in EUR	3.203,80	3.203,80	4.200,00	2.200,00	2.300,00
Lohnsteuer in % des Bruttogehaltes	23,54	20,77	41,21	7,60	18,97

17. Für die Angestellten des Lebensmitteleinzelhandelsgeschäftes Paula Kremer e. K. sind die Verdienstabrechnungen nach folgenden Unterlagen mithilfe des Tabellenkalkulationsprogramms Excel zu erstellen:

				Abzüge in %			Beitragssätze in %			
Name	**Familienstand**	**Rel.**	**Bruttogehalt**	**LSt**	**KiSt**	**SolZ**	**KV**	**RV**	**AL**	**PV**
Ingrid Weber	gesch., 1 Kind	rk	2.400,00	16,0	7,3	4,5	14	19,5	6,5	1,7
Ernst Bernd	verh., 2 Kinder	ev	2.800,00	7,8	0,5	–	13	19,5	6,5	1,7
Franz Joost	ledig	rk	2.500,00	16,7	9,0	5,5	13,6	19,5	6,5	1,7

a) Erstellen Sie eine Gehaltsliste nach dem Beispiel Seite 251.

b) Berechnen Sie
- den Arbeitgeberanteil zur Sozialversicherung,
- den an das Finanzamt abzuführenden Betrag,
- die an die Krankenkasse abzuführenden Beiträge.

18. Grenzen Sie Datensicherung und Datenschutz voneinander ab und stellen Sie Gemeinsamkeiten fest.

19. Interviewen Sie den Datenschutzbeauftragten Ihres Ausbildungsbetriebes über seine Aufgaben und erstellen Sie ein Gesprächsprotokoll (falls Ihr Ausbildungsbetrieb keinen Datenschutzbeauftragten hat, fertigen Sie eine Liste der möglichen Aufgaben an).

20. Erläutern Sie, welche Maßnahmen zur Datensicherung in den folgenden Fällen zweckmäßig sind:

a) Der Verlust von Daten durch Überschreiben soll ausgeschlossen werden.

b) Die Benutzung eines PC soll einer bestimmten Person vorbehalten bleiben.

c) Der Zugriff auf die Personaldatei soll nur einem bestimmten Personenkreis gestattet sein.

7 Beendigung des Arbeitsverhältnisses

Frau Meys, Gruppenleiterin Personal, kommt von einer Besprechung der Abteilungsleiter und Substitute. Ein weiterer starker Umsatzeinbruch zwingt zur Senkung der Personalkosten. So soll im Lager und im Rechnungswesen je ein Mitarbeiter gekündigt werden. Nach Rücksprache mit den Gruppenleitern wird entschieden, dass Herr Schneiders und Frau Lapp, die beide seit drei Jahren bei der Center Warenhaus GmbH beschäftigt sind, zum nächstmöglichen Termin entlassen werden sollen.

ARBEITSAUFTRÄGE

- Stellen Sie fest, zu welchem Termin eine Entlassung möglich ist, wenn diese Überlegungen am 19. März angestellt wurden.
- Herr Schneiders will Kündigungsschutzklage erheben. Erklären Sie, welche formalen Voraussetzungen er beachten muss.

Ein Arbeitsverhältnis kann durch Vertragsablauf, Auflösungsvertrag oder Kündigung beendet werden. Im Falle der Kündigung sind für Unternehmen ab fünf Beschäftigten die Vorschriften des **Kündigungsschutzgesetzes** (KSchG) zu beachten.

● Arten der Beendigung von Arbeitsverhältnissen

○ Vertragsablauf

Ist ein Arbeitsverhältnis auf eine bestimmte Zeit eingegangen, so endet es mit **Vertragsablauf**, d. h. zu dem im Vertrag festgelegten Zeitpunkt.

Beispiel Für die Dauer des Weihnachtsgeschäftes stellt die Center Warenhaus GmbH zwei Aushilfskräfte ein.

○ Auflösungsvertrag

Durch **Auflösungsvertrag** endet ein Arbeitsverhältnis, wenn beide Parteien in gegenseitigem Einvernehmen den Arbeitsvertrag lösen. Diese Form wird in der Praxis häufig angewendet, um eine Kündigung zu vermeiden. Dabei geht die Initiative zu einem Auflösungsvertrag vom Arbeitgeber aus. Die Zustimmung des Arbeitnehmers wird oft durch die Vereinbarung einer Abfindung erreicht.

Beispiel Dem Auslieferungsfahrer Schumacher wird wegen eines schuldhaft verursachten Verkehrsunfalls der Führerschein entzogen. Arbeitnehmer und Geschäftsleitung einigen sich in einem Auflösungsvertrag auf die Auflösung des Arbeitsverhältnisses. Herr Schumacher erhält eine Abfindung in Höhe eines Monatsgehaltes.

○ Kündigung

Bei der **Kündigung** von Arbeitsverhältnissen besteht grundsätzlich die Möglichkeit der **ordentlichen** und der **außerordentlichen Kündigung.** Bei der ordentlichen Kündigung unterscheiden wir die Kündigung mit gesetzlicher und mit tariflicher Kündigungsfrist.

Wenn Arbeitnehmer und Arbeitgeber keine besondere Kündigungsfrist vereinbart haben und es keine tarifvertraglichen Regelungen gibt, gilt die **gesetzliche Kündigungsfrist**. Sie beträgt für Angestellte und gewerbliche Arbeitnehmer gleichermaßen **vier Wochen**. Die Kündigung muss **schriftlich** erfolgen.

Bei einer Betriebszugehörigkeit von bis zu zwei Jahren kann der Mitarbeiter zum 15. eines Monats oder zum Monatsende gekündigt werden. Ab einer Betriebszugehörigkeit von zwei Jahren kann der Mitarbeiter nur noch zum Monatsende gekündigt werden.

Beispiel Der Verkäufer Alt ist seit 18 Monaten bei der Center Warenhaus GmbH beschäftigt. Ihm wird am 14. Juli mit Wirkung zum 15. August gekündigt.

Die gesetzliche Kündigungsfrist verlängert sich für **langjährig beschäftigte Arbeitnehmer** bei einer Betriebszugehörigkeit von

- fünf Jahren auf zwei Monate,
- acht Jahren auf drei Monate,
- zehn Jahren auf vier Monate,
- zwölf Jahren auf fünf Monate.

Berechnet wird die Betriebszugehörigkeit vom 25. Lebensjahr des Arbeitnehmers an.

Die verlängerten Schutzfristen gelten nur für eine Kündigung durch den Arbeitgeber. Für den Arbeitnehmer gilt in jedem Fall die gesetzliche Kündigung.

Die **tarifvertraglichen Kündigungsfristen** entsprechen i. d. R. den gesetzlichen Bestimmungen, können aber (zugunsten des Arbeitnehmers) verlängert werden.

Die **außerordentliche oder fristlose Kündigung** erfolgt, wenn ein wichtiger Grund vorliegt und die Fortsetzung des Arbeitsverhältnisses bis zum Ablauf der ordentlichen Kündigungsfrist nicht mehr zumutbar ist. Der Kündigungsgrund muss dem Vertragspartner schriftlich mitgeteilt werden. Die Kündigung muss innerhalb von zwei Wochen nach Bekanntwerden des Grundes erfolgen. Wichtige Gründe für außerordentliche Kündigungen sind:

Für den Arbeitgeber	Für den Arbeitnehmer
– Diebstahl, Unterschlagung, Betrug	– keine Gehaltszahlung
– Verweigerung der Dienstpflicht	– Verletzung der Fürsorgepflicht
– grobe Beleidigungen oder Tätlichkeiten	– grobe Beleidigungen oder Tätlichkeiten

Das Arbeitszeugnis

Bei Beendigung des Arbeitsverhältnisses muss der Arbeitgeber dem Arbeitnehmer die **Arbeitspapiere** herausgeben. Es sind dies in jedem Fall die **Lohnsteuerkarte** und das **Versicherungsnachweisheft**. Auf Wunsch des Arbeitnehmers sind ein **Arbeitszeugnis**, eine **Arbeitsbescheinigung für die Arbeitsagentur** oder eine **Urlaubsbescheinigung** auszustellen.

Dabei kann es sich zum einen um ein **einfaches Arbeitszeugnis** handeln, in dem nur die Aufgabe und der Zeitraum der Beschäftigung aufgeführt sind.

Zum anderen kann der Mitarbeiter aber auch ein **qualifiziertes Arbeitszeugnis** verlangen, in dem der Arbeitgeber auch eine Leistungsbewertung des Arbeitnehmers vornimmt. Da der Arbeitgeber laut § 113 Gewerbeordnung (GewO) in ein qualifiziertes Zeugnis keine negativen Bemerkungen aufnehmen darf, hat sich eine Art **„Geheimsprache“** bei der Zeugnisformulierung herausgebildet, bei der aus der Formulierung nur noch für Eingeweihte ersichtlich wird, ob es sich um gute oder schlechte Leistungen handelt. Auch diese Form der negativen Bemerkungen ist eigentlich nicht erlaubt, trotzdem allerdings weit verbreitet.

Beispiele

Formulierung	tatsächliche Aussage
Er (Sie) hat die ihm (ihr) übertragenen Aufgaben stets zu unserer vollsten Zufriedenheit erledigt.	Sehr gute Leistungen.
Er (Sie) hat die ihm (ihr) übertragenen Aufgaben im Großen und Ganzen zu unserer Zufriedenheit erledigt.	Mangelhafte Leistungen.

● Das Kündigungsschutzgesetz

Das **Kündigungsschutzgesetz** als Arbeitsschutzgesetz (sozialer Arbeitsschutz) bietet dem Arbeitnehmer Schutz vor unberechtigter Kündigung. Es gilt für Betriebe, die regelmäßig mehr als fünf Arbeitnehmer beschäftigen und für Arbeitnehmer, die länger als sechs Monate im Betrieb beschäftigt sind. Für bestimmte Beschäftigungsgruppen gilt ein **besonderer Kündigungsschutz**, so z. B. für Schwerbehinderte, werdende Mütter, Arbeitnehmervertreter, Auszubildende und Wehrpflichtige.

§

§ 1 Abs. 1 KSchG: Die Kündigung des Arbeitsverhältnisses gegenüber einem Arbeitnehmer, dessen Arbeitsverhältnis in demselben Betrieb oder Unternehmen ohne Unterbrechung länger als sechs Monate bestanden hat, ist rechtsunwirksam, wenn sie sozial ungerechtfertigt ist.

Sozial ungerechtfertigt ist eine Kündigung, wenn nicht bestimmte Gründe vorliegen. So muss der Kündigungsgrund

- in der Person des Arbeitnehmers (z. B. mangelnde Eignung),
- im Verhalten des Arbeitnehmers (z. B. unentschuldigtes Fehlen) oder
- in dringenden betrieblichen Erfordernissen (z. B. Schließung einer Abteilung) zu suchen sein.

Beispiel Herr Schneiders macht gegen seine Kündigung geltend, dass er verheiratet sei und drei Kinder in der Ausbildung habe. Sein Kollege Jung sei ledig und erst seit einem Jahr im Unternehmen beschäftigt. Bei sonst gleichen Voraussetzungen muss Jung gekündigt werden, da eine Kündigung von Schneiders sozial ungerechtfertigt wäre.

Bei Pflichtverletzungen im Verhalten des Arbeitnehmers und der daraus resultierenden Kündigung ist eine **Abmahnung** des Mitarbeiters erforderlich, bevor die Kündigung ausgesprochen wird. Der Mitarbeiter muss die Abmahnung unterschreiben.

Beispiele Störung des Betriebsfriedens durch Tätlichkeiten, Verstoß gegen die Arbeitspflicht.

Hält der Arbeitnehmer seine Kündigung für sozial ungerechtfertigt, so muss er binnen **einer Woche** beim Betriebsrat **Einspruch** und binnen **drei Wochen** beim Arbeitsgericht **Klage** erheben.
Ist fristgerecht Widerspruch eingelegt worden und wurde Kündigungsschutzklage erhoben, muss der Arbeitnehmer i. d. R. **weiterbeschäftigt** werden, bis über die Klage entschieden ist.

Beendigung des Arbeitsverhältnisses

- **Beendigung des Arbeitsverhältnisses** durch
  - **Vertragsablauf**, d. h. zu dem im Vertrag festgelegten Zeitpunkt
  - **Auflösungsvertrag**, d. h. in gegenseitigem Einvernehmen
  - **ordentliche Kündigung**, d. h. mit einer Frist von vier Wochen zum 15. oder zum Monatsende
  - **außerordentliche oder fristlose Kündigung**, d. h. aus wichtigem Grund, wenn eine Fortsetzung des Dienstverhältnisses bis zum Ablauf der ordentlichen Kündigungsfrist nicht mehr zumutbar ist.
- **Kündigungsschutzgesetz**
  - bietet Schutz vor **unberechtigter Kündigung**
  - gilt für Betriebe mit mehr als **fünf Arbeitnehmern** und Arbeitnehmer, die länger als sechs Monate im Betrieb beschäftigt sind
  - Eine Kündigung ist rechtsunwirksam, wenn sie **sozial ungerechtfertigt** ist. Der Kündigungsgrund muss
    - in der Person oder
    - im Verhalten des Arbeitnehmers oder
    - in dringenden betrieblichen Erfordernissen

    zu suchen sein.
  - Gegen eine sozial ungerechtfertigte Kündigung kann der Arbeitnehmer binnen einer Woche **Einspruch beim Betriebsrat** und binnen drei Wochen **Klage beim Arbeitsgericht** erheben.

1. Stellen Sie fest, welche unten stehenden Papiere einem Arbeitnehmer im Falle einer Beendigung des Arbeitsverhältnisses 1. auf Wunsch 2. in jedem Fall 3. in keinem Fall ausgehändigt werden müssen:
a) Lohnsteuerkarte
b) Arbeitszeugnis
c) Betriebsausweis
d) Versicherungsnachweisheft
e) Arbeitsbescheinigung für die Arbeitsagentur

2. Frau Kunstein, Bezirksleiterin eines Filialbetriebes, ist seit zwölf Jahren im Unternehmen beschäftigt. Begründen Sie, mit welcher Frist
a) Frau Kunstein kündigen kann,
b) Frau Kunstein gekündigt werden kann.

3. Die fristlose Kündigung muss innerhalb von zwei Wochen nach Bekanntwerden des Grundes erfolgen. Welche Gründe könnten den Gesetzgeber zu dieser Regelung veranlasst haben?

4. Eine Kündigung ist unwirksam, wenn sie „sozial ungerechtfertigt" ist. Erläutern Sie, was sich hinter dieser Formulierung verbirgt.

5. Der Mitarbeiter Heinen erscheint wiederholt zu spät zur Arbeit. Die Leiterin der Personalabteilung, Frau Meys, bittet Herrn Heinen deshalb zu einem Personalgespräch. Bilden Sie je eine Gruppe „Personalchef" und eine Gruppe „Arbeitnehmer" und bereiten Sie das Gespräch getrennt vor. Führen Sie das Gespräch im Rollenspiel durch und protokollieren Sie den Ablauf. Stellen Sie fest, wo es zu Abweichungen von Ihrer Strategie kommt, und diskutieren Sie die Ursachen.

6. Frau Schmitz hat die Ausbildung zur Kauffrau im Einzelhandel beendet. Hat sie bei Beendigung der Ausbildung ein Recht auf Ausstellung eines qualifizierten Zeugnisses?

1. Ja, weil die Sozialpartner dies im Manteltarifvertrag vereinbart haben.
2. Ja, wenn sie es verlangt.
3. Ja, wenn sie die Kosten für die Zeugniserstellung selbst trägt.
4. Nein, denn das Prüfungszeugnis über die Abschlussprüfung der Industrie- und Handelskammer bescheinigt ihre Kenntnisse.
5. Nein, denn über die Ausbildungszeit dürfen keine Zeugnisse geschrieben werden, da die Fertigkeiten und Kenntnisse erst erworben werden.

8 Personalcontrolling

Frau Sommer und Herr Becker sitzen wie jeden ersten Montag im Monat über der Auswertung der Monatsstatistiken der Center Warenhaus GmbH. Nachdem die Abteilungsleiter Einkauf, Lager und Verkauf/Marketing ihre Zahlen erläutert haben, trägt Frau Ahlemann, die Abteilungsleiterin Verwaltung, vor: *„In Rahmen des Personalcontrolling haben wir festgestellt, dass wir in der Textil-Sportabteilung bei einer Zielgruppe zwischen 18 und 25 Jahren eine Altersstruktur der Verkäuferinnen und Verkäufer von 46–65 Jahren haben. Die Fluktuationsquote in der Abteilung ist von 8 auf 13,2 gestiegen. Ob da ein Zusammenhang besteht, ermitteln wir noch. Wir entwickeln gerade einen Fragebogen zur Arbeitszufriedenheit für aktive und ausscheidende Mitarbeiter." „Bei der Personalauswahl sollten wir die Altersstruktur stärker berücksichtigen"*, erwidert Herr Becker. *„Gibt es noch weitere Auffälligkeiten?" „In der Lebensmittelabteilung sind wir nach dem Ausscheiden von zwei Vollzeitkräften deutlich unterbesetzt"*, ergänzt Frau Ahlemann, *„die Personaldeckungsquote beträgt hier nur 85 %." „Das heißt Ausschreibung von 2 weiteren Stellen für den Bereich Lebensmittel"*, stellt Herr Becker fest, *„veranlassen Sie das bitte!" „Wo wir gerade bei Neueinstellungen sind"*, erwidert Frau Ahlemann zögernd, *„Erhebung und Auswertung der Daten des Personalcontrollings entwickeln sich zunehmend zu einem wichtigen Steuerungsinstrument für die Geschäftsleitung. Sollten wir die Bedeutung des Themas nicht durch die Einstellung eines Personalcontrollers aufwerten?" „Wir sollten lieber weitere Mitarbeiter für den Verkauf einstellen statt die Verwaltung immer weiter aufzublähen"*, hält der Abteilungsleiter Verkauf/Marketing Oliver Lehnert dagegen.

ARBEITSAUFTRÄGE

- Diskutieren Sie die von Frau Ahlemann vorgetragene Einstellung eines Personalcontrollers für die Center Warenhaus GmbH.
- Diskutieren Sie den Zusammenhang zwischen der Altersstruktur der Zielgruppe einer Abteilung und der Altersstruktur der Verkäuferinnen und Verkäufer.
- Stellen Sie fest, welche weiteren Messwerte des Personalcontrollings zur Beurteilung der Situation in der Abteilung Textil/Sport herangezogen werden können.

- Zeigen Sie Möglichkeiten der kurz- und langfristigen Verbesserung in der Abteilung Textil/Sport auf.
- Erläutern Sie anhand der Situation die Bedeutung der Kennzahlen des Personalcontrollings für die Personalleitung und den Controller.

Personalbestand und Personalkosten

Aufgabe des Personalcontrollings ist es, den erforderlichen Personalbestand für die betriebliche Leistungserstellung sicherzustellen. Damit ist der richtige zeitliche Einsatz der Mitarbeiter unter Berücksichtigung ihrer jeweiligen Qualifikation gemeint. Ziel ist es, mit dem verfügbaren Personalbestand den erforderlichen Personalbedarf zu decken. Wie weit das im Betrieb gelungen ist, wird durch die **Personaldeckungsquote** dargestellt. Mit ihr werden durch Gegenüberstellung von Personalistbestand und Personalsollbestand **Über-** und **Unterbesetzungen** festgestellt:

$$\textbf{Personaldeckungsquote} = \frac{\text{Personal – Istbestand} \cdot 100}{\text{Personal – Sollbestand}}$$

Beispiel In der Center Warenhaus GmbH hat der Controller einen Bedarf an 70 Mitarbeitern und Mitarbeiterinnen ermittelt. Zurzeit sind aber nur 65 Stellen besetzt.

$$\text{Personaldeckungsquote: } \frac{65 \cdot 100}{70} = \underline{\underline{92{,}9\ \%}}$$

Daraus lässt sich eine Unterbesetzung von 7,1 % ableiten.

Der **Controller** ermittelt Ursachen und entsprechende Maßnahmen zur Gegensteuerung, indem er Vorschläge zur Entlassung, Neueinstellung und Aus- und Weiterbildung macht. Neben rechtlichen, sozialen und verwaltungstechnischen Aspekten hat das Personalcontrolling den wirtschaftlichen Aspekt zu beachten (Entgelt, Lohnnebenkosten), sind doch die Personalkosten neben den Wareneinsatz- und Betriebsmittelkosten (Abschreibungen und Instandhaltungen) der wichtigste Kostenfaktor in den Einzelhandelsbetrieben. Der Vergleich mit dem Branchendurchschnitt oder mit wichtigen Konkurrenten ist daher bedeutsam. Der Controller hat daher die Aufgabe, **Kennzahlen** zu entwickeln, die für **Vergleiche mit Wettbewerbern derselben Branche** geeignet sind. Solche sind z. B. das Gehalt je Angestelltenstunde:

$$\textbf{Gehalt je Angestelltenstunde (Gewerbliche Mitarbeiterquote)} = \frac{\text{Gehälter + Gehaltsnebenkosten}}{\text{Angestelltenstunden}}$$

Beispiel Der Controller der Center Warenhaus GmbH hat für das abgelaufene Jahr aufgrund der Angaben der Lohnbuchhaltung 130.130 Angestelltenstunden mit einem Bruttogesamtgehalt von 1.106.105,00 EUR und 530.930,40 EUR Gehaltsnebenkosten ermittelt.

$$\text{Gehalt je Angestelltenstunde: } \frac{1.106.105 + 530.930{,}40}{130.130} = \underline{\underline{12{,}58\ \text{EUR}}}$$

Bei Abweichungen von den Branchenwerten müssen die Ursachen gefunden werden. Sie können in Besonderheiten des Sortiments, der Belegschaftsstruktur, der Verkaufs- oder Bedienungsform und den angewandten Entlohnungsformen begründet sein.

Beispiel Beim Zeitlohn besteht kein Leistungsanreiz. Dem Risiko von Minderleistungen könnte durch leistungsbezogene Entgeltformen (z. B. Prämien, Provision) vorgebeugt werden.

In diesem Zusammenhang hat der Controller folgende **Aufgabenschwerpunkte:**

- Offenlegung der wichtigsten Einflussfaktoren der Personalkosten

- Festlegung von Merkmalen zur Bestimmung der Personalqualität
- Mitwirkung bei der Personalplanung, beim Einsatz und bei der Betreuung
- Personalbeurteilung und Bewertung zwecks Förderung oder Positionierung

Personalstruktur

Von Bedeutung ist auch die Überwachung der Personalzusammensetzung. Hierbei werden Kriterien wie die unterschiedliche Rechtsstellung, die Qualifikation, das Alter oder das Geschlecht betrachtet. Die Personalzusammensetzung kann mithilfe zahlreicher Kennzahlen veranschaulicht werden:

$$\textbf{Anteil der Angestellten (Angestelltenquote)} = \frac{\text{Angestellte} \cdot 100}{\text{Zahl der Mitarbeiter}}$$

$$\textbf{Anteil der gewerblichen Mitarbeiter (Gewerbliche Mitarbeiterquote)} = \frac{\text{Gewerbliche Mitarbeiter} \cdot 100}{\text{Zahl der Mitarbeiter}}$$

Beispiel Von den 65 Mitarbeiterinnen und Mitarbeitern sind 61 Angestellte und 4 gewerbliche Mitarbeiterinnen und Mitarbeiter

Angestelltenquote: $\frac{61 \cdot 100}{65} = \underline{\underline{93,8\ \%}}$

Gewerbliche Mitarbeiterquote: $\frac{4 \cdot 100}{65} = \underline{\underline{6,2\ \%}}$

$$\textbf{Anteil der höher qualifizierten Mitarbeiter (Qualifikationsquote)} = \frac{\text{Mitarbeiter mit höherer Qualifikation} \cdot 100}{\text{Zahl der Mitarbeiter}}$$

Beispiel Von den 65 Mitarbeiterinnen und Mitarbeitern besitzen 8 eine höhere Qualifikation (BWL- (2), Marketing- (3), Bilanzbuchhalter- (1), Informatikstudium (2)).

Qualifikationsquote: $\frac{8 \cdot 100}{65} = \underline{\underline{12,3\ \%}}$

$$\textbf{Anteil der Beschäftigten einer Altersgruppe} = \frac{\text{Beschäftigte der Altersgruppe} \cdot 100}{\text{Mitarbeiter}}$$

Beispiel Von den 65 Mitarbeiterinnen und Mitarbeitern sind 18 männlich, 47 weiblich. Nach Altersgruppen verteilen sie sich wie folgt:

Jahre	Zahl der Mitarbeiter/innen		männlich		weiblich	
	Zahl	in %	Zahl	in %	Zahl	in %
18–25	12	18,5	4	6,2	8	12,3
26–45	35	53,8	12	18,5	23	35,4
46–65	18	27,7	2	3,1	16	24,6
	65	100,0	18	27,7	47	72,3

$$\textbf{Ausbildungsquote} = \frac{\text{Auszubildende} \cdot 100}{\text{Mitarbeiter}}$$

Beispiel Die Center Warenhaus GmbH hat zurzeit 10 Auszubildende.

Ausbildungsquote: $\frac{10 \cdot 100}{65} = \underline{\underline{15,4\ \%}}$

$$\textbf{Frauenquote} = \frac{\text{Weibliche Beschäftigte} \cdot 100}{\text{Mitarbeiter}}$$

Beispiel In der Center Warenhaus GmbH beträgt die Frauenquote (vgl. Tabelle „Altersgruppen"):

Frauenquote: $\frac{47 \cdot 100}{65} = \underline{\underline{72{,}3\ \%}}$

$$\textbf{Teilzeitquote} = \frac{\text{Teilzeitbeschäftigte} \cdot 100}{\text{Mitarbeiter}}$$

Durch laufende Überprüfung der Verwaltungs- und Betriebsorganisation können Umschulungen, Weiterbildungen, Umbesetzungen und Rationalisierungsmaßnahmen ausgelöst werden. Unternehmen sollten auf **gleichmäßige Anteile aller Altersgruppen** achten – möglichst in allen Abteilungen. In diesem Sinne werden regelmäßig Neueinstellungen vorgenommen, die zu Innovationsvorteilen führen sollten. Mit einer gleichmäßigen Altersverteilung können nachteilige Vorruhestandsregelungen oder Einstellungsstopps weitgehend umgangen werden.

Außerdem wirkt sich eine schlechte Altersstruktur in mehrfacher Hinsicht negativ aus. So kann eine Überalterung zu einem hohen Krankenstand, einem Rückgang des Beschäftigungsgrades bei gleich bleibenden fixen Kosten, einer Qualitätsminderung (z. B. Wechsel in der Kundenbetreuung), Nichteinhaltung von Terminen oder zu Überstunden der jungen Mitarbeiter führen. Die **Beschäftigungsstruktur** kann ermittelt werden, indem der Anteil der Beschäftigten einzelner Jahrgänge oder Altersgruppen (z. B. 20–25 Jahre) am Personalbestand gemessen wird. Bedeutende Aussagen zur Personalstruktur können auch mithilfe der Ausbildungs- und Frauenquote gemacht werden.

● Personalbestandsänderungen/Fluktuation

Fluktuationen im Personalbereich sind sehr teuer (Abgangsabwicklung, Ausschreibungs-, Auswahl- und Einstellungsverfahren, Einarbeitungszeit u. a.). Das Personalcontrolling muss daher alle Einflüsse auf die Personalentwicklung, die auf betriebliche Umstellungen, Versetzungen und Führungsverhalten zurückzuführen sind, erfassen und bewerten. Betriebliche Umstellungen können u. a. sein: Änderung der Arbeitszeit, Sortimentsveränderungen, Umstellung auf neue Verkaufs- oder Bedienungsformen, die Mitarbeiterschulung notwendig machen, Umstellungen im Beschaffungs- und Absatzbereich, Änderungen des Entgelts, Veränderung des Betriebsklimas.

Beispiele
- Die Center Warenhaus GmbH nimmt neue Artikel ins Sortiment auf. Mitarbeiter/-innen sind entsprechend zu schulen. Eventuell sind entsprechend qualifizierte Mitarbeiter einzustellen.
- Zu hohe Belastung der Mitarbeiter und schlechtes Betriebsklima oder der Führungsstil können die Ursachen für Fehlzeiten und starke Fluktuationen (Kündigungen, Neueinstellungen) sein.

Aussagekräftig sind daher folgende Kennzahlen:

$$\textbf{Fluktuationsquote} = \frac{\text{Abgänge je Rechnungsperiode} \cdot 100}{\text{Mitarbeiter}}$$

Beispiel
Der Controller ermittelte für die letzten beiden Jahre aufgrund der Angaben des Personalbüros:

	Vorjahr	Berichtsjahr
Anzahl der Beschäftigten	60	65
Abgänge	7	8
Fluktuationsquote	11,7 %	12,3 %

Durch Aufschlüsselung der Abgänge auf die Funktionsbereiche Einkauf, Lager, Verkauf/Marketing und Verwaltung können Unterschiede erkannt und Informationen über Ursachen gewonnen werden.

$$\textbf{Fehlzeitquote} = \frac{\text{Fehltage} \cdot 100}{\text{Arbeitstage}}$$

Beispiel Im Personalbüro werden 5.856 Fehlstunden von der Sollstundenzahl von 130.130 Stunden ermittelt.

Fehlzeitenquote: $\frac{5.856 \cdot 100}{130.130} = \underline{\underline{4,5\ \%}}$

Eine ähnliche Aussage macht die Kennzahl **„Krankenstand"**. Sie berücksichtigt nur Fehlstunden aufgrund von Krankmeldungen.

$$\textbf{Krankenstand} = \frac{\text{Fehlstunden durch Krankheit} \cdot 100}{\text{Arbeitsstunden}}$$

Eine hohe Fehlzeitenquote kann dazu führen, dass Überstunden geleistet werden müssen. Überstunden führen zu höheren Kosten und wegen der erhöhten Belastung nicht selten zu Qualitätsminderungen und in der Folge zur Imageschädigung. Führungsstil und Arbeitsbedingungen müssen laufend überprüft und verbessert werden. Die Gesichtspunkte der Personalbetreuung und der Entlohnung sind dabei mit heranzuziehen.

● Personalbetreuung und Entlohnung

In Verbindung mit dem Personaleinsatz sind Personalführung und -beurteilung wichtige Aufgaben des Personalcontrollers, da die Motivation der Mitarbeiter stark von einem leistungsgerechten Einsatz und entsprechender Entlohnung abhängt. **Voraussetzung einer richtigen Personalbeurteilung** (vgl. Seite 210 ff.) ist die Erfassung von Persönlichkeitsmerkmalen wie Fachkenntnisse, Sozialverhalten, Teamfähigkeit, Eigeninitiative, Durchsetzungsvermögen, Belastbarkeit und Verantwortungsbereitschaft. Solche Daten sind Grundlagen für Mitarbeiterberatungen, für Übertragung von Mehrverantwortung, für Entgeltsfestsetzung und -unterschiede und für Personalentscheidungen.

Die Feststellung solcher Eigenschaften durch den Controller statt durch die Personalabteilung hat den Vorteil, dass er die besonderen Eigenschaften von Mitarbeitern aus gesamtbetrieblicher Sicht besser umsetzen kann. In diesem Zusammenhang sind die Überwachung von Überstunden oder das Erfassen freiwilliger Leistungen bedeutende Aufgaben des Controllers. Zur Förderung der Leistungsbereitschaft sollte er Modelle des Entgelts (z. B. Prämien für besondere Ideen, Umsatzprovision auf überdurchschnittliche Umsätze) entwickeln.

Im Rahmen der Personalbetreuung spielen zwecks **Motivationsförderung** Zukunftsperspektiven oder auch die Einbindung des Berufs- in das Privatleben eine große Rolle. So wirkt sich sicherlich positiv aus, wenn Auszubildende übernommen werden und das Fachpersonal aus eigener Ausbildung beschafft wird. Überbelasteten Mitarbeitern/-innen kann ein Teilzeitarbeitsvertrag angeboten werden. Jungen Müttern muss nach der Elternzeit der Arbeitsplatz gesichert sein; danach könnten Weiterbildungsmaßnahmen, soziale Hilfen für die Kindesbetreuung (z. B. Angebot eines Kinderhortes) hilfreich und motivationsfördernd sein.

Beispiel Die Center Warenhaus GmbH übernimmt grundsätzlich alle Auszubildenden. Um sie rechtzeitig zur Selbstständigkeit und zum verantwortungsbewussten Handeln zu erziehen, werden sie in bereits durchlaufenen Abteilungen in Krankheits- und Urlaubsvertretungen einbezogen.

Personalcontrolling

Personalbestand und Personalkosten

Messung	Ursachen negativer Entwicklung	Maßnahmen zur Verbesserung
Personaldeckungsgrad	– kein Fachkräfteangebot am Arbeitsmarkt – Personalbestand wurde der Umsatzentwicklung nicht angepasst	– Ausbildung – Weiterbildung – Umbesetzung – Kündigung
Gesamtlohnstunden	– Personalüberdeckung	– Rationalisierung – Vorruhestand – Kurzarbeit

Personalstruktur

Messung	Ursachen negativer Entwicklung	Maßnahmen zur Verbesserung
– Angestelltenquote – gewerbliche Mitarbeiterquote – Qualifikationsquote – Altersgruppen – Ausbildungsquote – Frauenquote	– Aufblähung der Verwaltung – Aufblähung der Leitungsfunktion – Überalterung – Ausbildungsstopp – schlechtes Betriebsklima – Änderungen in der Betriebs- und Verwaltungsstruktur	– Ausbildung – Weiterbildung – Änderung der Organisationsstruktur – gezielte Maßnahmen bei Einstellungen und Entlassungen

Personalbestandsänderungen/Fluktuationen

Messung	Ursachen negativer Entwicklung	Maßnahmen zur Verbesserung
Fluktuationsquote	– Führungsstil – Betriebsklima – Arbeitsentgelt – fehlende Aufstiegschancen	– Änderung der Organisationsstrukturen – Verantwortungsdelegation – Teamarbeit – Anpassung der Entgelte – Maßnahmen zur Betriebsklimaverbesserung
Fehlzeitenquote	– fehlende Qualifikation – Überforderung – Betriebsklima – fehlende Teamfähigkeit	– Weiterbildung – Maßnahmen zur Betriebsklimaverbesserung – Umbesetzung – Änderung der Arbeitszeitregelung

Personalbetreuung und -entlohnung

Messung	Ursachen negativer Entwicklung	Maßnahmen zur Verbesserung
Erfassung persönlicher Eigenschaften	– fehlende Kenntnis oder Berücksichtigung der Privatsituation – Belastung, Überstunden	– Motivationsförderung – Einbindung der privaten Lebensplanung in den Arbeitsvertrag – Weiterbildung – Beförderung

1. Werten Sie folgende Grafiken zur Altersstruktur von vier Einzelhandelsunternehmen vergleichend aus:

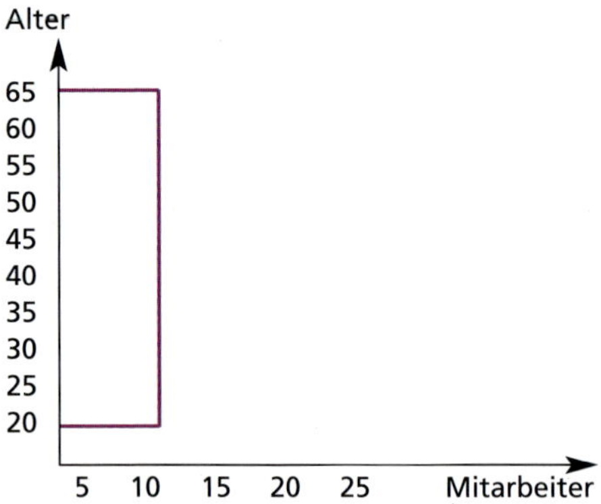

Betrieb I

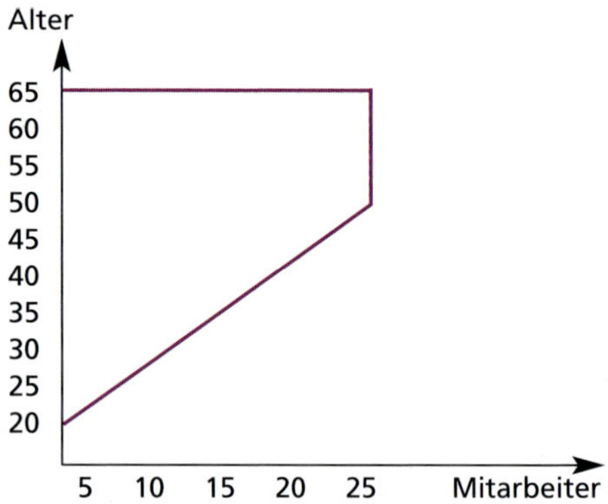

Betrieb II

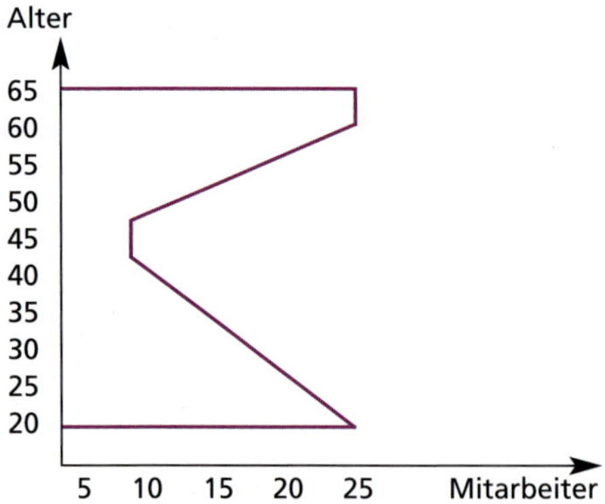

Betrieb III

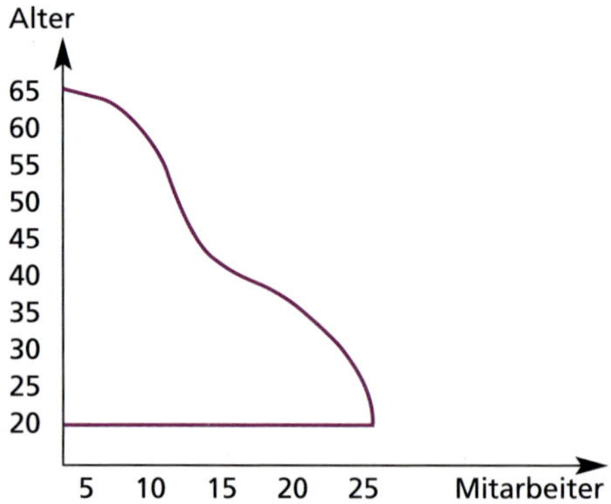

Betrieb IV

a) Erläutern Sie die jeweilige Belegschaftsstruktur.
b) Zeigen Sie jeweils wirtschaftliche Vor- und Nachteile der einzelnen Strukturen auf.
c) Zeigen Sie Möglichkeiten der Verbesserung auf.

2. Der Controller der Center Warenhaus GmbH hat festgestellt, dass 70 % der Mitarbeiter bereits über 45 Jahre alt sind. Er ist der Meinung, dass das geändert werden muss.

a) Nehmen Sie kritisch Stellung zu dieser Belegschaftsstruktur.
b) Zeigen Sie Möglichkeiten der kurz- und langfristigen Veränderung auf.

3. Frauen klagen häufig über Doppelbelastung im Berufs- und Privatleben. Zeigen Sie Verbesserungsmöglichkeiten aus betrieblicher Sicht auf und führen Sie dazu eine Podiumsdiskussion durch.

4. Die Arbeitsausfallquote ist in den letzten 2 Jahren von 0,5 % auf 7 % gestiegen.

a) Zeigen Sie hierfür Ursachen auf.
b) Erläutern Sie Möglichkeiten der Verbesserung.

5. Die Gesamtgehaltsstunde aus Gehältern und Nebenkosten liegt nach Feststellung des Controllers 8 % über dem Branchendurchschnitt. Erarbeiten Sie einen Vorschlagskatalog an Maßnahmen für die Abteilungen „Einkauf", „Verkauf", „Lager", und „Verwaltung".

6. Werten Sie folgende Daten aus:

Mitarbeiterzahl im Jahresdurchschnitt	200
Arbeitszeit	162 Tage à 8 Stunden
Fehlzeiten	19.440 Stunden
Abgänge	12 Personen

a) Errechnen Sie
 - die Fehlquote, - die Fluktuationsquote.

b) Leiten Sie aus den Ergebnissen Konsequenzen ab.

7. Der Controller einer Einzelhandelsunternehmung stellte folgende Daten zur Auswertung zusammen:

	Vorjahr	Abrechnungsjahr
Anzahl der Mitarbeiter	80	84
Anzahl der Arbeitsstunden	128.800	120.960
Umsatz in EUR	8.372.000,00	8.588.160,00

a) Ermitteln Sie
 - die Arbeitsstunden je Mitarbeiter in den Vergleichsjahren,
 - den Umsatz je Mitarbeiter in den Vergleichsjahren,
 - den Umsatz je Arbeitsstunde in den Vergleichsjahren.

b) Beurteilen Sie die Umsatzentwicklung im Vergleich zur geleisteten Arbeitszeit.

8. Der Geschäftsführer des SB-Warenhauses „Hamo AG" findet nachfolgenden Bogen der automatischen Kassenauswertung:

a) Erläutern Sie die Übersicht dahingehend, welche(r) Verkäufer(in) am wirksamsten gearbeitet hat.
b) Sie erhalten die Aufgabe, mit den einzelnen Verkäufern(innen) über die Auswertung dieses Berichtes zu sprechen. Erläutern Sie, welche Aussagen Sie den einzelnen Mitarbeitern gegenüber machen würden.
c) Welche Möglichkeiten würden Sie nutzen, um die Motivation der Mitarbeiter zu erhöhen?

Kassenauswertung „Personal“ Monatsübersicht Juni			30.06.20..
Kasse Kassierer/-in	**1 Klein**	**2 Schnitzler**	**3 Huhn**
Umsatz/Monat in EUR	78.000,00	96.000,00	80.000,00
Betriebsstunden	192	192	184
Umsatz/Stunde in EUR	406,25	500,00	434,78
Anzahl Kunden je Stunde	7	10	8
Anzahl Artikel je Kunde	8	10	9
Fehlbuchungen	24	12	11
Anzahl der Arbeitsunterbrechungen	41	22	30
Soll-Arbeitszeit im Monat	184	184	184
Fehlzeiten/Stunden	22	12	0

9. Im Parfümeriefachgeschäft „Air“ wurden für das abgelaufene Geschäftsjahr folgende Daten ermittelt:

Bruttoumsatz: 1.200.000,00 EUR Personalkosten: 258.000,00 EUR

a) Wie viel Prozent des Bruttoumsatzes betragen die Personalkosten?

b) Ermitteln Sie anhand der unten stehenden Statistik den Anteil der Personalkosten in Prozent des Bruttoumsatzes im Parfümerieeinzelhandel.

c) Im nächsten Geschäftsjahr will das Parfümeriefachgeschäft „Air“ bei gleich bleibendem Umsatz die eigenen Personalkosten auf die Höhe des Branchendurchschnitts senken. Wie viel EUR werden die geplanten Personalkosten im nächsten Geschäftsjahr betragen?

Personalkosten im Fachhandel in % des Bruttoumsatzes

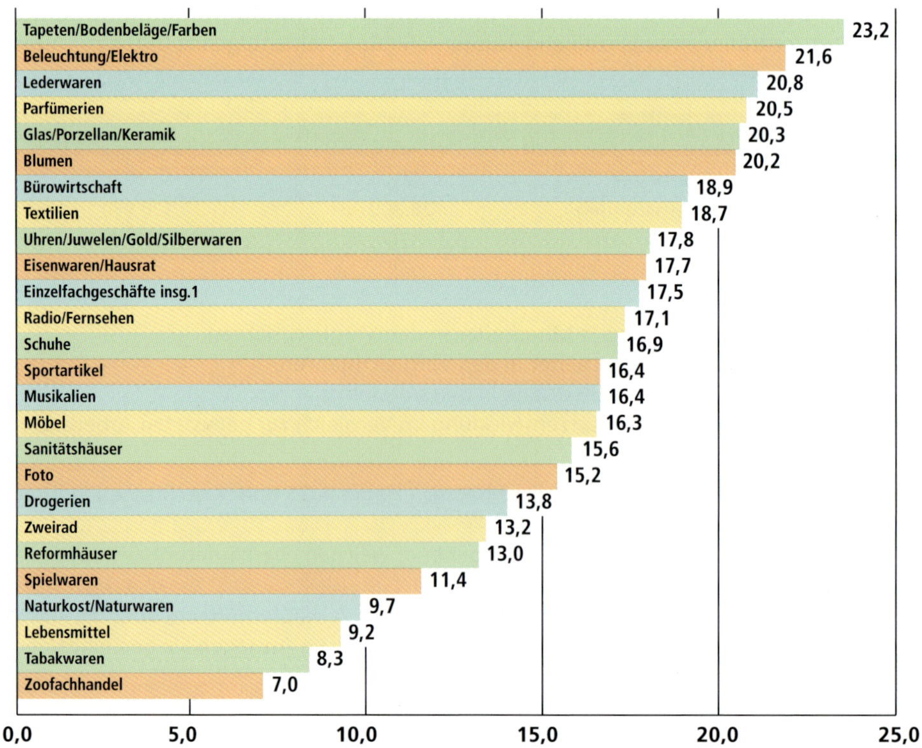

10. Eine Einzelhandelsunternehmung ermittelte für die abgelaufene und vorangegangene Rechnungsperiode folgende Daten:

	Vorjahr	Abrechnungsjahr
Umsatzerlöse in EUR	6.840 000,00	6.464.000,00
Personalaufwand in EUR	680.000,00	600.000,00
Wareneinsatz in EUR	3.200.000,00	3.420.000,00
Abschreibungen in EUR	330.000,00	320.000,00
Sonstige betriebliche Aufwendungen in EUR	640.000,00	650.000,00
Zahl der Beschäftigten	80	75

a) Ermitteln Sie
   - die Aufwandsanteile an den Gesamtaufwendungen,
   - den Rohgewinn und den Reingewinn,
   - den Wirtschaftlichkeitsfaktor der beiden Rechnungsperioden,
   - den Umsatz je Beschäftigtem in beiden Jahren.

b) Werten Sie die Ergebnisse aus.

Übungsaufgaben

1. Die Center Warenhaus GmbH sucht eine neue Substitutin für die Abteilung Lebensmittel.

a) Erläutern Sie die grundsätzlichen Möglichkeiten der Personalbeschaffung.

b) Die Personalchefin Maria Meys macht sich Gedanken über die Anforderungen, die an eine gute Substitutin zu stellen sind.
   - Erläutern Sie die Anforderungen an die Substitutin aus der Sicht der Center Warenhaus GmbH.
   - Erläutern Sie die Anforderungen aus der Sicht der Kunden.
   - Formulieren Sie die Stellenbeschreibung für die Funktion der Substitutin.

c) Frau Meys entschließt sich, eine Stellenanzeige zu veröffentlichen.
   - Erläutern Sie, welche Inhalte bei der Gestaltung berücksichtigt werden sollten.
   - Formulieren Sie den Text der Stellenanzeige.
   - Wählen Sie einen geeigneten Werbeträger aus und erläutern Sie, welche Überlegungen bei der Wahl des Erscheinungstermins zu beachten sind.

d) Diskutieren Sie, welche Grundsätze die Bewerberin bei der Abfassung des Bewerbungsschreibens beachten sollte.

e) Nennen Sie die Anlagen, die einer Bewerbung beiliegen sollten.

f) Schreiben Sie eine Bewerbung auf die Stellenanzeige.

2. Grete Graumann ist Substitutin in der Kaufland eG. Frau Graumann ist politisch sehr engagiert und möchte einen Betriebsrat gründen.

a) Erläutern Sie, unter welchen Voraussetzungen dies möglich ist.

Beantworten Sie mithilfe des BetrVerfG folgende weitere Fragen:

b) Der Betrieb hat 180 wahlberechtigte Arbeitnehmer, von denen 60 Männer sind.
   1. Aus wie vielen Personen besteht der Betriebsrat?
   2. Wie sollte er zusammengesetzt sein?
   3. Frau Graumann wird von ihrer besten Freundin als Kandidatin für den Betriebsrat vorgeschlagen. Ist Frau Graumann damit als Kandidatin aufgestellt?

c) Frau Graumann wird als Betriebsrätin gewählt. Als erste Amtshandlung nimmt sie an einer Besprechung der Geschäftsleitung teil, in der über eine Veränderung der Lage der Arbeitszeiten beraten wird. Die Geschäftsleitung will den Arbeitsbeginn morgens von 07:30 Uhr auf 08:00 Uhr verschieben. Frau Graumann ist dagegen. Kann sie die Entscheidung verhindern?

d) Im Betrieb sind 25 Jugendliche und Auszubildende beschäftigt. Sie wollen eine JAV wählen. Erläutern Sie die Voraussetzungen und Rechte einer JAV.

3. Die Personalabteilung der Center Warenhaus GmbH schlägt am 8. April dieses Jahres vor, dem kaufmännischen Angestellten Helmut Holl, 40 Jahre, ledig, zu kündigen. Helmut Holl trat im Alter von 23 Jahren in die Center Warenhaus GmbH als kaufmännischer Angestellter ein. Ihnen liegt der § 622 BGB vor.

a) Stellen Sie fest, zu welchem Termin Helmut Holl nach den Bestimmungen des § 622 BGB frühestens gekündigt werden kann.

§

§ 622 Kündigungsfrist für Angestellte und Arbeiter

(1) Das Arbeitsverhältnis eines Arbeiters oder eines Angestellten (Arbeitnehmers) kann mit einer Frist von vier Wochen zum Fünfzehnten oder zum Ende eines Kalendermonats gekündigt werden.

(2) [1] Für eine Kündigung durch den Arbeitgeber beträgt die Kündigungsfrist, wenn das Arbeitsverhältnis in dem Betrieb oder Unternehmen

1. zwei Jahre bestanden hat, einen Monat zum Ende eines Kalendermonats,
2. fünf Jahre bestanden hat, zwei Monate zum Ende eines Kalendermonats,

...

6. fünfzehn Jahre bestanden hat, sechs Monate zum Ende eines Kalendermonats,
7. zwanzig Jahre bestanden hat, sieben Monate zum Ende eines Kalendermonats.

[2] Bei der Berechnung der Beschäftigungsdauer werden Zeiten, die vor der Vollendung des fünfundzwanzigsten Lebensjahres des Arbeitnehmers liegen, nicht berücksichtigt.

b) Helmut Holl hat davon erfahren, dass ihm gekündigt werden soll. Als er von seinem Freund Klaus Stein, Geschäftsführer der Herstatt Warenhaus GmbH, ein Angebot für einen neuen Arbeitsplatz erhält, beschließt er, am 14. April sein Arbeitsverhältnis selbst zu kündigen.
Zu welchem Termin kann Helmut Holl nach den Bestimmungen des § 622 BGB frühestens seine neue Stelle antreten?

4. a) Erstellen Sie die Gehaltsliste des Textilgeschäftes Felix Klein e. K. für den Monat Mai mithilfe der Abzugstabellen auf Seite 246.

Felix Klein e. K.					
Gehaltsliste					**Monat:** Mai
Name	Alt	Eder	Floss	Goren	
Vorname	Paul	Jessika	Stefan	Petra	
Religion	rk	ev	ev	rk	
Steuerklasse	I	II,1	III,2	IV,1	Summe
Bruttoverdienst	2.460,00	2.480,00	2.490,00	2.465,00	
Abzüge Finanzamt					
Lohnsteuer					
SolZ					
Kirchensteuer					
Abzüge SV					
KV 7,4 % (AN-Anteil)					
PV (AN-Anteil)					
ALV (AN-Anteil)					
RV (AN-Anteil)					
Nettogehalt					
Auszahlung					

b) Wie viel Prozent des Bruttogehaltes betragen die Abzüge bei
ba) Alt, bb) Eder, bc) Floss, bd) Goren?

c) Stellen Sie Gründe für die ungleich hohen prozentualen Abzüge bei den vier Gehaltsempfängern zusammen.

d) Wie hoch ist der Personalaufwand des Textilgeschäftes Felix Klein e. K. im Monat Mai aufgrund der von Ihnen erstellen Gehaltsliste?

5. Die Gehaltsliste des Mars Elektrofachmarktes e. K. weist für den Monat April folgende Summen aus:

	EUR		EUR
Bruttogehälter	84.200,00	Kirchensteuer	528,00
Lohnsteuer	6.736,00	Sozialversicherung (einbehalten)	8.870,00
Solidaritätszuschlag	325,00	Unfallversicherung: 1 % der Gehaltssumme	

Ermitteln Sie

a) die Nettogehälter, b) den Arbeitgeberanteil zur Sozialversicherung,

c) die abzuführenden Beträge
- an das Finanzamt, – an die Krankenkasse, – an die Berufsgenossenschaft,

d) die gesamten Personalaufwendungen für den Arbeitgeber.

Gebundene Aufgaben zur Prüfungsvorbereitung

1. Bringen Sie durch Einsetzen der Ziffern 1 bis 7 die nachfolgenden Arbeitsschritte bei der Beschaffung von Mitarbeiterinnen/Mitarbeitern in die richtige Reihenfolge.

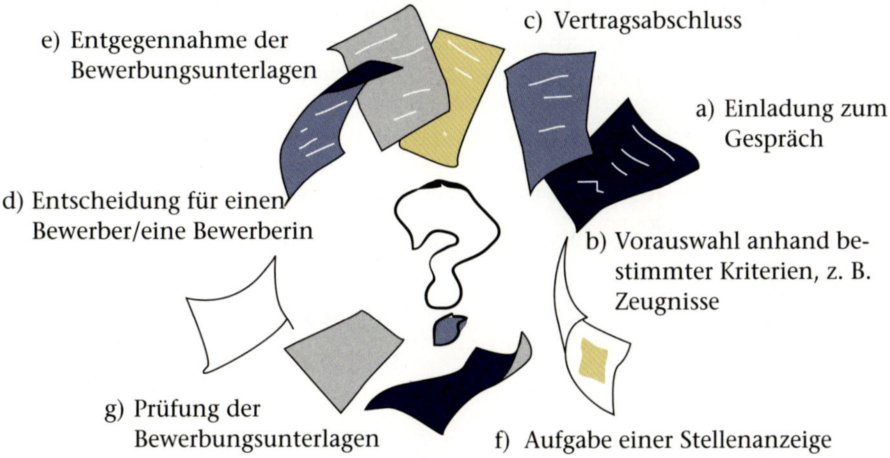

2. Das Arbeitsrecht unterscheidet einfache und qualifizierte Arbeitszeugnisse. Welcher Satz aus dem nachfolgenden Zeugnis macht dieses Zeugnis zu einem qualifizierten Zeugnis?

1. Herr Müller, geb. am 17. August . . , trat am 1. Januar . . als Kaufmann im Groß- und Außenhandel in unser Unternehmen ein.
2. Er wurde als Einkäufer eingesetzt.
3. Herr Müller erfüllte die ihm übertragenen Aufgaben zu unserer vollen Zufriedenheit.
4. Er verlässt unser Unternehmen zum 31. Dezember . . auf eigenen Wunsch.
5. Für eine erfolgreiche Zukunft wünschen wir Herrn Müller alles Gute.

3. Welche der nachfolgenden Aussagen trifft auf den Betriebsrat zu?

1. In Betrieben mit mindestens zwanzig ständigen wahlberechtigten Mitarbeitern werden Betriebsräte gewählt.
2. Wahlberechtigt sind alle Arbeitnehmer, die das 18. Lebensjahr vollendet haben.
3. Die Amtszeit des Betriebsrates beträgt drei Jahre.
4. Wird der Betriebsrat vor einer Kündigung nicht gehört, ist diese unwirksam.
5. Betriebsratsmitglieder sind während der Amtszeit und ein Jahr danach unkündbar.

4. Neben den gesetzlichen Sozialleistungen werden von den Arbeitgebern auch freiwillige Sozialleistungen erbracht. Ermitteln Sie, bei welchen der unten stehenden Fälle es sich um 1. gesetzliche, 2. freiwillige, 3. weder um eine gesetzliche noch um eine freiwillige Sozialleistung handelt.

a) Der Arbeitgeber zahlt den Arbeitgeberanteil zur Krankenversicherung.
b) Zur bestandenen Kaufmannsgehilfenprüfung erhält der Auszubildende ein Buchgeschenk.
c) Die Auszubildenden erhalten ein Weihnachtsgeld in Höhe von 150 EUR.
d) Der Arbeitgeber zahlt die Arbeitnehmersparzulage.
e) Alle Angestellten bekommen im Rahmen des Personalkaufs einen Nachlass von 20 %.
f) Zu seinem Geburtstag lädt der Arbeitgeber seine Angestellten zum Essen ein.

5. Vervollständigen Sie die unten stehenden Satzteile durch Einsetzen der folgenden Begriffe zu richtigen Aussagen über Lohn- bzw. Gehaltsabrechnung:

1. Steuerfreibetrag
2. Arbeitgeberanteil zu vermögenswirksamen Leistungen
3. Kirchensteuer
4. Arbeitnehmersparzulage
5. Lohnsteuer
6. Sozialversicherungsbeitrag

Der/die

a) ... ist die Berechnungsgrundlage für die Ermittlung der Kirchensteuer.
b) ... erhöht das sozialversicherungspflichtige Bruttogehalt.
c) ... wird vom zuständigen Finanzamt auf der Lohnsteuerkarte eingetragen.
d) ... wird im Abzugsverfahren erhoben.
e) ... ist eine direkte Steuer.

6. Welche der folgenden Papiere bzw. Dokumente sind Arbeitspapiere?

1. Urlaubsbescheinigung
2. Zeugniskopien
3. Lebenslauf, tabellarisch
4. Versicherungsheft
5. Lohnsteuerkarte

7. Wie ändert sich die Bruttogehaltssumme, die Ihr Arbeitgeber bereitstellen muss, wenn die folgenden Ereignisse eintreten?

1. Sie erhöht sich.
2. Sie sinkt.
3. Sie verändert sich nicht.

a) Ihr Gehalt erhöht sich.
b) Der Lohnsteuersatz wird erhöht.
c) Sie sind in der 7. Woche krank.
d) Eine Gehaltserhöhung von 6 % wird rückwirkend am 1. des lfd. Monats wirksam.
e) Die AOK erhöht den Beitragssatz der gesetzlichen Krankenversicherung.

8. Von welcher Behörde bzw. Institution erhält der kaufmännische Auszubildende sein Versicherungsnachweisheft für die Rentenversicherung?

1. von der Bundesagentur für Arbeit
2. vom Bundesministerium für Arbeit und Sozialordnung
3. von der Bundesversicherungsanstalt für Angestellte in Berlin
4. vom Bundesaufsichtsamt für das Versicherungswesen in Berlin
5. von der Landesversicherungsanstalt

9. Elke Sommer beginnt zum 1. Januar 2004 ihre Tätigkeit als Kauffrau im Einzelhandel. Im Arbeitsvertrag wurde die gesetzliche Urlaubsregelung vereinbart. Nach achtmonatiger Beschäftigung nimmt sie 15 Werktage Urlaub.
Stellen Sie anhand des nachstehend abgebildeten Auszuges aus dem Bundesurlaubsgesetz fest, wie viele Werktage Urlaub Elke Sommer für das Jahr noch zustehen.

§ 1 **BundUrlG: Urlaubsanspruch.** Jeder Arbeitnehmer hat in jedem Kalenderjahr Anspruch auf bezahlten Erholungsurlaub.

§ 2 **Geltungsbereich.** Arbeitnehmer im Sinne des Gesetzes sind Arbeiter und Angestellte sowie die zu ihrer Berufsausbildung Beschäftigten. Als Arbeitnehmer gelten auch Personen, die wegen ihrer wirtschaftlichen Unselbstständigkeit als arbeitnehmerähnliche Personen anzusehen sind; für den Bereich der Heimarbeit gilt § 12.

§ 3 **Dauer des Urlaubs.** (1) Der Urlaub beträgt jährlich mindestens 24 Werktage.
(2) Als Werktage gelten alle Kalendertage, die nicht Sonn- oder gesetzliche Feiertage sind.

§ 4 **Wartezeit.** Der volle Urlaubsanspruch wird erstmalig nach sechsmonatigem Bestehen des Arbeitsverhältnisses erworben.

§ 5 **Teilurlaub.** (1) Anspruch auf ein Zwölftel des Jahresurlaubs für jeden vollen Monat des Bestehens des Arbeitsverhältnisses hat der Arbeitnehmer
a) für Zeiten eines Kalenderjahres, für die er wegen Nichterfüllung der Wartezeit in diesem Kalenderjahr keinen vollen Urlaubsanspruch erwirbt;
b) wenn er vor erfüllter Wartezeit aus dem Arbeitsverhältnis ausscheidet;
c) wenn er nach erfüllter Wartezeit in der ersten Hälfte eines Kalenderjahres aus dem Arbeitsverhältnis ausscheidet.

(2) Bruchteile von Urlaubstagen, die mindestens einen halben Tag ergeben, sind auf volle Urlaubstage aufzurunden.

(3) Hat der Arbeitnehmer im Falle des Absatzes 1 Buchstabe c bereits Urlaub über den ihm zustehenden Umfang hinaus erhalten, so kann das dafür gezahlte Urlaubsentgelt nicht zurückgefordert werden.

10. Was beinhaltet der allgemeine Kündigungsschutz?
1. den Kündigungsschutz für Auszubildende
2. den Kündigungsschutz für werdende Mütter
3. den Kündigungsschutz für Wehrdienst- und Zivildienstleistende
4. den Schutz vor sozial ungerechtfertigten Kündigungen
5. den Kündigungsschutz für Schwerbehinderte

11. Die Center Warenhaus GmbH möchte zum 1. April die 19-jährige Caroline als Auszubildende zur Kauffrau im Einzelhandel einstellen. Die folgenden Vereinbarungen sollen in den Berufsausbildungsvertrag aufgenommen werden. Prüfen Sie, welche zwei Vereinbarungen gesetzlich nicht zulässig sind.
1. Aufgrund der übertariflichen Ausbildungsvergütung erhält Caroline nur 12 Tage Jahresurlaub.
2. Es werden zwei außerbetriebliche Ausbildungsmaßnahmen von jeweils vier Tagen durchgeführt.
3. Die Ausbildungszeit wird aufgrund der von Caroline erworbenen Hochschulreife um sechs Monate verkürzt.
4. Caroline erhält eine übertarifliche Ausbildungsvergütung.
5. Die Ausbildungsvergütung wird spätestens am letzten Arbeitstag des jeweiligen Monats überwiesen.
6. Die Probezeit beträgt 6 Monate.

12. In der Mittagspause unterhalten sich Mitarbeiter der Center Warenhaus GmbH über die Beiträge zur gesetzlichen Sozialversicherung. Dabei kommt es zum Streit über die Beitragsaufbringung für die gesetzliche Krankenversicherung. Prüfen Sie, welche Auffassung den gesetzlichen Bestimmungen entspricht.
1. Der Arbeitgeber trägt bis zu einem Monatsverdienst von 500 EUR den Beitrag allein.

2. Hat ein Arbeitnehmer im Laufe eines Kalenderjahres Leistungen der Krankenkasse von mehr als der Beitragsbemessungsgrenze in Anspruch genommen, trägt er den Beitrag für die Krankenversicherung allein.
3. Liegt der Jahresverdienst eines Mitarbeiters über der Versicherungspflichtgrenze der Krankenversicherung (75 % der Beitragsbemessungsgrenze der gesetzlichen Rentenversicherung), kann er aus der gesetzlichen Krankenversicherung austreten.
4. Der Beitragssatz zur gesetzlichen Krankenversicherung ist unabhängig von den Trägern gleich hoch.
5. Die Beiträge der Pflichtversicherten zur gesetzlichen Krankenversicherung werden vom Nettolohn berechnet.

13. Sabine Freund prüft ihre soziale Absicherung für den Fall der Arbeitslosigkeit. Stellen Sie fest, welchen rechtlichen Anspruch sie auf Leistungen der Arbeitslosenversicherung hat.
1. Sobald eine Unterbrechung ihrer Tätigkeit auftritt, bekommt sie Übergangsgeld von der Bundesagentur für Arbeit gezahlt.
2. Wenn sie das Arbeitsverhältnis von sich aus kündigt, bekommt sie ab dem Folgemonat für ein Jahr Arbeitslosengeld.
3. Sie hat Anspruch auf Arbeitslosengeld, sofern die BA einen entsprechenden Bescheid erlässt.
4. Sie hat Anspruch auf Arbeitslosengeld, da sie nach ihrer Ausbildung die Anwartschaft erfüllt hat.
5. Sie hat nur Anspruch auf Arbeitslosengeld, wenn ihr Jahreseinkommen unterhalb der Beitragsbemessungsgrenze liegt.

14. Drei Monate nach Beginn ihrer neuen Tätigkeit hat Sabine Freund auf dem direkten Weg zur Arbeit einen selbst verschuldeten Autounfall und bricht sich das Bein. Sie ist sieben Wochen arbeitsunfähig, Folgeschäden sind nicht aufgetreten. Welche Sozialversicherung übernimmt die Krankheitskosten?
1. Krankenversicherung
2. Unfallversicherung
3. Rentenversicherung
4. Pflegeversicherung
5. Arbeitslosenversicherung

15. Der Angestellten Elena Gutowski wurde auf Grund ihres Antrages vom Finanzamt für erhöhte Werbungskosten ein monatlicher Freibetrag in Höhe von 500,00 EUR auf ihrer Lohnsteuerkarte eingetragen. Welche finanzielle Auswirkung hat dies für Elena Gutowski?
1. Bei der Berechnung der Sozialversicherungsbeiträge werden Elena Gutowski 500,00 EUR abgezogen.
2. Die monatliche Lohnsteuer von Elena Gutowski sinkt um 500,00 EUR.
3. Das monatliche Gehalt von Elena Gutowski wird bei der Berechnung der Lohnsteuer um 500,00 EUR gemindert.
4. Das monatliche Gehalt von Elena Gutowski wird bei der Berechnung der Lohnsteuer um 250,00 EUR gemindert.
5. Elena Gutowski zahlt jetzt nur noch Lohnsteuer, wenn diese den Betrag von 500,00 EUR übersteigt.

16. Ein Angestellter hat auf seiner Lohnsteuerkarte einen Steuerfreibetrag eintragen lassen. Welche Auswirkung hat dies auf die Gehaltsabrechnung?
1. Der Lohnsteuerabzug bleibt gleich, die Sozialabgaben werden niedriger.
2. Das zu versteuernde Gehalt wird geringer und dadurch auch die abzuziehende Lohnsteuer.
3. Dem Angestellten wird deshalb grundsätzlich keine Lohnsteuer von seinem Gehalt abgezogen.
4. Das Nettogehalt wird niedriger.
5. Das Nettogehalt des Angestellten wird durch diese Maßnahme nicht verändert.

Ein Einzelhandelsunternehmen leiten und entwickeln

1 Von der Geschäftsidee zur Gründung eines Einzelhandelsunternehmens

Sabine Freunds Freundin Edith Mauser macht Karriere. Vor sechs Jahren hat sie die Ausbildung als Kauffrau im Einzelhandel bei der Center Warenhaus GmbH abgeschlossen und bereits zwei Jahre später war sie als Substitutin Leiterin der Spielwarenabteilung. In den letzten Jahren konnte Edith Mauser etwas sparen und sie hat auch eine kleine Erbschaft gemacht. Als sie davon hört, dass im Einkaufszentrum Rheinpark ein kleines Ladenlokal günstig angeboten wird, kommt ihr der Gedanke, sich mit einem Spielwarengeschäft selbstständig zu machen.

ARBEITSAUFTRÄGE

- Überlegen Sie, welche Ziele Edith Mauser mit dem Schritt in die Selbstständigkeit verbinden könnte.
- Diskutieren Sie, welche Voraussetzungen sie erfüllen sollte, damit die Existenzgründung ein Erfolg wird.
- Planen Sie die Gründung eines Einzelhandelsunternehmens von der Geschäftsidee über die Wahl der Unternehmensform bis zur Finanzierung in Form eines Projekts und präsentieren Sie das Ergebnis. LF 1

Für einen Mitarbeiter, der im Einzelhandel aufsteigt und als **leitender Angestellter** Karriere macht, stellt sich die Frage, ob er ein Einzelhandelsunternehmen langfristig leiten oder sich selbstständig machen will. Fällt die Entscheidung für die Selbstständigkeit, ist eine **Geschäftsidee** zu entwickeln und es sollten die Ziele und die **Gründungsvoraussetzungen** geklärt werden.

● Die Geschäftsidee

Am Anfang jeder Existenzgründung im Einzelhandel steht eine **Geschäftsidee**. Die Idee, etwas anders, erfolgreicher, besser zu machen als der eigene Chef oder die zukünftigen Mitbewerber. Damit diese Idee Aussicht auf Erfolg hat, sollte der Existenzgründer sorgfältig seine unternehmerischen Ziele und das Vorliegen der Gründungsvoraussetzungen prüfen.

○ Unternehmerische Ziele

Wichtigstes Ziel jedes Einzelhändlers ist die langfristige Sicherung des größtmöglichen Gewinns (**Gewinnmaximum**). Daneben spielen aber auch andere Ziele, z. B. Unabhängigkeit, das Ansehen in der Öffentlichkeit oder die soziale Verantwortung eine Rolle. In einer marktwirtschaftlichen Wirtschaftsordnung ist jedoch ein langfristiger Gewinn für die Existenzsicherung des Unternehmers unabdingbar. Für den selbstständigen Einzelhändler bedeutet der Gewinn:

LF 8

- **Unternehmerlohn** für die geleistete Arbeit im Betrieb und damit Einkommen und Sicherung des Lebensstandards,
- **Kapitalverzinsung** für das eingebrachte Eigenkapital,
- **Risikoprämie** für die Möglichkeit des Scheiterns, z. B. durch ein Insolvenzverfahren des Unternehmens (vgl. Seite 343).

○ Gründungsvoraussetzungen

In der Bundesrepublik Deutschland herrscht gemäß Artikel 12 Absatz 2 Grundgesetz (GG) und § 1 Gewerbeordnung (GewO) der Grundsatz der **Gewerbefreiheit**.

§

§ 1 Abs. 1 GewO: Der Betrieb eines Gewerbes ist jedermann gestattet, soweit nicht durch dieses Gesetz Ausnahmen oder Beschränkungen vorgeschrieben sind.

Die genannten Ausnahmen oder Beschränkungen dienen dem Schutz der Verbraucher. So gibt es Gesetze und Verordnungen, die den Verkauf von

- bestimmten Arzneimitteln,
- Hackfleisch,
- Waffen,
- Pflanzenschutzmitteln

an besondere Sachkundenachweise oder Prüfungen der Zuverlässigkeit binden. Darüber hinaus ist es jedoch jedermann gestattet, ein Einzelhandelsunternehmen zu gründen. Um dieses Unternehmen erfolgreich führen zu können, sollte der zukünftige Einzelhändler jedoch bestimmte Voraussetzungen erfüllen.

○ Persönliche Voraussetzungen

Die harten Anforderungen des Wettbewerbs erfordern unter anderem

- gute Ausbildung
  - umfassende Warenkenntnisse der Branche,
  - Erfahrung in Kundenberatung und Warenpräsentation,
  - Kenntnis der einschlägigen Gesetze und Verordnungen,
  - Nutzung neuer Techniken,
- Einsatzbereitschaft,
- Menschenkenntnis,
- Risikofreude,
- Führungsfähigkeit,
- Ideenreichtum,
- Rückendeckung durch den Partner.

Beispiel Edith Mauser erfüllt die wichtigsten persönlichen Voraussetzungen. Sie verfügt über gute Warenkenntnisse, über Kenntnisse im Warenverkauf und der Betriebswirtschaftslehre. Als Abteilungsleiterin hat sie Führungsfähigkeit und Menschenkenntnis bewiesen.

○ Sachliche Voraussetzungen

Die Hauptschwierigkeiten bei der Neugründung im Einzelhandel liegen im Bereich der Beschaffung von Kapital, Personal und den anderen Betriebsfaktoren. Daneben spielen selbstverständlich auch Absatzprobleme eine Rolle.

Um die genannten Schwierigkeiten zu vermeiden, sollten folgende Fragen geklärt werden:

Marktchancen: Für die Geschäftsidee muss der entsprechende Bedarf vorhanden sein, d. h. es müssen Marktlücken im Güter- und Dienstleistungsangebot der Mitbewerber bestehen, und Absatzchancen müssen vorhanden sein, d. h. die Konkurrenzsituation muss die Neugründung ermöglichen. Hier unterstützen Kreditinstitute, Kammern und Verbände gründungswillige Unternehmer durch Marktuntersuchungen.

Geeigneter Standort: Die Wahl des Standortes (vgl. Seite 135) ist eine der wichtigsten Entscheidungen bei der Neugründung. Sie beeinflusst maßgeblich den Kundenkreis, den Umsatz und die Kosten des Unternehmens.

Beispiel Um die Marktchancen eines Spielwarenfachgeschäftes im Einkaufszentrum Rheinpark zu ermitteln, führt Edith Mauser ein Gespräch mit der Industrie- und Handelskammer. Nach einer ausführlichen Marktanalyse rät man ihr, das Sortiment auf den Bereich „Modellbau" zu beschränken, da hier ein entsprechender Bedarf vorliege.

Leistungsfähige Lieferanten: Es müssen Lieferanten gefunden werden, die den Bedarf des Unternehmens mengen- und qualitätsmäßig decken. Fragen der Einschaltung des Großhandels oder von Handelsvertretern, der Eintritt in einen Einkaufsverband oder die Notwendigkeit langfristiger Lieferantenbindungen sind zu klären.

Qualifiziertes und motiviertes Personal: Trotz hoher Arbeitslosigkeit stellt die Beschaffung qualifizierten Personals und die langfristige Motivation der Mitarbeiter bei vielen Unternehmen ein Problem dar (vgl. Seite 210). Darüber hinaus sind die Personalkosten und insbesondere die Lohnnebenkosten zu berücksichtigen.

Eine gesicherte Finanzierung: Der Kapitalbedarf ist u. a. von der Betriebsgröße, der Betriebs- und Vertriebsform, dem Marketingkonzept und der Art der Ware abhängig (vgl. Seite 311 f.).

○ Rechtliche Voraussetzungen

Wer ein Gewerbe betreiben will, muss **unbeschränkt geschäftsfähig sein**.

Das neu gegründete Einzelhandelsunternehmen muss bei einer Vielzahl von Institutionen **angemeldet** werden.

- Das staatliche **Amt für Gewerbeschutz** (Gewerbeaufsichtsamt) erteilt den **Gewerbeschein**, der für den Betrieb jedes Gewerbes erforderlich ist.
- Das **Finanzamt** erteilt die Steuer- und Sozialversicherungsnummer.
- Die **Berufsgenossenschaft** prüft die Einhaltung der Unfallverhütungsvorschriften.
- Die **Industrie- und Handelskammern** sind Körperschaften des öffentlichen Rechts (vgl. Seite 40), denen alle im Kammerbezirk tätigen Gewerbetreibenden als Pflichtmitglieder angehören. Aufgaben der Industrie- und Handelskammern sind die Wahrnehmung der Interessen der Mitglieder, die Förderung der Wirtschaft und die Förderung der Berufsausbildung. Die Industrie- und Handelskammer überwacht als „zuständige Stelle" die Ausbildung.
- Die **Krankenkasse** muss informiert werden, sofern Arbeitnehmer beschäftigt werden. Über die Krankenkasse werden die Beiträge zur Kranken-, Renten-, Pflege- und Arbeitslosenversicherung abgerechnet.
- **Handelsregister** (vgl. Seite 289 ff.)
- Das **Gesundheitsamt**, wenn Lebensmittel angeboten werden. In diesem Fall ist eine amtsärztliche Unbedenklichkeitsbescheinigung für die Mitarbeiter erforderlich.

PRAXISTIPP Zur Existenzgründung finden Sie im Internet unter folgenden Adressen Informationen:

- www.existenzgruender.de
- www.ihk-koeln.de
- www.go-online.nrw.de
- www.ihk-nordwestfalen.de

○ Fördermöglichkeiten im Rahmen der Existenzgründung

Für Kaufleute, die einen eigenen Betrieb gründen wollen, gibt es eine Vielzahl von Fördermöglichkeiten, die an allen erforderlichen Voraussetzungen der Existenzgründung ansetzen.

- **Persönliche Voraussetzungen:**
  Seminare der Industrie- und Handelskammern und der Kreditinstitute zu Themen wie Handelsrecht, Unternehmensrecht, Personalführung usw.
- **Sachliche Voraussetzungen:**
  Zinsgünstige Darlehen für Existenzgründer, die durch die Kreditinstitute vermittelt werden.
- **Rechtliche Voraussetzungen:**
  Seminare der Industrie- und Handelskammern zum Thema „Existenzgründung"

○ Vor- und Nachteile der Selbstständigkeit

Die Vor- und Nachteile einer Selbstständigkeit im Einzelhandel kann ein Kaufmann nur vor dem Hintergrund seiner persönlichen Situation beantworten.

Beispiele

Vorteile	Nachteile
– Eigene Ideen verwirklichen – Gewinnerwartung – Gesellschaftliches Ansehen – ...	– Risiko des Scheiterns – Arbeitsbelastung – Verantwortung gegenüber Mitarbeitern – ...

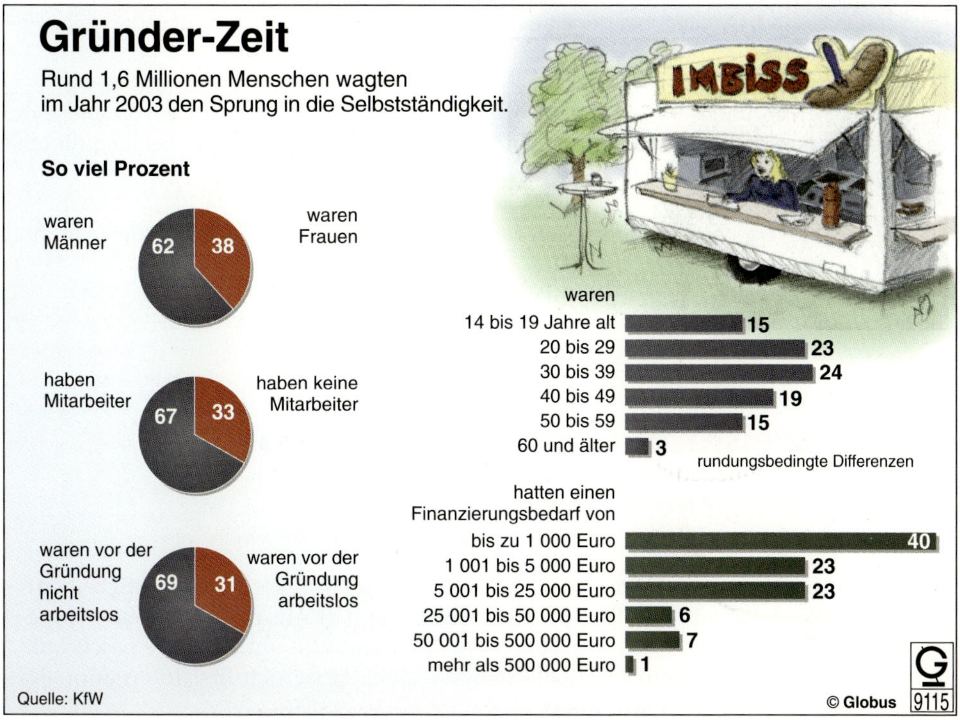

Von der Geschäftsidee zur Gründung eines Einzelhandelsunternehmens

- **Unternehmerische Ziele:**
  Oberziel: langfristiges Gewinnmaximum
  Teilziele: Wachstum, Unabhängigkeit, Ansehen, soziale Verantwortung

- **Gründungsvoraussetzungen**

persönliche	sachliche	rechtliche
• Warenkenntnisse • Erfahrung im Verkauf • kaufmännisches Wissen • Kenntnis neuer Techniken • Einsatzbereitschaft • Menschenkenntnis • Risikobereitschaft • Führungsfähigkeit	• Marktchancen • geeigneter Standort • leistungsfähige Lieferanten • qualifiziertes Personal • gesicherte Finanzierung	• Geschäftsfähigkeit • Anmeldung bei – zuständiger Behörde – Finanzamt – Berufsgenossenschaft – IHK – Krankenkasse – Handelsregister • Gewerbeschein

1. Fritz und Walter erben jeder 750.000 EUR. Fritz gründet ein Feinkostgeschäft, Walter legt das Kapital in festverzinslichen Wertpapieren mit einer Verzinsung von 3,5 % an. Nach einigen Jahren treffen sie sich wieder und stellen fest, dass Fritz einen durchschnittlichen Jahresgewinn von 100.000 EUR erwirtschaftet hat. Walter hingegen erhält jährlich 56.250 EUR Zinsens. Walter findet es ungerecht, dass sein Bruder fast die doppelte Rendite erzielt und schimpft auf die Unternehmer.
Nehmen Sie zu den Standpunkten der Brüder Stellung.

2. Nennen Sie sechs Stellen, bei denen ein neu gegründeter Einzelhandelsbetrieb angemeldet werden muss.

3. Stellen Sie Vor- und Nachteile einer Existenzgründung im Einzelhandel am Beispiel eines Betriebes Ihrer Branche gegenüber. Begründen Sie Ihre persönliche Entscheidung für oder gegen die Selbstständigkeit.

4. Entwickeln Sie eine begründete Geschäftsidee für ein Einzelhandelsunternehmen Ihrer Wahl.

2 Handelsrechtliche Rahmenbedingungen

2.1 Handelsgewerbe und Firma

Nach sorgfältigem Abwägen hat sich Edith Mauser für die Selbstständigkeit entschieden. Ihr fehlt für ihr Spielwaren-Fachgeschäft nur noch ein werbewirksamer Name. In der Hoffnung auf Aufmerksamkeit und um über ihre beschränkte Verkaufsfläche hinwegzutäuschen, entscheidet sie sich für „Internationales Geschenkzentrum Edith Mauser".

ARBEITSAUFTRÄGE

- Stellen Sie fest, ob es aus rechtlicher Sicht gegen die gewählte Firma Einwände gibt.
- Formulieren Sie alternative Bezeichnungen für das Spielwaren-Fachgeschäft.
- Prüfen Sie, ob Edith Mauser Kauffrau im Sinne des HGB ist.

Handelsgewerbe

§

§ 1 Abs. 2 HGB: Handelsgewerbe ist jeder Gewerbebetrieb, es sei denn, dass das Unternehmen nach Art oder Umfang einen in kaufmännischer Weise eingerichteten Geschäftsbetrieb nicht erfordert.

Handelsgewerbe ist nach § 1 Abs. 2 HGB jedes gewerbliche Unternehmen, das einen **in kaufmännischer Weise eingerichteten Gewerbebetrieb** erfordert, und zwar ohne Rücksicht auf die Eintragung ins Handelsregister. Das Vorliegen eines Handelsgewerbes ist somit unabhängig von der Eintragung in das Handelsregister. Grundvoraussetzung für die Kaufmannseigenschaft ist das Vorhandensein eines Gewerbebetriebes. In Deutschland herrscht lt. Gewerbeordnung der Grundsatz der Gewerbefreiheit (§ 1 GewO).

Es besteht die **Pflicht zur deklaratorischen Eintragung** (vgl. Seite 291) ins Handelsregister. Versäumt ein Gewerbetreibender die Eintraung ins Handelsregister, kann er durch Ordnungsmaßnahmen dazu gezwungen werden.

Kaufmann

Umgangssprachlich bezeichnet man die Menschen als Kaufleute, die eine entsprechende Ausbildung abgeschlossen haben.

Beispiele Kaufmann/Kauffrau im Einzelhandel, Kaufmann/Kauffrau für Bürokommunikation, Diplom-Kauffrau

Gewerbetreibender nach § 1 HGB (Istkaufmann)

Wer im juristischen Sinne Kaufmann ist, regelt das HGB.

> **§ 1 Abs. 1 HGB:** Kaufmann im Sinne dieses Gesetzbuches ist, wer ein Handelsgewerbe betreibt.

§

Jedes gewerbliche Unternehmen, dessen Betrieb nach Art und Umfang eine kaufmännische Organisation erfordert, ist ein Handelsgewerbe.

Beispiel Eine kaufmännische Organisation ist erforderlich, wenn eine der folgenden Größen in einem Geschäftsjahr überschritten wird:
- Gewinn 30.000,00 EUR
- Umsatz 350.000,00 EUR

Für den Kaufmann gilt das HGB **in vollem Umfang.** Er

- muss Handelsbücher führen, LF 8
- muss sich in das Handelsregister eintragen lassen (vgl. Seite 289),
- führt eine Firma (vgl. Seite 286),
- kann Personengesellschaften (vgl. Seite 293) gründen,
- bürgt selbstschuldnerisch (vgl. Seite 328).

Beispiel Der Mars Elektrofachmarkt e. K. macht bei einem Eigenkapital von 1.500.000,00 EUR einen Umsatz von 60.500.000,00 EUR pro Jahr. Er ist somit Kaufmann.

Wissenschaftliche und künstlerische Tätigkeiten, die als freie Berufe ausgeübt werden können, sind eintragungsunfähig, diese Personen gelten somit als **Nichtkaufleute.** Ebenfalls sind die sonstigen freien Berufe (z. B. Ärzte, Rechtsanwälte, Steuerberater) von der Regelung des § 1 HGB ausgenommen, auch sie sind keine Kaufleute.

Kleingewerbe

Ein Gewerbe, das keine kaufmännische Organisation erfordert, ist ein Kleingewerbe. Für dieses gilt das HGB nur in **beschränktem Umfang.** Dieses Unternehmen

- ist nur zu eingeschränkter Buchführung verpflichtet,
- braucht sich nicht in das Handelsregister eintragen zu lassen,
- führt keine Firma,
- kann keine Personengesellschaften gründen,
- kann nur eine Ausfallbürgschaft übernehmen (vgl. Seite 328 f.).

Beispiel Der Kiosk Peter Kurscheid erzielt bei einem Eigenkapital von 50.000,00 EUR einen Umsatz von 200.000,00 EUR pro Jahr und einen Gewinn von 20.000,00 EUR. Somit betreibt er ein Kleingewerbe.

○ Gewerbetreibender nach § 2 HGB

§

§ 2 HGB: Ein gewerbliches Unternehmen, dessen Gewerbebetrieb nicht schon nach § 1 Abs. 2 Handelsgewerbe ist, gilt als Handelsgewerbe im Sinne dieses Gesetzbuchs, wenn die Firma des Unternehmens in das Handelsregister eingetragen ist. Der Unternehmer ist berechtigt, aber nicht verpflichtet, die Eintragung nach den für die Eintragung kaufmännischer Firmen geltenden Vorschriften herbeizuführen. Ist die Eintragung erfolgt, so findet eine Löschung der Firma auch auf Antrag des Unternehmers statt, sofern nicht die Voraussetzung des § 1 Abs. 2 eingetreten ist.

LF 8 Ein in kaufmännischer Weise eingerichteter Geschäftsbetrieb ist i. d. R. erforderlich, wenn eine kaufmännische Buchführung notwendig ist und kaufmännische Mitarbeiter beschäftigt werden.

Ist dies nicht der Fall, **kann** sich der Gewerbetreibende freiwillig in das Handelsregister eintragen lassen **(Kannkaufmann)**. Ab dem Zeitpunkt der Eintragung ist der Gewerbetreibende Kaufmann, folglich ist die Wirkung der Eintragung konstitutiv (vgl. Seite 291).

Beispiele Kiosk, Blumengeschäft, Lottoannahmestelle

○ Handelsgesellschaften

Die **Gesellschaft mit beschränkter Haftung** (vgl. Seite 300) ist Kaufmann kraft Rechtsform **(Formkaufmann)**. Sie ist ab der Eintragung in das Handelsregister juristische Person und erwirbt damit ohne Rücksicht auf den Gegenstand des Unternehmens die Eigenschaft eines Kaufmanns (§ 6 HGB).

Beispiele Center Warenhaus GmbH, Mod-Shop GmbH Gisela Meyer, Abels Bau- und Hobbymarkt GmbH

● Firma

§

§ 17 Abs. 1 HGB: Die Firma eines Kaufmanns ist der Name, unter dem er im Handel seine Geschäfte betreibt und die Unterschrift abgibt.

Die Firma besteht aus dem Firmenkern und dem Firmenzusatz. Der **Firmenkern** beinhaltet den Namen des Kaufmanns, den Gegenstand des Unternehmens oder eine Fantasiebezeichnung.

Beispiel Abels Bau- und Hobbymarkt GmbH, Chemische Fabriken KG; Mars Elektrofachmarkt e. K.

Der **Firmenzusatz** kann das Gesellschaftsverhältnis erklären, über Art und Umfang des Geschäftes Auskunft geben oder der Unterscheidung der Person oder des Geschäftes dienen. Er muss der Wahrheit entsprechen.

§

§ 19 HGB: (1) Die Firma muss ... enthalten: 1. bei Einzelkaufleuten die Bezeichnung „eingetragener Kaufmann“, „eingetragene Kauffrau“ oder eine allgemein verständliche Abkürzung dieser Bezeichnung, insbesondere „e. K.“, „e. Kfm.“ oder „e. Kffr.“, 2. bei einer offenen Handelsgesellschaft die Bezeichnung „offene Handelsgesellschaft“ oder eine allgemein verständliche Abkürzung dieser Bezeichnung, 3. bei einer Kommanditgesellschaft die Be-

zeichnung „Kommanditgesellschaft" oder eine allgemein verständliche Abkürzung dieser Bezeichnung.
(2) Wenn in einer offenen Handelsgesellschaft oder Kommanditgesellschaft keine natürliche Person persönlich haftet, muss die Firma eine Bezeichnung enthalten, welche die Haftungsbeschränkung kennzeichnet.

§

Firmenarten

Personenfirma: Die Firma besteht aus einem oder mehreren Namen und ggf. dem Vornamen.

Beispiele Edith Mauser e. K., Mauser & Co. KG, Mauser & Freund GmbH

Sachfirma: Die Firma ist aus dem Gegenstand des Unternehmens abgeleitet.

Beispiele Spielwelt GmbH, Gartencenter Süd e. G., Einkaufszentrum Rheinpark GmbH

Gemischte Firma: Die Firma besteht aus Personennamen und dem Gegenstand des Unternehmens.

Beispiele Spielwaren Edith Mauser e. K., Lebensmitteldiscount Schlegel KG

Fantasiefirma: Die Firma besteht aus einer Abkürzung oder einem Fantasienamen.

Beispiele Solid Zentralhandelsgesellschaft mbH, Self-Selling-GmbH, Center Warenhaus GmbH

Firmengrundsätze

Bei der Wahl der Firma muss der Kaufmann neben den Vorschriften, die sich auf die Unternehmensform beziehen, die **Firmengrundsätze** beachten.

Firmenwahrheit/Firmenklarheit: Bei einer Sachfirma muss der Gegenstand der Unternehmung den Tatsachen entsprechen **(Firmenwahrheit).** Firmenzusätze dürfen nicht zu einer Täuschung über die Art oder den Umfang des Geschäfts oder die Verhältnisse des Geschäftsinhabers Anlass geben **(Firmenklarheit).**

Firmenausschließlichkeit: Ist eine Firma in das Handelsregister eingetragen, hat sie das ausschließliche Recht, diese Firma zu führen. Will sich ein Kaufmann gleichen Namens in dieses Handelsregister eintragen lassen, so muss er sich von der bereits eingetragenen Firma deutlich unterscheiden. Dies kann z. B. durch einen Firmenzusatz oder weitere Vornamen geschehen.

Firmenbeständigkeit: Da der gute Ruf eines Unternehmens einen großen Wert darstellen kann, darf der Name der Firma bei einem Wechsel des Inhabers beibehalten werden. Dies kann mit oder ohne einen das Nachfolgeverhältnis andeutenden Zusatz geschehen.

Beispiele Erwirbt Edith Mauser ein bestehendes Spielwarenfachgeschäft, das die Firma Helma Friedrich führt, sind folgende Firmen denkbar:
- Edith Mauser e. K.
- Edith Mauser, vormals Helma Friedrich e. K.
- Helma Friedrich e. K.
- Helma Friedrich Nachf. e. K.
- Helma Friedrich, Inhaber Edith Mauser e. K.

Firmenöffentlichkeit: Jeder Kaufmann ist verpflichtet, seine Firma und den Ort der Niederlassung in das Handelsregister (vgl. Seite 289 ff.) eintragen zu lassen. Einzelhändler müssen ihren Familiennamen und einen ausgeschriebenen Vornamen an der Außenseite des Geschäfts deutlich sichtbar anbringen. Die Hervorhebung der Firma wird oft zu Werbezwecken genutzt.

Handelsgewerbe und Firma

Kaufmann

Gewerbe = auf Dauer angelegte und auf Gewinnerzielung ausgerichtete selbstständige Tätigkeit i. S. § 1 HGB

Gewerbetreibender

- Kaufmann kraft Betätigung ohne Rücksicht auf die Eintragung

Kleingewerbetreibender

- kein Kaufmann
- im Falle der Eintragung Kaufmann

Handelsgesellschaften

- ohne Rücksicht auf den Gegenstand des Unternehmens Kaufmann

Begriff	Arten	Grundsätze
Die Firma eines Kaufmanns ist der Name, unter dem er sein Handelsgewerbe betreibt und die Unterschrift abgibt. Einzelkaufleuten, Personengesellschaften und Kapitalgesellschaften ist die freie Wahl einer aussagekräftigen, werbewirksamen Firma gestattet, wenn diese unterscheidungskräftig ist, die Gesellschaftsverhältnisse offen legt und nicht irreführend ist.	– **Personenfirma:** Firmenkern besteht aus Namen der/des Unternehmer/s – **Sachfirma:** Firmenkern besteht aus Gegenstand des Unternehmens. – **Gemischte Firma:** Firma besteht aus Namen und Gegenstand des Unternehmens. – **Fantasiefirma:** Firma besteht aus Fantasienamen.	– **Wahrheit:** Bei Sachfirma muss Gegenstand des Unternehmens wahr sein. – **Klarheit:** keine täuschenden Firmenzusätze. – **Ausschließlichkeit:** eingetragene Firma hat ausschließlich das Recht, diese Firma zu führen. – **Beständigkeit:** Fortführung des Namens der Firma bei Wechsel in der Person des Inhabers. – **Öffentlichkeit:** Eintragung der Firma am Ort der Niederlassung in das Handelsregister.

1. Erläutern Sie Rechte und Pflichten
a) des Gewerbetreibenden,
b) des Kleingewerbetreibenden.

2. Der Auszubildende Fritz behauptet, er müsse „nach der Schule noch in die Firma". Begründen Sie, warum Fritz sich hier nicht der korrekten kaufmännischen Fachsprache bedient.

3. Erstellen Sie eine Liste der Ausbildungsbetriebe Ihrer Klasse und ordnen Sie diese den unterschiedlichen Firmenarten zu.

4. Edith Mauser stellt fest, dass bereits eine Firma gleichen Namens in das Handelsregister eingetragen ist. Erläutern Sie, was Frau Mauser tun kann.

5. Was ist nach den Bestimmungen des Handelsgesetzbuches unter einer Firma zu verstehen?

1. Eine juristische Person
2. Der Familienname eines Kleingewerbetreibenden
3. Ein Gewerbebetrieb
4. Der Name eines Kaufmanns, unter dem er seine Geschäfte betreibt
5. Ein kaufmännischer Betrieb

6. Ordnen Sie den fünf Firmengrundsätzen jeweils eine Aussage zu.

Aussagen über die Firma	Firmengrundsätze
1. Jede neue Firma muss sich von allen an demselben Ort bereits bestehenden Firmen deutlich unterscheiden.	a) Firmenbeständigkeit
2. Die Firma darf keine Zusätze über Art und Umfang des Geschäftes enthalten, die Außenstehende täuschen könnten.	b) Firmenausschließlichkeit
3. An der Eingangstür muss ein Firmenschild angebracht sein, aus dem der Name des Inhabers und die Telefonnummer hervorgehen.	c) Öffentlichkeit der Firma
4. Ein Kaufmann meldet seine Firma zur Eintragung in das Handelsregister an.	d) Firmenwahrheit
5. Aus der Firma muss erkennbar sein, welche Unternehmensform vorliegt.	e) Firmenklarheit
6. Beim Erwerb eines Unternehmens darf die bisherige Firma nach Einwilligung des bisherigen Inhabers fortgeführt werden.	

2.2 Handelsregister

Edith Mauser sitzt am Wochenende mit ihrer Freundin Sabine Freund zusammen. *„Mir schwirrt der Kopf, Sabine, der Schritt in die Selbstständigkeit ist erstmal ein Schritt in die Bürokratie! Die Banken geben mir nur Finanzierungszusagen, wenn sie von meiner Geschäftsidee überzeugt sind und wenn ich Vereinbarungen mit den erforderlichen Lieferanten nachweisen kann, ich muss mich beim Finanzamt, der Berufsgenossenschaft und der Krankenkasse anmelden und jetzt habe ich gehört, dass ich mich in das Handelsregister eintragen lassen muss!“* – *„Da kann ich dir vielleicht helfen“*, erwidert Sabine, *„wir haben das Thema gerade in der Berufsschule besprochen und Frau Ahlemann hat mir für ein Referat einen Handelsregisterauszug der Center Warenhaus GmbH zur Verfügung gestellt.“* Edith Mauser betrachtet sich interessiert den Handelsregisterauszug der Center Warenhaus GmbH.

Amtsgericht **Köln**

Nr. der Eintragung	a) Firma b) Ort der Niederlassung (Sitz der Gesellschaft) c) Gegenstand des Unternehmens (bei juristischen Personen)	Geschäftsinhaber Persönlich haftende Gesellschafter Vorstand Abwickler	Prokura
1	2	3	4
1	a) Center Warenhaus GmbH b) Köln c) Anschaffung und Weiterveräußerung von Waren aller Art an den Letztverbraucher	Kerstin Sommer, Kauffrau, Köln Thomas Becker, Kaufmann, Köln	Hanne Bauer, Bergheim Oliver Lehnert, Köln Claudia Ahlemann, Köln haben Gesamtprokura, jeder in Gemeinschaft mit einem anderen Prokuristen

HR B 597

Rechtsverhältnisse	a) Tag der Eintragung und Unterschrift b) Bemerkungen
5	6
Gesellschaft mit beschränkter Haftung Beginn: 19. März .. Gesellschafter sind: Dipl.-Kauffrau Kerstin Sommer, Köln, mit einem Stammkapital von 150.000,00 EUR Dipl.-Betriebswirt Thomas Becker, Köln, mit einem Stammkapital von 150.000,00 EUR	a) 1. Januar .. umgeschrieben von HRB 2590 b) erste Eintragung am 19. März ..

ARBEITSAUFTRÄGE

- Stellen Sie eine Liste der Inhalte zusammen, die Edith Mauser für die Eintragung in das Handelsregister bereithalten muss.
- Erläutern Sie Gründe, die für die Öffentlichkeit des Handelsregisters sprechen.
- Stellen Sie die Einteilung des Handelsregisters dar und erläutern Sie die Wirkung der Eintragung.

Das Handelsregister ist ein **amtliches Verzeichnis aller Kaufleute**, das vom Amtsgericht des Bezirks geführt wird. Es soll die Öffentlichkeit über wichtige Sachverhalte und Rechtsverhältnisse der Kaufleute und Handelsgesellschaften unterrichten.

§

§ 9 Abs. 1 HGB: (1) Die Einsicht des Handelsregisters sowie der zum Handelsregister eingereichten Schriftstücke ist jedem gestattet. (2) Von den Eintragungen und den zum Handelsregister eingereichten Schriftstücken kann eine Abschrift gefordert werden.

Neuerdings kann man auch vom Schreibtisch aus **online** Einsicht in das Handelsregister nehmen. Die Eintragungen in das Handelsregister werden im **Bundesanzeiger** und mindestens einer Zeitung des Amtsgerichtsbezirks **veröffentlicht**.

PRAXISTIPP Siehe im Internet z. B. unter www.ebundesanzeiger.de sowie www.handelsregister.de.

Gliederung: Das Handelsregister wird in **zwei Abteilungen** gegliedert:

- **Abteilung A** für Einzelkaufleute und Personengesellschaften, z. B. e. K., KG (vgl. Seite 293 ff.)
- **Abteilung B** für Kapitalgesellschaften, z. B. GmbH (vgl. Seite 299 f.)

  Die Genossenschaften werden in ein spezielles **Genossenschaftsregister** eingetragen.

Die **Anmeldung** muss mündlich durch den Inhaber oder Geschäftsführer oder schriftlich in notariell beglaubigter Form erfolgen.

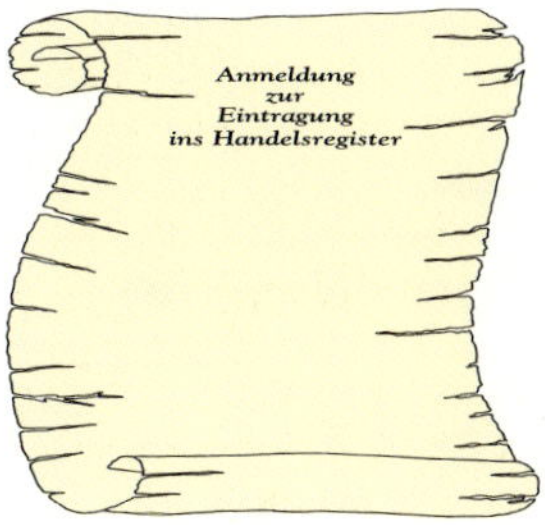

Inhalt der Eintragung sind u. a.:
- Firma und Ort der Niederlassung
- Name des Inhabers oder der persönlich haftenden Gesellschafter
- Name und Einlage von Kommanditisten (vgl. Seite 296)

Bei **Kapitalgesellschaften** werden zusätzlich eingetragen:
- Name der Geschäftsführer (vgl. Seite 301)
- Gegenstand des Unternehmens
- Höhe des Haftungskapitals (vgl. Seite 300)
- Datum des Gesellschaftsvertrages

Die **Unterschriften der Zeichnungsberechtigten** sind beim Handelsregister zu hinterlegen.

Beispiel Die Unterschriften der Geschäftsführer der Center Warenhaus GmbH sind beim Handelsregister in Köln hinterlegt.

Ebenfalls eingetragen wird z. B. die Auflösung der Unternehmung. **Löschungen** im Handelsregister erfolgen, indem Eintragungen rot unterstrichen werden.

Die **Wirkung** der Eintragung kann **rechtsbezeugend** (deklaratorisch) oder **rechtserzeugend** (konstitutiv) sein.

- **Deklaratorisch** bedeutet, dass die Rechtswirkung schon vor Eintragung eingetreten ist. So ist Kaufmann, wer ein Handelsgewerbe nach § 1 HGB betreibt (vgl. Seite 285). Die Eintragung in das Handelsregister **bezeugt** diese Tatsache lediglich.

  Beispiel Zum Kaufmann wird die Lebensmittel Discount Schlegel KG mit Aufnahme eines Handelsgewerbes. Die Eintragung in das Handelsregister bezeugt diese Tatsache lediglich.

- **Konstitutiv** bedeutet, dass die Rechtswirkung erst mit der Eintragung in das Handelsregister eintritt. So wird der Kannkaufmann erst im Moment der Eintragung Kaufmann im Sinne des HGB. Die Eintragung **erzeugt** die Rechtswirkung.

  Beispiel Die Center Warenhaus GmbH entstand als juristische Person im Moment der Eintragung in das Handelsregister.

Ist eine Tatsache eingetragen und bekannt gemacht, so muss ein Dritter sie gegen sich gelten lassen, auch wenn er sie nicht kannte (**Öffentlichkeitswirkung**).

Beispiel Helga Kowski ist Prokuristin der Computec GmbH & Co. KG. Wegen einer Unterschlagung wird ihr die Prokura entzogen und der Arbeitsvertrag fristlos gekündigt. Die Entziehung der Prokura wird im Handelsregister eingetragen und veröffentlicht. Eine Woche später kauft Frau Kowski im Namen der Computec GmbH & Co. KG bei der Auto-Becker GmbH einen Pkw der Oberklasse und verschwindet mit dem Fahrzeug. Da der Entzug der Prokura von Frau Kowski eingetragen und veröffentlicht war, kann die Auto-Becker GmbH die Forderung nicht gegen die Computec GmbH & Co. KG geltend machen.

Jeder Kaufmann sollte sorgfältig den **Bundesanzeiger** und die öffentlichen Bekanntmachungen in der Tageszeitung lesen. Nur so kann er sicherstellen, dass er jederzeit über Veränderungen, z. B. bei der Haftung eines Kunden, informiert ist.

HRB 17155: **15.07.20.. Geschenkparadies Klara Klein GmbH, Köln (Aachener Str. 1250, 50859 Köln).** Bestellt als Geschäftsführerin: Klein, Klara, Köln, *05.12. ...., einzelvertretungsberechtigt mit der Befugnis im Namen der Gesellschaft mit sich im eigenen Namen oder als Vertreter eines Dritten Rechtsgeschäfte abzuschließen.

Handelsregister

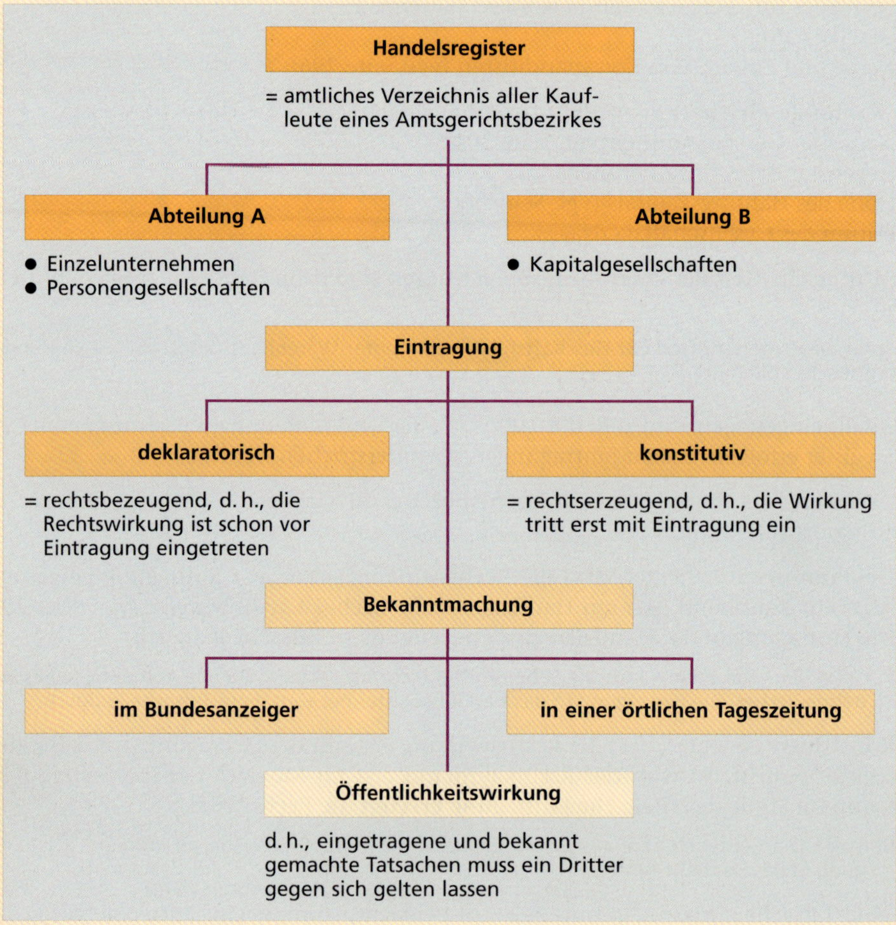

1. Erläutern Sie den Unterschied zwischen deklaratorischer und konstitutiver Wirkung einer Eintragung in das Handelsregister anhand je eines Beispiels.

2. Welche Rechtsfolgen hat die so genannte Öffentlichkeitswirkung des Handelsregisters? Erläutern Sie den Sachverhalt anhand eines Beispiels.

3. Beschaffen Sie sich die öffentlichen Bekanntmachungen des Handelsregisters Ihrer Tageszeitung und erläutern Sie einen Handelsregisterauszug.

4. Prüfen und begründen Sie, ob die nachfolgenden Aussagen den gesetzlichen Vorschriften zum Handelsregister entsprechen:

1. Das Handelsregister ist das Verzeichnis aller Kaufleute eines Amtsgerichtsbezirkes.
2. In das Handelsregister dürfen nur Kaufleute bei Vorliegen eines berechtigten Interesses Einblick nehmen.
3. Die GmbH wird in die Abteilung A (HRA) des Handelsregisters eingetragen.
4. Kapitalgesellschaften werden in die Abteilung B (HRB) des Handelsregisters eingetragen.
5. Eintragungen, die im Handelsregister rot unterstrichen sind, gelten als gelöscht.
6. Die Anmeldung zum Handelsregister kann formlos erfolgen.

5. Sammeln Sie Zeitungsausschnitte aus den öffentlichen Bekanntmachungen der Tageszeitung.

a) Ordnen Sie diese anhand der Kriterien Gründung, Veränderungen, Löschung.

b) Stellen Sie fest, welche Branchen und Unternehmensformen am häufigsten vertreten sind.

3 Typische Unternehmensformen im Einzelhandel

3.1 Die kaufmännische Einzelunternehmung (e. K.)

Edith Mauser hat die Vor- und Nachteile einer Existenzgründung abgewogen und auch die Frage der Firma ist geklärt. Zur Vorbereitung auf ihre Zukunft als Unternehmerin hat sie auch an einem Seminar der Industrie- und Handelskammer für Existenzgründer teilgenommen. Nur bei der Frage der Unternehmensform ist sie sich noch unsicher. Am Abend bespricht sie das Thema mit ihrer Freundin Sabine Freund. *„Grundsätzlich hast Du natürlich die Auswahl zwischen einer Vielzahl von Unternehmensformen"*, sagt Sabine, *„aber eigentlich möchtest du dich doch selbstständig machen, um dein eigener Herr zu sein, oder?" „Du hast Recht"*, erwidert Edith, *„ich wollte immer die alleinige Inhaberin eines eigenen Einzelhandelsbetriebes sein."*

ARBEITSAUFTRÄGE

- Stellen Sie in einer Liste die Vor- und Nachteile der Gründung eines eigenen Unternehmens gegenüber.
- LF 1 Stellen Sie die wesentlichen Merkmale der Einzelunternehmung auf einem Lernplakat dar.

Die Einzelunternehmung wird von **einer Person** betrieben, die das Eigenkapital allein aufbringt.

Die **Gründung** erfolgt formlos. Falls das Gewerbe eine kaufmännische Organisation erfordert, ist eine Eintragung in das Handelsregister erforderlich.

Die **Firma** der Einzelunternehmung kann Sach-, Personen-, Fantasiefirma oder gemischte Firma sein. Sie muss den Zusatz „eingetragener Kaufmann" (e. K./e. Kfm.) oder „eingetragene Kauffrau" (e. K./e. Kffr.) enthalten.

Beispiele Edith Mauser e. K. Spielwaren-Einzelhandel

Da der Einzelunternehmer als alleiniger **Eigenkapitalgeber** fungiert, ist die Eigenkapitalbasis durch das Vermögen des Unternehmers begrenzt. Eine Erweiterung des Eigenkapitals kann durch die Nichtentnahme erzielter Gewinne erfolgen. Diese Möglichkeit ist jedoch begrenzt, weil der Kaufmann aus dem Gewinn seines Betriebes die Kosten seiner persönlichen Lebensführung bestreiten muss, da er kein Gehalt bezieht.

Unabhängig von den tatsächlichen wirtschaftlichen Verhältnissen wirkt sich die Beschränkung des Haftungskapitals auf das Vermögen **einer** Person nachteilig auf die Kreditwürdigkeit aus. Deshalb sind den Möglichkeiten der **Fremdkapitalbeschaffung** bei der Einzelunternehmung enge Grenzen gesetzt.

Der Einzelunternehmer **haftet** für die Verbindlichkeiten seines Unternehmens **allein und unbeschränkt**, d. h. mit seinem gesamten Vermögen (Betriebs- und Privatvermögen).

Beispiel Die Einzelunternehmerin Mauser hat für die Gründung ihrer Spielwaren-Einzelhandlung bei der Bank einen Kredit aufgenommen. Sie haftet hierfür mit ihrem gesamten Vermögen, d. h. auch mit ihrem Privatvermögen.

Da der Einzelunternehmer alle Risiken allein übernimmt, steht ihm auch der gesamte **Gewinn** zu, andererseits trägt er auch alle **Verluste** allein.

Der Einzelunternehmer ist alleiniger Inhaber, er hat infolgedessen auch alle Entscheidungsbefugnisse. Er hat das alleinige Recht, im Innenverhältnis die Geschäfte zu führen **(Geschäftsführungsbefugnis)** und das Unternehmen im Außenverhältnis gegenüber Dritten zu vertreten **(Vertretungsbefugnis).**

PRAXISTIPP Die Einzelunternehmung ist die einfachste Rechtsform des Handelsrechts. Hier liegen alle betrieblichen Entscheidungen in der Hand eines mitarbeitenden Eigentümers, der auch das volle Risiko trägt. Rund 75 % aller steuerpflichtigen Unternehmen in Deutschland sind Einzelunternehmen.

Die kaufmännische Einzelunternehmung (e. K.)

Definition	– Gewerbebetrieb, dessen Eigenkapital von einer Person aufgebracht wird
Gründung	– eine Person – Eintragung in das Handelsregister bei Handelsgewerbe mit kaufmännischem Umfang
Firma	– Personen-, Sach-, Fantasiefirma oder gemischte Firma mit Zusatz „eingetragener Kaufmann/eingetragene Kauffrau" = **e. K.**
Kapitalaufbringung	– durch den Einzelunternehmer
Haftung	– allein und unbeschränkt
Geschäftsführung und Vertretung	– allein durch den Einzelunternehmer
Gewinne und Verluste	– erhält bzw. trägt der Einzelunternehmer

1. Beschreiben Sie die Rechtsform der Einzelunternehmung.

2. Der Einzelunternehmer Eberle ist zahlungsunfähig. Der Gläubiger Pfeiffer behauptet, Eberle hafte auch mit seinem Privatvermögen. Eberle selbst steht auf dem Standpunkt, Geschäfts- und Privatvermögen hätten nichts miteinander zu tun. Nehmen Sie zu diesen Behauptungen Stellung.

3. Stellen Sie fest, wer sich in Ihrer Klasse einmal selbstständig machen möchte, und diskutieren Sie die damit verbundenen Vor- und Nachteile.

4. Stellen Sie in einem Kurzreferat die Unternehmensform der Einzelunternehmung vor. Nutzen Sie Tafel, Overheadprojektor oder andere Medien zur Veranschaulichung.

3.2 Die Kommanditgesellschaft (KG) als Personengesellschaft

Edith Mausers Spielwaren-Geschäft ist eröffnet. Das Einkaufszentrum Rheinpark, in dem sie ihr Einzelhandelsgeschäft betreibt, entwickelt sich immer mehr zu einer exklusiven Adresse für Kunden des gehobenen Bedarfs. Da Frau Mauser mit ihrem Sortiment genau diese Zielgruppe abdeckt, steigen die Umsätze und sie muss schon bald zwei Verkäuferinnen einstellen. Auch in der Buchhaltung wird eine Halbtagskraft beschäftigt. Für erforderliche Erweiterungen der Geschäftsräume beantragt Frau Mauser einen Kredit bei ihrer Hausbank. Dieser wird jedoch mit der Begründung abgelehnt, das Eigenkapital sei zu gering und es fehle an Sicherheiten. Auch der größte Lieferant des Spielwaren-Geschäftes Mauser, ist nicht bereit, Mauser den Lieferantenkredit weiter aufzustocken. In dieser Situation bietet der Steuerberater Schröder Frau Mauser eine Beteiligung an ihrem Unternehmen an. Er ist bereit, eine beträchtliche Summe zu investieren, kann aber aufgrund seiner beruflichen Situation nicht im Unternehmen mitarbeiten und möchte die Haftung auf das eingesetzte Kapital beschränken.

ARBEITSAUFTRÄGE

- Erarbeiten Sie die Merkmale der KG und stellen Sie diese in einer geeigneten Form Ihren Mitschülern vor.
- Beurteilen Sie, ob diese Unternehmensform die Lösung für Frau Mausers Probleme ist.

Definition

Die **Kommanditgesellschaft** ist eine **Handelsgesellschaft**, bei der mindestens ein Gesellschafter unbeschränkt **(Komplementär)** und die anderen Gesellschafter nur in Höhe ihrer Einlage (**Kommanditist**) haften.

Gründung

Zur **Gründung** einer KG sind mindestens zwei Personen erforderlich. Der Gesellschaftsvertrag ist formfrei. Die Gesellschaft ist zur Eintragung in das Handelsregister anzumelden. Dies ist besonders für den Kommanditisten von großer Wichtigkeit, da eine Beschränkung der Haftung auf die Einlage erst ab dem Zeitpunkt der Eintragung rechtswirksam ist.

Firma

Die **Firma** der KG kann Personen-, Sach-, Fantasiefirma oder gemischte Firma sein. Sie muss den Zusatz „Kommanditgesellschaft“ oder eine verständliche Abkürzung dieser Bezeichnung enthalten. Der Name des Kommanditisten darf nicht in die Firma aufgenommen werden.

Beispiel Mauser & Schröder gründen eine KG. Frau Mauser wird Komplementärin, Herr Schröder Kommanditist. Die Firma wird als Mauser KG in das Handelsregister eingetragen.

Kapitalaufbringung

Die Möglichkeiten der **Eigenkapitalbeschaffung** sind bei der KG i. d. R. größer als bei der Einzelunternehmung, da aufgrund der Beschränkung der Haftung des Kommanditisten auf seine Einlage leichter Kapitalgeber gefunden werden können.

Die **Fremdkapitalbeschaffung** ist leichter als bei der Einzelunternehmung, da hier neben dem Vollhafter zumindest ein Teilhafter mit der Einlage zusätzlich haftet.

Haftung

Ein **Komplementär der KG haftet** unbeschränkt, unmittelbar und solidarisch:

- **Unbeschränkt** bedeutet, dass der Komplementär mit seinem gesamten Vermögen haftet. Es haftet also nicht nur das Gesellschaftsvermögen, sondern der Komplementär muss auch mit seinem Privatvermögen für die Schulden der KG einstehen.
- **Unmittelbar** (persönlich, direkt) bedeutet, dass sich ein Gläubiger an jeden beliebigen Komplementär wenden kann. Der Komplementär kann nicht verlangen, dass der Gläubiger zuerst gegen die Gesellschaft auf Zahlung klagt.
- **Solidarisch** (gesamtschuldnerisch) heißt, dass jeder Komplementär für die gesamten Schulden der KG haftet. Er haftet also für die anderen Gesellschafter mit. Im Innenverhältnis hat der Gesellschafter selbstverständlich einen Ausgleichsanspruch, d. h., er kann von den anderen Komplementären deren Anteil verlangen.

Ein in eine Einzelunternehmung oder KG **eintretender Gesellschafter** haftet auch für die Verbindlichkeiten, die bei seinem Eintritt bereits bestehen. **Bei Austritt** haftet der Gesellschafter noch fünf Jahre für die bei seinem Austritt vorhandenen Verbindlichkeiten.

Die **Haftung des Kommanditisten** ist auf die in das Handelsregister eingetragene Einlage beschränkt.

Geschäftsführung und Vertretung

Geschäftsführung und **Vertretung** der Gesellschaft liegen allein (Grundsatz der Einzelvertretungsmacht) beim Komplementär, d. h., der Kommanditist ist von der Führung der Geschäfte ausgeschlossen. Er kann Rechtsgeschäften jedoch widersprechen, wenn sie über den gewöhnlichen Geschäftsbetrieb hinausgehen.

Beispiel Der Komplementär will den Sitz des Unternehmens aus steuerlichen Gründen nach Liechtenstein verlegen. Hier hat der Kommanditist ein Widerspruchsrecht.

Der Kommanditist ist berechtigt, eine Abschrift der Bilanz zu verlangen und diese durch Einsicht in die Bücher auf ihre Richtigkeit hin zu überprüfen. Das Recht auf eine laufende Kontrolle der Geschäfte hat er jedoch nicht.

Beispiel Der Kommanditist Schröder erscheint an jedem ersten Freitag im Monat im Unternehmen und verlangt Einblick in die Bücher. Komplementärin Mauser kann ihm dies verweigern, da der Kommanditist kein Recht auf eine laufende Kontrolle der Geschäfte hat.

Gewinnverteilung

Bei der KG erhält der geschäftsführende Gesellschafter vom **Gewinn** der Unternehmung i. d. R. zunächst einen Unternehmerlohn. Danach werden die Kapitaleinlagen gemäß Gesellschaftsvertrag verzinst. Ist hierüber keine Regelung getroffen, gilt § 168 HGB, der eine Kapitalverzinsung von 4 % vorsieht. Falls der Gewinn diesen Betrag übersteigt, soll der Rest „angemessen" verteilt, d. h. das unterschiedliche Risiko der Gesellschafter berücksichtigt werden.

Beispiel Herr Schröder ist mit 100.000,00 EUR als Kommanditist an der Mauser KG beteiligt. Frau Mauser hat als Komplementärin 150.000,00 EUR eingebracht. Im ersten Jahr der Gründung erwirtschaftet die KG einen Gewinn in Höhe von 35.000,00 EUR. Nach der Kapitalverzinsung lt. HGB verbleibt ein Restgewinn in Höhe von 25.000,00 EUR. Im Gesellschaftsvertrag ist vereinbart, dass die angemessene Gewinnverteilung im Verhältnis der Einlagen, d. h. im Verhältnis 2:3, erfolgt. Herr Schröder erhält somit 10.000,00 EUR und Frau Mauser 15.000,00 EUR vom Restgewinn.

Gesellschafter	Geschäftsanteil in EUR	Kapitalverzinsung 4% in EUR	Rest angemessen in EUR	Gewinnanteil in EUR
Schröder	100.000,00	4.000,00	10.000,00	14.000,00
Mauser	150.000,00	6.000,00	15.000,00	21.000,00
	250.000,00	10.000,00	25.000,00	35.000,00

Der Kommanditist hat nur Anspruch auf Auszahlung des Gewinns, wenn er seine Einlage voll geleistet hat.

Verlustverteilung

Macht die Gesellschaft **Verlust**, wird dieser im Verhältnis der Anteile verteilt, wobei die Verlustbeteiligung des Kommanditisten auf die Höhe seiner Einlage beschränkt ist.

Die Gesellschafter können das Gesellschaftsverhältnis mit einer Frist von sechs Monaten zum Ende des Geschäftsjahres **kündigen**.

PRAXISTIPP Die Kommanditgesellschaft bietet dem Einzelunternehmer die Möglichkeit der Erweiterung des Eigenkapitals, ohne dem eintretenden Gesellschafter (Kommandisten) Einfluss auf die Geschäftsführung oder Vertretung des Unternehmens einräumen zu müssen. Darüber hinaus entfällt die feste Zinszahlung wie bei einem Bankkredit.

Die Kommanditgesellschaft (KG) als Personengesellschaft

Definition	– Handelsgesellschaft, bei der mindestens ein Gesellschafter unbeschränkt (Komplementär) und ein Gesellschafter in Höhe seiner Einlage (Kommanditist) haftet
Gründung	– mindestens zwei Personen – Gesellschaftsvertrag ist formfrei – Handelsregistereintrag erforderlich
Firma	– Personen-, Sach-, Fantasiefirma oder gemischte Firma mit Zusatz KG
Kapitalaufbringung	– verbesserte Möglichkeiten der Eigenfinanzierung durch Aufnahme von Kommanditisten
Haftung	– Komplementär: – unbeschränkt – unmittelbar – solidarisch – Kommanditist: – in Höhe seiner Einlage
Geschäftsführung und Vertretung	– durch den Komplementär (Grundsatz der Einzelvertretung)
Gewinnverteilung	– 4 % aufs eingesetzte Kapital, Rest angemessen (HGB) oder nach Gesellschaftsvertrag
Verlustverteilung	– angemessen, d. h. im Verhältnis der Anteile

1. Roland Rothe plant die Gründung einer Einzelhandlung in der Rechtsform einer KG. Um Chancen und Risiken gegeneinander abzuwägen, bittet Herr Rothe seinen Steuerberater Schmitz um die Beantwortung der nachfolgenden Fragen:
a) Geben Sie an, wo die Gesellschaft eingetragen bzw. angemeldet werden muss.
b) Erläutern Sie, wie die Gesellschafter haften.
c) Beschreiben Sie, wie die gesetzliche Gewinnverteilung geregelt ist.
d) Begründen Sie, warum der Gewinn der KG, der die Verzinsung auf das eingesetzte Kapital übersteigt, „angemessen" verteilt wird.
e) Roland Rothe betreibt die KG zusammen mit seinem Kompagnon Kotte. Rothe ist Komplementär, Kotte Kommanditist. Nennen Sie mögliche Firmen.
f) Stellen Sie in einer Tabelle die Rechte und Pflichten des Komplementärs gegenüber.
Helfen Sie Herrn Schmitz bei der Erledigung dieses Auftrages.

2. Nach der Eintragung der Rothe KG in das Handelsregister kauft Rothe mehrere Geschäfts-Pkw.
a) Erläutern Sie, ob Rothe das Geschäft für die KG wirksam abschließen konnte.
b) Führen Sie aus, welche Rechtsfolgen es gehabt hätte, wenn Kotte dem Geschäft widersprochen hätte.

c) Erläutern Sie, ob Kotte sich an einer weiteren KG als Gesellschafter beteiligen kann.
d) Kotte bekommt einen Lkw günstig angeboten. Er möchte dieses Geschäft auf eigene Rechnung machen. Ist dies zulässig, wenn Rothe dagegen ist?
e) Aufgrund von Unstimmigkeiten möchte Kotte die Gesellschaft verlassen. Er ist der Meinung, ab dem Tag der Auflösung des Gesellschaftsvertrages habe er mit den Verbindlichkeiten des Unternehmens nichts mehr zu tun. Erläutern Sie die Rechtslage.

3. Abweichend von der gesetzlichen Regelung vereinbaren die Gesellschafter die folgende Gewinnverteilung: „Die Verzinsung des eingesetzten Kapitals soll jeweils 2 % über dem Basiszinssatz der Europäischen Zentralbank vom 1. Dezember des jeweiligen Geschäftsjahres liegen. Der Rest wird nach Köpfen verteilt." Überlegen Sie, welche Gründe für diese Formulierung sprechen könnten.

4. Erläutern Sie die gesetzliche Gewinnverteilung bei der KG und begründen Sie die unterschiedliche Behandlung der Gesellschafter.

3.3 Die Gesellschaft mit beschränkter Haftung (GmbH) als Kapitalgesellschaft

Ärger bei der Center Warenhaus GmbH! Herr Becker kommt von einer Veranstaltung des Einzelhandelsverbandes und hat eine Idee mitgebracht. Die Lebensmittelabteilung soll in eigener Gewinnverantwortung und als eigene GmbH geführt werden. Sie soll dazu aus der Center Warenhaus GmbH ausgegliedert und in eine eigene GmbH überführt werden. Frau Sommer ist entschieden dagegen. Ein Wort gibt das andere und am Ende sind die beiden heillos zerstritten. Herr Becker ist der Meinung, als Geschäftsführer habe er das Recht kaufmännische Entscheidungen zu treffen. Frau Sommer ist anderer Meinung. *„Wir sind beide Geschäftsführer und gleichberechtigte Gesellschafter!"* Der Streit der beiden Geschäftsführer geht wie ein Lauffeuer durch das Haus und auch Sabine Freund erfährt davon. *„Kann ein Gesellschafter so einfach einen Teil des Unternehmens ausgliedern? Und was wird dann mit den Beschäftigten dieses Unternehmensteils?"*, fragt sie am Abend ihre Freundin Edith Mauser.

ARBEITSAUFTRÄGE

- Prüfen Sie anhand des Gesellschaftsvertrages der Center Warenhaus GmbH (vgl. Seite 19) nach welchen Regeln die Gesellschafter entscheiden.
- Erläutern Sie, welche Folgen eine Ausgliederung für die Mitarbeiterinnen und Mitarbeiter haben würde.
- Diskutieren Sie, welche Gründe Herr Becker für seinen Vorschlag haben könnte.
- Stellen Sie die wesentlichen Merkmale einer GmbH auf einem Lernplakat dar.

Definition

§

§ 1 GmbHG: Gesellschaften mit beschränkter Haftung können nach Maßgabe der Bestimmungen dieses Gesetzes zu jedem gesetzlich zulässigen Zweck durch eine oder mehrere Personen errichtet werden.

Die GmbH ist eine Handelsgesellschaft mit eigener Rechtspersönlichkeit **(juristische Person)**, deren Gesellschafter mit ihren Stammeinlagen am Stammkapital der Gesellschaft beteiligt sind, ohne persönlich zu haften.

Gründung

Eine Mindestzahl von **Gründern** ist nicht vorgeschrieben, d. h., dass auch eine Person allein eine GmbH gründen kann **(Ein-Personen-GmbH).** Dies kann auch eine juristische Person sein.

LF 3 Der Gesellschaftsvertrag **(Satzung)** bedarf der notariellen Beurkundung. Als juristische Person entsteht die GmbH erst mit Eintragung in das Handelsregister. Sie ist damit Formkaufmann (vgl. Seite 286).

§

§ 11 Abs. 2 GmbHG: Ist vor Eintragung im Namen der Gesellschaft gehandelt worden, so haften die Handelnden persönlich und solidarisch.

Beispiel Jürgen Kruse plant die Gründung eines Sportartikel-Fachgeschäftes in der Rechtsform einer GmbH. Er lässt von seinem Rechtsanwalt einen Gesellschaftsvertrag aufsetzen und beschafft die erforderliche Geschäftsausstattung. Da die hiermit verbundenen Rechtsgeschäfte vor der Eintragung abgeschlossen wurden, haftet Kruse persönlich und solidarisch.

Firma

Die **Firma** der GmbH kann Personen-, Sach-, Fantasiefirma oder gemischte Firma sein. Sie muss den Zusatz „Gesellschaft mit beschränkter Haftung" oder eine verständliche Abkürzung dieser Bezeichnung enthalten.

Beispiel Herr Kruse könnte z. B. folgende Firmen wählen: Kruse GmbH oder Sport-Kruse GmbH.

Kapitalaufbringung

Anders als bei den Personengesellschaften ist bei der GmbH ein festes Gesellschaftskapital vorgeschrieben. Es wird **Stammkapital** genannt und beträgt mindestens 25.000,00 EUR. Die Einlage jedes einzelnen Gesellschafters ist die **Stammeinlage**. Sie beträgt mindestens 100,00 EUR, höhere Stammeinlagen müssen durch 50 teilbar sein. Das Stammkapital kann in Geld oder Sachwerten aufgebracht werden.

Beispiel Frau Sommer hat bei Gründung der Center Warenhaus GmbH ein Grundstück im Wert von 150.000,00 EUR eingebracht. Herr Becker hat seine Einlage in Höhe von 150.000,00 EUR in bar geleistet.

Die Erhaltung oder Erweiterung der Eigenkapitalbasis der GmbH ist durch so genannte **Nachschusszahlungen** der Gesellschafter möglich. Diese müssen jedoch ausdrücklich in der Satzung vorgesehen sein. Darüber hinaus besteht die Möglichkeit der Aufnahme neuer Gesellschafter, die durch ihre Einlagen das Stammkapital der GmbH erhöhen.

Infolge der Beschränkung der Haftung und der damit verbundenen geringen Kreditwürdigkeit der GmbH sind der **Fremdkapitalbeschaffung** enge Grenzen gesetzt. Dies führt dazu, dass in der Praxis Kredite häufig nur durch Sicherung aus dem Privatvermögen der Gesellschafter vergeben werden.

Haftung

Die **Haftung** der Gesellschafter der GmbH ist ausgeschlossen, es haftet ausschließlich die juristische Person.

Beispiel Wird die Center Warenhaus GmbH zahlungsunfähig, können sich die Gläubiger ausschließlich an die Gesellschaft wenden. Sie haftet mit ihrem gesamten Betriebsvermögen in Höhe von 300.000,00 EUR. Auf das Privatvermögen von Frau Sommer und Herrn Becker haben die Gläubiger keinen Zugriff.

Geschäftsführung und Vertretung

Die **Organe** der GmbH sind der/die Geschäftsführer, die Gesellschafterversammlung und ggf. der Aufsichtsrat.

Geschäftsführung und Vertretung der Gesellschaft obliegen den **Geschäftsführern**. In der Praxis sind dies gerade bei kleinen Unternehmen häufig die Gesellschafter, es können aber selbstverständlich auch dritte Personen sein. Die Art der **Vertretungsbefugnis** ist in das Handelsregister einzutragen und auf den Geschäftsbriefen der GmbH anzugeben.

beschließendes Organ

Die **Gesellschafterversammlung** wird durch die Geschäftsführer einberufen. Sie beschließt z. B. über

- Jahresabschluss und Gewinnverwendung,
- Bestellung, Entlastung und Abberufung der Geschäftsführer und
- Bestellung von Prokuristen und Handlungsbevollmächtigten. Die Abstimmung erfolgt mit einfacher Mehrheit nach Geschäftsanteilen. Je 50,00 EUR eines Geschäftsanteils gewähren eine Stimme.

Kontrollorgan

Der Gesellschaftsvertrag kann die Einrichtung eines **Aufsichtsrates** vorsehen. Seine wesentlichen Aufgaben sind die Überwachung der Geschäftsführer und die Prüfung von **Jahresabschluss** und **Lagebericht.** Für GmbHs, die mehr als 500 Arbeitnehmer beschäftigen, ist die Einrichtung eines Aufsichtsrates zwingend durch das **Betriebsverfassungsgesetz** vorgesehen. Der Aufsichtsrat wird für vier Jahre gewählt. Er besteht aus Vertretern der Arbeitnehmer und der Gesellschafter.

Gewinn- und Verlustverteilung

Der **Gewinn** der GmbH wird, wenn die Satzung nichts anderes vorsieht und die Gesellschafterversammlung dies beschließt, im Verhältnis der Geschäftsanteile verteilt. Bei **Verlusten** werden zunächst die **Rücklagen** aufgezehrt. Ist die Gesellschaft zahlungsunfähig oder ergibt sich bei Aufstellung der **Bilanz**, dass die Schulden nicht mehr durch das Vermögen der Gesellschaft gedeckt sind, müssen die Geschäftsführer spätestens nach drei Wochen das Insolvenzverfahren beantragen.

Eine **Pflichtprüfung und die Veröffentlichung** (Publizierung) von Jahresabschluss und Lagebericht sind für große Kapitalgesellschaften vorgeschrieben.

Die **Bedeutung der GmbH** ergibt sich aus folgenden Gründen:

- Das Risiko der Gesellschafter ist auf die Kapitaleinlage beschränkt.
- Sie kann mit wenig Kapital (25.000,00 EUR) gegründet werden.
- Die Kosten der Gründung sind niedriger als bei der Aktiengesellschaft.
- Sie ermöglicht als juristische Person die Fortführung der Unternehmung bei Tod oder Ausscheiden eines Gesellschafters.

PRAXISTIPP Bei der überwiegenden Zahl der Neugründungen von Unternehmen handelt es sich um Gesellschaften mit beschränkter Haftung. Die Möglichkeit der Beschränkung der Haftung auf das Stammkapital und das geringe Mindestkapital (25.000,00 EUR) sind hierfür die Ursache. Nachteilig wirkt sich die Pflicht zur Zahlung von Körperschaftssteuer aus, der die juristische Person der GmbH unterliegt.

Die Gesellschaft mit beschränkter Haftung (GmbH) als Kapitalgesellschaft

Definition	– Handelsgesellschaft mit eigener Rechtspersönlichkeit (juristische Person), deren Gesellschafter mit ihren Stammeinlagen am Stammkapital der Gesellschaft beteiligt sind ohne persönlich zu haften
Gründung	– Mindestzahl nicht vorgeschrieben – notarieller Gesellschaftsvertrag erforderlich – Handelsregistereintrag erforderlich
Firma	– Sach-, Personen-, Fantasiefirma oder gemischte Firma mit Zusatz „GmbH“
Kapitalaufbringung	– Stammkapital mindestens 25.000,00 EUR – Stammeinlage je Gesellschafter mindestens 100,00 EUR – Fremdkapitalbeschaffung durch Beschränkung der Haftung problematisch
Haftung	– Es haftet die juristische Person mit ihrem gesamten Vermögen
Geschäftsführung und Vertretung	– durch die Geschäftsführer (Einzel- oder Gesamtgeschäftsführung möglich)
Beschließendes Organ	– Gesellschafterversammlung
Kontrollorgan	– gegebenenfalls Aufsichtsrat (ab 500 Arbeitnehmer)
Gewinnverteilung	– im Verhältnis der Geschäftsanteile
Verlustverteilung	– Aufzehrung von Rücklagen, bei Überschuldung Insolvenzverfahren

1. Erläutern Sie die Unternehmensform der GmbH anhand der Merkmale
- Gründung
- Firma
- Kapitalaufbringung
- Haftung
- Geschäftsführung und Vertretung
- Gewinn- und Verlustverteilung

Tragen Sie Ihre Ergebnisse in einer geeigneten Form vor.

2. Erläutern Sie die grundsätzlichen Unterschiede zwischen einer KG und einer GmbH.

3. Die Kaufleute Wolf und Walter wollen ein Büromöbel-Fachgeschäft in der Rechtsform einer GmbH gründen.

a) Geben Sie an, welches Mindestkapital sie einbringen müssen.

b) Walter möchte seinen Sohn als Gesellschafter mit einer geringen Einlage beteiligen. Erläutern Sie, ob es hierfür einen Mindestbetrag gibt.

c) Die Kaufleute setzen den Gesellschaftsvertrag auf und unterschreiben alle. Welche weiteren Formvorschriften sind zu beachten?

d) Nennen Sie drei Firmen, die diese GmbH führen könnte.
e) Nach Unterschrift unter den Gesellschaftsvertrag, aber vor Eintragung in das Handelsregister, kauft Wolf im Namen der GmbH einen repräsentativen Geschäftswagen. Walter junior und senior sind nicht damit einverstanden. Prüfen Sie, ob Walter senior zur Zahlung für den Pkw herangezogen werden kann.
f) Wolf und Walter senior werden zu Geschäftsführern bestimmt. Sie haben Einzelvertretungsmacht. Wolf mietet Geschäftsräume ohne Walter zu fragen. Beurteilen Sie, ob der Mietvertrag gültig ist.
g) Das Stammkapital der GmbH entspricht dem gesetzlichen Mindestkapital. Wolf ist mit 15.000,00 EUR, Walter senior mit 9.500,00 EUR und sein Sohn mit dem Rest beteiligt. Geben Sie an, wie viele Stimmen die drei in der Gesellschafterversammlung haben.
h) Im ersten Jahr macht die GmbH 80.000,00 EUR Gewinn. Erläutern Sie, wie der Gewinn verteilt wird, wenn in der Gesellschafterversammlung und der Satzung darüber nichts festgelegt wurde.

4. Ab 500 Arbeitnehmer sieht der Gesetzgeber für die GmbH die Einrichtung eines durch Arbeitnehmer und Arbeitgeber besetzten Aufsichtsrates vor. Diskutieren Sie mögliche Gründe für diese Regelung. Gehen Sie dabei insbesondere auf die Wahrung der Arbeitnehmerinteressen ein.

4 Kooperation und Konzentration im Einzelhandel

Die Rheinpark Verwaltungs GmbH in Köln möchte die Attraktivität des Einkaufszentrums steigern. In der Diskussion sind eine Vergrößerung des Parkhauses, die Begrünung der Anlage und viele weitere Aktionen. Um für diese Aktionen geeignete Ideen zu bekommen, hat man sich für einen Wettbewerb unter den Mitarbeiterinnen und Mitarbeitern des Einkaufszentrums entschieden. Ausdrücklich dürfen auch Auszubildende am Wettbewerb teilnehmen. Kerstin Dahm, Mehmet Aydin und Sabine Freund haben sich nach Feierabend getroffen, um Ideen zusammenzutragen. *„Wie wäre es mit der Einrichtung eines Wochenmarktes“*, schlägt Sabine vor. *„Durch einen Wochenmarkt sinkt doch nur unser Umsatz“*, erwidert Kerstin. *„Wir können ja einen Flohmarkt veranstalten“*, schlägt Mehmet vor. *„Das verträgt sich nicht mit unseren Sonderverkaufsaktionen für Restposten“*, erwidert Sabine. *„Wenn jeder nur aus der Sicht seines Unternehmens argumentiert, werden wir nie gemeinsame Ideen verwirklichen“*, stellt Kerstin fest.

ARBEITSAUFTRÄGE

- Sehen Sie sich die Liste der Betriebe des Einkaufszentrums Rheinpark an (vgl. Seite 12 f.) und stellen Sie fest, wo gemeinsame Aktionen zur Stärkung des Standortes möglich sind und welche Aktionen nicht sinnvoll erscheinen.
- Erläutern Sie, um welche Form der Kooperation oder Konzentration es sich beim Einkaufszentrum Rheinpark handelt.

Der Grundsatz „Gemeinsam sind auch die Schwachen stark" lässt sich auch für wirtschaftlich und rechtlich selbstständige Unternehmen verfolgen. Je nachdem, wie viel Selbstständigkeit sie im Rahmen dieser Zusammenarbeit aufgeben müssen, sprechen wir von **Kooperation** oder **Konzentration**.

Kooperation liegt vor, wenn wirtschaftlich und rechtlich weitgehend selbstständig bleibende Unternehmen sich zur Zusammenarbeit verpflichten.

Konzentration liegt vor, wenn Unternehmen sich unter Aufgabe ihrer wirtschaftlichen Selbstständigkeit unter zentraler Leitung zusammenschließen.

Geben Unternehmen bei einem Zusammenschluss auch ihre rechtliche Selbstständigkeit auf, spricht man von einer **Fusion**. Die so verschmolzenen Unternehmen werden auch als **Trust** bezeichnet.

Durch die Vielzahl an Zusammenschlüssen erhöht sich für kleine und mittelständische Unternehmen der Konkurrenzdruck, sodass immer mehr von ihnen ebenfalls eine Zusammenlegung in Betracht ziehen.

● Kooperation

○ Ziele der Kooperation

Die **Ziele** eines Zusammenschlusses von Unternehmen sind zahlreich. Bei der **Kooperation** wird jedoch immer die **Erhöhung der Wirtschaftlichkeit**, z. B. durch Kostensenkung, im Vordergrund stehen, während bei der **Konzentration** in der Regel die **Erringung von Marktmacht** und die **Absatzsicherung und -steigerung** eine Rolle spielen.

Kostensenkung: Eine Kostensenkung kann bei einer Kooperation je nach der Art der Kooperation im Bereich der Beschaffung, der Lagerhaltung, des Absatzes und der Sortimentsgestaltung erreicht werden.

LF 6 So kann im **Beschaffungsbereich** durch den gemeinsamen Großeinkauf mehrerer Einzelhändler ein wesentlich höherer Rabatt beim Lieferer erzielt werden als durch den Einkauf des einzelnen Einzelhändlers. Somit können die Einkaufskosten des einzelnen Einzelhändlers um bis zu 20 % gesenkt werden. Ebenfalls könnten durch die gemeinsame Nutzung des Fuhrparks durch mehrere Einzelhändler erhebliche Kosten eingespart werden. So könnte die Abholung der Ware bei einem gemeinsamen Lieferanten abgesprochen und somit eine bessere Auslastung erreicht werden.

Im **Bereich der Lagerhaltung** können mit anderen Einzelhändlern gemeinsam Lagerräume unterhalten werden. Auch dieses führt zu einer Kostensenkung. Bei der **Sortimentsgestaltung** könnte eine Kooperation von Einzelhändlern, deren Sortimentsaufbau gleich oder ähnlich ist, darin bestehen, die Zusammenstellung des Sortiments einer Zentrale zu überlassen, wobei die Zentrale für jeden Einzelhändler das Sortiment zusammenstellt und den sich ändernden Kaufgewohnheiten der Verbraucher anpasst. Die dazu erforderliche ständige Marktbeobachtung wird von der Zentrale übernommen und spart somit dem einzelnen Einzelhändler Kosten. LF 7

Im **Absatzbereich** sind Kosteneinsparungen durch die Kooperation von Einzelhändlern durch eine zentrale vereinheitlichte Kalkulations- und Preispolitik, Gemeinschaftswerbung und durch Zusammenarbeit bei der Erschließung ausländischer Märkte möglich.

Absatzsicherung/Absatzsteigerung: Bei der Absatzsicherung und -steigerung sind gemeinsame Verkaufsschulungen des Verkaufspersonals, die Entwicklung gemeinsamer Handelsmarken, die Zusammenarbeit bei Werbestrategien und gemeinsame Gütezeichen denkbar. Die Schaffung gemeinsamer **Handelsmarken** ist typisch für die vertikalen und horizontalen Kooperationsformen des Handels. Zielsetzung dabei ist es, eine hohe Markentreue beim Endverbraucher für das Produkt durch massive Kundenwerbung zu erzielen. LF 6

Risikominderung: Hier sind insbesondere die gemeinsame Absatzmarktforschung (vgl. Seite 151) und die Einführung neuer Produkte auf Testmärkten denkbar. Die Informationen über Kaufgewohnheiten der Verbraucher können zwar von einem Unternehmen selbst erhoben werden, dieses ist aber in der Regel mit enormen Kosten verbunden. Durch eine Kooperation mit anderen Einzelhändlern im Rahmen der **Absatzmarktforschung** können die dadurch entstehenden finanziellen Risiken gemindert werden. Im Rahmen der Kooperation zwischen Herstellern, Groß- und Einzelhändlern bei der Einführung neuer Produkte bedient man sich der **Testmärkte**, auf denen das neue Produkt probeweise eingeführt wird. Dadurch kann das Einführungsrisiko für neue Produkte deutlich reduziert werden.

Im Einzelnen können die **Ziele** einer Kooperation oder Konzentration allen Funktionsbereichen (Beschaffung, Lagerhaltung, Absatz usw.) des Einzelhandels zugeordnet werden.

Beispiele

- Zusammenschlüsse im Bereich der **Beschaffung** haben das Ziel, durch den Einkauf großer Mengen günstigere Preise oder Konditionen zu erwirken.
- Im Bereich der **Lagerhaltung** können durch Kooperation oder Konzentration die Lieferbereitschaft erhöht und die Kosten der Lagerhaltung verringert werden.
- Die Motive für Zusammenschlüsse im Bereich des **Absatzes** sind vielfältig. So können sich Einzelhändler beispielsweise zu einer Gemeinschaftswerbung zusammenschließen oder Kundendienstleistungen koordinieren.
- Im Bereich der **Finanzierung** können kapitalintensive Investitionsvorhaben, z. B. der Bau eines Einkaufszentrums, in der Regel nur nach einem Zusammenschluss kleiner oder mittlerer Betriebe durchgeführt werden.
- Im Bereich der **Verwaltung** können bestimmte Tätigkeiten, z. B. Rechnungserstellung, Planung von Werbeaktionen, die komplette Buchführung von mehreren Unternehmen gemeinsam getätigt werden.

○ Horizontale Kooperation

Horizontale Kooperation liegt vor, wenn Unternehmen **der gleichen Wirtschaftsstufe** zusammenarbeiten.

Aus der Vielzahl der möglichen horizontalen Kooperationsformen werden nachfolgend die Einkaufsgenossenschaft, der Einkaufsverband, das Einkaufszentrum und die Gemeinschaftswerbung dargestellt.

LF 6 Bei der **Einkaufsgenossenschaft** gründen selbstständige Einzelhändler eine Genossenschaft, um durch gemeinsame Warenbeschaffung günstigere Preise und Konditionen erzielen zu können.

Die **Einkaufsverbände** haben die gleichen Ziele wie die Einkaufsgenossenschaften.

LF 1 Das **Einkaufszentrum** oder **Shopping-Center** (vgl. Seite 9 ff.) ist ein als Einheit geplanter, errichteter und verwalteter Zusammenschluss von Einzelhandels-, Dienstleistungsbetrieben, gastronomischen und kulturellen Betrieben unter einem Dach. Häufigster Standort für diese Kooperationsform ist der Innenstadtbereich. Aber auch in der städtischen Peripherie, in Satellitenstädten und zwischen den Städten „auf der grünen Wiese" finden wir zunehmend Einkaufszentren.

Beispiel Einkaufszentrum Rheinpark GmbH, Köln; Einkaufszentrum Gerapark Erfurt

LF 5 Die **Gemeinschaftswerbung** gewinnt als Kooperationsform im Handel immer mehr an Bedeutung. Kleine und mittlere Einzelhändler haben nur so die Möglichkeit, Aufmerksamkeit zu erwecken, gute Werbefachleute zu verpflichten und aufwendige Werbemittel, z. B. Großflächen (Plakatwände), Funk- oder Fernsehwerbung einzusetzen. Auch die Durchführung von Sonderveranstaltungen, z. B. Straßenfesten, eine aufwendige Weihnachtsbeleuchtung oder die Einführung eines Park-and-Ride-Systems bedürfen der gemeinsamen Planung und Finanzierung.

Beispiel Alle Einzelhändler des Einkaufszentrums Rheinpark werben gemeinsam in einem Prospekt für den Einkauf im EKZ.

○ Vertikale Kooperation

Im Rahmen der vertikalen Kooperation, also des Zusammenschlusses von Unternehmen aufeinander folgender Handelsstufen, gibt es z. B. die freiwilligen Ketten, das Franchising- und das Rack-Jobber-System.

LF 6 Bei den **freiwilligen Ketten** handelt es sich um einen Zusammenschluss eines oder mehrerer Großhändler mit rechtlich und wirtschaftlich selbstständig bleibenden Einzelhandelsbetrieben.

Franchising ist eine Form der Kooperation, bei der der Franchisegeber (Franchisor) aufgrund einer langfristigen vertraglichen Bindung dem Franchisenehmer (Franchisee) das Recht einräumt, bestimmte Waren oder Dienstleistungen unter Verwendung der Firma, des Warenzeichens, der Ausstattung und der technischen und gewerblichen Erfahrungen des Franchisegebers zu nutzen. Der Franchisegeber vergibt die Konzession für ein von ihm entwickeltes Marketingkonzept, das sich in der Praxis bereits bewährt hat. Er erhält dafür in der Regel ein einmaliges Entgelt und/oder eine Umsatzbeteiligung.

Vorteile für den Franchisegeber sind z. B.:

- Aufbau eines Vertriebsnetzes ohne großen Investitionsaufwand
- größere Marktnähe als Lieferant
- großes Engagement der selbstständigen Vertriebspartner

Beispiele McDonalds (Fast-Food), Benetton (Textilien), OBI (Baumarkt), mobau (Baumarkt), Nordsee (Fisch), ASKO (Möbel), Lekkerland (Süßwaren), Ihr Platz (Drogerie), Coca Cola (Getränke), Holiday Inn (Hotels).

Vorteile für den Franchisenehmer	Nachteile für den Franchisenehmer
– Weitgehende Selbstständigkeit im Rahmen des Vertrages – Nutzung des Know-hows des Franchisegebers – Förderung des Absatzes durch einheitliche Verkaufsraumgestaltung, Werbung, Verkaufsförderung sowie ein abgerundetes Sortiment – Nutzung von Dienstleistungen des Franchisegebers, wie zentrales Rechnungswesen, Kalkulation	– Langfristige Bindung an ein Sortiments- und Präsentationskonzept – Keine selbstständigen Sortimentsentscheidungen – Hohe Kosten durch Eintritts- oder Franchiseentgelt – Insolvenzrisiko liegt bei Franchisenehmer

Beim **Rack-Jobber-System** stellt der Einzelhändler dem Großhändler, Hersteller oder selbstständig arbeitenden Rack-Jobbern gegen Entgelt Regalfläche zur Verfügung. Der Rack-Jobber bietet dort seine Ware für eigene Rechnung an. Er füllt die Ware selbstständig auf, zeichnet sie aus, betreibt Warenpflege, nimmt unverkaufte Ware zurück und rechnet mit dem Einzelhändler ab.

Das Vertriebssystem des Rack-Jobbing wird häufig mit dem Shop-in-the-Shop-Konzept verbunden. Es findet sich häufig in Kauf- und Warenhäusern und im Non-food-Bereich des Lebensmittel-Einzelhandels.

Beispiel Die Center Warenhaus GmbH hat Regale an einen Schreibwaren-, Parfumeriegroßhandel und einen Batteriehersteller vermietet.

Konzentration im Einzelhandel

Die Ursachen für den dargestellten Konzentrationsprozess im Handel sind vielfältig. So schätzen die Kunden in wachsendem Maße die Bequemlichkeit des Einkaufens in Großbetrieben, die „Alles unter einem Dach“ anbieten und ein „one-stop-shopping“ ermöglichen (Einkaufszentren). Darüber hinaus wird der Einzelhandel durch moderne Verkaufsmethoden (Selbstbedienung) und -techniken (Warenwirtschaftssysteme) zunehmend kapitalintensiver.

> **§ 18 Abs. 1 AktG:** Sind ein herrschendes und ein oder mehrere abhängige Unternehmen unter einheitlicher Leitung des herrschenden Unternehmens zusammengefasst, so bilden sie einen **Konzern**; die einzelnen Unternehmen sind Konzernunternehmen.

§

Die Beherrschung der Konzernunternehmen kann auch durch eine **Holding-Gesellschaft** (Dachgesellschaft) erfolgen, die lediglich die angeschlossenen Betriebe verwaltet, ohne selbst Produktions- oder Handelsaufgaben zu übernehmen.

Da **Konzerne** eine marktbeherrschende Stellung erlangen und eine Beschränkung des Wettbewerbs erreichen können, unterliegen sie dem **Gesetz gegen Wettbewerbsbeschränkungen** (GWB). Konzerne sind grundsätzlich **zulässig**. Ab einer bestimmten Größe müssen sie dem Bundeskartellamt in Berlin angezeigt werden. Es kann den Zusammenschluss **untersagen**, wenn zu erwarten ist, dass durch den Zusammenschluss eine marktbeherrschende Stellung entsteht.

Im Gegensatz zu den Konzernen sind **Kartelle** grundsätzlich **verboten**. Bei einem Kartell handelt es sich um eine vertragliche Absprache zwischen Unternehmen der gleichen Produktions- oder Handelsstufe, ohne dass die wirtschaftliche oder rechtliche Selbstständigkeit der Unternehmen aufgegeben wird. Ziel von Kartellverträgen ist die Marktbeherrschung durch Beseitigung oder zumindest Beschränkung des Wettbewerbs. Dies kann z. B. durch die Absprache von Preisen, Produktionsquoten oder die räumliche Aufteilung des Absatzmarktes erfolgen. Das GWB gestattet Herstellern von Markenwaren, unverbindliche Preisempfehlungen an Einzelhändler zu machen.

Eine Ausnahme des grundsätzlichen Verbotes bilden bestimmte Arten von Kartellen, die nach Ansicht des Gesetzgebers keine unmittelbare Beeinträchtigung des Wettbewerbs zum Ziel haben (z. B. Konditionen- und Mittelstandskartelle). Sie müssen jedoch beim Bundeskartellamt **angemeldet** werden.

Kooperation und Konzentration im Einzelhandel

- **Horizontale Kooperation** liegt vor, wenn wirtschaftlich und rechtlich selbstständig bleibende Unternehmen **der gleichen Handelsstufe** sich durch Verträge zur Zusammenarbeit verpflichten.

Formen:

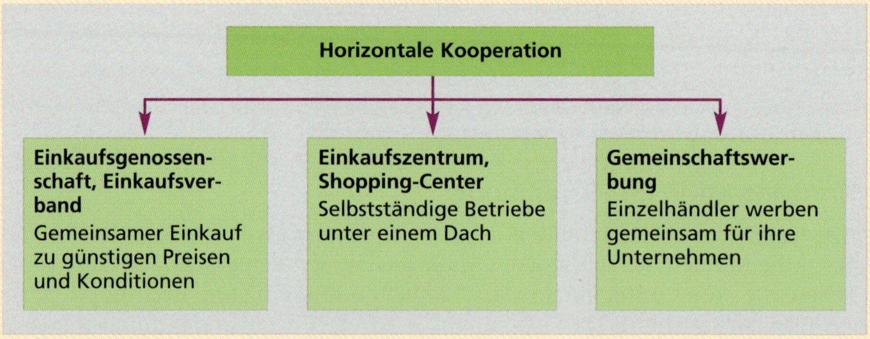

- **Vertikale Kooperation** liegt vor, wenn wirtschaftlich und rechtlich selbstständig bleibende Unternehmen **aufeinander folgender Handelsstufen** sich durch Verträge zur Zusammenarbeit verpflichten.

Formen:

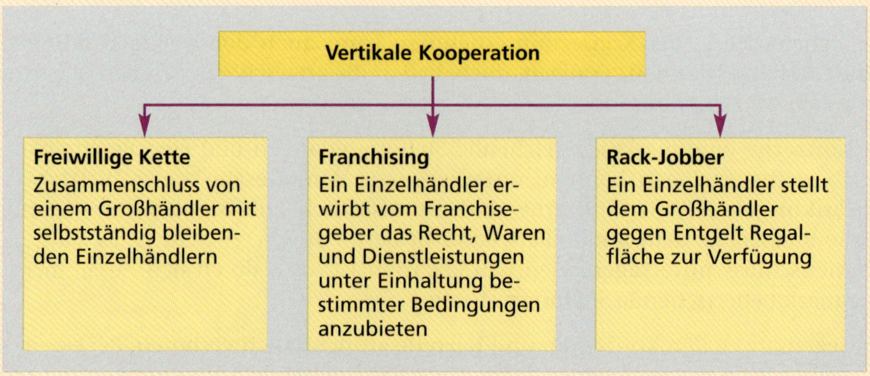

- **Konzentration im Einzelhandel** liegt vor, wenn Unternehmen sich unter Aufgabe ihrer wirtschaftlichen Selbstständigkeit unter zentraler Leitung zusammenschließen.

Formen:

Konzentration im Einzelhandel

Konzern
Zusammenschluss rechtlich selbstständig bleibender Unternehmen, die ihre wirtschaftliche Selbstständigkeit unter zentraler Leitung aufgeben.

Holding-Gesellschaft
Dachgesellschaft, die angeschlossene Betriebe verwaltet, ohne selbst Produktions- oder Handelsaufgaben zu übernehmen.

Kartell
Zusammenschluss von Unternehmen der gleichen Produktions- oder Handelsstufe, bei dem Absprachen mit dem Ziel der Marktbeherrschung erfolgen. Kartelle sind mit Ausnahme von Konditionen- und Mittelstandskartellen grundsätzlich verboten.

Art des Unternehmungszusammenschlusses	Selbstständigkeit der beteiligten Unternehmen		Richtung des Zusammenschlusses
	in wirtschaftlicher Hinsicht	in rechtlicher Hinsicht	
Kartell	wenig eingeschränkt	erhalten (vertragliche Bindung)	horizontal
Konzern	aufgegeben	erhalten (kapitalmäßige Bindung)	vertikal oder horizontal

1. Diskutieren Sie, welche Folgen sich für den Lebensmittel-Einzelhandel aus der Konzentration im Einzelhandel ergeben.

2. Recherchieren Sie in Ihrem Ausbildungsbetrieb, ob es Rack-Jobber gibt und stellen Sie diese in der Klasse vor.

3. „Der Trend zu Großbetrieben und der zunehmende Kapitalbedarf fördern den Konzentrationsprozess im Einzelhandel." Erläutern und begründen Sie diese Aussage anhand von Beispielen.

4. Überprüfen Sie, welche Vor- und Nachteile mit der Vermietung von Regalflächen an einen Rack-Jobber für den Einzelhändler verbunden sind.

5. Erläutern Sie Konzern und Kartell anhand der folgenden Gesichtspunkte:
- rechtliche Selbstständigkeit,
- wirtschaftliche Selbstständigkeit,
- Ziel der Zusammenarbeit,
- rechtliche Einschränkungen.

6. Beschreiben Sie die Kooperationsform des Franchising. Führen Sie dazu eine Internetrecherche durch und stellen Sie die Ergebnisse in der Klasse vor.

7. Erläutern Sie die Vor- und Nachteile des Franchising laut Tabelle auf Seite 307 anhand von Beispielen.

8. Die Center Warenhaus GmbH plant den Einsatz von „Rack-Jobbing". Welche Vorteile verspricht sich die Unternehmensleitung von dieser Form der Kooperation?

1. Sie will durch den Zusammenschluss mit anderen Unternehmen ihren Marktanteil erhöhen.
2. Sie will durch diese vertragliche Regelung die Geschäftsidee und den Namen eines anderen Unternehmens übernehmen.
3. Sie will mit einem anderen Unternehmen Arbeitskräfte gegenseitig austauschen, um flexiblere Mitarbeiter zu erhalten.
4. Sie will bei einem anderen Unternehmen Verkaufsflächen anmieten, um eine höhere Marktpräsenz zu erreichen.
5. Sie will durch diesen Zusammenschluss mit anderen Unternehmen bessere Konditionen bei ihren Lieferanten durchsetzen.

5 Finanzierung

5.1 Möglichkeiten der Finanzierung

Bei der Edith Mauser Spielwaren KG streitet sich Edith Mauser mit dem Kommanditisten Schröder. *„Seit einem Jahr haben wir stagnierende Umsätze. Wir müssen endlich Computerspiele in unser Sortiment aufnehmen"*, sagt der Kommanditist Schröder. *„Und wie sollen wir die dazu erforderlichen Investitionen finanzieren? Wir müssen für mindestens 50.000,00 EUR Waren bei den Herstellern kaufen, außerdem benötigen wir neue Warenträger"*, erwidert Frau Mauser. *„Das ist doch überhaupt kein Problem, wir gehen zur Bank und nehmen ein Darlehen über 60.000,00 EUR auf, damit bezahlen wir die Anschaffungen"*, entgegnet Herr Schröder. Edith Mauser ist unsicher, wie sie vorgehen soll. Sie fragt ihre Freundin Sabine Freund nach deren Meinung.

ARBEITSAUFTRÄGE

- Stellen Sie fest, ob es sinnvoll ist, ein Darlehen aufzunehmen, um Liefererrechnungen zu begleichen.
- Überprüfen Sie, wovon die Höhe des erforderlichen Kapitalbedarfs abhängt.

Finanzierung und Investition

Jedes Einzelhandelsunternehmen benötigt sowohl zur Gründung als auch zur Durchführung der laufenden Geschäftstätigkeit **Kapital**. Dieses Kapital muss beschafft werden, z. B. durch eigene Einlagen des Unternehmers/der Unternehmerin (**Eigenkapital**) oder durch Aufnahme von Bankkrediten (**Fremdkapital**). Die Beschaffung von Kapital bezeichnet man als **Finanzierung** (= Mittelherkunft). Die Anlage von Kapital im Betriebsvermögen (Anlage- und Umlaufvermögen) wird als **Investition** (= Mittelverwendung) bezeichnet. LF 8

Die Beschaffung und Verwendung des Kapitals ist aus der Bilanz eines Unternehmens zu ersehen: LF 8

Beispiel Bilanz des Mars Elektrofachmarktes e. K. am 31. Dezember .. in EUR

Aktiva		**Passiva**	
I. Anlagevermögen		**I. Eigenkapital**	1.487.302,00
1. Grundstück mit Bauten	770.000,00	**II. Schulden**	
2. Fuhrpark	240.500,00	1. **langfristige** Darlehensschuld	400.000,00
3. Betriebs- und Geschäftsausstattung	160.840,00	2. **kurzfristige** Verbindlichkeiten a. LL	284.432,00
II. Umlaufvermögen			
1. Warenbestand	660.628,00		
2. Forderungen a. LL	23.026,00		
3. Kasse	2.140,00		
4. Bankguthaben	314.600,00		
	2.171.734,00		2.171.734,00

Diese Seite erfasst die **Formen des Vermögens**, d. h. die **Mittelverwendung = Investition.**

Diese Seite erfasst die **Quellen des Kapitals**, d. h. die **Mittelherkunft = Finanzierung**.

Die **Aktivseite (= Vermögen)** der Bilanz ergibt die **Kapitalverwendung = Investition** eines Einzelhandelsbetriebes, die **Passivseite (= Kapital)** die **Kapitalherkunft = Finanzierung.**

Die **Kapitalbeschaffung** ist kein einmaliger Vorgang, der nur zur Gründung eines Unternehmens erforderlich ist, sondern eine laufende Tätigkeit des Einzelhändlers. So müssen u. a. saisonale Schwankungen überbrückt, Umbaumaßnahmen durchgeführt, Betriebserweiterungen realisiert und veraltete Einrichtungsgegenstände erneuert werden.

Kapitalbedarf

Die Höhe des Kapitals, das ein Einzelhandelsunternehmen benötigt, hängt von einer Vielzahl von Faktoren ab. So ist bei einer Neugründung ein anderer Kapitalbedarf erforderlich als bei einer Betriebserweiterung. Im Wesentlichen ist der **Kapitalbedarf abhängig von folgenden Faktoren:**

Faktoren	Beispiele
Branche	Ein Uhren- und Schmuckgeschäft benötigt mehr Kapital als ein Schreibwarengeschäft.
Waren – Sortiment	Ein Geschäft mit einem flachen Sortiment benötigt in der Regel weniger Kapital als ein Geschäft mit einem tiefen Sortiment. LF 1,6

LF 7 – Durchschnittliche Lagerdauer	Je geringer die durchschnittliche Lagerdauer der Waren, desto geringer der Kapitalbedarf.
– Umschlagshäufigkeit	Je höher die Umschlagshäufigkeit der Waren, desto geringer ist der Kapitalbedarf.
– Mindestbestand (Eiserne Reserve)	Je höher der erforderliche Mindestbestand (= eiserner Bestand), desto höher ist der Kapitalbedarf.
Marketing-Konzeption – Verkaufsform	Ein reines Bedienungsgeschäft hat höhere Personalkosten als ein Selbstbedienungsgeschäft, da es mehr Personal benötigt.
– Betriebsform	Ein Fachgeschäft hat einen geringeren Kapitalbedarf als ein Warenhaus, da die Verkaufsfläche wesentlich geringer ist.
– Betriebsgröße	Mit zunehmender Verkaufs- und Lagerfläche steigt der Kapitalbedarf.
– Betriebs- und Geschäftsausstattung	Ein Textilfachgeschäft, das einen gehobenen Kundenkreis ansprechen will, benötigt für seine Geschäftsausstattung mehr Kapital als eine Jeansboutique, da es eine höherwertige Geschäftsausstattung benötigt.
– Dienstleistungen	Je mehr Dienstleistungen den Kunden angeboten werden, desto größer ist der Kapitalbedarf.
LF 8 Handlungskosten	Je höher die monatlichen Kosten für Mieten, Strom, Personal, Steuern, Warenbeschaffung usw., desto höher ist der Kapitalbedarf.
Zahlungsgewohnheiten der Branche – der Kreditgewährung der Lieferer	Je länger das Zahlungsziel der Lieferer, desto geringer ist der Kapitalbedarf.
– der Kreditgewährung an die Kunden	Je länger das Zahlungsziel an die Kunden, desto größer ist der Kapitalbedarf.

Finanzierungsgrundsätze

Zur Finanzierung von Investitionsvorhaben wird ein Einzelhändler **Eigen- und Fremdkapital** (vgl. Seite 314 f.) einsetzen. Das zur Finanzierung notwendige Kapital steht dem Einzelhändler unterschiedlich lange Zeit zur Verfügung. So sind Lieferantenkredite in der Regel kurzfristig, Bankkredite können mittel- und langfristig sein. Das Eigenkapital steht normalerweise unbefristet zur Verfügung.

Für die Finanzierung haben sich in der Praxis folgende **Regeln** als sinnvoll erwiesen:

Finanzierung des Anlagevermögens: Das Anlagevermögen sollte weitestgehend mit Eigenkapital bzw. in geringem Umfang mit langfristigem Fremdkapital finanziert werden. Einige Posten des Anlagevermögens, z. B. Grundstücke und Gebäude, bleiben sehr lange im Betrieb, das Kapital ist also in diesen Posten des Anlagevermögens gebunden. Andere Posten des Anlagevermögens, z. B. Fuhrpark und Geschäftsausstattung, verbleiben mittelfristig im Betrieb, sie nutzen sich aber im Laufe der Zeit ab (Fuhrpark) oder werden unmodern (Geschäftsausstattung) und müssen erneuert werden. Die Mittel für die Neubeschaffung dieser Posten werden in der Kalkulation (vgl. Seite 23 ff.) berücksichtigt, indem in den Verkaufspreisen die entsprechenden Abschreibungsbeträge einkalkuliert werden.

Finanzierung des Umlaufvermögens: Das Umlaufvermögen (überwiegend Waren) sollte mit mittel- und kurzfristigem Fremdkapital finanziert werden, da es in absehbarer Zeit durch den Verkauf an Kunden wieder in Kapital umgesetzt wird. So werden die eingekauften Waren an Kunden verkauft und mit einem Teil dieser Umsatzerlöse können die Waren bei den Lieferern bezahlt werden. Ein weiterer Teil der Umsatzerlöse wird für die Bezahlung der laufenden Kosten (Steuern, Miete, Gehälter) und die Beschaffung neuer Waren benötigt.

Goldene Finanzierungsregel: Aufgenommenes Fremdkapital soll erst dann fällig werden, wenn die damit finanzierten Investitionen des Anlage- und Umlaufvermögens durch die Umsatzerlöse wieder zu Kapital geworden sind, um die Zahlungsfähigkeit des Einzelhandelsunternehmens jederzeit zu gewährleisten.

Aufstellung des Finanzplanes

Ein Einzelhandelsbetrieb sollte seinen finanziellen Verpflichtungen nachkommen können. Allerdings sollten auch keine überschüssigen Gelder ungenutzt im Betrieb vorhanden sein, wenn sie anderweitig Gewinn bringend eingesetzt werden können. Daher erstellt ein Einzelhändler einen **Finanzplan**, in dem die erwarteten Einnahmen und Ausgaben für einen bestimmten Planungszeitraum (z. B. Monat, Quartal, Halbjahr) gegenübergestellt werden.

Beispiel

Finanzplan: Mars Elektrofachmarkt e. K.
Planungsperiode 01. März d. J. – 31. März d. J.

Erwartete Ausgaben	**TEUR**	**Erwartete Einnahmen**	**TEUR**
Wareneinkauf	1.430	Zahlungsmittel	310
Löhne und Gehälter	390	Umsatzerlöse	2.250
Sonstige Aufwendungen	660	Fällige Forderungen	20
Darlehenstilgung	100		
Summe der erwarteten Ausgaben	**2.580**	**Summe der erwarteten Einnahmen**	**2.580**

Möglichkeiten der Finanzierung

Finanzierung	**Investition**	**Kapitalbedarf** ist abhängig von
= Beschaffung von Kapital (Mittelherkunft)	= Anlage von Kapital in Betriebsvermögen (Mittelverwendung)	– Betriebsgröße – Betriebsform – Branche – Umschlagshäufigkeit – Rechtsform – Kreditgewährung der Lieferer – Kreditgewährung an die Kunden – regelmäßig wiederkehrende Ausgaben (Löhne, Miete usw.)

- **Anlagevermögen** sollte weitestgehend **mit Eigenkapital** und nur zu einem geringen Teil mit langfristigem Fremdkapital finanziert werden, **Umlaufvermögen mit mittel- und kurzfristigem Fremdkapital**.
- Jeder Einzelhandelsbetrieb sollte für bestimmte Planungszeiträume einen **Finanzplan** aufstellen, in dem erwartete Einnahmen und Ausgaben gegenübergestellt werden.

1. Erläutern Sie die Begriffe Finanzierung und Investition.

2. Erklären Sie, inwieweit man aus einer Bilanz die Kapitalherkunft und die Kapitalverwendung ersehen kann.

3. Ein Einzelhandelsunternehmen finanziert einen großen Teil seines Anlagevermögens mit Fremdkapital. Erläutern Sie die Konsequenzen, die sich für dieses Unternehmen aus der Finanzierung ergeben können

4. Erläutern Sie die goldene Finanzierungsregel.

5. Geben Sie an, von welchen wesentlichen Faktoren der Kapitalbedarf in einem Einzelhandelsunternehmen abhängig ist.

6. Erläutern Sie, warum es für einen Einzelhandelsbetrieb wichtig ist, einen Finanzplan aufzustellen.

5.2 Arten der Finanzierung

Edith Mauser hat sich entschlossen, die beabsichtigte Sortimentserweiterung bei der Mauser Spielwaren KG vorzunehmen. Von zwei Banken hat sie ein Darlehensangebot über je 60.000,00 EUR zu einem Zinssatz 6 % und 2 % Disagio bzw. 6,5 % und 0,5 % Bearbeitungsentgelt bei einer Laufzeit von zwei Jahren vorliegen. Edith Mauser könnte ihre Einlage durch die Gewinnanteile des Vorjahres um 30.000,00 EUR erhöhen, Sabine Freund wäre bereit, sich mit 10.000,00 EUR zu beteiligen, der Kommanditist Schröder würde seinen Anteil um 20.000,00 EUR erhöhen, er verlangt allerdings, dass er mehr Mitsprache im Unternehmen erhält. Ein Lieferant bietet an, die erforderlichen Waren über 50.000,00 EUR mit einem Zahlungsziel von 60 Tagen zu liefern, bei vorzeitiger Zahlung innerhalb von 14 Tagen würde er 2 % Skonto gewähren.

ARBEITSAUFTRAG

Sammeln Sie Argumente für die Aufnahme eines Darlehens bei der Bank, für die Erhöhung der Einlagen der Gesellschafter, für die Beteiligung von Sabine Freund und für die Inanspruchnahme des Kreditangebotes des Lieferers.

Ein Einzelhandelsbetrieb kann eine Finanzierungsmaßnahme mit **Eigenkapital** oder **Fremdkapital (Fremdfinanzierung)** vornehmen.

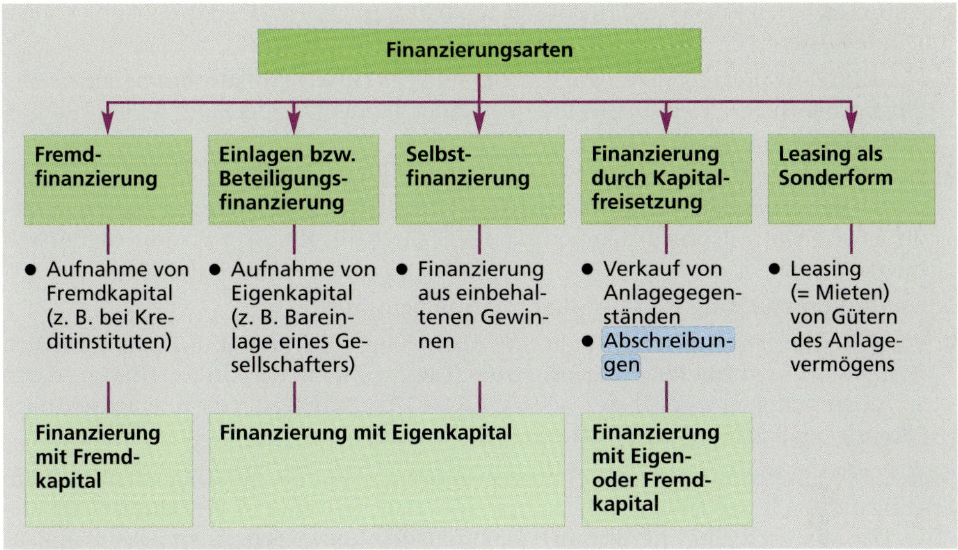

LF 11

● Fremdfinanzierung

Bei dieser Finanzierung fließt der Unternehmung **durch Kreditgeber Kapital von außen zu.** Die Kreditgeber werden als **Gläubiger** bezeichnet. Gläubiger können **u. a. Kreditinstitute, Lieferer, Kunden** sein. Sie haben einen Anspruch auf Verzinsung und pünktliche Tilgung ihres Kredits. Allerdings haben sie kein Mitspracherecht im Unternehmen und keinen Anspruch auf einen Gewinnanteil. In der **Bilanz** eines Unternehmens erscheint der Kredit auf der Passivseite **als Fremdkapital**.

Nach der Laufzeit der Kredite kann man unterscheiden in:

Langfristige Kredite	Zu den langfristigen Krediten zählt man Darlehen mit einer **Laufzeit von über fünf Jahren**. Es sind meistens Kredite, die zur Finanzierung des **Anlagevermögens** aufgenommen werden.
Mittelfristige Kredite	Zu den mittelfristigen Krediten zählen Darlehen mit einer **Laufzeit von ein bis fünf Jahren**. Sie werden für die Finanzierung kurzlebiger Güter des **Anlagevermögens** aufgenommen (z. B. Fuhrpark, Computer).
Kurzfristige Kredite	Sie haben eine **Laufzeit bis zu einem Jahr** und werden in erster Linie für die Finanzierung des **Umlaufvermögens**, insbesondere der Waren, aufgenommen (Lieferantenkredite, vgl. Seite 317).

○ Bankkredit

Kreditinstitute (Banken und Sparkassen) stellen Unternehmen kurz-, mittel- und langfristige Kredite zur Verfügung, wobei zwischen Kreditinstitut und Kreditnehmer ein Kreditvertrag abgeschlossen wird. Zu den kurzfristigen Krediten zählt der Kontokorrentkredit und zu den mittel- und langfristigen Krediten das Darlehen. Der Kreditvertrag kommt zustande durch die Bewilligung des Kreditantrages und durch die Einverständniserklärung des Kreditnehmers (Einzelhändlers).

Kontokorrentkredit: Ein Einzelhändler hat die Möglichkeit, **sein laufendes Konto bei einer Bank bis zur Höhe eines bestimmten Betrages (= Kreditlimit) in Anspruch zu nehmen**, d. h., er kann sein Konto bis zu einer gewissen Höhe überziehen. (Den Überziehungskredit für Privatkunden nennt man **Dispositionskredit**.) Der Kontokorrent- LF 3 kredit muss aber mit dem Kreditinstitut vereinbart werden. Für den Einzelhändler fallen **folgende Kosten** an:

1. Für den in Anspruch genommenen Kredit muss er **Zinsen (Sollzinsen)** bezahlen. Der Zinssatz für diesen Kredit ist relativ hoch, aber geringer als bei einer reinen Überziehung des Kontos.
2. Da die Bank für den Kunden das Geld bereithält, kann sie dieses Geld nicht für andere Zwecke verwenden. Für die Bereitstellung des Kredits (Einzelhändler kann den Kredit jederzeit in Anspruch nehmen) verlangt die Bank **Kreditprovision (Bereitstellungsentgelt)**.
3. Für die Kontoführung wird **Umsatzprovision** berechnet.
4. Wenn der Einzelhändler das Kreditlimit überschreitet, berechnet die Bank zusätzlich zu den Sollzinsen **Überziehungsprovision**. Dies ist ein Zinssatz, der zusätzlich zu den Sollzinsen erhoben wird. Dieser weitergehende Überziehungskredit ist eine freiwillige Leistung der Bank und kann daher verweigert werden.

Sollte das Kontokorrentkonto ein Guthaben aufweisen, hat der Einzelhändler bei vielen Kreditinstituten Anspruch auf Habenzinsen (der Habenzinssatz ist verhältnismäßig niedrig). Der Ausgleich eines in Anspruch genommenen Kontokorrents erfolgt durch Zahlungseingänge auf das Konto, z. B. Überweisungen von Kunden, die dem Kontokorrent gutgeschrieben werden.

Beispiel Der Mars Elektrofachmarkt e. K. unterhält bei seiner Bank ein Kontokorrentkonto. Im Monat Januar hat der Elektrofachmarkt das Kontokorrentkonto für 10 Tage über 5.000,00 EUR und für die letzten 20 Tage über 6.000,00 EUR in Anspruch genommen. Es wurden 15 Überweisungen an Lieferer getätigt. Kreditlimit 8.000,00 EUR, Sollzinsen 14 %, Habenzinsen 0,5 %, pro Buchung 0,25 EUR Buchungsentgelt, die Bereitstellungsentgelt (Kreditprovision) beträgt 3 % vom nicht in Anspruch genommenen Kredit.

Sollzinsen 14 %	5.000,00 EUR für 10 Tage	=	19,44 EUR
	6.000,00 EUR für 20 Tage	=	46,67 EUR
Buchungsentgelt	15 · 0,25 EUR	=	3,75 EUR
Kreditprovision vom nicht in Anspruch genommenen Kredit	3.000,00 EUR für 10 Tage	=	2,50 EUR
	2.000,00 EUR für 20 Tage	=	3,33 EUR
Gesamte Kreditkosten			75,69 EUR

Das Kontokorrentkonto des Mars Elektrofachmarktes wird mit 75,69 EUR belastet.

Darlehenskredit: Kreditinstitute bieten Unternehmen für die Anschaffung des Anlagevermögens **mittel- und langfristige Darlehen (= gewerbliches Anschaffungsdarlehen)** an. Ein Darlehen wird dem Einzelhändler (Darlehensnehmer) in einem Gesamtbetrag oder in mehreren Teilbeträgen durch Barauszahlung oder Gutschrift auf seinem Girokonto zur Verfügung gestellt. Der Darlehensnehmer muss den Darlehensbetrag entweder am Fälligkeitstag in einem Betrag oder an bestimmten festgelegten Terminen in Teilbeträgen (Raten) tilgen.

Der Darlehensnehmer muss Darlehenszinsen ab der Bereitstellung zahlen. Der Zinssatz ist wesentlich niedriger als bei Kontokorrentkrediten. Meistens ist der Auszahlungsbetrag etwas niedriger als die Darlehenssumme, die zurückgezahlt werden muss. Man nennt den nicht ausgezahlten Teil des Darlehens **Disagio (= im Voraus gezahlte Zinsen)**. Als Ausgleich für das Disagio zahlt der Kreditnehmer einen geringeren Zinssatz als bei einem Darlehen ohne Disagio. Häufig wird von den Kreditinstituten bei Darlehensgewährung **Bearbeitungsentgelt** verlangt. Diese Bearbeitungsentgelte werden prozentual von der Kreditsumme oder pauschal berechnet, und zwar unabhängig von der Laufzeit des Kredits.

Bei den Finanzierungskosten sind der **Nominal- und der Effektivzinssatz** zu unterscheiden. So wird beim Nominalzinssatz nur die Verzinsung des Darlehens ohne Berücksichtigung von Disagio, Bearbeitungsentgelt usw. angegeben, während beim Effektivzinssatz (= tatsächlicher Zinssatz) alle zusätzlichen Kosten berücksichtigt werden. Die Kreditinstitute müssen für ihre Darlehen immer **Effektivzinssätze** angeben, wobei sämtliche Kosten, die über die Laufzeit des Kredites entstehen (Zinsen, Bearbeitungsentgelte, Spesen, Disagio), addiert und dann als Jahreszinssatz zum eingesetzten Kapital ausgedrückt werden.

Beispiel Zwei Banken bieten dem Mars Elektrofachmarkt e. K. ein kurzfristiges Darlehen über 300.000,00 EUR für eine Laufzeit von sechs Monaten zu folgenden Konditionen an:

1. Bank: Auszahlung 100 % = 60.000,00 EUR, Nominalzinssatz 6,5 %, Bearbeitungsentgelt 0,5 % von der Darlehenssumme

2. Bank: Disagio 2 %, Auszahlung 98 % = 58.800,00 EUR, Nominalzinssatz 6 %

Ermitteln Sie den Effektivzinssatz für beide Kredite.

Die **Effektivverzinsung kann folgendermaßen errechnet werden:** Sämtliche Kosten, die über die Laufzeit des Kredites entstehen, werden addiert (Zinsen, Bearbeitungsentgelte, Spesen, Disagio) und dann als Jahreszinssatz zum eingesetzten Kapital ausgedrückt.

Lösung

Angebot 1. Bank		**Angebot 2. Bank**	
6,5 % Zinsen/2 Jahre von 60.000,00 EUR	7.800,00 EUR	6 % Zinsen/2 Jahre von 60.000,00 EUR	7.200,00 EUR
+ 0,5 % Bearbeitungsentgelt von 60.000,00 EUR	300,00 EUR	+ 2 % Disagio von 60.000,00 EUR	1.200,00 EUR
Kosten des Kredits	8.100,00 EUR	Kosten des Kredits	8.400,00 EUR

Die Kosten des Kredites entstehen für die Laufzeit von zwei Jahren.

$$\text{Effektiver Zinssatz} = \frac{8.100 \cdot 100 \cdot 1}{60.000 \cdot 2} = 6{,}75\ \%$$

$$\text{Effektiver Zinssatz} = \frac{8.400 \cdot 100 \cdot 1}{60.000 \cdot 2} = 7{,}0\ \%$$

Es ist für den Mars Elektrofachmarkt günstiger, das Angebot der ersten Bank anzunehmen, da der Effektivzinssatz für dieses Darlehen geringer ist.

○ Liefererkredit

Der Lieferer räumt dem Einzelhändler ein **Zahlungsziel** ein, d. h. der Einzelhändler muss seine Schuld erst zu einem späteren Zeitpunkt bezahlen.

Beispiel Zahlungsbedingung eines Großhändlers „Zahlbar innerhalb von 60 Tagen netto Kasse oder innerhalb von 14 Tagen mit 2 % Skonto".

Im Einzelhandel kommt dem Liefererkredit eine **wesentliche Bedeutung** zu. Der Einzelhandelsbetrieb kann bei einem ausreichend langen Zahlungsziel aus den Erlösen der verkauften Waren seine Schuld beim Lieferer bezahlen, ohne einen Bankkredit aufnehmen zu müssen.

Für viele kleine, mit wenig Kapital ausgestattete Einzelhandelsbetriebe stellt der Liefererkredit eine wesentliche Finanzierungsform dar, insbesondere wenn der Betrieb nicht über die notwendigen Sicherheiten für entsprechende Bankkredite verfügt. Die Lieferer verlangen aber meistens eine Absicherung des Kredites in der Form, dass sie die **Ware nur unter Eigentumsvorbehalt liefern** (vgl. Seite 330). LF 3

Beispiel Der Mars Elektrofachmarkt e. K. erhält von seinem Lieferer am 30.09. eine Rechnung über 6.800,00 EUR. Als Zahlungsbedingung ist vermerkt: „Zahlbar in 30 Tagen nach Rechnungserhalt netto Kasse oder innerhalb von 10 Tagen abzüglich 2% Skonto". Der Mars Elektrofachmarkt e. K. überlegt, ob er aufgrund fehlender Barmittel den notwendigen Betrag bei seiner Bank aufnehmen soll. Die Bank verlangt 9% Zinsen.

1. Wie hoch ist der effektive Zinssatz für diesen Liefererkredit?
2. Ermitteln Sie den Finanzierungsgewinn aus der Inanspruchnahme von Skonto.

Lösung

1. Effektiver (tatsächlicher) Zinssatz für den Liefererkredit

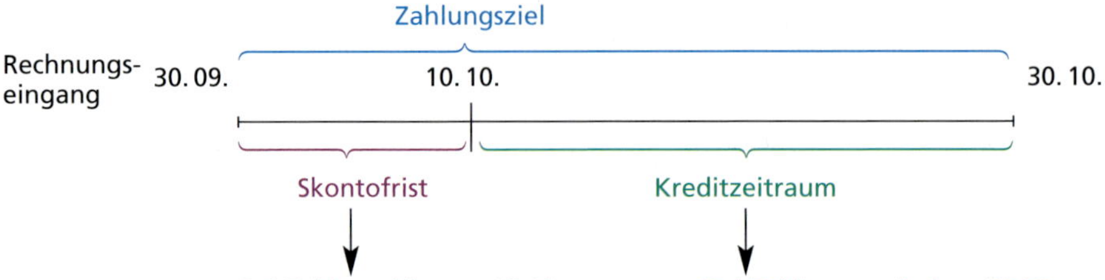

Bei Zahlung bis zum 10.10.		Bei Zahlung nach dem 10.10.
Rechnungsbetrag	6.800,00 EUR	
– 2 % Skonto	136,00 EUR	
Überweisungsbetrag	6.664,00 EUR	Überweisungsbetrag 6.800,00 EUR

Skonto ist also ein Zins, den der Lieferer für den Kreditzeitraum von 20 Tagen einrechnet. Nimmt der Kunde diesen Kreditzeitraum nicht in Anspruch, weil er bis zum 10.10. zahlt, kann er den eingerechneten Zins (= Skonto) vom Rechnungsbetrag abziehen.

Der Einzelhändler braucht erst am 10. Tag, also am 10.10. zu zahlen, um den Skonto auszunutzen. Also nimmt er erst am 10. Tag den erforderlichen Bankkredit auf, wenn er nicht über genügend flüssige Mittel verfügt.

① Der Kreditzeitraum beträgt also 20 Tage, nämlich vom 10.10. bis 30.10.

Kreditzeitraum = Zahlungsziel – Skontofrist

② 20 Tage = 2 %
360 Tage = x %

$$x = \frac{2 \cdot 360}{20} \qquad x = \underline{\underline{36\,\%}}$$

Der effektive (tatsächliche) Zinssatz für den Liefererkredit beträgt 36 %.

Hieraus lässt sich folgende Formel für die Berechnung des effektiven (tatsächlichen) Zinssatzes ableiten:

$$\text{Effektiver (tatsächlicher) Zinssatz} = \frac{\text{Skontosatz} \cdot 360}{\text{Kreditzeitraum}}$$

Lösungsweg

① Berechnen Sie den Kreditzeitraum, indem Sie vom Zielzeitraum den Skontozeitraum abziehen.

② Benutzen Sie für die Berechnung des effektiven (tatsächlichen) Zinssatzes obige Formel.

2. Kosten des Bankkredits und Finanzierungsgewinn

Wenn der Mars Elektrofachmarkt e. K. bei vorzeitiger Zahlung 2 % Skonto von 6.800,00 EUR abzieht, braucht er bei seiner Bank nur noch 6.664,00 EUR (6.800,00 EUR – 2 % Skonto) als Kredit aufzunehmen.

	Rechnungsbetrag	6.800,00 EUR
–	2 % Skonto	136,00 EUR
①	Überweisungsbetrag	6.664,00 EUR

Die Kosten des Bankkredits werden mithilfe der Zinsformel ermittelt:

$$\text{Zinsen} = \frac{\text{Kapital} \cdot \text{Zeit} \cdot \text{Zinssatz}}{100 \cdot 360}$$

② $$Z = \frac{6.664 \cdot 20 \cdot 9}{100 \cdot 360} \qquad Z = 33{,}32 \text{ EUR}$$

Die Kosten des Bankkredits betragen 33,32 EUR.

Somit ergibt sich folgende Ersparnis:

	Skonto	136,00 EUR
–	Kosten des Bankkredits	33,32 EUR
	Finanzierungsgewinn	102,68 EUR

Lösungsweg

① Ermitteln Sie den Überweisungsbetrag (Rechnungsbetrag – Skonto).

② Ermitteln Sie mit Hilfe der Zinsformel die Kosten des erforderlichen Bankkredits.

③ Berechnen Sie den Finanzierungsgewinn, indem Sie vom Skonto die Kosten des Bankkredits abziehen. Ist der Skonto höher als die Kosten des Bankkredits, lohnt es sich, den Skonto auszunutzen.

○ Einlagen- bzw. Beteiligungsfinanzierung

Hier wird dem Unternehmen Eigenkapital auf unbestimmte Zeit zur Verfügung gestellt, der Kapitalgeber ist am Gewinn und Verlust beteiligt.

Einlagenfinanzierung: Stellen der Eigentümer (**Einzelunternehmung**) bzw. die Gesellschafter (**KG**) dem Unternehmen das Kapital zur Verfügung, spricht man von Einlagenfinanzierung. Bei dieser Finanzierung erwirbt der Kapitalgeber Eigentum am Unternehmen. In der Bilanz erscheint das eingebrachte Kapital unter dem Posten **Eigenkapital** (Haftungskapital) auf der **Passivseite**. Das Eigenkapital steht in der Regel der Unternehmung unbefristet zur Verfügung. LF 8

Beispiele

- Die Inhaberin des Mars Elektrofachmarktes e. K. bringt das gesamte Eigenkapital aus ihrem Privatvermögen auf.
- Die Gesellschafter der Lebensmitteldiscount Schlegel KG erbringen das notwendige Eigenkapital durch Erhöhung ihrer Einlagen.

Beteiligungsfinanzierung: Bei der **GmbH** bringen die Gesellschafter mit ihren Stammeinlagen das im Gesellschaftsvertrag festgelegte Stammkapital auf. Bei der Beteiligungsfinanzierung in einer GmbH können entweder das Stammkapital der vorhandenen Gesellschafter erhöht oder neue Gesellschafter aufgenommen werden. In der Bilanz erscheint das eingebrachte Kapital unter **Eigenkapital/Gezeichnetes Kapital** auf der **Passivseite**. Die Gesellschafter gehen ein beschränktes Risiko ein, da sie nur mit ihrem Anteil und nicht persönlich haften.

Einlagen- bzw. Beteiligungsfinanzierung

Vorteile	Nachteile
- Eigenkapital steht zeitlich unbefristet zur Verfügung. - Keine laufenden Zins- und Tilgungsraten, dadurch wird die ständige Zahlungsbereitschaft (Liquidität) nicht beeinflusst; zwar muss das Eigenkapital in Form von Gewinnausschüttungen verzinst werden, die Höhe dieser Ausschüttungen wird aber von den Eigentümern selbst festgelegt. - Kreditwürdigkeit steigt, da das Haftungskapital bei der KG und GmbH größer wird, es kann somit leichter Fremdkapital beschafft werden. - Risikoverteilung bei der Einlagenfinanzierung in der KG, da mehrere Personen haften.	- Bei Aufnahme neuer Gesellschafter als Vollhafter sind diese an der Geschäftsführung und am Gewinn zu beteiligen. Insbesondere bei der KG wird sehr genau zu überlegen sein, ob neue Gesellschafter als Vollhafter aufgenommen werden, da bei dieser Rechtsform ein enges Vertrauensverhältnis der Gesellschafter bestehen muss. - Teilhafter sind bei der KG nur dann zu gewinnen, wenn eine höhere Verzinsung der Einlage als auf dem Kapitalmarkt zu erzielen ist. - Bei der GmbH sind Gesellschafter oft nur dann zu gewinnen, wenn ihnen als Geschäftsführer Einflussmöglichkeiten auf das Betriebsgeschehen eingeräumt wird. Dieses bedeutet einen Verlust an Selbstständigkeit.

● Selbstfinanzierung

Unter Selbstfinanzierung versteht man eine **Finanzierung** aus erwirtschafteten, einbehaltenen **Gewinnen**. Hierdurch erhöht sich das Eigenkapital. Das Einzelhandelsunternehmen finanziert sich aus eigener Kraft mit den Mitteln, die in der Unternehmung erwirtschaftet wurden.

Beispiel Die Lebensmitteldiscount Schlegel KG hat im vergangenen Geschäftsjahr einen Gewinn in Höhe von 200.000,00 EUR erzielt. Die Gesellschafter entnehmen ihren Gewinnanteil nicht, sondern verwenden ihn für eine Betriebserweiterung. Somit erhöht sich das Eigenkapital des Unternehmens um 200.000,00 EUR.

Bei der GmbH wird eine Selbstfinanzierung oft durch den Gesellschaftsvertrag vorgeschrieben (vgl. Seite 19).

Vorteile der Selbstfinanzierung	Nachteile der Selbstfinanzierung
- Einzelhändler bleibt unabhängig - keine Kreditkosten, Zinsen, Tilgungsraten, - Kreditwürdigkeit steigt, - verhältnismäßige Verringerung des Fremdkapitalanteils, - Kapital steht in der Regel auch für langfristige Investitionen unbefristet zur Verfügung.	- Gefahr von Fehlinvestitionen (bei der Investition von nicht ausgeschütteten Gewinnen erfolgt möglicherweise keine wirkungsvolle Überprüfung der Wirtschaftlichkeit dieser Investition), - durch die günstige Gewinnsituation eines Jahres kann es zur falschen Anlage der vorhandenen Mittel kommen.

● Finanzierung durch Kapitalfreisetzung

Jedes Einzelhandelsunternehmen kalkuliert die Abschreibungen in seine Verkaufspreise ein. Infolgedessen fließen die Abschreibungen (vgl. Seite 70) über die Verkaufspreise in das Unternehmen zurück (**Refinanzierung**). Dadurch stehen dem Unternehmen diese Geldmittel für die Finanzierung neuer Anlagen, die die alten, verbrauchten ersetzen sollen, zur Verfügung. Da die Geldmittel aber dem Unternehmen lange vor dem Ersatzzeitpunkt zur Verfügung stehen, verfügt die Einzelhandelsunternehmung über **zusätzliche Geldmittel durch freigesetzte Abschreibungsbeträge**.

Beispiel Der Mars Elektrofachmarkt e. K. hat einen Lieferwagen zu einem Listeneinkaufspreis (netto) von 30.000,00 EUR + 16 % USt gekauft. Am Ende des 1. Nutzungsjahres kann der Elektrofachmarkt den Lieferwagen bei einer geschätzten Nutzungsdauer von vier Jahren mit 25 % linear abschreiben. Somit ergibt sich am Ende des 1. Nutzungsjahres ein Abschreibungsbetrag von 7.500,00 EUR, der dem Unternehmen bei Berücksichtigung im Verkaufspreis wieder zur Verfügung steht. Das Geld für die Neuanschaffung eines Lieferwagens wird aber erst in vier Jahren benötigt. Daher kann der Mars Elektrofachmarkt e. K. die bis dahin anfallenden Beträge für andere Investitionen nutzen.

Durch den **Verkauf nicht benötigter Anlagegegenstände** kann sich ein Unternehmen ebenfalls Kapital beschaffen.

Leasing

Eine weitere **Möglichkeit der mittel- und langfristigen Finanzierung von Anlagevermögen** stellt das Leasing (aus dem Englischen: to lease = mieten) dar. Beim Leasing werden vertraglich die Nutzungsrechte an Gütern des Anlagevermögens (Grundstücke mit Gebäuden, Fahrzeuge, Geschäftsausstattung) für eine bestimmte Zeit vom Leasinggeber auf den Leasingnehmer übertragen. Der Einzelhändler hat also die Möglichkeit, die Gegenstände, die er benötigt, zu leasen statt zu kaufen. Der **Leasingnehmer wird Besitzer, der Leasinggeber bleibt Eigentümer** der geleasten Gegenstände. Am Ende der vertraglich vereinbarten Leasingdauer muss der Leasingnehmer den geleasten Gegenstand zurückgeben, wobei auch ein Kauf dieses Gegenstandes durch den Leasingnehmer zum Restwert möglich ist.

Vermieter (Leasinggeber) kann sein:

- der **Hersteller** des Anlagegutes, z. B. Kassenhersteller (= **direktes Leasing**), oder
- eine **Leasing-Gesellschaft**, die die Gegenstände vom Hersteller gekauft hat und sie nun im Rahmen des Leasing gegen Entgelt zur Verfügung stellt (= **indirektes Leasing**).

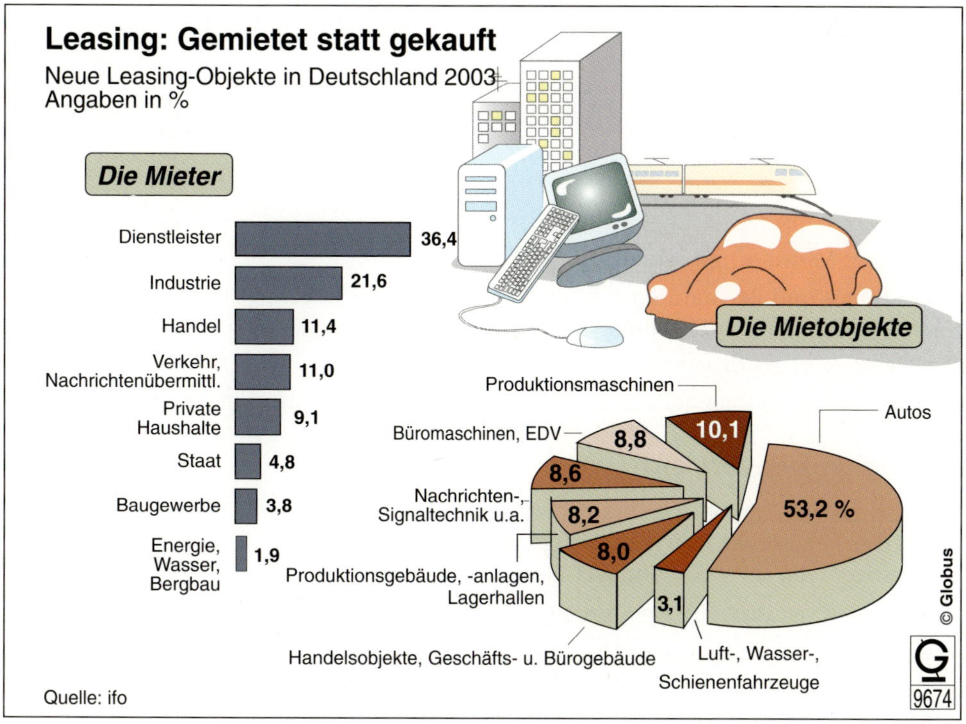

Leasing erfreut sich aus einer ganzen Reihe von Gründen zunehmender Beliebtheit. Über die Hälfte aller Leasingobjekte sind Autos, 8,8 % sind Büro- und Geschäftsausstattungen und ca. 16 % Lagerräume und Büro- und Geschäftsgebäude.

Auch Personal kann durch Arbeitskräftevermittlungen geleast werden (**Personalleasing**).

Hinsichtlich der **Leasingobjekte** kann man unterscheiden in:

- **Leasing von beweglichen Gegenständen** (Kassensysteme, Computer, Einkaufswagen, Arbeitskittel, Fahrzeuge, Ladeneinrichtungen, Kühltheken usw.),
- **Immobilienleasing** (Laden-, Lagerräume, Verwaltungsgebäude).

Beispiel Der Mars Elektrofachmarkt e. K. beschließt, die benötigte Ladenausstattung für vier Jahre bei einem Warenträgerhersteller zu leasen.

Leasing bringt **für den Einzelhändler folgende Vor- und Nachteile**:

Vorteile	Nachteile
– Geleaste Objekte sind häufig auf dem neuesten Stand der Technik, vorausgesetzt es wurden keine langfristigen Leasingverträge abgeschlossen. – Leasingnehmer hat bestimmte monatliche Raten, die genaue Kalkulation ermöglichen. – Verringerung des Kapitalbedarfs, d. h., es sind keine großen Geldmittel für die Anschaffung von Anlagegütern erforderlich. – Keine Aktivierung der Leasinggüter in der Bilanz, Abzugsfähigkeit der Leasingraten als Betriebskosten.	– Hohe Fixkostenbelastung des Betriebes durch Leasingraten. – Leasing ist teurer als Kreditkauf.

Der Leasingnehmer trägt regelmäßig die **Risiken**, die im Zusammenhang mit der Nutzung des Objektes stehen. Hierzu zählen die Verlustgefahr, die Gefahr des vorzeitigen Verschleißens und die Gefahr der Beschädigung. In diesen Fällen ist der Leasingnehmer so gestellt wie der Käufer eines Gegenstandes. Die **Leasingrate** beinhaltet folgende Bestandteile:

- Abschreibungen,
- Kapitalverzinsung,
- anteilige Verwaltungskosten,
- Wartungs- und Reparaturkosten für den Fall, dass der Leasinggeber laut Vertrag Wartung und Reparatur übernimmt,
- Gewinn des Leasinggebers,
- ggf. Versicherungsprämie, wenn der Leasinggeber den Gegenstand nicht selber versichert.

Kreditkostenvergleich

Es ist bei der Aufnahme eines Kredits erforderlich, die Kosten der unterschiedlichen Kreditarten zu vergleichen, um die günstigste Kreditart zu ermitteln. Unter Umständen kann es günstiger sein, trotz vorhandener Barmittel einen Kredit in Anspruch zu nehmen.

Beispiel Kauf von Warenträgern, Anschaffungskosten 85.000,00 EUR, Anzahlung in allen Fällen 25.000,00 EUR, wobei die Anzahlung aus Mitteln des Käufers bezahlt wird, Kreditlaufzeit 1 Jahr, der Lieferer der Warenträger gewährt bei Zahlung des vollen Rechnungsbetrages innerhalb von 20 Tagen 2 % Skonto.

Bei Ausnutzung von Skonto müsste der Mars Elektrofachmarkt e. K. 83.300,00 EUR bezahlen.

Kreditart	Konditionen	Berechnungsformel	Berechnung	Finanzierungskosten pro Jahr
Kredit des Warenträgerlieferers (Lieferantenkredit)	25.000,00 EUR Anzahlung, 3 Raten zu je 20.000,00 EUR nach je 4 Monaten Zinssatz 6 % p. a.	$Z = \frac{K \cdot i \cdot p}{100 \cdot 360}$ Z = Zinsen, K = Kapital p = Zinssatz, i = Zeit Entgangener Skontoabzug	$Z = \frac{60.000 \cdot 120 \cdot 6}{100 \cdot 360}$ = 1.200,00 EUR $Z = \frac{40.000 \cdot 120 \cdot 6}{100 \cdot 360}$ = 800,00 EUR $Z = \frac{20.000 \cdot 120 \cdot 6}{100 \cdot 360}$ = 400,00 EUR = 2.400,00 EUR 2 % von 85.000,00 EUR = 1.700,00 EUR	**4.100,00 EUR**
Leasing	Nutzungsdauer 4 Jahre, Grundentgelt 25.000,00 EUR, monatliche Leasingraten 2 % p. Monat, davon entfallen 1 % auf Zinsen und 1 % Entgelt für Überlassung und Nutzung der Warenträger, Bearbeitungsentgelt 1 ‰ von der Kreditsumme	1 % Monat = 12 %/Jahr $Z = \frac{K \cdot p}{100}$ Es sind nur die Zinsen beim Kreditkostenvergleich zu berücksichtigen Sie fällt nur im 1. Jahr an. 1 ‰ von 60.000	$\frac{60.000 \cdot 12}{100}$ = 7.200,00 EUR = 60,00 EUR	**7.260,00 EUR**
Kontokorrentkredit	Zinssatz (p) 14 % p. a.	$Z = \frac{K \cdot p}{100}$	$\frac{58.300 \cdot 14}{100}$ = 8.162,00 EUR	**8.162,00 EUR**
Bank darlehen	Zinssatz 8,5 %, Bearbeitungsentgelt 1 % von der Kreditsumme	$Z = \frac{K \cdot p}{100}$ Bearbeitungsentgelt 1 % von 58.300	$\frac{58.300 \cdot 8,5}{100}$ = 4.955,50 EUR = 583,00 EUR	**5.538,50 EUR**

Es ist bei allen Kreditarten zu berücksichtigen, dass der Einzelhandelsbetrieb durch Aufnahme eines Kredites über eine höhere Liquidität verfügt, da die nicht benötigten innerbetrieblichen Barmittel für andere Zwecke gewinnbringend eingesetzt werden können.

Beispiel Anlage der Barmittel (83.300,00 EUR) als Termingeld für ein Jahr bei der Bank zu einem Zinssatz von 4 % = 3.332,00 EUR. Ferner ist eine mögliche steuerliche Absetzbarkeit der Kreditkosten zu berücksichtigen.

Arten der Finanzierung

Arten der Finanzierung

- **Einlagenfinanzierung**
  liegt vor, wenn der bzw. die Eigentümer oder Gesellschafter zusätzliches Kapital in die Einzelhandelsunternehmung einbringen. Das Eigenkapital des Unternehmens wird größer.
- **Beteiligungsfinanzierung**
  Beteiligung von Kapitalgebern an einer GmbH.
- **Fremdfinanzierung**
  Banken, Versicherungen und Privatpersonen gewähren dem Einzelhändler kurz-, mittel- oder langfristige Kredite gegen Zinszahlung.
  - **Kontokorrentkredit**
    Der Einzelhändler kann sein laufendes Girokonto bis zu einem bestimmten Betrag überziehen.
  - **Darlehenskredite**
    Längerfristige Kredite für die Finanzierung des Anlagevermögens, wobei die Auszahlung in einem Betrag oder in Teilbeträgen und die Rückzahlung in einer Summe oder in Teilbeträgen nach einem Tilgungsplan erfolgen kann.
  - **Liefererkredite**
    Dem Einzelhändler wird ein Zahlungsziel durch den Lieferer gewährt, wodurch der Einzelhändler die Möglichkeit erhält, einen Teil des Rechnungsbetrages durch Verkäufe an seine Kunden zurückzuerhalten.
- **Selbstfinanzierung**
  Einbehaltene Gewinne des Unternehmens werden wieder investiert.
- **Finanzierung durch Kapitalfreisetzung**
  Das Einzelhandelsunternehmen erhält seine Abschreibungen des Anlagevermögens durch die Kalkulation in die Verkaufspreise zurück. Diese Geldmittel stehen dem Betrieb wieder für Investitionen zur Verfügung. Zu dieser Finanzierung zählt ebenfalls der Verkauf nicht benötigter Anlagegegenstände.
- **Leasing**
  – Durch Leasing werden **Güter des Anlagevermögens geleast,** wobei die Leasinggeber Hersteller oder Leasinggesellschaften sind.
  – Durch Leasing verringert sich der Kapitalbedarf eines Unternehmens.
  – Leasing ist **verhältnismäßig teuer.**

1. Erläutern Sie, wodurch Einlagen- und Beteiligungsfinanzierung gekennzeichnet sind.

2. Geben Sie an, worin Sie die Vorteile einer Finanzierung mit Eigenkapital sehen.

3. Erläutern Sie die Selbstfinanzierung.

4. Unterscheiden Sie die Kredite hinsichtlich ihrer Laufzeit und geben Sie jeweils an, ob sie für die Finanzierung des Anlage- oder Umlaufvermögens aufgenommen werden.

5. Erläutern Sie die Finanzierung durch Kapitalfreisetzung und geben Sie an, welche Bedeutung dieser Finanzierungsform in Einzelhandelsbetrieben zukommt.

6. Erklären Sie den Kontokorrentkredit.

7. Geben Sie an, über welche Inhalte im Kreditvertrag Vereinbarungen getroffen werden sollten.

8. Erläutern Sie, auf welche Weise Kreditinstitute die Kreditwürdigkeit ihrer Kunden überprüfen.

9. Zur Erweiterung seines Geschäftes benötigt ein Einzelhändler einen Kredit über 200.000,00 EUR mit einer Laufzeit von zwei Jahren. Er erhält zwei Angebote:
Bank A: 9 % Zinsen zuzüglich 800,00 EUR Bearbeitungsentgelt
Bank B: 8 % Zinsen zuzüglich 0,5 % Bearbeitungsentgelt von der Kreditsumme und 1 % Disagio
Die Rückzahlung des Kredites soll jeweils in einer Summe nach zwei Jahren erfolgen.
a) Wie viel EUR betragen die Kreditkosten für die gesamte Laufzeit bei beiden Banken?
b) Wie viel Prozent beträgt die Effektivverzinsung bei beiden Banken?

10. Die Center Warenhaus GmbH will einen Kredit bei der Stadtsparkasse Köln für die Neuanschaffung eines Lkw aufnehmen. Geben Sie an, über welche Inhalte in einem Kreditvertrag Vereinbarungen getroffen werden sollten.

11. Die Center Warenhaus GmbH bezieht von der Textil AG Waren im Werte von 34.500,00 EUR. Die Zahlungsbedingung lautet: „60 Tage netto Kasse, bei Zahlung innerhalb von 14 Tagen 3 % Skonto." Für einen Kontokorrentkredit der Hausbank wären 14 % effektiver Jahreszins zu entrichten. Die Center Warenhaus GmbH möchte den Skonto ausnutzen, muss dafür aber das Kontokorrentkonto in Anspruch nehmen.

12. Geben Sie Beispiele an, welche Gegenstände
a) vom Mars Elektrofachmarkt e. K. geleast werden können,
b) der Mars Elektrofachmarkt von seinen Kunden leasen lassen könnte.

13. Unterscheiden Sie zwei Leasingvertragsarten.

14. Erläutern Sie die Vor- und Nachteile des Leasings für den Leasingnehmer.

15. In einem Kaufvertrag der Center Warenhaus GmbH mit einer Textilfabrik wird „Eigentumsvorbehalt" vereinbart. Was besagt diese Vertragsklausel?
1. Nach Entrichtung des Kaufpreises wird die Center Warenhaus GmbH nur Besitzer der gelieferten Ware.
2. Die Center Warenhaus GmbH bekommt die Ware erst nach Bezahlung geliefert.
3. Der Eigentumsvorbehalt erlischt bei Lieferung mangelhafter Ware.
4. Die Center Warenhaus GmbH wird erst nach vollständiger Bezahlung des Kaufpreises Eigentümer der gelieferten Ware.
5. Die Textilfabrik bleibt bis zur Bezahlung des vollen Kaufpreises Besitzer der gelieferten Ware.

16. Die Center Warenhaus GmbH nimmt bei einer Geschäftsbank einen langfristigen Kredit auf. Wofür eignet sich der Einsatz dieses Kapitels?
1. Für die Bezahlung der Telefonrechnungen.
2. Für die Reparatur eines Lieferwagens.
3. Für die Bezahlung der Ladeneinrichtung.
4. Für Gehaltszahlungen.
5. Für die Durchführung des Werbeplans.

5.3 Kreditsicherung

Edith Mauser hat für die Spielwaren KG entschieden, für die Finanzierung der benötigten Warenträger einen Bankkredit über 20.000,00 EUR aufzunehmen. Nachdem Frau Mauser bei ihrer Hausbank den Kreditantrag für ein Darlehen ausgefüllt hat, fragt der zuständige Bankangestellte: *„Welche Sicherheiten können Sie mir für den Kredit bieten?"* Verärgert antwortet Frau Mauser: *„Seit Jahren unterhalte ich bei Ihnen mein Konto. Jetzt will ich mal einen Kredit und schon fragen Sie mich nach Sicherheiten." – „Ich habe leider meine Vorschriften. Einen Kredit in dieser Höhe kann ich Ihnen nur gegen Bereitstellung von Sicherheiten geben. Haben Sie eventuell einen Bürgen, der für Sie eine Bürgschaft übernehmen könnte?"*, antwortet der Bankangestellte. Abends trifft Frau Mauser ihre Freundin Sabine und fragt diese, ob sie eventuell diese Bürgschaft übernehmen kann. Sabine ist sich nicht sicher, ob sie ihrer Freundin diesen Gefallen tun soll.

ARBEITSAUFTRÄGE

- Stellen Sie fest, welche grundsätzlichen Möglichkeiten Frau Mauser hat, der Bank Sicherheiten für den Kredit anzubieten.
- Stellen Sie in arbeitsteiliger Gruppenarbeit die verschiedenen Möglichkeiten der Kreditsicherung in einer Übersicht dar und präsentieren Sie diese Ihren Mitschülern.

Die Kreditprüfung

Bevor ein Kreditinstitut einem Kunden einen Kredit gewährt, wird eine Kreditprüfung vorgenommen. Hierbei wird die **Kreditwürdigkeit (Bonität)** des Kunden überprüft.

Bei der **Kreditwürdigkeit (Bonität)** wird überprüft, ob ein Kreditnehmer in der Lage ist, einen aufgenommenen Kredit zurückzuzahlen. Hierzu werden eine sachliche und eine persönliche **Kreditwürdigkeitsprüfung** vorgenommen.

Zur **sachlichen Kreditwürdigkeitsprüfung** zählen

LF 8

- GuV-Rechnung, Bilanz, Geschäftsbücher,
- Handelsregister-, Grundbuchauszüge,
- Auskünfte von gewerblichen Auskunfteien,
- Steuerunterlagen,
- betriebliche Liquidität (= Zahlungsfähigkeit).

Ferner können **Betriebsbesichtigungen** vorgenommen werden, um sich ein Bild vom Zustand des Unternehmens zu verschaffen. Kreditinstitute bedienen sich zudem der Hilfe von **Wirtschaftsauskunfteien**. Diese verfügen über Informationen der Kredit nehmenden Unternehmen, die laufend auf dem neuesten Stand gehalten werden. Die Auskunfteien erteilen die Auskünfte gegen Entgelt.

Beispiel Auskunfteien bieten Auskünfte als Normalauskunft (schriftlich, telefonisch), Telefaxauskunft oder Online-Auskunft an.

Zur **persönlichen Kreditwürdigkeitsprüfung** zählen bei natürlichen Personen die Überprüfung von

- **persönlichen Daten,**

  Beispiele Unterhaltszahlungen bei Ehescheidungen, Vertrauenswürdigkeit, Zahlungsgewohnheiten, ehelicher Güterstand, Tüchtigkeit, Vermögensverhältnisse

- **fachlichen Qualifikationen,**

  Beispiele Prüfungsabschlüsse, Studium, unternehmerische Fähigkeiten

- **persönlichen Haftungsverhältnissen.**

  Beispiel Vollhafter oder Teilhafter bei der KG

Auskünfte von Kreditinstituten können nur in begrenztem Umfange genutzt werden, da das Bankgeheimnis die Auskunftsmöglichkeiten einschränkt.

Kreditinstitute sind oft bereit, allein aufgrund des **Firmen- oder Geschäftswertes (= Goodwill)** eines Einzelhandelsbetriebes Kredite zu vergeben. Zum Firmen- oder Geschäftswert eines Unternehmens zählen

- persönlicher Ruf des oder der Geschäftsinhaber/-in,
- allgemeiner geschäftlicher Ruf des oder der Geschäftsinhaber/-in,
- Standort des Geschäftes,
- Anzahl der Stammkunden,
- Zukunftsaussichten des Geschäftes und der Branche,
- bisheriges Zahlungsverhalten,
- Qualifikation der Mitarbeiter,
- Zweckmäßigkeit und Wert der Geschäftseinrichtung.

Nach der Überprüfung der Bonität des Einzelhändlers erfolgt die **Kreditsicherungsprüfung** der Banken.

Der reine Personalkredit (Blankokredit)

Beim reinen Personalkredit sind für den Kreditnehmer **keine Sicherheiten erforderlich**, da das Kreditinstitut auf die sichtbar guten Ertrags- und Vermögensverhältnisse und den guten Ruf des Kreditnehmers (Bonität) vertraut. Diese Kredite werden meist nur kurzfristig gewährt, in der Regel als **Kontokorrentkredite** (bei Privatpersonen **Dispositionskredite**), seltener als Darlehen. Hierbei darf ein Kreditnehmer sein laufendes Konto bis zu einem bestimmten Höchstbetrag (**Kreditlimit**) überziehen (vgl. Seite 315).

Der verstärkte Personalkredit

Bürgschaftskredit

Die Bürgschaft (§§ 765 ff. BGB, §§ 349 bis 351 HGB) entsteht durch einen Vertrag zwischen dem Kreditgeber und dem Bürgen, wonach der Bürge für die Erfüllung der Verbindlichkeiten des Kreditnehmers haftet. Für Bürgschaftsversprechen ist per Gesetz die

Schriftform vorgeschrieben. **Kaufleute können im Gegensatz zu Kleingewerbetreibenden (z. B. Kioskbetriebe, vgl. Seite 285) auch mündlich bürgen.**

Beispiel Dieter Mars, Sohn der Geschäftsführerin Mars, hat einen Kredit über 20.000,00 EUR aufgenommen, für den Frau Mars eine Bürgschaft übernimmt.

Wird ein Bürge von einem Kreditgeber in Anspruch genommen, kann er das Geld vom Kreditnehmer zurückverlangen. Haften bei einem Bürgschaftskredit mehrere Bürgen neben dem Kreditnehmer, spricht man von einer **gesamtschuldnerischen Bürgschaft.** In diesem Fall kann der Kreditgeber seine Forderungen an alle oder auch nur an eine der bürgenden Personen richten.

Man unterscheidet zwei **Arten der Bürgschaft**:

- **Ausfallbürgschaft** (§ 771 BGB): Bei dieser Bürgschaft muss der Bürge erst dann zahlen, wenn der Kreditgeber nachweisen kann, dass der Kreditnehmer zahlungsunfähig ist. Der Bürge hat somit das „**Recht der Einrede der Vorausklage**". Der Nachweis ist erbracht, wenn der Kreditgeber gegen den Kreditnehmer erfolglos Zwangsvollstreckung (vgl. Seite 335) betrieben hat.

Beispiel Für den Kredit des Dieter Mars beim Geschäftsfreund Peter Pade hat seine Mutter, Frau Daniela Mars, eine Ausfallbürgschaft übernommen. Nach dem Fälligkeitstermin für die Rückzahlung des Darlehens, den Dieter nicht eingehalten hat, mahnt Peter Pade zweimal vergeblich. Danach wendet sich Herr Pade an die Bürgin mit der Aufforderung zur Zahlung. Die Bürgin Daniela Mars nimmt das Recht der Einrede der Vorausklage in Anspruch, d. h., sie ist erst dann zur Zahlung verpflichtet, wenn ihr der Kreditgeber nachweisen kann, dass eine Zwangsvollstreckung erfolglos war.

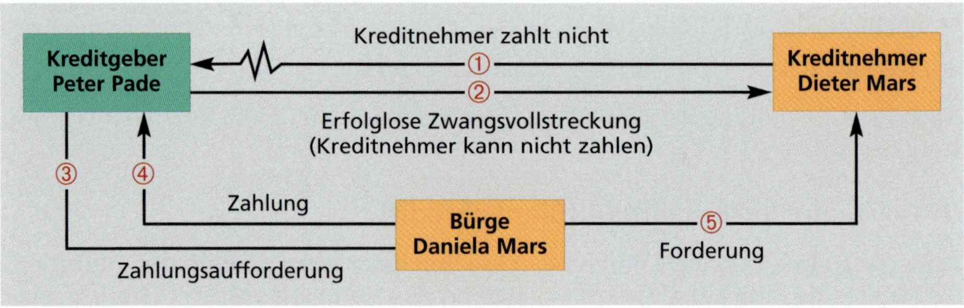

- **Selbstschuldnerische Bürgschaft** (§ 773 BGB): Bei dieser Art der Bürgschaft haftet der Bürge wie der Hauptschuldner, da er auf das „Recht der Einrede der Vorausklage" verzichtet. Der Bürge kann vom Kreditgeber schon dann zur Zahlung herangezogen werden, wenn der Kreditnehmer den Kredit nicht rechtzeitig zurückzahlt. Kreditinstitute verlangen immer eine selbstschuldnerische Bürgschaft. Unter Kaufleuten ist eine Bürgschaft immer eine selbstschuldnerische Bürgschaft (§ 349 HGB).

Beispiel Dieter Mars hat bei seiner Bank ein Darlehen über 30.000,00 EUR aufgenommen. Seine Mutter, Daniela Mars, hat hierfür eine selbstschuldnerische Bürgschaft übernommen. Als Dieter am Fälligkeitstag nicht zahlt, verlangt die Bank sofort die Zahlung von der Bürgin. Frau Mars muss als Bürgin zahlen, da sie eine selbstschuldnerische Bürgschaft übernommen hat.

● Realkredite

Bei den Realkrediten werden die Forderungen des Kreditgebers durch ein unmittelbares **Zugriffsrecht auf Sachen oder Vermögenswerte des Kreditnehmers** abgesichert. Realkredite werden auch als **dinglich gesicherte Kredite** bezeichnet. Zu den Realkrediten zählen u. a. der Sicherungsübereignungskredit und der Eigentumsvorbehalt.

○ Sicherungsübereignungskredit

Bei der Sicherungsübereignung (§ 930 BGB) wird der **Kreditgeber Eigentümer der Sicherungsgegenstände (mittelbarer Besitzer)**, während der **Kreditnehmer der unmittelbare Besitzer der Gegenstände** bleibt. Der Kreditnehmer kann also mit den übereigneten Gegenständen weiterarbeiten. Übereignet werden meistens Gegenstände des Anlagevermögens (z. B. Fuhrpark, Geschäftsausstattung), gelegentlich auch Warenvorräte. Beim Sicherungsübereignungskredit wird neben dem Kreditvertrag zwischen dem Kreditgeber und dem Kreditnehmer ein **Sicherungsübereignungsvertrag** abgeschlossen. Bei Nichtrückzahlung des Kredits durch den Kreditnehmer kann der Kreditgeber die sicherungsübereigneten Gegenstände verwerten.

Mit der Tilgung des Kredites durch den Kreditnehmer geht das Eigentum automatisch wieder auf den Kreditnehmer über.

Beispiel Der Mars Elektrofachmarkt e. K. nimmt bei seiner Bank ein Darlehen über 30.000,00 EUR auf. Zur Sicherheit übereignet er an seine Bank durch die Übergabe des Fahrzeugbriefes einen Lieferwagen im Werte von 50.000,00 EUR. Am Fälligkeitstag erfolgt durch den Elektrofachmarkt keine Tilgung des Darlehens. Die Bank hat dann das Recht, den Lieferwagen sofort abzuholen und versteigern zu lassen. Sollte beim Verkauf ein höherer Preis als 30.000,00 EUR erzielt werden, erhält der Elektrofachmarkt den höheren Betrag nach Abzug der entstandenen Kosten.

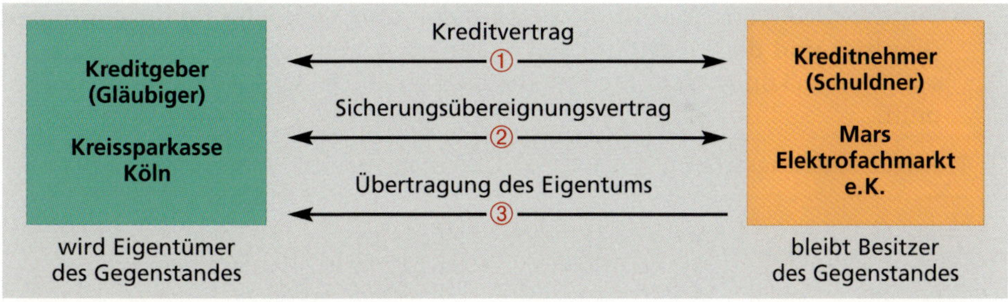

Für den Kreditgeber und den Kreditnehmer können sich bei der Sicherungsübereignung **folgende Vor- und Nachteile** ergeben:

	Vorteile	Risiken
Kreditgeber (KG)	– KG hat im Insolvenzfalle Recht auf Absonderung, d. h., Gläubigerforderungen, die durch eine Sicherungsübereignung gesichert sind, werden bevorzugt befriedigt (vgl. Seite 346). – KG kann bei Nicht-Rechtzeitig-Zahlung (Zahlungsverzug) des KN den Sicherungsgegenstand sofort verkaufen.	– Auf den übereigneten Gegenständen ruht Eigentumsvorbehalt des Lieferers. – Verlust des Eigentums des KG beim Weiterverkauf vom KN an gutgläubige Dritte. – Gegenstände sind bereits anderweitig vom KN sicherungsübereignet worden. – Übereignete Gegenstände können beschädigt oder zerstört werden.
Kreditnehmer (KN)	– KN kann sowohl mit dem sicherungsübereigneten Gegenstand als auch mit dem Kredit arbeiten. – Übereignung ist nach außen nicht erkennbar.	– KG kann bei Nicht-Rechtzeitig-Zahlung (Zahlungsverzug) den übereigneten Gegenstand sofort verkaufen lassen.

Beispiel Bei der Kreditsicherung durch Fahrzeuge muss der Kreditnehmer dem Kreditgeber den Fahrzeugbrief übergeben. Damit wird ein Weiterverkauf oder eine vorherige Sicherungsübereignung durch den Kreditnehmer verhindert. Das Risiko der Beschädigung oder Zerstörung wird durch Versicherungen abgedeckt, z. B. Vollkaskoversicherung bei einem Fahrzeug.

○ Eigentumsvorbehalt

LF 3,6 Der Eigentumsvorbehalt beinhaltet, dass die Ware bis zur vollständigen Zahlung des Kaufpreises **Eigentum des Verkäufers bleibt** (§ 455 BGB). Mit dem Eigentumsvorbehalt sichert der Verkäufer seine ausstehende Forderung gegen den Käufer. Der Eigentumsvorbehalt ermöglicht dem Verkäufer bei Nicht-Rechtzeitig-Zahlung (Zahlungsverzug) des Käufers mit Fristsetzung den Rücktritt vom Kaufvertrag und den Herausgabeanspruch der Ware. Der Eigentumsvorbehalt erlischt mit der vollständigen Zahlung des Kaufpreises (**einfacher Eigentumsvorbehalt**). Beim zweiseitigen Handelskauf (z. B. zwischen Hersteller oder Großhändler und Einzelhändler) wird in der Regel ein **verlängerter Eigentumsvorbehalt** vereinbart. Der Käufer darf in diesem Fall die noch nicht bezahlte Ware weiterverkaufen. Allerdings muss der Einzelhändler beim Weiterverkauf der Waren seine Preisforderung gegenüber dem Kunden an den Verkäufer abtreten (§ 816 I BGB).

Beispiel Der Lebensmitteldiscounter Schlegel KG erhält von seinen Herstellern die gelieferten Waren grundsätzlich unter Eigentumsvorbehalt. Die KG verkauft die Waren an ihre Kunden, die daraus entstehenden Forderungen gegen die Kunden hat die KG an die Hersteller abgetreten.

Kreditsicherung

- Vor der Kreditvergabe wird die **persönliche und sachliche Kreditwürdigkeit (Bonität) und die Kreditfähigkeit** (= Fähigkeit, rechtsgültig Kreditverträge abschließen zu können) des Kreditnehmers (KN) durch den Kreditgeber (KG) überprüft.
- Kreditsicherungsarten

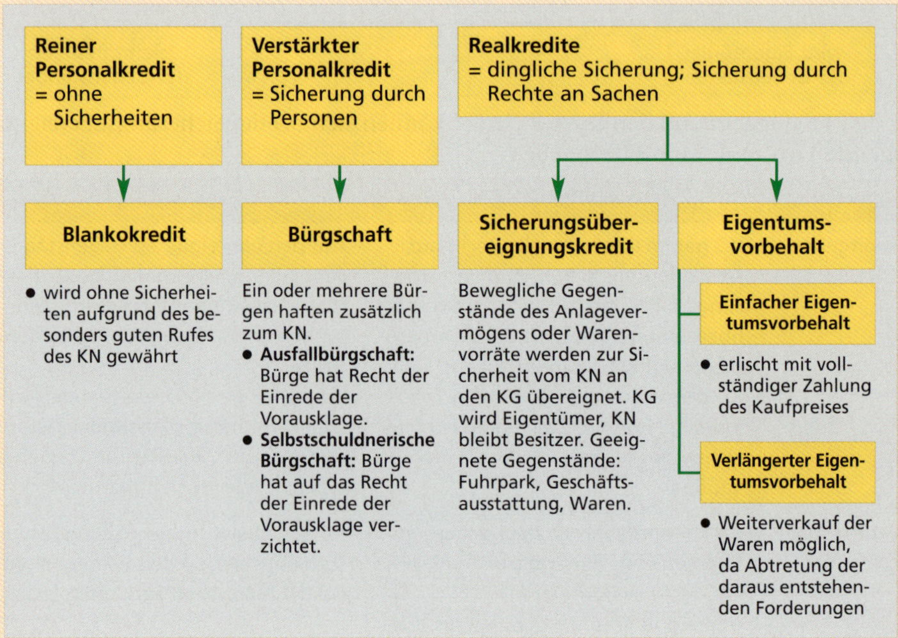

1. Erläutern Sie den Begriff der Bürgschaft und ihre unterschiedlichen Arten.

2. Stellen Sie die Vor- und Nachteile der Sicherungsübereignung
a) für den Kreditgeber,
b) für den Kreditnehmer in einer Übersicht dar.

3. Geben Sie an, warum es für den Kreditgeber notwendig ist, die Bonität eines Kreditnehmers zu überprüfen.

4. Erläutern Sie den Eigentumsvorbehalt.

5. Überprüfen Sie, welche Informationsquellen ein Kreditgeber für die Überprüfung der Kreditwürdigkeit eines Kunden benutzen kann.

6. Die Center Warenhaus GmbH will zur Finanzierung eines neuen Geschäftswagens einen Kredit bei der Stadtsparkasse Köln aufnehmen. Diese stimmt unter der Voraussetzung einer Sicherungsübereignung zu. Was hat dies für die Center Warenhaus GmbH zur Folge?

1. Die Center Warenhaus GmbH muss eine Vollkaskoversicherung für den Geschäftswagen abschließen und der Stadtsparkasse Köln die Versicherungspolice übereignen.
2. Die Center Warenhaus GmbH muss der Stadtsparkasse Köln eine schriftliche Zusicherung geben, dass sie den Geschäftswagen nicht vor vollständiger Bezahlung weiter veräußert.
3. Besitz und Eigentum an dem Geschäftswagen werden auf die Stadtsparkasse Köln übertragen.
4. Das Eigentum an dem Geschäftswagen wird auf die Stadtsparkasse Köln übertragen. Die Center Warenhaus GmbH bleibt jedoch im Besitz des Geschäftswagens.
5. Der Besitz an dem Geschäftswagen wird auf die Stadtsparkasse Köln übertragen. Die Center Warenhaus GmbH bleibt jedoch Eigentümer des Geschäftswagens.

6 Überwachung des Zahlungseingangs

Trotz mehrfacher Mahnungen hat Engelbert Schwarz, ein Kunde des Mars Elektrofachmarktes e. K., eine Rechnung des Elektrofachmarktes über 3.000,00 EUR, die am 2. August .. fällig war, bis zum 10. Oktober noch nicht bezahlt. An Mahnkosten sind bisher 23,00 EUR und an Verzugszinsen 45,00 EUR entstanden. Der Auszubildende Mehmet Aykin ist seit zwei Wochen in der Verwaltung eingesetzt. Er ist sich nicht sicher, wie er sich verhalten soll.

ARBEITSAUFTRÄGE

- Erläutern Sie, welche Voraussetzungen für den Eintritt des Zahlungsverzuges gegeben sein müssen.
- Machen Sie Vorschläge, welche Möglichkeiten der Mars Elektrofachmarkt e. K. hat, wenn mehrere Mahnungen bei einem Kunden keine Wirkung gezeigt haben.
- Erläutern Sie das Mahnverfahren anhand eines zu erstellenden Lernplakats.

Notwendigkeit der Terminüberwachung

Es gibt eine Vielzahl von Gründen, Zahlungsein- und -ausgänge zu überwachen.

Gründe für die Nichtzahlung oder verspätete Zahlung können sein:

- Vergesslichkeit (Übersehen der Zahlungsfälligkeit, falsche Ablage der Rechnung, Irrtum im Termin),
- Ausfall eigener Forderungen, wodurch der Zahlungspflichtige vorübergehend Schwierigkeiten hat, die notwendigen Zahlungsmittel aufzubringen,
- Zahlungsunwilligkeit oder Zahlungsunfähigkeit,
- Übermittlungsfehler beim Geldinstitut.

Ein Unternehmen sollte **aus folgenden Gründen** bestrebt sein, **auf den pünktlichen Zahlungseingang seiner Forderungen zu achten**:

- Verringerung der eigenen Liquidität (= Zahlungsfähigkeit),
- Zinsverluste mit entsprechenden Kosten,
- Aufnahme von Bankkrediten,
- aufgrund mangelnder Liquidität kann Skonto des Lieferers nicht ausgenutzt werden. Ein Unternehmen sollte Skonto immer in Anspruch nehmen, da ein nicht ausgenutzter Skonto die Inanspruchnahme eines besonders teuren Kredites bedeutet (vgl. Seite 317).

Die termingerechte Bezahlung eigener Verbindlichkeiten des Unternehmens muss ebenfalls überwacht werden. Bei nicht termingerechter Erfüllung von Zahlungsverpflichtungen vermindert sich das Ansehen bei Lieferern und es fallen Verzugszinsen an. Ebenso sinkt die eigene Bonität.

Terminkontrolle: Damit eine geordnete Terminüberwachung erreicht wird, müssen organisatorische Maßnahmen ergriffen werden, um Zahlungseingänge und -ausgänge zu kontrollieren. Es gibt verschiedene Möglichkeiten, den Zahlungseingang von Kunden und den Zahlungsausgang an Lieferer zu überwachen. Die Forderungen an Kunden werden als offene Posten bezeichnet. Die Kontrolle der Zahlungseingänge von Kunden wird mithilfe von **Offenen-Posten-Dateien** im Warenwirtschaftsprogramm durchgeführt. Hierbei werden die Rechnungsbeträge mit ihren Fälligkeitsterminen gespeichert und täglich abgeglichen. Bei einer Überschreitung des Zahlungsziels wird das kaufmännische Mahnverfahren (vgl. Seite 334) eingeleitet. Zur Überwachung der termingerechten Zahlungsausgänge an Lieferer kann ebenfalls im WWS eine Datei der ausstehenden Verbindlichkeiten erstellt werden.

Die **Art und Weise der Terminüberwachung** richtet sich nach der Zahl der Außenstände, dem Umfang der Forderungen und Verbindlichkeiten und nach der Organisation LF 8 der Buchführung.

● Nicht-Rechtzeitig-Zahlung

Durch den Kaufvertrag ist der Käufer verpflichtet, termingerecht zu zahlen. Zahlt der Käufer nicht oder nicht rechtzeitig, gerät er in Zahlungsverzug (§§ 286 ff. BGB).

○ Voraussetzung der Nicht-Rechtzeitig-Zahlung

Voraussetzungen für den Eintritt des Zahlungsverzuges ist die **Fälligkeit der Zahlung**. Ist ein **fester Zahlungstermin** zur Zahlung des Kaufpreises vereinbart, kommt der Käufer sofort in Verzug, wenn er nicht bis zum vereinbarten Termin zahlt.

Der Schuldner kommt **bei unbestimmten Zahlungsterminen 30 Tage nach dem Erhalt einer Rechnung** automatisch in Verzug – ohne weitere Mahnung (§ 286 Abs. 3 BGB). Die 30-Tage-Frist beginnt mit der Zustellung der Rechnung. Den ordnungsgemäßen Zugang der Rechnung hat im Streitfall der Gläubiger zu beweisen. Diese Regelung gilt gegenüber einem Schuldner, der Verbraucher ist, nur, wenn der Verbraucher auf diese Folgen in der Rechnung oder Zahlungsaufstellung besonders hingewiesen worden ist. Ist der Zeitpunkt des Zugangs der Rechnung unsicher, kommt der Schuldner beim einseitigen Handelskauf spätestens 30 Tage nach Fälligkeit und Empfang der Waren in Verzug. Der Zahlungsverzug tritt nur dann ein, wenn die vom Verkäufer geschuldete Leistung bereits vertragsmäßig erbracht wurde. Ist der Zeitpunkt der Zahlung kalendermäßig nicht bestimmt, so tritt der Zahlungsverzug nach § 286 Abs. 1 BGB erst durch eine Mahnung (ab dem Zugang der Mahnung) ein.

Das **Verschulden des Käufers spielt** für den Eintritt des Zahlungsverzuges **keine Rolle**.

○ Rechte des Verkäufers aus der Nicht-Rechtzeitig-Zahlung

Befindet sich der Käufer im Zahlungsverzug, stehen dem Verkäufer folgende Rechte zu: **Der Verkäufer kann** zuerst nur Nacherfüllung verlangen, d. h. er kann

- **auf verspäteter Zahlung bestehen**, d. h. der Käufer zahlt nach dem Zahlungstermin und der Verkäufer stellt keine weiteren Ansprüche;
- oder **auf verspäteter Zahlung bestehen und Schadenersatz wegen Verzögerung der Leistung verlangen**. Der Schadenersatz (Ersatz des Verzugsschadens) kann die entgangenen Zinsen und den Kostenersatz (Mahnkosten) umfassen. Die Verzugszinsen betragen laut Gesetz (§ 352 HGB, § 288 BGB) beim einseitigen Handelskauf 5 % über dem Basiszinssatz für Kredite vom Tag des Verzugs an, beim zweiseitigen Handelskauf 8 % über dem Basiszinssatz. Vertraglich können höhere Zinsen vereinbart werden.

Wenn die Nacherfüllung durch den Käufer **nach einer Mahnung mit Fristsetzung** nicht erfolgt, dann kann der Verkäufer

- **die Zahlung ablehnen und vom Vertrag zurücktreten**, d. h. der Verkäufer verlangt seine Waren zurück. Dieses ist besonders sinnvoll beim Verkauf unter Eigentumsvorbehalt oder bei ernsthaften Zahlungsschwierigkeiten des Käufers.
- und/oder **die Zahlung ablehnen und Schadenersatz statt der Leistung verlangen**. Der Verkäufer wird dieses Recht dann in Anspruch nehmen, wenn der Verkaufspreis der Waren inzwischen gesunken ist und er beim Verkauf an einen anderen Kunden einen geringeren Verkaufserlös erzielt. Der Schaden ist in Höhe der Differenz zwischen dem ursprünglichen und dem jetzt erzielten Verkaufspreis entstanden. Für die Inanspruchnahme dieses Rechts ist ein Verschulden des Verkäufers erforderlich.

Das außergerichtliche Mahnverfahren

Man spricht dann von einem **außergerichtlichen oder kaufmännischen Mahnverfahren**, wenn der Verkäufer **ohne Einschaltung des Gerichts** versucht, seine ausstehenden Forderungen einzutreiben. Ein Kaufmann sollte bestrebt sein, **auf den pünktlichen Zahlungseingang seiner Forderungen zu achten**, um eine Verringerung der eigenen Liquidität (Zahlungsfähigkeit), Zinsverluste und eine Aufnahme von Bankkrediten zu vermeiden.

Ein Verkäufer sollte einen säumigen Kunden insbesondere dann mahnen, wenn der Zahlungstermin nicht kalendermäßig festgelegt ist, um den Käufer in Verzug zu setzen. Eine Mahnung sollte aber immer mit sehr viel „**Fingerspitzengefühl**" vorgenommen werden, da durch zu harte und ungeschickte Formulierungen Kunden verärgert werden können. Die Mahnung sollte einen Hinweis auf den fälligen Betrag und den überfälligen Zahlungstermin enthalten.

MARS
ELEKTROFACHMARKT E. K.

Absender: Mars Elektrofachmarkt e. K., Aachener Str. 1250, 50859 Köln

Empfänger:
Herrn
Engelbert Schwarz
Auestr. 16
53225 Bonn

Bezugszeichen Ort, Datum:

Ihr Zeichen, Ihre Nachricht vom	Unser Zeichen, unsere Nachricht vom	Telefon, Name	Datum
..-06-22	ay-ho ..-07-25	203, Aydin	..-09-01

Betreff: 1. Mahnung

Anrede: Sehr geehrter Herr Schwarz,

Einleitung: am 25. Juli .. erhielten Sie von uns eine Hi-Fi-Anlage, Marke Boston, braun, zum Preis von 3.000,00 EUR. Den Empfang haben Sie auf dem Lieferschein bestätigt. Gleichzeitig wurde Ihnen von unserem Auslieferungslager die Rechnung ausgehändigt.

Hinweis auf nicht geleistete Zahlung und Anspruch des Verkäufers: Nach unseren Geschäftsbedingungen sollte die Zahlung innerhalb einer Woche nach Erhalt der Rechnung erfolgen. Da die Zahlung bis zum 30. August .. nicht erfolgte, möchten wir Sie hiermit an den ausstehenden Rechnungsbetrag erinnern.
Wir bitten Sie, den ausstehenden Rechnungsbetrag umgehend auf unser Bankkonto zu überweisen.

Ausblick auf die Zukunft: Sollten Sie den Rechnungsbetrag in der Zwischenzeit überwiesen haben, betrachten Sie unser Schreiben als gegenstandslos.

Grußformel: Wir bitten um Ihr Verständnis und verbleiben mit freundlichen Grüßen

Mars Elektrofachmarkt e. K.

i. A. Aydin

Aydin

Geschäftsräume	Telefon	Telefax	Kontoverbindungen
Aachener Straße 1250 50859 Köln	0221 161070-5	0221 170088	Postbank Köln BLZ 370 100 50 Kto.-Nr 124466890 Kreissparkasse BLZ 386 500 00 Kto.-Nr 013600564

Geschäftsführerin:Dipl.-Kauffrau Daniela Mars · Amtsgericht Köln HRBHA 6851

Beispiel Ein kaufmännisches Mahnverfahren kann z. B. in folgenden Schritten durchgeführt werden:

- **Zahlungserinnerung:** Der Schuldner erhält 14 Tage nach Überschreiten des Fälligkeitstages in höflicher Form eine Rechnungskopie oder einen Kontoauszug.

  Formulierung: Sehr geehrte Damen und Herren, sicher haben Sie übersehen, dass Sie bei uns noch eine Rechnung über 3.000,00 EUR offen haben. Wir bitten Sie daher höflich, den Betrag baldmöglichst zu überweisen.
- **1. Mahnung:** Nach 14 weiteren Tagen nochmalige Zusendung einer Rechnungskopie oder eines Kontoauszuges, wobei ein nachdrücklicher Ton angeschlagen wird.

  Formulierung: Sehr geehrte Damen und Herren, auf unsere Zahlungserinnerung vom ... haben Sie bisher nicht reagiert. Ihre Rechnung über 3.000,00 EUR ist bis heute nicht beglichen. Wir bitten Sie daher nochmals, den fälligen Betrag bis spätestens ... zu überweisen. Über eine weitere gute Zusammenarbeit würden wir uns freuen.
- **2. Mahnung:** Nach weiteren 14 Tagen wird eine Mahnung mit Fristsetzung an den Kunden gesandt, wobei nachdrücklich auf die Fälligkeit, den Betrag und die Folgen der Nichtzahlung hingewiesen wird.

  Formulierung: Sehr geehrte Damen und Herren, zu unserem großen Bedauern haben wir festgestellt, dass Sie auch auf unsere zweite Mahnung vom ... nicht reagiert haben, da wir bis heute keinen Zahlungseingang von Ihnen feststellen konnten. Wir bitten Sie daher um unverzügliche Begleichung des ausstehenden Rechnungsbetrages über 3.000,00 EUR, anderenfalls werden wir ein Inkassoinstitut mit dem Einzug der Forderungen beauftragen.
- **3. Mahnung:** Es wird nach acht Tagen ein letzter Termin in einem schärferen Ton gesetzt und der Mahnbescheid (gerichtliches Mahnverfahren) angedroht.

Eine besondere Form der Mahnung ist die Zustellung einer **Postnachnahme**, wobei man Geldbeträge bis höchstens 1.600,00 EUR durch die Deutsche Post AG einziehen lassen kann. LF 3

Das gerichtliche Mahnverfahren

Wenn ein säumiger Kunde nicht auf die Maßnahmen des außergerichtlichen (kaufmännischen) Mahnverfahrens reagiert, kann ein Lieferer bei einem Amtsgericht einen Antrag auf Erlass eines **Mahnbescheides** stellen. Dadurch wird das gerichtliche Mahnverfahren (ZPO §§ 688 ff.) eingeleitet. Der Mahnbescheid stellt eine Mahnung von Amts wegen dar, wodurch der Käufer aufgefordert wird, den ausstehenden Betrag binnen einer Frist von zwei Wochen zu zahlen oder Widerspruch zu erheben. Der Antrag muss auf einem besonderen Vordruck (**Formularzwang**) gestellt oder im **Onlineverfahren** dem zuständigen Amtsgericht übermittelt werden.

Das Amtsgericht erlässt den Mahnbescheid, wobei nicht überprüft wird, ob der Anspruch zu Recht besteht oder nicht. Der Mahnbescheid wird vom Gericht dem Schuldner zugestellt. Aus Rationalisierungsgründen werden alle Mahnbescheide zentral je nach Bundesland bei einem bestimmten Amtsgericht bearbeitet, rechtliche Wirkung hat der Antrag erst mit Eingang beim zuständigen Amtsgericht. Der Schuldner hat nach Zustellung des Mahnbescheids durch das Amtsgericht die **drei Möglichkeiten**, 1. zu zahlen, 2. Einspruch zu erheben oder 3. zu schweigen (vgl. Seite 336).

Bei einer Zwangsvollstreckung dürfen die Gegenstände, die für eine bescheidene Lebensführung benötigt werden, nicht gepfändet werden.

Beispiele Kleidungsstücke, Einrichtungsgegenstände, Fernsehgerät

Hat der Vollstreckungsbeamte auf Antrag des Gläubigers beim Schuldner verwertbare Gegenstände gepfändet, werden diese nach einer Schonfrist von sieben Tagen versteigert. Der Gläubiger erhält den Erlös der Versteigerung abzüglich der entstandenen Versteigerungskosten bis zur Höhe seiner Forderungen.

Ist eine **Zwangsvollstreckung mangels verwertbarer Gegenstände beim Schuldner erfolglos** und hat der Gläubiger das Gefühl, dass der Schuldner verwertbare Gegenstände

Der **Schuldner hat** nach Zustellung des Mahnbescheids durch das Amtsgericht **drei Möglichkeiten**:

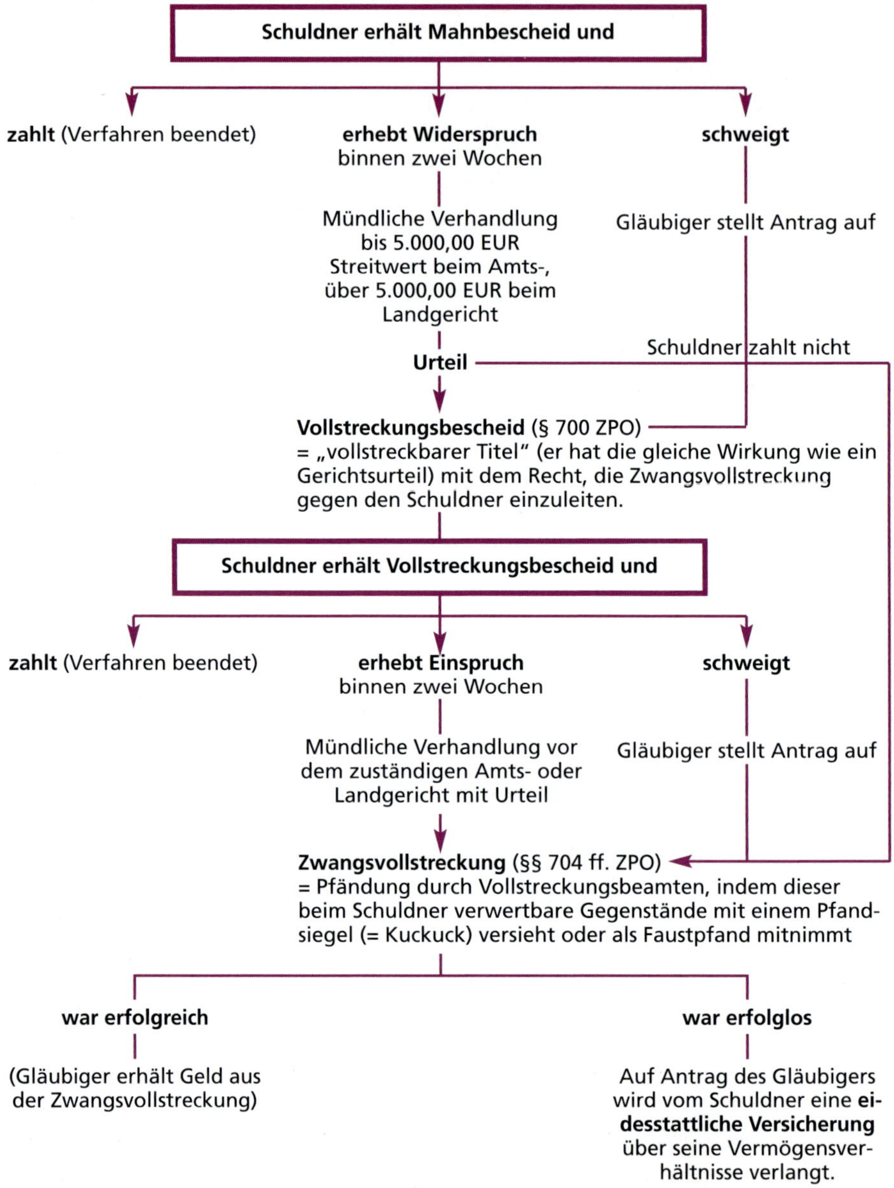

unterschlägt, muss der Schuldner eine **eidesstattliche Versicherung** über seine Vermögensverhältnisse abgeben. Bei der eidesstattlichen Versicherung erklärt der Schuldner, dass sich außer den angegebenen Gegenständen keine weiteren Vermögenswerte in seinem Eigentum befinden.

Verweigert er die eidesstattliche Versicherung, kann der Schuldner auf Kosten des Gläubigers in eine bis zu sechsmonatige **Beugehaft** genommen werden. Macht er falsche Angaben über seine Vermögensverhältnisse, muss er mit einer **Haftstrafe** wegen Meineid rechnen.

Der Gläubiger kann auf das gerichtliche Mahnverfahren verzichten und gleich beim zuständigen Amts- oder Landgericht eine **Klage** gegen den Schuldner einreichen.

Überwachung des Zahlungseingangs

- Die **Notwendigkeit der Überwachung von Zahlungseingängen** ergibt sich aus folgenden Gründen:
  - Erhaltung der eigenen Liquidität
  - Zinsverluste
- **Voraussetzung** für den Zahlungsverzug ist die **Fälligkeit der Zahlung.**
- Der **Zahlungsverzug tritt bei unbestimmten Zahlungsterminen** nach Ablauf von 30 Tagen seit Zugang einer Rechnung ein. Der Gläubiger hat den Zugang der Rechnung im Streitfall zu beweisen. Bei **festen Zahlungsterminen** gerät der Käufer sofort mit dem Verstreichen des Zahlungstermins in Verzug.

Rechte des Verkäufers

Ohne Nachfristsetzung
- Zahlung verlangen oder
- Zahlung und Schadenersatz wegen Verzögerung der Leistung verlangen, **Verzugszinsen** lt. Gesetz beim einseitigen Handelskauf 5 % über dem jeweils gültigen Basiszinssatz für Kredite, beim zweiseitigen Handelskauf 8 % über dem Basiszinssatz.

Mit Nachfristsetzung
- Ablehnung der Zahlung und Rücktritt vom Vertrag oder
- Ablehnung der Zahlung und Schadenersatz statt der Leistung

- Das **kaufmännische Mahnverfahren** wird angewandt, wenn von säumigen Kunden fällige Forderungen **ohne Einschaltung des Gerichts** eingetrieben werden.
- Es gibt **kein allgemein verbindliches**, für jeden Kunden passendes **Mahnverfahren.** Grundsätzlich sollten Mahnungen mit viel „**Fingerspitzengefühl**" verfasst werden, um nicht unnötig Kunden zu verärgern.
- Ein Mahnverfahren kann in **mehreren Schritten durchgeführt** werden: Zahlungserinnerung, 1. Mahnung, 2. Mahnung, 3. Mahnung mit Androhung eines Mahnbescheides. Während die Zahlungserinnerung sehr höflich formuliert ist, ist die letzte Mahnung sehr energisch formuliert.
- Der **Mahnbescheid** stellt eine Aufforderung des Gläubigers an den Schuldner dar, innerhalb einer bestimmten Frist die vom Gläubiger geforderte Summe zu zahlen oder sich vor Gericht zu verteidigen.
- Mit dem **Vollstreckungsbescheid** hat ein Gläubiger einen vollstreckbaren Titel mit dem Recht, die Zwangsvollstreckung gegen den Schuldner einzuleiten.
- Die **Zwangsvollstreckung** ist ein Verfahren, um mithilfe eines Vollstreckungsbeamten Geldforderungen bei einem Kunden einzutreiben.

1. Erläutern Sie, ab wann ein Käufer in Zahlungsverzug gerät.

2. Was verstehen Sie unter Verzugszinsen? Geben Sie die gesetzliche Regelung über die Höhe der Verzugszinsen an.

3. Erläutern Sie die Rechte des Verkäufers aus der Nicht-Rechtzeitig-Zahlung an jeweils einem Beispiel.

4. **Schriftverkehr**: Schreiben Sie anhand nachfolgender Angaben einen Brief.
Die Kundin Herta Straub, Am Südhang 3, 53809 Ruppichteroth, hat beim Radio- und Fernsehgeschäft Dehmer e. K., Wesselstr. 117, 53113 Bonn, einen Fernseher im Werte von 990,00 EUR auf Probe gekauft. Vier Wochen nach Ablauf der einwöchigen Probezeit hat die Kundin den Fernseher noch nicht bezahlt.

5. Erläutern Sie einige Ursachen dafür, dass Kunden nicht oder nicht rechtzeitig zahlen.

6. Erklären Sie die Schritte, in denen ein außergerichtliches Mahnverfahren durchgeführt wird.

7. Die Weinhandlung Max Banken e. K., Steeler Str. 45, 45884 Gelsenkirchen, hat dem Speiserestaurant Elfriede Effer, Bachstr. 16, 45896 Gelsenkirchen, am 23. Februar .. 30 Kartons mit je 12 Flaschen Roländer Kapellchen, Spätlese, im Werte von 1.368,00 EUR geliefert. Als Zahlungstermin war vereinbart worden: „Zahlbar 30 Tage nach Erhalt der Rechnung netto Kasse". Die Rechnung wurde am 24. Februar .. per Brief versandt. Schreiben Sie
a) eine Zahlungserinnerung am 27. März ..,
b) die 1. Mahnung am 9. April ..,
c) die 2. Mahnung am 23. April ..,
d) die 3. und letzte Mahnung am 30. April. (Das Speiserestaurant reagiert auf kein Mahnschreiben.)

8. Beschreiben Sie den Ablauf des gerichtlichen Mahnverfahrens.

9. Die Auszubildende Nina Hagen erhält per Post einen Mahnbescheid zugesandt, in welchem sie von einer Versandhandlung aufgefordert wird, 3.000,00 EUR zu zahlen. Da Nina Hagen keine Einkäufe bei der Versandhandlung getätigt hat, ist sie der Überzeugung, dass es sich um einen Irrtum handeln muss, der sich von selbst wieder aufklärt. Infolgedessen unternimmt sie nichts. Beschreiben Sie die Folgen, die sich für Nina Hagen aus ihrem Schweigen ergeben können.

10. Der Einzelhändler Hans Schnell e. K. wurde wegen einer fälligen Rechnung bereits dreimal erfolglos vom Lieferer Rubitex GmbH gemahnt. Sie erhalten deshalb den Auftrag, das gerichtliche Mahnverfahren gegen den Einzelhändler einzuleiten.
Welchen Schritt müssen Sie als Erstes unternehmen?
1. Den Versand einer letzten Mahnung mit gleichzeitiger Androhung gerichtlicher Maßnahmen
2. Die Beantragung des Erlasses eines Mahnbescheides beim zentralen Mahngericht (Amtsgericht)
3. Die Beantragung des Erlasses eines Vollstreckungsbescheides beim zentralen Mahngericht (Amtsgericht)
4. Die Beauftragung eines Vollstreckungsbeamten, eine Pfändung vorzunehmen
5. Die Anforderung einer eidesstattlichen Versicherung des Einzelhändlers, dass er zahlungsunfähig ist

7 Unternehmenskrisen

7.1 Außergerichtliche Maßnahmen im Rahmen der Insolvenz eines Unternehmens

Nachdem die Center Warenhaus GmbH ihre Spielwarenabteilung renoviert und vergrößert hat, gehen die Umsätze bei der Edith Mauser Spielwaren KG deutlich zurück. Edith Mauser versucht die Kunden durch Preissenkungen zu halten und wirbt für ihre Sonderangebote in der Tageszeitung. Sie hat aber noch andere Sorgen. Das Einkaufszentrum ist durch die Erneuerungsmaßnahmen und die Vielzahl von Aktionen so attraktiv geworden, dass die Mieten deutlich erhöht werden. Der schleppende Umsatz und die steigenden Kosten haben zur Folge, dass die Edith Mauser Spielwaren KG ihren Zahlungsverpflichtungen nicht mehr nachkommen kann. In dieser Situation ruft Edith Mauser Sabine Freund an, um mit ihr die Lage zu erörtern. *„Was soll ich nur machen, Sabine, die Schulden steigen von Tag zu Tag und die ersten Lieferanten wollen schon Vorkasse für ihre Lieferungen"*, klagt Edith. *„Wir sollten zunächst einmal nach den Ursachen suchen"*, erwidert Sabine, *„vielleicht gibt es doch noch Bereiche, die man beeinflussen kann. Und wenn alles nichts hilft, musst du dich mit den Gläubigern an einen Tisch setzen!"*

ARBEITSAUFTRÄGE

- Zeigen Sie mögliche Ursachen für die Zahlungsschwierigkeiten der Edith Mauser Spielwaren KG auf.
- Erörtern Sie Vorschläge zur Wiederherstellung der Leistungsfähigkeit des Unternehmens.

● Die Sanierung

Bei der Sanierung handelt es sich um finanzielle, personelle, sachliche oder organisatorische Maßnahmen zur Wiederherstellung der Leistungsfähigkeit eines Unternehmens. Untersuchungen über **Insolvenzursachen** (d. h. Ursachen für die Zahlungsunfähigkeit eines Unternehmens) kommen zu dem Ergebnis, dass Unternehmenskrisen folgende Gründe haben können:

Finanzielle Ursachen: Probleme im Bereich der Finanzierung sind der Hauptgrund für Insolvenzen im Bereich des Einzelhandels. Die Höhe des erforderlichen Eigenkapitals wird von vielen Einzelhändlern unterschätzt. Darüber hinaus entstehen Probleme durch zu hohe Zinsbelastungen und zu optimistische Rückzahlungsfristen. Weitere finanzielle Gründe sind Fehler bei der Mittelverwendung, wenn z. B. Anlagevermögen mit kurzfristigen Krediten finanziert wird, oder zu hohe Privatentnahmen.

Personelle Ursachen: Folgende Probleme können mit der Person des Unternehmers verbunden sein:

- mangelhafte Unternehmerqualifikation,
- mangelnde Praxiserfahrung,
- unzureichender Informationsstand,
- schlechter Führungsstil.

Darüber hinaus spielen unqualifizierte und nicht motivierte **Mitarbeiter** und Probleme bei der Personalbeschaffung als Ursache für Unternehmenskrisen im Einzelhandel eine wichtige Rolle.

Sachliche Ursachen: Die Verschärfung des Wettbewerbs als Folge der Unternehmenskonzentration ist einer der häufigsten Gründe von Unternehmenskrisen. Darüber hinaus spielen Standortprobleme und die oft sehr hohen Mietkosten eine Rolle.

Der Nachfragerückgang durch Änderung der Verbrauchergewohnheiten oder eine allgemeine Verschlechterung der Konjunktur können ebenfalls Ursache für eine Unternehmenskrise sein.

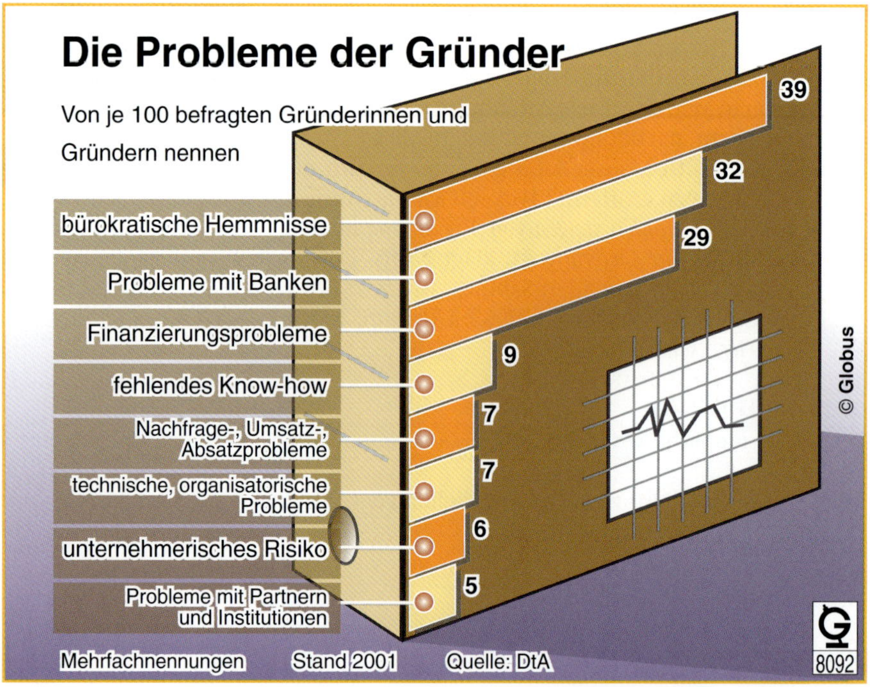

Organisatorische Ursachen: Unzureichende Regelungen im Bereich der Aufbau- und Ablauforganisation können zu folgenden Problemen führen:

- mangelhaftes Kalkulations- und Berichtswesen,
- falsche Beschaffungsmengen mit der Folge zu hoher Lagerbestände,
- Lagerhaltungsprobleme, z. B. in Form von Schwund oder Verderb der Ware.

Die **Maßnahmen** zur Lösung einer Unternehmenskrise im Wege der Sanierung sind ebenso vielfältig wie ihre Ursachen. Mögliche Sanierungsmaßnahmen sollen anhand der genannten Ursachenbereiche dargestellt werden:

Finanzielle Maßnahmen sind u. a.:

- **Einlagen- oder Beteiligungsfinanzierung** (vgl. Seite 319) z. B. durch Gewinnung neuer Gesellschafter,
- **Fremdfinanzierung** (vgl. Seite 315) durch Aufnahme von Bank- oder Liefererkrediten oder durch das Leasing von Wirtschaftsgütern,
- **Stundung von Verbindlichkeiten,** d. h. das Hinausschieben des Zahlungsziels oder der Schuldenerlass (Vergleich, vgl. unten).

Personelle Maßnahmen sind u. a.:

- Qualifizierung des Unternehmers und seiner Mitarbeiter durch **Fort- und Weiterbildung** (vgl. Seite 233).
- Weitere personelle Maßnahmen wären die Einstellung qualifizierter **Mitarbeiter** bzw. die Überprüfung des Personalbestandes mit dem Ziel, unfähige Mitarbeiter zu entlassen, oder die Einführung leistungsbezogener Entlohnungsgrundsätze.

Sachliche Maßnahmen sind u. a.:

- Stärkung der Wettbewerbsfähigkeit durch horizontale oder vertikale **Kooperation** (vgl. Seite 304) oder Verringerung der Mietbelastung durch Verkleinerung der Verkaufsfläche oder des Lagers. LF 6
- Sortimentsbereinigung mit dem Ziel der Anpassung an die veränderten Verbrauchergewohnheiten. LF 6

Organisatorische Maßnahmen sind u. a.:

- Bereitstellung warenbezogener Informationen und Steuerung und Kontrolle des Warenflusses im Unternehmen durch Einführung eines **EDV-gestützten Warenwirtschaftssystems**. LF 3, 6, 7
- Planung und Kontrolle der Lagerbestände mit dem Ziel der Annäherung an den **optimalen Lagerbestand.** LF 7

Der Vergleich

Beim Vergleich handelt es sich um eine Vereinbarung zwischen Schuldner und Gläubigern zur Überwindung wirtschaftlicher Schwierigkeiten und Abwendung des Insolvenzverfahrens.

Die Verhandlungen werden **ohne Mitwirkung der Gerichte** meist in aller Stille geführt. Die Bemühungen um einen Vergleich sind immer dann angebracht, wenn die begründete Aussicht besteht, dass ein Unternehmen seine Schwierigkeiten überwindet und damit in seiner Existenz erhalten werden kann.

Wir unterscheiden den Stundungs- und den Erlassvergleich.

- Der **Stundungsvergleich** (Moratorium) beinhaltet einen **Zahlungsaufschub.** Die Gläubiger stimmen einem Tilgungsplan zu, der eine Stundung der Forderungen vorsieht.
- Der **Erlassvergleich** beinhaltet den **Verzicht** auf einen Teil der Forderungen durch die Gläubiger.

Voraussetzung für das Zustandekommen des Vergleichs ist die **Zustimmung aller Beteiligten**.

Außergerichtliche Maßnahmen im Rahmen der Insolvenz eines Unternehmens

- **Sanierung**
  Bei der Sanierung handelt es sich um finanzielle, personelle, sachliche oder organisatorische Maßnahmen zur Wiederherstellung der Leistungsfähigkeit eines Unternehmens.

Sanierungsgründe	Sanierungsmaßnahmen
finanzieller Art – zu geringes Eigenkapital	– Einlagen- oder Beteiligungsfinanzierung durch Kapitalerhöhung oder Verkauf von Vermögensteilen
– zu hohe Zinsbelastung oder unrealistische Rückzahlungstermine	– Fremdfinanzierung durch Aufnahme von Krediten oder Leasing von Gegenständen des Anlagevermögens
personeller Art – mangelnde Unternehmerqualifikation – Mängel im Bereich Personal	– Fortbildung – Einstellung qualifizierter Mitarbeiter – Einführung leistungsbezogener Entlohnungsgrundsätze
sachlicher Art – verschärfter Wettbewerb – hohe Mietkosten	– horizontale oder vertikale Kooperation – Spezialisierung auf bestimmte Sortimentsbereiche oder Funktionen – Verkleinerung des Reservelagers und ggf. der Verkaufsfläche
organisatorischer Art – mangelhafte Kalkulation – Personalkosten – falsche Beschaffungsmengen	– Fortbildung – Überprüfung des Personalbestandes – Einführung eines modernen Warenwirtschaftssystems

- **Vergleich**
  – Vereinbarung zwischen Schuldner und Gläubiger zur Überwindung wirtschaftlicher Schwierigkeiten und Abwendung des Insolvenzverfahrens.
  – Beim **Stundungsvergleich** wird dem Schuldner ein Zahlungsaufschub gewährt.
  – Beim **Erlassvergleich** verzichten die Gläubiger auf einen Teil ihrer Forderungen.
  – Voraussetzung ist die **Zustimmung aller Beteiligten**.

1. Erläutern Sie, welche finanziellen, personellen, sachlichen oder organisatorischen Gründe zu einer Unternehmenskrise führen können.
2. Erläutern Sie die Unterschiede zwischen einem Stundungs- und einem Erlassvergleich.
3. Sanierungsmaßnahmen können nicht nur an den Problembereichen anknüpfen, sondern auch anhand der Marketinginstrumente aufgezeigt werden. Erläutern Sie mögliche

Sanierungsmaßnahmen der Edith Mauser Spielwaren KG anhand der Marketinginstrumente:
a) Sortimentspolitik
b) Preispolitik
c) Servicepolitik
d) Kommunikationspolitik
e) Verkaufsstellenpolitik.

4. Erläutern Sie, welchen Beitrag ein EDV-gestütztes Warenwirtschaftssystem zur Sanierung der Edith Mauser Spielwaren KG leisten kann.

5. Einer der größten Gläubiger der Edith Mauser Spielwaren KG ist die Spila GmbH. Edith Mauser führt mit dem Geschäftsführer der Spila GmbH ein Gespräch, in dem sie um Zahlungsaufschub bittet.
a) Stellen Sie Argumente zusammen, mit denen Sie den Geschäftsführer überzeugen.
b) Führen Sie das Gespräch zwischen dem Geschäftsführer und Edith Mauser im Rollenspiel.
c) Fertigen Sie ein Protokoll des Gesprächs an und stellen Sie fest, welche Argumente den Geschäftsführer überzeugt haben bzw. wo die Schwächen in der Argumentation lagen.

7.2 Gerichtliche Maßnahmen im Rahmen der Insolvenz eines Unternehmens

Trotz aller Bemühungen gelingt es der Edith Mauser Spielwaren KG nicht, das Unternehmen zu retten. Die Zahlungen erfolgen immer schleppender und müssen ganz eingestellt werden. Als ein Großgläubiger erfährt, dass es bereits neue Gläubiger gibt, die im Wege des gerichtlichen Mahnverfahrens versuchen, ihre Forderungen voll zu befriedigen, ist seine Geduld am Ende.

ARBEITSAUFTRÄGE
- Überlegen Sie, welche Schritte der Großgläubiger unternehmen kann, um zumindest einen Teil seiner Forderungen zu sichern.
- Erläutern Sie die Durchführung des Insolvenzverfahrens zur Liquidation.
- Stellen Sie die Möglichkeiten der Restschuldbefreiung dar.

Allgemeine Vorschriften

Das Insolvenzverfahren ist in der **Insolvenzordnung** (InsO) geregelt. Ziel des Insolvenzverfahrens ist es, die Gläubiger zu befriedigen, indem Vermögen des Schuldners verwertet und der Erlös verteilt (Liquidation) oder in einem Insolvenzplan Regelungen zur Sanierung des Unternehmens getroffen werden. Der redliche Schuldner, der sich sieben Jahre bemüht seine Schulden zu tilgen, kann im Rahmen des Verfahrens von seinen restlichen Verbindlichkeiten befreit werden.

Das Verfahren wird vom **Insolvenzgericht** durchgeführt, in dessen Bezirk der Schuldner seinen Gerichtsstand (vgl. Seite 336) hat. LF 6

Die Eröffnung des Insolvenzverfahrens

Ein Insolvenzverfahren kann über das Vermögen jeder **natürlichen und juristischen Person** und über das Vermögen der **Personengesellschaften** eröffnet werden. LF 3

Der **Antrag** kann vom Gläubiger und vom Schuldner gestellt werden. Bei juristischen Personen kann der Antrag auf Seiten des Schuldners von jedem Mitglied des Vertretungsorgans (Geschäftsführer der GmbH) gestellt werden.

Voraussetzung für die Eröffnung des Verfahrens ist die **Zahlungsunfähigkeit** des Schuldners. Bei juristischen Personen wird das Verfahren darüber hinaus eröffnet, wenn sie überschuldet sind. Eine Überschuldung liegt vor, wenn die aufgelaufenen Verluste größer sind als das Eigenkapital.

Auch im Fall **drohender Zahlungsunfähigkeit** kann der Antrag auf Eröffnung des Insolvenzverfahrens gestellt werden. Dieser Antrag kann jedoch nur vom Schuldner selbst gestellt werden. Der Schuldner droht zahlungsunfähig zu werden, wenn er voraussichtlich nicht in der Lage sein wird, die bestehende Verpflichtung im Zeitpunkt der Fälligkeit zu erfüllen.

Sobald der Antrag auf Eröffnung des Verfahrens beim Insolvenzgericht eingeht, kann das Gericht **Sicherungsmaßnahmen** anordnen. Das Gericht kann

- einen vorläufigen Insolvenzverwalter bestellen,
- dem Schuldner ein Verfügungsverbot über das Vermögen auferlegen oder dieses nur mit Zustimmung durch den Insolvenzverwalter gestatten,
- Maßnahmen der Zwangsvollstreckung gegen den Schuldner untersagen.

Hat das Gericht einen **vorläufigen Insolvenzverwalter** eingesetzt, wird dies öffentlich bekannt gemacht. Aufgabe des vorläufigen Insolvenzverwalters ist es, das Vermögen des Schuldners zu sichern, zu erhalten und zu prüfen, ob das Vermögen des Schuldners zur Deckung der Kosten des Verfahrens ausreicht. Betreibt der Schuldner ein Unternehmen, kann der Insolvenzverwalter dieses bis zur Entscheidung über die Eröffnung des Verfahrens fortführen.

Reicht das Vermögen des Schuldners nicht zur Deckung der Kosten des Verfahrens aus, wird der Antrag auf Eröffnung des Insolvenzverfahrens **mangels Masse abgewiesen.** Der Schuldner wird in diesem Fall in ein **öffentliches Schuldnerverzeichnis** eingetragen.

Im Falle der Eröffnung des Verfahrens ergeht ein **Eröffnungsbeschluss**, der öffentlich bekannt gemacht und in das Handelsregister eingetragen wird. Ist der Schuldner Eigentümer von Immobilien, wird die Eröffnung des Verfahrens auch in das Grundbuch eingetragen. Der Eröffnungsbeschluss enthält:

- Firma, Namen, Vornamen, Geschäftszweig oder Beschäftigung, gewerbliche Niederlassung oder Wohnung des Schuldners,
- Name und Anschrift des Insolvenzverwalters,
- das Datum der Eröffnung,
- die Aufforderung an die Gläubiger, ihre Forderungen schriftlich innerhalb einer bestimmten Frist beim Insolvenzverwalter anzumelden. Die Frist darf mindestens zwei Wochen und höchstens drei Monate betragen. Inhaber von Sicherungsrechten an beweglichen Sachen (vgl. Sicherungsübereignung, Seite 329) müssen diese ebenfalls mitteilen.

§

Beispiel

55 K 88/99 Über das Vermögen der Edith Mauser Spielwaren KG, Aachener Str. 1250, 50859 Köln, wird heute, am 1. Oktober .. um 08:00 Uhr das Insolvenzverfahren eröffnet. Insolvenzverwalter ist Herr RA Dr. Schmidt-Thomae, Landgrafenstraße 39, 50931 Köln, Telefon: 0221 55 43 97. Alle Gläubiger werden gebeten ihre Forderungen bis zum 1. November .. dem Insolvenzverwalter anzumelden.

Köln, 1. Oktober .. Amtsgericht, Abt. 71

Die Durchführung des Insolvenzverfahrens zur Liquidation des Unternehmens

Die Eröffnung des Insolvenzverfahrens hat für Schuldner und Gläubiger einschneidende Konsequenzen:

Konsequenzen für den Schuldner:

- Mit der Eröffnung des Verfahrens geht das Recht des Schuldners, das zur Insolvenzmasse gehörende Vermögen zu verwalten, auf den **Insolvenzverwalter** über. Der Insolvenzverwalter verwaltet, verwertet und verteilt die Insolvenzmasse an die Gläubiger.
- Alle vom Schuldner erteilten Vollmachten sind erloschen.
- Er darf die Geschäftspost nicht öffnen (Postsperre).
- Er muss dem Insolvenzverwalter in allen geschäftlichen Angelegenheiten Auskunft geben. Das Insolvenzgericht kann anordnen, dass der Schuldner die verlangten Auskünfte unter Eid leisten muss.

Konsequenzen für die Gläubiger:

> **§ 89 InsO:** Zwangsvollstreckung für einzelne Insolvenzgläubiger sind während der Dauer des Insolvenzverfahrens weder in die Insolvenzmasse noch in das sonstige Vermögen des Schuldners zulässig.

§

Im Eröffnungsbeschluss bestimmt das Insolvenzgericht den Termin für eine Gläubigerversammlung, in der über den Fortgang des Insolvenzverfahrens beschlossen wird **(Berichtstermin)** und den Termin, an dem die angemeldeten Forderungen geprüft werden **(Prüfungstermin).**

Das Insolvenzverfahren erfasst das gesamte Vermögen des Schuldners, das ihm zum Zeitpunkt der Eröffnung des Verfahren gehört und das er während des Verfahrens erlangt. Dieses Vermögen wird als **Insolvenzmasse** (vgl. Seite 346) bezeichnet. Hierzu gehört auch das Vermögen, das der Schuldner während der Durchführung des Verfahrens erlangt, wenn die Geschäfte eines Unternehmens durch den Insolvenzverwalter weitergeführt werden.

Dem vorhandenen Vermögen werden in einer Vermögensübersicht die Verbindlichkeiten gegenübergestellt. Die Insolvenzgläubiger haben ihre Forderung schriftlich beim Insolvenzverwalter anzumelden. Im Prüfungstermin werden die angemeldeten Forderungen ihrem Betrag und ihrem Rang nach geprüft und festgestellt.

Beispiel Der Insolvenzverwalter ermittelt bei der Edith Mauser Spielwaren KG folgende Werte:

Gesamtvermögen	355.000,00 EUR
Lieferschulden	587.000,00 EUR
– davon unter Eigentumsvorbehalt geliefert	87.000,00 EUR
Sonstige Masseverbindlichkeiten	
– Rückständige Lohn- und Gehaltsforderungen	8.000,00 EUR
– Miete, Gas-/Stromversorgung	7.500,00 EUR
Massekosten	5.000,00 EUR

Sind die Forderungen festgestellt, erfolgt die Verteilung der Insolvenzmasse in einer in der Insolvenzordnung festgelegten Reihenfolge (§ 35 ff. InsO) an die folgenden **Gläubigerklassen:**

1. Aussonderung (§ 47 InsO)

Gegenstände, die dem Schuldner nicht gehören, werden ausgesondert und dem Eigentümer zurückgegeben. Sie gehören nicht zur Insolvenzmasse.

Beispiel Die Edith Mauser Spielwaren KG hat Waren im Wert von 87.000,00 EUR unter Eigentumsvorbehalt geliefert bekommen. Diese werden dem Eigentümer zurückgegeben.

2. Absonderung (§ 49 ff. InsO)
Sachen, die mit fremden Rechten belastet sind, werden abgesondert und zur Befriedigung der Gläubiger verwertet. Die Verwertung wird durch den Insolvenzverwalter durchgeführt. Er kann die Sachen unmittelbar verwerten oder im Rahmen des Insolvenzverfahrens weiter nutzen. Dies kann z. B. bei Büro- und Geschäftsausstattungen sinnvoll sein, die bis zum Abschluss des Verfahrens weiter genutzt werden sollen und für die Gläubiger Erträge erwirtschaften. Für die Dauer der Nutzung muss den Gläubigern eine Nutzungsentschädigung gezahlt werden.

Beispiel Büro- und Geschäftsausstattungen, die zur Sicherung einer Forderung sicherungsübereignet wurden, werden für die Dauer des Insolvenzverfahrens im Unternehmen weiter genutzt. Der Eigentümer erhält dafür eine Nutzungsentschädigung in Höhe von 4 % p. a. vom Buchwert.

3. Massegläubiger (§ 53 ff. InsO)

§

§ 53 InsO: Aus der Insolvenzmasse sind die Kosten des Insolvenzverfahrens und die sonstigen Masseverbindlichkeiten vorweg zu berichtigen.

Die **Kosten des Insolvenzverfahrens (Massekosten)** sind die Gerichtskosten und die Auslagen des Insolvenzverwalters und der Mitglieder des Gläubigerausschusses.

Beispiel Dem Insolvenzverwalter und dem Gläubigerausschuss sind Kosten in Höhe von 5.000,00 EUR entstanden.

Die **sonstigen Masseverbindlichkeiten** sind Kosten, die durch die Handlungen des Insolvenzverwalters im Rahmen der Verwaltung, Verwertung und Verteilung der Insolvenzmasse entstehen und aus laufenden Verträgen, soweit deren Erfüllung zur Insolvenzmasse verlangt wird.

Beispiel Die Miete für die Geschäftsräume und die Gas- und Stromversorgung für die Dauer des Verfahrens belaufen sich auf 7.500,00 EUR. Seit der Eröffnung des Verfahrens wurden Löhne und Gehälter in Höhe von 8.000,00 EUR gezahlt. Für die letzten drei Monate vor der Eröffnung des Verfahrens erhalten die Arbeitnehmer auf Antrag Insolvenzausfallgeld durch die Agentur für Arbeit.

4. Insolvenzgläubiger (§ 38 InsO)
Insolvenzgläubiger sind alle Gläubiger, die bei Eröffnung des Verfahrens einen begründeten Vermögensanspruch gegen den Schuldner haben.

Beispiel Die Forderungen der Insolvenzgläubiger der Edith Mauser Spielwaren KG belaufen sich auf 500.000,00 EUR.

5. Nachrangige Insolvenzgläubiger (§ 39 InsO)
Haben die Insolvenzgläubiger ihre Forderung in der vereinbarten Weise befriedigt, erhalten die **nachrangigen Insolvenzgläubiger** ihr Geld. Dies geschieht in folgender Rangfolge:

1. „die seit der Eröffnung des Insolvenzverfahrens laufenden Zinsen der Forderungen der Insolvenzgläubiger;
2. die Kosten, die den einzelnen Insolvenzgläubigern durch ihre Teilnahme am Verfahren erwachsen;
3. Geldstrafen, Geldbußen, Ordnungsgelder und Zwangsgelder sowie solche Nebenfolgen einer Straftat oder Ordnungswidrigkeit, die zu einer Geldzahlung verpflichten;
4. Forderungen aus einer unentgeltlichen Leistung des Schuldners;
5. Forderungen auf Rückgewähr des kapitalersetzenden Darlehens eines Gesellschafters oder gleichgestellte Forderungen“ (§ 39 InsO).

INSOLVENZMASSE

Sobald die Verwertung der Insolvenzmasse beendet ist, kommt es zum Schlusstermin und zur **Aufhebung des Insolvenzverfahrens.** Die Insolvenzgläubiger können ihre restlichen Forderungen gegen den Schuldner im Rahmen der Verjährung unbeschränkt geltend machen.

Durch Anordnung des Insolvenzgerichts oder durch Wahl der Gläubigerversammlung kann ein **Gläubigerausschuss** eingesetzt werden. Im Ausschuss sollen absonderungsberechtigte Gläubiger, Insolvenzgläubiger mit den höchsten Forderungen, Kleingläubiger und Arbeitnehmer vertreten sein. Der Gläubigerausschuss unterstützt den Insolvenzverwalter bei der Wahrnehmung seiner Aufgaben und überwacht ihn. Beschlüsse werden mit der Mehrheit der abgegebenen Stimmen gefasst.

Die **Gläubigerversammlung** wird vom Insolvenzgericht, durch den Insolvenzverwalter oder auf Antrag der Gläubiger einberufen. Ihr gehören die absonderungsberechtigten Gläubiger, die Massegläubiger, die Insolvenzgläubiger, der Insolvenzverwalter und der Schuldner an. Beschlüsse werden mit der Mehrheit der Forderungsbeträge gefasst. Nachrangige Insolvenzgläubiger und aussonderungsberechtigte Gläubiger sind nicht Mitglieder der Gläubigerversammlung.

● Die Sanierung durch Insolvenzplan

Besteht die Möglichkeit, dass die wirtschaftlichen Schwierigkeiten des Schuldners überwunden und die Auflösung des Unternehmens abgewendet werden kann, können der oder die Schuldner oder der Insolvenzverwalter einen **Insolvenzplan** (§ 217 ff. InsO) aufstellen und diesen dem Insolvenzgericht zur Genehmigung vorlegen.

Im Insolvenzplan wird beschrieben, welche Maßnahmen nach Eröffnung des Verfahrens getroffen wurden, um die Gläubiger zu befriedigen und wie in der Zukunft verfahren werden soll. Dem Plan ist eine **Vermögensübersicht** und ein **Ergebnis- und Finanzplan** beizufügen. Hier wird dargestellt, welche Aufwendungen und Erträge zu erwarten sind und durch welche Einnahmen und Ausgaben die Zahlungsfähigkeit des Unternehmens für die Dauer des Verfahrens gewährleistet werden soll. Bei der Festlegung der Rechte der Gläubiger werden die Beteiligten in die Gruppen der absonderungsberechtigten Gläubiger, der Insolvenzgläubiger und der nachrangigen Insolvenzgläubiger eingeteilt. Innerhalb jeder Gruppe sind die Gläubiger gleich zu behandeln.

Die **absonderungsberechtigten Gläubiger** sind, soweit der Insolvenzplan nichts anderes bestimmt, voll zu befriedigen.

Für die **Insolvenzgläubiger** ist anzugeben, um welchen Prozentsatz die Forderungen gekürzt werden **(Erlassvergleich)**, für welchen Zeitraum sie gestundet werden **(Stundungsvergleich)**, wie sie gesichert und wie sie zurückgezahlt werden sollen.

Die Forderungen der **nachrangigen Insolvenzgläubiger** gelten, soweit der Insolvenzplan nichts anderes bestimmt, als erlassen.

Der Insolvenzplan wird vom Insolvenzgericht geprüft. Stimmt das Gericht dem Plan zu, bestimmt das Insolvenzgericht einen Termin, in dem der Plan erörtert und anschließend abgestimmt wird. Der **Erörterungs- und Abstimmungstermin** wird öffentlich bekannt gemacht. Stimmberechtigt sind alle Gläubiger, die eine Forderung angemeldet haben und deren Forderung als berechtigt festgestellt worden ist.

§ 244 InsO: (1) Zur Annahme des Insolvenzplans durch die Gläubiger ist erforderlich, dass in jeder Gruppe

1. die Mehrheit der abstimmenden Gläubiger dem Plan zustimmt und
2. die Summe der Ansprüche der zustimmenden Gläubiger mehr als die Hälfte der Summe der Ansprüche der abstimmenden Gläubiger beträgt.

§

Nach der Annahme des Insolvenzplanes durch die Gläubiger und der Zustimmung durch den Schuldner wird der Plan durch das Insolvenzgericht bestätigt. Mit der Bestätigung durch das Gericht treten alle im Insolvenzplan festgelegten Wirkungen für den Schuldner und die Gläubiger ein. Sobald die Bestätigung des Insolvenzplanes rechtskräftig ist, beschließt das Gericht die **Aufhebung des Verfahrens.** Das Amt des Involvenzverwalters erlischt und der Schuldner kann wieder frei über sein Vermögen verfügen. Kommt der Schuldner mit seinen Leistungen gegenüber einem Gläubiger in Verzug, so werden Stundung oder Erlass gegenüber dem Gläubiger hinfällig **(Wiederauflebungsklausel)** und er muss die gesamte Forderung zahlen.

Restschuldbefreiung

Ist der Schuldner eine natürliche Person, so kann er von den im Insolvenzverfahren nicht erfüllten Forderungen befreit werden. Der Antrag ist vom Schuldner spätestens im Berichtstermin zu stellen. Die Restschuldbefreiung wird durch das Insolvenzgericht ausgesprochen.

§

§ 287 InsO: (2) Dem Antrag ist die Erklärung beizufügen, dass der Schuldner seine pfändbaren Forderungen auf Bezüge aus einem Dienstverhältnis oder an deren Stelle tretende laufende Bezüge für die Zeit von sieben Jahren nach der Aufhebung des Insolvenzverfahrens an einen vom Gericht zu bestimmenden Treuhänder abtritt. (...)

Der Schuldner muss während der sieben Jahre

- eine angemessene Erwerbstätigkeit ausüben oder sich um eine solche bemühen und darf keine zumutbare Tätigkeit ablehnen,
- ererbtes Vermögen zur Hälfte an den Treuhänder herausgeben,
- jeden Wechsel des Wohnsitzes oder der Arbeitsstelle dem Insolvenzgericht anzeigen und
- Zahlungen zur Befriedigung seiner Gläubiger nur an den Treuhänder leisten.

Verstößt der Insolvenzgläubiger gegen seine Pflichten, kann das Gericht auf Antrag eines Gläubigers die Restschuldbefreiung zurücknehmen. Hat der Schuldner seine Pflichten sieben Jahre lang gewissenhaft erfüllt, erteilt das Gericht die Restschuldbefreiung und **die Schulden sind erloschen.**

Das Verbraucherinsolvenzverfahren

Die Möglichkeit der Restschuldbefreiung gilt auch für Personen, die keine oder nur eine geringfügige selbstständige wirtschaftliche Tätigkeit ausüben **(Verbraucherinsolvenzverfahren).**

Hier stellt der Schuldner den Antrag auf Eröffnung des Insolvenzverfahrens. Mit diesem Antrag sind vorzulegen:

1. eine Bescheinigung, aus der sich ergibt, dass eine außergerichtliche Einigung innerhalb der letzten sechs Monate erfolglos versucht worden ist;
2. der Antrag auf Restschuldbefreiung;
3. ein Verzeichnis des vorhandenen Vermögens und des Einkommens;
4. ein Verzeichnis der Gläubiger und ihrer Forderungen;
5. ein **Schuldenbereinigungsplan,** in dem ausgeführt wird, wie der Gläubiger seine Schulden zurückzahlen wird.

Das Insolvenzgericht stellt den Gläubigern den Schuldenbereinigungsplan zu. Der Schuldenbereinigungsplan ist angenommen, wenn

- mehr als die Hälfte der benannten Gläubiger mit
- mehr als der Hälfte der Summe der Ansprüche

dem Plan zustimmt. Wie bei der Restschuldbefreiung muss sich der Schuldner **sieben Jahre wohlverhalten**, seine Arbeitskraft nutzen und den nicht pfändbaren Teil seines Vermögens an den Treuhänder übertragen. Nach Ablauf der sieben Jahre **sind die Schulden erloschen.**

Die Zahl der Unternehmens-Insolvenzen hat in den letzten 5 Jahren dramatisch zugenommen.

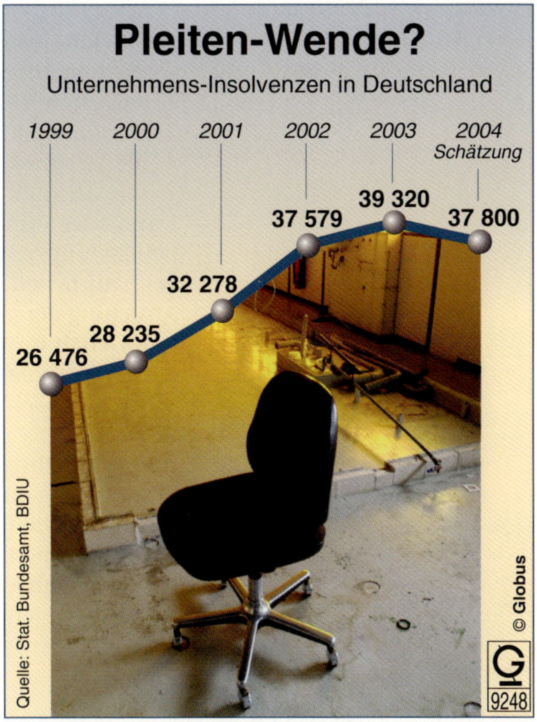

Gerichtliche Maßnahmen im Rahmen der Insolvenz eines Unternehmens

- **Ziel des Insolvenzverfahrens** ist es, die Gläubiger eines Schuldners durch Verwertung des Vermögens und Verteilung des Erlöses zu befriedigen oder in einem Insolvenzplan Regelungen zur Sanierung des Unternehmens zu treffen. Der redliche Schuldner kann von seinen restlichen Verbindlichkeiten befreit werden.

Voraussetzung	– Zahlungsunfähigkeit – Überschuldung – drohende Zahlungsunfähigkeit
Antrag	– durch Schuldner oder Gläubiger – bei drohender Zahlungsunfähigkeit nur durch den Schuldner
Durchführung	– Eröffnung des Verfahrens durch das Gericht – Eintragung der Eröffnung in das Handelsregister – Ernennung des Insolvenzverwalters – Zwangsvollstreckungen sind ausgesetzt
Aufgaben des Insolvenzverwalters	– Sicherung und Erhaltung des Vermögens des Schuldners – Erstellung des Insolvenzplanes
Liquidation	Befriedigung der Gläubiger durch Verwaltung, Verwertung und Verteilung des Vermögens des Schuldners durch den Insolvenzverwalter in der vorgesehenen Reihenfolge

Insolvenzplan	– Darstellung von Maßnahmen zur Überwindung der wirtschaftlichen Schwierigkeiten und Sanierung des Unternehmens – Zustimmung durch • die Mehrheit der abstimmenden Gläubiger • die Mehrheit der Ansprüche – Erlass oder Stundung der Forderungen – bei Zahlungsverzug Wiederaufleben der Forderungen
Restschuldbefreiung	– bei natürlichen Personen möglich – Abtretung der pfändbaren Forderungen aus Lohn und Gehalt für sieben Jahre – bei gewissenhafter Erfüllung der Pflichten wird der Schuldner nach sieben Jahren von der Restschuld befreit
Verbraucherinsolvenz	– für nicht Selbstständige und Kleingewerbetreibende – Zustimmung durch • die Mehrheit der abstimmenden Gläubiger • die Mehrheit der Ansprüche – bei gewissenhafter Erfüllung der Pflichten wird der Schuldner nach sieben Jahren von der Restschuld befreit

1. Prüfen und begründen Sie, welche der unten stehenden Gegenstände

a) ausgesondert,
b) abgesondert,
c) zu den Massekosten,
d) zu den Masseverbindlichkeiten,
e) zu den Insolvenzgläubigern,
f) zu den nachrangigen Insolvenzgläubigern zählen.

1. Geschäftswagen, der aufgrund eines Leasingvertrages überlassen wurde
2. Waren eines Lieferers, die unter Eigentumsvorbehalt geliefert wurden
3. Geschäftsausstattungen, die einem Kreditinstitut zur Sicherung übereignet wurden
4. Auslagen der Mitglieder des Gläubigerausschusses
5. Miete der Geschäftsräume für die Dauer des Insolvenzverfahrens
6. Zinsen auf Forderungen der Insolvenzgläubiger
7. Forderungen eines Lieferanten

2. Stellen Sie fest, ob unten stehende Aussagen

a) auf die Restschuldbefreiung,
b) die Sanierung durch Insolvenzplan,
c) das Insolvenzverfahren zur Liquidation zutreffen.

1. Die Verteilung der Insolvenzmasse erfolgt durch den Insolvenzverwalter.
2. Für die Zustimmung ist die Mehrheit der abstimmenden Gläubiger mit der Mehrheit der Ansprüche erforderlich.
3. Der Schuldner tritt seine pfändbaren Forderungen für die Dauer von sieben Jahren ab.

3. Erläutern Sie die Rangfolge, in der die Verteilung der Insolvenzmasse im Rahmen der Liquidation erfolgt.

4. Erläutern Sie das Verbraucherinsolvenzverfahren.

Übungsaufgaben

1. Irene Greinert will sich selbstständig machen. Sie ist Leiterin der Lebensmittelabteilung eines großen Warenhauses, gelernte Kauffrau im Einzelhandel, gesundheitlich fit und hat in den letzten Jahren einiges Geld zurückgelegt.

a) Erläutern Sie die persönlichen, sachlichen und rechtlichen Voraussetzungen, die Frau Greinert erfüllen sollte.
b) Frau Greinert denkt über die Wahl der Firma nach. Erläutern Sie, welche Firmengrundsätze sie beachten muss.

Frau Oltmanns möchte sich als Gesellschafterin an der Einzelunternehmung beteiligen. Sie will 200.000,00 EUR Kapital einbringen, aber nicht mitarbeiten.

c) Geben Sie an, welche Rechtsform sich eignet.
d) Erläutern Sie die Haftung der KG-Gesellschafter.
e) Erläutern Sie die rechtliche Stellung des Kommanditisten innerhalb der Kommanditgesellschaft.
f) Erläutern Sie die gesetzliche Gewinnverteilung bei der KG und begründen Sie die unterschiedliche Behandlung der Gesellschafter.

Bei einem Kunden der Greinert KG wird das Insolvenzverfahren zur Liquidation durchgeführt. Die KG hat Forderungen aus Warenlieferungen in Höhe von 1.500,00 EUR.

g) Erläutern Sie, in welcher Reihenfolge die Verteilung der Insolvenzmasse erfolgt.
h) Geben Sie an, in welcher Rangklasse die KG ihre Forderungen geltend machen kann.

2. Hermann Witges und Franz Hagel, zwei Einzelhändler für Spielwaren, beabsichtigen ihre Unternehmen zu einem gemeinsamen Unternehmen zusammenzuschließen, um konkurrenzfähiger zu werden, da sich in ihrem Absatzgebiet ein Großbetrieb des Spielwareneinzelhandels niedergelassen hat. Witges bringt ein Kapital von 250.000,00 EUR und Herr Hagel ein Kapital von 150.000,00 EUR ein. Der 60-jährige Hagel möchte aus gesundheitlichen Gründen nicht mehr aktiv im Unternehmen mitarbeiten.

a) Geben Sie an, welche Gesellschaftsformen unter diesen Voraussetzungen möglich sind.
b) Erläutern Sie die unterschiedliche Stellung der beiden Inhaber in den möglichen Gesellschaftsformen hinsichtlich Haftung und Geschäftsführung.
c) Aus Gründen der Kreditwürdigkeit entscheiden sich die Kapitaleigner für eine Personengesellschaft. Die Gesellschafter müssen für ihr Unternehmen einen Namen wählen.
   1. Führen Sie aus, welche Vorschriften sie dabei berücksichtigen müssen.
   2. Machen Sie drei Vorschläge für die Firma.
   3. Nennen Sie fünf Punkte, die in das Handelsregister eingetragen werden müssen.
   4. Erläutern Sie, welche Bedeutung die Eintragung in das Handelsregister für eine Personengesellschaft hat.
   5. Beschreiben Sie je drei Rechte und Pflichten der Gesellschafter.
d) Im Gesellschaftsvertrag wurde zur Gewinnverteilung Folgendes festgelegt:
   - Gesetzliche Verzinsung des eingelegten Kapitals
   - 6.000,00 EUR monatliches Gehalt für den geschäftsführenden Gesellschafter
   - ein verbleibender Rest wird im Verhältnis der Kapitalanteile verteilt

   Verteilen Sie einen Gewinn in Höhe von 100.000,00 EUR.
e) Die erfolgreiche Entwicklung des Spielwareneinzelhandels von Witges und Hagel macht eine Erweiterung erforderlich. Zum Ankauf eines zusätzlichen Lagers werden 110.000,00 EUR benötigt. Witges möchte das notwendige Kapital nicht über einen Bankkredit beschaffen, sondern einen neuen Gesellschafter aufnehmen, der das erforderliche Kapital mitbringt. Außerdem möchte er die Personengesellschaft in eine GmbH umwandeln.

1. Nennen Sie Gründe, die für eine Umwandlung in eine GmbH sprechen.
2. Geben Sie an, welche drei Voraussetzungen für die Gründung einer GmbH erfüllt werden müssen.
3. Erläutern Sie, wie sich die Machtverhältnisse in der Gesellschaft durch den Eintritt eines dritten Gesellschafters, der das erforderliche Kapital von 110.000,EUR mitbringt, ändern. Erklären Sie die Einflussmöglichkeiten der Gesellschafter auf die Geschäftsführung.

3. Die Boutiqueinhaberin Eugenie Wagner möchte ihr Geschäft umbauen. Dazu benötigt sie 160.000,00 EUR. Aus dem letzten Geschäftsjahr hat Eugenie Wagner 40.000,00 EUR Gewinn erwirtschaftet, den sie wieder investieren möchte.

a) Beschreiben Sie, welche Finanzierungsmöglichkeiten Eugenie Wagner zur Verfügung stehen.

b) Bei ihrer Bank fragt Eugenie Wagner wegen eines Darlehens über 120.000,00 EUR nach. Zusammen mit dem Kreditsachbearbeiter füllt sie einen Kreditantrag aus. Erläutern Sie, welche Punkte in diesem Antrag angesprochen werden.

c) Ein Geschäftsfreund von Eugenie Wagner will sich mit 120.000,00 EUR beteiligen. Wägen Sie die Vor- und Nachteile dieser Finanzierungsform gegenüber einem Bankdarlehen ab.

4. Die Bilanz des Möbeleinzelhandelsgeschäfts Artur Thur e. K. weist zum Jahresende folgende Vermögensposten aus:

Grundstück	600.000,00 EUR	Warenbestand	300.000,00 EUR
Geschäftsausstattung	90.000,00 EUR	Bankguthaben	130.000,00 EUR
Kassenbestand	26.000,00 EUR	Fuhrpark	160.000,00 EUR
Gebäude	800.000,00 EUR	Kundenforderungen	160.000,00 EUR

a) Erläutern Sie, in welcher Weise diese Vermögenswerte zur Kreditsicherung herangezogen werden können.

b) Die kurzfristigen Verbindlichkeiten betragen 140.000,00 EUR, die langfristigen Verbindlichkeiten gegen die Banken 400.000,00 EUR. Für den Bau eines zusätzlichen Ausstellungsraumes benötigt das Möbelgeschäft 300.000,00 EUR. Beraten Sie das Möbelgeschäft dahin gehend, welche Kreditform es für die Finanzierung der Investition wählen sollte.

c) In seiner Bank wird der Einzelhändler Thur auf das Leasing von Anlagevermögen hingewiesen. Erläutern Sie Leasing.

5. Das Elektrofachgeschäft Isolde Hayden e. K. benötigt für einen erweiterten Kundendienst zwei neue Lieferwagen. Die Anschaffungskosten für beide Fahrzeuge würden 79.800,00 EUR betragen. Die Einzelhändlerin steht vor der Frage, ob sie die Fahrzeuge leasen oder kaufen soll. Die Leasingkosten würden etwa 25 % über der Kaufsumme liegen.

a) Beschreiben Sie den Unterschied zwischen Mobilien- und Immobilien-Leasing.

b) Geben Sie Gründe dafür an, weshalb die Einzelhändlerin trotz der hohen Leasingkosten die Fahrzeuge leasen sollte.

c) Erläutern Sie weitere Finanzierungsmöglichkeiten für die beiden Lieferwagen.

6. Die Einzelhandelskauffrau Marion Ludwigs, Hansastr. 14, 49477 Ibbenbüren, will aufgrund der günstigen Geschäftsentwicklung des Vorjahres ihren Drogeriemarkt durch die Errichtung einer Filiale in Gelsenkirchen erweitern. Dazu benötigt sie Kapital in Höhe von 300.000,00 EUR.

a) Erläutern Sie die Möglichkeiten der Finanzierung, die sich der Einzelhändlerin bieten.

b) Überprüfen Sie, welche Vorteile die Einzelhändlerin hätte, wenn sie ihr Unternehmen hauptsächlich mit Eigenkapital finanzieren könnte.
c) Bei einer Darlehensanfrage bei ihrer Bank kommt der zuständige Sachbearbeiter der Bank auf die „goldene Finanzierungsregel" zu sprechen. Erläutern Sie diese Finanzierungsregel.

Gebundene Aufgaben zur Prüfungsvorbereitung

1. Welche der nachfolgenden Aussagen über das Handelsregister ist zutreffend:
1. Das Handelsregister ist das Verzeichnis aller Kaufleute eines Amtsgerichtsbezirkes.
2. Die Genossenschaft wird in Abteilung B eingetragen.
3. Eintragungen, die im Handelsregister rot unterstrichen sind, gelten als gelöscht.
4. Nur Kaufleute können das Handelsregister einsehen.
5. Das Handelsregister wird beim Grundbuchamt geführt.

2. Welcher unternehmerische Vorteil spricht für die Gründung einer Einzelunternehmung?
1. Der Einzelunternehmer haftet nur mit seinem Geschäftsvermögen.
2. Der Einzelunternehmer hat als Einzelunternehmen immer steuerrechtliche Vorteile im Vergleich zu den Gesellschaftsunternehmen.
3. Der Einzelunternehmer hat als Einzelunternehmen immer eine höhere Kreditwürdigkeit als die Gesellschaftsunternehmen.
4. Der Einzelunternehmer kann seine Haftung auf bestimmte betriebliche Vermögensteile beschränken.
5. Der Einzelunternehmer ist in seiner Entscheidung über die Gewinnverwendung völlig frei.

3. Bei welcher Stelle muss die Firma eines Einzelunternehmers in das Handelsregister eingetragen werden?
1. Beim Verwaltungsgericht
2. Bei der zuständigen Industrie- und Handelskammer
3. Bei der zuständigen Gewerbeaufsichtsbehörde
4. Beim Amtsgericht
5. Beim Handelsgericht

4. Die Müller KG setzt sich aus folgenden Gesellschaftern zusammen: Komplementär Herr Müller, Kommanditisten Herr Schmitt und Herr Sommer. Wie haften die Gesellschafter der Müller KG?
1. Die Teilhafter haften mit einem Teil ihrer Kapitaleinlage.
2. Der Vollhafter haftet auch mit seinem Privatvermögen.
3. Alle Gesellschafter haften gesamtschuldnerisch.
4. Alle Gesellschafter haften unmittelbar und solidarisch.
5. Alle Gesellschafter haften ausschließlich in Höhe ihrer Kapitaleinlage.

5. Welche der nachfolgenden Aussagen über die Komplementäre sind zutreffend?
1. Ein Komplementär darf ohne Einwilligung der anderen Komplementäre im Handelszweig der eigenen Gesellschaft keine Geschäfte auf eigene Rechnung abschließen.
2. Ein ausscheidender Komplementär haftet noch vier Jahre für alle vor seinem Ausscheiden begründeten Schulden.
3. Die Firma muss aus dem Namen und mindestens einem ausgeschriebenen Vornamen der Vollhafter bestehen.
4. Die Kündigung eines Gesellschafters kann mit einer Frist von sechs Monaten zum Schluss des Geschäftsjahres erfolgen.

5. Die gesetzliche Gewinnverteilung lautet „5 % auf das eingesetzte Kapital, Rest nach Köpfen".

6. Ein Textil-Fachgeschäft leidet unter starkem Konkurrenzdruck durch einen Textil-Discounter. Der Inhaber des Fachgeschäftes erwägt verschiedene Maßnahmen gegen diese Unternehmenskrise. Ordnen Sie die Handlungsmöglichkeiten den Maßnahmen bei Unternehmenskrisen zu.

1. Er verkauft sofort das Fachgeschäft und setzt sich mit dem Erlös zur Ruhe.
2. Er entlässt die Hälfte der Mitarbeiter und versucht durch Spezialisierung auf hochwertige Markenware den Umsatz wieder zu steigern.
3. Er wartet ab, wer sich auf lange Sicht am Markt durchsetzt.
4. Er vereinbart mit Lieferern ein längeres Zahlungsziel und einen teilweisen Schuldenerlass.
5. Er kann den Zahlungsaufforderungen seiner Gläubiger nicht mehr nachkommen und den Mitarbeitern keine Gehälter mehr zahlen.
6. Er versucht, durch einen Sonderverkauf mit halben Preisen, die Kunden wieder auf seine Seite zu locken.

Maßnahmen bei Unternehmenskrisen: a) Sanierung b) Vergleich c) Insolvenz

7. Welche der unten stehenden Aussagen trifft auf „Leasing" zu?

1. Durch Vertrag erwirbt der Leasingnehmer das Recht, Waren unter Verwendung von Namen, Marken und Verkaufskonzept gegen Entgelt zu verkaufen.
2. Durch Vertrag erwirbt der Leasingnehmer das Recht, Anlagen gegen Entgelt zu nutzen.
3. Durch Vertrag mit einem Kreditinstitut über den Verkauf einer Kundenforderung an das Kreditinstitut erhält der Unternehmer den Rechnungsbetrag vor Fälligkeit der Forderung.
4. Durch Vertrag mit einem Hersteller erwirbt der Unternehmer das Recht, Waren in seinem eigenen Namen für eine bestimmte Zeit für Rechnung des Herstellers zu verkaufen und dafür eine Vergütung zu erhalten.
5. Beim Leasing wird ein mindestens 5-jähriger Miet- oder Pachtvertrag geschlossen.

8. Wie viel Prozent Jahreszinsen kostet ein Lieferantenkredit bei folgender Zahlungsbedingung: 1. 10 %, 2. 20 %, 3. 25 %, 4. 30 %, 5. 45 %, 6. 75 %.

9. Ergänzen Sie die folgenden Sätze durch Einsetzen der folgenden Begriffe zu richtigen Aussagen über Kreditmöglichkeiten.

1. Kontokorrentkredit, 2. Liefererkredit, 3. Kundenkredit, 4. Darlehenskredit.

a) Die wichtigsten Kosten für einen ... sind Sollzinsen und Kreditprovision.
b) Für den Einzelhändler als Kreditnehmer stellt der entgangene Skontoertrag die Kosten für den ... dar.
c) Der ... wird durch den Ausgleich einer Ausgangsrechnung zurückgezahlt.
d) Für den Einzelhändler als Kreditnehmer ist der ... in der Regel der teuerste Kredit.
e) Der ... kann sowohl beim Kreditinstitut als auch beim Großhändler aufgenommen werden.

10. Welche der nachfolgenden Aussagen sind richtig?

1. Sicherungsübereignung und Bürgschaft zählen zu den Personal- und Blankokrediten.
2. Bei einem selbstschuldnerischen Bürgschaftskredit verpflichtet sich der Bürge zur Rückzahlung des Kredites, falls der Kreditnehmer zahlungsunfähig ist.
3. Bei der Ausfallbürgschaft steht dem Bürgen das Recht der „Einrede der Vorausklage" zu.

4. Leasing zählt zu den Personalkrediten.
5. Bei der Sicherungsübereignung bleibt der Kreditnehmer Eigentümer der Sache, der Kreditgeber wird Besitzer.

11. Welche der folgenden Aussagen zur Sicherungsübereignung sind richtig?
1. Es wird dem Kreditgeber ein dauerndes Eigentumsrecht übertragen.
2. Gerät der Schuldner in Zahlungsverzug, so kann der Gläubiger als Eigentümer die Herausgabe der übereigneten Sachen verlangen und sie verwerten.
3. Neben dem Kreditvertrag wird ein Sicherungsübereignungsvertrag abgeschlossen.
4. Nur entbehrliche Sachen werden übereignet.
5. Die Sicherungsübereignung kann nur in Verbindung mit Grundstücken und Gebäuden zur Kreditsicherung eingesetzt werden.
6. Der Kreditgeber wird Eigentümer, der Kreditnehmer bleibt Besitzer des übereigneten Gegenstandes.

12. Innerhalb welcher Frist muss der Antragsgegner beim Mahnbescheid Widerspruch einlegen?
1. 1 Tag 2. 3 Tage 3. 7 Tage 4. 12 Tage 5. 14 Tage 6. 30 Tage

13. Stellen Sie bei unten stehenden Sachverhalten fest, ob es sich um eine Form von
1. Kooperation 2. Konzentration oder 3. Kartell handelt

a) Ein Einzelhandelskonzern plant, eine regionale Lebensmittelkette aufzukaufen.
b) Einzelhändler eines Einkaufszentrums führen eine Gemeinschaftswerbung durch.
c) Einzelhändler schließen sich zum Zwecke günstigeren Einkaufs auf der Basis der Freiwilligkeit in der Rechtsform einer Genossenschaft zusammen.
d) Die Einzelhändler einer Branche schließen sich zusammen, um einheitliche Allgemeine Geschäftsbedingungen zu formulieren.
e) Die in einem Einkaufszentrum zusammengeschlossenen Einzelhändler beschließen, einen bestimmten Markenartikel nicht unter dem empfohlenen Preis abzugeben.

14. Sie liefern an Kunden Ware unter Eigentumsvorbehalt. In welchem Fall ist der Eigentumsvorbehalt rechtsgültig?
1. Wenn der Eigentumsvorbehalt auf der Rechnung, aber nicht im Kaufvertrag vermerkt ist
2. Wenn der Kunde seinen Zahlungsverpflichtungen nachkommt
3. Wenn beim Abschluss des Kaufvertrages darüber nicht verhandelt wird
4. Wenn der Kunde einen Mahnbescheid erhält
5. Wenn der Eigentumsvorbehalt im Kaufvertrag vermerkt ist

15. Ordnen Sie unten stehende Aussagen den nachfolgenden Begriffen zu.
1. Rack-Jobber 3. Konzern 5. Einkaufsgenossenschaft
2. Freiwillige Kette 4. Franchising

a) Vermietung von Verkaufsfläche durch den Einzelhändler an Hersteller oder Großhändler.
b) Zusammenschluss von Einzelhändlern zu einer juristischen Person, um Wettbewerbsnachteile gegenüber Großunternehmen ausgleichen zu können.
c) Zusammenschluss von Einzelhandelsunternehmen, bei dem die wirtschaftliche Selbstständigkeit aufgegeben wird.
d) Vertragliche Bindung zwischen einem Hersteller und einem Einzelhändler, bei der der Einzelhändler das Marketingkonzept und das Sortiment des Herstellers nutzen kann.
e) Zusammenschluss wirtschaftlich und rechtlich selbstständig bleibender Groß- und Einzelhändler mit dem Ziel der Zusammenarbeit in allen Leistungsbereichen des Handels.

16. Auf welche der folgenden Firmengrundsätze treffen die unten stehenden Aussagen zu?

1. Firmenwahrheit
2. Firmenausschließlichkeit
3. Firmenbeständigkeit
4. Firmenöffentlichkeit

a) Ein Kaufmann ist verpflichtet, seine Firma und den Ort der Niederlassung in das Handelsregister eintragen zu lassen.
b) Die Firma muss sich von allen am selben Ort bereits bestehenden und in das Handelsregister eingetragenen Firmen deutlich unterscheiden.
c) Die Firma darf keine unrichtigen Angaben über Art und Umfang der Unternehmung enthalten.
d) Bei Wechsel des Inhabers darf die Firma beibehalten werden.

17. Ein Einzelhändler überlegt, auch Modeschmuck anzubieten, und zwar in Form des Rack-Jobber-Systems. Welche Folge ergibt sich aus diesem Vorhaben?

1. Der Einzelhändler muss trotz des Rack-Jobbers das Inkasso und die Regalpflege übernehmen.
2. Der Einzelhändler muss die Public-Relations-Maßnahmen für den Rack-Jobber übernehmen.
3. Der Einzelhändler muss dem Rack-Jobber für seine Bemühungen, wie z. B. den Wareneinkauf, eine Provision zahlen.
4. Der Einzelhändler erweitert das Sortiment, ohne ein Absatzrisiko einzugehen.
5. Der Einzelhändler kann die bei der Kalkulation geplante Gewinnspanne nur mit Zustimmung des Rack-Jobbers festsetzen.

18. In einem Verkauf auf Rechnung wurden keine Zahlungsbedingungen vereinbart. Wann muss der Kunde spätestens bezahlen, damit ihm keine Verzugszinsen berechnet werden können (vgl. abgebildeten Gesetzesauszug)?

1. 30 Tage nach Rechnungserhalt
2. Mit dem Eintreffen einer Rechnungskopie
3. Erst nach der dritten Mahnung
4. Sofort nach Erhalt der Ware
5. Sofort nach Erhalt der Rechnung

§

BGB: § 286 Verzug des Schuldners

(1) Leistet der Schuldner auf eine Mahnung des Gläubigers nicht, die nach dem Eintritt der Fälligkeit erfolgt, so kommt er durch die Mahnung in Verzug. Der Mahnung stehen die Erhebung der Klage auf die Leistung sowie die Zustellung eines Mahnbescheids im Mahnverfahren gleich.

(2) Der Mahnung bedarf es nicht, wenn

1. für die Leistung eine Zeit nach dem Kalender bestimmt ist,
2. der Leistung ein Ereignis vorauszugehen hat und eine angemessene Zeit für die Leistung in der Weise bestimmt ist, dass sie sich von dem Ereignis an nach dem Kalender berechnen lässt,
3. der Schuldner die Leistung ernsthaft und endgültig verweigert,
4. aus besonderen Gründen unter Abwägung der beiderseitigen Interessen der sofortige Eintritt des Verzugs gerechtfertigt ist.

(3) Der Schuldner einer Entgeltforderung kommt spätestens in Verzug, wenn er nicht innerhalb von 30 Tagen nach Fälligkeit und Zugang einer Rechnung oder gleichwertigen Zahlungsaufstellung leistet; dies gilt gegenüber einem Schuldner, der Verbraucher ist, nur, wenn auf diese Folgen in der Rechnung oder Zahlungsaufstellung besonders hingewiesen worden ist. Wenn der Zeitpunkt des Zugangs der Rechnung oder Zahlungsaufstellung unsicher ist, kommt der Schuldner, der nicht Verbraucher ist, spätestens 30 Tage nach Fälligkeit und Empfang der Gegenleistung in Verzug.

Sachwortverzeichnis

A

Abmahnung 262
abnutzbares Anlagevermögen 70
Absatzmarkt 131
Absatzmarktforschung 305
Abschlussbuchung 33
Abschreibung 71, 320
Abschreibung als Aufwand 75
Abschreibung in der Kalkulation 76
Abschreibungen 70
Abschreibungen auf Anlagen 77
Abschreibungen auf Sachanlagen 75
Abschreibungsbetrag 73
Abschreibungsplan 71
Abschreibungsrate 73, 75
Abschreibungssatz 72
Absetzung für Abnutzung (AfA) 71
Absonderung 346
Abteilungsvergleich 102
AfA-Betrag 77
AfA-Satz 77
AfA-Tabelle 71, 72
AGB 140
Aktivierung des Vorsteuerüberhangs 43
Amt für Gewerbeschutz 282
analytisches CRM 190
Anbieter 164
Anbieterkennzeichnung 140
Anlagendatei 72
Anlagenkauf 69
Anlagenkäufe 70
Anlagevermögen 69
Anschaffungskosten 69, 70, 77
Anschaffungskostenminderung 77
Anschaffungsnebenkosten 70, 77
Arbeitsagenturen 207
Arbeitsmarkt 164
Arbeitsproben 221
Arbeitsschutz 225
Arbeitsverhalten 211
Arbeitsvertrag 223
Arbeitsverwaltung 207
Arbeitszeit 229
Arbeitszeitgesetz 229
Arbeitszeitgestaltung 229
Arbeitszeugnis 219, 261
Aufbewahrungszeitraum 56
Aufgaben der KLR 86
Aufgabenbereiche der KLR 87
Aufhebung des Insolvenzverfahrens 347
Auflösungsvertrag 260
Aufsichtsrat 301
Aufstiegsschulung 234
Aufwand 235
Aufwandskonto 25
Aufwendungen 25
Aufwendungen für Waren 23, 25, 26, 32
Ausbildung 233
Ausbildungsquote 266
Ausfallbürgschaft 328
Ausgleichsnehmer 116
außergerichtliches Mahnverfahren 334
außergewöhnliche Belastungen 244
außerordentliche Kündigung 260
Aussonderung 345
autonome Arbeitsgruppen 228
autoritativer Führungsstil 209

B

B-to-B 138
B-to-C 138
B-to-G 138
B2B 138
B2C 138
B2G 138
Bankkredit 315
Barverkaufspreis 23
BBE-Studie 164
Befragung 155
Beitragsbemessungsgrenze 245
Beleg 50
Belegablage 56
Belegaufbewahrung 56
Belegbearbeitung 50, 54
Belegbuchung 55
Belegregistratur 56
Belegvorbereitung 54
Belegzwang 56
Berufsgenossenschaft 282
Beschaffung 304
Beschwerdemanagement 193
Bestandfortschreibung 148
Bestandserfassung 148
Bestandskonto 32
Bestellservice 187
Beteiligungsfinanzierung 319
betrieblichen Zielsystem 130
betrieblicher Aufwand 86
Betriebsbuchhaltung 85
Betriebserfolg 90
Betriebsergebnis 86
betriebsexterne Beziehungen 130
betriebsinterne Beziehungen: 130
betriebsinterne Fortbildungen 233
Betriebsmittel 69
Betriebsverfassungsgesetz 301
Betriebsvergleich 102
Bewegungsdaten 251
Bewerbungsschreiben 217
Bezugs- und Einstandspreis 23
Bilanz 84, 85, 311
Bindungsindex 185
Bonität 326
Break-even-Point 114, 115
Bruttolohn 242
Bruttoverkaufspreis 236
Buchbestand 32
Buchung der Abschreibung 75
Buchungsbelege 56
Buchungsstempel 55
Buchungsvermerk 55
Buchwert 73, 75
Bundesanzeiger 290, 292
Bürgschaft 328
Bürgschaftskredit 327

C

C-to-B 139
C-to-C 139
C-to-G 139
C2B 139
C2C 139
C2G 139
Chancenmanagement 173
Chat 189
Checkliste 157
City-Offensive 136
CLI 184
Controller 265
CRM 190
CSI 184

Customer 139
Customer Loyalities Index 184
Customer Relationship Management 190
Customer Satisfaction Index 184

D

Darlehenskredit 316
Data Mining 191
Data Warehouse 191
Datenbank 200
Datenbereitstellung 191
Datenerfassung 148, 191
Datenhaltung 191
Datenschutz 200, 252, 253
Datenschutzbeauftragter 252
Datenschutzgesetz 252
Datensicherung 253
Deckungsbeitrag 114, 115
Deckungsbeitragsrechnung 112, 113
Dienstvertrag 223
DIN 5008 218
direkte Kosten 113
direktes Leasing 321
Direktlohn 238
Direktoralsystem 209
Disagio 316
Display 167
Dispositionskredit 315, 327
Download-Bereich 189
Draufgaben 186
durchlaufende Posten 42

E

E-Auction 139
E-Commerce 138, 165, 169
E-Mail 189
E-Mall 139
E-Shop 139
Effektivzinssatz 316
eidesstattliche Versicherung 336
Eigenkapital 311
Eigenkapitalmehrung 24
Eigenkapitalminderung 24
Eigenkapitalrentabilität 61, 65
Eigenmarken 134
Eigentumsvorbehalt 317, 330
Eignungsfeststellung 220, 221
einfaches Arbeitszeugnis 224
Einkaufsgenossenschaft 306
Einkaufsverband 306
Einkaufszentrum 306
Einkommen 235
Einlagenfinanzierung 319
Einrede der Vorausklage 328
einstufige Deckungsbeitragsrechnung 117
Einzelkosten 91
Einzelunternehmung 293
elektronische Werbedisplays 167
elektronischer Geschäftsverkehr 143
emotionale Faktoren 172
Emotionen 165
Endverbraucher 171
Erfolgsermittlung 115
Erfolgskonto 32
Erhebungsmethoden 154
Erholungsurlaub 224
Erinnerungswert 73
Erlassvergleich 341
Eröffnung des Insolvenzverfahrens 343
Erträge 25
Ertragskonto 25
Etat 157
Events 186
Experiment 158
externe Kosten 93, 106
externe Personalbeschaffung 207
externer Informationsfluss 149
externes Rechnungswesen 83, 84

F

Fantasiefirma 287
FAQ-Bereich 189
Fehlzeitquote 268
Fernabsatzverträge 143
Filialvergleich 102
Finanzamt 282
Finanzbuchhaltung 85, 87
Finanzierung 281, 311
Finanzierung durch Kapitalfreisetzung 320
Finanzierungsart 315
Finanzierungsgrundsatz 312
Finanzplan 313
Firma 286
Firmenausschließlichkeit 287
Firmenbeständigkeit 287
Firmenkern 286
Firmenklarheit 287
Firmenöffentlichkeit 287
Firmenwahrheit 287
Firmenwert 327
Firmenzusatz 286
fixe Kosten 91, 92, 113
Fort- und Weiterbildung 207
Fortbildung 233
Fragebogen 156
Franchising 306
Frauenquote 267
Freibeträge 242
freiwillige Kette 306
Fremdfinanzierung 315
Fremdkapital 311
fristlose Kündigung 261
Führungsverhalten 211
Fusion 304

G

G-to-B 139
G-to-C 139
G-to-G 139
G2B 139
G2C 139
G2G 139
Garantie 187
Garantieregelungen 142
Gehälter 235
Gehalts- und Lohntarifvertrag 218
Gehaltsgruppe 218
Gehaltstarifvertrag 224
Gemeinkosten 91, 98
Gemeinschaftswerbung 306
gemischte Firma 287
geometrisch-degressiven Abschreibung 73
gerichtliches Mahnverfahren 335
geringwertige Wirtschaftsgüter des Anlagevermögens 76
Gesamtergebnis der Unternehmung 85
Gesamtkapitalrentabilität 61, 62, 65
Geschäftsbuchhaltung 85
Geschäftsführer 301
Geschäftsführungsbefugnis 294
Geschäftsidee 279
Geschäftsmodelle 139
Geschäftsprozesse 131
Geschäftswert 327
Geschenke 187
Gesellschaft mit beschränkter Haftung 286, 299
Gesellschafterversammlung 301
gesellschaftliche Kosten 93
Gesetz gegen Wettbewerbsbeschränkungen 307
gesetzliche Kündigungsfrist 261
Gesundheitsamt 282
Gewerbefreiheit 280, 284
Gewerbeschein 282
Gewinn 24, 25, 26, 29, 236

Gewinn oder Verlust 85
Gewinn- und Verlustrechnung 84, 85, 86
gewinnmaximale Sortimentsgestaltung 117
Gewinnmaximum 279
Gewinnschwelle 114
Gewinnschwellenmenge 115
Gewinnzone 114, 115
Gewinnzuschlagssatz 27
Gläubigerausschuss 347
Gläubigerklasse 345
Gläubigerversammlung 347
gleitende Arbeitszeit 229
Gleitzeit 229
Gliederung der Kosten nach ihrer Zurechenbarkeit 91
goldene Finanzierungsregel 313
Goodwill 327
Grundbedürfnisse 181
Grundnutzen 181
Gruppen 238
Gütesiegel 140

H

Halbwertzeit 232
Handel der Zukunft 164
Handelsbuch 285
Handelsgesellschaft 286
Handelsgewerbe 284
Handelslandschaft 173
Handelsmarke 305
Handelsmarken 134
Handelsregister 282, 285, 289
Handelsverbot 225
Handlungskosten 23, 25, 26, 29, 90
Handlungskostenzuschlagssatz 27
Hauptkostenstellen 97, 98, 99, 107
Hauptprozess 85
Hedonismus 174
Heimarbeit 230
Hierarchiekonflikt 212
hierarchische Aggregationspfade 192
Hilfskostenstellen 98, 107
Holding-Gesellschaft 307
Humanisierung der Arbeit 227

I

Imagebildung 135
Immobilienleasing 322
Immobilienmarkt 164
indirektes Leasing 321
Individualprämie 238
Industrie- und Handelskammer 282
Info-Terminals 167
Informationen 144
Informationen über Kunden 145
Informationen über Waren 145
Informationsbedarf 145, 149
Informationsfluss 149
Informationspflichten 141
Informationswirtschaft 145
Innovation 167
Insolvenz 343
Insolvenzgläubiger 346
Insolvenzmasse 345
Insolvenzordnung 343
Insolvenzplan 347
Insolvenzursache 339
Insolvenzverwalter 344
Instrumente der Marktforschung 152
intelligente Waagen 167
Internalisierung 94
interne Kosten 93
interne Personalbeschaffung 206
interner Informationsfluss 149
internes Rechnungswesen 83, 85
Internet 138, 167, 188
Inventur 32
Investition 311
Istbestand 32, 34
Istumsatz 65

J

Jahresabschluss 85, 301
Jahresabschreibungsbetrag 72
Jobenlargement 228
Jobenrichment 228
Jobrotation 228
Jobsharing-Mitarbeiter 202
juristische Person 300

K

Kalkulation 23, 24, 27, 87
Kalkulationszuschlagssatz 28
Kapitalbedarf 311
Kapitalbeschaffung 311
Kapitalherkunft 311
Kapitalmarkt 164
Kapitalrentabilität 65
Kapitalverwendung 311
Kapitalverzinsung 280
Kartell 307
kaufentscheidende Faktoren 174
Kaufkraftentwertung 236
Kaufmann 285
kaufmännisches Mahnverfahren 334
Kaufmotive 171
Kaufverhalten 171
Kaufvertragsrecht 141
KBF 174
Kennzahlen 184
Kennzahlenmethode 203
Kernarbeitszeit 229
Kernprozess 83, 85
Key Buying Factors 174
Kinderfreibeträge 243
Kindergeld 244
Kirchensteuer 244
Kleinbetragsrechnung 44
Kleingewerbe 285
Kollegialsystem 210
Kommanditgesellschaft 295
Kommanditist 296
Kommunikationsart 156
Kommunikationsbeziehungen 130
Kommunikationspolitik 135
kommunikatives CRM 190
Komplementär 296
Konfliktbehandlung 213
Konflikte 210, 212
Konfliktlösungsstrategien 213
Konfliktparteien 213
Konkurrenz 169
Konkurrenzorientierung 130
Konsumenten 171
Konsumverhalten 173
Konsumverzicht 174
Kontokorrentkredit 315, 327
Konzentration 304
Konzern 307
Kooperation 304
Kooperationskonflikt 212
kooperativer Führungsstil 210
Koordinationskonflikte 212
Kosten 83, 86
Kosten der Marktforschung 154
Kosten nach ihrem Verhalten bei Beschäftigungsschwankungen 91
Kosten- und Leistungsrechnung (Betriebsbuchhaltung) 86
Kostenart 90
Kostenartenrechnung 87
Kostenbudget 157
Kostenentwicklung 107
Kostensenkungsmaßnahme 104
Kostenstelle 87, 96

Kostenstellenbildung 107
Kostenstelleneinzelkosten 98, 100
Kostenstellengemeinkosten 100
Kostenstellengliederung 97
Kostenstellenrechnung 87, 107
Kostenträgerrechnung 87
Krankengeld 224
Krankenkasse 282
Krankenstand 268
Kredit 315
Kreditkarte 142
Kreditkostenvergleich 322
Kreditlimit 315, 327
Kreditprovision 316
Kreditprüfung 326
Kreditwürdigkeit 326
Kreditwürdigkeitsprüfung 326
kritischer Punkt 114
Kunde 170
Kundenanalyse 158
Kundenansprüche 173
Kundenbeschwerden 193
Kundenbetrachtung 179
Kundenbeziehungen 182
Kundenbeziehungsmanagement 190
Kundenbindung 165, 178
Kundenbindungsmaßnahmen 185, 188
Kundenbriefe 188
Kundenclubs 188
Kundengewinnung 171
Kundengruppen 176
Kundenkarten 186
Kundenorientierung 130, 170, 181
Kundenproduktivität 64
Kundensegmente 176
Kundenstrukturen 176
Kundentypen 176
Kundenverhalten 166
Kundenwerbung 187
Kundenwert 179
Kundenzeitungen 188
Kundenzufriedenheit 182
Kundenzufriedenheitspyramide 183
Kündigung 260
Kündigungsfrist 224
Kündigungsschutzgesetz 260, 262

L

Laden 167
Lagebericht 301
Laufkunden 178
LCA 185
Leasing 321
Leasing-Gesellschaft 321
Leasinggeber 321
Leasingnehmer 321
Leasingobjekt 322
Lebenslanges Lernen 232
Lebenslauf 218
Lebensstandard 235
Leiharbeitnehmer 202
Leistung 83, 86
Leistungs-/Prämienlohn 237
Leistungsanreize 210
Leistungskennzahl 237
Leistungsprozess 85
Liefererkredit 317
Lieferservice 187
lineare Abschreibung 72
lineare AfA 74
Lohn- und Gehaltsabrechnung 235
Lohn- und Gehaltsvorschüsse 250
Löhne 235
Lohnformen 235, 236
Lohnnebenkosten 235, 239
Lohnsteuer 242
Lohnsteuerfreibeträge 244
Lohnsteuerkarte 243
Lohnsteuerklassen 242
Lohnsumme 236
Lost Customer Analysis 185

M

Mafo 152
Mahnbescheid 335
Marketing 129, 130
Marketing-Mix 135
Marketingentscheidungen 131
Marketinginstrumente 130, 134
Marketingkonzepte 133
Marketingmanagement 151
Marketingplanung 132
Marketingstrategien 133
Markt 130, 164
Marktaktivitäten 153
Marktanalyse 152
Marktanteil 159, 160
Marktbeobachtung 152
Marktdaten 152
Marktdurchdringung 134
Marktentwicklung 164
Markterschließung 134
Marktfähigkeit 133
Marktforschung 151
Marktforschungsbereiche 153
Marktforschungsunternehmen 154
Marktkommunikation 130, 131, 135
Marktkräfte 167
Marktposition 160
Marktpotenzial 159
Marktprognose 152
Marktsättigung 161
Marktsegmentierung 134
Marktstellung 160
Marktstrukturen 130
Marktvolumen 159, 160
Marktwachstum 161
Massegläubiger 346
Massekosten 346
Masseverbindlichkeit 346
Mehrarbeit 207
Mehrwert 41
Meta-Daten 191
Mischkalkulation 116
Mitbewerber 159
Mode 166
Motivation 210

N

Nachfrager 164
Nachhaltigkeit 93
Nachkalkulation 103
Nachnahme 142
Nachschusszahlung 300
NCA 185
Nettogehalt 248
Nettolohn 242
neue Technologien 165
Neukunden 178
Newsletter 189
Nicht-Rechtzeitig-Zahlung 333
Nichtkaufleute 285
Nichtkunden 185
Nominalzinssatz 316
Non Customer Analysis 185
Nummerieren der Belege 54
Nutzungsdauer 71

O

Objekt 153
öffentliches Schuldnerverzeichnis 344
Öffentlichkeitsarbeit 135
Öffentlichkeitswirkung 291
ökonomisches Prinzip 63
OLAP 191
OLAP-Würfel 192
One- to-one-Marketing 176
Online-Kauf 189
Online-Shop 140
Onlineshopping 139
operatives CRM 190

P
Panel 158
Passivierung der Umsatzsteuerzahllast 42
Payback-Karten 187
Periodenrechnung 115
Personal-Shopping-Assistant 167
Personalabteilungen 252
Personalakte 211
Personalanalyse 252
Personalbedarfsplanung 199, 201, 202
Personalbeschaffung 199, 206
Personalbestand 202, 265
Personalbestandsänderungen 267
Personalbetreuung 199, 268
Personalbeurteilung 199, 210, 268
Personalcontrolling 264
Personaldeckungsquote 265
Personaleinsatzplanung 199, 201, 204
Personalentwicklung 210, 233
Personalführung 209
Personalinformationssystem 200, 253
Personalleasing 202, 208
Personalnebenkosten 238
Personalproduktivität 64
Personalstammdaten 200
Personalstruktur 266
Personalstundenproduktivität 64
Personalveränderungen 202
Personalverwaltung 200
Personalwesen 199
Personalwirtschaft 199
Personenfirma 287
Personengesellschaft 285
physischen Bereich 146
Planabweichung 65
planmäßige Abschreibung 71
Planumsatz 65
Platzierungstest 158
Potenzialbeurteilung 211
Power-Retailer 164
Powershopping 140
Prämie 237
Preis-Leistungs-Verhältnis 174, 181
Preisgestaltung 116
Preisobergrenze 87
Preispolitik 135
Preisuntergrenze 87, 113, 116
Primärerhebung 154
Probezeit 223
Problemlösungen 182
Produkteigenschaften 175
Produktfaktoren 172
Produktionsfaktoren 86
Produktivität 60, 63, 65, 66
Produktivitätskennziffern 64
Programme (Tools) 191
proportionale Kosten 92
Provision 237
PSA 167
psychologische Eignungstests 221
Publicrelations 135

Q
Qualifikation 203
qualifiziertes Arbeitszeugnis 224
qualitative Marktforschung 153
quantitativen Marktforschungsaktivitäten 153

R
Rack-Jobber-System 307
Rangfolge 175
rationale Faktoren 172
Raumproduktivität 64
Realkredit 329
Rechnungsbetrag 44
Refinanzierung 320
Regelsteuersatz 39
Reingewinn 26, 28
Reklamationsmanagement 193
Rentabilität 60, 65
Restschuldbefreiung 348
Restwert 73
Risikomanagement 173
Risikoprämie 280
Rohergebnis 28
Rohgewinn 28
Rohverlust 28
Rückgaberecht 143

S
Sachfirma 287
Sammelbuchung 54
Sanierung 339
Satzung 300
schrumpfender Markt 161
Schuldenbereinigungsplan 348
Schulzeugnisse 219
Schweigepflicht 225
Sekundärerhebung 154
Selbstfinanzierung 320
Selbstkosten 24
Selbstkostenpreis 23, 87
selbstschuldnerische Bürgschaft 328
Service 186
Servicepolitik 135
Shopfaktoren 172
Shopping-Center 306
Sicherungsübereignung 329
Sicherungsübereignungskredit 329
situative Verfahren 221
Solidaritätszuschlag 244
Soll-Ist-Vergleich 103
Sollbestand 34
Sollzins 316
Sonderaktionen 186
Sonderausgaben 244
Sortieren der Belege 54
Sortimentspolitik 135
soziales Netz 239
Sozialverhalten 211
Sozialversicherung 242, 245
Spannungsfeld 164
Sparneigung 174
spezielle Kundenaktionen 187
Stammdaten 251
Stammeinlage 300
Stammkapital 300
Stammkunden 178
Standort 281
Standortmarketing 135
Stelle 202
Stellenanzeige 208, 215
Stellenausschreibung 206
Stellenbeschreibung 203
Stellenbesetzungsplan 203
Stellenplanmethode 202
steuerfreie Umsätze 43
Steuerklasse 242
Strategie 134, 156
stufenweise Deckungsbeitragsrechnung 117
Stundenlohn 236
Stundungsvergleich 341

T
Taktik 156
Tarifvertrag 225
Teamprämie 238
Teilerhebung 155
Teilnutzenwert 175
Teilzeitarbeit 230
Teilzeitbeschäftigte 202
Teilzeitquote 267
Telearbeit 230
Terminkontrolle 332
Terminüberwachung 332
Testbefragung 157
Testmarkt 305
Testmärkte 158
Tests 158

toter Punkt 114
Trading-down 134
Trading-up 134
Trend 166
Treuerabatte 186

U

Überlebensstrategie 170
Überziehungsprovision 316
Umbuchung 33
Umsatz 25, 39
Umsatz zu Bezugs-/Einstandspreisen 26
Umsatzbeobachtung 65
Umsatzentwicklung 65
Umsatzerlöse für Waren 25, 26
Umsatzindex 65
Umsatzkennzahlen 65, 66
Umsatzprovision 316
Umsatzrentabilität 61, 62, 65
Umsatzsteuer 39, 40, 42
Umsatzsteuer-Voranmeldung 44
Umsatzsteuerbetrag 44
Umsatzsteuerbuchung 42
Umsatzsteuersystem 39
Umsatzsteuerzahllast 41, 42
Umsatzstruktur 65
Umschulung 234
Umweltkosten 93
unabhängige Fortbildungen 233
Unternehmensführung 209
Unternehmerlohn 280
Unternehmungsrentabilität 62
Unterstützungsfunktion 83
Unterstützungsprozess 85
Untersuchungsziel 156

V

variable Kosten 91, 92, 113, 114
Verbraucherinsolvenzverfahren 348
Verbraucherschutz 141
Verbrauchsteuer 41
Verbundangebote 188
Verdienstabrechnung 248
vereinbartes Entgelt 39
Vergleich 341
Vergleich der Kostenstellen 107
Vergütung 223
Verkäuferproduktivität 64
Verkaufspreis 87
Verkaufsraumproduktivität 64
Verkaufsstellenpolitik 135
verlorene Kunden 185
Verlustzone 114, 115
Vermögens-, Finanz- und Ertragslage 84
Vermögenswirksame Leistungen 250
Verpackungstest 158
Versetzung 207
verstärkter Personalkredit 327
Verteilungskonflikt 212
Verteilungsrechnung 100
Verteilungsschlüssel 100
Vertragsablauf 260
Vertragsfreiheit 223
Vertretungsbefugnis 294
Verursacherprinzip 94
Virtual Community 140
virtuelle Märkte 169
Vollerhebung 155
Vollkostenrechnung 113
Vollzeitbeschäftigte 202
Voranmeldungszeitraum 44
vorbereitende Abschlussbuchung 33
Vorkontieren 55
Vorstellungsgespräch 222
Vorsteuer 40, 42, 70
Vorsteuerüberhang 43
Vorumsatz 40

W

Wachstum 164
Warenbestände 31, 32, 33, 35
Warenbestandskonto 32
Warenbestandsmehrung 33
Warenbestandsminderung 34
Warenbestandsveränderung 31, 32, 35
Wareneinkäufe 25
Wareneinsatz 23, 25, 26, 29, 34, 90
Warenkorb 167
Warenproben 186
Warenrohgewinn 23
Warenumsatz 23
Warenverkäufe 25
Weiterempfehlung 182
Werbeträger 215
Werbungskosten 244
Wertekonflikt 213
Wertewandel 173
Wettbewerbsfähigkeit 236
Wettbewerbsorientierung 181
Wettbewerbssituation 152
Wettbewerbsverbot 225
Widerrufsrecht 143
Wiederauflebungsklausel 348
Win-Win-Situationen 181
Wirtschaftlichkeit 60, 63, 65, 86
Wirtschaftlichkeitskontrolle 85, 87
Wirtschaftsauskunftei 326

Z

Zahlungsverfahren 142
Zahlungsverzug 333
Zeitlohn 236
Zeitvergleich 102
Zeugnis 224
Zeugnisse 219
Ziele 132
Zielerreichung 132
Zielgruppen 175
Zielgruppenmarketing 175
Zufriedenheitsindex 185
Zukunftsfähigkeit 93
Zusatzleistungen 187
Zusatznutzen 181
Zuschläge 238
Zwangsvollstreckung 335, 336
Zweck 153
zweiter Lohn 238